LaTeX 2_ε 文典

生田誠三 著

朝倉書店

序

　本書の版下は，網掛けを含め，本ページの最初の一文字から「索引」の最後の一文字に至るまでのすべてを，ソフトとプリンタ込みでわずか 25 万円ほどのパソコンシステムで作りました．キヤノンのプリンタ LASER SHOT LBP-840 (1200DPI 相当，実 600DPI) でプリントアウトしたものを版下とし，組版作業を一切経ずして直接印刷・製本しました．「LaTeX 2_ε とは何か」．この問いへの最も適切な答えは，おそらく「本書のような本を作成するための組版システムである」ということに尽きましょう．

　旧版「LaTeX 文典」(1996) の出版後，様々な新機能が追加された使い勝手の格段に向上した LaTeX 2_ε が世の潮流となり，旧版は些か色褪せてしまいました．LaTeX 2_ε への乗りかえを是非お薦めします．これに伴い，旧版を大幅に削除・修正・加筆してまとめたのが本書「LaTeX 2_ε 文典」です．旧 LaTeX で作成した文書ファイルの変更点はごくわずかですが (変更点は本書の中で述べてあります [→(コラム B) p.22])，拡張・追加された新機能を使えば LaTeX 2_ε の新世界に必ずや目を見張ることになるでしょう．

　本書の特徴は次の 6 点にあります．

1. LaTeX 2_ε の命令を用途別 90 節に分けて解説したこと．
2. 各節の冒頭で，その節で解説する命令・用語・パッケージ類のリストを示したこと．
3. 索引を用途別に分類し，簡単な説明を付したこと．
4. 文中で現れる命令や用語に対し本書中での参照先ページを可能な限り文中で示したこと．
5. 本書で述べた事柄のさらに詳しい解説文献を，その参照ページ番号と共に文中で示したこと．
6. LaTeX 2_ε の関連文献を広く漁り，興味深くかつ重要と思われる命令およびパッケージ類は可能な限り取り上げ，理屈 (ごたく) はさておき，その入・出力の事例を示したこと (入・出力例を対比して見ればその理屈はある程度推察が付きます．その後で関連文献で理屈の部分を補うと LaTeX 2_ε の何たるかが自ずと分かってくるはずです)．

　ある評者は，旧版「LaTeX 文典」を "辞書的" であると評しました．そのつもりで書いた訳ではないのですが，言われてみれば然りです．当然，本改訂版「LaTeX 2_ε 文典」もそうです．辞書を第 1 ページから読み下すという酔狂な人は別ですが，本書は，必要なページの必要な項目を必要にかられて読むのが筋であろうと思います．それを容易にするために，本書では「節目次」「本文中での用語の参照ページ表示」「索引」など，参照機能の充実に最善を尽くしました．索引の作成に際しては，可能な限り注書きを付し，単に用語の参照ページの検索だけではなく，索引を見ただけでもある程度 "用足れり" となるよう努めました．

　本書が，読者諸氏の LaTeX 2_ε スキル向上の一助にでもなればこれにまさる慶びはありません．旧版以来，今日まで数多 (あまた) の諸氏より頂いた励ましとコメントの数々は本書執筆の欠かせぬ糧となりました．とは言え，本書の内容に不備・誤りがあるとすれば，その責はもとより筆者にあることは言うまでもありません．最後に，新版の企画を快諾していただきました朝倉書店編集部には心底より謝意を表します．

2000 年 5 月

生田誠三

本書 2 刷り以降における改訂 3 点
1. 命令（コマンド）の入力文における明白な入力ミスの修正．
2. 用語「ファジー」[→p.185 (62)] を「ファシー」に修正 (fussy の読み違え)．
3. 索引の抜け：\clubsuit → ♣, \diamondsuit → ♢, \heartsuit → ♡, \spadesuit → ♠

本書を読むに当たって

1. 本書は，文献 [23] (乙部) に添付の CD-ROM にある LaTeX 2ε のシステムを使って書き上げました．したがって，本書の読者には是非ともこの文献を入手することをお薦めします．この中には必要なものがほとんどすべて収録されており，このシステムを使用する限り，あちこちのサイトから何かをダウンロードするという必要性はほとんどありません．

2. 本書の本文中にある [→p.35 (11.2)] は「本書の p.35 にある 11.2 節を見よ」を，【→ [7] p.120-125】は「文献 [7] の p.120-125 を見よ」を意味します．そこには関連事項のさらに詳しい解説があります．本書がこのようにして引用した文献のリストは巻末にあります．また [→(コラム A) p.113] は「本書の p.113 にあるコラム A を見よ」を意味します．

3. 本書全体にわたり，\begin, \alpha などの命令の最初に付くバックスラッシュ \ は ¥ キー (デスクトップ型の通常の DOS/V 機ではキーボードの上列右端付近にある) で入力します．

4. 文中の ***** はパッケージ ***** を意味します [→p.32 (10)]．

5. 本書では，LaTeX 2ε の性質上，「見出し」と「標題」という用語を区別して用います．たとえば「**第 I 章 モデルの定義**」などにおける「第」や「章」を「見出し」[→p.57 (14.7)]，「I」を「見出しの番号」，「モデルの定義」を「標題」と呼ぶことにします．同様に，目次ページ [→p.51 (13.14)]，索引ページ [→p.293 (83.5)]，参考文献ページ [→p.267 (80.3)] の頭に出力される「**目次**」「**索引**」「**参考文献**」などもそれぞれ「見出し」と呼びます．LaTeX 2ε では，各種見出しはそれぞれ標準設定として然るべきものが定義されていますが，それらを変更することもできます．その変更方法は本書の中で述べてあります [→(コラム U) p.88]．

6. カラー [→p.303 (86)] を白黒のプリンタで出力すると濃淡それぞれの灰色で出力されます．従って，これを 網掛け として使うことができます．ただし，筆者の確かめた 2 機種の PS 系プリンタでは灰色とはならず，すべてが黒出力となってしまいました．また，画面へのカラー出力はディスプレイによって変色してしまうものがあります．カラープリンタへの出力は指定通りの色になります (少なくとも筆者の確かめた Canon BJ F600 ではそうでした)．

7. LaTeX 2ε のユーザにとって文献 [8] (Lamport) と [4] (Goossens) は必携の書です．この 2 書は共に LaTeX 2ε のバイブルとでも言うべきものです．前者は LaTeX の開発者自身の手による書であり，LaTeX 2ε の命令のすべてが簡明かつ厳密に述べられています．後者は LaTeX 2ε の本格的解説書で，各種パッケージ [→p.32 (10)] の使い方を含め，LaTeX 2ε を全幅的に解説した文献です．そして，いつの日か LaTeX 2ε のベースなっている TeX の奥義に迫ろうと密かに思う読者は，当面は読まずとも，文献 [7] (Knuth : TeX の創造主) は是非座右の書とすべきでしょう．

8. 小節 (項) 内で現れる索引用語に対する索引宣言をその小節の頭で行わざるを得ない所もあります．従って，実際にその索引用語があるページ番号と索引で示されるその索引用語のページ番号に 1 ページ分の飛びが生ずることもあります．そのような飛びのありそうな索引用語についてはその小節全体を見て該当項目を探して下さい．

9. 本書中の長さを表す，たとえば ←15mm→ という表示はおよそ 90% に縮小されています．

---

(1) 本書の内容については万全を期していますが，万一，不明・疑問点がありましたら出版社まで 書面 あるいは E メール

E-mail:edit@asakura.co.jp

にてご連絡下さい．

(2) 本書で記述し切れなかったことに対しては「補遺」を準備しています．朝倉書店のホームページ

http://www.asakura.co.jp

中の「LaTeX 2ε 文典」をご覧下さい．

(3) 本書の内容に関わるいかなる効果・結果についても一切責任を負いかねますのでご了承下さい．

(4) 本書の全部または一部について，出版社からの文書による承諾を得ずに複製することは禁じられています．

節の目次

1. LaTeX 2_ε 入門 .... 文書ファイル　コンパイル　プレビュー ... 1
2. 文書ファイルの基本構造 .... 文書クラス指定領域　プリアンブル　文書環境 ... 2
3. 文書クラスと文書クラスオプション .... \documentclass article 10pt leqno ... 3
4. プリアンブル .... 事前の約束事 ... 5
5. ページのレイアウト .... ページの高さと幅　段組　\textheight \twocolumn ... 6
6. ページ形式とヘッダ・フッタ .... \pagestyle plain \lhead \rfoot ... 13
7. 文書ファイルの分割と結合 .... \input \include \includeonly ... 19
8. 命令 (コマンド) と引数 .... 単独命令　環境命令　マクロ命令 ... 23
9. マクロ命令 .... \def \newcommand \newenvironment ... 26
10. パッケージ .... \usepackage ... 32
11. カウンタ .... \newcounter \setcounter \addtocounter ... 34
12. 条件分岐 (if文) .... \ifcase \ifnum \ifthenelse \whiledo ... 42
13. 目次 .... 本文目次　図表目次　付録目次　\tableofcontents ... 46
14. 部・章・節・段落・付録 .... \part \chapter \section \appendix ... 53
15. タイトル .... \title \author \date \thanks ... 61
16. アブストラクト .... abstract 環境 ... 64
17. 引用文 .... 文中引用文　段落引用文　quote 環境　quotation 環境 ... 67
18. 手紙 .... letter 環境　\address \signature \ps ... 69
19. 詩 .... verse 環境 ... 71
20. 段落・左右・数式モード .... [文書モード] = [段落モード] + [左右モード] ... 72
21. 数式モードの文字 .... $\alpha\beta\varepsilon\Gamma$ $012ab2\mathfrak{AB}$ $\mathcal{ABC}$ $\mathbb{ABC}$ $F\varkappa\square$ $\mathbf{012abc}$ $\boldsymbol{\alpha\beta\varepsilon\Gamma}$ ... 75
22. 文書 (段落・左右) モードの文字 .... プロポーショナルスペーシング　字詰め　合字 ... 79
23. 書体選定 .... *12abAB* 12abAB 12abAB **12abAB** *12abAB* イタリック補正 ... 80
24. 文字・数字・記号のサイズ .... \tiny \footnotesize \small \LARGE ... 83
25. 文字の縮小・拡大・反転 .... Knuth Knuth Knuth ... 86
26. 回転 .... 回転 \rotatebox ... 89
27. フォント .... 文字コード \newfont \magstep \symbol ... 91
28. キーボード上の記号 .... = + - ( ) [ ] / * , . ; ? @ ! > | # $ % & _ } ~ ^ ... 94
29. 特殊記号 .... œ Å Æ ™ ® ℵ ℏ ℜ ∀ ∂ ♣ ♢ ℧ ... 96
30. 演算子記号 .... ± × ÷ • ∩ ⊕ ⋒ ⊻ ⋏ ⊛ ≤ ≨ ≦ ≪ ≺ ⊂ ≈ ... 99
31. 矢印記号 .... ← ⇒ ⇔ ↦ ⇝ ↗ ⌢ ↻ ↾ ⇂ ⇃ ⇊ ... 102
32. 区切り記号 .... ([{ ‖ ⌈ ⌉ ↑ ( ) ... 104

33. Sum 型記号	$\sum \int \iint \prod \cap \sqcup \vee \otimes$ ...	108	33
34. Log・Lim 型記号	$\log \max \lim \lim_{n\to} \liminf \operatorname*{essinf}_{x} \sin \cos \exp \Pr$ ...	111	34
35. Mod 関数	$\mod a \pmod a$ ...	114	35
36. ドットとダッシュ	$\cdots \vdots \ddots \text{- - —}$ ...	115	36
37. アクセント記号とプライム記号	$\vec a\ \acute a\ \hat a\ \bar a\ \tilde a\ \ddot a\ \vec r\ \vec A\ \acute A\ \widehat{AAA}\ \widetilde{AAA}\ AAA\hat{}\ f'$ ...	117	37
38. アンダー・オーバーライン	$\underline{abc}\ \overline{abc}\ \overleftarrow{abc}\ \overrightarrow{abc}$ ...	120	38
39. アンダー・オーバーブレイス	$\overbrace{aaaaa}\ \underbrace{aaaaa}$ ...	122	39
40. 上下置き	$\overset{a}{\underset{b}{X}}\ \sum_{a\ c}^{b\ d}\ y\stackrel{def}{=}2x$ ...	123	40
41. ルビ	特牛(こっとい) ...	126	41
42. 数式 (標準)	文中数式 段落数式 eqnarray 環境 T・D-スタイル ...	127	42
43. 数式 (パッケージ)	gather 環境 align 環境 multiline 環境 ...	131	43
44. 数式番号	自動数式番号 \eqno \nonumber \tag leqno ...	135	44
45. 数式のレイアウト	左寄せ 数式の間隔 \lefteqn fleqn ...	139	45
46. 分数	$1/2\ \frac{a}{b+c}\ \{\frac{a}{b+c}\}$ \frac \cfrac \genfrac ...	142	46
47. 平方根	$\sqrt{x}$ \sqrt \leftroot \uproot ...	145	47
48. 添字	$x^2\ x^{a^b}\ x_i^j$ ...	146	48
49. 二項係数	$\binom{m}{n}$ \choose \binom \dbinom \tbinom ...	147	49
50. 行列・行列式・ベクトル	$\begin{pmatrix}a&b\\c&d\end{pmatrix}\ \begin{vmatrix}a&b\\c&d\end{vmatrix}$ array 環境 matrix 環境 ...	149	50
51. 曲線	\bezier 曲線 \path 折れ線 \curve 曲線 \spline 曲線 ...	152	51
52. グラフと座標軸	縦座標軸 横座標軸 グラフ用紙 ...	161	52
53. 可換図式	$\longleftarrow B \xrightarrow{i} C \xrightarrow{j} D \xleftarrow{i}{j} E$ ...	164	53
54. 場合分け	$x=\begin{cases}a & \text{if } x=1\\b & \text{if } x=2\end{cases}$ array 環境 cases 環境 ...	166	54
55. 定理	**Theorem 1.2** *It converges to 0.5.* ...	167	55
56. 長さの単位と距離変数	mm cm pt in \newlength \setlength ...	170	56
57. 水平方向のスペース	\hspace \quad \hfill ...	174	57
58. 垂直方向のスペース	\vspace \smallskip \bigskip \vfill ...	176	58
59. 文間・単語間・改行不可スペース	\@ \␣ ~ ...	178	59
60. 改行	\\ \par \baselineskip \parskip ...	180	60
61. 改ページ	\newpage \clearpage ...	183	61
62. ファシー・スロッピー行末揃え	\fussy \sloppy ...	185	62
63. ハイフネーション	en-vi-ron-ment \hyphenation ...	186	63
64. ボックス	箱 破線 影 二重 四分円 \fbox \makebox ...	187	64

65. 黒ボックス .... \rule ... 201	65
66. ミニページ .... minipage 環境 ... 203	66
67. 左・中・右寄せ .... 左 中 右 \leftline center 環境 ... 206	67
68. 字下げ .... 行頭 15mm →文のはじめ \parindent \noindent ... 207	68
69. 3種類の表 .... アレイ表 タブロー表 タビング表 ... 211	69
70. アレイ表 (数式モード) .... $\begin{smallmatrix}a&b\\c&d\end{smallmatrix}$ array 環境 ... 212	70
71. タブロー表 (文書モード) .... a b / c d tabular 環境 ... 226	71
72. タビング表 (文書モード) .... a b / c d tabbing 環境 ... 229	72
73. 箇条書 (enumerate 環境) .... 1. あああ / 2. いいい ... 233	73
74. 箇条書 (itemize 環境) .... • あああ / • いいい ... 235	74
75. 箇条書 (description 環境) .... 桐壷 あああ / 浮船 いいい ... 236	75
76. 箇条書 (list 環境) .... 桐壷 あああ / 浮船 いいい ... 237	76
77. 各種箇条書の入れ子 .... • あああ / 1. いいい ... 244	77
78. 図形 .... picture 環境 ... 245	78
79. 図環境と表環境 .... figure 環境 table 環境 ... 257	79
80. 参考文献リスト .... 文献データベースファイル \cite ... 266	80
81. 相互参照 .... \label \ref \pageref ... 278	81
82. ファイル名と参照ラベルの管理 .... \EQUlabel \EQUref（筆者のマクロ命令）... 284	82
83. 索引 .... \index \printindex ... 288	83
84. 脚注 .... \footnote ... 294	84
85. 欄外脚注 .... \marginpar ... 301	85
86. 色指定・網掛け・白抜き .... 色箱 白抜き 網掛け \color \textcolor ... 303	86
87. 擬似タイプ入力 .... \verb verbatim 環境 alltt 環境 ... 306	87
88. 画面からの入力・画面への出力 .... \typein \typeout ... 310	88
89. 四則演算 .... \ISum \ISub \IMul \IDiv \Sum \Sub \Mul \Div ... 312	89
90. エラー対策 .... エラーメッセージ ... 315	90

　　参考文献 316

　　索引 318

コラム

A	LaTeX 2ε に関する情報の所在	113
B	LaTeX 2ε への移行に伴う変更点	22
C	LaTeX 2ε は組版ソフトである	225
D	LaTeX 2ε のコスト = 0 円	52
E	LaTeX 2ε ∋ ワープロ	141
F	LaTeX 2ε の素晴らしさ	12
G	LaTeX 2ε の魔術的なところ	103
H	LaTeX 2ε の源流と今後	261
I	LaTeX 2ε vs. WORD	160
J	\today 命令 (文書ファイルがコンパイルされた年・月・日を出力)	182
K	標準設定値 (1 段組におけるページのレイアウトパラメータ)	85
L	標準設定値 (2 段組におけるページのレイアウトパラメータ)	60
M	標準設定値 (字下げ幅)	18
N	標準設定値 (改行幅)	41
O	標準設定値 (図表環境のパラメータ)	228
P	マニュアル執筆の要諦 1 (適切な入・出力例)	107
Q	マニュアル執筆の要諦 2 (索引の完備)	45
R	マニュアル執筆の要諦 3 (参照機能の完備)	287
S	マニュアル執筆の要諦 4 (ユーザの目線で)	311
T	マニュアル執筆の要諦 5 (明示的な短い説明文)	302
U	見出しの変更	88
V	和文における句読点・括弧・疑問符・感嘆符の入力上の注意	148
W	スタイルファイル「〜.sty」とクラスファイル「〜.cls」	95
X	人文社会系にも LaTeX 2ε を	144
Y	手作業による索引と参考文献リスト	165
Z	網羅的な参考文献リスト	121

目 次

1 LaTeX 2ε 入門 1
   1.1 簡単な入・出力例 1
   1.2 機種による操作の違い 1

2 文書ファイルの基本構造 2
   2.1 文書ファイルにおける基本的な3つの領域 2
   2.2 文書クラス指定領域 2
   2.3 プリアンブル 2
   2.4 文書環境（document 環境） 2

3 文書クラスと文書クラスオプション 3
   3.1 文書クラスと文書クラスオプション . . 3
   3.2 文書クラスの指定 3
   3.3 文書クラスオプションの指定 3
   3.4 文書クラスファイル (～.cls) の変更 . . 4

4 プリアンブル 5
   4.1 事前の約束事 5
   4.2 プリアンブルのファイル化 5

5 ページのレイアウト 6
   5.1 ページの構成 6
   5.2 ページのレイアウトパラメータ 6
   5.3 1段組のページレイアウトの入・出力例 . 7
   5.4 2段組のページレイアウトの入・出力例 . 7
   5.5 段組の変更 10
   5.6 多段組 12

6 ページ形式とヘッダ・フッタ 13
   6.1 ヘッダとフッタ 13
   6.2 ページ形式 13
   6.3 headings 形式 13
   6.4 myheadings 形式 15
   6.5 章の出力ページ 15
   6.6 ヘッダとフッタの設計 16
   6.7 ページ番号の種類の変更 18

7 文書ファイルの分割と結合 19
   7.1 文書ファイルの分割と結合 19
   7.2 簡単な入・出力例 19
   7.3 分割ファイルの入れ子 20
   7.4 分割ファイルの効果的なコンパイル . . 20

8 命令（コマンド）と引数 23
   8.1 3種類の命令 23
   8.2 宣言型の命令とグルーピング 23
   8.3 命令の引数 24
   8.4 動く引数 24
   8.5 最後にオプション引数［ ］を持つ命令についての注意 25
   8.6 最後に * を持つ命令についての注意 . . 25
   8.7 文字で終わる命令の後ろには1つ以上の空白を置くこと 25
   8.8 文字で終わる命令の後ろの2つ以上の空白は無視される 25

9 マクロ命令 26
   9.1 マクロ命令とは 26
   9.2 自分のマクロ命令集を作る 26
   9.3 新命令の定義：\newcommand I 26
   9.4 新命令の定義：\newcommand II 27
   9.5 新命令の定義：\def 28
   9.6 既存命令の再定義：\renewcommand . . 28
   9.7 新環境命令の定義：\newenvironment . . 29
   9.8 既存環境命令の再定義：\renewenvironment 30
   9.9 マクロ命令内のグルーピング 30
   9.10 マクロ命令内のスペース 30
   9.11 LaTeX 2ε の落とし穴とマクロ命令の威力 . 31

10 パッケージ 32
   10.1 パッケージとは応用ソフト 32
   10.2 パッケージの登録 32
   10.3 パッケージの管理 32
   10.4 パッケージ使用における1つの問題点 . 33

11 カウンタ 34
   11.1 カウンタとは 34
   11.2 カウンタ値 35
   11.3 カウンタ値の設定と変更 35
   11.4 カウンタ値の増・減 36
   11.5 カウンタ種とカウンタ札 36
   11.6 カウンタ種の変更 37
   11.7 カウンタ札 37
   11.8 カウンタ札の修飾と複合化 38
   11.9 新しいカウンタの登録 38
   11.10 カウンタ数の上限 39
   11.11 カウンタ値の引渡し 39
   11.12 カウンタ値の出力 40
   11.13 カウンタの四則演算 I 40
   11.14 カウンタの四則演算 II 40
   11.15 カウンタの四則演算 III 41

12 条件分岐（if 文）....................... 42
   12.1 条件分岐とは 42
   12.2 条件分岐 I 42
   12.3 条件分岐 II 43
   12.4 条件分岐を持ったマクロ命令の作成例 . 44

13 目次 46
   13.1 4種類の目次（本文・付録・図・表目次）. 46
   13.2 目次の作成 46
   13.3 目次の… (リーダ) を消す 46

- 13.4 目次の項目間の改行幅 47
- 13.5 目次の文字サイズ 47
- 13.6 目次の 2 段組 47
- 13.7 目次の深さ 47
- 13.8 目次の標題の変更 48
- 13.9 目次にテキストを挿入 I 48
- 13.10 目次にテキストを挿入 II 49
- 13.11 目次の内容を変更する 49
- 13.12 付録目次の作成 50
- 13.13 図目次と表目次の作成 51
- 13.14 目次見出しの変更 51

14 部・章・節・段落・付録　53
- 14.1 部・章・節・段落 53
- 14.2 部・章・節・段落のレベル 53
- 14.3 部・章・節・段落の番号付けの深さ 54
- 14.4 擬似の部・章・節・段落 54
- 14.5 部・章・節・段落の設定の例 54
- 14.6 付録の作成とその番号 56
- 14.7 部・章の見出しの定義 57
- 14.8 部・章・節の標題形式の変更 58

15 タイトル　61
- 15.1 タイトルとは 61
- 15.2 標準的な方法 I 61
- 15.3 標準的な方法 II 62
- 15.4 自分で書く方法 63

16 アブストラクト　64
- 16.1 アブストラクトを書く環境 64
- 16.2 1 段組におけるアブストラクト 64
- 16.3 アブストラクトの見出し 65
- 16.4 2 段組におけるアブストラクト 65
- 16.5 2 段組における両段ぶち抜きのアブストラクト 66
- 16.6 自分で書くアブストラクト 66

17 引用文　67
- 17.1 引用文の 3 通りの書き方 67
- 17.2 段落引用文 I 67
- 17.3 段落引用文 II 67
- 17.4 文中引用文 68

18 手紙　69
- 18.1 `letter` 環境 69
- 18.2 簡単な例 69
- 18.3 受取人の住所・氏名のラベル 70
- 18.4 欧文手紙を書くための命令のリスト 70

19 詩　71
- 19.1 詩を書く 71

20 段落・左右・数式モード　72
- 20.1 3 通りのモード 72
- 20.2 段落モード 72
- 20.3 左右モード 72
- 20.4 数式モード 73
- 20.5 モードの入れ子 73

21 数式モードの文字　75
- 21.1 数字と英文字 75
- 21.2 数式モード内で文書モードのテキストを書く 75
- 21.3 ギリシャ文字 75
- 21.4 オイラーフラクトール体 76
- 21.5 オイラースクリプト体 76
- 21.6 ブラックボード体 76
- 21.7 ヘブライ文字 76
- 21.8 ボールド体の数式文字 77
- 21.9 7 通りの数式文字 77

22 文書 (段落・左右) モードの文字　79
- 22.1 数字 79
- 22.2 英文字 79
- 22.3 文字間の幅の調整 79

23 書体選定　80
- 23.1 書体選定の 2 つの方法 80
- 23.2 書体の組み合わせ選定 81
- 23.3 イタリック補正 82

24 文字・数字・記号のサイズ　83
- 24.1 文書モードにおける文字・数字・記号のサイズ 83
- 24.2 数式モードにおける文字・数字・記号のサイズ I 84
- 24.3 数式モードにおける文字・数字・記号のサイズ II 85

25 文字の縮小・拡大・反転　86
- 25.1 文字の縮小・拡大 I 86
- 25.2 文字の縮小・拡大 II 86
- 25.3 文字の反転 87

26 回転　89
- 26.1 文字列の回転 I 89
- 26.2 文字列の回転 II 89
- 26.3 ボックスとミニページの回転 90
- 26.4 傾斜回転 90

27 フォント　91
- 27.1 フォントの種類 91
- 27.2 フォントの文字コード 91
- 27.3 フォントの登録と出力 I 92
- 27.4 フォントの登録と出力 II 93
- 27.5 様々なフォントの登録と出力の例 93

28 キーボード上の記号　94
- 28.1 キーボード上の記号 94
- 28.2 単独記号 94
- 28.3 命令の一部として使用する記号 94
- 28.4 % 記号の用途 95

29 特殊記号 — 96

- 29.1 特殊記号とパッケージ 96
- 29.2 特殊記号 I（文書モード） œ, Å, ß, Ø など 96
- 29.3 特殊記号 II（文書モード） •, <, ™, |, ¡ など 96
- 29.4 特殊記号 III（数式モード） ℵ, ∂, ℑ, ℧, ∅, ∀ など 96
- 29.5 特殊記号 IV（数式モード） ℧, ⇝, ⋈, ▷, □ など 97
- 29.6 特殊記号 V（数式モード） ℏ, △, Ⓢ, k, ★ など 97
- 29.7 特殊記号 VI（数式・文書モード） ©, §, ¶ など 97
- 29.8 記号の重ね合わせによる合成 97

30 演算子記号 — 99

- 30.1 二項演算子記号 I ±, ×, ÷, ∩, ⊎, ∨ など 99
- 30.2 二項演算子記号 II ∔, ⋒, ⊞, ⋉, ⊛ など 100
- 30.3 関係演算子記号 I ≤, ⊂, ≺, ∈, ≡, ∝, ∼ など 100
- 30.4 関係演算子記号 II ≦, ≪, ≑, ∽, ⋐, ⊪ など 101

31 矢印記号 — 102

- 31.1 矢印記号 I ←, ⇒, ⇔, ↩, ↼, ↗ など (数) 102
- 31.2 矢印記号 II --→, ↞, ↺, ⊸, ↱, ↬, ⇝ など (数) 102
- 31.3 矢印記号 III（区切り記号） ↑, ⇓, ↕ など (数) 103
- 31.4 任意の長さの矢印記号 (数) 103

32 区切り記号 — 104

- 32.1 区切り記号 I (, ⌈, ⌋, ⟨, ↑, { など (数) 104
- 32.2 区切り記号 II ⌜, ⌝, ⌞, ⌟ など (数) 104
- 32.3 区切り記号の拡大命令 104
- 32.4 指定拡大命令 I（単独の区切り記号） 104
- 32.5 指定拡大命令 II（左右対の区切り記号） 105
- 32.6 自動拡大命令（左右対の区切り記号） 106

33 Sum 型記号 — 108

- 33.1 Sum 型記号 108
- 33.2 T–スタイルと D–スタイルによる添字の位置の違い 108
- 33.3 添字の位置の指定 109
- 33.4 多重添字 110
- 33.5 多重積分記号 110
- 33.6 Sum 型記号の縮小・拡大 110

34 Log・Lim 型記号 — 111

- 34.1 Log 型記号 111
- 34.2 T–スタイルと D–スタイルによる添字の位置の違い 111
- 34.3 Lim 型記号 111
- 34.4 新 Log 型記号の定義 112
- 34.5 多重添字 113

35 Mod 関数 — 114

- 35.1 Mod 関数 114

36 ドットとダッシュ — 115

- 36.1 ドット I 115
- 36.2 ドット II 115
- 36.3 ダッシュ 116
- 36.4 長く伸びるドットとバー 116

37 アクセント記号とプライム記号 — 117

- 37.1 アクセント記号 117
- 37.2 二重アクセント 118
- 37.3 アクセント記号の平準化 118
- 37.4 幅の広いハットとチルド 119
- 37.5 脇付きのアクセント記号 119
- 37.6 プライム記号 119

38 アンダー・オーバーライン — 120

- 38.1 アンダーラインとオーバーライン 120
- 38.2 矢印付き左・右向きオーバーライン 121

39 アンダー・オーバーブレイス — 122

- 39.1 アンダーブレイスとオーバーブレイス 122

40 上下置き — 123

- 40.1 上置き命令 123
- 40.2 上下置き命令 I 123
- 40.3 上下置き命令 II 124
- 40.4 上下置き命令 III 124
- 40.5 四隅置き命令 125

41 ルビ — 126

- 41.1 ルビ 126

42 数式（標準） — 127

- 42.1 数式の 2 つの形式 127
- 42.2 文中数式 127
- 42.3 単一段落数式 128
- 42.4 別行段落数式 128
- 42.5 数式の 2 つのスタイル 129
- 42.6 数式をボールド体にする 130

43 数式（パッケージ） — 131

- 43.1 パッケージ登録による数式 131
- 43.2 gather 環境による数式 131
- 43.3 align 環境による数式 131
- 43.4 alignat 環境による数式 132
- 43.5 flalign 環境による数式 133
- 43.6 multline 環境による数式 133
- 43.7 split 環境による数式 134
- 43.8 数式の間にテキストを挿入 134

44 数式番号 — 135

- 44.1 単一段落数式における数式番号 135
- 44.2 別行段落数式における自動数式番号 135

- 44.3 自動数式番号の解除 136
- 44.4 自動数式番号の左マージン出力 136
- 44.5 自動数式番号に節番号を付ける I 136
- 44.6 自動数式番号に節番号を付ける II 137
- 44.7 自分好みの数式番号・数式記号 137
- 44.8 従属番号の付いた自動数式番号 138

45 数式のレイアウト 139
- 45.1 別行段落数式の左寄せ出力 139
- 45.2 長い別行段落数式の左寄せ調整 139
- 45.3 数式間の間隔調整 140
- 45.4 長い段落数式と短い段落数式 140

46 分数 142
- 46.1 分数 I 142
- 46.2 分数 II 142
- 46.3 分数 III：T–スタイルと D–スタイルの分数 143
- 46.4 分数 IV 143
- 46.5 連分数 144

47 平方根 145
- 47.1 平方根 145
- 47.2 平方根のべきの位置調整 145

48 添字 146
- 48.1 添字 146

49 二項係数 147
- 49.1 二項係数 I 147
- 49.2 二項係数 II 147
- 49.3 二項係数 III 148

50 行列・行列式・ベクトル 149
- 50.1 行列と行列式 I 149
- 50.2 行列と行列式 II 149
- 50.3 縁付き行列 150
- 50.4 縁付きベクトル 151

51 曲線 152
- 51.1 \bezier 曲線 152
- 51.2 \qbezier 曲線 152
- 51.3 \path 折れ線 153
- 51.4 \curve 曲線 153
- 51.5 \spline 曲線 154
- 51.6 \closecurve 閉曲線 155
- 51.7 \scaleput（図形の縮小・拡大） 155
- 51.8 データを読み込み二次元グラフを描く .. 155
- 51.9 様々な破線 157
- 51.10 折れ線 I 157
- 51.11 折れ線 II 159
- 51.12 曲線の太さ 159

52 グラフと座標軸 161
- 52.1 座標軸の描き方 161
- 52.2 グラフ上の説明文 161
- 52.3 グラフ用紙 162

53 可換図式 164
- 53.1 可換図式 164
- 53.2 一次元の可換図式 164
- 53.3 二次元の可換図式 164

54 場合分け 166
- 54.1 場合分け I 166
- 54.2 場合分け II 166

55 定理 167
- 55.1 定理環境 167
- 55.2 定理環境の定義 167
- 55.3 定理のラベルと本文の書体とサイズ ... 167
- 55.4 定理番号 168
- 55.5 定理番号の一元化 168
- 55.6 注付きの定理環境 169
- 55.7 定理環境のカウンタ 169

56 長さの単位と距離変数 170
- 56.1 長さの基本的な単位 170
- 56.2 距離変数とは 170
- 56.3 距離変数の定義 170
- 56.4 距離変数に長さを与える 171
- 56.5 距離変数の四則演算 I 171
- 56.6 距離変数の四則演算 II 172
- 56.7 テキストの長さ・高さ・深さの距離変数 I 173
- 56.8 テキストの長さ・高さ・深さの距離変数 II 173

57 水平方向のスペース 174
- 57.1 水平方向にスペースを空ける 174
- 57.2 水平方向の標準的な幅のスペース 174
- 57.3 行末までスペースを空ける 174
- 57.4 \fill の n 倍の長さ 175
- 57.5 水平方向の微小なスペース補正 175

58 垂直方向のスペース 176
- 58.1 垂直方向にスペースを空ける 176
- 58.2 垂直方向の標準的なスペース 176
- 58.3 ページ末までスペースを空ける 177
- 58.4 \fill の n 倍の長さ 177

59 文間・単語間・改行不可スペース 178
- 59.1 文間スペース 178
- 59.2 単語間スペース 178
- 59.3 改行不可スペース 179
- 59.4 四分空き 179

60 改行 180
- 60.1 改行幅 180
- 60.2 段落改行 180
- 60.3 文中改行 181
- 60.4 \newline による改行 182
- 60.5 強制度付き改行 182

61 改ページ　183
- 60.6 抑制度付き非改行 182
- 61.1 改ページの制御 183
- 61.2 改ページ 183
- 61.3 強制度付き改ページ 183
- 61.4 抑制度付き非改ページ 184
- 61.5 同一ページ化 184
- 61.6 ページの高さの調整 184

62 ファシー・スロッピー行末揃え　185
- 62.1 行末の調整 185
- 62.2 ファシー行末揃え 185
- 62.3 スロッピー行末揃え 185

63 ハイフネーション　186
- 63.1 ハイフネーションとは 186
- 63.2 ハイフネーションの位置の変更 186

64 ボックス　187
- 64.1 ボックスのモード 187
- 64.2 枠付きボックス I 187
- 64.3 枠付きボックス II 187
- 64.4 枠付きボックス III 188
- 64.5 枠付きボックス IV 190
- 64.6 数式を囲むボックス 190
- 64.7 破線枠のボックス 190
- 64.8 ボックス枠の線の太さの指定 191
- 64.9 枠なしのボックス 192
- 64.10 段落モードのボックス I 192
- 64.11 段落モードのボックス II 193
- 64.12 改行できるボックス（\shortstack） . 193
- 64.13 上下するボックス 193
- 64.14 テキストの幅・高さ・深さ・全体の高さの距離変数 195
- 64.15 文字列とボックス枠の間隔 196
- 64.16 影付きボックス 197
- 64.17 二重枠のボックス 197
- 64.18 四分円ボックス 197
- 64.19 メモ用ボックス 198
- 64.20 ボックスの入れ子 199
- 64.21 ボックスの保存と呼出し 199

65 黒ボックス　201
- 65.1 黒ボックス 201
- 65.2 罫線 201
- 65.3 \rule 命令によるスペース調整 202

66 ミニページ　203
- 66.1 ミニページとは 203
- 66.2 ミニページの基本型 203
- 66.3 ミニページの枠と内部のテキストとの間隔 203
- 66.4 ミニページの基準線 204
- 66.5 高さ指定のミニページ 204
- 66.6 枠付きミニページ 205

67 左・中・右寄せ　206
- 67.1 1 行のテキストの左・中・右寄せ 206
- 67.2 複数行のテキストの左・中・右寄せ . . . 206

68 字下げ　207
- 68.1 最初の 1 行の行頭字下げ 207
- 68.2 字下げの一時的解除 207
- 68.3 ハンギングインデント（複数行の行頭字下げ） 208
- 68.4 文章全体の左右の字下げ 208
- 68.5 字下げしたところに図・表を入力する . 210

69 3 種類の表　211
- 69.1 作表の 3 通りの方法 211
- 69.2 3 通りの方法とその概要 211

70 アレイ表（数式モード）　212
- 70.1 アレイ表の基本型 212
- 70.2 行間と列間に罫線を引く 212
- 70.3 罫線を太くする 213
- 70.4 罫線の二重化 213
- 70.5 行間隔を広げる I 214
- 70.6 行間隔を広げる II 214
- 70.7 列の上方向にスペースを空ける 215
- 70.8 横罫線を部分的に引く 215
- 70.9 横要素の併合 215
- 70.10 縦要素の併合 216
- 70.11 表に注書きを付ける 217
- 70.12 列間のスペース調整 217
- 70.13 要素の中にサブ表を書く 218
- 70.14 ある列に同じテキストを出力させる . . 218
- 70.15 要素の中にさらに縦罫線を引く 219
- 70.16 同一列の要素に共通の命令を作用させる 219
- 70.17 ある要素を文書モードにする 220
- 70.18 同一列の要素を文書モードにする . . . 220
- 70.19 要素を段落モードにする I 220
- 70.20 要素を段落モードにする II 221
- 70.21 表の縦位置パラメータ 222
- 70.22 表を区切り記号で囲む I 223
- 70.23 表を区切り記号で囲む II 223
- 70.24 表中の小数点を揃える 224
- 70.25 数表はアレイ表で作ること 225

71 タブロー表（文書モード）　226
- 71.1 タブロー表の基本型 226
- 71.2 アレイ表との類似点 226
- 71.3 要素の前後にスペースを入れる 226
- 71.4 表全体の幅を指定 I 227
- 71.5 表全体の幅を指定 II 227

72 タビング表（文書モード）　229
- 72.1 タビング表の基本型 229
- 72.2 タビング表の列幅の指定 229
- 72.3 中間行での列数の変更 230

72.4	要素の文字列の左・中・右寄せ	230
72.5	行頭の字下げ	230
72.6	行頭の字下げ解除	230
72.7	行頭の字下げの一時的解除	231
72.8	要素の文字列の左要素への移動	231
72.9	要素の文字列を右マージンまで移動	231
72.10	タビング表の入れ子	232
72.11	タビング表の中でのアクセント記号	232

73 箇条書 (`enumerate` 環境) 233
73.1	基本型	233
73.2	項目ラベルの修飾と変更	233
73.3	パッケージ登録によるもの	234

74 箇条書 (`itemize` 環境) 235
74.1	基本型	235
74.2	項目ラベルの修飾と変更	235

75 箇条書 (`description` 環境) 236
75.1	基本型	236
75.2	項目ラベルの書き方	236

76 箇条書 (`list` 環境) 237
76.1	基本型	237
76.2	いくつかの項目に同じ項目ラベルを書く	237
76.3	項目ラベルの書体とサイズ	237
76.4	箇条書のレイアウトパラメータ	238
76.5	縦方向のレイアウトパラメータの使用例	239
76.6	横方向のレイアウトパラメータの使用例	240
76.7	項目ラベルのカウンタ制御	242
76.8	簡易 `list` 環境	243

77 各種箇条書の入れ子 244
77.1	入れ子の最大レベル	244
77.2	各種箇条書の入れ子	244

78 図形 245
78.1	図形描画の概略	245
78.2	図形の単位長の指定	246
78.3	図形の縮小・拡大	246
78.4	図形環境 (`picture` 環境)	246
78.5	図形要素の参照点	247
78.6	参照点の加法	248
78.7	直線	248
78.8	ベクトル	249
78.9	円 I	250
78.10	円 II	251
78.11	楕円	251
78.12	円弧	252
78.13	四分円	252
78.14	図形要素を並べる I（一次元配列）	254
78.15	図形要素を並べる II（一次元配列）	254
78.16	図形要素を並べる III（二次元配列）	255
78.17	格子の作成	255
78.18	図形の線の太さ	255
78.19	図形の保存と呼出し	256

79 図環境と表環境 257
79.1	簡単な例	257
79.2	図表の出力位置パラメータ	258
79.3	図表標題の入力 I	258
79.4	図表標題の入力 II	259
79.5	図表の見出しの定義	259
79.6	図表の見出し番号	260
79.7	1 つの図表環境に複数の図表を入れる	260
79.8	2 段組における図表領域の確保	263
79.9	図表領域のスタイルパラメータ	263
79.10	図表環境の問題点	263

80 参考文献リスト 266
80.1	簡単な入・出力例	266
80.2	コンパイル	267
80.3	参考文献の見出しの変更	267
80.4	文献の引用命令	268
80.5	文献データベースファイルの指定	269
80.6	文献出力スタイルの指定	269
80.7	各種の文献出力スタイル	269
80.8	文献データベースファイルの構造	271
80.9	文献カテゴリの一覧	271
80.10	フィールドの一覧	273
80.11	フィールドの書き方	273
80.12	フィールドの省略形	277

81 相互参照 278
81.1	相互参照	278
81.2	コンパイル	278
81.3	自動数式番号の相互参照	278
81.4	部・章・節・段落の番号の相互参照	279
81.5	図表番号の相互参照	279
81.6	定理番号の相互参照	280
81.7	脚注番号の相互参照	280
81.8	`enumarate` 環境による箇条書の相互参照	280
81.9	ページ番号の相互参照 I	280
81.10	ページ番号の相互参照 II	281
81.11	外部文書からの相互参照	282

82 ファイル名と参照ラベルの管理 284
82.1	文書ファイル名と参照ラベルの付け方	284
82.2	文書ファイル名の管理	284
82.3	参照ラベルを「出力する・しない」の管理	285
82.4	参照ページ番号を「出力する・しない」の管理	286

83 索引 288
83.1	簡単な入・出力例	288
83.2	索引作成の手続き	289
83.3	\index 命令の構造	289
83.4	索引の分類文字	292

83.5 索引見出しの変更 293

84 脚注 294
- 84.1 脚注の基本型 294
- 84.2 脚注ラベルの変更 294
- 84.3 いろいろな脚注ラベルの混在 295
- 84.4 ミニページの中の脚注 I 296
- 84.5 ミニページの中の脚注 II 296
- 84.6 章・節の標題の中の脚注 297
- 84.7 図表標題の中の脚注 297
- 84.8 表中の脚注 298
- 84.9 数式の中の脚注 298
- 84.10 脚注ラベル \fnsymbol から「*」と「**」を外す 298
- 84.11 脚注罫線の変更 299
- 84.12 脚注間のスペース 299
- 84.13 脚注を直列に出力する 300
- 84.14 2 段組の脚注 300
- 84.15 脚注ラベルをページごとに初期化 300

85 欄外脚注 301
- 85.1 欄外脚注 301
- 85.2 欄外脚注のレイアウトパラメータ 301
- 85.3 欄外脚注の出力位置 301
- 85.4 欄外脚注の出力位置の左右変更 301
- 85.5 出力位置が左右のいずれかで欄外脚注のテキストの内容を変更する 302
- 85.6 欄外脚注の問題点 302

86 色指定・網掛け・白抜き 303
- 86.1 色を指定する 303
- 86.2 色文字 I 303
- 86.3 色文字 II 303
- 86.4 色ボックス 303
- 86.5 色ボックスに色文字 304
- 86.6 色枠付きの色ボックス 304
- 86.7 配色モデル I (gray) 304
- 86.8 配色モデル II (cmyk) 305
- 86.9 配色モデル III (rgb) 305
- 86.10 配色モデル IV (hsb) 305
- 86.11 [named] 指定による 67 色の標準色の出力 305

87 擬似タイプ入力 306
- 87.1 擬似タイプ入力とは 306
- 87.2 1 行のテキストの擬似タイプ入力 306
- 87.3 複数行のテキストの擬似タイプ入力 307
- 87.4 命令の引数の中での擬似タイプ入力 308
- 87.5 alltt パッケージによる擬似タイプ入力 309

88 画面からの入力・画面への出力 310
- 88.1 画面からの入力 310
- 88.2 画面への出力 310
- 88.3 簡単な例 311

89 四則演算 312
- 89.1 四則演算のマクロパッケージ 312
- 89.2 マクロパッケージの内容 312
- 89.3 二元連立方程式を解く 313

90 エラー対策 315
- 90.1 筆者が直面したエラーとその対策 315
- 90.2 エラー対策を詳述した文献 315

参考文献 316

索引 318

1 LaTeX 2ε 入門

用語：文書ファイル　コンパイル　プレビュー　プリントアウト

◇

1.1 簡単な入・出力例

▣ LaTeX 2ε で文章を作成するには以下の 5 つのステップを踏むことになります．

□ **Step 1（文書ファイルの作成）** まず，拡張子を「〜.TEX」とした「文書ファイル」を作ります．たとえばそれを XYZ.TEX とします．本書では，文書ファイル名はすべて英大文字で表します．

□ **Step 2（文書ファイルへの入力）** この文書ファイル XYZ.TEX に左下のように入力して下さい．

【入力】　文書ファイル：XYZ.TEX

```
\documentclass[11pt]{jbook}
\textwidth=16cm
\textheight=23cm
\begin{document}
\noindent
数学の法則が現実に\\
あてはまるとしたら，\\
その法則は確かではない．\\
数学の法則が確かである限り，\\
現実にはあてはまらない．\\
\hspace*{25mm}アインシュタイン
\end{document}
```

【出力】　画面とプリントアウト

⇒

数学の法則が現実に
あてはまるとしたら，
その法則は確かではない．
数学の法則が確かである限り，
現実にはあてはまらない．
　　　　　　　アインシュタイン

この文書ファイルは，おおむね次のことを意味しています．詳細は次頁以降で順次述べていきます．

> まず始めに，\documentclass 命令 [→p.3 (3.1)] で，11pt（ポイント）の文字サイズ [→p.3 (3.3)] を用い，「和文の本」と言う文書クラス jbook [→p.3 (3.2)] で文書を作成することを宣言しています．次に，文書を幅 16cm（\textwidth=16cm），高さ 23cm（\textheight=23cm）[→p.6 (5.2)] の範囲の中に書くことを指示しています．文章の本体は \begin{document} で始まり \end{document} で終わる document 環境（文書環境）[→p.2 (2.4)] の中に入力します．\noindent [→p.207 (68.2)] はそれに続く行の行頭の字下げをしないことを宣言する命令です．\hspace*{25mm} [→p.174 (57.1)] は「アインシュタイン」の前に 25mm の空白を空ける命令，\\ [→p.181 (60.3)] は改行する命令です．

□ **Step 3（コンパイル）** 文書ファイルの入力文を出力文に変換する．
□ **Step 4（プレビュー）** 出力文に変換されたものをディスプレイに出力する．
□ **Step 5（プリントアウト）** ディスプレイに出力されたものと同じものをプリンタに出力する．

1.2 機種による操作の違い

▣ LaTeX 2ε は主に DOS/V 機，UNIX マシン，MAC 上で使われます．上記の 5 つのステップの操作はこれらの機種にインストールされているオペレーティング・システム (OS) によって異なります．詳細についてはそれぞれの解説書を参照して下さい．なお，本書の作成はすべて文献 [23]（乙部）に添付の CD-ROM にあるシステムによります．

2 文書ファイルの基本構造

用語： 文書クラス指定領域　プリアンブル　文書環境
命令： \documentclass　document 環境

◇

2.1 文書ファイルにおける基本的な3つの領域

▣ LaTeX 2_ε における文書ファイル[→p.1(1.1)]は次の3つの領域から成ります．

```
\documentclass[11pt]{jbook}
```
文書クラス指定領域　文書クラスを指定する領域[→p.3(3.2)]

```
\textwidth=16cm
\textheight=23cm
```
プリアンブル　　　　事前に約束事を宣言する領域[→p.5(4.1)]

```
\begin{document}
数学の法則が現実に\\
あてはまるとしたら，\\
その法則は確かではない．\\
数学の法則が確かである限り，\\
現実にはあてはまらない．\\
\hspace*{25mm}アインシュタイン
\end{document}
```
文書環境　　　　　　文書を作成する領域

2.2 文書クラス指定領域

▣ LaTeX 2_ε には「論文」「本」「報告書」「手紙」の4種類の文書クラス[→p.3(3.2)]が標準的に用意されています．どの文書クラスを使うか，及びそれに関連した事々 (文書クラスオプション[→p.3(3.3)]) を宣言するのがこの領域です．上の例では，「和文の本」という文書クラス jbook を宣言，「文字サイズ」を 11pt (文書クラスオプション) と宣言しています．これらは命令 \documentclass で宣言します*．

2.3 プリアンブル

▣ これは文書環境 (文章の作成領域) で文章を作成する際に必要となる様々な約束事を事前に宣言する領域です．上の例では \textwidth=16mm と \textheight=23cm [→p.6(5.2)]を宣言しています．\newcommand などによるマクロ命令[→p.26(9)]やパッケージの登録[→p.32(10)]もここで宣言します．

2.4 文書環境（document 環境）

▣ \begin{document} で始まり \end{document} で終わる2つの命令の間を文書環境（document 環境）と言います．ここが文書作成の領域となります．長い文章になると数千行になることもあります．長い文章を作成するときには7節 (p.19) で述べる分割処理をすべきです．

---

*旧 LaTeX ではそれは \documentstyle でした．

3 文書クラスと文書クラスオプション

用語：文書クラス (論文, 本, 報告書, 手紙, 欧文, 和文, 縦書き)　文書クラスオプション (文字サイズ, 用紙サイズ, 1段組, 2段組, 片面印刷, 両面印刷, 数式の左寄せ, 数式番号の左寄せ, 章の開始ページ, オープン形式の参考文献リスト, タイトルとアブストラクトの独立ページへ出力)　クラスファイル (~.cls)

命令：\documentclass　article　jarticle　tarticle　book　jbook　tbook　report　jreport　treport　letter　pt　a4paper　a5paper　b4paper　b5paper　onecolumn　twocolumn　oneside　twoside　fleqn　leqno　openright　openany　openbib　titlepage

◇

3.1 文書クラスと文書クラスオプション

▨ 文書ファイル [→p.1 (1.1)] の第1行目で，文章クラスと文書クラスオプション [→p.2 (2.2)] を次の命令の引数 [ ] { } [→p.24 (8.3)] の中で指定します*．

《命令》　\documentclass[文書クラスオプション]{文書クラス}

3.2 文書クラスの指定

▨ **欧文の文書クラス**　LaTeX 2_ε には，欧文用の文章クラスとして次の4種類が用意されています．

《命令》　article (論文)　book (本)　report (報告書)　letter (欧文の手紙)

これから書く文書が英語の論文であれば必須引数 { } [→p.24 (8.3)] の中で次のように宣言します (letter クラスについては 18 節 (p.69) で詳述します)．

\documentclass{article}

▨ **和文の文書クラス**　pLaTeX 2_ε には，和文用の文書クラスとして次の3種類が用意されています．

《命令》　jarticle (論文)　jbook (本)　jreport (報告書)

▨ **縦書きの文書クラス**　pLaTeX 2_ε には，縦書き用の文書クラスとして次の3種類が用意されています．本書ではこの文書クラスについては解説しません【→ [23] p.399-418/[35]】．

《命令》　tarticle (論文)　tbook (本)　treport (報告書)

▨ これ以外にもいくつかの文書クラスが用意されています【→ [19] p.157-158】．

3.3 文書クラスオプションの指定

▨ 文書クラスオプションは，オプション引数 [ ] [→p.24 (8.3)] の中でたとえば次のように指定します (引数 [ ] の中にスペースを置いてはいけません)．

\documentclass[12pt]{article}

▨ 文書クラスオプションは，次のように，並べて複数個を指定することもできます．

---

*旧 LaTeX では，これは \documentstyle でした．

```
\documentclass[fleqn,12pt,twoside,twocolumn,leqno]{article}
```

▨ 通常よく使用される文書クラスオプションに次のようなものがあります．これ以外にもまだいくつかが用意されています【→ [23] p.131-135/[19] p.158-161】．

pt	文字サイズ（ポイント）[→p.170 (56.1)]	10pt, 11pt, 12pt の 3 通りが用意されています．
a4paper	用紙サイズの指定	これを指定すると A4 サイズ出力となる (標準設定)．
a5paper		これを指定すると A5 サイズ出力となる．
b4paper		これを指定すると B4 サイズ出力となる．
b5paper		これを指定すると B5 サイズ出力となる．
onecolumn	1 段組 [→p.7 (5.3)]	これを指定すると 1 段組となる (標準設定)．
twocolumn	2 段組 [→p.7 (5.4)]	これを指定すると 2 段組となる．
oneside	片面印刷 [→p.13 (6.3)]	これを指定すると片面印刷となる．論文 article と報告書 report は片面印刷が標準設定．
twoside	両面印刷 [→p.13 (6.3)]	これを指定すると両面印刷となる．本の標準設定．
fleqn	数式の左寄せ出力 [→p.139 (45.1)]	段落数式 [→p.127 (42.1)] は中寄せが標準設定．これを指定すると単一段落数式 II と III および別行段落数式は左寄せとなる．
leqno	数式番号の左寄せ出力 [→p.136 (44.4)]	段落数式の自動数式番号 [→p.135 (44.2)] は右寄せが標準設定．これを指定すると単一段落数式 III と別行段落数式は左寄せとなる．
openright	章の開始を右 (奇数) ページとする	これを指定すると，章の前が右 (奇数) ページで終わるときは次に空のページが 1 枚入り，その後に章のページが来ます．本の標準設定．
openany	章の開始を左 (偶数) ページから始まることを許す	報告書の標準設定．
openbib	オープン形式の文献リストを作成 [→p.269 (80.7)]	これを指定すると文献データベースファイルより作成される参考文献リストは，どの文献出力スタイルにおいてもオープン形式で出力されます．
titlepage	タイトルとアブストラクトを独立した 1 ページに出力	これを指定すると，\maketitle 命令 [→p.61 (15.2)] によるタイトルおよび abstract 環境 [→p.64 (16.1)] によるアブストラクトはそれぞれ独立した 1 ページに出力されます．これは論文に対してのみ有効です．

3.4　文書クラスファイル（〜.cls）の変更

▨ たとえば，和文の本クラス jarticle は文書クラスファイル jarticle.cls [→(コラム W) p.95] (Windows の「検索機能」を使って探すことができます) によって制御されています．したがって，この文書ファイルの内容を変更することによってその出力形式を変えることができます．

▨ この文書クラスファイルをエディタ上にコピーし，たとえば，その中にあるマクロ命令 \section (エディタの「検索機能」で探して下さい) を次のように変更

```
{\reset@font\Large\bfseries}}    ⟹    {\reset@font\large\sffamily}}
```

すると，節の標題は次のように変わります．

1.2 Introduction　⟹　1.2 Introduction

4 プリアンブル

用語： 事前の約束事　プリアンブルのファイル化
命令： \input

◇

4.1 事前の約束事

▨ プリアンブル [→p.2(2.3)] とは，\document 環境内 [→p.2(2.4)] で文章を作成するための様々な「約束事」を事前に一括して宣言しておく場所です．

▨ 約束事は必ずしもプリアンブルで宣言しなければならないというものではありません．大別すると，それは次の3つに分けることができます．
- □ プリアンブルで宣言しなければならないもの．
- □ document 環境内で宣言しなければならないもの．
- □ プリアンブルと document 環境のいずれにおいて宣言してもよいもの．

▨ ある約束事がいずれの部類に属するかは，本書のしかるべき箇所でその都度述べていきます．

4.2 プリアンブルのファイル化

▨ 約束事の数が多くなると文書ファイルは見苦しくなります．このような場合，ひとつのファイル，例えば PROMISE.TEX を作り，それらの約束事をすべてそこにコピーした後，元の約束事をすべて抹消し，その場所で次のように宣言すると，元の約束事をすべてそこで宣言したのと同じことになります．

《命令》　\input{PROMISE}

▨ 1例を以下に述べます．
- □ 例えば 1.1 節 (p.1) の文書ファイル XYZ.TEX におけるプリアンブルでの2つの約束事 \textwidth=16cm と \textheight=23cm を PROMISE.TEX ファイルに次のように入力します．

PROMISE.TEX

\textwidth=16cm　\textheight=23cm

- □ 次に，文書ファイルにあるこの2つの命令を消し，そこに \input{PROMISE} と宣言します．
- □ これにより，PROMISE.TEX ファイルに入力してあるこの2つの約束事を文書ファイル XYZ.TEX のプリアンブルで一括して宣言したのと同じことになります．

▨ いくつかの異なる約束集のファイル

\PROMISE1.TEX　　\PROMISE2.TEX　　\PROMISE3.TEX

などを作っておき，ある文章ファイルでは約束集として \PROMISE1.TEX と \PROMISE3.TEX の2つを使いたいという場合には，プリアンブルで次のように宣言しておけばよい．

\input{PRPMISE1}　\input{PROMISE3}

5 ページのレイアウト

用語: ページの構成 (ヘッダ, 本文, フッタ, 欄外脚注)　ページのレイアウトパラメータ　段組 (1 段組, 2 段組, 両段ぶち抜き, 段組の変更, 多段組)

命令: \topmargin \headheight \headsep \textheight \textwidth \topskip \evensidemargin \oddsidemargin \footskip \footheight \marginparwidth \marginparpush \marginparsep \columnsep \columnseprule \onecolumn \twocolumn multicols 環境

パッケージ: multicol

◇

5.1　ページの構成

▨ すべてのページは「ヘッダ」「本文」「フッタ」「欄外脚注」の 4 つの領域より成ります (→p.8).

5.2　ページのレイアウトパラメータ

▨ これら 4 つの領域をそのページの中にどのように配置するかを指定するパラメータを「ページのレイアウトパラメータ」と言います.

▨ ページのレイアウトパラメータは, プリアンブル [→p.5 (4)] で, たとえば \textwidth =15cm のように指定します.

▨ 用紙の左上端点より下と右へそれぞれ 1 インチ (2.54cm) 移動した点を「ページの基準点」(→p.8) とし, そこより右方向に伸びる線を「ページの上基準線」, 下方向に伸びる線を「ページの左基準線」と言うことにします. ページのレイアウトはこの基準線をベースに設定されます (個々のプリンタの構造上この基準点は若干ずれます).

▨ ページのレイアウトパラメータは全部で下の表に示す 15 通りがあります (→p.8). これらのパラメータはすべてオプションです. これらを設定しなければ標準値が自動設定されます [→(コラム K/L) p.85/p.60]. 欄外脚注については 85 節 (p.301) で述べます.

\topmargin	ページの上基準線よりヘッダ領域の上端までの距離
\headheight	ヘッダ領域の高さ
\headsep	ヘッダ領域の下端より本文領域の上端までの距離
\textheight	本文領域の高さ
\textwidth	本文領域の幅
\topskip	本文領域の上端から本文の第 1 行目までの距離
\evensidemargin	偶数 (左) ページにおける左基準線より本文領域までの距離†
\oddsidemargin	奇数 (右) ページにおける左基準線より本文領域までの距離
\footskip	本文領域の下端とフッタ領域の下端までの距離
\footheight	フッタ領域の高さ. これは LaTeX の命令. LaTeX 2ε では抹消
\marginparwidth	欄外脚注の幅
\marginparpush	欄外脚注間の距離
\marginparsep	欄外脚注と本文の距離
\columnsep	2 段組における左右の段間の距離
\columnseprule	2 段組における左右の段間に引く罫線の幅

†論文クラス article では, すべてのページはその番号に係わりなく右 (奇数) ページと解釈されます.

5.3　1段組のページレイアウトの入・出力例

ここでは山本萠さんの随筆を例に取り，1段組のページレイアウトの入・出力例を示します．なお，ここで使われている `\marginpar` は欄外脚注の命令です [→p.301 (85)]．欄外脚注には脚注番号は付きません．脚注番号を付けるには，下の例にあるように `${}^1$` とします．

```
\documentclass{jbook}
\topmargin       = 10mm  \headheight      = 5mm   \headsep       = 7mm
\textheight      = 141mm \textwidth       = 90mm  \topskip       = 7mm
\evensidemargin  = 25mm  \oddsidemargin   = 25mm  \footskip      = 12mm
\footheight      = 5mm   \marginparwidth  = 15mm  \marginparpush = 10mm
\marginparsep    = 5mm
\begin{document}
{\bfseries 夜明けの花泥棒}\hfill 山本萠${}^1$ \marginpar{やまもと　もえぎ．大阪生まれ．現在埼玉県所沢に萠庵を結び，花，書，古陶，猫三昧の日々を送る．}\par
昼咲き月見草を初めて知ったのは，十年ほど前に出版された秦秀雄${}^2$ \marginpar{はた　ひでお．福井県生まれ．井伏鱒二著「珍品堂主人」のモデル．古美術評論家として活躍したが，昭和55年没}さんの，『野花を生ける』${}^3$ \marginpar{神無書房刊}の頁を繰っていた時だった．$\ldots$\par
前年，淡桃いろの優しい花が群がり揺れていた辺り，私が少しだけ株を ``泥棒'' してしまったあの場所が，掘り返されている最中で，花の影はもう何処にもなかった……\par
\hfill『花に聴く』より（株式会社リサイクル文化社　1993年）
\end{document}
```

⇓

【出力】(→ p.8)

5.4　2段組のページレイアウトの入・出力例

上と同じ随筆を例に取り，2段組のページレイアウトの入・出力例を示します．この場合，文書クラスオプション `twocolumn` [→p.3 (3.3)] を指定し，段間の幅を指定するパラメータ `\columnsep` と段間に引く罫線の幅を指定するパラメータ `\columnseprule` を追加宣言します．\columnseprule=0mm とすると断間の罫線は消えます．

```
\documentclass[twocolumn]{jbook}
\topmargin       = 10mm  \headheight      = 5mm   \headsep       = 7mm
\textheight      = 141mm \textwidth       = 90mm  \topskip       = 7mm
\evensidemargin  = 25mm  \oddsidemargin   = 25mm  \footskip      = 12mm
\footheight      = 5mm   \marginparwidth  = 15mm  \marginparpush = 10mm
\marginparsep    = 5mm   \columnsep       = 8mm   \columnseprule = 2mm
\begin{document}
```

上の例文と同じ

⇓

【出力】(→ p.9)

1段組ページレイアウトの出力例

\topmargin

ヘッダ　\headheight

\headsep

\topskip

欄外脚注

夜明けの花泥棒　　　　　　　　　　　　　　　　　　　　　　　山本萌[1]

昼咲き月見草を初めて知ったのは，十年ほど前に出版された秦秀雄[2]さんの，『野花を生ける』[3]の頁を繰っていた時だった．

月見草といえば，夕刻，ほんのりと淡黄に開花する花しか知らなかったので，透けそうな淡い桃色の一重の痩せた花が，なんだかこの世のものとも思われなかった．その頁には，奈良春日社古作油注に夏椿の苔と共に一輪活けられていて，虫喰いの細い葉がいっそうはかなげな風情で，渋い竹筒の油注と絶妙の取合わせであった．

ひるさきつきみそう．出逢ったことはないけれど，私はこの名を忘れないでいようと思った．

ある時，バスの中から，走り去る窓外を見るともなしに見ていたら，道路ぎわの石段の下に，風に揺れているひとかたまりの桃色の花を見つけた．

あっ！きっと私はその一瞬，心中で歓喜の声を上げたに違いない．それは夢のまたたきのように通り過ぎて行ったけれど，私は翌朝，花泥棒になってその場所に戻った．

まだ眠りから醒めやらぬ夜明けの道路を，脇目もふらずに私は歩いた．この早朝に他に歩いている人はいない筈，と手篭の中でカタカタ揺れるスコップを気にしながら，一本道を行くと，向こうから野良着姿の年配の人がこちらに向かってやって来る．その人は，朝の畑仕事にでも行くのだろうか．

車は，時折思い出したように道路を走り去ったが，その人とどう道を擦れ違うか，胸の鼓動が早鐘を打ち出した．こんな時間に一人で歩いていて，怪しまれたらどうしよう．

私はすっかり犯罪者の心境になっていた．が，果たして何事もなく，野良着の人は私の真横を通って行った．私はといえば，赤くなった顔を伏せ，足早に歩いていたに違いない．目的地はまだずっと先である．わずか二十分程の道のりが，永久に続くような遥かなものに思われた．

国道沿いの荒地に，なぜ昼咲き月見草は咲いてしまったのだろう．誰にも摘まれず，愛でられもせず，走行する車輛の粉塵を隅々まで浴びて．

夜明けの花泥棒は西陽しか射さない窓辺の下に，根を折らぬよう野の草を移植した．

昼咲き月見草にとって，どちらの場所がシアワセであったか，わからない．けれども，初夏から秋口までを西陽の只中で咲き続けた．

翌年のちょうど今頃，同じ路線のバスに乗っていて，あの石段付近にさしかかった時，道路工事をしているのにぶつかった．前年，淡桃いろの優しい花が群がり揺れていた辺り，私が少しだけ株を"泥棒"してしまったあの場所が，掘り返されている最中で，花の影はもう何処にもなかった．

　　　　　　　　『花に聴く』より（株式会社リサイクル文化社 1993 年）

[1] やまもともえぎ．大阪生まれ．現在埼玉県所沢に萌庵を結び，花，書，古陶，猫三昧の日々を送る．

\marginparpush

[2] はた ひでお．福井県生まれ．井伏鱒二著「珍品堂主人」のモデル．古美術評論家として活躍したが，昭和55年没

\marginparsep

\textheight

[3] 神無書房刊

\marginparwidth

\footskip

フッタ　\footheight

これは LaTeX の命令．LaTeX 2_ε では抹消

\textwidth

基準点　上基準線

1in(2.54cm)

1in(2.54cm)

左基準線

\oddsidemargin　\evensidemargin

2段組ページレイアウトの出力例

ヘッダ

\columnsep

夜明けの花泥棒　　山本萠[1]

昼咲き月見草を初めて知ったのは，十年ほど前に出版された秦秀雄[2]さんの，『野花を生ける』[3]の頁を繰っていた時だった．

月見草といえば，夕刻，ほんのりと淡黄に開花する花しか知らなかったので，透けそうな淡い桃色の一重の痩せた花が，なんだかこの世のものとも思われなかった．その頁には，奈良春日社古作油注に夏椿の蕾と共に一輪活けられていて，虫喰いの細い葉がいっそうはかなげな風情で，渋い竹筒の油注と絶妙の取合わせであった．

ひるさきつきみそう．出逢ったことはないけれど，私はこの名を忘れないでいようと思った．

ある時，バスの中から，走り去る窓外を見るともなしに見ていたら，道路ぎわの石段の下に，風に揺れているひとかたまりの桃色の花を見つけた．

あっ！きっと私はその一瞬，心中で歓喜の声を上げたに違いない．それは夢のまたたきのように通り過ぎて行ったけれど，私は翌朝，花泥棒になってその場所に戻った．

まだ眠りから醒めやらぬ夜明けの道路を，脇目もふらずに私は歩いた．この早朝に他に歩いている人はいない筈，と手篭の中でカタカタ揺れるスコップを気にしながら，一本道を行くと，向こうから野良着姿の年配の人がこちらに向かってやって来る．その人は，朝の畑仕事にでも行くのだろうか．

車は，時折思い出したように道路を走り去ったが，その人とどう道を擦れ違うか，胸の鼓動が早鐘を打ち出した．こんな時間に一人で歩いていて，怪しまれたらどうしよう．

私はすっかり犯罪者の心境になっていた．が，果たして何事もなく，野良着の人は私の真横を通って行った．私はといえば，赤くなった顔を伏せ，足早に歩いていたに違いない．目的地はまだずっと先である．わずか二十分程の道のりが，永久に続くような遥かなものに思われた．

国道沿いの荒地に，なぜ昼咲き月見草は咲いてしまったのだろう．誰にも摘まれず，愛でられもせず，走行する車輌の粉塵を隅々まで浴びて．

夜明けの花泥棒は西陽しか射さない窓辺の下に，根を折らぬよう野の草を移植した．

昼咲き月見草にとって，どちらの場所がシアワセであったか，わからない．けれども，初夏から秋口までを西陽の只中で咲き続けた．

翌年のちょうど今頃，同じ路線のバスに乗っていて，あの石段付近にさしかかった時，道路工事をしているのにぶつかった．前年，淡桃いろの優しい花が群がり揺れていた辺り，私が少しだけ株を"泥棒"してしまったあの場所が，掘り返されている最中で，花の影はもう何処にもなかった．

『花に聴く』より（株式会社リサイクル文化社 1993年）

\columnseprule

フッタ

[1] やまもと もえぎ．大阪生まれ．現在埼玉県所沢に萠庵を結び，花，書，古陶，猫三昧の日々を送る．

[2] はた ひでお．福井県生まれ．井伏鱒二著「珍品堂主人」のモデル．古美術評論家として活躍したが，昭和55年没

[3] 神無書房刊

5.5 段組の変更

▨ **2 段組 → 1 段組**　文書クラスオプション onecolumn あるいは twocolumn [→p.3 (3.3)] の宣言の有無に関わりなく，文書ファイルのある所で次の命令を宣言すると，そこで改ページされ新ページ以降はすべて 1 段組となります．

《命令》　\onecolumn

▨ **1 段組 → 2 段組**　文書クラスオプション onecolumn あるいは twocolumn [→p.3 (3.3)] の宣言の有無に関わりなく，文書ファイルのある所で次の命令を宣言すると，そこで改ページされ新ページ以降はすべて 2 段組となります．

《命令》　\twocolumn

▨ **両段ぶち抜き**　文書クラスオプション onecolumn あるいは twocolumn [→p.3 (3.3)] の宣言の有無に関わりなく，文章ファイルのある所で次の命令を宣言すると，そこで改ページされ，新ページの上部にオプション引数 [ ] 内 [→p.24 (8.3)] のテキストが「両段ぶち抜き」で出力されます．

《命令》　\twocolumn[テキスト]

　この命令の後ろでは，文書クラスオプション onecolumn あるいは twocolumn [→p.3 (3.3)] の宣言の有無に関わりなく 2 段組になります．これを 1 段組に戻すには，そこで \onecolumn を宣言します．ただしこの場合，そこで改ページが起きてしまいます．なお，引数 [ ] の中で欄外脚注の命令 \marginpar [→p.301 (85)] を宣言することはできません．下に入・出力例を示します．

```
\documentclass{jbook}
\begin{document}
\twocolumn[
{\bfseries 夜明けの花泥棒} \hfill 山本萠 \par
昼咲き月見草を初めて知ったのは，十年ほど前に出版された秦秀雄さんの，『野花を生ける』の頁を繰っていた時だった．\par
月見草といえば，夕刻，ほんのりと淡黄に開花する花しか知らなかったので，透けそうな淡い桃色の一重の痩せた花が，なんだかこの世のものとも思われなかった．その頁には，奈良春日社古作油注に夏椿の莟と共に一輪活けられていて，虫喰いの細い葉がいっそうはかなげな風情で，渋い竹筒の油注と絶妙の取合わせであった．\par
ひるさきつきみそう．出逢ったことはないけれど，私はこの名を忘れないでいようと思った．\par
ある時，バスの中から，走り去る窓外を見るともなしに見ていたら，道路ぎわの石段の下に，風に揺れているひとかたまりの桃色の花を見つけた．\par
あっ！きっと私はその一瞬，心中で歓喜の声を上げたに違いない．それは夢のまたたきのように通り過ぎて行ったけれど，私は翌朝，花泥棒になってその場所に戻った．\par
]
まだ眠りから醒めやらぬ夜明けの道路を，脇目もふらずに私は歩いた．この早朝に他に歩いている人はいない筈，と手篭の中でカタカタ揺れるスコップを気にしながら，一本道を行くと，向こうから野良着姿の年配の人がこちらに向かってやって来る ...
```

⇓

【出力】 → (→p.11)

両段ぶち抜きの出力例

ヘッダ

夜明けの花泥棒　　　　　　　　　　　　　　　　　　　　　山本萠[1]

昼咲き月見草を初めて知ったのは，十年ほど前に出版された秦秀雄[2]さんの，『野花を生ける』[3]の頁を繰っていた時だった．

月見草といえば，夕刻，ほんのりと淡黄に開花する花しか知らなかったので，透けそうな淡い桃色の一重の痩せた花が，なんだかこの世のものともと思われなかった．その頁には，奈良春日社古作油注に夏椿の蕾と共に一輪活けられていて，虫喰いの細い葉がいっそうはかなげな風情で，渋い竹筒の油注と絶妙の取合わせであった．

ひるさきつきみそう．出逢ったことはないけれど，私はこの名を忘れないでいようと思った．

ある時，バスの中から，走り去る窓外を見るともなしに見ていたら，道路ぎわの石段の下に，風に揺れているひとかたまりの桃色の花を見つけた．あっ！きっと私はその一瞬，心中で歓喜の声を上げたに違いない．それは夢のまたたきのように通り過ぎて行ったけれど，私は翌朝，花泥棒になってその場所に戻った．

　まだ眠りから醒めやらぬ夜明けの道路を，脇目もふらずに私は歩いた．この早朝に他に歩いている人はいない筈，と手篭の中でカタカタ揺れるスコップを気にしながら，一本道を行くと，向こうから野良着姿の年配の人がこちらに向かってやって来る．その人は，朝の畑仕事にでも行くのだろうか．

　車は，時折思い出したように道路を走り去ったが，その人とどう道を擦れ違うか，胸の鼓動が早鐘を打ち出した．こんな時間に一人で歩いていて，怪しまれたらどうしよう．

　私はすっかり犯罪者の心境になっていた．が，果たして何事もなく，野良着の人は私の真横を通って行った．私はといえば，赤くなった顔を伏せ，足早に歩いていたに違いない．目的地はまだずっと先である．わずか二十分程の道のりが，永久に続くような遥かなものに思われた．

　国道沿いの荒地に，なぜ昼咲き月見草は咲いてしまったのだろう．

　誰にも摘まれず，愛でられもせず，走行する車輌の粉塵を隈々まで浴びて．

　夜明けの花泥棒は西陽しか射さない窓辺の下に，根を折らぬよう野の草を移植した．

　昼咲き月見草にとって，どちらの場所がシアワセであったか，わからない．けれども，初夏から秋口までを西陽の只中で咲き続けた．

　翌年のちょうど今頃，同じ路線のバスに乗っていて，あの石段付近にさしかかった時，道路工事をしているのにぶつかった．前年，淡桃いろの優しい花が群がり揺れていた辺り，私が少しだけ株を"泥棒"してしまったあの場所が，掘り返されている最中で，花の影はもう何処にもなかった．

　『花に聴く』より（株式会社リサイクル文化社 1993 年）

---

[1] やまもと もえぎ．大阪生まれ．現在埼玉県所沢に萠庵を結び，花，書，古陶，猫三昧の日々を送る．

[2] はた ひでお．福井県生まれ．井伏鱒二著「珍品堂主人」のモデル．古美術評論家として活躍したが，昭和 55 年没

[3] 神無書房刊

フッタ

5.6 多段組

▨ |multicol| パッケージを登録すると [→p.32 (10)], 次の多段組の環境が使えます【→ [4] p.88-92】.

《命令》 \begin{multicols} 〜 \end{multicols}

```
\columnsep=15mm
\columnseprule=1mm
\begin{multicols}{3}[補説][3cm]
ああああああああああああああああああああああああああああああああ
ああああああああああああああああああああああああああああああ
\end{multicols}
```

⇓

補説

ああああああああああ　　　ああああああああ　　　ああああああああ
ああああああああああ　　　ああああああああ　　　ああああ
ああああああああああ　　　ああああああああ
←15mm→　　　　　　　　　←15mm→
1mm　　　　　　　　　　　　1mm

☐ \columnseprule と \columnsep は 5.2 節 (p.6) におけるものと同じです.

☐ {3} は 3 段組を指示します. 最大 10 段組まで可能です.

☐ [補説] で段組の標題を付けます. ここには \section [→p.53 (14)] 命令なども入力できます.

☐ 長い段組はページ末で改ページされますが, もう 1 つのオプション [3cm] を追加すると, ページ末の余白が 3cm 以下のとき, その余白を残して改ページされます.

コラム F：LaTeX 2ε の素晴らしさ

筆者の所属する日本オペレーションズ・リサーチ学会の英文論文誌では, この十年来, 投稿者自身による LaTeX 2ε の原稿がそのまま印刷されることが多くなってきています. これはこの学会だけのことではありません. アメリカ数学会では LaTeX 2ε を数学論文用に書き改めた AMS-LaTeX が投稿論文用として正式採用されています. 海外の理系関係の学会や出版社には, 原稿投稿に際し LaTeX 2ε のテキストファイルを同封することを要求しているところすらあります. また伝統的な活字組版をかたくなに墨守してきたある出版社では, その出来上がりの素晴らしさ故に, いまでは執筆者に LaTeX 2ε による原稿の提出を積極的に薦めるという方針変更をしたということです. このような傾向は今後ますます強くなっていくものと思われます.「LaTeX 2ε は素晴らしい！」と筆者が訴えるのも, このような事実に裏付けられたものなのです.

6 ページ形式とヘッダ・フッタ

用語: ページ形式　ヘッダ　フッタ

命令: \pagestyle \thispagestyle \markright \markboth \headrulewidth \footrulewidth \headwidth \lhead \chead \rhead \lfoot \cfoot \rfoot \pagenumbering \arabic \roman \Roman \alph \Alph arabic roman Roman alph Alph empty plain headings myheadings fancy

パッケージ: fancyheadings

◇

6.1 ヘッダとフッタ

▣ ヘッダ(→p.6)には，1) ページ番号，2) 章や節の番号とその標題，3) あれば便利と思われる情報などを出力させることができます．

▣ フッタ(→p.6)には，その中央にページ番号を出力させることができます．

6.2 ページ形式

▣ ヘッダとフッタへの情報の出力形式を「ページ形式」と言い，下の表に示す4通りがあります．

ページ形式	説明
empty	ヘッダ，フッタ共に何も出力されず，ページ番号のないページとなります．
plain	ヘッダには何も出力されず，フッタの中央にページ番号が出力．
headings	フッタには何も出力されず，ヘッダにページ番号と章や節の番号およびその標題が出力．
myheadings	フッタには何も出力されず，ヘッダにページ番号のみが出力．このページ形式では，命令 \markright と \markboth を使用して好みの情報が出力できます[→p.15 (6.4)]．

▣ たとえば empty 形式を指定するには，プリアンブルで次のように宣言します．

《命令》　\pagestyle{empty}

▣ これを文章の途中で宣言すると，そのページから設定が変わります．

▣ ページ形式を宣言しなければ，論文・報告書の場合には plain 形式が，本の場合には headings 形式が標準設定されます．

▣ あるページを，そのページにかぎりそれまでに指定したページ形式とは別のものに 一時的に 変更するには次の命令を使います．改ページされるとまた元のページ形式に戻ります．

《命令》　\thispagestyle{ページ形式}

6.3 headings 形式

▣ headings 形式が宣言されているとき，フッタには何も出力されません．ヘッダへの情報の出力形式は，両面・片面のいずれの印刷形式[→p.3 (3.3)]であるか，論文・本・報告書のいずれの文書クラス[→p.3 (3.2)]であるかによってそれぞれ異なります．

▣ **片面印刷の場合**（論文・報告書は片面印刷が標準設定です．本には片面印刷は定義されていません）

この場合，すべてのページは右ページと解釈されます．このとき，ヘッダへ出力される情報は下の表の通りです．

論文	ヘッダの左端に「節の番号＋標題」が，右端に「ページ番号」が出力されます．
報告書	ヘッダの右端に「ページ番号」が出力されるだけです．

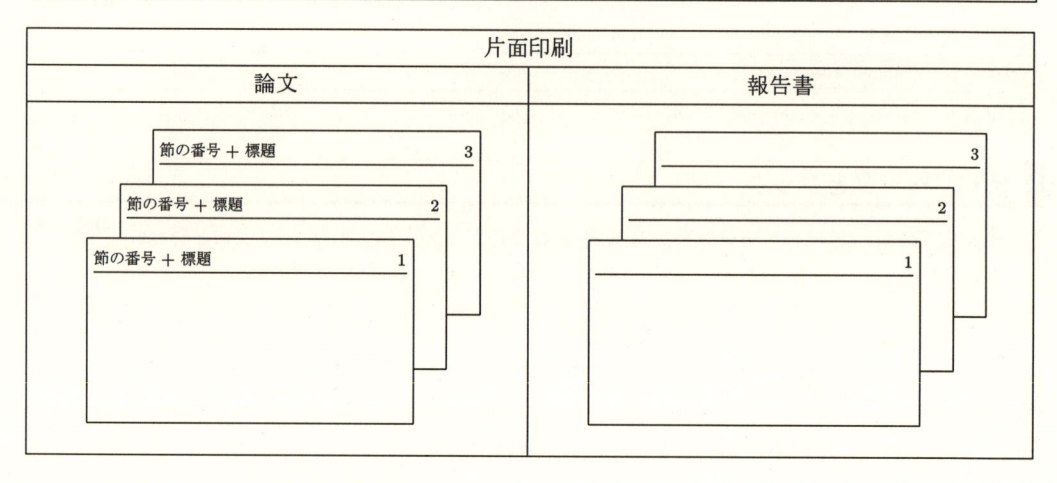

▣ **両面印刷の場合**（本は両面印刷が標準設定です）

この場合，奇数ページは右ページ，偶数ページは左ページとなります．したがって，第1ページは常に右（奇数）ページとなります．このとき，ヘッダに出力される情報形式は次の通りです．

論文	1ページ目（右（奇数）ページ）には，その右端に「ページ番号」が出力されるだけです．それ以降の右（奇数）ページには，その右端に「ページ番号」が，左端に「小節の番号＋標題」が出力．左（偶数）ページには，その左端に「ページ番号」が，右端には「節の番号＋標題」が出力．
本	左（偶数）ページには，その左端に「ページ番号」が，右端に「章の番号＋標題」が出力．右（奇数）ページには，その右端に「ページ番号」が，左端に「節の番号＋標題」が出力．
報告書	本と同じ．

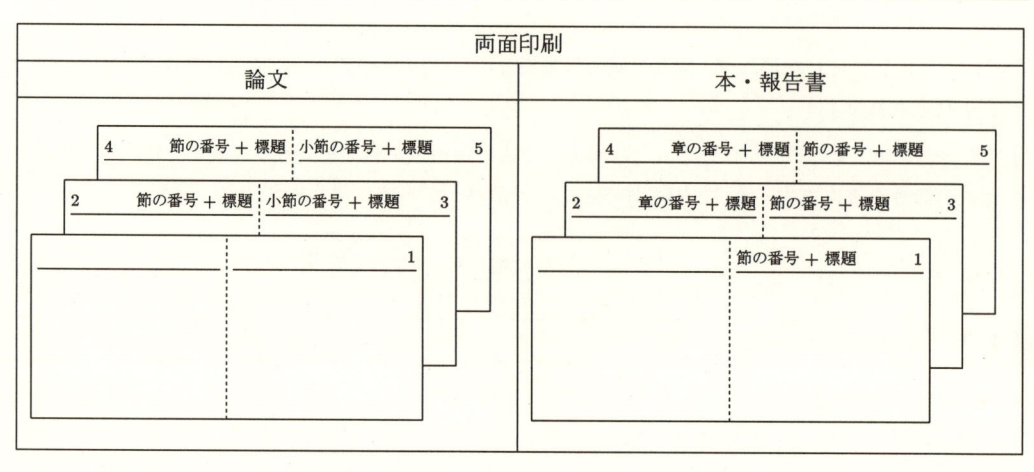

6.4 myheadings 形式

▣ myheadings 形式を宣言すると，フッタには何も出力されず，ヘッダには，右 (奇数) ページでは右端に，左 (偶数) ページでは左端にそれぞれ「ページ番号」が出力されます．

▣ myheadings 形式を宣言すると，次の命令を使って，ヘッダに自分の好みの情報を出力させることができます (empty および plain を指定しているときはこの命令は無視されます)．

《命令》　\markright{右 (奇数) ページのヘッダへの情報}

《命令》　\markboth{左 (偶数) ページのヘッダへの情報}{右 (奇数) ページのヘッダへの情報}

▣ 引数 { } 内で指定されている情報は「動く引数」です [→p.24 (8.4)]．

▣ この 2 つの命令は，片面・両面のいずれの印刷形式においても使用できます．ただし片面印刷の場合，すべてのページを右 (奇数) ページと解釈しますので \markboth を宣言しても意味がありません．

▣ たとえば，本において次のように宣言したとします (\thesection と \thesubsection については 14.1 節 (p.53) を参照)．

\markboth{第 \thesection 節 方程式の導出}{第 \thesubsection 節 その解法}

この宣言が左 (偶数) ページで有効であればそのページのヘッダに 第 2.3 節 方程式の導出 と出力され，右 (奇数) ページで有効であればそのページのヘッダに 第 2.3.1 節 その解法 と出力されます．

▣ この宣言による情報は次の規則で出力させます．

左 (偶数) ページのヘッダ	そのページが終了する前に宣言された最後の \markboth によって指定されている {左 (偶数) ページのヘッダへの情報} が出力．
右 (奇数) ページのヘッダ	そのページ内にある最初の \markboth または \markright によって指定されている {右 (奇数) ページのヘッダへの情報} が出力．そのページ内に \markboth も \markright もなければ，前ページまでに宣言された最後の \markboth または \markright によって指定されている {右 (奇数) ページのヘッダへの情報} が出力．

▣ \markright と \markboth は，章・節の命令である \chapter と \section [→p.53 (14.1)] などにくっつけて宣言すること．たとえば，章 \chapter の標題は左 (偶数) ページのヘッダに，節 \section の標題は右 (奇数) ページのヘッダに出力させるには次のようにします．

\section{定義}\markboth{\thechapter はじめに}{\thesection 定義}

6.5 章の出力ページ

▣ 両面印刷で章 \chapter [→p.53 (14.1)] が宣言されているときの章ページについて：
  ☐ 章が出力されるページは常に右 (奇数) ページになる．したがってある章が右 (奇数) ページで終わると，次の左 (偶数) ページは空のページとなり，その次の右 (奇数) ページが次の章のページとなる．
  ☐ 章が出力されるページのフッタの中央にはページ番号が出力され，ヘッダには何も出力されません．
  ☐ 文書クラスオプション openany [→p.3 (3.3)] を宣言しておけば，章のページは左 (偶数) ページにも出力されます．

6.6 ヘッダとフッタの設計

▨ |fancyheadings| パッケージを登録し [→p.32(10)]，ページ形式 fancy を宣言する，すなわち

《命令》　\pagestyle{fancy}

とすると，ヘッダとフッタのより柔軟な設計が可能となります【→ [4] p.112-115】.

▨ ヘッダとフッタに引く罫線の太さは次の命令で指定します (ここではそれぞれ 0.5mm と 0.1mm にしています). これを 0mm とすると罫線は消えます.

《命令》　\headrulewidth=0.5mm　\footrulewidth=0.1mm

▨ ヘッダとフッタの幅は次の命令で変更できます (ここではそれを 55mm にしています).

《命令》　\headwidth=55mm

▨ ヘッダとフッタの左端・中央・右端にテキストを出力するには次の命令を使います.

《命令》　\lhead{ }　\chead{ }　\rhead{ }　→　ヘッダ
　　　　 \lfoot{ }　\cfoot{ }　\rfoot{ }　→　フッタ

本文の幅を \textwidth=50mm とした入・出力例を下に示します．これらの命令は章・節の命令 \chapter，\section ... [→p.53(14.1)] などにくっつけて宣言すること.

▨ 下に 1 例を示します．この例のように入力すると，ヘッダとフッタへの出力情報は，左 (偶数) ページも右 (奇数) ページも同じものになります.

```
\lhead{♣} \chead{♡} \rhead{♠}     →  ヘッダ
\lfoot{♣} \cfoot{△} \rfoot{♥}     →  フッタ
```

⇓

[図: 左(偶数)ページと右(奇数)ページのレイアウト。それぞれ \headwidth=55mm のヘッダに {♣} {♡} {♠}、本文、フッタに {♣} {△} {♥}、本文幅 \textwidth=50mm]

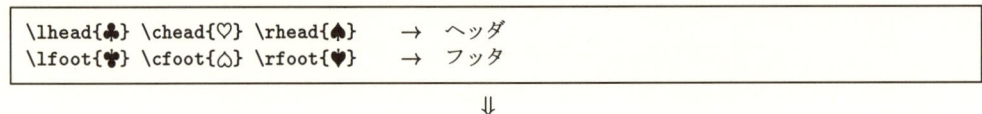

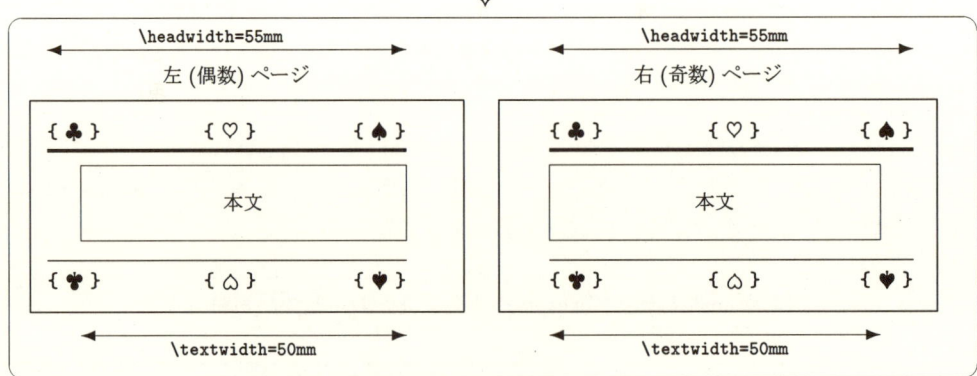

▨ 下の例のようにオプション引数 [ ] [→p.24(8.3)] を指定すると，
　□ オプション引数 [ ] の内容　⇒　左 (偶数) ページに出力.
　□ 必須引数 { } の内容　　　　⇒　右 (奇数) ページに出力.

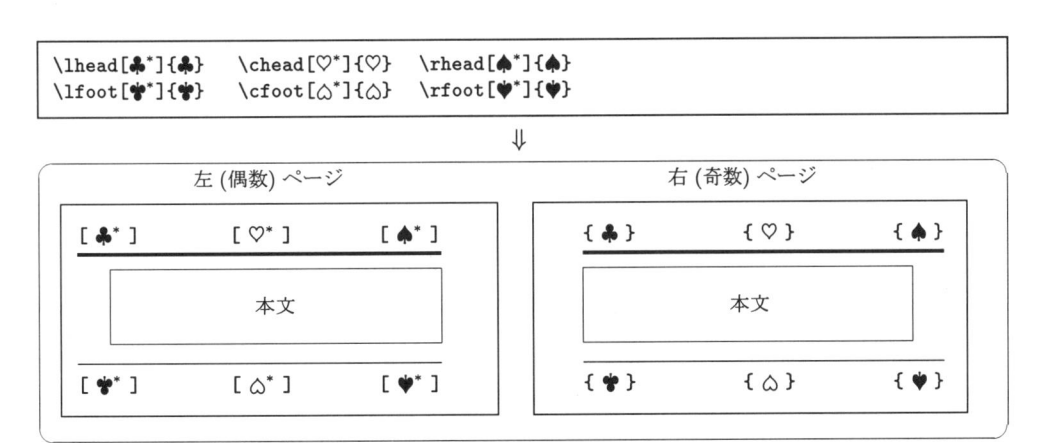

6.6 ヘッダとフッタの設計

```
\lhead[♣*]{♣}    \chead[♡*]{♡}    \rhead[♠*]{♠}
\lfoot[♣*]{♣}    \cfoot[♢*]{♢}    \rfoot[♥*]{♥}
```

⇩

```
       左 (偶数) ページ                      右 (奇数) ページ
┌─────────────────────────┐   ┌─────────────────────────┐
│ [♣*]     [♡*]     [♠*]  │   │ {♣}     {♡}      {♠}    │
│ ─────────────────────── │   │ ─────────────────────── │
│         本文            │   │         本文            │
│                         │   │                         │
│ [♣*]     [♢*]     [♥*]  │   │ {♣}     {♢}      {♥}    │
└─────────────────────────┘   └─────────────────────────┘
```

▨ 上の例で \cfoot[♢*]{♢} を削除すると，下の例のように標準設定としてフッタの中央にページ番号が出力されます．

```
\lhead[♣*]{♣}    \chead[♡*]{♡}    \rhead[♠*]{♠}
\lfoot[♣*]{♣}                     \rfoot[♥*]{♥}
```

⇩

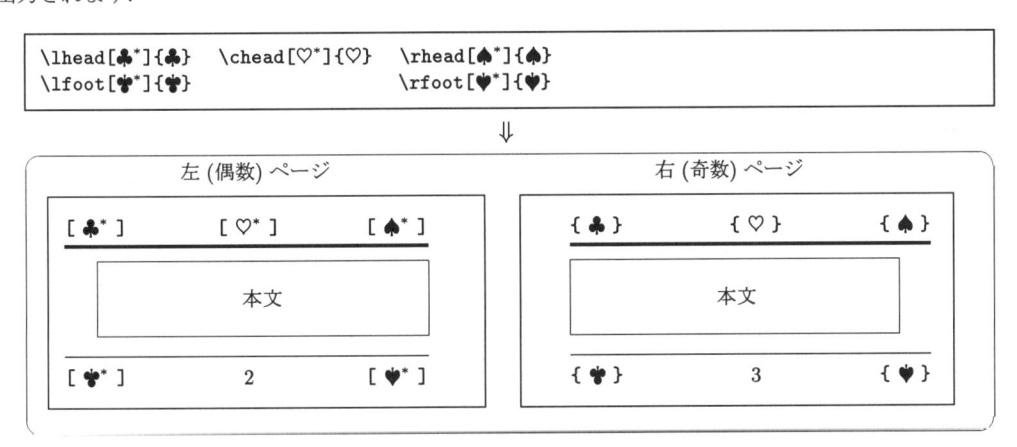

```
       左 (偶数) ページ                      右 (奇数) ページ
┌─────────────────────────┐   ┌─────────────────────────┐
│ [♣*]     [♡*]     [♠*]  │   │ {♣}     {♡}      {♠}    │
│ ─────────────────────── │   │ ─────────────────────── │
│         本文            │   │         本文            │
│                         │   │                         │
│ [♣*]      2       [♥*]  │   │ {♣}      3       {♥}    │
└─────────────────────────┘   └─────────────────────────┘
```

▨ 実は，このページ形式では，本来標準設定としてフッタの中央に出力されるはずのページ番号の上に \cfoot[♢*]{♢} が宣言されていたため，その情報がページ番号の上に重ね打ちされる形でそこに出力されていたのです．したがって上の例のように，それを削除すると，本来そこに現れるはずのページ番号がそこに現れることになります．この性質を利用すると，次の例のように，ページ番号 \thepage をヘッダに出力させることもできます．

```
\lhead[\thepage]{\thesection 節 定義}   \rhead[\thechapter 章 理論]{\thepage}
\cfoot{}
```

⇩

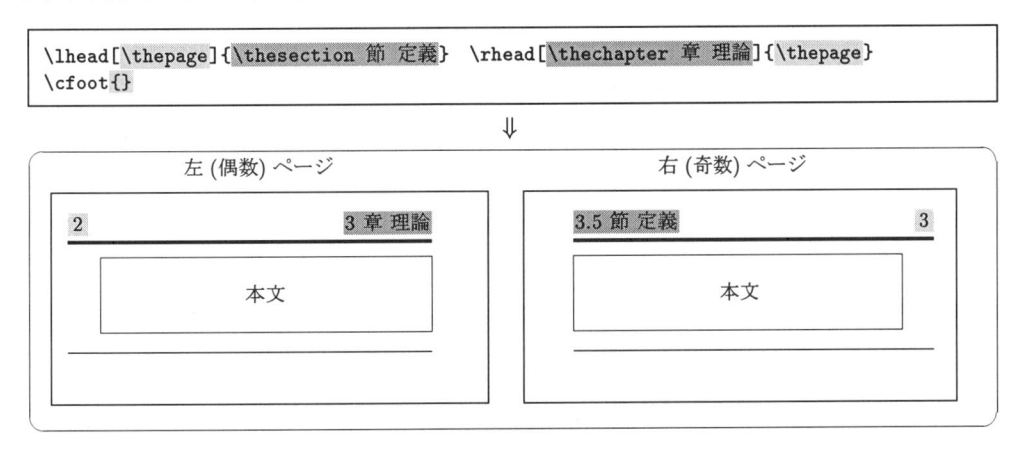

```
       左 (偶数) ページ                      右 (奇数) ページ
┌─────────────────────────┐   ┌─────────────────────────┐
│ 2              3 章 理論 │   │ 3.5 節 定義            3 │
│ ─────────────────────── │   │ ─────────────────────── │
│         本文            │   │         本文            │
│                         │   │                         │
│                         │   │                         │
└─────────────────────────┘   └─────────────────────────┘
```

6.7 ページ番号の種類の変更

ヘッダやフッタに出力されるページ番号は，標準設定として \arabic [→p.36(11.5)] の $1, 2, 3, \cdots$ となります．これを変更するには次の2つの方法があります．

□ **方法 I**　ページ番号を，たとえば \roman の i, ii, iii, $\cdots$ に変更したければ，変更したい所で

《命令》　\pagenumbering{roman}

と宣言します．ここで「バックスラッシュ \ 付き」の \roman ではなく「バックスラッシュ \ なし」の roman であることに注意．この場合，ページのカウンタ page [→p.34(11)] は 1 にリセットされてしまいます．「バックスラッシュ \ なし」の roman をページ番号用のカウンタと言います．ページ番号用のカウンタには下表に示す 5 通りがあります．

arabic	アラビア数字	1, 2, 3, ⋯
roman	ローマ数字（小文字）	i, ii, iii, ⋯
Roman	ローマ数字（大文字）	I, II, III, ⋯
alph	アルファベット（小文字）	a, b, c, ⋯
Alph	アルファベット（大文字）	A, B, C, ⋯

□ **方法 II**　ページ番号を，たとえば \roman の i, ii, iii, $\cdots$ に変更したければ，変更したい所で次の命令を宣言します [→p.28(9.6)]．

《命令》　\renewcommand{\thepage}{\roman{page}}

ここでは「バックスラッシュ \ なし」の roman でなくて「バックスラッシュ \ あり」の \roman であることに注意 [→p.36(11.5)]．この場合，ページのカウンタ page [→p.34(11)] は 1 にはリセットされません．1 にリセットしたければ，その前で次のように宣言します [→p.35(11.3)]．

《命令》　\setcounter{page}{1}

こうすると，以降，ページ番号は順次 i, ii, iii, $\cdots$ と付けられていきます．

コラム M：標準設定値 (字下げ幅)

パラメータ	1 段組			2 段組
	[10pt]	[11pt]	[12pt]	[10, 11, 12pt]
\parindent	15pt (5.3mm)	17pt (6.0mm)	1.5em	1.0em
\mathindent	25pt (8.8mm)	2.5em	2.5em	2.0em

7 文書ファイルの分割と結合

用語： 文書ファイルの分割と結合　文書ファイルの入れ子

命令： \input　\include　\includeonly

◇

7.1 文書ファイルの分割と結合

▨ 文書ファイルを章や節 [→p.53 (14)] など適当な所でいくつかに分割し，それらを個々に処理した後で結合し一つの全体文書ファイルとして完結させることができます．

7.2 簡単な入・出力例

▨ ここでは 1.1 節 (p.1) の文書ファイル XYZ.TEX を例に取り，この分割と結合の処理の仕方を説明します．説明の都合上，この文書ファイルの入・出力例をここに再録します．

XYZ.TEX

```
\documentclass[11pt]{jbook}
\textwidth=16cm
\textheight=23cm
\begin{document}
 \noindent\\
 数学の法則が現実に\\
 あてはまるとしたら，\\
 その法則は確かではない．\\
 数学の法則が確かである限り，\\
 現実にはあてはまらない．\\
 \hspace*{25mm} アインシュタイン
\end{document}
```

⇒

数学の法則が現実に
あてはまるとしたら，
その法則は確かではない．
数学の法則が確かである限り，
現実にはあてはまらない．
　　　　　　　アインシュタイン

▨ この文書ファイルにおける document 環境 [→p.2 (2.4)] 内の文章を下の 3 つの文書ファイルに別々に入力します．

XYZ1.TEX
```
\noindent
数学の法則が現実に\\
あてはまるとしたら，\\
```

XYZ2.TEX
```
その法則は確かではない．\\
数学の法則が確かである限り，\\
```

XYZ3.TEX
```
現実にはあてはまらない．\\
\hspace*{16mm}アインシュタイン
```

▨ 次にファイルの読込み命令

《命令》　\input{ }

を使用して左下のような文書ファイルを作ると，右下のように元の出力と同じものが得られます．

XYZ0.TEX

```
\documentclass[11pt]{jbook}
\textwidth=16cm
\textheight=23cm
\begin{document}
 \input{XYZ1}
 \input{XYZ2}
 \input{XYZ3}
\end{document}
```

⇒

数学の法則が現実に あてはまるとしたら，	XYZ1.TEX
その法則は確かではない． 数学の法則が確かである限り，	XYZ2.TEX
現実にはあてはまらない． 　　　　アインシュタイン	XYZ3.TEX

※ このように，\input{ファイル名} 命令はそのファイルをそっくりそこに挿入する働きを持ちます．

※ 分割処理をしているとき，分割された個々の文書ファイル XYZ1.TEX，XYZ2.TEX，XYZ3.TEX を「子文書ファイル」と言い，子文書ファイルを \input 命令で結合するための文書ファイル XYZ0.TEX を「親文書ファイル」と言うことにします[→p.284 (82.2)]．

7.3 分割ファイルの入れ子

※ 分割ファイルの中にさらに別の分割ファイルを \input 命令によって挿入することもできます．

※ たとえば，上のアインシュタインの名言の英語原文を左下の文書ファイル XYZ4.TEX に入力します．これを 7.2 節 (p.19) で作った文書ファイル XYZ3.TEX の中に \input 命令を使って右下のように入力します．このようにして作られた文書ファイルを XYZ33.TEX とします．

```
XYZ4.TEX
As far as the laws of
mathematics refer to reality,
they are not certain,
and as far as they are certain,
they do not refer to reality.
\hspace*{25mm}Einstein
```

```
XYZ33.TEX
現実にはあてはまらない．\\
\hspace*{25mm}アインシュタイン
\input{XYZ4}
```

※ そして親文書ファイル XYZ0.TEX を左下のように書き換えると，右下のように出力されます．

```
XYZ00.TEX
\documentclass[11pt]{jbook}
\textwidth  = 16cm
\textheight = 23cm
\begin{document}
  \input{XYZ1}
  \input{XYZ2}
  \input{XYZ33}
\end{document}
```

⇒

数学の法則が現実に   XYZ1.TEX
あてはまるとしたら，

その法則は確かではない．   XYZ2.TEX
数学の法則が確かである限り，

現実にはあてはまらない．   XYZ33.TEX
　　　　　　アインシュタイン
As far as the laws of   XYZ4.TEX
mathematics refer to reality,
they are not certain,
and as far as they are certain,
they do not refer to reality.
　　　　　　　　　　Einstein

7.4 分割ファイルの効果的なコンパイル

※ \input と同類の命令に次の命令があります．

《命令》　\include{ }

※ これを使うと，分割ファイルはその前後で改ページされて出力されます．

※ 7.2 節 (p.19) の親文書ファイル XYZ0.TEX における \input 命令をすべて \include 命令に置き換えてコンパイルすると次のように出力されます．

7.4 分割ファイルの効果的なコンパイル

```
                    XYZ0.TEX
\documentclass[11pt]{jarticle}
\textwidth  = 16cm
\textheight = 23cm
\begin{document}
  \include{XYZ1}
  \include{XYZ2}
  \include{XYZ3}
\end{document}
```

⇒

```
改ページ
  数学の法則が現実に            XYZ1.TEX
  あてはまるとしたら,
改ページ
  その法則は確かではない.        XYZ2.TEX
  数学の法則が確かである限り,
改ページ
  現実にはあてはまらない.        XYZ3.TEX
          アインシュタイン
改ページ
```

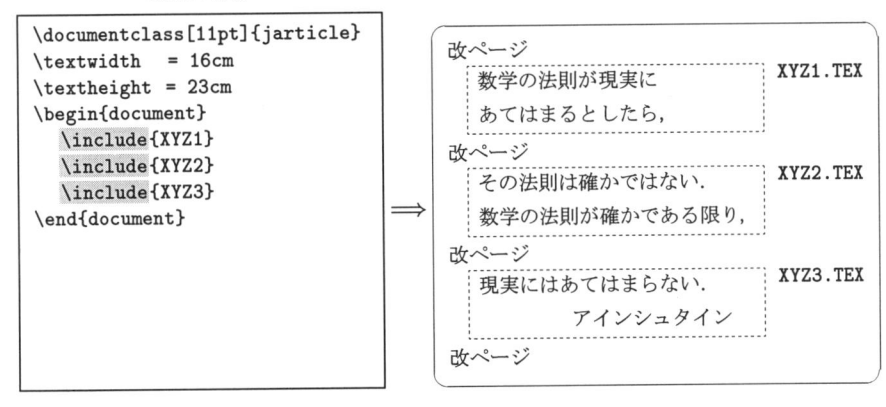

▨ \include 命令は，実は次の命令と併用することによってその真価を発揮します．

《命令》 \includeonly{ }

▨ \includeonly 命令はプリアンブルの中で下の例のように宣言します．

```
\documentclass[11pt]{jarticle}
\textwidth  = 16cm
\textheight = 23cm
\includeonly{XYZ1,XYZ3}
\begin{document}
  \include{XYZ1}
  \include{XYZ2}
  \include{XYZ3}
\end{document}
```

▨ このようにすると \includeonly の引数に登録されている 2 つの文書ファイル XYZ1.TEX と XYZ3.TEX のみがコンパイルされ，出力されます．

▨ \includeonly を宣言しないときは，\include 命令で宣言されているすべての文書ファイルがコンパイルされます．すなわち次の命令を宣言したことと同じになります．

\includeonly{XYZ1,XYZ2,XYZ3}

▨ ところで，これらの命令を使った場合，コンパイルされた文書ファイルのページ番号は変更されません．
  □ たとえば \includeonly を宣言せずに全分割文書ファイルをコンパイルしたとき，各分割文書ファイルのページ番号が

```
文書ファイル XYZ1.TEX のページ番号は →  1, 2
文書ファイル XYZ2.TEX のページ番号は →  3, 4, 5
文書ファイル XYZ3.TEX のページ番号は →  6
```

であったとしましょう．
  □ 次に

\includeonly{XYZ1,XYZ3}

と宣言し，2 つの文書ファイル XYZ1.TEX と XYZ3.TEX のみをコンパイルしたとしましょう．この

とき，これら 2 つの文書ファイルのページ番号は変わりません．すなわち，文書ファイル XYZ1.TEX に対しては元のままのページ番号 1，2 が付けられ，文書ファイル XYZ3.TEX に対しても元のままのページ番号 6 が付けられ，それぞれの文章が出力されます．この場合，\includeonly{ } から外されたページ番号が 3，4，5 の文書ファイル XYZ2.TEX の文章は出力されません．したがって，既に出力してある文書ファイル XYZ2.TEX の用紙をこの 2 つの文章ファイル XYZ1.TEX と XYZ3.TEX の用紙の間に挿入すれば，全文書ファイルに対する完全な出力結果が得られることになります．

▨ ただし，1 度目のコンパイルの後に文書ファイル XYZ1.TEX と XYZ3.TEX に大幅な修正を加えると，それらの文書ファイルのページ番号は当然増えたり減ったりするので，全体のページ番号に重複や落ちが発生してしまいます．そのようなことが発生しそうだと思われたら，全文書ファイルのページ番号の一貫性を保つために命令 \includeonly を外して全文書ファイルをコンパイルし直すべきです．

▨ \include によって読み込まれる文書ファイルの中では \newcounter 命令 [→p.38 (11.9)] は使えません．

コラム B：LaTeX 2ε への移行に伴う変更点

LaTeX から LaTeX 2ε へ移行した場合，LaTeX 使用時に入力した文書ファイルで変更しなければならいのは次の 3 点だけです．

1. \documentstyle を \documentclass とすること [→p.3 (3.1)]．
2. ページレイアウトパラメータ \footheight が抹消されたこと [→p.6 (5.2)]．これを宣言するとエラーとなります．
3. LaTeX で標準的に用意されていた次の 11 個の数学記号

\mho → ℧	\Join → ⋈	\Box → □	\Diamond → ◇
\leadsto → ⇝	\sqsubset → ⊏	\sqsupset → ⊐	\lhd → ◁
\unlhd → ⊴	\rhd → ▷	\unrhd → ⊵	

を使うには，パッケージ latexsym ， amsfonts ， amssymb の何れかが登録 [→p.32 (10)] されていなければなりません．

以上のことに留意して元の文書ファイルを書き換えれば，その文書ファイルは LaTeX 2ε でもコンパイルは正常に遂行されます．変更点がこの程度なら敢えて LaTeX 2ε に鞍替えする必要もなし，と考えるのは些か短絡的と言えます．なぜなら，LaTeX 2ε には LaTeX にはない様々な目を見張る新機能が追加されているからです．LaTeX 2ε の究極の姿として将来現れるであろう LaTeX3 は従来の LaTeX とは全く別物となるであろうとの識者の見解もあるほどです．

【要注意】 LaTeX の書体選定命令である

\rm \sf \tt \mc \gt \bf \it \sl \sc

は LaTeX 2ε でも使うことができますが，それは単なる移行措置であって，LaTeX 2ε がいずれバージョンアップされ LaTeX 3 になったときは恐らく使用不可となるでしょう．従って，今後とも LaTeX 2ε を使おうとするなら，23 節 (p.80) で述べてある LaTeX 2ε 本来の書体選定命令を使うよう心がけるべきと思います．

8 命令 (コマンド) と引数

用語：単独命令　環境命令　マクロ命令　引数　引数項目　必須引数　必須引数項目　オプション引数　オプション引数項目　命令のグルーピング

◇

8.1　3 種類の命令

▣ 命令 (コマンド) には「単独命令」「環境命令」「マクロ命令」の 3 通りがあります．

□ **単独命令**　それ自体で 1 つの命令となるものを「単独命令」と言います．次の 7 種類があります．

(1)	1 つの記号から成る命令	# $ & ~ _ ^ など
(2)	\ と 1 つの記号から成る命令	\, \{ \! など
(3)	\ と 1 つ以上の英文字から成る命令	\alpha \sum \input など
(4)	\ なしの文字綴りのもの	pt, book, page など
(5)	@表現と呼ばれるもの	@{ }
(6)	p 表現と呼ばれるもの	p{ }
(7)	*形式と呼ばれるもの	\section*　\circle* など

□ **環境命令**　\begin{～} で始まり \end{～} で終わる命令を「環境命令」と言います．この対になった命令の間を「～環境」と言います．その代表例は文書環境（document 環境）です [→p.2(2.4)]．環境の前で宣言されたことは環境の中でも有効ですが，環境の中で宣言されたことはその環境の中でのみ有効で，その環境を抜け出るとその効果は消失します．

□ **マクロ命令**　いくつかの単独命令，環境命令，および文章の組合せとして作られている命令を「マクロ命令」と言います [→p.26(9)]．

▣ 命令の「名」として和文字も使用できます．英文字は小文字と大文字が区別されます．したがって，命令 \abc と \Abc は異なった命令となります．

▣ @ を含む命令は，一般にスタイルファイル「～.STY」[→(コラム W) p.95] の中で使うもので，文書ファイル中では直接使用できません．

8.2　宣言型の命令とグルーピング

▣ 文字サイズの拡大を宣言する命令 \huge [→p.83(24.1)] や書体を宣言する命令 \itshape [→p.80(23.1)] のように，それを宣言するとそれ以降の出力形式が変わるような命令があります．これらを「宣言型 (declaration type) の命令」と言い，それ以外のものを「命令型 (command type) の命令」と言います．

▣ 宣言型の命令には，すべて対応する環境命令が用意されています．たとえば \huge 命令に対しては huge 環境命令 があります．すなわち \begin{huge} と \end{huge} で囲まれる間に入力される文字は \huge のサイズに拡大されます．

▣ 宣言型の命令は，一度宣言されるとその効果がどこまでも及びます．その及ぶ範囲を { } で囲むと，その効果をその範囲に限定できます．これを「グルーピング」と言います．たとえば書体をイタリック体にする命令に \itshape，サンセリフ体にする命令に \sffamily があり [→p.80(23.1)]，サイズを大きくする命令に \Large があります [→p.83(24.1)]．これを使ったグルーピングの例を下に示します．

```
aaaa {\itshape bbbb {\Large\sffamily ijkl} bbbb} aaaa
```
⟹ aaaa *bbbb* *ijkl* *bbbb* aaaa

ここで，本来，直立体[→p.80 (23.1)] の ijkl と出力されるべきところ，\itshape の影響を受けて斜体 *ijkl* となっていることに注意して下さい．これを直立体の ijkl にするには，次のように \normalfont を宣言します．

```
aaaa {\itshape bbbb {\Large\normalfont\sffamily ijkl} bbbb} aaaa
```
⇓ aaaa *bbbb* ijkl *bbbb* aaaa

これが LaTeX 2ε で採用されている書体選定方式 NFSS2 [→p.80 (23.1)/p.81 (23.2)] の特徴のひとつです．

8.3 命令の引数

- \documentclass 命令 [→p.3 (3.1)] のように，命令の一部として { } や [ ] を持つものが多くあります．{ } や [ ] の中で宣言されるものをその命令の「引数」と言い，引数として指定する事柄を「引数項目」と言います．
- 引数 { } は「必須引数」と言い，省略できません．必須引数の項目を「必須引数項目」と言います．
- 引数 [ ] は「オプション引数」と言い，省略できます．省略すると標準設定されているものが有効となります．オプション引数の項目を「オプション引数項目」と言います．
- 引数と引数の間のスペースは無視されます．

8.4 動く引数

- たとえば \chapter{研究目的} [→p.53 (14)] の引数 { } は動く引数の典型的な例です．この引数 {本研究の目的} は，これが宣言されたその場所だけでなく目次にも「2 研究目的」と出力されます [→p.46 (13)]．すなわち，この引数の情報は目次の中へと動いていきます．これが「動く」というこの用語の由来です．
- 命令の中には不安定で壊れやすい命令があります．これらは「fragile な命令」と言います．fragile な命令の一覧表というものはありません．
- 動く引数の中で fragile な命令を使うとコンパイルエラーとなります．そのようなときには，その命令の前に

《命令》　\protect

を置くと，その命令の壊れやすさが回避できます．不可解なコンパイルエラーに直面したときは，それと思しき命令 (引数の中で使用されている命令) の前に \protect 命令を入力して再度コンパイルしてみて下さい．多くの場合うまくいきます．ただしその効果は \protect 命令の直後の命令にしか及びません．

8.5 最後にオプション引数 [ ] を持つ命令についての注意

▣ その最後にオプション引数 [ ] を持つ命令には次のようなものがあります．

```
\item[ ]        \twocolumn[ ]    \linebreak[ ]    \nolinebreak[ ]
\pagebreak[ ]   \nopagebreak[ ]  \newtheorem[ ]   \newcounter[ ]    \\[ ]
```

▣ これらの命令をオプション引数なしで宣言したとき，その後ろにたまたま [で始まるテキストが続くと，これをオプション引数の開始と見なしてしまい問題が発生します．このようなときは，この [を { } で囲んで {[} としておくこと．

```
[太郎]=1 とする．\\           [太郎]=1 とする．\\
{[}は性別関数である    あるいは    {[}は性別関数である
```

8.6 最後に * を持つ命令についての注意

▣ その最後に * を持つ命令に対しても同様のことが言えます．たとえば改行命令に * と \\ とがありますが [→p.181 (60.3)]，改行命令として \\ を使い，その直後にたまたま * で始まる文章が続くと，LaTeX 2ε はこの * を改行命令 \\ における * と解釈してしまいます．この場合にも，下の例のように文章の一部としての * を { } で囲んでグルーピングします．

```
結局 x^*=3 となります．\\
{*} 印はアスタリスクと言います．
```

8.7 文字で終わる命令の後ろには 1 つ以上の空白を置くこと

▣ 文字で終わる命令の後ろに文字が続くとき，その間に必ず 1 つ以上の空白を置かなければなりません．たとえば「\LaTeXeはラテフツーイーとも呼ばれる」と入力するとエラーとなります．この場合，次のように「\LaTeXe」と「はラテフツーイーとも呼ばれる」の間に空白 を挿入して下さい．

```
\LaTeXe はラテフツーイーとも呼ばれる   ⟹   LaTeX 2ε はラテフツーイーとも呼ばれる
```

8.8 文字で終わる命令の後ろの 2 つ以上の空白は無視される

▣ 文字で終わる命令の後ろに続く 2 つ以上の空白はどんなに長くても無視されます．すなわち，空白を 1 つ入れても，2 つ入れも (さらには 3 つ以上入れても) 同じ出力となります．

```
\LaTeXe   はラテフツーイーとも呼ばれる   ⟹   LaTeX 2ε はラテフツーイーとも呼ばれる
```

▣ ところで上の例において，「LaTeX 2ε」と「はラテフツーイーとも呼ばれる」がくっつき過ぎていることに注意して下さい．「LaTeX 2ε」と「はラテフツーイーとも呼ばれる」の間に空白を入れるには単語間スペース \␣ [→p.178 (59.2)] か水平方向のスペース \hspace [→p.174 (57.1)] を入れます．

```
\LaTeXe\ はラテフツーイーとも呼ばれる   ⟹   LaTeX 2ε はラテフツーイーとも呼ばれる
```

9 マクロ命令

用語：マクロ命令　新命令の定義　既存命令の再定義　新環境命令の定義　既存環境命令の再定義
命令：\newcommand　\renewcommand　\newenvironment　\renewenvironment　\def
パッケージ：xspace

◇

9.1 マクロ命令とは

☒ 既存のいくつかの命令から新しい命令を定義したり，既存の命令内容を再定義（変更）したりすることができます．そのようにして作られる命令を「マクロ命令」と言います．

9.2 自分のマクロ命令集を作る

☒ 新命令の定義や既存命令の再定義によってあなた自身の命令体系を作成・登録することにより，より快適な LaTeX 2_ε ワールドを独り享受できるようになります．

☒ いくつか定義される新命令の順序は相前後してもかまいません．したがって，後で定義される新命令を使ってある新命令を定義することもできます．

☒ そのようにして作られた命令集は，それを使用する前であればどこに置いてもかまいません．一般には，プリアンブルに一括して登録しておくとよいでしょう [→p.5 (4)]．

☒ この命令集が大きくなるとプリアンブルは見苦しいものになってきます．この問題は「プリアンブルのファイル化」によって解消できます [→p.5 (4.2)]．

9.3 新命令の定義：\newcommand I

☒ 繰り返して使う単語・文章・記号・数式・ひとまとまりの長い命令などを簡単な命令にしてしまいたいことがあります．そのようなときには次の命令を使います．

《命令》　\newcommand{*cmd*}[*arg*]{*def*}

☒ {*cmd*} は「新たに定義する命令の名前」です．既に定義されている命令の名前を使うことはできません．{*def*} は「新たに定義する命令の名前」です．[*arg*] は新命令で使用する引数の数です．最大は 9 です．引数は記号 #1, #2, ⋯, #9 で表します．

☒ 下に例を示します．

```
例 1. \newcommand{\年賀}{明けましておめでとうございます}
例 2. \newcommand{\gm}{$\gamma$}
例 3. \newcommand{\flower}[1]{#1 は植物である}
例 4. \newcommand{\ndf}[2]{\frac{1}{\sqrt{2\pi}{\scriptsize #1}}%
                          e^{-\frac{(x-{\scriptsize #2})^2}{2{\scriptsize #1}^2}}}
```

☒ これらの新命令を使用した入出力例を下に示します．

例 1.　\年賀　⟹　明けましておめでとうございます

9.4 新命令の定義：\newcommand II

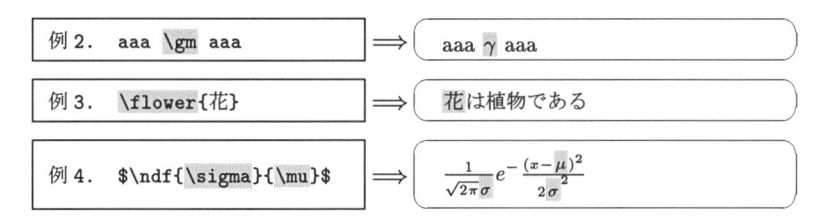

例2.	`aaa \gm aaa`	⟹ aaa γ aaa
例3.	`\flower{花}`	⟹ 花は植物である
例4.	`$\ndf{\sigma}{\mu}$`	⟹ $\frac{1}{\sqrt{2\pi}\sigma}e^{-\frac{(x-\mu)^2}{2\sigma^2}}$

▣ 例4におけるように，引数が複数個 { }{ }…{ } あるとき，n 番目の引数 { } が `#n` に対応します．この例において，2番目の引数である `\mu` は `#2` に対応します．

▣ 例2 の `\gm` は数式モード [→p.73 (20.4)] として定義されているので，これをそのまま数式モードの中で `$x+\gm+y$` のように使うとエラーとなります．このような場合には，`\gm` を `\mbox{ }` の中で宣言します [→p.192 (64.9)]．

`$x+\mbox{\gm}+y$` ⟹ $x+\gamma+y$

▣ 21.2 節 (p.75) の `\ensuremath` 命令を使ってマクロ命令を

`\newcommand{\gm}{\ensuremath{\gamma}}`

のように宣言すると，いちいち `$` と `$` で囲まなくても `\gm` とするだけで数式文字を出力させることができます．このように，`\ensuremath` 命令は必要とあらばその引数内のテキストを数式モードにするという便利な命令です．したがって `$x+\gm+y$` としてもエラーとはならず正しく $x+\gamma+y$ と出力されます．

▣ 新命令を別の新命令の定義の中で使うことはできますが，再帰的にそれ自身の定義の中では使えません．

▣ 長い命令を簡略化するのにこの `\newcommand` 命令を使うと便利です．たとえば箇条書のための環境として description 環境というものがありますが [→p.236 (75)]，

```
\newcommand{\desB}{\begin{description}}
\newcommand{\desE}{\end{description}}
```

としておくと，`\begin{description}` 〜 `\end{description}` と入力すべきところを `\desB` 〜 `\desE` と簡略化することができます．

9.4 新命令の定義：\newcommand II

▣ 9.3 節 (p.26) の `\newcommand` 命令に対し，もう1つのオプション引数を持つ次のようなものもあります．

《命令》 `\newcommand{`*cmd*`}[`*arg*`][`*default*`]{`*def*`}`

☐ 文献 [4] (Goossens：p.530-531) で述べられているこの命令の一般的な説明は分かりにくいので，1つの入・出力例をもってその意味するところを説明します．

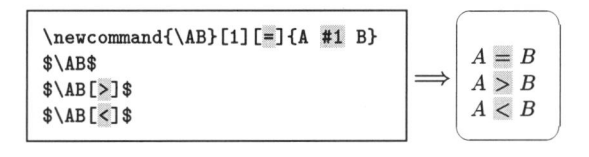

```
\newcommand{\AB}[1][=]{A #1 B}
$\AB$
$\AB[>]$
$\AB[<]$
```
⟹ $A = B$
$A > B$
$A < B$

上の入力文での [1] は引数が 1 個 であることを示しています．これに続く [=] は標準設定で，オプション引数なしに単に $\AB$ と入力すると #1 は = となり $A=B$ と出力されます．これに対しオプション引数 [>] を付けて $\AB[>]$ と入力すると #1 は > となり $A>B$ と出力されます．同様に，$\AB[<]$ とすると $A<B$ と出力されます．

□ 引数が 2 つある例を下に示します．

```
\newcommand{\ABC}[2][=]{A #1 B #2 C}
$\ABC{+}$
$\ABC[>]{-}$
$\ABC[<]{/}$
$\ABC[<]{\times}$
```
$\Longrightarrow$
$$\begin{array}{l} A=B+C \\ A>B-C \\ A<B/C \\ A<B\times C \end{array}$$

上の入力文での [2] は引数が 2 個であることを示しています．これに続く [=] は標準設定で，オプション引数なしに単に $\ACB{+}$ と入力すると第一引数の #1 は = となり，第二引数の #2 は + となり $A=B+C$ と出力されます．これに対しオプション引数 [>] を付けて $\ABC[>]{-}$ と入力すると，第一引数 #1 は > となり，第二引数 #2 は - となり $A<B-C$ と出力されます．

□ 引数の数を [3] とすることもできます．その最大数は [9] です．

9.5　新命令の定義：\def

▨ 新命令を定義する命令として次の TeX 命令を使うこともできます．

《命令》　\def\\cmd{def}

▨ これは，新命令の名称 {cmd} は既存命令の名称と同じものでもよい，ということ以外は \newcommand I と同じものです．この命令は，既存の命令を知らずに変更してしまう危険があるので要注意．

▨ 下の例は，9.3 節 (p.26) における 4 つのすべての例を \def 命令で書き直したものです．引数の定義の仕方に若干の違いのあることに注意して下さい．これらの出力は前のものと全く同じです．

```
例 1. \def\年賀{明けましておめでとうございます}
例 2. \def\gm{$\gamma$}
例 3. \def\flower#1{#1 は植物である}
例 4. \def\ndf#1#2{\frac{1}{\sqrt{2\pi}{\scriptsize #1}}%
                  e^{-\frac{(x-{\scriptsize #2})^2}{2{\scriptsize #1}^2}}}
```

9.6　既存命令の再定義：\renewcommand

▨ \newcommand では，新命令を既存の命令の名前で定義することができませんでしたが，次の命令を使うと，新命令を既存の命令の名前で定義することができます（これは，既存命令の再定義（定義のし直し）に使います）．

《命令》　\renewcommand{cmd}[arg]{def}

▨ この命令は，このこと以外は \newcommand とまったく同じです．したがって，これはまた \def 命令と同じものであると言うことができます．

▨ LaTeX 2ε ではこの命令は，次の例のように，標準設定を変更する際によく使用されます．

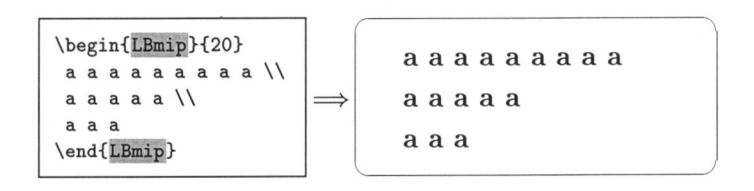

9.7 新環境命令の定義：\newenvironment

```
\renewcommand{\arraystretch}{1.5}    [→p.214 (70.6)]
\renewcommand{\chaptername}{Kapitola} [→p.57 (14.7)]
```

▨ 既存の環境命令を新しい名前の環境命令に変更することができます．それには次の命令を使います．

《命令》 \newenvironment{*newname*}[*arg*][*default*]{\begin{*oldname*}}{\end{*oldname*}}

▨ {*newname*} は新たに定義する環境名で，既に定義されている環境名を使うことはできません．[*arg*] は使用する引数の数で，最大は 9 です．引数のパラメータとしては #1, #2, …, #9 を使います．{*oldname*} は既存の環境名です．

▨ [*default*] の意味は 9.4 節 (p.27) におけるものと同じです．

▨ 下に例を示します．

```
\newenvironment{zzz}{\begin{eqnarray}}{\end{eqnarray}}
```

これによって別行段落数式を書く eqnarray 環境 [→p.128 (42.4)] を zzz 環境に変更できます．

```
\begin{zzz}
  y &=& a+b\\
    &=& 3
\end{zzz}
```

$\Rightarrow$

$$y = a+b \quad (9.1)$$
$$= 3 \quad (9.2)$$

```
\newenvironment{mip}[1]{\begin{minipage}{#1mm}}{\end{minipage}}
```

これによって，幅 #1mm の minipage 環境 [→p.203 (66)] を mip 環境に変更することができます．下の例では #1 を 20mm としています．

```
\begin{mip}{20}
  a a a a a a a a \\
  a a a a a \\
  a a
\end{mip}
```

$\Rightarrow$

```
a a a a a a a a
a a a a a
a a
```

```
\newenvironment{LBmip}[1]{\begin{minipage}{#1mm}\large\bfseries}{\end{minipage}}
```

これによって，幅を #1mm のミニページ内の文字を \large サイズ [→p.83 (24)] のボールド体 \bfseries [→p.80 (23)] とする LBmip 環境が定義できます．

```
\begin{LBmip}{20}
  a a a a a a a a \\
  a a a a a \\
  a a a
\end{LBmip}
```

$\Rightarrow$

```
a a a a a a a a
a a a a a
a a a
```

9.8　既存環境命令の再定義：\renewenvironment

▨ 既存の環境命令を別の既存の名前の環境命令に変更することができます．それには次の命令を使います．

《命令》　\renewenvironment{*newname*}[*arg*][*default*]{\begin{*oldname*}}{\end{*oldname*}}

▨ この命令のオプション引数 [*defauls*] の意味は 9.4 節 (p.27) で述べたものと同じです．

▨ {*newname*} は新たに定義する環境命令の名前で，既存の環境命令の名前でなければなりません．このこと以外は \newenvironment の機能とまったく同じです．

▨ 下に例を示します．

□　\renewenvironment{eqnarray*}{\begin{eqnarray}}{\end{eqnarray}}

とすると「自動数式番号なし」の別行段落数式を書く eqnarray*環境 [→p.128 (42.4)] を「自動数式番号あり」の別行段落数式に変更することができます．実際，次のようになります．

```
\begin{eqnarray*}
  a &=& x - y \\
    &=& 3
\end{eqnarray*}
```
⟹　
$$a = x - y \quad (9.3)$$
$$= 3 \quad (9.4)$$

9.9　マクロ命令内のグルーピング

▨ 以上述べてきたマクロ命令を定義する命令の引数 { } の両側のブレースは，その中でなされる宣言の有効範囲の境界とはなりません．

▨ したがって，9.3 節 (p.26) の例 3 において「花」をゴシック体 \gtfamily [→p.80 (23)] にしようとして左下のように入力しても，全体が大文字のゴシック体となってしまいます．

\flower{\gtfamily 花}　⟹　**花は植物である**

この問題は，引数 #1 を { } で囲みグルーピング [→p.23 (8.2)] することによって解消します．

\newcommand{\flower}[2]{{#1}は植物である}

このようにすると，実際，次のように出力されます．

\flower{\gtfamily 花}　⟹　**花**は植物である

▨ 以上のような理由から，引数内での命令の宣言は常に { } で囲んでグルーピングしておくことをお薦めします [→p.23 (8.2)]．

9.10　マクロ命令内のスペース

▨ マクロ命令を安易に作ると，下の例のように，空白が空くべきところが詰まってしまうということがしばしば生じます．

```
\newcommand{\FU}{function}
\newcommand{\KE}{\ensuremath{K(x)}}
\FU \KE
```
⟹　function$K(x)$

▣ xspace パッケージを登録し [→p.32 (10)]，マクロ命令の終わりの部分に次の命令を置くと，空白を空けるべきところでは空き，そうでないところでは空かないようになります．

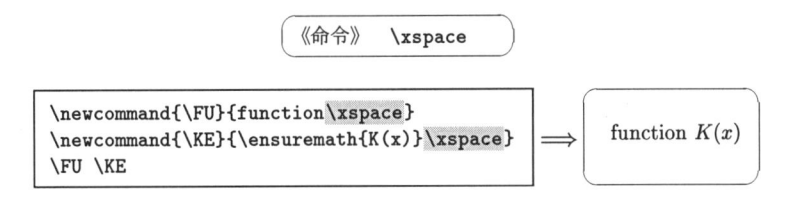

《命令》　\xspace

```
\newcommand{\FU}{function\xspace}
\newcommand{\KE}{\ensuremath{K(x)}\xspace}
\FU \KE
```
$\Longrightarrow$ function $K(x)$

9.11　LaTeX 2_ε の落とし穴とマクロ命令の威力

▣ 300 ページほどの英文の数学書を，章や節ごとに分割した 20 ほどの分割文書ファイル [→p.19 (7)] で処理し，最終原稿を出版社に渡したとしましょう．その際，定理などの証明の見出しをボールド体で

`{\bfseries Proof}.` 　と入力し　**Proof.**　と出力

させていたところ，しばらくして出版社から，これをすべてサンセリフ体で「Proof：」のように書き換えるよう指示を受けたとしましょう．これに応えるためには，文書ファイルの対応する部分をすべて

`{\sffamily Proof}\,:`

と書き換えなければなりません．これは，たとえエディタの置換機能を使ったとしてもあまり気乗りのする作業とは言えません．もし貴方が，その本の執筆開始時にマクロ命令

`\newcommand{\Proof}{{\bfseries Proof}.}`

を作って証明の見出しを \Proof と入力していたならば，このマクロ命令を

`\newcommand{\Proof}{{\sffamily Proof}\,:}`

と書き換えるだけで出版社の要求に簡単に応えることができるようになっていたはずです．これに関するさらに高級なマクロ命令については 12.4 節 (p.44) を参照のこと．

▣ 事ほど左様に，このような恐れのあるものは，簡単なものでもすべてマクロ命令化しておくと後々そのご利益を享受することになります．例えば，証明終の記号 ■ として筆者は次のようなマクロ命令を定義して使っています [→p.201 (65)]．

《命令》　`\newcommand{\Pend}{\rule{2.5mm}{2.5mm}}`　　(筆者のマクロ命令)

このようにしておくと，黒ボックスのサイズや形状を変えたり，他の別にもの，たとえば「□」に変更するのもきわめて簡単になります．これがマクロ命令の威力と言うものです．

▣ 一般に，複雑な命令の簡略化のためにマクロ命令を作ると考え勝ちですが，上の例のように，たとえ如何に簡単なものでも，数百ページにもなる長文を沢山の分割文書ファイルにして執筆しているときはそれらをマクロ命令化しておくべきです．これを蔑ろにすると後で泣きをみることになります．

10 パッケージ

用語：パッケージの登録
命令：\usepackage

◇

10.1 パッケージとは応用ソフト

▨ LaTeX 2ε の命令体系だけで我々の望むことがすべて出来るわけではありません．幸いなことに，我々の望む多くのことを可能にするソフトを国内外の TeX ウィザード (魔術師) 達が開発し，無料で公開しています．そのソフトのことを「パッケージ」と言います．「応用ソフト」とでも言うべきでしょう．

▨ パッケージは Internet で様々なサイトから入手できます【→(コラム A) p.113】．

▨ 筆者が本書執筆に使用した [23](乙部) に添付の CD-ROM にある LaTeX 2ε のシステムには必要と思われるパッケージのほとんどすべてが収録されています．したがって，本書を使われる読者は是非とも同書を求めることをお薦めします．

10.2 パッケージの登録

▨ パッケージを使うには，プリアンブルでそれを登録しなければなりません．パッケージの登録には次の命令を使います【→ [4] p.16-19】．

《命令》　\usepackage[ ]{ }

▨ 例えば，曲線を描くパッケージに curves [→p.153 (51.3)] があり，カラー出力を可能にするパッケージに color [→p.303 (86)] があります．これらを使うには，プリアンブルで次のように宣言します．

```
\documentclass{article}
\usepackage{curves}
\usepackage[dvips]{color}
\begin{document}
..............
\end{document}
```

▨ パッケージは次のように並べて登録することもできます

```
\usepackage{curves,alltt}
```

▨ 使用するパッケージのスタイルファイルである curves.sty と color.sty は作業ディレクトリー (文書ファイルのあるディレクトリー) にコピーしておくこと [→(コラム W) p.95]．

10.3 パッケージの管理

▨ LaTeX 2ε をインストールするといくつかのパッケージが自動的に登録されますが，それがどのようなパッケージであるかは判然としません．そこで筆者は自動登録されているいないに関わらず，必要と思われるパッケージをすべてプリアンブルに登録しています．プリアンブルで登録されたものは自動登録のものに優先して実行されます．これによって自分が使っているパッケージが何であるかがはっきりと分かります．

▨ 登録パッケージの数が多くなるとプリアンブルが雑然としてきます．この問題はプリアンブルのファイル化によって解決できます [→p.5 (4.2)]．筆者は次のようにしています．

　□ まず，作業ディレクトリー内にたとえば PACKAGE.TEX というファイルを作り，その中に自分が使用するパッケージを次のように登録します (このファイルの中に，インストール時に自動的に登録されるものがあってもかまいません．作業ディレクトリー内で登録されたものが優先されます)．筆者は本書作成のために次の 52 個のパッケージを登録しました．

PACKAGE.TEX

```
\usepackage{alltt}          \usepackage{enumerate}           \usepackage{jvariore}
\usepackage{amscd}          \usepackage{epic}                \usepackage{latexsym}
\usepackage{amsfonts}       \usepackage[mathscr]{eucal}      \usepackage{makeidx}
\usepackage{amsmath}        \usepackage{eufrak}              \usepackage{multicol}
\usepackage{amssymb}        \usepackage{exscale}             \usepackage{multirow}
\usepackage{amsxtra}        \usepackage{fancybox}            \usepackage{multibox}
\usepackage{array}          \usepackage{fancyheadings}       \usepackage{openbib}
\usepackage{ascmac}         \usepackage{feynmp}              \usepackage{pifont}
\usepackage{bezier}         \usepackage{fn2end}              \usepackage{rsfs}
\usepackage{boxedminipage}  \usepackage{footnpag}            \usepackage{tabularx}
\usepackage{calc}           \usepackage{foldbox}             \usepackage{upref}
\usepackage{cite}           \usepackage[dvips]{graphics}     \usepackage{varioref}
\usepackage[dvips]{color}   \usepackage[dvips]{graphicx}     \usepackage{verbatim}
\usepackage{curves}         \usepackage{graphpap}            \usepackage{wrapfig}
\usepackage{dcolumn}        \usepackage{hangcaption}         \usepackage{wrapfloat}
\usepackage{delarray}       \usepackage{ifthen}              \usepackage{xr}
\usepackage{eepic}          \usepackage{indent}              \usepackage{xspace}
```

　□ 次に \input 命令で PACKAGE.TEX をプリアンブルに読み込みます．

```
\documentclass{article}
\input{PACKAGE}
\begin{document}
...............
\end{document}
```

▨ これらのパッケージのいくつかは本書でも解説してありますが，更なる詳細を知りたい読者は関連文献を参照して下さい【→ [4]／[18]／[23]】．

10.4　パッケージ使用における 1 つの問題点

▨ **問題 1**：ほとんどのパッケージはカウンタ [→p.34 (11)] のいくつかを使っています．ところが TeX には使用可能なカウンタは 256 個しかないため，むやみに多くのパッケージを宣言すると，使用カウンタ数がこの制約を超えてしまい，コンパイルエラーとなります (エラーメッセージ：No room for a new count)．登録パッケージは必要最小限にすべきです．同様に自分で定義するカウンタも必要最小限にすること．

▨ **問題 2**：ある種のパッケージを登録すると，LaTeX 2_ε の標準的な命令がその効力を失ったり，他のパッケージや自分で作ったマクロ命令がその機能を発揮できなくなることがあります [→p.298 (84.10)／→p.77 (21.9)／→p.167 (55.1)]．

11 カウンタ

用語: ユニット　カウンタ　カウンタ値　カウンタ種　カウンタ札　カウンタの四則演算

命令: \thepart \thechapter \thesection \thesubsection \thesubsubsection \theparagraph \thesubparagraph \theequation \thefigure \thetable \thepage \thefootnote \thempfootnote \theenumi \theenumii \theenumiii \theenumiv \arabic \alph \Alph \roman \Roman \fnsymbol \setcounter \value \addtocounter \newcounter \usecounter \advance \multiply \divide part chapter section subsection subsubsection paragraph subparagraph theequation thefigure thetable thepage thefootnote thempfootnote theenumi theenumii theenumiii theenumiv

パッケージ: calc

◇

11.1 カウンタとは

▣ 部・章・節・付録・図・表・数式などの番号は「カウンタ」と呼ばれるものによって制御されています．

▣ カウンタが定義されている項目を「ユニット」と言います．たとえば，章というユニットには chapter というカウンタが定義されています．

▣ 各カウンタには「カウンタ値」と呼ばれるものが対応しています．例えば章のカウンタ chapter のカウンタ値は \thechapter です．このように，すべてのカウンタ値はそのカウンタの名称の前に \the が付いたものによって定義されます．

▣ すべてのカウンタには「カウンタ種」と呼ばれるものが対応しています．例えば章ユニットのカウンタ chapter のカウンタ種は \arabic (0, ±1, ±2, ⋯) が標準設定されています．カウンタ種には 6 種類があります [→p.36 (11.5)]，カウンタとカウンタ種の対応関係は変更できます [→p.37 (11.6)]．

▣ 各カウンタ種には「カウンタ札」と呼ばれるものが対応しています．例えば，カウンタ種 \arabic のカウンタ札は 0, ±1, ±2, ⋯，カウンタ種 \fnsymbol のカウンタ札は *, †, ‡, ⋯ です．

▣ LaTeX 2ε には，例えば次の表に示すようなユニットとそのカウンタが標準的に定義されています（他にもまだ沢山あります）．

ユニット		カウンタ	カウンタ値	カウンタ種
部	[→p.53 (14)]	part	\thepart	\Roman
章	[→p.53 (14)]	chapter	\thechapter	\arabic
節	[→p.53 (14)]	section	\thesection	\arabic
小節	[→p.53 (14)]	subsection	\thesubsection	\arabic
小小節	[→p.53 (14)]	subsubsection	\thesubsubsection	\arabic
段落	[→p.53 (14)]	paragraph	\theparagraph	\arabic
小段落	[→p.53 (14)]	subparagraph	\thesubparagraph	\arabic
数式	[→p.135 (44)]	equation	\theequation	\arabic
図	[→p.257 (79)]	figure	\thefigure	\arabic
表	[→p.257 (79)]	table	\thetable	\arabic
ページ	[→p.18 (6.7)]	page	\thepage	\arabic
脚注	[→p.294 (84)]	footnote	\thefootnote	\arabic
ミニページ内脚注	[→p.294 (84)]	mpfootnote	\thempfootnote	\arabic
箇条書のレベル 1	[→p.233 (73)]	enumi	\theenumi	\arabic
箇条書のレベル 2	[→p.233 (73)]	enumii	\theenumii	\alph
箇条書のレベル 3	[→p.233 (73)]	enumiii	\theenumiii	\roman
箇条書のレベル 4	[→p.233 (73)]	enumiv	\theenumiv	\Alph

- 4列目は，それぞれのユニットに標準設定されているカウンタ種です．
- カウンタの概念の理解のために下に2つの例をあげておきます．
  - 例1：「部」というユニットのカウンタは part で，そのカウンタ値は \thepart です．いまこれが3という値を持っているとします．このユニットにはカウンタ種 \Roman (I, II, III, ⋯) が標準設定されているので，このユニットのカウンタには3番目のカウンタ札である III が対応していることになります．
  - 例2：「脚注」というユニットのカウンタは footnote で，そのカウンタ値は \thefootnote です．いまこれが2という値を持っているとします．このユニットにはカウンタ種 \fnsymbol (∗, †, ‡, ⋯) が標準設定されているので，このユニットのカウンタには2番目のカウンタ札である † が対応していることになります．

11.2　カウンタ値

- 各ユニットに定義されているカウンタ値は一般に整数値 0, ±1, ±2, ⋯ を取ります．ただし
  - カウンタ値 0, ±1, ±2, ⋯ はカウンタ種 \arabic に対してのみ有効です．
  - カウンタ種 \roman, \Roman に対してはカウンタ値 1, 2, 3, ⋯ のみが有効です．
  - カウンタ種 \alph と \Alph に対してはカウンタ値は 1 から 26 までが有効です．
  - カウンタ種 \fnsymbol に対してはカウンタ値は 1 から 9 までが有効です．

- カウンタ値は最初 0 に設定されていて，それが実行される度に 1 つ増えたものが使用されます．すなわち，最初に使用されるカウンタ値は 1 となり，順次 2, 3, ⋯ と増えていきます．

- たとえば，いま数式のカウンタ値 \theequation に 6 が与えられているとします．この場合，その後に現れる最初の自動数式番号付きの数式 [→p.135 (44.2)] に対するカウンタ値は 1 つ増え 7 となり，この 7 に対応するカウンタ札が数式番号として出力されます．

  下の例では，節のカウンタ値 \thesection は現在 11, 数式のカウンタ値 \theequation は現在 6 という値を取っているとします．

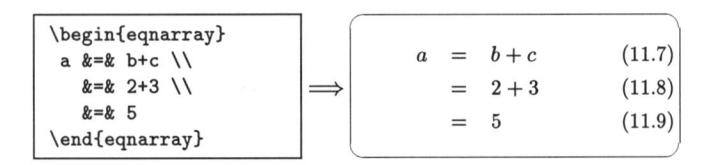

```
\begin{eqnarray}
 a &=& b+c \\
   &=& 2+3 \\
   &=& 5
\end{eqnarray}
```

$$\Rightarrow \quad \begin{array}{rcl} a &=& b+c \quad (11.7)\\ &=& 2+3 \quad (11.8)\\ &=& 5 \quad (11.9) \end{array}$$

ここで，最初の数式番号 (11.7) における 11 は現在の節のカウンタ値 11 に対応するものがそのまま出力されたものです．次の 7 は，そこで数式番号の出力が実行されているので，現在の数式のカウンタ値 \theequation の 6 が 1 つ増え 7 となり，それが出力されています．

11.3　カウンタ値の設定と変更

- カウンタ値は，標準設定として最初 0 に設定され，順次 1 2, 3, ⋯ と増えていきますが，ある所で，たとえばページのカウンタ値 \thepage を 5 に設定したいという場合も生じます．このような場合には次のように宣言します．

《命令》　\setcounter{page}{5}

▣ このように宣言すると，ページのカウンタ値 \thepage は，以後 $6, 7, 8, \cdots$ となっていきます．

▣ 下に，各ユニットのカウンタ値をいろいろに設定した例を示します[→p.37 (11.6) / p.38 (11.8)]．

```
\setcounter{part}{1}          [\Roman ]   →   I
\setcounter{chapter}{2}       [\arabic]   →   2

\setcounter{section}{3}       [\arabic]   →   2.3
\setcounter{subsection}{4}    [\arabic]   →   2.3.4
\setcounter{subsubsection}}{5} [\arabic]  →   2.3.4.5
\setcounter{paragraph}{6}     [\arabic]   →   2.3.4.5.6
\setcounter{subparagraph}{7}  [\arabic]   →   2.3.4.5.6.7
\setcounter{figure}{13}       [\arabic]   →   2.13

\setcounter{table}{14}        [\arabic]   →   14
\setcounter{equation}{8}      [\arabic]   →   8
\setcounter{page}{17}         [\arabic]   →   17
\setcounter{footnote}{15}     [\arabic]   →   15
\setcounter{enumi}{9}         [\arabic]   →   9
\setcounter{enumii}{10}       [\alph  ]   →   j
\setcounter{enumiii}{11}      [\roman ]   →   xi
\setcounter{enumiv}{12}       [\Alph  ]   →   L
```

▣ 上の表で，section から figure までのカウンタに注意して下さい．たとえばカウンタ subsection では，カウンタ値 \thesubsection は 4 と指定してあるのでそのカウンタ札は 4 となります．そしてこの場合，このカウンタ札を出力させると，それより上位レベルのカウンタである section に対応するカウンタ札の 3 と chapter に対応するカウンタ札の 2 も併せて出力され，結局 2.3.4 と出力されます．このことについては 11.9 節 (p.38) で更に詳しく説明します．

11.4　カウンタ値の増・減

▣ 何も指定しなければカウンタ値はそれが出力されるたびに 1 つずつ増えていきますが，現在のカウンタ値を強制的に増やしたり減らしたりすることもできます．それには次の命令を使います．

《命令》　\addtocounter{ }{ }

▣ たとえば，現在のページのカウンタ値 \thepage が 10 という値を取っており，これを 3 だけ増やして 13 にしたり，それを 4 だけ減らして 9 にするには，それぞれ次のように宣言します．

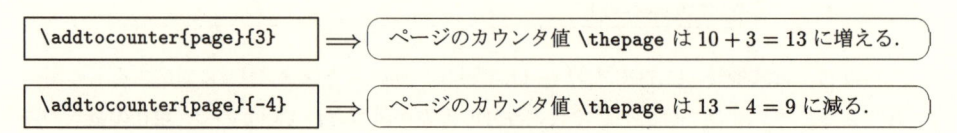

\addtocounter{page}{3}　⟹　ページのカウンタ値 \thepage は $10 + 3 = 13$ に増える．

\addtocounter{page}{-4}　⟹　ページのカウンタ値 \thepage は $13 - 4 = 9$ に減る．

11.5　カウンタ種とカウンタ札

▣ カウンタ種には下の表に示す 6 通りがあります．各カウンタ種の下の行にある数字・英字・ローマ数字・記号がそれぞれのカウンタ種のカウンタ札です．

カウンタ値	\arabic	\alph	\Alph	\roman	\Roman	\fnsymbol
⋮	⋮					
−1	−1					
0	0					
1	1	a	A	i	I	*
2	2	b	B	ii	II	†
3	3	c	C	iii	III	‡
4	4	d	D	iv	IV	§
5	5	e	E	v	V	¶
6	6	f	F	vi	VI	‖
7	7	g	G	vii	VII	**
8	8	h	H	viii	VIII	††
9	9	i	I	ix	IX	‡‡
10	10	j	J	x	X	
11	11	k	K	xi	XI	
12	12	l	L	xii	XII	
13	13	m	M	xiii	XIII	
14	14	n	N	xiv	XIV	
15	15	o	O	xv	XV	
16	16	p	P	xvi	XVI	
17	17	q	Q	xvii	XVII	
18	18	r	R	xviii	XVIII	
19	19	s	S	xix	XIX	
20	20	t	T	xx	XX	
21	21	u	U	xxi	XXI	
22	22	v	V	xxii	XXII	
23	23	w	W	xxiii	XXIII	
24	24	x	X	xxiv	XXIV	
25	25	y	Y	xxv	XXV	
26	26	z	Z	xxvi	XXVI	
⋮	⋮			⋮	⋮	

11.6 カウンタ種の変更

- あるユニットのカウンタに定義されているカウンタ種を別のカウンタ種に変更することもできます．
- 例えば，ページというユニットのカウンタにはカウンタ種 \arabic (0, 1, 2, ...) が標準設定されていますが，これをカウンタ種 \roman (i, ii, iii, ...) に変更するには次のように宣言します[→p.18 (6.7)]．

`\renewcommand{\thepage}{\roman{page}}`

これを宣言すると，それ以降のページ番号は i, ii, iii, ... と付いていきます．

11.7 カウンタ札

- 各ユニットは，それに設定されているカウンタ種の中で現在のカウンタ値に対応する数字・英字・ローマ数字・記号を札として取ります．その札を「カウンタ札」と言います．
- たとえば，脚注[→p.294 (84)]ユニットに，カウンタ種 \fnsymbol が設定されているとします．そして，たとえば現在の脚注のカウンタ値 \thefootnote が 3 という値を取っていると，このユニットにはカウンタ種 \fnsymbol における 3 番目の札である記号 ‡ が割り振られ，脚注記号として ‡ が出力されます．

11.8 カウンタ札の修飾と複合化

▨ カウンタ札に飾りを付けたり，サイズ [→p.83 (24)] や書体 [→p.80 (23)] を変更したりすることもできます．

▨ たとえばページ番号を次のように設定することもできます．

`\renewcommand{\thepage}{--\arabic{page}--}` ⟹ -1- -2- -3- …

`\renewcommand{\thepage}{(\alph{page})}` ⟹ (a) (b) (c) …

`\renewcommand{\thepage}{[{\bfseries\roman{page}}]}` ⟹ [i] [ii] [iii] …

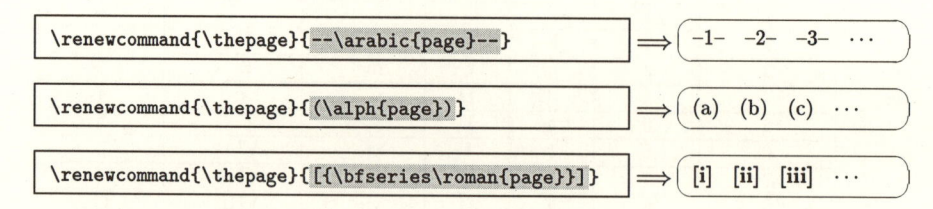

▨ さらに，次のように宣言すると，章見出しを複合化することもできます．

`\renewcommand{\thechapter}{第 \Roman{part}部\quad--\,\arabic{chapter}\,章--}`

⇓

第 I 部 –1 章–　　第 I 部 –2 章–　　第 I 部 –3 章–…

11.9 新しいカウンタの登録

▨ LaTeX 2ε には標準的に用意されているカウンタに加え，ユーザが独自の新しいカウンタを持つユニットを定義することもできます．たとえば「apple」というカウンタを持つユニットを新たに定義するには次のように宣言します．

《命令》　`\newcounter{apple}`

▨ このように宣言すると，これに対応したカウンタ値 \theapple も自動的に定義されます．新しく定義されたこのユニットのカウンタ値 \theapple には最初 0 が与えられます．

▨ この新ユニットに対するカウンタ値，カウンタ種，カウンタ札の取扱いはこれまでに述べてきたものと同じです．

▨ この新カウンタを定義する命令にはオプション引数 [ ] があります．たとえば次のように宣言します．

《命令》　`\newcounter{apple}[chapter]`

この場合，オプション引数 [ ] は既存のカウンタ (標準設定されているものやユーザがすでに新たに定義してあるもの) でなければなりません．

▨ 上のように宣言した場合，「章のカウンタ chapter はその内部にカウンタ apple を持つ」と言います．これは「カウンタ apple は，章のカウンタ値 \thechapter が 1 つ増えるたびに 0 にリセットされる」ということを意味します．なぜこのようなオプション付きのカウンタを定義するかは，章が変わるたびに節番号も 1 に戻るという章・節の番号付けのことを考えると理解できます．

▨ 実際，章のカウンタ chapter はその内部に節のカウンタ section を持つように定義されています．すなわち

《命令》　`\newcounter{section}[chapter]`

- 同様に，節のカウンタ section はその内部に小節のカウンタ subsection を，小節のカウンタ subsection はその内部に小小節のカウンタ subsubsection を持つように定義されています．
- \include [→p.20 (7.4)] によって読み込まれるファイルの中では \newcounter 命令は使えません．

11.10　カウンタ数の上限

- LaTeX 2_ε のベースになっている TeX には 256 個のカウンタしか用意されていません．ところで，LaTeX 2_ε とそのベースになっている TeX 自体，および各種パッケージ [→p.32 (10)] ではかなりの数のカウンタがすでに使われています．したがってユーザがむやみに多くのカウンタを定義すると No room for a new count. というエラーメッセージが出てコンパイルが停止してしまいます．カウンタの定義は必要最小限度に止めましょう．

11.11　カウンタ値の引渡し

- あるユニットに対する現在のカウンタ値を別のユニットのカウンタ値に引き渡すこともできます．それには次の命令を使います．

《命令》　\value{ }

- これは主に \setcounter や addtocounter の引数の中で使用します．
- たとえば，現在のページのカウンタ値 \thepage が 5 という値を持っていて，

《命令》　\setcounter{section}{\value{page}}

と宣言すると，この 5 という値は，節のカウンタ値 \thesection に引き渡され，その結果，それ以降に現れる最初の節の番号は 5 となります．

- \value 命令のもう 1 つの用例を示しておきます．現在のページが 7 で，3 ページ先，すなわち 10 ページのページ番号を出力させたいとします．この場合，
  - まず，新しいユニットとして，たとえば pageX というカウンタを持つものを定義しておきます．

《命令》　\newcounter{pageX}

  - 次に，この新カウンタのカウンタ値 \thepageX に，現在のページのカウンタ値 \thepage を次のようにして引き渡します．

《命令》　\setcounter{pageX}{\value{page}}

  - 最後に addtocounter を使ってカウンタを 3 だけ増やします [→p.36 (11.4)]．
  - この新カウンタを使った 1 つの入・出力例を示しておきます (現在のページ番号は本ページのヘッダにあるように 39 であることに注意)．

```
\newcounter{pageX}
\setcounter{pageX}{\value{page}}
\addtocounter{pageX}{3}
p.\thepageX を見よ.
```
⟹　p.42 を見よ.

11.12　カウンタ値の出力

▨ \thepage, あるいは \arabic{page} と入力すると，そこに現在のページ番号が出力されます．他のカウンタ値の出力も同様です (本ページのページ番号が，ヘッダにある 40 であることに注意).

$$\boxed{\texttt{p.\textbackslash thepage としても p.\textbackslash arabic\{page\} としても}} \Longrightarrow \boxed{\texttt{p.40}}$$

11.13　カウンタの四則演算 I

▨ 次の命令を使ってカウンタの四則演算ができます．

$$\boxed{\text{《命令》}\quad \texttt{\textbackslash advance}\quad \texttt{\textbackslash multiply}\quad \texttt{\textbackslash divide}}$$

▨ いま 2 つのカウンタ ABC, XYZ を定義し，これらにそれぞれ 20 と 3 を与えます．

$$\boxed{\begin{array}{ll}\texttt{\textbackslash newcounter\{ABC\}} & \texttt{\textbackslash setcounter\{ABC\}\{20\}} \\ \texttt{\textbackslash newcounter\{XYZ\}} & \texttt{\textbackslash setcounter\{XYZ\}\{3\}}\end{array}}$$

□ 加算・減算

`\advance \value{ABC} by 5` $\Longrightarrow$	カウンタ値 \theABC は $20+5=25$ となる
`\advance \value{ABC} by -4` $\Longrightarrow$	カウンタ値 \theABC は $25-4=21$ となる
`\advance \value{ABC} by \value{XYZ}` $\Longrightarrow$	カウンタ値 \theABC は $21+3=24$ となる
`\advance \value{ABC} by -\value{XYZ}` $\Longrightarrow$	カウンタ値 \theABC は $24-3=21$ となる

□ 乗算

`\multiply \value{ABC} by 2` $\Longrightarrow$	カウンタ値 \theABC は $21\times 2=42$ となる
`\multiply \value{ABC} by -2` $\Longrightarrow$	カウンタ値 \theABC は $42\times(-2)=-84$ となる
`\multiply \value{ABC} by -\value{XYZ}` $\Longrightarrow$	カウンタ値 \theABC は $-84\times(-3)=252$ となる

□ 除算 (小数点以下は切り捨て)

`\divide \value{ABC} by 5` $\Longrightarrow$	カウンタ値 \theABC は $252\div 5=50$ となる
`\divide \value{ABC} by \value{XYZ}` $\Longrightarrow$	カウンタ値 \theABC は $50\div 3=16$ となる

11.14　カウンタの四則演算 II

▨ calc パッケージを登録すると [→p.32 (10)]，次の命令の引数 { } の中で，カウンタに対する四則演算が可能となります (このパッケージの下では，距離変数に対する四則演算も可能です [→p.172 (56.6)]).

$$\boxed{\begin{array}{lll}\text{《命令》} & \texttt{\textbackslash setcounter\{ \}} & \texttt{\textbackslash addtocounter\{ \}} \\ & \texttt{\textbackslash setlength\{ \}} & \texttt{\textbackslash addtolength\{ \}}\end{array}}$$

▨ たとえば，2 つのカウンタ MMM, LLL を定義し，それぞれに 15 と 3 という値を与えます．

11.15　カウンタの四則演算 III

```
\newcounter{MMM} \setcounter{MMM}{15}
\newcounter{LLL} \setcounter{LLL}{3}
```

このとき + - * / ( ) を使った四則演算の例を下に示す (除算では小数点以下は切り捨て).

`\setcounter{MMM}{\value{MMM}+5}`	⟹ カウンタ値 \theMMM は $15+5=20$ となる
`\setcounter{MMM}{\value{MMM}-3}`	⟹ カウンタ値 \theMMM は $20-3=17$ となる
`\setcounter{MMM}{\value{MMM}*4}`	⟹ カウンタ値 \theMMM は $17\times 4=68$ となる
`\setcounter{MMM}{\value{MMM}/6}`	⟹ カウンタ値 \theMMM は $68\div 6=11$ となる
`\setcounter{MMM}{\value{MMM}*\value{LLL} }`	⟹ カウンタ値 \theMMM は $11\times 3=33$ となる
`\setcounter{MMM}{\value{MMM}/(-\value{LLL})}`	⟹ カウンタ値 \theMMM は $33\div(-3)=-11$ となる

11.15　カウンタの四則演算 III

▫ 以上述べてきたカウンタの四則演算命令および TeX のいくつかのプリミティブ命令を組み合わせると，89 節 (p.312) で示してあるような，整数や実数のより高度な四則演算を可能とするマクロパッケージを作ることができます.

▫ この中には，実数に対する任意の精度の除算を可能にするマクロ命令も含まれています.

▫ これらの命令を使うと，二元連立方程式さえ解くことが可能となります.

コラム N：標準設定値 (改行幅)

	\baselineskip		
	[10pt]	[11pt]	[12pt]
\tiny	6pt （2.1mm)	7pt （2.5mm)	7pt （2.5mm)
\scriptsize	8pt （2.8mm)	9.5pt （3.3mm)	9.5pt （3.3mm)
\footnotesize	9.5pt （3.3mm)	11pt （3.9mm)	12pt （4.2mm)
\small	11pt （3.9mm)	12pt （4.2mm)	13.6pt （4.8mm)
\normalsize	15pt （5.3mm)	15.5pt （5.4mm)	16pt （5.6mm)
\large	17pt （6.0mm)	13pt （4.6mm)	21pt （7.4mm)
\Large	21pt （7.4mm)	21pt （7.4mm)	25pt （8.8mm)
\LARGE	25pt （8.8mm)	25pt （8.8mm)	28pt （9.8mm)
\huge	28pt （9.8mm)	28pt （9.8mm)	33pt （15.6mm)
\Huge	33pt （15.6mm)	33pt （15.6mm)	33pt （15.6mm)

12 条件分岐 (if文)

用語： 条件分岐

命令： \ifcase \ifnum \ifodd \ifthenelse \equal \isodd \lengthtest \and \or \not \whiledo \loop

パッケージ： ifthen

◇

12.1 条件分岐とは

▨ ある与えられた条件が満たされれば「あること」が実行され，さもなくば「他のこと」が実行されることを「条件分岐」と言います．

▨ 条件分岐の命令には様々なものがあり，いろいろな用途に使われますが，その中から知っておくと便利と思われるものを選んでここで解説します【→ [4] p.564-569/[21] p.283-294】．

▨ マクロ命令 [→p.26 (9)] の作成に条件分岐の命令を使うとそのマクロ命令を強力なものにすることができます [→p.44 (12.4)]．

12.2 条件分岐 I

▨ あるカウンタのカウンタ値 [→p.35 (11.2)] が「$0, 1, 2, \cdots$ の何れであるか」による条件分岐．

《命令》 \ifcase

```
\newcounter{Ifcounter}
\setcounter{Ifcounter}{0}
\ifcase \theIfcounter 一番目 \or 二番目 \or 三番目 \fi
\setcounter{Ifcounter}{1}
\ifcase \theIfcounter 一番目 \or 二番目 \or 三番目 \fi
\setcounter{Ifcounter}{2}
\ifcase \theIfcounter 一番目 \or 二番目 \or 三番目 \fi
```

⇒ 一番目 二番目 三番目

▨ あるカウンタのカウンタ値がある値より「大きいか否か」「等しいか否か」「小さいか否か」による条件分岐．

《命令》 \ifnum

```
\newcounter{Ifcounter}
\setcounter{Ifcounter}{5}
\ifnum \theIfcounter = 5 真 \else 偽 \fi
\ifnum \theIfcounter = 9 真 \else 偽 \fi
\ifnum \theIfcounter < 9 真 \else 偽 \fi
\ifnum \theIfcounter > 9 真 \else 偽 \fi
```

⇒ 真 偽 真 偽

▨ あるカウンタのカウンタ値が「奇数であるか否か」による条件分岐．

《命令》 \ifodd

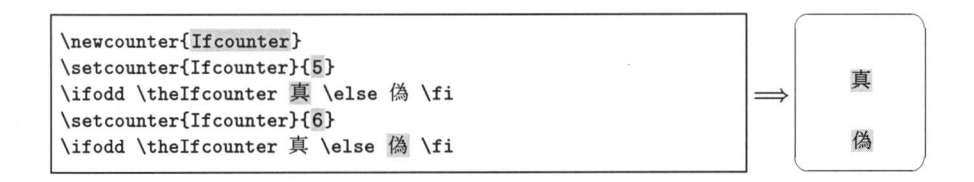

12.3 条件分岐 II

- ifthen パッケージを登録すると [→p.32(10)]，以下に述べる条件分岐の命令が使えるようになります（これ以外にもまだ様々なものがあります【→ [4] p.564-569/[21] p.283-294】）．

- 一番目の引数の{言明}が「真」なら二番目の引数{ }が，「偽」なら三番目の引数{ }が実行される．

《命令》　\ifthenelse{言明}{ }{ }

```
\newcounter{Ifcounter}
\setcounter{Ifcounter}{3}
\ifthenelse{\theIfcounter=3}{真}{偽}
\setcounter{Ifcounter}{1}
\ifthenelse{\theIfcounter<1}{真}{偽}
```
⇒ 真 偽

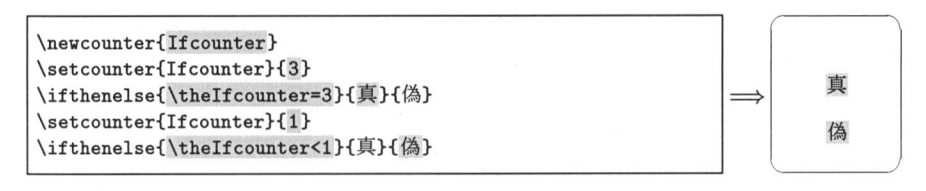

- 文字列1と文字列2が「同じであれば真」「同じでなければ偽」が与えられる．

《命令》　\equal{文字列1}{文字列2}

```
\ifthenelse{\equal{ABC}{ABC}}{真}{偽}
\ifthenelse{\equal{ABC}{XYZ}}{真}{偽}
```
⇒ 真 偽

- あるカウンタ値が「奇数なら真」「偶数なら偽」が与えられる．

《命令》　\isodd{カウンタ値}

```
\setcounter{Ifcounter}{3}
\ifthenelse{\isodd{\theIfcounter}}{真}{偽}
\setcounter{Ifcounter}{4}
\ifthenelse{\isodd{\theIfcounter}}{真}{偽}
```
⇒ 真 偽

- ある {長さの比較} に対して「真」か「偽」が与えられる．

《命令》　\lengthtest{長さの比較}

```
\newlength{\Xlen} \Xlen=10mm
\newlength{\Ylen} \Ylen=20mm
\ifthenelse{\lengthtest{\Xlen<\Ylen}}{真}{偽}
\ifthenelse{\lengthtest{\Xlen=\Ylen}}{真}{偽}
\ifthenelse{\lengthtest{\Xlen>\Ylen}}{真}{偽}
```
⇒ 真 偽 偽

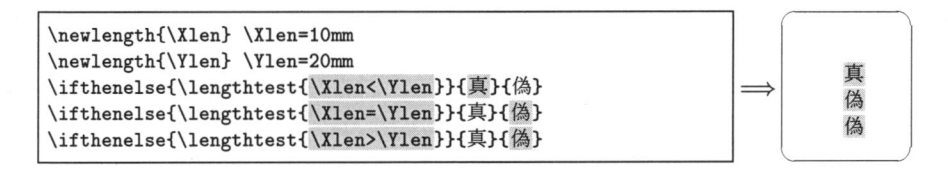

- 論理積・論理和・否定に使う．複合論理演算の結果は \(と \) で囲んでグルーピングができる．

（上部の例）

```
\newcounter{Ifcounter}
\setcounter{Ifcounter}{5}
\ifodd \theIfcounter 真 \else 偽 \fi
\setcounter{Ifcounter}{6}
\ifodd \theIfcounter 真 \else 偽 \fi
```
⇒ 真 偽

《命令》 \and \or \not

```
\ifthenelse{\equal{A}{A} \and \equal{B}{B}}{真}{偽}
\ifthenelse{\equal{A}{A} \and \equal{A}{B}}{真}{偽}
\ifthenelse{\equal{A}{A} \or  \equal{B}{B}}{真}{偽}
\ifthenelse{\equal{A}{A} \or  \equal{A}{B}}{真}{偽}
\ifthenelse{\not\equal{A}{A}}{真}{偽}
\ifthenelse{\not\not \equal{A}{A}}{真}{偽}
\ifthenelse{\not\(\equal{A}{A} \and \equal{A}{B}\)}{真}{偽}
```

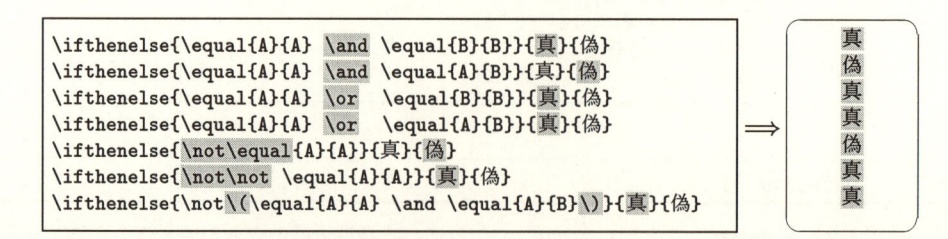

⇒ 真 偽 真 真 偽 真 真

※ 「言明1が真である限り」いつまでも「言明2」が実行される．

《命令》 \whiledo{言明1}{言明2}

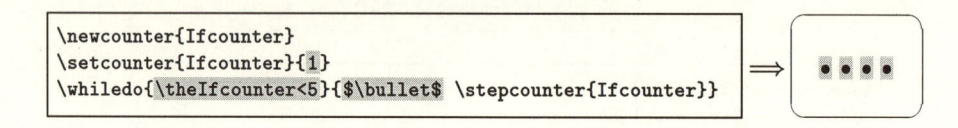

```
\newcounter{Ifcounter}
\setcounter{Ifcounter}{1}
\whiledo{\theIfcounter<5}{$\bullet$ \stepcounter{Ifcounter}}
```

⇒ • • • •

※ 上の \whiledo と同じ趣旨の命令に次のものがあります．その意味は下の例から明らかです．これはとくにパッケージを登録しなくても使えます．

《命令》 \loop 〜 \repeat

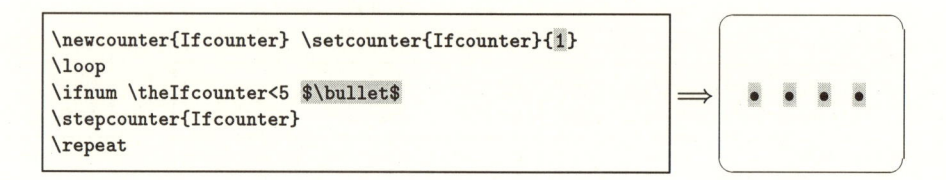

```
\newcounter{Ifcounter} \setcounter{Ifcounter}{1}
\loop
\ifnum \theIfcounter<5 $\bullet$
\stepcounter{Ifcounter}
\repeat
```

⇒ • • • •

12.4 条件分岐を持ったマクロ命令の作成例

※ ここで，条件分岐の命令を使ったマクロ命令作成の1例を示します．

※ このマクロを使うと，数学の論文における証明文字を「Proof」「*Proof*」の何れにするか，さらに，それにドットを付けて「Proof.」「*Proof.*」のいずれにするかなどを条件分岐によって決めることができます．

※ まず，たとえば次のようなファイル MYMACROS.TEX を作ります（下の例における \relax は，何も実行しないという TeX 命令です）．

MYMACROS.TEX

```
\newcounter{Csho}                          % 書体に対するカウンタ Csho の定義
\newcounter{Cdot}                          % ドットに対するカウンタ Cdot の定義
\newcommand{\SHO}[1]{\setcounter{Csho}{#1}} % カウンタ値 \theCsho を設定するマクロ
\newcommand{\DOT}[1]{\setcounter{Cdot}{#1}} % カウンタ値 \theCdot を設定するマクロ
\newcommand{\PROOF}{
 \ifcase\theCsho                           % 書体の条件分岐（ローマン体/イタリック体）
  {\rmfamily Proof\ifcase\theCdot \relax \or .\fi} % ドット有無の条件分岐（ローマン体）
 \or
  {\itshape Proof\ifcase\theCdot \relax \or .\fi} % ドット有無の条件分岐（イタリック体）
 \fi }
```

12.4 条件分岐を持ったマクロ命令の作成例

▣ 次に，プリアンブルかこのマクロを使うより前の何処かで \SHO{0}\DOT{0} と入力し，document 環境内で \PROOF と入力すると「ドット無しのローマン体」で出力され，\SHO{1}\DOT{1} と入力すると「ドット付きのイタリック体」で出力されます．

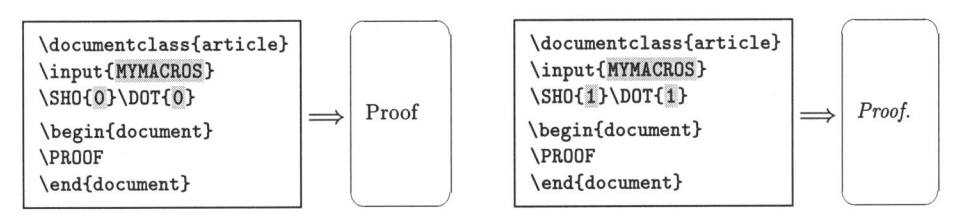

```
\documentclass{article}
\input{MYMACROS}
\SHO{0}\DOT{0}
\begin{document}
\PROOF
\end{document}
```
⟹ Proof

```
\documentclass{article}
\input{MYMACROS}
\SHO{1}\DOT{1}
\begin{document}
\PROOF
\end{document}
```
⟹ *Proof.*

▣ このマクロ命令による可能な4通りの出力を下に示します．

\SHO{0}\DOT{0}	\SHO{0}\DOT{1}	\SHO{1}\DOT{0}	\SHO{1}\DOT{1}

⇩

Proof	Proof.	*Proof*	*Proof.*

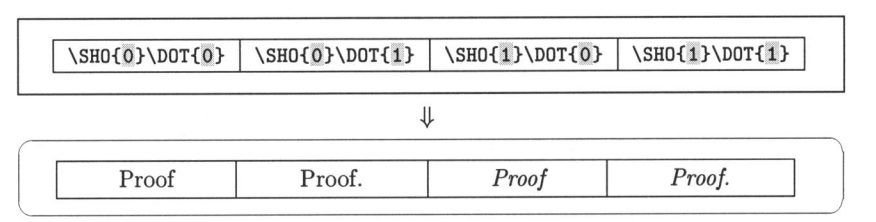

▣ 上の MYMACROS.TEX を少し加筆すれば，さらに書体としてボールド体やスラント体，またドットのほかにコロン「:」を追加することも可能です．

コラム Q：マニュアル執筆の要諦 2（索引の完備）

本文が立派なのは結構なことですが，索引が不備・不完全なためユーザが必要項目にたどり着けないようでは，そのことがその本には書いてないのとほぼ同じことです．数百ページにもなるコンピュータのマニュアルの索引が僅か十数ページで，しかも参照したい項目が見当たらないというのは如何なものでしょうか．極論すれば，全く索引のないマニュアルは「全ページ空白の本」に等しいと言えます．

索引は，「画龍点睛」の「睛（ひとみ）」，「仏作って魂入れず」の「魂」に相当します．では，索引はどの程度あればよいか．多ければ多いほどよいというものでもありません．不要な項目はかえって目障りとなります．そこで次のような指数を考えてみました．

$$\text{索引充実度指数} = \frac{\text{全索引項目数}}{\text{本文全ページを全角文字数換算したもの}}$$

ちなみに，本書の1ページを全角文字に換算すると 47 文字 × 40 行 = 1,880 文字，本文の全ページ数は 314 ですので，本文全体を全角文字数にすると約 590,000 文字となります．また総索引項目数は約 2700 です．従って，本書の 索引充実度指数 = 0.0045 となります．この指数が高いか低いかはさておき，索引充実度指数には合理的な基準（マニュアル本の性格にもよるが）というものがあるように筆者には思われます．読者諸氏の見解を伺いたいところです．

13 目次

用語: 目次 本文目次 付録目次 図目次 表目次 目次の深さ 目次の見出し 目次ファイル (〜.TOC)

命令: \tableofcontents \listoffigures \listoftables \addcontentsline \addtocontents
\tocdepth \appendix \contentsname \appendixname \listfigurename \listtablename

◇

13.1 4種類の目次 (本文・付録・図・表目次)

▣ LaTeX 2_ε では目次を次の4種類に分類しています．
  □ 本文目次： \section 命令などによって部・章・節などを宣言したものの目次 [→p.53 (14.1)]．
  □ 付録目次： \appendix 命令によって付録の章・節などを宣言したものの目次 [→p.56 (14.6)]．
  □ 図目次 ： \caption 命令によって図の標題を宣言したものの目次 [→p.257 (79.1)]．
  □ 表目次 ： \caption 命令によって表の標題を宣言したものの目次 [→p.257 (79.1)]．

▣ これらの目次を作成するにはコンパイルを2度実行する必要があります．たとえば文書ファイル名を XYZ.TEX とすると，
  □ 1度目 → 目次ファイル XYZ.TOC が作られる．
  □ 2度目 → 目次ファイル XYZ.TOC の内容が本文に読み込まれ目次が作成される．
本書執筆のために筆者が使用した文献 [23] (乙部) に添付のシステムでは1回の操作でこの2つのコンパイルが相続いて実行されます．

13.2 目次の作成

▣ 本文目次を出力させるためには，document 環境内 [→p.2 (2.4)] の最初の行で命令

《命令》　\tableofcontents \clearpage

を宣言します．\tableofcontents の後ろに改ページ命令 \clearpage [→p.183 (61.2)] を入れなければ，目次の後ろにすぐに本文が続きます．

▣ 下に例を示します．

```
\documentclass{jarticle}
\begin{document}
\tableofcontents
\clearpage
\section{基本モデル}
\subsection{基本方程式}
\subsubsection{解法}
\section{応用}
\subsection{投資決定問題}
\end{document}
```

⇒

```
目次

1 基本モデル                      4
  1.1 基本方程式 ................10
      1.1.1 解法 ................11
2 応用                           18
  2.1 投資決定問題 ..............20
```

13.3 目次の … (リーダ) を消す

▣ 目次の リーダ (…) の点間の距離は次の命令によって設定されています．

《命令》 \@dotsep

したがって，これを十分に大きく，例えば 500mu [→p.170 (56.1)] に設定しておくと，実質的にリーダは見えないことになります．これは，プリアンブルで次のように宣言します (\makeatletter と \makeatother を前後に置くことを忘れないように)．

\makeatletter \renewcommand{\@dotsep}{500} \makeatother

13.4　目次の項目間の改行幅

目次の項目間の改行幅は距離変数 \baselineskip [→p.180 (60.1)] によって決まります．これをたとえば

\baselineskip=3.5mm \tableofcontents

のように設定しておくと，項目間の改行幅を 3.5mm にすることができます．

13.5　目次の文字サイズ

目次の文字サイズは \tiny, \scriptsize, \footnotesize, \small, ... [→p.83 (24)] によって変更できます．たとえば

\small \tableofcontents

のように設定しておくと，目次の文字サイズは \small となります．

13.6　目次の 2 段組

\twocolumn [→p.10 (5.5)] を宣言すると目次は 2 段組となります．本書の目次は 2 段組となっており，その文字サイズは \small で，改行幅は \baselineskip=3.5mm となっています．これは次のようにして行いました (終わりに \onecolumn を宣言しておくこと．そうしないと以降も 2 段組みになってしまいます)．

```
\twocolumn
{\small \baselineskip=3.5mm \tableofcontents}
\onecolumn
```

13.7　目次の深さ

目次をどのレベル [→p.53 (14.2)] まで出力させるかは次のカウンタによって設定します．

《命令》　tocdepth

例えばこれを 5 に設定するには次のようにします．

《命令》　\setcounter{tocdepth}{5}

次の例のように，章・節の番号付けのレベル secnumdepth [→p.54 (14.3)] を目次の深さのレベル tocdepth より「浅く」設定すると，secnumdepth より深いレベルの目次項目には，その標題は出力されるが目次番号は付きません．

```
\documentclas{jarticle}
\setcounter{secnumdepth}{2}
\setcounter{tocdepth}{5}
\begin{document}
\tableofcontents
\clearpage
\section{基本モデル}
\subsection{基本方程式}
\subsubsection{解法}
\section{応用}
\subsection{投資決定問題}
\end{document}
```

⇒

```
目次
1 基本モデル                4
  1.1 基本方程式 ..........10
       解法 ..............11
2 応用                    18
  2.1 投資決定問題 ........20
```

13.8 目次の標題の変更

目次の標題を，本文中の指示で別の標題に変えることもできます．たとえば 13.2 節 (p.46) の例における節の標題「**基本モデル**」を「**Basic Model**」に変えるには，節の出力命令にオプション 引数 [ ] [→p.24 (8.3)] を付け，その中にこの英文の標題を次のように入力します．

```
\section[Basic Model]{基本モデル}
```

```
\documentclass{jarticle}
\begin{document}
\tableofcontents
\clearpage
\section[Basic Model]{基本モデル}
\subsection[Equation]{基本方程式}
\subsubsection 解法
\section[Applications]{応用}
\subsection{投資決定問題}
\end{document}
```

⇒

```
目次
1 Basic Model              4
  1.1 Equation ..........10
       1.1.1 解法 ........11
2 Applications            18
  2.1 投資決定問題 ........20
```

13.9 目次にテキストを挿入 I

次の命令を使い，目次に本文の章や節などと同列のテキストを挿入できます．

《命令》　\addcontentsline{ }{ }{ }

たとえば，13.2 節 (p.46) の例において，節の目次「**2 応用**」の前に節 \section と同列の「**様々な応用**」というテキストを挿入するには，そこで次のように宣言します (ここで toc は本文目次を意味します)．

```
\addcontentsline{toc}{section}{様々な応用}
```

```
\documentclass{jarticle}
\begin{document}
\tableofcontents
\clearpage
\section{基本モデル}
\subsection{基本方程式}
\subsubsection{解法}
\addcontentsline{toc}{section}{様々な応用}
\section{応用}
\subsection{投資決定問題}
\end{document}
```

⇒

```
目次
1 基本モデル                4
  1.1 基本方程式 ..........10
       1.1.1 解法 ........11
様々な応用                 18
2 応用                    18
  2.1 投資決定問題 ........20
```

13.10 目次にテキストを挿入 II

▣ 次の命令を使い，目次に，必要に応じてテキストやスペースなどを挿入することができます (ここで toc は本文目次を意味します).

《命令》　\addtocontents{ }{ }

▣ たとえば，13.2 節 (p.46) の例において「**1.1 基本モデル**」の次の行に「**数値例は除く**」というテキストを右に 10mm ずらして挿入するには，そこで次のように宣言します.

\addtocontents{toc}{\hspace{10mm}{\gtfamily 数値例は除く}}

▣ また「**2 応用**」の前に 11mm の縦方向のスペースを追加したければ，そこで次のように宣言します.

\addtocontents{toc}{\protect\vspace{11mm}}

ここで使用されている \protect 命令の意味については [→p.24 (8.4)] を参照して下さい.

```
\documentclass{jarticle}
\begin{document}
\tableofcontents
\clearpage
\section{基本モデル}
\subsection{基本方程式}
\addtocontents{toc}%
        {\hspace{10mm}{\gt 数値例は除く}}
\subsubsection{解法}
\addtocontents{toc}{\protect\vspace{11mm}}
\section{応用}
\subsection{投資決定問題}
\end{document}
```

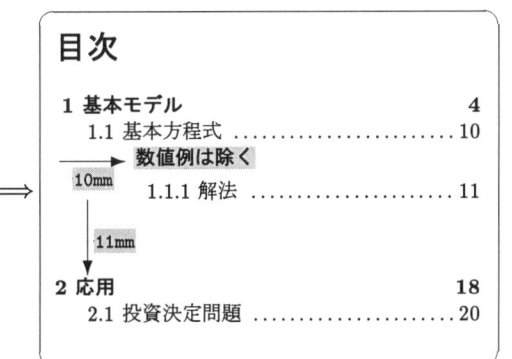

⇒

目次
1 基本モデル　　　　　　　　　4
　1.1 基本方程式 ………………… 10
　　　　数値例は除く
　　10mm
　　　　1.1.1 解法 ………………… 11

　　11mm

2 応用　　　　　　　　　　　18
　2.1 投資決定問題 ……………… 20

13.11 目次の内容を変更する

▣ 13.2 節 (p.46) における文書ファイル XYZ.TEX に対し，1 度目のコンパイルをした後で作成される目次ファイル XYZ.TOC の中身は次のようになっています. 網掛けの部分だけに着目して下さい.

XYZ.TOC

```
\contentsline{section}{\numberline {1}基本モデル}{\kern ... }
\contentsline{subsection}{\numberline {1.1}基本方程式}{\kern ... }
\contentsline{subsubsection}{\numberline {1.1.1}解法}{\kern ... }
\contentsline{paragraph}{\numberline {1.1.1.1}解の性質}{\kern ... }
\contentsline{section}{\numberline {2}応用}{\kern ... }
\contentsline{subsection}{\numberline {2.1}投資決定問題}{\kern ... }
```

▣ たとえば，この XYZ.TOC ファイルにおいて

解法 → 解法（厳密解法），　　投資決定問題 → 投資決定問題（設備取替）

と書き換えて 2 度目のコンパイルを実行すると次のように出力されます.

目次
1 基本モデル　　　　　　　　　4
　1.1 基本方程式 …………………10
　　　　1.1.1 解法（厳密解法）………11
2 応用　　　　　　　　　　　18
　2.1 投資決定問題（設備取替）………20

▨ この網掛け部分のテキストに対してその書体 [→p.80 (23)] やサイズ [→p.83 (24)] を変更することもできます.

13.12　付録目次の作成

▨ 本文の中で次の命令を宣言すると，その後の章・節の命令は付録の章・節の命令となり，本文目次に付録目次が追加されます.

《命令》　\appendix

```
\documentclass{jarticle}
\begin{document}
\tableofcontents
\clearpage
\section{基本モデル}
\subsection{モデルの定義}
\appendix
\section{関連モデル}
\subsection{記述モデル}
\subsubsection{確定的}
\subsection{数理モデル}
\section{証明}
\subsection{解法Iの証明}
\end{document}
```

⇒

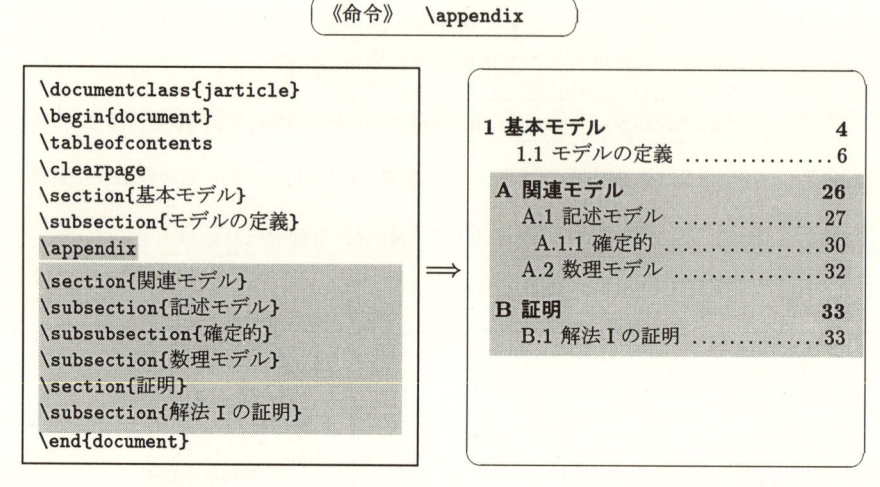

```
1 基本モデル             4
  1.1 モデルの定義 ........ 6
A 関連モデル            26
  A.1 記述モデル ......... 27
    A.1.1 確定的 ......... 30
  A.2 数理モデル ......... 32
B 証明                 33
  B.1 解法Iの証明 ........ 33
```

▨ 付録目次に対しても \addcontensline [→p.48 (13.9)] と \addtocontens [→p.49 (13.10)] を使って目次にテキストを挿入することができます.

▨ 上の例にも見られるように，論文 article の場合，付録目次には「**付録**」という見出しが付きません (本・報告書の場合にはこの見出しは付きます).

▨ この見出しは \addcontensline [→p.48 (13.9)] と \addtocontens [→p.49 (13.10)] を使って付けることができます. 下に，本文目次と付録目次の間に 5mm のスペースを空け，見出しを \Large [→p.83 (24.1)] のボールド体 \bfseries [→p.80 (23.1)] でかつ中寄せ \centerline [→p.216 (70.10)] で出力させる例を示します.

```
\documentclass{jarticle}
\begin{document}
\tableofcontents
\clearpage
\section{基本モデル}
\subsection{モデルの定義}
\appendix
\addtocontents{toc}%
   {\protect\vspace{5mm}}
\addtocontents{toc}%
   {\protect\centerline%
       {\large\bfseries 付録}}
\section{関連モデル}
      ⋮
\end{document}
```

⇒

```
          目次
1 基本モデル             4
  1.1 モデルの定義 ......... 6
        ↓ 5mm
          付録
A 関連モデル            26
      ⋮
```

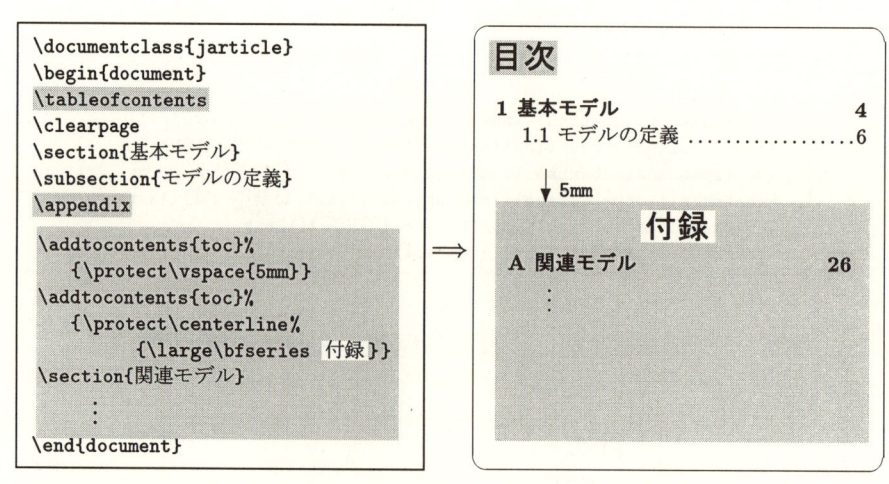

▨ 本 book・報告書 report の場合，付録目次には「**付録**」という見出しが自動的に出力されます. 見出しの変更については 13.14 節 (p.51) で述べます.

13.13　図目次と表目次の作成

▨ 本文中で caption 命令によって宣言された図表の標題 [→p.257 (79.1)] に対する目次も本文目次に追加することができます．そのためには次の2つの命令を宣言します．

《命令》　\listoffigures　（図目次）　\listoftables　（表目次）

▨ 下に例を示します．

```
\documentclass{jarticle}
\begin{document}
\tableofcontents
\listoffigures
\listoftables
\clearpage
\section{基本モデル}
\section{応用}
\begin{figure}
\caption{モデルの図}
\end{figure}
\begin{figure}
\caption{解の挙動}
\end{figure}
\begin{table}
\caption{解の性質 }
\end{table}
\begin{table}
\caption{パラメータ}
\end{table}
\end{document}
```

⇒

目次
1　基本モデル 4
2　応用 18

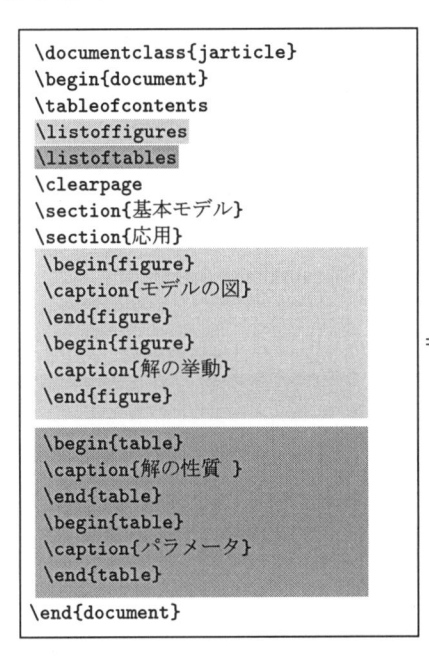

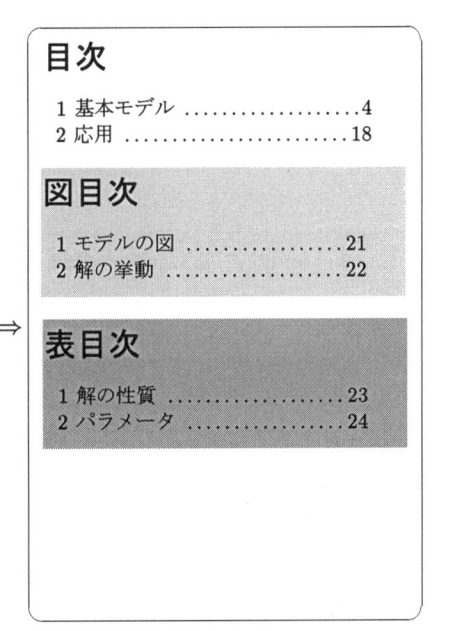

図目次
1　モデルの図 21
2　解の挙動 22

表目次
1　解の性質 23
2　パラメータ 24

▨ 図目次と表目次に対しても，\addcontensline [→p.48 (13.9)] と \addtocontens [→p.49 (13.10)] を使って目次にテキストを挿入することができます．この場合，この命令の最初の引数には，toc に替えて，図目次に対しては `lof`，表目次に対しては `lot` と書きます．

▨ 本や報告書の場合，図目次と表目次はそれぞれ別々のページに出力されます．

13.14　目次見出しの変更

▨ 本文目次・付録目次・図目次・表目次の見出しの標準設定は，それぞれ次の通りです．

和文の場合	目次	付録	図目次	表目次
欧文の場合	Contents	Appendix	List of Figures	List of Tables

▨ ところで，和文の場合，上のように出力されるのは文献 [23] (乙部) に添付の LaTeX 2_ε だからです．一般には，和文の場合でもこれらの見出しは英文出力となります．

▨ 実は，これらの見出しは次の命令によって定義されています．

《命令》　\contentsname　（本文目次）
　　　　\appendixname　（付録目次）
　　　　\listfigurename　（図目次）
　　　　\listtablename　（表目次）

プリアンブル [→p.5(4)] で，たとえば次のように宣言すれば，それぞれの見出しを任意のものに変更できます．

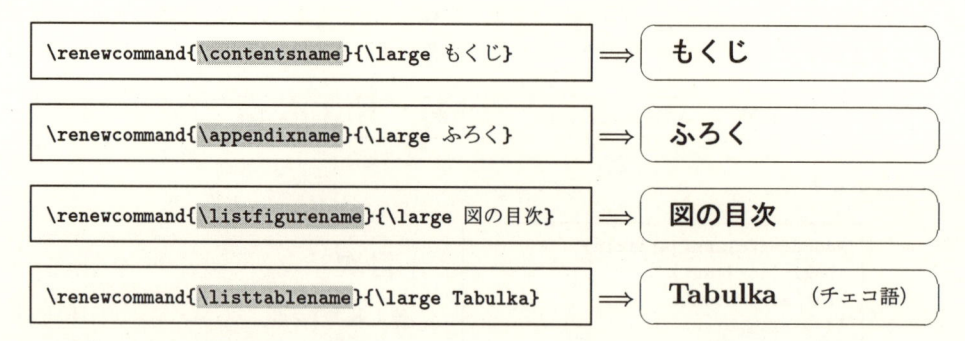

`\renewcommand{\contentsname}{\large もくじ}` ⟹ もくじ

`\renewcommand{\appendixname}{\large ふろく}` ⟹ ふろく

`\renewcommand{\listfigurename}{\large 図の目次}` ⟹ 図の目次

`\renewcommand{\listtablename}{\large Tabulka}` ⟹ Tabulka （チェコ語）

さらに次のように飾りを付けることもできます．

```
\renewcommand{\contentsname}{\colorbox{black}%
{\framebox(120,7)[c]{\textcolor{white}{\LARGE\bfseries 目次}}}}
```

⇓

目次

`\renewcommand{\appendixname}{\ovalbox{\framebox(120,7)[c]{\bfseries 付録}}}`

⇓

付録

コラム D：LaTeX 2ε のコスト = 0 円

　LaTeX 2ε の入手コストは 0 円です．ちなみに，本書執筆のため筆者が使った LaTeX 2ε は，ソフトバンク社の『pLaTeX 2ε for Windows, Another Manual, Vol.1, Basic Kit 1999 (乙部・江口)』に添付の CD-ROM にあるものです．全 561 ページからなるこの本の値段は 3900 円です．CD-ROM 無添付でも決して高くはないこの値段からしても LaTeX 2ε がただであるということが納得できるでしょう．

14 部・章・節・段落・付録

用語： 部　章　節　段落　付録　番号付けの深さ　レベル　見出しの定義　標題の形式変更

命令： \part \chapter \section \subsection \subsubsection \paragraph \subparagraph
\part* \chapter* \section* \subsection* \subsubsection* \paragraph* \subparagraph*
\appendix \secnumdepth \partname \prepartname \postpartname \chaptername
\prechaptername \postchaptername \centering \raggedleft \@startsection

◇

14.1 部・章・節・段落

▣ LaTeX 2_ε には，部・章・節・段落を設定する次の命令が用意されています．

> 《命令》　\part　　　　\chapter　　　\section　　　\subsection
> 　　　　　\subsubsection　\paragraph　\subparagraph

▣ たとえば，現在の節が 3 番目の節であれば

> \section{基本方程式} ⟹ 3 基本方程式

と出力されます．また 3 番目の節における 5 番目の小節であれば下のように出力されます．

> \subsection{解法} ⟹ 3.5 解法

▣ このように，部・章・節・段落の命令を使用すると，それらの番号が自動的に付けられていきます．この自動番号付けはカウンタ [→p.34 (11)] によって制御されています．

▣ 部・章・節・段落の命令を使うと，それらの目次を自動的に作成させたり [→p.46 (13)]，その他の所で参照したりすることができるようになります [→p.279 (81.4)]．

▣ なお，これらの部・章・節・段落の命令の引数 { } はすべて動く引数です [→p.24 (8.4)]．

14.2 部・章・節・段落のレベル

▣ 部・章・節・段落には「レベル」というものが定義されています．レベルは -1 から 5 までの整数です．たとえば論文 article における小節 \subsection のレベルは 2 です（通常，小節は「項」，小小節は「目」と呼ばれます）．

レベル	項目	論文	章・節の番号	本・報告書	章・節の番号
−1	部			\part（省略可）	I, II, …
0	部	\part（省略可）	I, II, …		
0	章			\chapter	1, 2, …
1	節	\section	1, 2, …	\section	1.1, 1.2, …
2	小節	\subsection	1.1, 1.2, …	\subsection	1.1.1, 1.1.2, …
3	小小節	\subsubsection	【1.1.1】	\subsubsection	【1.1.1.1】
4	段落	\paragraph	【1.1.1.1】	\paragraph	【1.1.1.1.1】
5	小段落	\subparagraph	【1.1.1.1.1】	\subparagraph	【1.1.1.1.1.1】

▣ 論文と本・報告書とでは，部・章・節・段落の付けられ方は若干異なります．

　□ 部 \part は，論文ではレベル 0，本・報告書ではレベル -1 です．

☐ 論文には章 \chapter のレベルはありません．これを指定するとエラーとなります．
☐ 部 \part は，論文・本・報告書のいずれにおいても省略することができます．

14.3 部・章・節・段落の番号付けの深さ

▨ 部・章・節・段落の番号を，たとえばレベル 2 まで，すなわち小節 \subsection まで付けたい場合には，カウンタ [→p.34 (11.1)]

《命令》　secnumdepth

をプリアンブル [→p.5 (4)] で次のように設定します [→p.35 (11.3)]．

\setcounter{secnumdepth}{2}

▨ secnumdepth を「部・章・節・段落の番号付けの深さ」と言います．上の例のように，これを 2 に設定すると，レベル 3 以上 (前ページの表の【 】で囲んだ所)，すなわち小小節・段落・小段落に対しては見出し番号は出力されず，その標題のみが出力されます．

▨ 番号付けの深さをレベル 5 までとしたとき，小小節 \subsubsection までは標題のあとは改行されて本文が始まりますが，段落 \paragraph と小段落 \subparagraph に対しては標題のあとは改行されずに直接本文が続きます．

▨ 論文に対する番号付けの深さの標準設定はレベル 3，本と報告書の標準設定はレベル 2 です．

14.4 擬似の部・章・節・段落

▨ 部・章・節・段落の命令には次の「*形式 (アステリスク形式)」と呼ばれるものが用意されています．

《命令》　\part*　　\chapter*　　\section*　　\subsection*
　　　　\subsubsection*　\paragraph*　\subparagraph*

▨ *形式を使って宣言された部・章・節・段落は，本文で標題は出力されますがその番号は出力されません．また，目次にもヘッダにも出力されません．これを「擬似の部・章・節・段落」と言うことにします．

14.5 部・章・節・段落の設定の例

▨ 下に，論文と本・報告書における部・章・節・段落の入・出力例を示します．この例では secnumdepth を 5 としているので小段落まで番号が付けられています (段落 \paragraph と小段落 \subparagraph においては標題後は改行されず，直接本文が続くことに注意して下さい)．

14.5 部・章・節・段落の設定の例

▣ **論文の場合**

```
\documentclass{jarticle}
\setcounter{secnumdepth}{5}
\begin{document}
\section{基本モデル}
ここでは基本モデルを定義する．
\subsection{モデルの定義}
モデルの厳密な定義は ...
\subsection{基本方程式}
この基本モデルの最適解は ...
\subsubsection{解法 I}
この方程式を理論的に解くと ...
\subsubsection*{解法 I の改良}
\subsubsection{解法 II}
この方程式を数値的に解くと ...
\paragraph{解の性質}
$N=1$ のとき ...
\subparagraph{問題点}
$N$ が大きくなると ...
\section{応用}
\subsection{投資決定問題}
基本モデルの最初の応用は ...
\end{document}
```

⇒

1 基本モデル
ここでは基本モデルを定義する．
1.1 モデルの定義
モデルの厳密な定義は ⋯
1.2 基本方程式
この基本モデルの最適解は ⋯
1.2.1 解法 I
この方程式を理論的に解くと ⋯

解法 I の改良

1.2.2 解法 II
この方程式を数値的に解くと ⋯

1.2.2.1 解の性質　$N=1$ のとき ⋯

1.2.2.1.1 問題点　N が大きくなると ⋯

2 応用
2.1 投資決定問題
基本モデルの最初の応用は ⋯

▣ **本・報告書の場合**　この場合「部」と「章」の間に空のページが入ります．

```
\documentclass{jbook}
\setcounter{secnumdepth}{5}
\begin{document}
\part{基礎理論}
\chapter{モデル}
\section{基本モデル}
ここでは基本モデルを定義する．
\subsection{モデルの定義}
モデルの厳密な定義は ...
\subsection{基本方程式}
この基本モデルの最適解は ...
\subsubsection{解法}
この方程式を理論的に解くと ...
\paragraph{解の性質}
$N=1$ のとき ...
\subparagraph{問題点}
$N$ が大きくなると ...
\end{document}
```

⇒

第 I 部
基礎理論

【空のページ】

第 I 章
モデル

1.1　基本モデル
ここでは基本モデルを定義する．
1.1.1　モデルの定義
モデルの厳密な定義は ⋯
1.1.2　基本方程式
この基本モデルの最適解は ⋯
1.1.2.1　解法
この方程式を理論的に解くと ⋯

1.1.2.1.1　解の性質　$N=1$ のとき ⋯

1.1.2.1.1.1　問題点　N が大きくなると ⋯

14.6　付録の作成とその番号

▣ 付録に対しても章・節を設定することができます．それには次の命令を宣言します．

《命令》　\appendix

この命令を宣言した後では，これまで述べてきた章・節の命令は付録における章・節の命令となります．

▣ **本・報告書の場合**：付録番号は章番号 **A**, **B**, … から始まり，順次 **A.1**, **A.2**, …, **A.1.1**, **A.1.2**, … となります．この場合、見出しの **付録 A**，**付録 B**, … は自動的に出力されます．

```
\documentclass{jbook}
\begin{document}
        本文
\appendix
\chapter{定理の証明}
\section{定理1の証明}
\subsection{直観的な証明}
\subsection{厳密な証明}
\section{定理2の証明}
\subsection{直観的な証明}
\subsection{厳密な証明}

\chapter{計算方法}
\section{発見的方法}
\subsection{方法 I}
\subsection{方法 II}
\section{厳密解法}
\subsection{方法 I}
\subsection{方法 II}
\end{document}
```

⇒

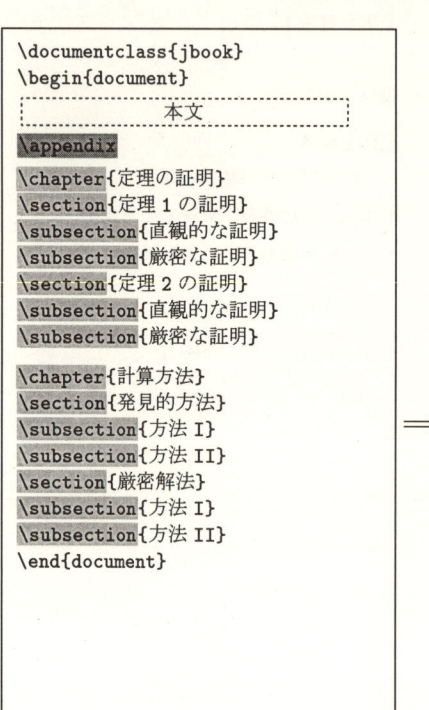

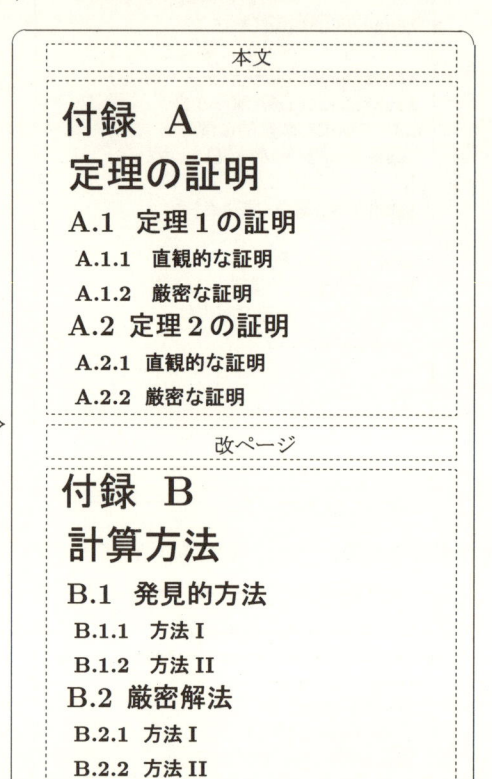

```
         本文

付録　A
定理の証明
 A.1　定理1の証明
  A.1.1　直観的な証明
  A.1.2　厳密な証明
 A.2　定理2の証明
  A.2.1　直観的な証明
  A.2.2　厳密な証明
        改ページ
付録　B
計算方法
 B.1　発見的方法
  B.1.1　方法 I
  B.1.2　方法 II
 B.2　厳密解法
  B.2.1　方法 I
  B.2.2　方法 II
```

▣ **論文の場合**：付録番号は節番号 **A**, **B**, … から始まって，順次 **A.1**, **A.2**, …, **A.1.1**, **A.1.2**, …, **A.1.1.1**, **A.1.1.2**, … となります．

```
\documentclass{jarticle}
\begin{document}
\appendix
\section{定理1の証明}
\subsection{直観的な証明}
\subsection{厳密な証明}
\section{定理2の証明}
\subsection{直観的な証明}
\subsection{厳密な証明}
\subsubsection{準備}
\end{document}
```

⇒

```
A　定理1の証明
 A.1　直観的な証明
 A.2　厳密な証明
B　定理2の証明
 B.1　直観的な証明
 B.2　厳密な証明
  B.2.1　準備
```

論文の場合，付録の見出しは出力されません．付録の見出しを付けるには \appendix 命令のすぐ下で次のように宣言します．

```
\documentclass{jarticle}
\begin{document}
\appendix
\Large\bfseries 付録
\section{定理 1 の証明}
\subsection{直観的な証明}
\section{定理 2 の証明}
\subsection{直観的な証明}
\subsection{厳密な証明}
\end{document}
```
⇒
付録
A 定理 1 の証明
　A.1 直観的な証明
B 定理 2 の証明
　B.1 直観的な証明
　B.2 厳密な証明

☒ **付録番号の変更**： 付録番号の標準設定は **A, B**, ... のため，たとえば標題が「**A Proof**」の場合，付録標題は「**A　A Proof**」となってしまい些か奇妙なことになってしまいます．これを回避するために付録番号の形式を変えなければなりません．この変更は \appendix 命令の後で次の命令を宣言します．

```
\renewcommand{\thesection}{\Alph{section}.}
```

```
\documentclass{jarticle}
\begin{document}
\appendix
\renewcommand{\thesection}%
            {\Alph{section}.}
\section{A Prooh of Theorem 1}
\section{A Prooh of Theorem 2}
\section{A Prooh of Theorem 3}
\end{document}
```
⇒
A. A Proof of Theorem 1
B. A Proof of Theorem 2
C. A Proof of Theorem 3

14.7　部・章の見出しの定義

☒ 本・報告書における部と章の見出しの標準設定は次の通りです．

| 欧文の場合 | Part I　Part II ... | Chapter 1　Chapter 2 ... |
| 和文の場合 | 第 I 部　第 II 部 ... | 第 1 章　　第 2 章 ... |

ただし，和文の見出しが上のように出力されるのは筆者が文献 [23] (乙部) に添付のシステムを使用しているからです．一般には，和文の場合でも英文出力となってしまいます．それを和文にするには下で述べる手続きを取らなければなりません．

☒ 見出しの変更方法
　□ **欧文の場合**： これらの見出しは次の命令によって定義されています【→ [4] p.35-36, p.321】．

《命令》　\partname　\chaptername

これを，たとえばチェコ語の **Část**, **Kapitola** に変更するにはプリアンブルで次のように宣言します．

```
\renewcommand{\partname}{\v{C}\'{a}st}
\renewcommand{\chaptername}{Kapitola}
```

☐ **和文の場合**: 見出しは次の命令によって定義されています．

《命令》　\prepartname　　\postpartname
　　　　　\prechaptername　\postchaptername

これを使って，標準設定の見出しを，たとえば **部 I, 部 II**,… および **1 章, 2 章**,… と変更するにはプリアンブルで次のように宣言します．

```
\renewcommand{\prepartname}{部}
\renewcommand{\postpartname}{ }
\renewcommand{\prechaptername}{ }
\renewcommand{\postchaptername}{章}
```

▨ 本・報告書における付録の見出しの設定・変更については 13.14 節 (p.51) で述べてあります．

14.8　部・章・節の標題形式の変更

▨ 部・章・節・段落・付録の標題の出力形式は次の命令で変更できます【→ [4] p.28-35】．

《命令》　\@startsection

▨ 節 \section の標題形式の変更

☐ まず，下の例のように \makeatletter で始まり \makeatother で終わる 4 行をプリアンブル [→p.5 (4)] で宣言します．この宣言の意味は下の入・出力例の対応より明らかです (ここで {5} は番号付けの深さが 5 であることを指しています [→p.54 (14.3)])．

```
\makeatletter
\renewcommand{\section}{\@startsection
  {section}{5}{25mm}{10mm}{15mm}{\itshape\huge}}
\makeatother
ああああああああああああああああああああああああああああ
\section{Introduction}
いいいいいいいいいいいいいいいいいいいいいいいいいいいいい
```

⇓

ああああああああああああああああああああああああああああ

　　　　　↕ 10mm
←25mm→ *2. Introduction*
　　　　　↕ 15mm

いいいいいいいいいいいいいいいいいいいいいいいいいいいいい

☐ 標題を左・中・右寄せにするには次の命令を使います．

《命令》　\raggedleft　　\centering　　\raggedright

14.8 部・章・節の標題形式の変更

```
\makeatletter
 \renewcommand{\section}{\@startsection
 {section}{5}{0mm}{10mm}{15mm}{\centering\itshape\huge} }
\makeatother
```

⇓

2. Introduction

```
\makeatletter
 \renewcommand{\section}{\@startsection
 {section}{5}{0mm}{10mm}{15mm}{\reggedright\itshape\huge} }
\makeatother
```

⇓

2. Introduction

■ **章 \chapter の標題形式の変更** 下に例を示します．標題の上下の罫線は picture 環境で出力されていることに着目して下さい．なお，この例では，章の標題の下にその章の概略をボックスで囲んで出力させました．

```
\makeatletter
\renewcommand{\chapter}{
\@startsection
{chapter}{5}{0mm}{10mm}{15mm}{
\bfseries\Huge
 \begin{picture}(0,0)
 \put(0,-5){\rule{130mm}{0.5mm}}
 \put(0,10){\rule{130mm}{0.5mm}}
 \end{picture}}}
\makeatother
\chapter{Introduction}

\vspace{5mm}
 {\small\fboxsep=1mm\fbox{\begin{minipage}{}130mm}
 この部の目的は，ある与えられた期日までに，逐次現れるチャンスの中から最も価値の高いものを一
 つ選択しなければならないとしたとき，どのような決定規則に従うべきかを，様々なモデルを通して数
 学的に検討する．このような決定問題は「最適停止問題（Optimal Stopping Problem）」と呼ばれ
 る．\end{minipage}}}
```

⇓

第 I 章 Introduction

この部の目的は，ある与えられた期日までに，逐次現れるチャンスの中から最も価値の高いものを一つ選択しなければならないとしたとき，どのような決定規則に従うべきかを，様々なモデルを通して数学的に検討する．このような決定問題は「最適停止問題（Optimal Stopping Problem）」と呼ばれる．

◩ **部 \part の標題形式の変更** 下に例を示します．この例では，部の標題の下に説明文を入れる方法も示しています．この場合，部の説明文は \makeatletter と \makeatother の間の \@startsection の中で宣言されていることに注意して下さい．

```
\makeatletter
\renewcommand{\part}{\@startsection
{part}{5}{66mm}{10mm}{15mm}{\bfseries\Large
\begin{picture}(0,0)
\put(50,-7){最適停止問題}
\put(2,-21){\normalfont\small\begin{minipage}{130mm}
ここでは，ある与えられた期日までに，逐次現れるチャンスの中から最も価値の高いものを一つ選択
しなければならいとしたとき，どのような決定規則に従うべきかを，様々なモデルを通して数学的
に検討する．このような決定問題は「最適停止問題（Optimal Stopping Problem）」と呼ばれる．
\end{minipage}}}
\end{picture}}
\makeatother
\renewcommand{\thepart}{\hspace{-10mm}第 \Roman{part} 部}
\part{}
```

⇩

第 I 部
最適停止問題

ここでは，ある与えられた期日までに，逐次現れるチャンスの中から最も価値の高いものを一つ選択しなければならいとしたとき，どのような決定規則に従うべきかを，様々なモデルを通して数学的に検討する．このような決定問題は「最適停止問題（Optimal Stopping Problem）」と呼ばれる．

コラム L：標準設定値（2 段組におけるページのレイアウトパラメータ）

パラメータ	[10pt], [11pt], [12pt]
\textwidth	410pt (144.1mm)
\oddsidemargin	30pt (10.5mm)
\evensidemargin	30pt (10.5mm)
\marginparwidth	48pt (16.9mm)
\marginparsep	10pt (3.5mm)
\columnsep	10pt (3.5mm)
\columnseprule	0pt (0.0mm)

15 タイトル

用語：タイトル　標題　著者名　出版年月日
命令：\title \author \date \maketitle \thanks \and titlepage titlepage 環境

◇

15.1 タイトルとは

▣ LaTeX 2_ε でタイトルと言うとき，それは「標題」「著者名」「出版年月日」の3項目全体のことを言います．タイトルを出力させるには，以下に述べる3通りの方法があります．

15.2 標準的な方法 I

▣ これは，タイトルを次の4つの命令によって出力させる方法です．

《命令》　\title{ }　　\author{ }　　\date{ }　　\maketitle

▣ 最初の3つの命令はプリアンブルでこの順に宣言し，最後の \maketitle は document 環境内 (最初の行がよいでしょう) で宣言します．

▣ 本節で述べる方法でタイトルを書くためには，これ以外にもいくつかの命令が必要となります．次のページに，それらの命令のリストを表としてまとめておきます．

▣ 下に入・出力例を示します．

```
\documentclass{jarticle}\\
\title{{\LARGE\bfseries 三国志における天下三分の計}\\
       --\hspace{1mm}{\large\bfseries そのゲーム論的含意}\hspace{1mm}--}
 \author{ 諸葛孔明\thanks{蜀帝国大学政治学部最高顧問} \and 曹操孟徳 \thanks{魏帝国大学総
長} \and 劉備玄徳\thanks{蜀帝国大学総長} \and 孫権仲謀\thanks{呉帝国大学総長}}\\
\date{2000 年 1 月 1 日}
\begin{document}
\maketitle
                              本文
\end{document}
```

⇓

三国志における天下三分の計
–そのゲーム論的含意–

諸葛孔明[a]　　曹操孟徳[b]　　劉備玄徳[c]　　孫権仲謀[d]

2000 年 1 月 1 日

本文

―――――――――――――――
[a]蜀帝国大学政治学部最高顧問
[b]魏帝国大学総長
[c]蜀帝国大学総長
[d]呉帝国大学総長

▫ この場合，文書クラスオプション titlepage [→p.3(3.3)] を宣言しておくと，独立した1ページにタイトルが作られます．

▫ 下の表に，タイトルの出力に関連する命令をまとめておきます．

\title	**標題を宣言する命令** (プリアンブルで宣言)
	【例】\title{{\LARGE\bfseries 三国志における天下三分の計}\\ ---{\Large\bfseries そのゲーム論的含意}---}
\author	**著者名を宣言する命令** (プリアンブルで宣言)　複数の著者名は \and で結びます．
	【例】\author{諸葛孔明 \and 曹操孟徳 \and 劉備玄徳 \and 孫権仲謀}
	著者名は中寄せ出力となります．著者名が多いときは自動的に改行され，各行とも中寄せ出力となります．\\ を使って改行もできます．
\date	**出版日付を宣言する命令** (プリアンブルで宣言)　これは省略できます．省略するとその文書ファイルをコンパイルした日付が出力されます．
	【例】\date{2000年1月1日}
	【\today 命令 [→(コラム J) p.182] を使い \date{\today} とすると，この手紙の文書ファイルをコンパイルした日付が出力されます．ただし手紙 [→p.69 (18)] とタイトルでは，\today 命令は必ず \date 命令の引数として宣言して下さい．その他の所では \today 命令は単独でも使用することができます．】
\maketitle	**タイトルを出力する命令**　これは document 環境内 (最初の行がよいでしょう) で宣言します．
\thanks	**著者に対する謝辞や注書きを入力する命令**　この命令の引数は動く引数です [→p.24 (8.4)]．
	【例】\author{髙田真\thanks{たかだまこと\ 詩人}}
\and	**複数の著者名を結ぶ命令**　\author の行を見よ．

15.3　標準的な方法 II

▫ タイトルの書き方は，出版社や学会の執筆規定によって指定されることが多く，そのような場合，上の方法は使用できません．この問題を解決する方法として次の環境命令を使う方法があります．

《命令》　\begin{titlepage} ～ \end{titlepage}

　この環境内では LaTeX 2ε の様々な命令を使って自由にタイトルを書くことができます．

▫ この方法では，どの文書クラスでもタイトルは独立した1ページにページ番号なしで出力されます．

▨ 次に 1 つの入力例を示します.

```
\documentclasse{jarticle}
\begin{document}
\begin{titlepage}
\centerline{\LARGE\bfseries 三国志における天下三分の計}\par\vspace{1mm}
\centerline{--\hspace{1mm}{\large\bfseries そのゲーム論的含意}\hspace{1mm}--}\par
\centerline{諸葛孔明\footnote{蜀帝国大学政治学部最高顧問}\qquad 曹操孟徳\footnote{魏帝国大学総長}\qquad 劉備玄徳\footnote{蜀帝国大学総長}\qquad 孫権仲謀\footnote{呉帝国大学総長}}\par
\centerline{2000 年 1 月 1 日}\par\vspace{7mm}
\centerline{\dashbox{0.5}(140,6)[c]{本文}}\par
\end{titlepage}
本文
\end{document}
```

⇓

三国志における天下三分の計
– そのゲーム論的含意 –

諸葛孔明[a]　　曹操孟徳[b]　　劉備玄徳[c]　　孫権仲謀[d]

2000 年 1 月 1 日

本文

―――――――――――――――
[a]蜀帝国大学政治学部最高顧問
[b]魏帝国大学総長
[c]蜀帝国大学総長
[d]呉帝国大学総長

15.4　自分で書く方法

▨ 以上述べてきた 2 つの方法にはいずれも制約があります．自由にタイトルを書きたい人は，LaTeX 2_ε 命令を使って自分好みに書くことです．下の入力例の出力は 15.2 節 (p.61) におけるものと同じです．

```
\documentclass{\jarticle}
\begin{document}
\centerline{\LARGE\bfseries 三国志における天下三分の計}\par\vspace{1mm}
\centerline{--\hspace{1mm}{\large\bfseries そのゲーム論的含意}\hspace{1mm}--}\par
\centerline{諸葛孔明\footnote{蜀帝国大学政治学部最高顧問}\qquad 曹操孟徳\footnote{魏帝国大学総長}\qquad 劉備玄徳\footnote{蜀帝国大学総長}\qquad 孫権仲謀\footnote{呉帝国大学総長}}\par
\centerline{2000 年 1 月 1 日}\par\vspace{7mm}
\centerline{\framebox[131mm][c]{本文}}\par
\end{document}
```

16 アブストラクト

用語：アブストラクト　アブストラクトの見出し
命令：`abstract` 環境　`\abstractname`

◇

16.1 アブストラクトを書く環境

☒ LaTeX 2_ε にはアブストラクトを書くための次の環境命令が用意されています．

《命令》　`\begin{abstract}` ～ `\end{abstract}`

この環境は論文 article と報告書 report のみに定義されており，本 book には定義されていません．

☒ この環境によるアブストラクトは，論文 article の場合にはタイトルのすぐ下に，報告書 report の場合には独立した1ページに出力されます．論文のとき，文書クラスオプション `titlepage` [→p.3 (3.3)] を指定するとアブストラクトは独立した1ページに出力されます．

16.2 1段組におけるアブストラクト

☒ 1段組のとき [→p.7 (5.3)]，`abstract` 環境で書かれるアブストラクトは左右が 10mm ほど字下げされて出力されます．アブストラクトの見出しは `\normalsize` [→p.83 (24)] の英語のボールド体 [→p.80 (23)] で，中寄せ出力となります．

```
\documentclass{article}
\begin{document}
```
```
                    タイトル，年月日，著者名
```
```
\begin{abstract}
{\footnotesize \baselineskip=4mm This paper presents a solution to an optimal
stopping problem.  The obtained optimal decison rule of the problem has a
reservation value property which seems to be quite counterintuitive.}
\end{abstract}
```
```
                             本文
```
```
\end{document}
```

⇓

```
                    タイトル，年月日，著者名
```
```
10mm ←                    Aabstract                    → 10mm
        This paper presents a solution to an optimal stopping problem.  The obtained opti-
     mal decison rule of the problem has a reservation value property which seems to be quite
     counterintuitive.
```
```
                             本文
```

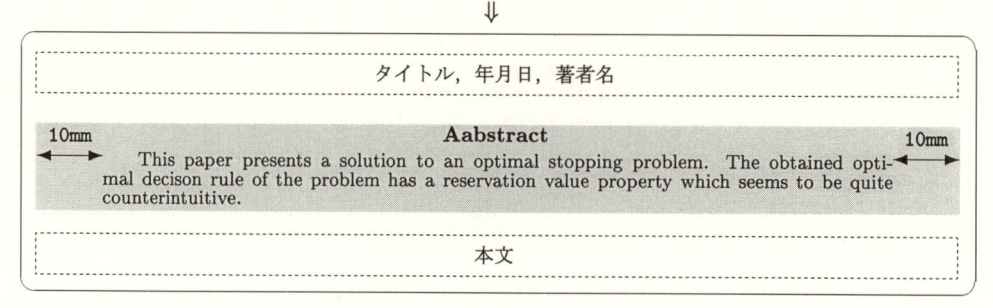

☒ アブストラクト本文の文字サイズ [→p.83 (24)] と改行幅 [→p.180 (60.1)] は，自由に設定することができます．上の例では文字サイズは `\footnotesize`，改行幅は `\baselineskip=4mm` に設定しています．

16.3　アブストラクトの見出し

▣ アブストラクトの見出しは次のように出力されます．

和文の場合　→　**概要**　　欧文の場合　→　**Abstract**

▣ 和文の場合「概要」と出力されるのは [23](乙部) に添付の CD-ROM にある LaTeX 2_ε のシステムを使用しているからです．この見出しは次の命令によって定義されています．

《命令》　\abstractname

▣ 定義の変更によって見出しを任意のものに変更できます．たとえば，次のように宣言すると，それぞれボールド体 [→p.80 (23)] で「**あらまし**」およびボールド体のサンセリフ体で「**Abstrakt**」と出力されます．

| `\renewcommand{\abstractname}{あらまし}` | ⇒ | **あらまし** |
| `\renewcommand{\abstractname}{\sffamily Abstrakt}` | ⇒ | **Abstrakt**（チェコ語） |

16.4　2 段組におけるアブストラクト

▣ 2 段組のとき [→p.7 (5.4)]，abstract 環境によるアブストラクトは左段上部に出力されます．この場合，アブストラクトのタイトルは \LARGE サイズ [→p.83 (24.1)] で左寄せとなります．

```
\documentclass[twocolumn]{article}
\begin{document}
```
    タイトル, 年月日, 著者名
```
\begin{abstract}
{\footnotesize This paper presents a solution to an optimal stopping problem.  The
obtained optimal decison rule of the problem has a reservation value property which
seems to be quite counterintuitive.}
\end{abstract}\par\vspace{3mm}
```
    本文
```
\end{document}
```

⇓

タイトル, 年月日, 著者名

Abstract
　　This paper presents a solution to an optimal stopping problem. The obtained optimal decison rule of the problem has a reservation value property which seems to be quite counterintuitive.

本文

本文

16.5　2段組における両段ぶち抜きのアブストラクト

16.4節(p.65)で見たように，2段組のとき[→p.7 (5.4)]，abstract環境によるアブストラクトは左段の上部に出力されますが，命令

《命令》　\twocolumn[ ]

を使って[→p.10 (5.5)]，これを両段ぶち抜きで出力させることもできます．ただしこの場合，abstract環境は使用できません．

```
\documentclass[twocolumn]{article}
\begin{document}
\twocolumn[
                    タイトル，年月日，著者名
\centerline{\bfseries Abstract}\par
{\footnotesize This paper presents a solution to an optimal stopping problem. The
obtained optimal decison rule of the problem has a reservation value property which
seems to be quite counterintuitive.}\par\vspace{5mm} ]
                               本文
\end{document}
```

⇓

タイトル，年月日，著者名

Abstract

This paper presents a solution to an optimal stopping problem. The obtained optimal decison rule of the problem has a reservation value property which seems to be quite counterintuitive.

| 本文 | 本文 |

16.6　自分で書くアブストラクト

それぞれの学会には独特の論文執筆規定がありますが，それらは必ずしも以上で述べたアブストラクトの形式とは一致しません．このような場合には，LaTeX 2$_\varepsilon$ の命令を使って自己流で書くことになります．実は，上で述べてきた方法より，自己流で書くほうが気楽であると筆者は考えます．

17 引用文

用語: 引用文　段落引用文　文中引用文　引用符　単一引用符　二重引用符　三重引用符
命令: quote 環境　quotation 環境　｀　'

◇

17.1 引用文の3通りの書き方

▨ LaTeX 2ε には，引用文を書く次の3つの命令が用意されています．

> 《命令》　\begin{quote} ～ \end{quote}　　　　　　（段落引用文）
> 　　　　　\begin{quotation} ～ \end{quotation}　（段落引用文）
> 　　　　　｀｀　''　　　　　　　　　　　　　　　　（文中引用文）

▨ 最初の2つの命令は引用文を段落モードで書く「段落引用文」，3番目の命令は引用文を文章の流れの中で書く「文中引用文」です．

▨ ｀ と ' はそれぞれ ｀ キーと ' キーで入力します（DOS/V 機ではそれぞれキーボードの上から3列目の右近くと2列目中ほどにある）．

17.2 段落引用文 I

▨ この環境で書く引用文は左右が 10mm ほど字下げされます．下に例†を示します．

```
たとえば，アダマール（Hadamard 1945）は次のように書いている．
\begin{quote}
発見しようとする意志なしに，重大な発見あるいは発明がなされることがないのは明らかである．しか
しポアンカレとともに私たちは，美の感覚が発見のための欠くべからざる手段の役割を演じていること
を認める．こうして我々は2重の結論に達する．\par
創造は選択である．\par
この選択は否応なく科学的な美の感覚に支配される．
\end{quote}
その上，たとえばディラック（Dirac 1982）は，他の人たちがむなしく求めていた電子の方程式を探り
あてることができたのは，彼自身の鋭い美の感覚のせいだった，と平然と言ってのけている．
```

⇓

```
たとえば，アダマール（Hadamard 1945）は次のように書いている．
    発見しようとする意志なしに，重大な発見あるいは発明がなされることがないのは明らか
    である．しかしポアンカレとともに私たちは，美の感覚が発見のための欠くべからざる手
    段の役割を演じていることを認める．こうして我々は2重の結論に達する．
    創造は選択である．
    この選択は否応なく科学的な美の感覚に支配される．
その上，たとえばディラック（Dirac 1982）は，他の人たちがむなしく求めていた電子の方程式を探り
あてることができたのは，彼自身の鋭い美の感覚のせいだった，と平然と言ってのけている．
```

17.3 段落引用文 II

▨ これは，段落のはじめの行頭が字下げされるということ以外は quote 環境と同じです．

▨ 次に例を示します．

---

†ロジャー・ペンローズ，『皇帝の新しい心』，みすず書房，p. 475 より．

たとえば，アダマール（Hadamard 1945）は次のように書いている．
`\begin{quotation}`
発見しようとする意志なしに，重大な発見あるいは発明がなされることがないのは明らかである．しかしポアンカレとともに私たちは，美の感覚が発見のための欠くべからざる手段の役割を演じていることを認める．こうして我々は 2 重の結論に達する．`\par`
創造は選択である．`\par`
この選択は否応なく科学的な美の感覚に支配される．
`\end{quotation}`
その上，たとえばディラック（Dirac 1982）は，他の人たちがむなしく求めていた電子の方程式を探りあてることができたのは，彼自身の鋭い美の感覚のせいだった，と平然と言ってのけている．

⇓

たとえば，アダマール（Hadamard 1945）は次のように書いている．
　　発見しようとする意志なしに，重大な発見あるいは発明がなされることがないのは明らかである．しかしポアンカレとともに私たちは，美の感覚が発見のための欠くべからざる手段の役割を演じていることを認める．こうして我々は 2 重の結論に達する．
　　創造は選択である．
　　この選択は否応なく科学的な美の感覚に支配される．

その上，たとえばディラック（Dirac 1982）は，他の人たちがむなしく求めていた電子の方程式を探りあてることができたのは，彼自身の鋭い美の感覚のせいだった，と平然と言ってのけている．

17.4　文中引用文

▨ 文章の流れの中で書く引用文は引用符 ` と ' で囲みます．引用符の使い方には次のようなものがあります．

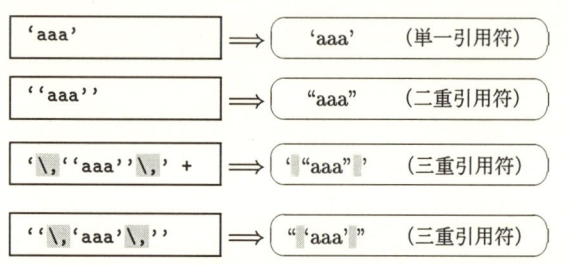

入力		出力	
`'aaa'`	⇒	'aaa'	（単一引用符）
`` ``aaa'' ``	⇒	"aaa"	（二重引用符）
`` `\,``aaa''\,' `` +	⇒	' "aaa" '	（三重引用符）
`` ``\,`aaa'\,'' ``	⇒	" 'aaa' "	（三重引用符）

▨ 17.2 節 (p.67) の引用文を二重引用符で囲んだ例を下に示します．

アダマール（Hadamard 1945）は次のように書いている．`` ``発見しようとする意志なしにこの選択は否応なく科学的な美の感覚に支配される．'' ``その上，たとえばディラックは…．

⇓

アダマール（Hadamard 1945）は次のように書いている．"発見しようとする意志なしにこの選択は否応なく科学的な美の感覚に支配される．"その上，たとえばディラックは…．

18 手紙

用語: 欧文手紙　発送人　発送の日付　受取人　受取人のラベル　署名　オープニング　追伸　同封資料
命令: \makelabels \address \signature \date \today \opening \closing \ps \encl \cc
letter 環境

◇

18.1 letter 環境

▣ LaTeX 2_ε には欧文手紙を書くための次の環境が用意されています．

《命令》　\begin{letter}{ } ～ \end{letter}

▣ この環境を使うためには次の文書クラスを宣言します [→p.3 (3.2)]．

《命令》　letter

18.2 簡単な例

▣ 下の入・出力例において，網掛けの命令がどのように出力されているかを見比べて下さい．

```
\documentclass{letter}
\makelabels
\address{Seizo Ikuta \\ 1--1--13, Fujizaki--cho Tsuchiura--shi Ibaraki--ken 300-0183}
\signature{Seizo Ikuta}
\date{July 16, 1999}
\begin{document}
\begin{letter}{Taro Yamada \\ 8--2, Numata Tsukuba--shi Ibaraki--ken. 300--4353}
\opening{Dear Mr. Taro Yamada}
Thank you for your kind letter of June 15th. . . . . . . . . . . . . . .
. . . . . . . . . . . . . . Thank you again for your invitation.\par
\vspace{2mm}
\ps{p.s. I received your letter today.}
\closing{Sincerely yours,}
\encl{Two manuscript copies}
\cc{B. Kan, T. Sato, \& K. Suzuki}
\end{letter}
\end{document}
```

⇓

　　　　　　　　　　　　　　　　　　　　　　　Seizo Ikuta
　　　　　　　　　　　　　　　　　　　　　　　1-1-13, Fujizaki–cho Tsuchiura–shi Ibaraki–ken 300-0183
　　　　　　　　　　　　　　　　　　　　　　　July 16, 1999

Taro Yamada
8–2, Numata Tsukuba–shi Ibaraki–ken. 300–4353
　　Dear Mr. Taro Yamada

　　Thank you for your kind letter of June 15th. . . . .

　　p.s. I received your letter today.

　　　　　　　　　　　　　　　　　　　　　　　Sincerely yours,
　　　　　　　　　　　　　　　　　　　　　　　Seizo Ikuta

encl: Two manuscript copies

cc: B. Kan, T. Sato, & K. Suzuki

18.3　受取人の住所・氏名のラベル

▨ プリアンブルで，命令

《命令》　\makelabels

を宣言しておくと，`letter` 環境の引数 { } にある「受取人の住所・氏名」が改ページされたページにラベルとして次のように出力されます．これを切り取り封筒に張ります．

「受取人の住所・氏名」のラベル

Taro Yamada
8–2, Numata Tsukuba–shi Ibaraki–ken. 300–4353

18.4　欧文手紙を書くための命令のリスト

▨ 下に，欧文手紙を書くための命令のリストを示しておきます．

命令	説明
`letter` 環境	**`letter` 環境の宣言**：この環境の中に手紙の本文を入力します．引数 { } の中には受取人の住所・氏名を書きます．これはオープニング（Dear Mr. ⋯）の上の行に出力されます．この引数は動く引数 [→p.24 (8.4)] で，ラベルとして出力されます．
`\makelabels`	**受取人の住所・氏名のラベルの出力**：これはプリアンブルで宣言します．これを宣言すると `letter` 環境の引数として入力された受取人の住所・氏名が，改ページされたページに「受取人の住所・氏名」のラベルとして出力されます．これを切り取り封筒に張ります (なお，この命令と，箇条書のための `list` 環境において使用される `\makelabel` 命令 [→p.237 (76.3)] とを混同しないように)．
`\address`	**発送人の住所・氏名の出力**：これは手紙の右上に出力されます．これはプリアンブル，`document` 環境内のいずれでも宣言できます．
`\signature`	**発送人の署名の出力**：これは手紙の右下の署名欄の所に出力されます．これはプリアンブルで宣言します．
`\date`	**発送の日付の出力**：これは手紙の右上の「発送人の住所・氏名」の下に出力されます．これはプリアンブル，`document` 環境内のいずれでも宣言できます (この命令はタイトルにおける出版年月日の宣言にも使います [→p.61 (15.2)])． 【`\today` 命令 [→(コラム J) p.182] を使い `\date{\today}` とすると，この手紙の文書ファイルをコンパイルした日付が出力されます．ただし手紙とタイトル [→p.61 (15)] では，`\today` 命令は必ず `\date` 命令の引数として宣言して下さい．その他の所では `\today` 命令は単独でも使用することができます．】
`\opening`	**受取人の敬称・氏名の出力**：`letter` 環境内で宣言します．
`\closing`	**手紙を終えるときの決り文句の出力**：`letter` 環境内で宣言します．
`\ps`	**追伸の出力**：`letter` 環境内で宣言します．この場合，追伸の略称 p.s. は出力されませんので，これもあわせて入力して下さい．
`\encl`	**同封資料のリストの出力**：`letter` 環境内で宣言します．
`\cc`	**これと同じ手紙を受け取る人の氏名の出力**：`letter` 環境内で宣言します．

19 詩

用語: 詩

命令: `verse` 環境

◇

19.1 詩を書く

▨ LaTeX 2ε には詩を書く人のために次の環境が用意されています．

《命令》　\begin{verse} ～ \end{verse}

▨ この環境の下で書かれる詩の本体は，その左右が 10mm ほど字下げされます．長い詩文の右マージンでの自然な改行後の行頭はさらに 7mm ほど字下げされます．1 つの詩節の中での強制的な改行には文中の改行命令 \\ を使います [→p.181 (60.3)]．

▨ 下に例を示します．この例における \Rubyt はルビを振る命令 [→p.126 (41)]，\footnote はページ末に脚注を付ける命令です [→p.294 (84)]．

```
\documentclass{jbook}
\begin{document}
\begin{verse}
{\LARGE\gtfamily 秘境 \hfill 高田 真\footnote{たかだ まこと　熊本県生まれ。埼玉県所沢に在住。
地方語の言葉（故郷の言葉）を伝えたくて詩を書いている。}}\\
汚れた空を厭いながら　両の掌をひらくと\Rubyt{湖}{ダ}\Rubyt{面}{ム}は少しずつ揺れ　地図の
奥に隠した　山あいの小さなむらを　あらわにする。\\
初秋の風が渡り　山一面　薄桃色に\Rubyt{煙}{けぶ}っていた。\\
〈あきつ　とんどすら！〉\footnote{〈とんぼが　とんでおられる！〉の意。}\\
野良がえりの農婦が　敬虔につぶやく。野っ原の小花のことかと　幼い私は　目を凝らし。母は　傍らで
微風のように　笑った。茜蜻蛉が　陽に透けながら　長い　いのちの遺書　記す。\\
空中分解しそうな　都市の　真ん中で。時に　記憶をほどきながら。水底の村を　ちちやははのように
尋ねることがある。\\
\hfill『母の国』より（詩人会議出版 1992 年）
\end{verse}
\end{document}
```

⇓

秘境　　　　　　　　　　　　　　　　　　　　　　　　　　　　　　　高田 真[a]

　　汚れた空を厭いながら　両の掌をひらくと　湖面(ダム)は　少しずつ揺れ　地図の奥に隠した　山あい
　　　の小さなむらを　あらわにする。
　　初秋の風が渡り　山一面　薄桃色に　煙(けぶ)っていた。
　　　　〈あきつ　とんどすら！〉[b]
　　野良がえりの農婦が　敬虔につぶやく。野っ原の小花のことかと　幼い私は　目を凝らし。母は
　　　傍らで　微風のように　笑った。茜蜻蛉が　陽に透けながら　長い　いのちの遺書　記す。
　　空中分解しそうな　都市の　真ん中で。時に　記憶をほどきながら。水底の村を　ちちやははのよ
　　　うに　尋ねることがある。

　　　　　　　　　　　　　　　　　　　　　　　　　　　　『母の国』より（詩人会議出版 1992 年）

―――――――――――――――――――――
[a] たかだ まこと　熊本県生まれ。埼玉県所沢に在住。地方語の言葉（故郷の言葉）を伝えたくて詩を書いている。
[b] 〈とんぼが　とんでおられる！〉の意。

20 段落・左右・数式モード

用語： 段落モード　左右モード　数式モード　文書モード　モードの入れ子
命令： \shortstack

◇

20.1　3通りのモード

▨ `document` 環境内 [→p.2 (2.4)] で入力されるテキストは

> 段落モード　　左右モード　　数式モード

のいずれかのモードの中で処理されます．段落モードと左右モードを合わせて「文書モード」と言うことにします．すなわち

> [文書モード] = [段落モード] + [左右モード]

20.2　段落モード

▨ これは，ベタ打ちされた文章が，指定されたテキスト幅（本文であれば `\textwidth` [→p.6 (5.2)]，ミニページ [→p.203 (66)] と段落ボックス [→p.192 (64.10)] であればその指定幅）に合うよう自動的に改行・行揃え・改ページがなされるモードです．通常の文章はこのモードの中で入力します．

▨ このモードでは，1文字分の空白は有効ですが，2文字以上の空白は1文字分の空白に縮められます．

> 012 345 678   901   123 456 7 890 ⟹ 012 345 678 901 123 456 7 890

20.3　左右モード

▨ これは，ベタ打ちされた文章は改行されることなくどこまでもひたすら左から右へと出力されるモードです．指定されている枠からはみ出してしまうこともあります．このときはコンパイル時に警告 (warning) が発せられます．このモードの中では改行命令の `\par` や `\\` [→p.180 (60.2)/ p.181 (60.3)] は使用できません．なお，左右モードにおける空白処理は段落モードと同じです．

▨ 左右モードの代表的なものに `\fbox` 命令 [→p.187 (64.2)] で定義されるボックスの内部があります．その他にも，64節 (p.187) で述べるように様々なボックスがありますが，`\parbox` [→p.192 (64.10)] を除いてすべて左右モードです．

▨ 下に，`\framebox` [→p.187 (64.3)] の例を示します．このボックスの中は左右モードのため，この例のように，長い文字列はボックスの右マージンを飛び出してしまいます．

> `\framebox[100mm][l]{abcdefghijklmnopqrstuvwxyz01234567890123456789}` ⟹ abcdefghijklmnopqrstuvwxyz01234567890123456789

▨ 少々毛色の変わった左右モードのボックスに次のものがあります．

> 《命令》　`\shortstack[ ]{ }`

- □ この命令における引数 { } の中では，改行命令 \\ を使って複数行の文字列を書くことができますが，各行は左右モードのままです．
- □ オプション引数 [ ] として

$$\boxed{\text{《命令》} \quad \text{横位置パラメータ} \quad \text{l(左)} \quad \text{c(中)} \quad \text{r(右)}}$$

を指定すると，各行の文字列はそれぞれ左・中・右寄せとなります．これを指定しないと中寄せとなります．

- □ 下に，3 行のテキストを書いた例を示します．

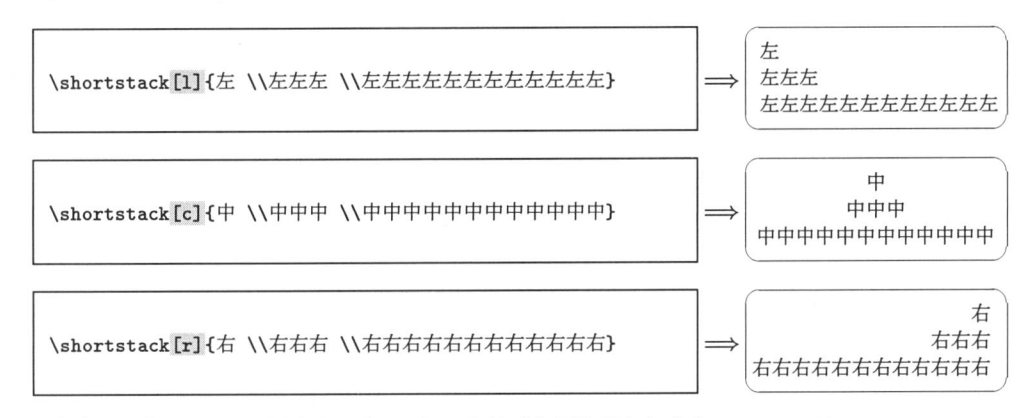

`\shortstack[l]{左 \\左左左 \\左左左左左左左左左左}`	⇒	左 左左左 左左左左左左左左左左
`\shortstack[c]{中 \\中中中 \\中中中中中中中中中中}`	⇒	中 中中中 中中中中中中中中中中
`\shortstack[r]{右 \\右右右 \\右右右右右右右右右右}`	⇒	右 右右右 右右右右右右右右右右

- □ この命令には「テキストを縦書きにする」という特殊な用法があります [→p.161 (52.2)]．

20.4 数式モード

■ 数式はこのモードの中で書きます．数式モードの宣言にはいろいろなものがあります [→p.127 (42)]．たとえば $ と $ で囲まれた間は数式モードとなります．数式モード内での空白は，数式が美しく見えるよう自動的に調整されます．

$$\boxed{\texttt{\$a = b + c + d\$}} \Longrightarrow \boxed{a = b + c + d}$$

20.5 モードの入れ子

■ どのモードの中でも，その領域の一部を他のどのモードにも変更できます．したがって，あるモードの中にいろいろなモードを何重にも入れ子にすることができます．ただし，同一文書ファイル内には段落モードである document [→p.2 (2.4)] 環境は常に，しかもただ 1 つが一番外側になければなりません．

■ 次に，モードの入れ子の例を示します．この例では，入れ子の構造は次のようになっています（出力における枠は説明の都合上付けたものです）．

- □ 段落モードである document 環境 [→p.2 (2.4)] の中に，
- □ 段落モードである幅 110mm の minipage 環境 [→p.203 (66)] を宣言し，
- □ その中にさらに段落モードである幅 80mm の minipage 環境を宣言しています．
- □ そしてこの中に左右モードであるボックス \mbox [→p.192 (64.9)] を宣言し，
- □ その中に数式モードの $y=f(x)$ と段落モードのボックス \parbox [→p.192 (64.10)] を宣言し，
- □ その中でさらに数式モードである数式 $y=g(x)$ を宣言しています．

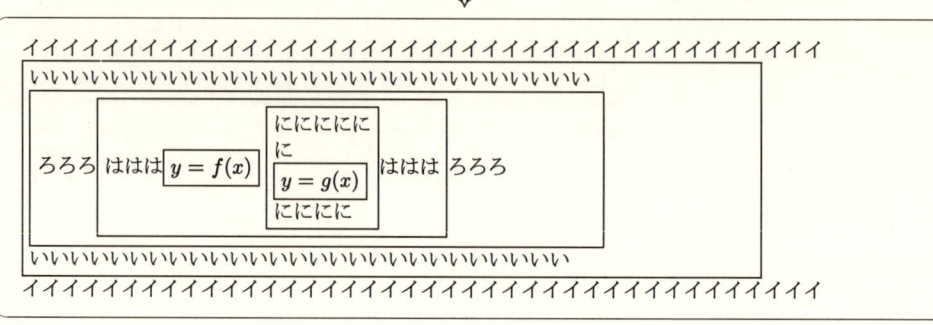

```
\begin{document}
イイイイイイイイイイイイイイイイイイイイイイイイイイイイイイ\par
\begin{minipage}{110mm}
 いいいいいいいいいいいいいいいいいいいいいいいいいい\\
 \begin{minipage}{80mm}
  ろろろ\mbox{ははは$y=f(x)$\parbox{15mm}{にににににに$y=g(x)$にににに}ははは}ろろろ\\
 \end{minipage}\\
 いいいいいいいいいいいいいいいいいいいいいいいいいい\\
\end{minipage}\\
イイイイイイイイイイイイイイイイイイイイイイイイイイイイイイ
\end{document}
```

⇓

21 数式モードの文字

用語: 数字　英文字　ギリシャ文字　オイラーフラクトール体　オイラースクリプト体　ブラックボード体　ヘブライ文字　ボールド体の数式文字

命令: \alpha \beta \gamma ... \mathcal \mathrm \mathbf ... \digamma \varkappa ...
\mathfrak \mathbb \mathscr \boldmath

パッケージ: amsfonts　eucal　rsfs　amssymb

◇

21.1 数字と英文字

▨ 数式モード内での数字の出力は次の通りです (22.1 節 (p.79) における文書モード内の数字と同じです).

$$\texttt{\$0123456789\$} \implies 0123456789$$

▨ 数式モード内でコンマ , 付きの数字を書く際，下の例に見られるように，コンマを {,} と入力すべきです (文書モード内ではこの調整は不要です).

$$\texttt{\$12,345,678 \quad 12\{,\}345\{,\}678\$} \implies 12,345,678 \quad 12{,}345{,}678$$

▨ 数式モード内での英文字の出力は数学イタリック体と呼ばれるものです.

- 数学イタリック体

```
$abcdefghijklmnopqrstuvwxyz$
$ABCDEFGHIJKLMNOPQRSTUVWXYZ$
```
$\implies$
$abcdefghijklmnopqrstuvwxyz$
$ABCDEFGHIJKLMNOPQRSTUVWXYZ$

これはイタリック体 [→p.80 (23)] と同じに見えますが，実はプロポーショナルスペーシング [→p.79 (22.3)] がなされていません．下に，プロポーショナルスペーシングがなされる \textit [→p.80 (23.1)] によるイタリック体の入・出力を対比させておきます．上との違いに注意して下さい．

- 通常のイタリック体

```
\textit{abcdefghijklmnopqrstuvwxyz}
\textit{ABCDEFGHIJKLMNOPQRSTUVWXYZ}
```
$\implies$
abcdefghijklmnopqrstuvwxyz
ABCDEFGHIJKLMNOPQRSTUVWXYZ

21.2 数式モード内で文書モードのテキストを書く

▨ 数式モード内で文書モードのテキストを交えて書くときは，そのテキストを \mbox{ } [→p.192 (64.9)] の引数 { } の中に書くこと．

```
$\mbox{The equation} x-2=0 \mbox{has a solution} x=2$.
```
⇓
The equation $x - 2 = 0$ has a solution $x = 2$.

21.3 ギリシャ文字

▨ 数式モード内では下表に示すギリシャ文字が出力できます (特例として，ギリシャ小文字ιの *o* (オミクロン) は数学イタリック体の o と同じものです).

ギリシャ小文字 I				ギリシャ小文字 II		ギリシャ大文字	
\alpha → α	\nu → ν	\varepsilon → ε	\Gamma → Γ
\beta → β	\xi → ξ	\vartheta → ϑ	\Delta → Δ
\gamma → γ	o → o	\varsigma → ς	\Theta → Θ
\delta → δ	\pi → π	\varrho → ϱ	\Lambda → Λ
\epsilon → ϵ	\rho → ρ	\varphi → φ	\Xi → Ξ
\zeta → ζ	\sigma → σ		\Pi → Π
\eta → η	\tau → τ		\Sigma → Σ
\theta → θ	\upsilon → υ		\Upsilon → Υ
\iota → ι	\phi → ϕ		\Phi → Φ
\kappa → κ	\chi → χ		\Psi → Ψ
\lambda → λ	\psi → ψ		\Omega → Ω
\mu → μ	\omega → ω		

21.4　オイラーフラクトール体

▨ amsfonts パッケージを登録すると [→p.32 (10)]，オイラーフラクトール体が出力できます．

```
$\mathfrak{0123456789}$
$\mathfrak{abcdefghijklmnopqrstuvwxyz}$
$\mathfrak{ABCDEFGHIJKLMNOPQRSTUVWXYZ}$
```
⟹
0123456789
abcdefghijklmnopqrstuvwxyz
ABCDEFGHIJKLMNOPQRSTUVWXYZ

21.5　オイラースクリプト体

▨ eucal パッケージを登録すると [→p.32 (10)]，オイラースクリプト体が出力できます．

`$\mathscr{ABCDEFGHIJKLMNOPQRSTUVWXYZ}$` ⟹ $\mathscr{ABCDEFGHIJKLMNOPQRSTUVWXYZ}$

21.6　ブラックボード体

▨ amsfonts パッケージを登録すると [→p.32 (10)]，ブラックボード体が出力できます．

`$\mathbb{ABCDEFGHIJKLMNOPQRSTUVWXYZ}$` ⟹ $\mathbb{ABCDEFGHIJKLMNOPQRSTUVWXYZ}$

21.7　ヘブライ文字

▨ amssymb パッケージを登録すると [→p.32 (10)]，下の 5 つのヘブライ文字が出力できます．

| \digamma → $\digamma$ | \varkappa → $\varkappa$ | \beth → $\beth$ | \daleth → $\daleth$ | \gimel → $\gimel$ |

21.8 ボールド体の数式文字

▣ 次の命令によって数式文字をボールド体にすることができます（この命令は文書モードで使用します）.

通常			`\boldmath`によるボールド体		
`$012abcABC$`	→	$012abcABC$	`{\boldmath$012abcABC$}`	→	$\mathbf{012}\boldsymbol{abcABC}$
`$\alpha\delta\Gamma$`	→	$\alpha\delta\Gamma$	`{\boldmath$\alpha\delta\Gamma$}`	→	$\boldsymbol{\alpha\delta\Gamma}$
`$\mathcal{ABC}$`	→	$\mathcal{ABC}$	`{\boldmath$\mathcal{ABCXYZ}$}`	→	$\boldsymbol{\mathcal{ABCXYZ}}$
`$\mathrm{12abAB}$`	→	$\mathrm{12abAB}$	`{\boldmath$\mathrm{12abAB}$}`	→	$\mathbf{12abAB}$
`$\mathsf{12abAB}$`	→	$\mathsf{12abAB}$	`{\boldmath$\mathsf{12abAB}$}`	→	$\boldsymbol{\mathsf{12abAB}}$
`$\mathtt{12abAB}$`	→	$\mathtt{12abAB}$	`{\boldmath$\mathtt{12abAB}$}`	→	$\mathtt{12abAB}$ (×)
`$\mathit{12abAB}$`	→	$\mathit{12abAB}$	`{\boldmath$\mathit{12abAB}$}`	→	$\boldsymbol{\mathit{12abAB}}$
`$\mathnormal{12abAB}$`	→	$\mathnormal{12abAB}$	`{\boldmath$\mathnormal{12abAB}$}`	→	$\boldsymbol{12abAB}$
`$\mathfrak{12abAB}$`	→	$\mathfrak{12abAB}$	`{\boldmath$\mathfrak{12abAB}$}`	→	$\boldsymbol{\mathfrak{12abAB}}$
`$\mathbb{ABCXYZ}$`	→	$\mathbb{ABCXYZ}$	`{\boldmath$\mathbb{ABCXYZ}$}`	→	$\mathbb{ABCXYZ}$ (×)
`$\mathscr{ABCXYZ}$`	→	$\mathscr{ABCXYZ}$	`{\boldmath$\mathscr{ABCXYZ}$}`	→	$\boldsymbol{\mathscr{ABCXYZ}}$

上の表で `\mathtt` と `\mathbb` に対する文字がボールド体になっていないのは，そのフォントがないからです (あれば出力されるはずです).

21.9 7通りの数式文字

▣ LaTeX 2_ε では下表に示す7通りの数式文字が新たに使用可能となりました.

`\mathcal{ABCDEFUVWXYZ}`	→ $\mathcal{ABCDEFUVWXYZ}$
`\mathrm{012abcXYZ\alpha\beta\gamma\Gamma\Delta\Theta}`	→ $\mathrm{012abcXYZ}\alpha\beta\gamma\Gamma\Delta\Theta$
`\mathbf{012abcXYZ\alpha\beta\gamma\Gamma\Delta\Theta}`	→ $\mathbf{012abcXYZ}\boldsymbol{\alpha\beta\gamma\Gamma\Delta\Theta}$
`\mathsf{012abcXYZ\alpha\beta\gamma\Gamma\Delta\Theta}`	→ $\mathsf{012abcXYZ}\alpha\beta\gamma\Gamma\Delta\Theta$
`\mathtt{012abcXYZ\alpha\beta\gamma\Gamma\Delta\Theta}`	→ $\mathtt{012abcXYZ}\alpha\beta\gamma\Gamma\Delta\theta$
`\mathit{012abcXYZ\alpha\beta\gamma\Gamma\Delta\Theta}`	→ $\mathit{012abcXYZ}\alpha\beta\gamma\Gamma\Delta\Theta$
`\mathnormal{012abcXYZ\alpha\beta\gamma\Gamma\Delta\Theta}`	→ $012abcXYZ\alpha\beta\gamma\Gamma\Delta\Theta$

▣ 命令 `\mathcal` は英大文字のみに有効です.

▣ ところで，本書執筆に際しては10.3節 (p.32) で示した多くのパッケージを登録しましたが，そのうちでパッケージ amsmath あるいは amsxtra を登録すると [→p.32(10)]，ギリシャ大文字 $\Gamma\Delta\Theta$ ... に対しては `\mathrm` を除き，上記命令はすべてその効力を失い `\mathrm` 体の $\Gamma\Delta\Theta$ ... となってしまいます. パッケージ amsmath は是非とも使いたいものの1つであるためこれでは困ります. そこで筆者は次のようなマクロ命令を作って使っています.

□ まず初めに11種類あるギリシャ大文字を次の命令を使って直接定義します [→p.91(27)].

《命令》　`\symbol{ }`

```
\newcommand{\GAmma}   {\symbol{'000}}
\newcommand{\DElta}   {\symbol{'001}}
\newcommand{\THeta}   {\symbol{'002}}
\newcommand{\LAmbda}  {\symbol{'003}}
\newcommand{\XI}      {\symbol{'004}}
\newcommand{\PI}      {\symbol{'005}}
\newcommand{\SIgma}   {\symbol{'006}}
\newcommand{\UPsilon} {\symbol{'007}}
\newcommand{\PHi}     {\symbol{'010}}
\newcommand{\PSi}     {\symbol{'011}}
\newcommand{\OMega}   {\symbol{'012}}
```

\GAmma, \DElta, ... は文書モードで使用します (従来の \Gamma, \Delta, ... は数式モード用).

```
\GAmma\DElta\THeta\LAmbda\XI\PI\SIgma\UPsilon\PHi\PSi\OMega   ⟹   ΓΔΘΛΞΠΣΥΦΨΩ
```

□ これを 23 節 (p.80) で述べた書体選定命令を使って書体を変更すると次のようになります.

```
1: \textrm{\GAmma\DElta\THeta\LAmbda\XI\PI\SIgma\UPsilon\PHi\PSi\OMegarB
2: \textbf{\GAmma\DElta\THeta\LAmbda\XI\PI\SIgma\UPsilon\PHi\PSi\OMegarB
3: \textsf{\GAmma\DElta\THeta\LAmbda\XI\PI\SIgma\UPsilon\PHi\PSi\OMegarB
4: \texttt{\GAmma\DElta\THeta\LAmbda\XI\PI\SIgma\UPsilon\PHi\PSi\OMegarB
5: \textit{\GAmma\DElta\THeta\LAmbda\XI\PI\SIgma\UPsilon\PHi\PSi\OMegarB
6: \textsl{\GAmma\DElta\THeta\LAmbda\XI\PI\SIgma\UPsilon\PHi\PSi\OMegarB
7: \textnormal{\GAmma\DElta\THeta\LAmbda\XI\PI\SIgma\UPsilon\PHi\PSi\OMegarB
```

⇓

```
1: ΓΔΘΛΞΠΣΥΦΨΩ
2: ΓΔΘΛΞΠΣΥΦΨΩ
3: ΓΔΘΛΞΠΣΥΦΨΩ
4: ΓΔΘΛΞΠΣΤΦΨΩ
5: ΓΔΘΛΞΠΣΥΦΨΩ
6: ΓΔΘΛΞΠΣΥΦΨΩ
7: ΓΔΘΛΞΠΣΥΦΨΩ
```

□ 最後に, これらを数式モードの中でそれぞれの書体として使うためのマクロ命令を定義します.

```
\newcommand{\Textrm}    [1]{\mbox{\textrm{#1}}}
\newcommand{\Textbf}    [1]{\mbox{\textbf{#1}}}
\newcommand{\Textsf}    [1]{\mbox{\textsf{#1}}}
\newcommand{\Texttt}    [1]{\mbox{\texttt{#1}}}
\newcommand{\Textit}    [1]{\mbox{\textit{#1}}}
\newcommand{\Textsl}    [1]{\mbox{\textit{#1}}}
\newcommand{\Textnormal}[1]{\mbox{\textnormal{#1}}}
```

```
$x+\Textbf{\GAmma}+y$    $\mathsf{x+\Textit{\GAmma}+y}$   ⟹   x + Γ + y    x + Γ + y
```

22 文書 (段落・左右) モードの文字

用語: 数字　英文字　プロポーショナルスペーシング　カーニング (字詰め)　リガチャ (合字)

◇

22.1 数字

▨ 文書モード内での数字の出力は次の通です (21.1 節 (p.75) における数式モード内の数字の出力と同じです).

$$\boxed{\texttt{0123456789}} \Longrightarrow \boxed{0123456789}$$

22.2 英文字

▨ 文書モード内での英文字はローマン体です [→p.80 (23)]．

$$\boxed{\begin{array}{l}\texttt{abcdefghijklmnopqrstuvwxyz}\\ \texttt{ABCDEFGHIJKLMNOPQRSTUVWXYZ}\end{array}} \Longrightarrow \boxed{\begin{array}{l}\text{abcdefghijklmnopqrstuvwxyz}\\ \text{ABCDEFGHIJKLMNOPQRSTUVWXYZ}\end{array}}$$

22.3 文字間の幅の調整

▨ LaTeX 2_ε による文書モード内での英文字の出力は，次の 3 点が特徴的です．

$$\boxed{(1)\ \text{プロポーショナルスペーシング} \quad (2)\ \text{カーニング (字詰め)} \quad (3)\ \text{リガチャ (合字)}}$$

□ **プロポーショナルスペーシング**： 22.2 節 (p.79) の出力例からもわかるように，文書モード内での英文字は，隣り合うアルファベットの文字間隔が見栄えのするよう自動的に微妙に狭められます．これを「プロポーショナルスペーシング」と言います．これはイタリック体 [→p.80 (23)] において顕著に現れます．

イタリック体
$$\boxed{\begin{array}{l}\texttt{\textbackslash textit\{abcdefghijklmnopqrstuvwxyz\}}\\ \texttt{\textbackslash textit\{ABCDEFGHIJKLMNOPQRSTUVWXYZ\}}\end{array}} \Longrightarrow \boxed{\begin{array}{l}\textit{abcdefghijklmnopqrstuvwxyz}\\ \textit{ABCDEFGHIJKLMNOPQRSTUVWXYZ}\end{array}}$$

数学イタリック体 [→p.75 (21.1)] ではこのような調整は行われません．

□ **カーニング (字詰め)**： 「To」のように「o」を「T」の下に潜り込ませるという調整も行います．これを「カーニング」と言います (数学イタリック体ではこれは行われません [→p.75 (21.1)])．

□ **リガチャ (合字)**： 文書モード内では，英文字の「f と f」，「f と i」，「f と l」の間が次のように狭められ，あたかも 1 つの文字のように合わされます．これを「リガチャ」と言います．

$$\boxed{\texttt{ff\quad fi\quad fl\quad ffl\quad ffi}} \Longrightarrow \boxed{\text{ff\quad fi\quad fl\quad ffl\quad ffi}}$$

リガチャを行わないようにしたい場合には，その間に「空の文字 {}」を挿入します．例えば

$$\boxed{\texttt{difference\quad dif\{\}ference}} \Longrightarrow \boxed{\text{difference\quad difference}}$$

23　書体選定

用語：書体　ローマン体　サンセリフ体　イタリック体 ...　イタリック補正　NFSS2
命令：\rmfamily　\bfseries　\itshape ...　\textrm　\textbf　\textit ...　\/

◇

23.1　書体選定の2つの方法

▨ LaTeX 2ε での書体選定は，NFSS2 (New Font Selection Scheme version 2) と呼ばれる方法で行われています．本書では，その代表的な2つの方法について述べます．NFSS2 のより深い理解を得たい読者は【→ [4] p.183-255/[21] p.164-242/[33] p.27-46】を参照して下さい．

▨ 書体選定の第1の方法は宣言型 (declaration type) と呼ばれるものです．

分類	書体名	入力	→	出力
family	ローマン体	{\rmfamily 012789abcxyzABCXYZ}	→	012789abcxyzABCXYZ
family	サンセリフ体	{\sffamily 012789abcxyzABCXYZ}	→	012789abcxyzABCXYZ
family	タイプライタ体	{\ttfamily 012789abcxyzABCXYZ}	→	012789abcxyzABCXYZ
family	明朝体	{\mcfamily 桜さくら}	→	桜さくら
family	ゴシック体	{\gtfamily 桜さくら}	→	**桜さくら**
series	ボールド体	{\bfseries 桜さくら}	→	**桜さくら**
series	ミディアム体	{\mdseries 012789abcxyzABCXYZ}	→	012789abcxyzABCXYZ
shape	直立体	{\upshape 012789abcxyzABCXYZ}	→	012789abcxyzABCXYZ
shape	イタリック体	{\itshape 012789abcxyzABCXYZ}	→	*012789abcxyzABCXYZ*
shape	スラント体	{\slshape 012789abcxyzABCXYZ}	→	*012789abcxyzABCXYZ*
shape	スモールキャップ体	{\scshape Proof Theorem}	→	Proof Theorem
font	ノーマルフォント体	{\normalfont 012789abcxyzABCXYZ}	→	012789abcxyzABCXYZ

▨ 書体選定の第二の方法は命令型 (command type) と呼ばれるものです．

書体名	命令	→	出力
ローマン体	\textrm{012789abcxyzABCXYZ}	→	012789abcxyzABCXYZ
サンセリフ体	\textsf{012789abcxyzABCXYZ}	→	012789abcxyzABCXYZ
タイプライタ体	\texttt{012789abcxyzABCXYZ}	→	012789abcxyzABCXYZ
明朝体	\textmc{桜さくら}	→	桜さくら
ゴシック体	\textgt{桜さくら}	→	**桜さくら**
ボールド体	\textbf{桜さくら}	→	**桜さくら**
ミディアム体	\textmd{012789abcxyzABCXYZ}	→	012789abcxyzABCXYZ
直立体	\textup{012789abcxyzABCXYZ}	→	012789abcxyzABCXYZ
イタリック体	\textit{012789abcxyzABCXYZ}	→	*012789abcxyzABCXYZ*
スラント体	\textsl{012789abcxyzABCXYZ}	→	*012789abcxyzABCXYZ*
スモールキャップ体	\textsc{Proof Theorem}	→	Proof Theorem
ノーマルフォント体	\textnormal{012789abcxyzABCXYZ}	→	012789abcxyzABCXYZ

23.2 書体の組み合わせ選定

▨ これらの書体選定の命令は下の例のように色々と組み合わせて使用できます．

□ 宣言型の組み合わせの例．

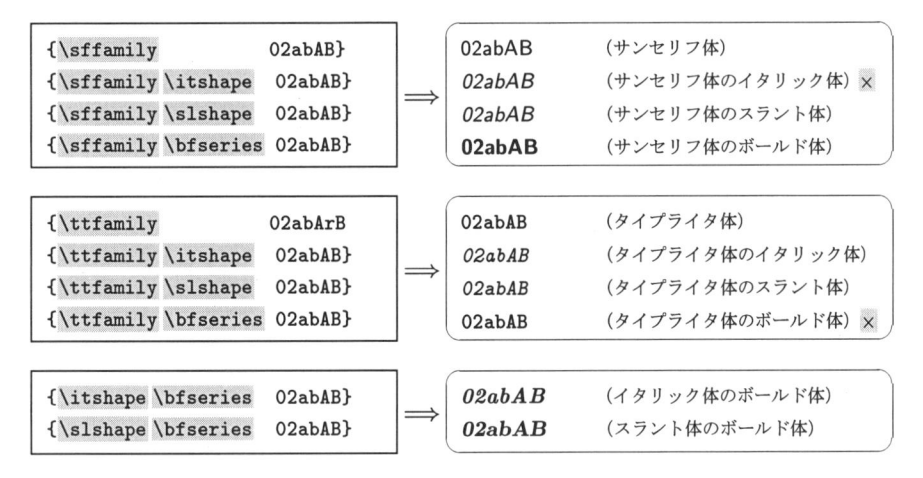

```
{\sffamily          02abAB}
{\sffamily \itshape 02abAB}
{\sffamily \slshape 02abAB}
{\sffamily \bfseries 02abAB}
```
⇒
- 02abAB （サンセリフ体）
- *02abAB* （サンセリフ体のイタリック体） ×
- *02abAB* （サンセリフ体のスラント体）
- **02abAB** （サンセリフ体のボールド体）

```
{\ttfamily          02abArB}
{\ttfamily \itshape 02abAB}
{\ttfamily \slshape 02abAB}
{\ttfamily \bfseries 02abAB}
```
⇒
- 02abAB （タイプライタ体）
- *02abAB* （タイプライタ体のイタリック体）
- *02abAB* （タイプライタ体のスラント体）
- 02abAB （タイプライタ体のボールド体） ×

```
{\itshape \bfseries 02abAB}
{\slshape \bfseries 02abAB}
```
⇒
- ***02abAB*** （イタリック体のボールド体）
- ***02abAB*** （スラント体のボールド体）

□ 命令型の組み合わせの例．

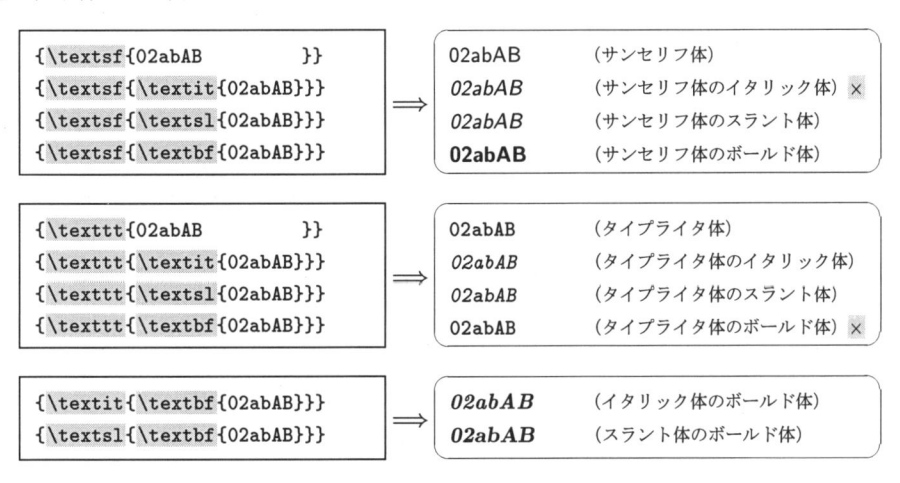

```
{\textsf{02abAB         }}
{\textsf{\textit{02abAB}}}
{\textsf{\textsl{02abAB}}}
{\textsf{\textbf{02abAB}}}
```
⇒
- 02abAB （サンセリフ体）
- *02abAB* （サンセリフ体のイタリック体） ×
- *02abAB* （サンセリフ体のスラント体）
- **02abAB** （サンセリフ体のボールド体）

```
{\texttt{02abAB         }}
{\texttt{\textit{02abAB}}}
{\texttt{\textsl{02abAB}}}
{\texttt{\textbf{02abAB}}}
```
⇒
- 02abAB （タイプライタ体）
- *02abAB* （タイプライタ体のイタリック体）
- *02abAB* （タイプライタ体のスラント体）
- 02abAB （タイプライタ体のボールド体） ×

```
{\textit{\textbf{02abAB}}}
{\textsl{\textbf{02abAB}}}
```
⇒
- ***02abAB*** （イタリック体のボールド体）
- ***02abAB*** （スラント体のボールド体）

□ 原理的にはどんな組み合わせでも出力可能のはずですが，それはシステムにそのフォントが揃っていればのことです．上の例で，× 印の付いた組み合わせでは所期の字体が出力されていないのはそのフォントがないからです．

▨ 書体の組み合わせ選定の別の局面を知るためにもう 1 つの例を上げておきます．

□ 下の例では，途中でボールド体 \bfseries を宣言しているので，その後で宣言したスラント体 \slshape もその影響を受けてボールド体になっています．

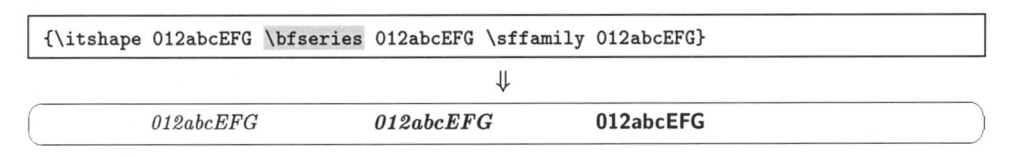

```
{\itshape 012abcEFG \bfseries 012abcEFG \sffamily 012abcEFG}
```
⇓

012abcEFG   ***012abcEFG***   **012abcEFG**

□ ところが，ボールド体 \bfseries を宣言した後でノーマルフォント体 \normalfont を宣言すると，その影響はそこで途切れ，その後で宣言したスラント体 \slshape はボールド体ではない通常のスラント体となります．

{\itshape 012abcEFG \bfseries 012abcEFG \normalfont 012abcEFG \sffamily 012abcEFG}
⇓
012abcEFG　***012abcEFG***　012abcEFG　012abcEFG

□ そこで，\normalfont を { } で囲んでグルーピング[→p.23 (8.2)] すると，前に宣言したボールド体 \bfseries の効果は消失せずその後も有効となります．

{\itshape 012abcEFG \bfseries 012abcEFG {\normalfont 012abcEFG}\sffamily 012abcEFG}
⇓
012abcEFG　***012abcEFG***　012abcEFG　**012abcEFG**

□ これに対し，ボールド体 \bfseries を宣言した後で直立体 \upshape を宣言すると，その影響はそこで途切れず，その後で宣言したスラント体 \slshape はボールド体のスラント体となります．

{\itshape 012abcEFG \bfseries 012abcEFG \upshape 012abcEFG \sffamily 012abcEFG}
⇓
012abcEFG　***012abcEFG***　**012abcEFG**　**012abcEFG**

23.3　イタリック補正

▨ イタリック体およびスラント体は，その傾きのため，それに続く文字との間隔が若干狭くなり，文続きの均整が損なわれます．そこで，次の命令によって「イタリック補正」と呼ばれることを行います．

《命令》　\/

▨ この補正は，ボールド体とそれに続く文字や記号との間の補正にも使われます．

▨ 宣言型の書体 \itshape・\slshape・\bfseries [→p.80 (23)] に対してこの補正を行った場合とそうでない場合の例を示します．

補正	イタリック体の場合	スラント体の場合	ボールド体の場合
なし	{\itshape i}b → *i*b	{\slshape i}b → *i*b	'{\bfseries f}' → '**f**'
あり	{\itshape i\/}b → *i* b	{\slshape i\/}b → *i* b	'{\bfseries f\/}' → '**f**'

▨ 命令型の書体 \textit・\textsl・\textbf に対してはイタリック補正は自動的に処理されるようになっています【→ [4] p.196-197/[19] p.57】．この補正を解除するには次の命令を使います．

《命令》　\nocorr

補正	イタリック体の場合	スラント体の場合	ボールド体の場合
自動的	\textit{i}b → *i*b	\textsl{i}b → *i*b	'\textbf{f}' → '**f**'
補正解除	\textit{i\nocorr}b → *i*b	\textsl{i\nocorr}b → *i*b	'\textbf{f\nocorr}' → '**f**'

24 文字・数字・記号のサイズ

用語: 文字・数字・記号のサイズ

命令: \tiny \scriptsize \footnotesize \small \normalsize \large \Large \LARGE
\huge \Huge \scriptstyle \scriptscriptstyle

◇

24.1 文書モードにおける文字・数字・記号のサイズ

▣ 文書モード内で文字・数字・記号のサイズを指定する命令として，下の表に示す 10 通りがあります．なお \normalsize とは文書クラスオプション [→p.3 (3.3)] で指定された文字サイズのことです．

入力		出力
{\tiny	012abcABC あ阿\%\&?} →	012abcABC あ阿%&?
{\scriptsize	012abcABC あ阿\%\&?} →	012abcABC あ阿%&?
{\footnotesize	012abcABC あ阿\%\&?} →	012abcABC あ阿%&?
{\small	012abcABC あ阿\%\&?} →	012abcABC あ阿%&?
{\normalsize	012abcABC あ阿\%\&?} →	012abcABC あ阿%&?
{\large	012abcABC あ阿\%\&?} →	012abcABC あ阿%&?
{\Large	012abcABC あ阿\%\&?} →	012abcABC あ阿%&?
{\LARGE	012abcABC あ阿\%\&?} →	012abcABC あ阿%&?
{\huge	012abcABC あ阿\%\&?} →	012abcABC あ阿%&?
{\Huge	012abcABC あ阿\%\&?} →	012abcABC あ阿%&?

▣ 下表に，すべての書体 [→p.80 (23.1)] に対してこれらのサイズを宣言した例を示します．

サイズ	書体								
	ローマン	イタリック	スラント	サンセリフ	ボールド	タイプライタ	スモールキャップ	明朝	ゴシック
\tiny	Rm	It	Sl	sf	Bf	Tt	Sc	中	中
\scriptsize	Rm	It	Sl	sf	Bf	Tt	Sc	中	中
\footnotesize	Rm	It	Sl	sf	Bf	Tt	Sc	中	中
\small	Rm	It	Sl	sf	Bf	Tt	Sc	中	中
\normalsize	Rm	It	Sl	sf	Bf	Tt	Sc	中	中
\large	Rm	It	Sl	sf	Bf	Tt	Sc	中	中
\Large	Rm	It	Sl	sf	Bf	Tt	Sc	中	中
\LARGE	Rm	It	Sl	sf	Bf	Tt	Sc	中	中
\huge	Rm	It	Sl	sf	Bf	Tt	Sc	中	中
\Huge	Rm	It	Sl	sf	Bf	Tt	Sc	中	中

▣ ある文字に対してあるサイズを宣言したとき，それに見合うフォントがないということがあります．そのときは，それに最も近いと LaTeX 2ε が判断するサイズの書体が選ばれて出力されます．この場合，コンパイル時に警告が発せられます．

24.2　数式モードにおける文字・数字・記号のサイズ I

▣ 24.1 節 (p.83) で述べた文書モード内 [→p.72 (20.1)] でのサイズ指定の命令は数式モード [→p.73 (20.4)] の文字，数字，記号に対しても効果を及ぼします．

{\tiny	$a=b+c<\sqrt{2}$$	→	$a=b+c\leq\sqrt{2}$
{\scriptsize	$a=b+c<\sqrt{2}$$	→	$a=b+c\leq\sqrt{2}$
{\footnotesize	$a=b+c<\sqrt{2}$$	→	$a=b+c\leq\sqrt{2}$
{\small	$a=b+c<\sqrt{2}$$	→	$a=b+c\leq\sqrt{2}$
\normalsize	$a=b+c<\sqrt{2}$$	→	$a=b+c\leq\sqrt{2}$
{\large	$a=b+c<\sqrt{2}$$	→	$a=b+c\leq\sqrt{2}$
{\Large	$a=b+c<\sqrt{2}$$	→	$a=b+c\leq\sqrt{2}$
{\LARGE	$a=b+c<\sqrt{2}$$	→	$a=b+c\leq\sqrt{2}$
{\huge	$a=b+c<\sqrt{2}$$	→	$a=b+c\leq\sqrt{2}$
{\Huge	$a=b+c<\sqrt{2}$$	→	$a=b+c\leq\sqrt{2}$

▣ 21 節 (p.75) で述べたパッケージ登録 [→p.32 (10)] による文字に対してもこれらの命令は有効です．下に \small と \LARGE に対する例を示します．

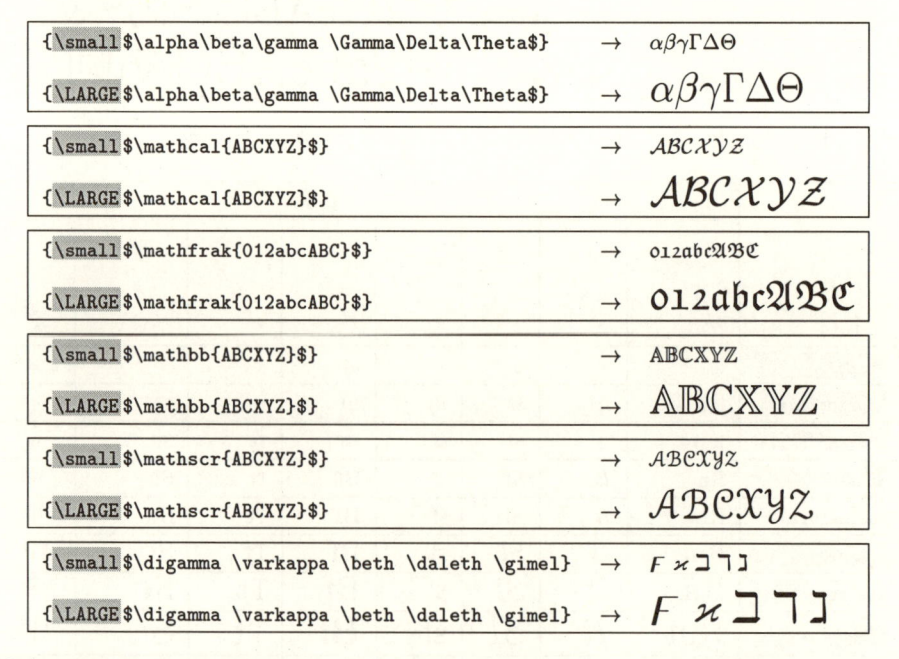

{\small $\alpha\beta\gamma \Gamma\Delta\Theta$}	→	$\alpha\beta\gamma\Gamma\Delta\Theta$
{\LARGE $\alpha\beta\gamma \Gamma\Delta\Theta$}	→	$\alpha\beta\gamma\Gamma\Delta\Theta$
{\small $\mathcal{ABCXYZ}$}	→	$\mathcal{ABCXYZ}$
{\LARGE $\mathcal{ABCXYZ}$}	→	$\mathcal{ABCXYZ}$
{\small $\mathfrak{012abcABC}$}	→	$\mathfrak{012abcABC}$
{\LARGE $\mathfrak{012abcABC}$}	→	$\mathfrak{012abcABC}$
{\small $\mathbb{ABCXYZ}$}	→	$\mathbb{ABCXYZ}$
{\LARGE $\mathbb{ABCXYZ}$}	→	$\mathbb{ABCXYZ}$
{\small $\mathscr{ABCXYZ}$}	→	$\mathscr{ABCXYZ}$
{\LARGE $\mathscr{ABCXYZ}$}	→	$\mathscr{ABCXYZ}$
{\small $\digamma \varkappa \beth \daleth \gimel$}	→	$\digamma \varkappa \beth \daleth \gimel$
{\LARGE $\digamma \varkappa \beth \daleth \gimel$}	→	$\digamma \varkappa \beth \daleth \gimel$

▣ サイズ命令，例えば \small を数式モード [→p.73 (20.4)] の内部で宣言してもその効果は生じません．すなわ $\small a=b+c<\sqrt{2}$ としてもサイズは変わらず，$a=b+c<\sqrt{2}$ のままです．

▨ 一般に Sum 型記号 [→p.108 (33)] はこれによってそのサイズを変更することはできませんが，33.6 節 (p.110) で述べる \scalebox 命令を使うと任意のサイズに縮小・拡大させることができます．

24.3　数式モードにおける文字・数字・記号のサイズ II

▨ 数式モード内で文字・数字・記号を直接縮小する別の命令として次の 2 つがあります．

```
《命令》  \scriptstyle         (添字のサイズ)
         \scriptscriptstyle   (添字の添字のサイズ)
```

```
$abcABC +-<>\alpha\Gamma\clubsuit$               →  $abcABC +-<> \alpha\Gamma\clubsuit$ （標準）
$\scriptstyle abcABC +-<>\alpha\Gamma\clubsuit$  →  $\scriptstyle abcABC+-<>\alpha\Gamma\clubsuit$
$\scriptscriptstyle abcABC +-<>\alpha\Gamma\clubsuit$  →  $\scriptscriptstyle abcABC+-<>\alpha\Gamma\clubsuit$
```

▨ この 2 つの縮小命令は，Sum 型記号 [→p.108 (33)] には効果を及ぼしません．

コラム K：標準設定値 (1 段組におけるページのレイアウトパラメータ)

	パラメータ	[10pt]		[11pt]		[12pt]	
論文 報告書	\topmargin	27pt	(9.5mm)	27pt	(9.5mm)	27pt	(9.5mm)
	\headheight	12pt	(4.2mm)	12pt	(4.2mm)	12pt	(4.2mm)
	\headsep	25pt	(8.8mm)	25pt	(8.8mm)	25pt	(8.8mm)
	\textheight	526pt	(184.9mm)	526.8pt	(185.1mm)	532pt	(187.0mm)
	\textwidth	345pt	(121.3mm)	360pt	(126.5mm)	390pt	(137.1mm)
	\topskip	10pt	(3.5mm)	10pt	(3.5mm)	10pt	(3.5mm)
	\oddsidemargin (片)	63pt	(22.1mm)	54pt	(19.0mm)	39.5pt	(13.9mm)
	\oddsidemargin (両)	44pt	(15.5mm)	36pt	(12.7mm)	21pt	(7.4mm)
	\evensidemargin (片)	63pt	(22.1mm)	54pt	(19.0mm)	39.5pt	(13.9mm)
	\evensidemargin (両)	82pt	(28.8mm)	74pt	(26.0mm)	59pt	(20.7mm)
	\footskip	30pt	(10.5mm)	30pt	(10.5mm)	30pt	(10.5mm)
	\footheight [a]	12pt	(4.2mm)	12pt	(4.2mm)	12pt	(4.2mm)
	\marginparwidth	90pt	(31.6mm)	83pt	(29.2mm)	68pt	(23.9mm)
	\marginparpush	5pt	(1.8mm)	5pt	(1.8mm)	7pt	(2.5mm)
	\marginparsep	11pt	(3.9mm)	10pt	(3.5mm)	10pt	(3.5mm)
本	\topmargin	0.75in	(19.1mm)	0.73in	(18.5mm)	0.73in	(18.5mm)
	\headheight	12pt	(4.2mm)	12pt	(4.2mm)	12pt	(4.2mm)
	\headsep	0.25in	(6.4mm)	0.275in	(7.0mm)	0.275in	(7.0mm)
	\textheight	502pt	(176.4mm)	526.8pt	(185.1mm)	532pt	(187.0mm)
	\textwidth	4.5in	(114.3mm)	5in	(127.0mm)	5in	(127.0mm)
	\topskip	10pt	(3.5mm)	10pt	(3.5mm)	10pt	(3.5mm)
	\oddsidemargin (片)						
	\oddsidemargin (両)	0.5in	(12.7mm)	0.25in	(6.4mm)	0.25in	(6.4mm)
	\evensidemargin (片)						
	\evensidemargin (両)	1.5in	(38.1mm)	1.25in	(31.8mm)	1.25in	(31.8mm)
	\footskip	0.35in	(8.9mm)	0.38in	(9.7mm)	30pt	(10.5mm)
	\footheight [a]	12pt	(4.2mm)	12pt	(4.2mm)	12pt	(4.2mm)
	\marginparwidth	0.75in	(19.1mm)	1in	(25.4mm)	1in	(25.4mm)
	\marginparpush	5pt	(1.8mm)	5pt	(1.8mm)	7pt	(2.5mm)
	\marginparsep	7pt	(2.5mm)	7pt	(2.5mm)	7pt	(2.5mm)

[a] これは LATEX の命令です．LATEX 2_ε では抹消されました．

25 文字の縮小・拡大・反転

用語：縮小 拡大 反転
命令：\scalebox \resizebox \resizebox* \reflectbox
パッケージ：graphics

◇

25.1 文字の縮小・拡大 I

▨ graphics パッケージを登録すると [→p.32 (10)]，あるテキストを 倍率 を指定して縮小・拡大する次の命令が使用できます．

《命令》 \scalebox{ }[ ]{ }

▨ 下に例を示します．

□ まず，例として次のテキストを考えて下さい (ボックスは説明の都合上付けたものです)．

{\Large ghost} ⇒ ghost

□ 元のテキストの幅と全体の高さ [→p.195 (64.14)] を共に 1.5 倍にするには次のように宣言します．

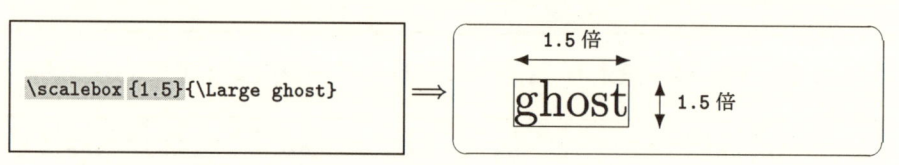

\scalebox {1.5}{\Large ghost} ⇒ ghost （1.5倍、1.5倍）

□ 元のテキストの幅を 3.5 倍，全体の高さ [→p.195 (64.14)] を 1.8 倍にするには次のように宣言します．

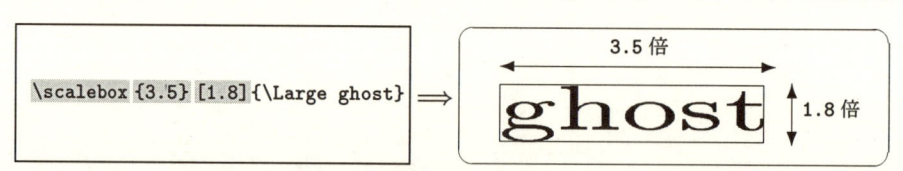

\scalebox {3.5}[1.8]{\Large ghost} ⇒ ghost （3.5倍、1.8倍）

▨ 倍率を 1 以下の小数にすると元のテキストは縮小されます．

▨ 倍率の指定によっていくらでも極微なあるいは巨大な文字を作ることができます．ただし，小さくし過ぎると文字は点となって判読できなくなり，大きくし過ぎると文字の縁にギザギザが現れてきます．

25.2 文字の縮小・拡大 II

▨ graphics パッケージを登録すると [→p.32 (10)]，あるテキストを，長さ を指定して縮小・拡大する次の命令が使用できます．

《命令》 \resizebox{ }{ }{ }   \resizebox*{ }{ }{ }

▨ 下に例を示します．

□ 通常の形式では「高さ」は 基準線からの高さ となります [→p.195 (64.14)]．

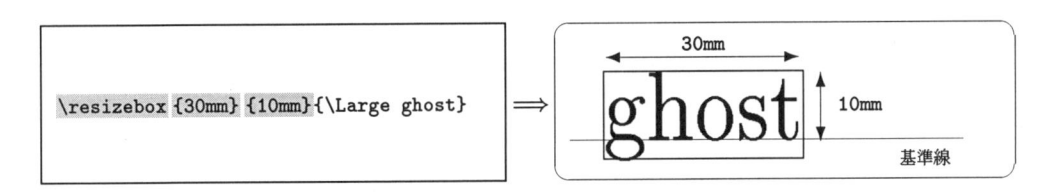

`\resizebox{30mm}{10mm}{\Large ghost}` ⇒ (30mm幅×10mm高さの "ghost"、基準線付き)

□ *形式では「高さ」は 全体の高さ となります.

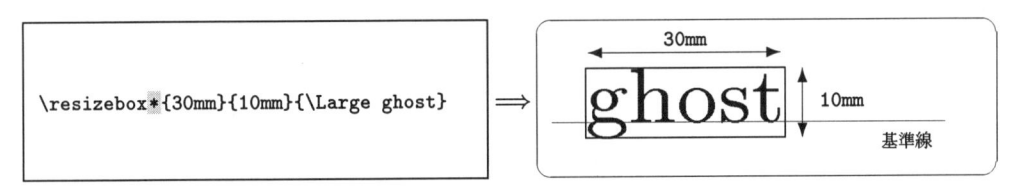

`\resizebox*{30mm}{10mm}{\Large ghost}` ⇒ (30mm幅×10mm全体高さの "ghost")

▨ 下に，引数として ! を持つ例を示します.

　□ 幅を指定すると高さもそれに比例して定まります.

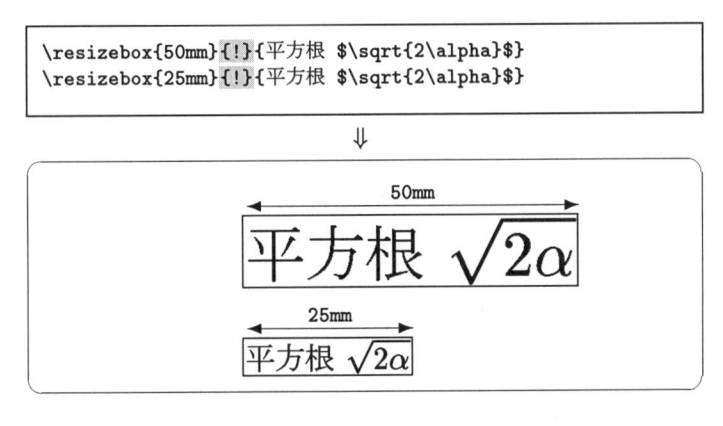

```
\resizebox{50mm}{!}{平方根 $\sqrt{2\alpha}$}
\resizebox{25mm}{!}{平方根 $\sqrt{2\alpha}$}
```

⇓

(幅50mmの「平方根 $\sqrt{2\alpha}$」と幅25mmの「平方根 $\sqrt{2\alpha}$」)

　□ 高さ指定すると幅もそれに比例して定まります.

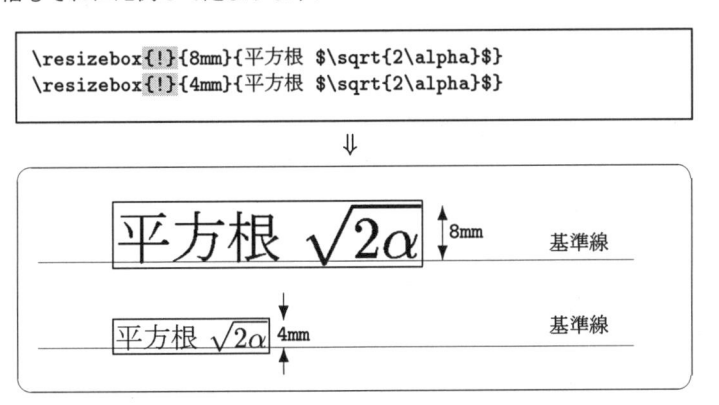

```
\resizebox{!}{8mm}{平方根 $\sqrt{2\alpha}$}
\resizebox{!}{4mm}{平方根 $\sqrt{2\alpha}$}
```

⇓

(高さ8mmの「平方根 $\sqrt{2\alpha}$」と高さ4mmの「平方根 $\sqrt{2\alpha}$」，基準線付き)

25.3　文字の反転

▨ graphics パッケージを登録すると [→p.32 (10)]，テキストを 左右反転の裏返し にする次の命令が使用できます.

《命令》　`\reflectbox{ }`

```
\reflectbox{\large\bfseries 桜の花の咲く頃に....}
```
⇒ ....に頃く咲の花の桜

※ 「黒」の \colorbox [→p.303 (86.4)] と「白」の\textcolor [→p.303 (86.3)] を併用すると白抜きの反転文字が得られます。

```
\fboxsep=1mm
\colorbox{black}{\reflectbox{\textcolor{white}{\large\bfseries 桜の花の咲く頃に....}}}
```
⇓

....に頃く咲の花の桜

コラム U：見出しの変更

LaTeX 2_ε では，部・章・索引などの見出しは下表に示す命令によって定義されています。

命令		標準設定	命令		標準設定
\partname	[→p.57 (14.7)]	Part	\figurename	[→p.259 (79.5)]	Figure
\prepartname[a]	[→p.57 (14.7)]	第	\tablename	[→p.259 (79.5)]	Table
\postpartname[a]	[→p.57 (14.7)]	部	\listfigurename	[→p.51 (13.14)]	List of Figures
\chaptername	[→p.57 (14.7)]	Chapter	\listtablename	[→p.51 (13.14)]	List of Tables
\prechaptername[a]	[→p.57 (14.7)]	第	\refname	[→p.267 (80.3)]	References
\postchaptername[a]	[→p.57 (14.7)]	章	\bibname	[→p.267 (80.3)]	Bibliography
\abstractname	[→p.65 (16.3)]	Abstract	\indexname	[→p.293 (83.5)]	Index
\appendixname	[→p.51 (13.14)]	Appendix	\seename	[→p.289 (83.3)]	see
\contentsname	[→p.51 (13.14)]	Contents			

標準設定は \renewcommand 命令 [→p.28 (9.6)] で他のものに変更できます。たとえばアブストラクトの見出しを

Abstract ⇒ ── 概要 ──

のように変更するにはプリアンブル [→p.5 (4)] で次のように宣言します。

```
\renewcommand{\abstract}{\textbf{\large ---\, 概要\,---}}
```

詳細は本書の中で述べてあります。また，文献 [4] (p.35-36, 321), [33] (p.234-235), [21] (p.317) にも解説があります。

[a] 和文の文書クラスのみに定義されている。

26 回転

用語: 回転　傾斜回転
命令: \rotatebox　origin　unit
パッケージ: graphics　graphicx

26.1　文字列の回転 I

▣ graphics パッケージを登録すると [→p.32(10)]，文字列・ボックス・図表などを任意の角度で回転させる次の命令が使用できます．

《命令》　\rotatebox{ }{ }

▣ 文字列の先頭 (左端) を中心に反時計方向 30 度に回転させる例を下に示します (ボックスと回転軸の・は説明の都合上付けたもの)．

+++\rotatebox{30}{ABCDE}+++　⟹　+++ABCDE+++

26.2　文字列の回転 II

▣ graphicx パッケージを登録すると [→p.32(10)]，オプション引数 [ ] を持った次の命令を用いて，文字列・ボックス・図表などを より柔軟 に任意の角度で回転させることができます．

《命令》　\rotatebox[ ]{ }{ }

▣ この 2 つのパッケージの登録には，下のようにオプション引数 [dvips] を付けます．

```
\usepackage[dvips]{graphics}
\usepackage[dvips]{graphicx}
```

▣ オプション引数の指定によって，文字列をその左端・中心・右端を軸に反時計方向 30 度に回転させる例を下に示します．

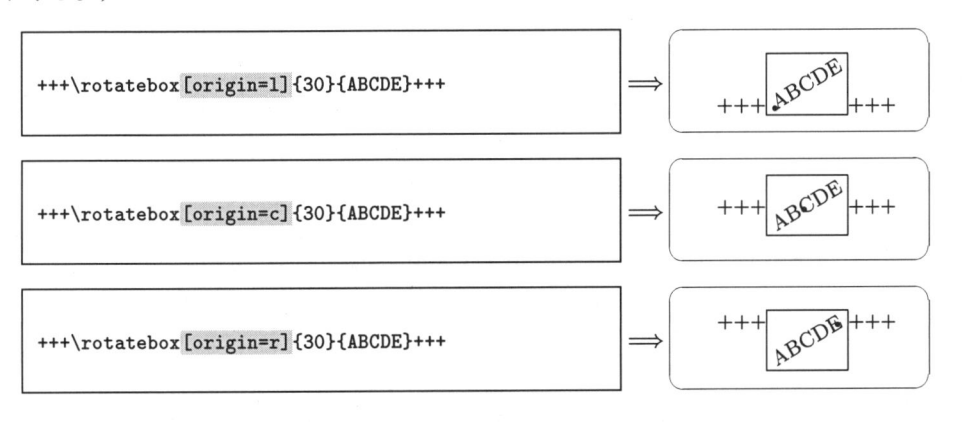

+++\rotatebox[origin=l]{30}{ABCDE}+++　⟹　+++ABCDE+++

+++\rotatebox[origin=c]{30}{ABCDE}+++　⟹　+++ABCDE+++

+++\rotatebox[origin=r]{30}{ABCDE}+++　⟹　+++ABCDE+++

26　回転

※ オプション引数として units=-360 を指定すると回転は時計回りとなります.

```
+++\rotatebox[units=-360,origin=l]{30}{ABCDE}+++
```
⟹ +++[ABCDE]+++

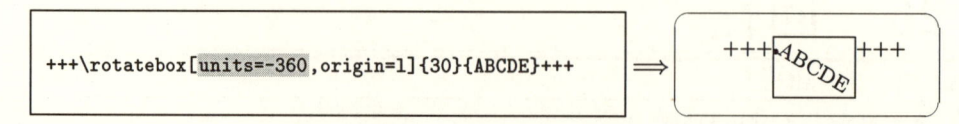

26.3　ボックスとミニページの回転

※ graphics あるいは graphicx を登録すると [→p.32 (10)], \rotatebox{ }{ } の2番目の引数 { } 内に \parbox [→p.192 (64.10)] や \minipage [→p.203 (66)] を宣言して, その全体を回転させることができます (ボックスは説明の都合上付けたもの).

```
+++\rotatebox{20}{
 \begin{minipage}{20mm}
   あいうえおかきくけこさしすせそ
 \end{minipage} }+++
```
⟹ +++ [あいうえおか きくけこさし すせそ] +++

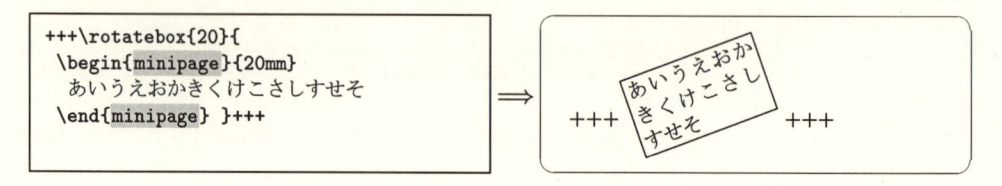

※ したがって, そのボックス内で書かれるものは何でも (図・表・数式も含め) 回転させることができます. たとえば

```
+++\rotatebox{20}{\parbox{35mm}{
             \begin{eqnarray}
               a &=&~b+c\
               d &=&~e+f
             \end{eqnarray}}}+++
```
⟹ +++ $\begin{aligned} a &= b+c \quad (26.1)\\ d &= e+f \quad (26.2) \end{aligned}$ +++

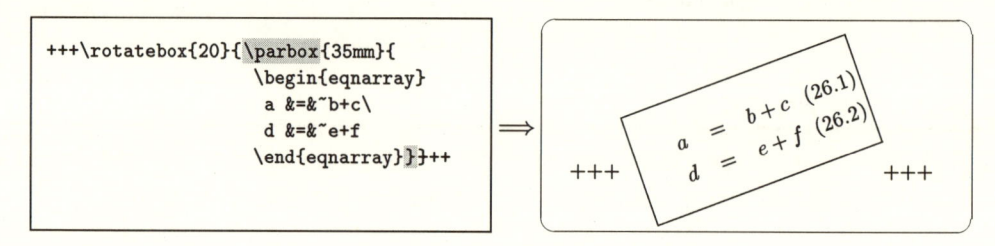

26.4　傾斜回転

※ graphicx を登録すると [→p.32 (10)], 25.2 節 (p.86) で説明した \resizebox の引数の中で \rotatebox で文字を回転させると, 下の例にあるように, 文字が傾斜しながら回転します (ボックスは説明の都合上付けたもの).

```
\resizebox{30mm}{8mm}{\rotatebox{0}{\LaTeXe\ User}}

\resizebox{30mm}{8mm}{\rotatebox{10}{\LaTeXe\ User}}

\resizebox{30mm}{8mm}{\rotatebox{20}{\LaTeXe\ User}}

\resizebox{30mm}{8mm}{\rotatebox{30}{\LaTeXe\ User}}
```

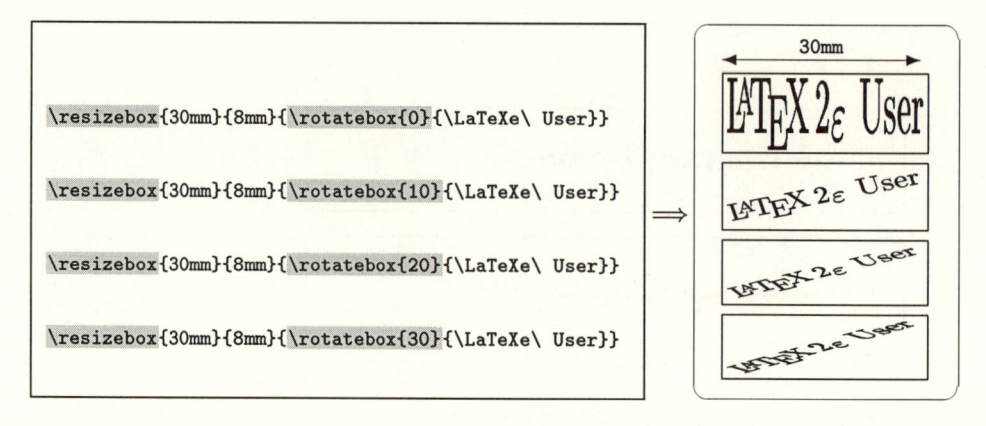

27 フォント

用語：フォント　フォントの文字コード　フォントの登録と出力
命令：\magstephalf \magstep1 \magstep2 \magstep3 \magstep4 \magstep5 \symbol \newfont scaled

◇

27.1 フォントの種類

▨ LaTeX 2_ε で扱う活字のことを Computer Modern Font と言い，そのフォント名を cmr10, cmmi7 などと名付けています．

▨ フォントの取扱いについてのさらに詳しい解説は文献 [4] (Goossens, p.183–255) と [21] (乙部, p.164–242) にあります．

27.2 フォントの文字コード

▨ 各フォントの文字・記号には番号が振られています．その番号のことを「文字コード」と言います．たとえばタイプライタ体 \ttfamily のフォントの文字コードは下の表のようになっています．他のフォントのコード表については文献 [7] (Knuth) を参照して下さい．

cmtt10 (\ttfamily)

	'0	'1	'2	'3	'4	'5	'6	'7
'00x	Γ	Δ	Θ	Λ	Ξ	Π	Σ	Υ
'01x	Φ	Ψ	Ω	↑	↓	'	¡	¿
'02x	ı	ȷ	`	´	ˇ	˘	¯	˚
'03x	¸	ß	æ	œ	ø	Æ	Œ	Ø
'04x	␣	!	"	#	$	%	&	'
'05x	(	)	*	+	,	-	.	/
'06x	0	1	2	3	4	5	6	7
'07x	8	9	:	;	<	=	>	?
'10x	@	A	B	C	D	E	F	G
'11x	H	I	J	K	L	M	N	O
'12x	P	Q	R	S	T	U	V	W
'13x	X	Y	Z	[	\	]	^	_
'14x	`	a	b	c	d	e	f	g
'15x	h	i	j	k	l	m	n	o
'16x	p	q	r	s	t	u	v	w
'17x	x	y	z	{	|	}	~	̈

▨ 貴方の使っているシステムにそのフォントがあれば，そのコード表は次のようにして出力させることができます．
　□ まず `nfssfont.tex` というファイルを探して下さい (Windows の検索機能で検索できます)．
　□ 次に，このファイルをコンパイルして下さい．
　□ すると `Name of the font to test =` というプロンプトが現れますから `cmtt10` と入力して下さい．
　　（どういう訳か，私のコンピュータではこの入力は画面に現れませんでした．そのような場合，気にせず先に進んで下さい）．

- □ すると記号 * が現れますから `\table` と入力して下さい (これも画面には現れません).
- □ するとまた記号 * が現れますから `\stop` と入力して下さい (これも画面には現れません).
- □ そしてプレヴュー画面を出す操作をするとそこに上のコード表が現れます.

27.3　フォントの登録と出力 I

※ この文字コードを用いて文字・記号を登録し, 出力させるには次の命令を使います.

《命令》 `\newfont{ }{ }`

この命令の使い方を以下で述べます.
- □ まず, たとえば次のように入力して下さい.
  - ○ `\newfont{\MagA}{cmtt10}`　　　　　　　　　　　($1.2^0 = 1.000$ 倍, すなわち原寸大)
  - ○ `\newfont{\MagB}{cmtt10 scaled\magstephalf}`　　($1.2^{0.5} \approx 1.095$ 倍に拡大)
  - ○ `\newfont{\MagC}{cmtt10 scaled\magstep1}`　　　($1.2^1 \approx 1.200$ 倍に拡大)
  - ○ `\newfont{\MagD}{cmtt10 scaled\magstep2}`　　　($1.2^2 \approx 1.440$ 倍に拡大)
  - ○ `\newfont{\MagE}{cmtt10 scaled\magstep3}`　　　($1.2^3 \approx 1.728$ 倍に拡大)
  - ○ `\newfont{\MagF}{cmtt10 scaled\magstep4}`　　　($1.2^4 \approx 2.074$ 倍に拡大)
  - ○ `\newfont{\MagG}{cmtt10 scaled\magstep5}`　　　($1.2^5 \approx 2.488$ 倍に拡大)
- □ 最初の引数 { } の中には, 呼び出して使うフォントの名称を定義します. 最初の用例では, その名称を `\MagA` と定義しています. この名称に既存の命令名を使うとエラーとなります. 1 番目の例ではそのフォントの原寸大のものを `\MagA` と定義しています. 2 番目の引数 { } にはフォント名, たとえば cmtt10 を入力します.
- □ 2 番目の例ではそのフォントを $1.2^{0.5} \approx 1.095$ 倍にしたものを `\MagB` と定義しています. この倍率を指定するには, 上の例にあるように, 次の命令を使います.

《命令》　`scaled \magstephalf \magstep1 \magstep2 \magstep3 \magstep4 \magstep5`

- □ 以上のようにして定義したフォントを呼び出して出力させるには次の命令を使います.

《命令》　`\symbol{ }`

たとえば文字コードが 012 である「Ω」という文字を出力させるには次のように宣言します.

`{\MagA \symbol{'012}}` →	Ω
`{\MagB \symbol{'012}}` →	Ω
`{\MagC \symbol{'012}}` →	Ω
`{\MagD \symbol{'012}}` →	Ω
`{\MagE \symbol{'012}}` →	Ω
`{\MagF \symbol{'012}}` →	Ω
`{\MagG \symbol{'012}}` →	Ω

※ 実を言うと, 上の方法でフォントを拡大しても厳密にはその拡大率にはなりません. 理由は, LaTeX 2_ε には, 指定された拡大率にピッタリと一致したフォントというものは必ずしも存在しないからです. 用意されているフォント群の中にその拡大率に合うものがなければ, それに最も近いものが選ばれます.

27.4 フォントの登録と出力 II

▨ 上の方法は，書体とサイズを厳密に指定してフォントを定義しましたが，指定された文字コードのフォントを文字サイズ命令 [→p.83 (24)] および書体選定命令 [→p.80 (23)] を宣言して出力させることもできます.

▨ 下に例を示します．

```
{\small\bfseries \symbol{'112}}    {\Large\bfseries \symbol{'112}}    →    J    J
{\small\sffamily \symbol{'112}}    {\Large\sffamily \symbol{'112}}    →    J    J
{\small\ttfamily \symbol{'112}}    {\Large\ttfamily \symbol{'112}}    →    J    J
{\small\itshape  \symbol{'112}}    {\Large\itshape  \symbol{'112}}    →    J    J
{\small\slshape  \symbol{'112}}    {\Large\slshape  \symbol{'112}}    →    J    J
```

27.5 様々なフォントの登録と出力の例

▨ 最後に，その他のいくつかのフォントの登録とその入・出力例を示します．

```
1: \newfont{\FONTa}{cmdunh10}   {\FONTa 012abcXYZ}   →   012abcXYZ
2: \newfont{\FONTb}{cmfib8}     {\FONTb 012abcXYZ}   →   012abcXYZ
3: \newfont{\FONTc}{cmvtt10}    {\FONTc 012abcXYZ}   →   012abcXYZ
4: \newfont{\FONTd}{wncyb10}    {\FONTd 012abcXYZ}   →   012абцШЫЗ
5: \newfont{\FONTe}{wncyi10}    {\FONTe 012abcXYZ}   →   012абцШЫЗ
6: \newfont{\FONTf}{wncyr10}    {\FONTf 012abcXYZ}   →   012абцШЫЗ
7: \newfont{\FONTg}{wncysc10}   {\FONTg 012abcXYZ}   →   012АБЦШЫЗ
8: \newfont{\FONTh}{wncyss10}   {\FONTh 012abcXYZ}   →   012абцШЫЗ


9: \newfont{\FONTi}{cminch}     {\FONTi 1A}          →   1A
```

1: は Computer Modern Dunnhill Roman.

2: は Computer Modern Roman Fibonacci Font.

3: は Computer Modern Variable Width Typewriter Text.

4:–8: は Washington Computer Modern Cyrillic.

9: は Computer Modern Inch-High Sans Serif Bold Extended.

28 キーボード上の記号

用語： キーボード上の記号　単独記号　％ 記号の用途
命令： = + - ( ) [ ] / * ` ' , . : ; ? @ ! > < | # $ % & _ { } ~ ^

◇

28.1 キーボード上の記号

▨ キーボード上の記号はそれぞれ 1 つの命令として機能しています．ここではそれらの命令の意味について説明します．

28.2 単独記号

▨ キーボード上のただ 1 つのキーによって入力できる記号を「単独記号」と言うことにします．単独記号の出力は，文書モードと数式モード [→p.72 (20)] とで若干異なります．

▨ **文書モードにおける単独記号**

□ 次の表に示す 21 通りがあります．

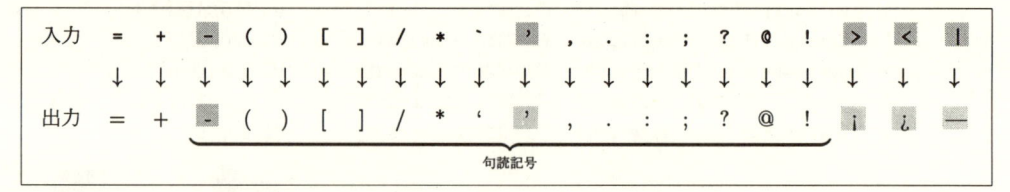

入力	=	+	-	(	)	[	]	/	*	`	'	,	.	:	;	?	@	!	>	<	|
↓	↓	↓	↓	↓	↓	↓	↓	↓	↓	↓	↓	↓	↓	↓	↓	↓	↓	↓	↓	↓	↓
出力	=	+	-	(	)	[	]	/	*	'	'	,	.	:	;	?	@	!	¡	¿	—

（— の範囲：句読記号）

□ これらの記号のうち ⌣ の 16 個の記号を「句読記号」と言います．

□ -, ', >, <, | の出力は，下に示す数式モードの場合と違っていることに注意して下さい．

□ ` と ' はそれぞれ [`] キーと ['] キーで入力します（DOS/V 機ではそれぞれキーボードの上から 3 列目の右近くと 2 列目中ほどにあります）．

▨ **数式モードにおける単独記号**

□ 次の表に示す 21 通りがあります．

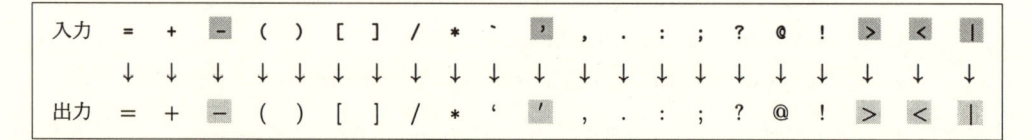

入力	=	+	-	(	)	[	]	/	*	`	'	,	.	:	;	?	@	!	>	<	|
↓	↓	↓	↓	↓	↓	↓	↓	↓	↓	↓	↓	↓	↓	↓	↓	↓	↓	↓	↓	↓	↓
出力	=	+	-	(	)	[	]	/	*	'	'	,	.	:	;	?	@	!	>	<	|

□ -, ', >, <, | の出力は，上で示した文書モードの場合とは違っていることに注意して下さい．

28.3 命令の一部として使用する記号

▨ 次の 10 個の記号は，命令の一部として使用するものです．単独で使用するとエラーとなります．バックスラッシュ \ は ¥ キー (DOS/V 機ではキーボードの上列右端付近にある) で入力します．

```
   #   $   %   &   _   {   }   ~   ^   \
```

※ 最初の 7 個の記号を記号として出力させるためには，その頭に \ を付けます．すなわち

| \# | \$ | \% | \& | _ | \{ | \} | ⟹ | # | $ | % | & | _ | { | } |

28.4 ％記号の用途

※ ％記号には，次の 2 つの用途があります．

□ ％記号の後ろに続くエディタ上におけるリターンキーによる改行 ↵ までの入力文はすべて無視され出力されません．したがって ％記号は文書ファイルに「出力されない注釈」を付すときなどに使えます．

$x^2=y^2+z^2$ ％ ピタゴラスの定理 ↵ ⟹ $x^2 = y^2 + z^2$

□ エディタ上のリターンキーによる改行は，下の例 (1) のように 1 文字分の空白を作ってしまいます．％記号を入れてから改行すると，例 (2) のようにこの余計な空白を取ることができます．

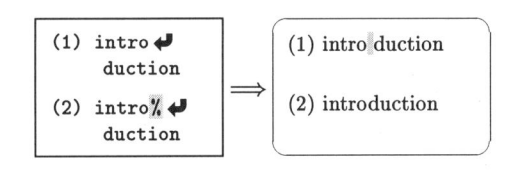

```
(1) intro↵
    duction
(2) intro%↵
    duction
```
⟹
```
(1) intro duction
(2) introduction
```

□ 命令文の中には，不要な空白はエラーとなるものがあります．したがって，長い命令文において入力の途中でエディタ上のリターンキーによる改行をしなければならない所では，改行前にいつも ％記号を入れることをお薦めします．

コラム W：スタイルファイル「〜.STY」とクラスファイル「〜.CLS」

- **スタイルファイル**：パッケージ [→p.32 (10)] と呼ばれる応用ソフトは拡張子 〜.sty を持つファイルに記述されています．たとえば色出力を可能にするパッケージはファイル color.sty に書かれています．このファイルを「スタイルファイル」と言います．

- **クラスファイル**：文書クラス，たとえば和文の本クラス jbook は，拡張子 〜.cls を持つファイル jbook.cls によって処理されています．このファイルを「クラスファイル」と言います．

  これらのファイルが収められているディレクトリは Windows の検索機能を使って探すことができます．スタイルファイルやクラスファイルの内容を書き換えると出力形式を自由に変更することができます．

  【要注意】これらのファイルを下手にいじくるとファイルを壊してしまい，システムを再インストールしなければならなくなります．これらのファイルを書き換えるときは，それを作業ディレクトリ (いま作成している文書ファイルがあるディレクトリ) にコピーし，それを書き換えることをお薦めします．作業ディレクトリにあるものがシステムに組み込まれているものに優先して起動します．壊しても元が残っているので安心です．

29 特殊記号

用語：特殊記号　記号の重ね合わせ
命令：\oe \OE \aleph \ell \flat \hbar \nexists \mho \Join \copyright \dag など
パッケージ：amssymb　amsfonts　latexsym

◇

29.1 特殊記号とパッケージ

▣ 本節で述べる特殊記号のあるものを使うためには，それぞれある種のパッケージを登録しなければなりません [→p.32(10)]．どのパッケージを登録すべきかは一応述べてありますが，このことに関してはどの文献の説明でも細部において些か不明な感が拭えません．とくに同じパッケージでも新版・旧版で若干の違いがあったりもします．

▣ しかし，このことは余り気にする必要はないでしょう．少々無責任のようですが，パッケージ latexsym ・ amsfonts ・ amssymb のすべてを登録しておけばどれかにはひっかかるからです．是非そうして下さい．

29.2 特殊記号 I（文書モード）　œ, Å, ß, Ø など

▣ 下表の記号は文書モード用です．

\oe	→	œ	\OE	→	Œ	\ae	→	æ	\AE	→	Æ
\aa	→	å	\AA	→	Å	\o	→	ø	\O	→	Ø
\l	→	ł	\L	→	Ł	\ss	→	ß	?`	→	¿
\TeX	→	TeX	\LaTeX	→	LaTeX	\LaTeXe	→	LaTeX 2ε	!`	→	¡

29.3 特殊記号 II（文書モード）　•, <, ™, |, ı など

▣ 下表の記号は文書モード用です．

\textbullet	→	•	\textless	→	<	\textasciicircum	→	^
\textperiodcentered	→	·	\textgreater	→	>	\textasciitilde	→	~
\textregistered	→	®	\textbackslash	→	\	\textvisiblespace	→	␣
\texttrademark	→	™	\textbar	→	|	\i	→	ı
						\j	→	ȷ

29.4 特殊記号 III（数式モード）　ℵ, ∂, ℑ, ℧, ∅, ∀ など

▣ 下表の記号は数式モード用です．

\aleph	→	ℵ	\prime	→	′	\neg	→	¬	\Diamond	→	◇
\hbar	→	ℏ	\emptyset	→	∅	\flat	→	♭	\Box	→	□
\imath	→	ı	\surd	→	√	\natural	→	♮	\nabla	→	∇
\jmath	→	ȷ	\top	→	⊤	\sharp	→	♯	\triangle	→	△
\ell	→	ℓ	\bot	→	⊥	\partial	→	∂	\clubsuit	→	♣
\wp	→	℘	\angle	→	∠	\infty	→	∞	\diamondsuit	→	♢
\Re	→	ℜ	\forall	→	∀	\\|	→	∥	\heartsuit	→	♡
\Im	→	ℑ	\exists	→	∃	\backslash	→	\	\spadesuit	→	♠

29.5　特殊記号 IV（数式モード）　℧, ⇝, ⋈, ▷, □ など

これらの記号を使った例を下に示します．

| 偏微分 `$\partial f(x,y)/\partial x = xy$` | ⟹ | 偏微分 $\partial f(x,y)/\partial x = xy$ |
| 複素数 `$\Re(x)+\Im(x)i$` | ⟹ | 複素数 $\Re(x) + \Im(x)i$ |

29.5　特殊記号 IV（数式モード）　℧, ⇝, ⋈, ▷, □ など

▣ 下表の記号は数式モード用です．

`\mho`	→ ℧	`\Join`	→ ⋈	`\Box`	→ □	`\Diamond`	→ ◇
`\leadsto`	→ ⇝	`\sqsubset`	→ ⊏	`\sqsupset`	→ ⊐	`\lhd`	→ ◁
`\unlhd`	→ ⊴	`\rhd`	→ ▷	`\unrhd`	→ ⊵		

29.6　特殊記号 V（数式モード）　ℏ, △, Ⓢ, 𝕜, ★ など

▣ 下表の記号は数式モード用です．

`\hbar`	→ ℏ	`\nexists`	→ ∄	`\blacksquare`	→ ■
`\hslash`	→ ℏ	`\mho`	→ ℧	`\blacklozenge`	→ ◆
`\vartriangle`	→ △	`\Finv`	→ Ⅎ	`\bigstar`	→ ★
`\triangledown`	→ ▽	`\Game`	→ ⅁	`\sphericalangle`	→ ∢
`\square`	→ □	`\Bbbk`	→ 𝕜	`\complement`	→ ∁
`\lozenge`	→ ◇	`\backprime`	→ ‵	`\eth`	→ ð
`\circledS`	→ Ⓢ	`\varnothing`	→ ∅	`\diagup`	→ ╱
`\angle`	→ ∠	`\blacktriangle`	→ ▲	`\diagdown`	→ ╲
`\measuredangle`	→ ∡	`\blacktriangledown`	→ ▼	`\dagger`	→ †
				`\ddagger`	→ ‡

29.7　特殊記号 VI（数式・文書モード）　©, §, ¶ など

▣ 下表の記号は数式・文書の両モードで使用できます．

`\copyright`	→ ©	`\dag`	→ †	`\ddag`	→ ‡
`\S`	→ §	`\P`	→ ¶	`\pounds`	→ £

29.8　記号の重ね合わせによる合成

▣ いくつかの文字や記号を重ね打ちして特殊な記号をつくることもできます．

▣ 重ね打ち命令として次のものがあります．

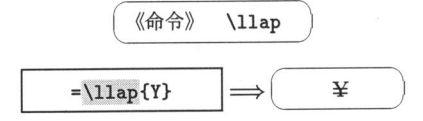

《命令》　`\llap`

`=\llap{Y}` ⟹ ¥

▣ `\hspace` 命令を使っても重ね打ちができます．次のページにそのマクロ命令を示しておきます．

《命令》　`\MaruA{ }`　`\MaruB{ }`　（筆者のマクロ命令）

```
\newcommand{\MaruA}[1]{$\bigcirc\hspace{-0.75em}$\raisebox{-0.2ex}{#1}\hspace{0.2em}}
\newcommand{\MaruB}[1]{$\bigcirc\hspace{-0.85em}$ye raisebox{0.2ex}{\tiny#1}\hspace{0.15em}}
```

下に例を示します

```
\MaruA{0}   \MaruA{1}   \MaruA{2}   \MaruA{7}   \MaruA{8}   \MaruA{9}
\MaruB{10}  \MaruB{11}  \MaruB{12}  \MaruB{97}  \MaruB{98}  \MaruB{99}
```
$\Longrightarrow$ ⓪①②⑦⑧⑨ ⑩⑪⑫�97�98�99

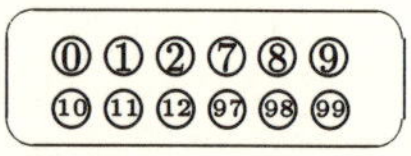

これを数式モードで使用するときは\mbox{ }内に入力すること．

※ 重ね合わせの命令として次のものもあります．文献 [25] (嶋田, p.287-288)，[31] (藤田, p.137-138) を参照のこと．

《命令》　\ooalign

30 演算子記号

用語: 二項演算子記号　関係演算子記号
命令: \pm \uplus \bullet \dotplus \boxplus \boxdot \leq \gg \leqq \doteqdot …
パッケージ: amssymb

30.1 二項演算子記号 I　±, ×, ÷, ∩, ⊎, ∨ など

下表はLaTeX 2εに標準装備の二項演算子記号のリストです.

\pm	→	±	\triangleright	→	▷	\oplus	→	⊕
\mp	→	∓	\sqcap	→	⊓	\ominus	→	⊖
\times	→	×	\sqcup	→	⊔	\otimes	→	⊗
\div	→	÷	\vee	→	∨	\oslash	→	⊘
\ast	→	∗	\wedge	→	∧	\odot	→	⊙
\star	→	⋆	\setminus	→	\	\bigcirc	→	○
\circ	→	∘	\wr	→	≀	\dagger	→	†
\bullet	→	•	\diamond	→	⋄	\ddagger	→	‡
\cdot	→	·	\bigtriangleup	→	△	\lhd	→	⊲
\cap	→	∩	\bigtriangledown	→	▽	\rhd	→	⊳
\cup	→	∪	\triangleleft	→	◁	\unlhd	→	⊴
\uplus	→	⊎	\amalg	→	⨿	\unrhd	→	⊵

これらの記号を使用した例を下に示します.

$A\cap B\cup C$　　$a\times b\div c\pm d$ ⟹ $A\cap B\cup C$　　$a\times b\div c\pm d$

二項演算子記号に対する次の2つの例の違いを見比べて下さい.

$x+y$ ⟹ $x+y$　　$+y$ ⟹ $+y$

「+」は, 本来, 二項演算子記号です. 2番目の例のように単独で使用すると, 「+」と「y」の間が狭まってしまいます. この問題は, 下の例のように {} を空の文字として使うことによって解決することができます. 他の二項演算子記号についても同様のことが言えます.

${}+y$ ⟹ $+y$

とくに長い数式を途中で改行するときはこのことに留意し, 次の例のようにして下さい.

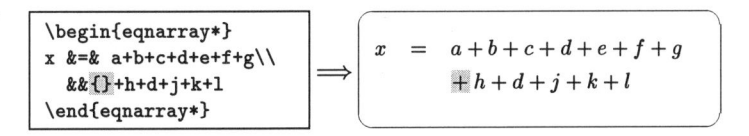

```
\begin{eqnarray*}
x &=& a+b+c+d+e+f+g\\
  && {}+h+d+j+k+l
\end{eqnarray*}
```
⟹ $\begin{aligned} x &= a+b+c+d+e+f+g \\ & +h+d+j+k+l \end{aligned}$

30.2　二項演算子記号 II　⊹, ⋒, ⊞, ⋊, ⊛ など

amssymb パッケージを登録すると [→p.32 (10)]，下表の二項演算子記号が使えます．

コマンド	記号	コマンド	記号	コマンド	記号
\dotplus	→ ∔	\boxminus	→ ⊟	\curlywedge	→ ⋏
\smallsetminus	→ ∖	\boxtimes	→ ⊠	\curlyvee	→ ⋎
\Cap	→ ⋒	\boxdot	→ ⊡	\circleddash	→ ⊝
\Cup	→ ⋓	\boxplus	→ ⊞	\circledast	→ ⊛
\barwedge	→ ⊼	\ltimes	→ ⋉	\circledcirc	→ ⊚
\veebar	→ ⊻	\rtimes	→ ⋊	\centerdot	→ ·
\doublebarwedge	→ ⩞	\leftthreetimes	→ ⋋	\intercal	→ ⊺
\divideontimes	→ ⋇	\rightthreetimes	→ ⋌		

30.3　関係演算子記号 I　≤, ⊂, ≺, ∈, ≡, ∝, ∼ など

下表は LaTeX 2ε に標準装備の関係演算子記号のリストです．網掛けの記号を使うためには **latexsym** パッケージを登録しなければなりません [→p.32 (10)]．

コマンド	記号	コマンド	記号	コマンド	記号
\leq	→ ≤	\gg	→ ≫	\doteq	→ ≐
\prec	→ ≺	\supset	→ ⊃	\propto	→ ∝
\preceq	→ ⪯	\supseteq	→ ⊇	\models	→ ⊨
\ll	→ ≪	\sqsupset	→ ⊐	\perp	→ ⊥
\subset	→ ⊂	\sqsupseteq	→ ⊒	\mid	→ ∣
\subseteq	→ ⊆	\ni	→ ∋	\parallel	→ ∥
\sqsubset	→ ⊏	\dashv	→ ⊣	\bowtie	→ ⋈
\sqsubseteq	→ ⊑	\equiv	→ ≡	\Join	→ ⋈
\in	→ ∈	\sim	→ ∼	\smile	→ ⌣
\vdash	→ ⊢	\simeq	→ ≃	\frown	→ ⌢
\geq	→ ≥	\asymp	→ ≍	=	→ =
\succ	→ ≻	\approx	→ ≈	>	→ >
\succeq	→ ⪰	\cong	→ ≅	<	→ <

コマンド	記号	コマンド	記号	コマンド	記号
\not\leq	→ ≰	\not\gg	→ ≫̸	\not\doteq	→ ≠
\not\prec	→ ⊀	\not\supset	→ ⊅	\not\propto	→ ∝̸
\not\preceq	→ ⪯̸	\not\sqsupset	→ ⊐̸	\not\models	→ ⊭
\not\ll	→ ≪̸	\not\sqsupseteq	→ ⋣	\not\perp	→ ⊥̸
\not\subset	→ ⊄	\not\ni	→ ∌	\not\mid	→ ∤
\not\subseteq	→ ⊈	\not\dashv	→ ⊬	\not\parallel	→ ∦
\not\sqsubset	→ ⊏̸	\not\equiv	→ ≢	\not\bowtie	→ ⋈̸
\not\sqsubseteq	→ ⋢	\not\sim	→ ≁	\not\Join	→ ⋈̸
\not\in	→ ∉	\not\simeq	→ ≄	\not\smile	→ ⌣̸
\not\vdash	→ ⊬	\not\asymp	→ ≭	\not\frown	→ ⌢̸
\not\geq	→ ≱	\not\approx	→ ≉	\not=	→ ≠
\not\succ	→ ⊁	\not\cong	→ ≇	\not>	→ ≯
\not\succeq	→ ⪰̸			\not<	→ ≮

30.4 関係演算子記号 II $\leqq, \lll, \doteqdot, \backsim, \Subset, \Vvdash$ など

▨ amssymb パッケージを登録すると [→p.32(10)]，下表の関係演算子記号が使用できます．

\leqq	→	$\leqq$	\doteqdot	→	$\doteqdot$	\precapprox	→	$\precapprox$
\leqslant	→	$\leqslant$	\risingdotseq	→	$\risingdotseq$	\vartriangleleft	→	$\vartriangleleft$
\eqslantless	→	$\eqslantless$	\fallingdotseq	→	$\fallingdotseq$	\trianglelefteq	→	$\trianglelefteq$
\lesssim	→	$\lesssim$	\backsim	→	$\backsim$	\vDash	→	$\vDash$
\lessapprox	→	$\lessapprox$	\backsimeq	→	$\backsimeq$	\Vvdash	→	$\Vvdash$
\approxeq	→	$\approxeq$	\subseteqq	→	$\subseteqq$	\smallsmile	→	$\smallsmile$
\lessdot	→	$\lessdot$	\Subset	→	$\Subset$	\smallfrown	→	$\smallfrown$
\lll	→	$\lll$	\sqsubset	→	$\sqsubset$	\bumpeq	→	$\bumpeq$
\lessgtr	→	$\lessgtr$	\preccurlyeq	→	$\preccurlyeq$	\Bumpeq	→	$\Bumpeq$
\lesseqgtr	→	$\lesseqgtr$	\curlyeqprec	→	$\curlyeqprec$			
\lesseqqgtr	→	$\lesseqqgtr$	\precsim	→	$\precsim$			
\geqq	→	$\geqq$	\circeq	→	$\circeq$	\trianglerighteq	→	$\trianglerighteq$
\geqslant	→	$\geqslant$	\triangleq	→	$\triangleq$	\Vdash	→	$\Vdash$
\eqslantgtr	→	$\eqslantgtr$	\thicksim	→	$\thicksim$	\shortmid	→	$\shortmid$
\gtrsim	→	$\gtrsim$	\thickapprox	→	$\thickapprox$	\shortparallel	→	$\shortparallel$
\gtrapprox	→	$\gtrapprox$	\supseteqq	→	$\supseteqq$	\between	→	$\between$
\approxeq	→	$\approxeq$	\Supset	→	$\Supset$	\pitchfork	→	$\pitchfork$
\gtrdot	→	$\gtrdot$	\sqsupset	→	$\sqsupset$	\varpropto	→	$\varpropto$
\ggg	→	$\ggg$	\succcurlyeq	→	$\succcurlyeq$	\blacktriangleleft	→	$\blacktriangleleft$
\gtrless	→	$\gtrless$	\curlyeqsucc	→	$\curlyeqsucc$	\blacktriangleright	→	$\blacktriangleright$
\gtreqless	→	$\gtreqless$	\succsim	→	$\succsim$	\therefore	→	$\therefore$
\gtreqqless	→	$\gtreqqless$	\succapprox	→	$\succapprox$	\because	→	$\because$
\eqcirc	→	$\eqcirc$	\vartriangleright	→	$\vartriangleright$	\backepsilon	→	$\backepsilon$
\nless	→	$\nless$	\nprec	→	$\nprec$	\ntriangleleft	→	$\ntriangleleft$
\nleq	→	$\nleq$	\npreceq	→	$\npreceq$	\ntrianglelefteq	→	$\ntrianglelefteq$
\nleqslant	→	$\nleqslant$	\precnsim	→	$\precnsim$	\nsubseteq	→	$\nsubseteq$
\nleqq	→	$\nleqq$	\precnapprox	→	$\precnapprox$	\subsetneq	→	$\subsetneq$
\lneq	→	$\lneq$	\nsim	→	$\nsim$	\varsubsetneq	→	$\varsubsetneq$
\lneqq	→	$\lneqq$	\nshortmid	→	$\nshortmid$	\subsetneqq	→	$\subsetneqq$
\lvertneqq	→	$\lvertneqq$	\nmid	→	$\nmid$	\varsubsetneqq	→	$\varsubsetneqq$
\lnsim	→	$\lnsim$	\nvdash	→	$\nvdash$	\trianglelefteq	→	$\trianglelefteq$
\lnapprox	→	$\lnapprox$	\nvDash	→	$\nvDash$			
\ngtr	→	$\ngtr$	\nsucc	→	$\nsucc$	\ntriangleright	→	$\ntriangleright$
\ngeq	→	$\ngeq$	\nsucceq	→	$\nsucceq$	\ntrianglerighteq	→	$\ntrianglerighteq$
\ngeqslant	→	$\ngeqslant$	\succnsim	→	$\succnsim$	\nsupseteq	→	$\nsupseteq$
\ngeqq	→	$\ngeqq$	\succnapprox	→	$\succnapprox$	\nsupseteqq	→	$\nsupseteqq$
\gneq	→	$\gneq$	\ncong	→	$\ncong$	\supsetneq	→	$\supsetneq$
\gneqq	→	$\gneqq$	\nshortparallel	→	$\nshortparallel$	\varsupsetneq	→	$\varsupsetneq$
\gvertneqq	→	$\gvertneqq$	\nparallel	→	$\nparallel$	\supsetneqq	→	$\supsetneqq$
\gnsim	→	$\gnsim$	\nvdash	→	$\nvdash$	\varsupsetneqq	→	$\varsupsetneqq$
\gnapprox	→	$\gnapprox$	\nVDash	→	$\nVDash$			

31 矢印記号

用語：矢印記号

命令：\leftarrow \longmapsto \leadsto \looparrowleft \multimap \uparrow \xleftarrow ⋯

パッケージ：amssymb amsmath

◇

31.1 矢印記号 I ←, ⇒, ⇔, ↩, ↼, ↗ など (数)

下表は LaTeX 2ε に標準装備の矢印記号のリストです．すべて数式モード用です． 網掛け の記号を使うためには latexsym パッケージを登録しなければなりません [→p.32(10)]．

コマンド	→	記号	コマンド	→	記号
\leftarrow	→	←	\longrightarrow	→	⟶
\Leftarrow	→	⇐	\Longrightarrow	→	⟹
\rightarrow	→	→	\longleftrightarrow	→	⟷
\Rightarrow	→	⇒	\Longleftrightarrow	→	⟺
\leftrightarrow	→	↔	\longmapsto	→	⟼
\Leftrightarrow	→	⇔	\hookrightarrow	→	↪
\mapsto	→	↦	\rightharpoonup	→	⇀
\hookleftarrow	→	↩	\rightharpoondown	→	⇁
\leftharpoonup	→	↼	\leadsto	→	⇝
\leftharpoondown	→	↽	\nearrow	→	↗
\rightleftharpoons	→	⇌	\searrow	→	↘
\longleftarrow	→	⟵	\swarrow	→	↙
\Longleftarrow	→	⟸	\nwarrow	→	↖

31.2 矢印記号 II ⇢, ⇠, ↺, ⊸, ↰, ↠, ⇝ など (数)

amssymb パッケージを登録すると [→p.32(10)]，下表の矢印記号が使用可となります．すべて数式モード用です．

コマンド	→	記号	コマンド	→	記号
\dashrightarrow	→	⇢	\twoheadrightarrow	→	↠
\dashleftarrow	→	⇠	\rightarrowtail	→	↣
\leftleftarrows	→	⇇	\looparrowright	→	↬
\leftrightarrows	→	⇆	\rightleftharpoons	→	⇌
\Lleftarrow	→	⇚	\curvearrowright	→	↷
\twoheadleftarrow	→	↞	\circlearrowright	→	↻
\leftarrowtail	→	↢	\Rsh	→	↱
\looparrowleft	→	↫	\downdownarrows	→	⇊
\leftrightharpoons	→	⇋	\upharpoonright	→	↾
\curvearrowleft	→	↶	\downharpoonright	→	⇂
\circlearrowleft	→	↺	\rightsquigarrow	→	⇝
\Lsh	→	↰	【以下は否定矢印】		
\upharpoonleft	→	↿	\nleftarrow	→	↚
\downharpoonleft	→	⇃	\nrightarrow	→	↛
\multimap	→	⊸	\nLeftarrow	→	⇍
\leftrightsquigarrow	→	↭	\nRightarrow	→	⇏
\rightrightarrows	→	⇉	\nleftrightarrow	→	↮
\rightleftarrows	→	⇄	\nLeftrightarrow	→	⇎

31.3 矢印記号 III (区切り記号) ↑, ⇓, ↕ など (数)

▣ 下の矢印記号は区切り記号 [→p.104(32)] と呼ばれるものです．すべて数式モード用です．

\uparrow	→ ↑	\Uparrow	→ ⇑	\Updownarrow	→ ⇕
\downarrow	→ ↓	\Downarrow	→ ⇓	\updownarrow	→ ↕

31.4 任意の長さの矢印記号 (数)

▣ amsmath パッケージを登録すると [→p.32(10)]，任意の長さの矢印を描く次の数式モードの命令が使えます．

《命令》　\xleftarrow[ ]{ }　\xrightarrow[ ]{ }

▣ 下に用例を示します．矢印の上下に置く文字列の長さに応じて矢印の長さが変わることに注意．

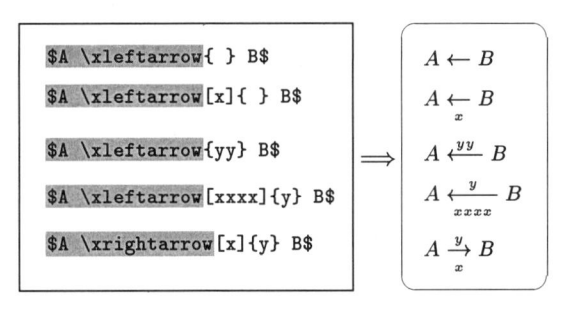

```
$A \xleftarrow{ } B$
$A \xleftarrow[x]{ } B$
$A \xleftarrow{yy} B$
$A \xleftarrow[xxxx]{y} B$
$A \xrightarrow[x]{y} B$
```

$\Longrightarrow$

$A \xleftarrow{} B$
$A \xleftarrow[x]{} B$
$A \xleftarrow{yy} B$
$A \xleftarrow[xxxx]{y} B$
$A \xrightarrow[x]{y} B$

コラム G：LaTeX 2_ε の魔術的なところ

　知れば知るほどに LaTeX 2_ε は魔術的ですらあることを痛感しますが，筆者はここで，これまで接してきた大方の LaTeX 2_ε ユーザが次の 2 点の何れかあるいは両方においてその魔術に幻惑かつ呪縛されているという事実をここで述べておきたい．LaTeX 2_ε の知識を少しでも深め，この魔術的呪縛から解放されんことを祈るばかりです．

- LaTeX 2_ε の表面的なことは，初歩的なマニュアル ([12][20][26]) を読むだけで 二三日もあればマスターできてしまいます．ところが，この表面的なことをマスターするだけでも，他の多くのワープロソフトやワープロ専用機よりもはるかに高等なことができてしまうので，初心者の多くはそれで十分に満足してしまい，それ以上 LaTeX 2_ε の世界に立ち入ろうとはしなくなってしまいます．これが LaTeX 2_ε の第一の魔術的なところです．1 例をあげれば，数表を作成するには，本来，array 環境 [→p.212(70)] を使うべきところを tabular 環境 [→p.226(71)] で済ませてしまう人がほとんどです．マイナスの付いた数，たとえば -12 という数字は，array 環境では -12 となりますが，tabular 環境では -12 となってしまいます．「-」はハイフンであってマイナス記号ではありません．しかも LaTeX 2_ε の相当の使い手と思われる人のみならず，LaTeX 2_ε 解説本においてすら，知ってか知らぬか (多分気付いていないのでしょう) 数表を平気で tabular 環境で例示しているのがあります．困ったことです．
- LaTeX 2_ε をある程度使い込みその秘めた可能性に魅了されてくると，その魅惑的な各種コマンドを前後脈絡なく面白おかしく使い始め，やがて自ら無節操に打ち込んだテキストファイルの大海に溺れてしまいます．絶世の美女の放った魔性の蜘蛛の糸にひっかかりもがいているようなものです．とくに LaTeX 2_ε で書籍などを執筆する場合，\newcommand などによるマクロ命令を思い付きで勝手に作って行ってみてください．終わりに近づくにつれてまことに滑稽な事態になってしまうことに気が付くことでしょう．この類稀なソフトを有効に使うためには，使い手のしっかりした哲学の確立が不可欠です．そのためにも，LaTeX 2_ε の知識をある程度 (少なくと本書の内容の半分くらいは) いち早く身に付けることが急務となりましょう．

... 以上，我が LaTeX 2_ε 遍歴への自戒！

32 区切り記号

用語: 区切り記号　指定拡大　自動拡大　見えない記号

命令: \bigl \Bigl \biggl \Biggl \bigr \Bigr \biggr \Biggr \left \left. \big \Big
\bigg \Bigg \bigm \Bigm \biggm \Biggm \right \right. \lceil \rceil \langle
\rangle \uparrow \backslash \ulcorner …

パッケージ: amssymb

◇

32.1 区切り記号 I　(, ⌈, ⌋, ⟨, ↑, { など (数)

▫ 下表は区切り記号と呼ばれるもののリストです．すべて数式モード用です．

(	→ (	\lfloor	→ ⌊	|	→ |
)	→)	\rfloor	→ ⌋	\\|	→ ‖
[	→ [	\lceil	→ ⌈	\backslash	→ \
]	→]	\rceil	→ ⌉		
\\{	→ {	\langle	→ ⟨		
\\}	→ }	\rangle	→ ⟩		
\uparrow	→ ↑	\Uparrow	→ ⇑	\Updownarrow	→ ⇕
\downarrow	→ ↓	\Downarrow	→ ⇓	\updownarrow	→ ↕
\rmoustache	→ ⎱	\rgroup	→ ⎟	\arrowvert	→ |
\lmoustache	→ ⎰	\lgroup	→ ⎜	\Arrowvert	→ ‖
\bracevert	→ ·				

32.2 区切り記号 II　「, ⌐, ⌊, ⌋ など (数)

▫ amssymb パッケージを登録すると [→p.32(10)]，下表の区切り記号が使用可となります．

\ulcorner	→ ⌜	\urcorner	→ ⌝	\llcorner	→ ⌞	\lrcorner	→ ⌟

32.3 区切り記号の拡大命令

▫ LaTeX 2ε には区切り記号を拡大する 3 通りの命令があります．
  □ **指定拡大命令 I** ： 単独で使用する 1 つの区切り記号を，その大きさを指定して拡大する命令．
  □ **指定拡大命令 II** ： 対となる 2 つの区切り記号を，その両者の大きさを指定して拡大する命令．
  □ **自動拡大命令** ： 対となる 2 つの区切り記号を，それで挟む文字や記号に見合う大きさに自動的に拡大する命令．これは必ず対として宣言しなければなりません．

32.4 指定拡大命令 I（単独の区切り記号）

▫ 単独で使用する 1 つの区切り記号を，あらかじめ決められた 4 通りの大きさの 1 つに指定して拡大する命令を「指定拡大命令 I」と言うことにします．それには次の 8 種類があります．

32.5 指定拡大命令 II（左右対の区切り記号）

《命令》 \big \Big \bigg \Bigg
        \bigm \Bigm \biggm \Biggm

上の4つは単なる指定拡大命令，下の4つは，拡大と同時にその区切り記号とそれを挟む両側の文字との間にわずかな空白を空ける指定拡大命令です．

▣ 下に，区切り記号の1つである | に対する例を示します．他の区切り記号についても同様です．

□ \big, \Big, \bigg, \Bigg による指定拡大 I

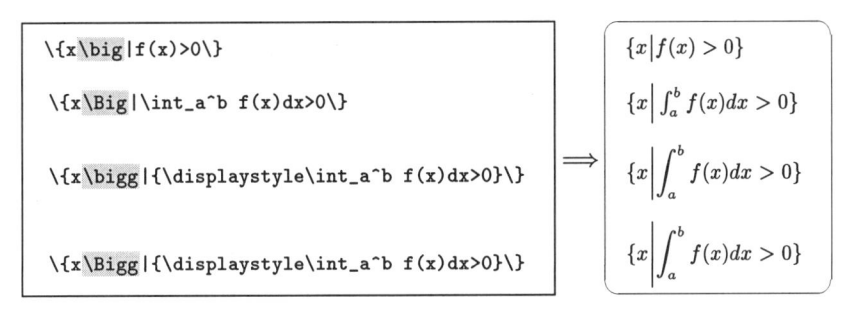

```
\{x\big|f(x)>0\}

\{x\Big|\int_a^b f(x)dx>0\}

\{x\bigg|{\displaystyle\int_a^b f(x)dx>0}\}

\{x\Bigg|{\displaystyle\int_a^b f(x)dx>0}\}
```
$\Longrightarrow$
$\{x \mid f(x) > 0\}$

$\{x \mid \int_a^b f(x)dx > 0\}$

$\{x \mid \int_a^b f(x)dx > 0\}$

$\{x \mid \int_a^b f(x)dx > 0\}$

□ \bigm, \Bigm, \biggm, \Biggm による指定拡大 I

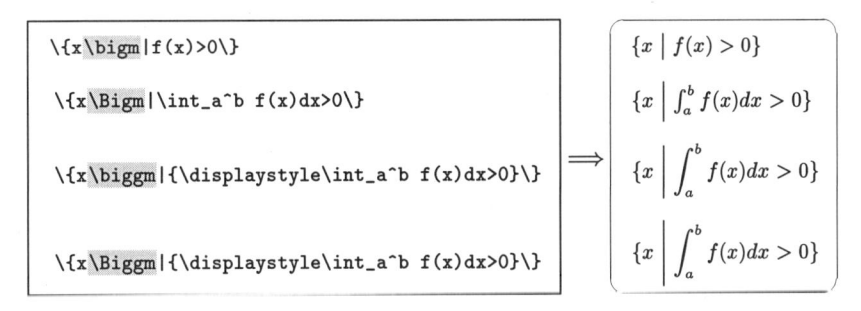

```
\{x\bigm|f(x)>0\}

\{x\Bigm|\int_a^b f(x)dx>0\}

\{x\biggm|{\displaystyle\int_a^b f(x)dx>0}\}

\{x\Biggm|{\displaystyle\int_a^b f(x)dx>0}\}
```
$\Longrightarrow$
$\{x \mid f(x) > 0\}$

$\{x \mid \int_a^b f(x)dx > 0\}$

$\{x \mid \int_a^b f(x)dx > 0\}$

$\{x \mid \int_a^b f(x)dx > 0\}$

32.5 指定拡大命令 II（左右対の区切り記号）

▣ 左右対の区切り記号を，その大きさを指定して拡大する次の命令があります．これを「指定拡大命令 II」と言うことにします．

《命令》 \bigl \Bigl \biggl \Biggl ： 左の区切り記号の拡大
        \bigr \Bigr \biggr \Biggr ： 右の区切り記号の拡大

▣ 左右対の括弧 { と } および左右対のブラケット [と] を例に，指定拡大命令 II の例を下に示します．他の区切り記号についても同様です．

```
( \bigl( \Bigl( \biggl( \Biggl( → (((((  )))))  ← \Biggr) \biggr) \Bigr) \bigr) )

[ \bigl[ \Bigl[ \biggl[ \Biggl[ → [[[[[  ]]]]]  ← \Biggr] \biggr] \Bigr] \bigr] ]
```

▣ 指定拡大命令 II によって区切り記号を拡大した場合を，拡大しない標準の場合と比較した例を下に示します．この場合，どの大きさに拡大すべきかは一度出力してみる必要があります．

標準　　　　：　`||x|+|y|+|z||`	$\|\|x\|+\|y\|+\|z\|\|$
指定拡大 II：　`\bigl||x|+|y|+|z|\bigr|`	$\bigl\|\|x\|+\|y\|+\|z\|\bigr\|$

標準　　　　：　`(f(x)+x)`	$(f(x)+x)$
指定拡大 II：　`\bigl(f(x)+x\bigr)`	$\bigl(f(x)+x\bigr)$

標準　　　　：　`(\int_a^b ydy+x)`	$(\int_a^b ydy+x)$
指定拡大 II：　`\Bigl(\int_a^b ydy+x\Bigr)`	$\Bigl(\int_a^b ydy+x\Bigr)$

標準　　　　：　`{\displaystyle(\int_a^b ydy+x)}`	$(\displaystyle\int_a^b ydy+x)$
指定拡大 II：　`{\displaystyle\Bigl(\int_a^b ydy+x\Bigr)}`	$\Bigl(\displaystyle\int_a^b ydy+x\Bigr)$

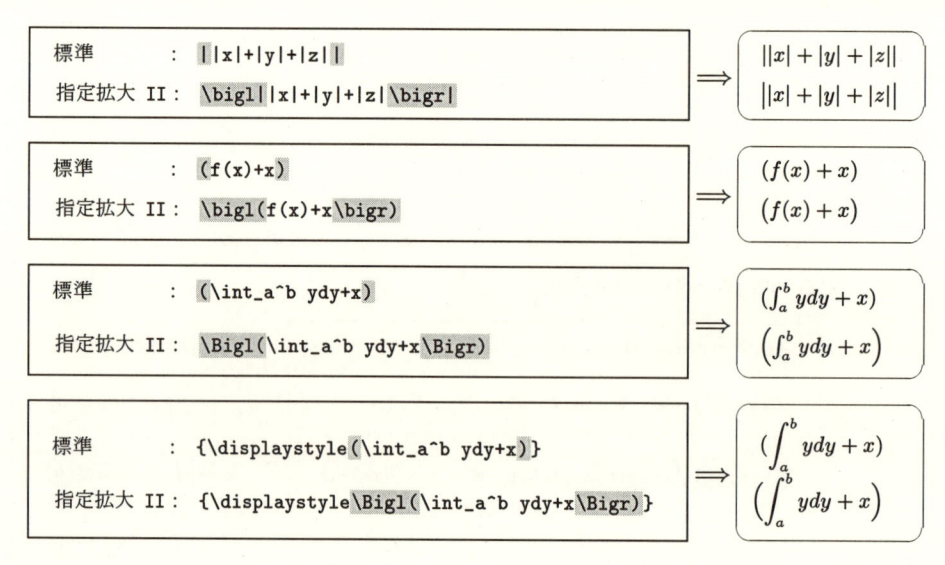

▨ 指定拡大命令 II では
　□ 左右対の区切り記号は必ずしも対になっている必要はありません．単独でも使用できます．
　□ 左の拡大命令を右の区切り記号に適用することも可．逆も可．
　□ 右の拡大命令を先に宣言し，その後で左の拡大命令を宣言することも可．

32.6　自動拡大命令（左右対の区切り記号）

▨ 指定拡大命令 II では，それで囲む式を一度出力し，その納まり具合を見てからどの大きさに指定するかを最終的に決めることになり，少々不便です．これに対し，それで囲む式のサイズに見合った然るべき大きさの記号を自動的に決める次の命令があります．これを「自動拡大命令」と言うことにします．

《命令》　　`\left`　　　`\right`

▨ この命令は区切り記号のすべてに対して有効です．

▨ 下に 2 つの例を示します．

`\left(\int_a^b ydy+x\right)`	$\left(\int_a^b ydy+x\right)$
`\left({\displaystyle\int_a^b ydy}+x\right)`	$\left(\displaystyle\int_a^b ydy+x\right)$

▨ 下に示す自動拡大の例には少し問題があります．

`\left(x+f(x)\right)`	$(x+f(x))$
`\left||x|+|y|+|z|\right|`	$\|\|x\|+\|y\|+\|z\|\|$

この例では，自動拡大されるべき左右の一番外側の区切り記号は拡大されず，そのため見にくい数式になっています．理由は，自動拡大は，その記号と接するものに合わせてその記号を自動的に拡大するため，この例ではたまたま接する記号が小さく，それに合わされてしまっただけのことです．これは LaTeX 2ε の自動拡大の限界です．このような場合には，次のように指定拡大命令 II で拡大すべきです．

32.6 自動拡大命令（左右対の区切り記号）

```
\bigl(x+f(x)\bigr)
\bigl|x|+|y|+|z|\bigr|
```
$\implies$ $(x+f(x))$
$||x|+|y|+|z||$

▨ この自動拡大の命令は `\left` と `\right` が <u>必ず対</u>になっていなければなりません．また左右の記号は必ずしも同種のものである必要はありません．

```
\left({\displaystyle\int_a^b ydy}+x\right\}

\left|{\displaystyle\int_a^b ydy}+x\right\Updownarrow
```
$\implies$ $\left(\displaystyle\int_a^b ydy + x\right\}$
$\left\|\displaystyle\int_a^b ydy + x\right\Updownarrow$

▨ 次の2つの例における

《命令》 `\left.` `\right.`

は，それぞれ左と右に区切り記号を書かない場合に使います．これを「見えない記号」と言います．

```
\left({\displaystyle\int_a^b ydy}+x\right.

\left.{\displaystyle\int_a^b ydy}+x\right)
```
$\implies$ $\left(\displaystyle\int_a^b ydy + x\right.$
$\left.\displaystyle\int_a^b ydy + x\right)$

コラムＰ：マニュアル執筆の要諦 1（適切な入・出力例）

あるシステムのあらゆることを完全に記述するとなれば，それは優に二三百ページを越す文書となるでしょう．これは専門家向けの技術情報とはなっても，そのシステムの一般ユーザにとってはほとんど用はなさないでしょう．そこで，この技術情報を一般ユーザ向けに書き改めたマニュアル書が必要となります．ところが，マニュアルは簡明であることを旨とするため，ことの理屈を抜きに記述せざるを得なくなり，その当然の帰結として「未定義用語を以って未定義用語を説明する」という論理的に矛盾したことになってしまいます．これがマニュアルの宿命であり，マニュアルを読みにくくしている根本的な理由のひとつとなっています．

ところが幸いなことに，人間の思考プロセスは非ノイマン型の並列処理能力を有しており，理屈はともかくそのシステムを実際に動かしてみると，未定義用語で説明された未定義用語の意味とそこで説明されている事柄の意味をある程度「感じ取る」ことができます．仏教におけるそれと対比するには些か大仰ではあるが，これもある意味ではひとつの「悟り」のようなものと言えます．このように，実際に手を動かし自ら確かめ，前頭葉ではなく脳幹で感じ取ること，技術の習得とはなべて斯くあるものと思います．

「そのシステムを実際に動かしてみる」．これは，こと LaTeX に関しては「それぞれの命令（コマンド）に対する入・出力例を自ら確かめてみる」ことです．筆者が LaTeX を勉強しはじめた頃，最初に手にした Lamport の書 [8] はほとんど理解不能でしたが，そこに記述されている命令を実際に手入力し，それをその出力を見比べてはじめて記述されていた未定義用語の意味が漠然とではあるが分かりました．そして，これをすべての命令に対してやってみてはじめて LaTeX とは何たるかが理解できました．すべての命令に対して筆者が実際に行った入・出力例を辞書的に並べ替えたものが，実は「旧 LaTeX 文典」の素となったのです．このように，マニュアルにとって「適切な事例（入・出力例）」は必要不可欠の要諦と言えます．

33 Sum型記号

用語: Sum型記号　多重添字　積分記号
命令: \sum　\prod　\int … \limits　\nolimits　\displaylimits　\substack　subarray環境
パッケージ: amsmath

◇

33.1 Sum型記号

▣ $\sum$, $\int$, $\bigcup$ などはSum型記号と呼ばれます（Sum型記号という用語は，説明の都合上，本書で定義したものです．通常のLaTeX 2_ε の書物ではこれを「可変サイズの記号」とか「大型演算子」と呼びます）．

▣ これらの記号の全リストを下に示します．

\sum	→ $\sum$	\int	→ $\int$	\oint	→ $\oint$	\prod	→ $\prod$
\coprod	→ $\coprod$	\bigcap	→ $\bigcap$	\bigcup	→ $\bigcup$	\bigsqcup	→ $\bigsqcup$
\bigvee	→ $\bigvee$	\bigwedge	→ $\bigwedge$	\bigodot	→ $\bigodot$	\bigotimes	→ $\bigotimes$
\bigoplus	→ $\bigoplus$	\biguplus	→ $\biguplus$				

33.2 T-スタイルとD-スタイルによる添字の位置の違い

▣ Sum型記号における添字は，T-スタイルとD-スタイル [→p.129 (42.5)] とでその出力形式は異なります．

Sum型記号		T	D	Sum型記号		T	D
\sum_{n=a}^b	→	$\sum_{n=a}^{b}$	$\sum_{n=a}^{b}$	\bigsqcup_{n=a}^b	→	$\bigsqcup_{n=a}^{b}$	$\bigsqcup_{n=a}^{b}$
\int_a^b	→	$\int_a^b$	$\int_a^b$	\bigvee_{n=a}^b	→	$\bigvee_{n=a}^{b}$	$\bigvee_{n=a}^{b}$
\oint_a^b	→	$\oint_a^b$	$\oint_a^b$	\bigwedge_{n=a}^b	→	$\bigwedge_{n=a}^{b}$	$\bigwedge_{n=a}^{b}$
\prod_{n=a}^b	→	$\prod_{n=a}^{b}$	$\prod_{n=a}^{b}$	\bigodot_{n=a}^b	→	$\bigodot_{n=a}^{b}$	$\bigodot_{n=a}^{b}$
\coprod_{n=a}^b	→	$\coprod_{n=a}^{b}$	$\coprod_{n=a}^{b}$	\bigotimes_{n=a}^b	→	$\bigotimes_{n=a}^{b}$	$\bigotimes_{n=a}^{b}$
\bigcap_{n=a}^b	→	$\bigcap_{n=a}^{b}$	$\bigcap_{n=a}^{b}$	\bigoplus_{n=a}^b	→	$\bigoplus_{n=a}^{b}$	$\bigoplus_{n=a}^{b}$
\bigcup_{n=a}^b	→	$\bigcup_{n=a}^{b}$	$\bigcup_{n=a}^{b}$	\biguplus_{n=a}^b	→	$\biguplus_{n=a}^{b}$	$\biguplus_{n=a}^{b}$

33.3 添字の位置の指定

■ Sum 型記号に対し，命令

《命令》　\limits（上下付き）　　\nolimits（脇付き）

を併用すると，下の例のように出力させることができます．

- \limits　　→ T・D の何れのスタイルにおいても添字が記号の上下に来ます．
- \nolimits　→ T・D の何れのスタイルにおいても添字が記号の上下の右脇に来ます．

\limits （上下付き）	T	D	\nolimits（脇付き）	T	D
\sum\limits_{n=a}^b	$\sum_{n=a}^{b}$	$\sum_{n=a}^{b}$	\sum\nolimits_{n=a}^b	$\sum\nolimits_{n=a}^{b}$	$\sum\nolimits_{n=a}^{b}$
\int\limits_a^b	$\int_a^b$	$\int_a^b$	\int\nolimits_a^b	$\int\nolimits_a^b$	$\int\nolimits_a^b$
\oint\limits_a^b	$\oint_a^b$	$\oint_a^b$	\oint\nolimits_a^b	$\oint\nolimits_a^b$	$\oint\nolimits_a^b$
\prod\limits_{n=a}^b	$\prod_{n=a}^{b}$	$\prod_{n=a}^{b}$	\prod\nolimits_{n=a}^b	$\prod\nolimits_{n=a}^{b}$	$\prod\nolimits_{n=a}^{b}$
\coprod\limits_{n=a}^b	$\coprod_{n=a}^{b}$	$\coprod_{n=a}^{b}$	\coprod\nolimits_{n=a}^b	$\coprod\nolimits_{n=a}^{b}$	$\coprod\nolimits_{n=a}^{b}$
\bigcap\limits_{n=a}^b	$\bigcap_{n=a}^{b}$	$\bigcap_{n=a}^{b}$	\bigcap\nolimits_{n=a}^b	$\bigcap\nolimits_{n=a}^{b}$	$\bigcap\nolimits_{n=a}^{b}$
\bigcup\limits_{n=a}^b	$\bigcup_{n=a}^{b}$	$\bigcup_{n=a}^{b}$	\bigcup\nolimits_{n=a}^b	$\bigcup\nolimits_{n=a}^{b}$	$\bigcup\nolimits_{n=a}^{b}$
\bigsqcup\limits_{n=a}^b	$\bigsqcup_{n=a}^{b}$	$\bigsqcup_{n=a}^{b}$	\bigsqcup\nolimits_{n=a}^b	$\bigsqcup\nolimits_{n=a}^{b}$	$\bigsqcup\nolimits_{n=a}^{b}$
\bigvee\limits_{n=a}^b	$\bigvee_{n=a}^{b}$	$\bigvee_{n=a}^{b}$	\bigvee\nolimits_{n=a}^b	$\bigvee\nolimits_{n=a}^{b}$	$\bigvee\nolimits_{n=a}^{b}$
\bigwedge\limits_{n=a}^b	$\bigwedge_{n=a}^{b}$	$\bigwedge_{n=a}^{b}$	\bigwedge\nolimits_{n=a}^b	$\bigwedge\nolimits_{n=a}^{b}$	$\bigwedge\nolimits_{n=a}^{b}$
\bigodot\limits_{n=a}^b	$\bigodot_{n=a}^{b}$	$\bigodot_{n=a}^{b}$	\bigodot\nolimits_{n=a}^b	$\bigodot\nolimits_{n=a}^{b}$	$\bigodot\nolimits_{n=a}^{b}$
\bigotimes\limits_{n=a}^b	$\bigotimes_{n=a}^{b}$	$\bigotimes_{n=a}^{b}$	\bigotimes\nolimits_{n=a}^b	$\bigotimes\nolimits_{n=a}^{b}$	$\bigotimes\nolimits_{n=a}^{b}$
\bigoplus\limits_{n=a}^b	$\bigoplus_{n=a}^{b}$	$\bigoplus_{n=a}^{b}$	\bigoplus\nolimits_{n=a}^b	$\bigoplus\nolimits_{n=a}^{b}$	$\bigoplus\nolimits_{n=a}^{b}$
\biguplus\limits_{n=a}^b	$\biguplus_{n=a}^{b}$	$\biguplus_{n=a}^{b}$	\biguplus\nolimits_{n=a}^b	$\biguplus\nolimits_{n=a}^{b}$	$\biguplus\nolimits_{n=a}^{b}$

■ D–スタイルでは上下付きになり，T–スタイルでは脇付きとなる命令に次のものがあります．

《命令》　\displaylimits

$\sum\displaylimits_a^b $　　　　　（T-スタイル）

$\displaystyle\sum\displaylimits_a^b $　　（D-スタイル）

$\Rightarrow$　$\sum_a^b$　$\displaystyle\sum_a^b$

33.4 多重添字

▨ amsmath パッケージを登録すると [→p.32 (10)]，次の命令によって多重添字を書くことができます．なお，この命令では多重添字は中寄せとなります．

《命令》　\substack{ }

```
\sum_{\substack{i=0 \\
                j=0,1}}

\sum_{\substack{i=0  \\
                j=0,1 \\
                k=0,1,2 }}
```
$\Longrightarrow$
$$\sum_{\substack{i=0 \\ j=0,1}}$$
$$\sum_{\substack{i=0 \\ j=0,1 \\ k=0,1,2}}$$

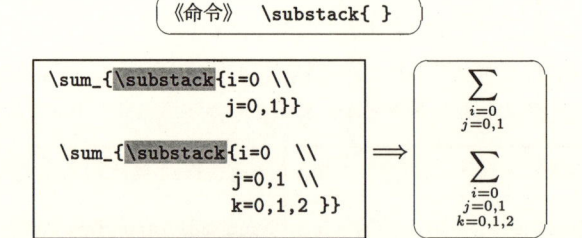

▨ 次の環境を使うと多重添字を左寄せにすることができます．

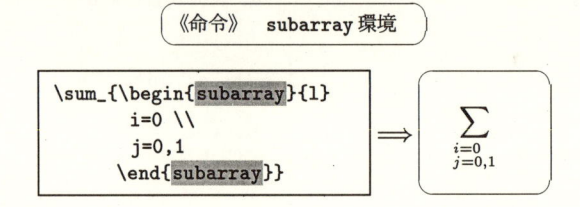

《命令》　subarray 環境

```
\sum_{\begin{subarray}{l}
       i=0 \\
       j=0,1
      \end{subarray}}
```
$\Longrightarrow$
$$\sum_{\begin{subarray}{l}i=0\\j=0,1\end{subarray}}$$

33.5 多重積分記号

▨ amsmath パッケージを登録すると [→p.32 (10)]，多重積分用の次の命令が使用できます [→p.175 (57.5)]．

```
\int  \iint  \iiint  \iiiint  \idotsint
```
$\Longrightarrow$ $\int \quad \iint \quad \iiint \quad \iiiint \quad \int \cdots \int$

▨ 下に用例を示します．

```
\iint\limits_A f(x,y)dxdy

\idotsint\limits_A f(x,y,\cdots,z)dxdy\cdots dz
```
$\Longrightarrow$
$$\iint_A f(x,y)dxdy$$
$$\int_A \cdots \int f(x,y,\cdots,z)dxdy\cdots dz$$

33.6 Sum 型記号の縮小・拡大

▨ Sum 型記号には T–スタイルと D–スタイルの 2 種類しかなく，文字や記号の拡大命令 [→p.83 (24)] によってそのサイズを変えることはできません．

▨ \scalebox [→p.86 (25.1)] を使うと任意の大きさの Sum 型記号を作ることができます．

```
\scalebox{0.4}{$\sum$}
\scalebox{0.8}{$\sum$}
\scalebox{2.0}{$\sum$}
```
$\Longrightarrow$ Σ / Σ / $\sum$

▨ 1 つの用例を示します．

```
$\scalebox{0.8}{$\sum_{n=1}^N$n=N(N+1)/2$
```
$\Longrightarrow$ $\sum_{n=1}^{N} n = N(N+1)/2$

34 Log・Lim型記号

用語： Log型記号　Lim型記号　多重添字

命令： \log \lim \max … \varlimsup \varinjlim … \DeclareMathOperator \substack
\Limsup \Liminj …（筆者のマクロ）

パッケージ： amsmath

◇

34.1 Log型記号

▨ log, lim, sin などは Log 型記号と呼ばれます．これらの記号の全リストを下に示します．

\arccos	→ arccos	\csc	→ csc	\ker	→ ker	\min	→ min
\arcsin	→ arcsin	\deg	→ deg	\lg	→ lg	\Pr	→ Pr
\arctan	→ arctan	\det	→ det	\lim	→ lim	\sec	→ sec
\arg	→ arg	\dim	→ dim	\liminf	→ lim inf	\sin	→ sin
\cos	→ cos	\exp	→ exp	\limsup	→ lim sup	\sinh	→ sinh
\cosh	→ cosh	\gcd	→ gcd	\ln	→ ln	\sup	→ sup
\cot	→ cot	\hom	→ hom	\log	→ log	\tan	→ tan
\coth	→ coth	\inf	→ inf	\max	→ max	\tanh	→ tanh

34.2 T-スタイルとD-スタイルによる添字の位置の違い

▨ 添字は，T-スタイルと D-スタイル [→p.129 (42.5)] でその出力形式は異なります．

Log型記号		T-スタイル	D-スタイル
\lim_{n \to 0}	→	$\lim_{n \to 0}$	$\displaystyle\lim_{n \to 0}$
\sup_{x \in S}	→	$\sup_{x \in S}$	$\displaystyle\sup_{x \in S}$
\max_{n \in S}	→	$\max_{n \in S}$	$\displaystyle\max_{n \in S}$

34.3 Lim型記号

▨ amsmath パッケージを登録すると [→p.32 (10)]，lim 型記号に関連した次の命令が使えるようになります．

| \varlimsup → $\varlimsup$ | \varliminf → $\varliminf$ | \varinjlim → $\varinjlim$ | \varprojlim → $\varprojlim$ |

▨ この記号に対する添字は，T-スタイルであれ D-スタイルであれ，共に脇付きとなります．

$\varlimsup_n$　（T-スタイル）
$\displaystyle\varlimsup_n$　（D-スタイル）　⟹　$\varlimsup_n$
　　　　　　　　　　　　　　　　　　　　　　$\varlimsup_n$

▨ D-スタイルのときに添字を下付きにするには次のマクロ命令を使います．

《命令》　\Limsup　\Liminf　\Liminj　\Limproj　（筆者のマクロ命令）

```
\newcommand{\Limsup}[1]{\raisebox{-1.15ex}%
                      {$\stackrel{\normalsize\mbox{$\varlimsup$}}{\scriptstyle #1}$}}
\newcommand{\Liminf}[1]{\raisebox{-1.50ex}%
                      {$\stackrel{\normalsize\mbox{$\varliminf$}}{\scriptstyle #1}$}}
\newcommand{\Liminj}[1]{\raisebox{-1.98ex}%
                      {$\stackrel{\normalsize\mbox{$\varinjlim$}}{\scriptstyle #1}$}}
\newcommand{\Limproj}[1]{\raisebox{-2.00ex}%
                      {$\stackrel{\normalsize\mbox{$\varprojlim$}}{\scriptstyle #1}$}}
```

下に，このマクロ命令を使った1つの入・出力例を示しておきます．

```
$\Limsup{n}$     $\Liminf{n}$     $\Liminj{n}$     $\Limproj{n}$
```

$\Downarrow$

$$\varlimsup_n \qquad \varliminf_n \qquad \varinjlim_n \qquad \varprojlim_n$$

34.4　新 Log 型記号の定義

▨ amsmath パッケージを登録すると [→p.32(10)]，次の命令を使って ess sup のような記号も定義できます．なお，この命令の宣言はプリアンブルで行うこと [→p.5(4)]．

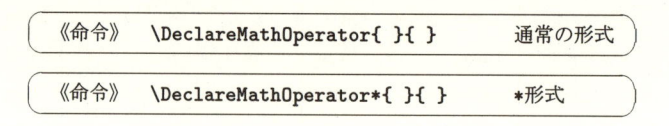

《命令》　\DeclareMathOperator{ }{ }　　　通常の形式

《命令》　\DeclareMathOperator*{ }{ }　　*形式

たとえば

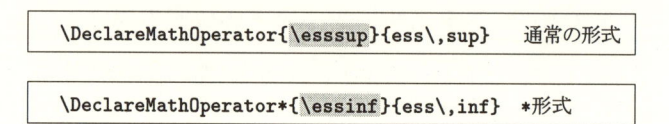

```
\DeclareMathOperator{\esssup}{ess\,sup}     通常の形式
```

```
\DeclareMathOperator*{\essinf}{ess\,inf}    *形式
```

と宣言します．この命令を使った T–スタイルと D–スタイルの入・出力例を下に示します．

● 通常の形式による場合

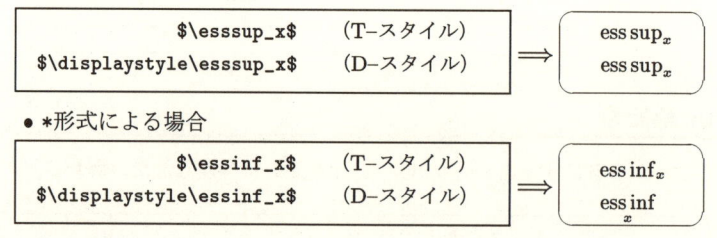

| $\esssup_x$ | (T–スタイル) |
| $\displaystyle\esssup_x$ | (D–スタイル) |

$\Longrightarrow$　$\operatorname{ess\,sup}_x$
　　　　　$\displaystyle\operatorname{ess\,sup}_x$

● *形式による場合

| $\essinf_x$ | (T–スタイル) |
| $\displaystyle\essinf_x$ | (D–スタイル) |

$\Longrightarrow$　$\operatorname{ess\,inf}_x$
　　　　　$\operatorname*{ess\,inf}_x$

上の例から次のことがわかります．

☐ T–スタイルの添字は，通常の形式であれ *形式であれ脇付きとなる．

☐ D–スタイルの添字は，通常の形式のときは脇付き，* 形式のときは下付きとなる．

34.5 多重添字

■ amsmath パッケージを登録すると [→p.32 (10)]，次の命令によって多重添字を書くことができます (その用法は 33.4 節 (p.110) と同じです).

《命令》 substack{ }

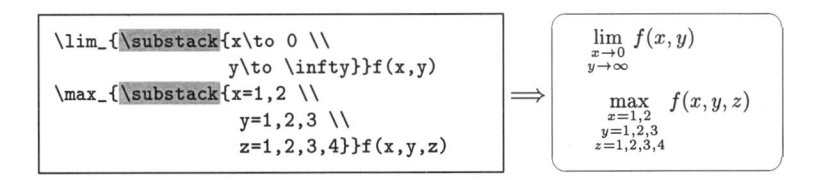

```
\lim_{\substack{x\to 0 \\
                y\to \infty}}f(x,y)
\max_{\substack{x=1,2 \\
                y=1,2,3 \\
                z=1,2,3,4}}f(x,y,z)
```
$\Longrightarrow$
$$\lim_{\substack{x\to 0 \\ y\to \infty}} f(x,y)$$
$$\max_{\substack{x=1,2 \\ y=1,2,3 \\ z=1,2,3,4}} f(x,y,z)$$

■ 上の命令の場合，添字は中寄せとなります．次の環境を使うと多重添字を左寄せにすることができます (その用法は 33.4 節 (p.110) と同じです).

《命令》 subarray 環境

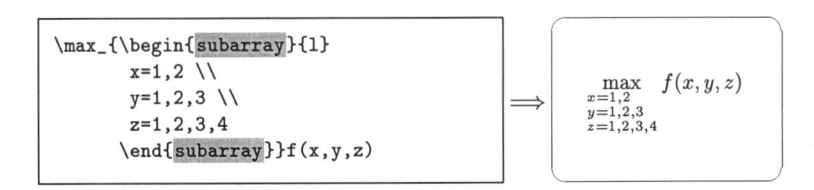

```
\max_{\begin{subarray}{l}
      x=1,2 \\
      y=1,2,3 \\
      z=1,2,3,4
      \end{subarray}}f(x,y,z)
```
$\Longrightarrow$
$$\max_{\begin{subarray}{l}x=1,2\\y=1,2,3\\z=1,2,3,4\end{subarray}} f(x,y,z)$$

コラム A : $\LaTeX 2_\varepsilon$ に関する情報の所在

$\LaTeX 2_\varepsilon$ に関連する様々な情報はインターネットを通して色々なところから入手することができます．このことに関しては文献 [18](p.203-206), [19](p.340-342), [4] (p.572-578), [23](p.542-543) などに詳しく述べられています．特に

CTAN : Comprehensive TeX Archive Network

と呼ばれる次の Archives (原義：公文書保管所) には，TeX および $\LaTeX 2_\varepsilon$ に関する情報が包括的に収録されています．是非一度開いてみることをお薦めします．

```
        1：イギリス      ftp://ftp.tex.ac.uk/tex-archive
        2：ドイツ        ftp://ftp.dante.de/tex-archive
        3：会津大学      ftp://ftp.u-aizu.ac.jp/pub/tex/CTAN
        4：大阪大学      ftp://ftp.center.osaka-u.ac.jp/CTAN
        5：理化学研究所  ftp://ftp.riken.go.jp/pub/tex-archive
```

35 Mod関数

用語：Mod 関数
命令：\mod \bmod \pmod \pod
パッケージ：amsmath

◇

35.1 Mod関数

▨ Mod 関数は次の命令によって出力させることができます．

《命令》 \mod \pmod{ } \bmod

\mod a $\Longrightarrow$ $\mod a$

\pmod{a} $\Longrightarrow$ $\pmod{a}$

\bmod a $\Longrightarrow$ $\bmod a$

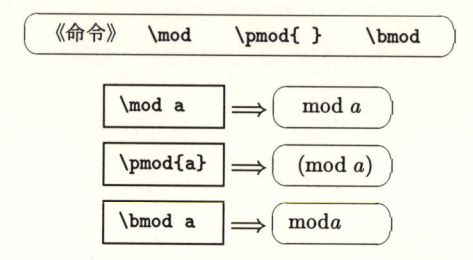

▨ \pmod は括弧を出力させます．\bmod は mod という記号を出力させるだけのもので，上の例に見られるように，その後に続く文字はこの記号にくっついてしまいます．そこに空白を置くには空白命令 (たとえば ~) を置かなければなりません．たとえば

\bmod~a $\Longrightarrow$ $\bmod\ a$

\mod 命令ではそのような空白を置かなくても自動的に空白が置かれます．

▨ amsmath パッケージを登録すると [→p.32 (10)]，次の命令が使えます (さらにこの場合，\mod 命令は { } 付きでも使えるようになります)．

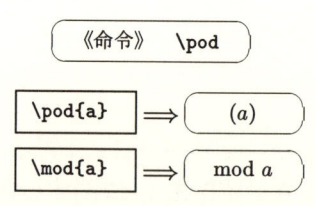

《命令》 \pod

\pod{a} $\Longrightarrow$ (a)

\mod{a} $\Longrightarrow$ $\mod a$

36 ドットとダッシュ

用語：ドット　ダッシュ　バー

命令：`\cdot` `\cdots` `\vdots` `\ddots` `\ldots` `\dotsc` `\dotsb` `\dotsm` `\dotsi` `\dotfill`
　　　　`\hrulefill` - -- ---

パッケージ：amsmath

◇

36.1 ドット I

▫ ドットを出力する命令には下の 5 通りがあります．

数式モード								数式・文書モード	
`\cdot`	→	·	`\cdots`	→	⋯	`\vdots`	→	⋮	`\ddots`	→	⋱	`\ldots`	→	...

▫ `\ldots` によるドット「...」は `\cdots` によるドット「⋯」より幾分下に出力されます．

▫ 下にこれらの命令を使った例を示します (array 環境については 70 節 (p.212) を参照して下さい)．

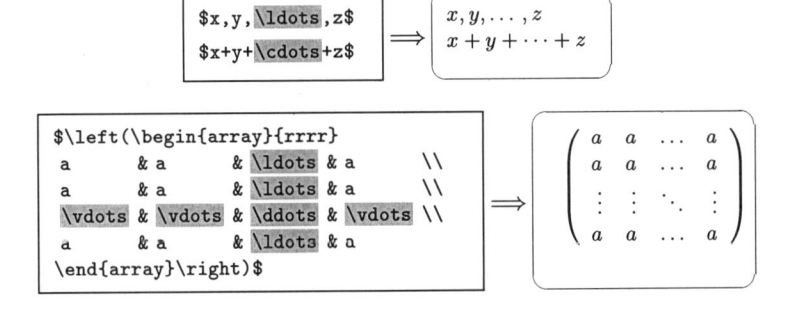

```
$x,y,\ldots,z$
$x+y+\cdots+z$
```
$\Longrightarrow$
$x, y, \ldots, z$
$x + y + \cdots + z$

```
$\left(\begin{array}{rrrr}
a    & a    & \ldots & a      \\
a    & a    & \ldots & a      \\
\vdots & \vdots & \ddots & \vdots \\
a    & a    & \ldots & a
\end{array}\right)$
```
$\Longrightarrow$
$\begin{pmatrix} a & a & \ldots & a \\ a & a & \ldots & a \\ \vdots & \vdots & \ddots & \vdots \\ a & a & \ldots & a \end{pmatrix}$

36.2 ドット II

▫ amsmath パッケージを登録すると [→p.32 (10)]，ドットを出力する次の命令【→[4] p.266-267】が使えます．これらは LaTeX 2ε 標準装備の `\ldots` や `\cdots` と同じものですが，それぞれの用途に応じたネーミングになっていて使い勝手がよく，筆者は多用しています．

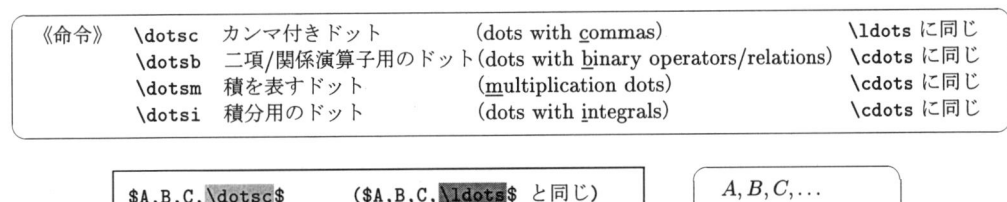

《命令》				
`\dotsc`	カンマ付きドット	(dots with commas)	`\ldots` に同じ
`\dotsb`	二項/関係演算子用のドット	(dots with binary operators/relations)	`\cdots` に同じ
`\dotsm`	積を表すドット	(multiplication dots)	`\cdots` に同じ
`\dotsi`	積分用のドット	(dots with integrals)	`\cdots` に同じ

```
$A,B,C,\dotsc$        ($A,B,C,\ldots$ と同じ)
$A+B+C+\dotsb$        ($A+B+C+\cdots$ と同じ)
$ABC\dotsm$           ($ABC\cdots$ と同じ)
$\int\int \dotsi$     ($\int\int \cdots$ と同じ)
```
$\Longrightarrow$
$A, B, C, \ldots$
$A + B + C + \cdots$
$ABC \cdots$
$\int\int \cdots$

36.3　ダッシュ

▨ 英文でよく使われるダッシュ記号には以下に示す3通りがあります．これらは文書モード内で使用するものです．

□ **単語間の区切り**（- → -）　複数の単語から成る合成語において，単語間に置くダッシュ記号．

```
well-known
5- to 7-day trips
```
⇒
```
well-known
5- to 7-day trips
```

□ **数字の範囲**（-- → –）　数字の範囲を表すときなどに使用するダッシュ記号．

```
1900--1920
paragraphs 5--9
```
⇒
```
1900–1920
paragraphs 5–9
```

□ **文の区切り**（--- → —）　文の途中の突然の変化を示すときなどに使われるダッシュ記号．この記号の用途についてのより詳しい解説は英文法書を参照して下さい．

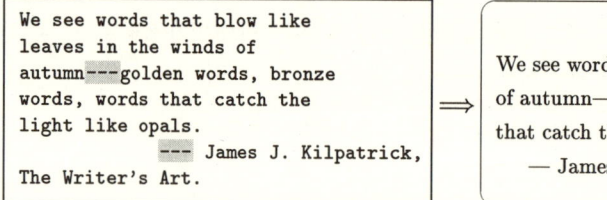

```
We see words that blow like
leaves in the winds of
autumn---golden words, bronze
words, words that catch the
light like opals.
            --- James J. Kilpatrick,
The Writer's Art.
```
⇒
We see words that blow like leaves in the winds of autumn—golden words, bronze words, words that catch the light like opals.
— James J. Kilpatrick, The Writer's Art.

36.4　長く伸びるドットとバー

▨ 必要なだけいくらでも長く伸びるドットとバーを出力する命令に次の命令があります (これに関連するものとして \hfill があります [→p.174 (57.3)])．

《命令》　\dotfill　　\hrulefill

▨ \dotfill：　これは右マージンまでドットを打ち出す命令で，文書・数式の両モードで使用できます．段落数式 [→p.127 (42)] の中では使用できません．

```
a \dotfill b
a \dotfill b \dotfill c
a \dotfill b \dotfill c \dotfill d
```
⇒
```
a ................................ b
a .................. b .................. c
a ........... b ........... c ........... d
```

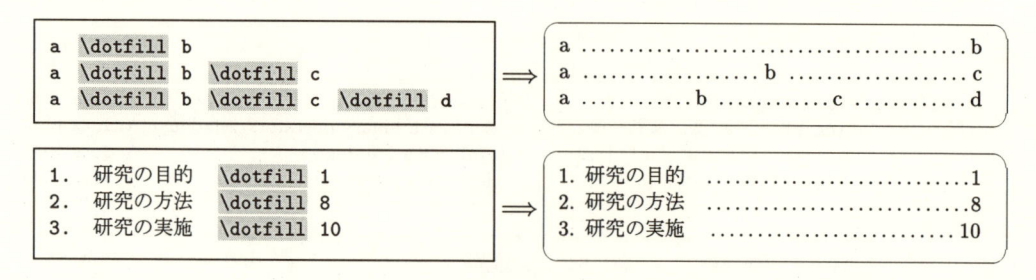

```
1.  研究の目的    \dotfill 1
2.  研究の方法    \dotfill 8
3.  研究の実施    \dotfill 10
```
⇒
```
1.  研究の目的  ................. 1
2.  研究の方法  ................. 8
3.  研究の実施  ................ 10
```

▨ \hrulefill：　これはドットが直線になるということ以外は \dotfill 命令と同じものです．

▨ 上の2つの命令を使うときは，その先頭に必ず文字，記号あるいは \␣ による空白 [→p.178 (59.2)] がなければなりません．数式モードで使用するときは先頭に何もなくても構いません．

37 アクセント記号とプライム記号

用語：アクセント記号　アクセント記号の二重化と平準化　幅の広いハットとチルド　プライム記号

命令：`\'` `\=` `\H` ... `\vec` `\acute` `\grave` ... `\Vec` `\Acute` `\Grave` ... `\imath` `\jmath` `\prime` `\mathstrut` `\widehat` `\widetilde` `\wide` `\tilde`

パッケージ：amsmath　amsxtra

◇

37.1 アクセント記号

▨ 下の表は，文字の頭に付けるアクセント記号のリストです．

文書モード			数式モード						
			`\vec{a}`	→	$\vec{a}$	`\vec{\imath}`	→	$\vec{\imath}$	`\vec{\jmath}` → $\vec{\jmath}$
`\'{a}`	→	á	`\acute{a}`	→	$\acute{a}$	`\acute{\imath}`	→	$\acute{\imath}$	`\acute{\jmath}` → $\acute{\jmath}$
`\`{a}`	→	à	`\grave{a}`	→	$\grave{a}$	`\grave{\imath}`	→	$\grave{\imath}$	`\grave{\jmath}` → $\grave{\jmath}$
`\^{a}`	→	â	`\hat{a}`	→	$\hat{a}$	`\hat{\imath}`	→	$\hat{\imath}$	`\hat{\jmath}` → $\hat{\jmath}$
`\={a}`	→	ā	`\bar{a}`	→	$\bar{a}$	`\bar{\imath}`	→	$\bar{\imath}$	`\bar{\jmath}` → $\bar{\jmath}$
`\u{a}`	→	ă	`\breve{a}`	→	$\breve{a}$	`\breve{\imath}`	→	$\breve{\imath}$	`\breve{\jmath}` → $\breve{\jmath}$
`\v{a}`	→	ǎ	`\check{a}`	→	$\check{a}$	`\check{\imath}`	→	$\check{\imath}$	`\check{\jmath}` → $\check{\jmath}$
`\~{a}`	→	ã	`\tilde{a}`	→	$\tilde{a}$	`\tilde{\imath}`	→	$\tilde{\imath}$	`\tilde{\jmath}` → $\tilde{\jmath}$
`\.{a}`	→	ȧ	`\dot{a}`	→	$\dot{a}$	`\dot{\imath}`	→	$\dot{\imath}$	`\dot{\jmath}` → $\dot{\jmath}$
`\"{a}`	→	ä	`\ddot{a}`	→	$\ddot{a}$	`\ddot{\imath}`	→	$\ddot{\imath}$	`\ddot{\jmath}` → $\ddot{\jmath}$
`\H{a}`	→	ő	`\dddot{a}`	→	$\dddot{a}$	`\dddot{\imath}`	→	$\dddot{\imath}$	`\dddot{\jmath}` → $\dddot{\jmath}$
`\b{a}`	→	a̱	`\ddddot{a}`	→	$\ddddot{a}$	`\ddddot{\imath}`	→	$\ddddot{\imath}$	`\ddddot{\jmath}` → $\ddddot{\jmath}$
`\d{a}`	→	ạ							
`\c{a}`	→	a̧							
`\t{az}`	→	a͡z							

網掛けの命令を使うには amsmath パッケージを登録 [→p.32 (10)] しなければなりません．

▨ 1 列目のアクセント記号 (文書モード) の応用例を下に示します．

- 表中ではローマン体の英文字「a」にアクセント記号を付けたものを例として示してあります．これらのアクセント記号は，英大文字・数字・記号・ひらがな・カタカナ・漢字にも有効です．

```
\b{Z}  \.{2}  \d{=}  \H{あ}  \u{ア}  \^{本}
```
⟹　Ẕ　2̇　=̣　あ̋　ア̆　本̂

- これらのアクセント記号はどの書体 [→p.80 (23)] に対しても有効です．

```
{\bfseries\'A}    {\itshape\'A}    {\slshape\'A}
```
⟹　**Á**　*Á*　*Á*

▨ 2 列目には数式モードの文字「a」にアクセント記号を付けたものを例として示してあります．これらのアクセント記号は数式モードの中で使用できるすべての英字・数字・記号に対しても有効です．

```
$\hat{D}  \breve{Z}  \acute{2}  \vec{\Uparrow}$
$\hat{\Gamma}  \check{\cal A}  \vec{\mbox{\boldmath $\alpha$}}$
```
⟹　$\hat{D}$　$\breve{Z}$　$\acute{2}$　$\vec{\Uparrow}$
　　$\hat{\Gamma}$　$\check{\mathcal{A}}$　$\vec{\boldsymbol{\alpha}}$

- 3列目および4列目のアクセント記号は，数式モードの文字「i」と「j」において，頭の ˙ を取り除き，そこにそれに替えて付けるアクセント記号です．
- これらのアクセント記号はすべての文字サイズ [→p.83 (24)] に対しても有効です．下に，\Huge サイズに拡大した文字に アクセント「´」を付けた例を示します．

$$\{\text{\textbackslash Huge}\$\text{\textbackslash acute}\{a\}\$\} \Longrightarrow \acute{a}$$

37.2 二重アクセント

- これまでに述べてきたアクセント命令による二重アクセントは，次の例のようにズレてしまいます．

$$\text{\textbackslash bar}\{\text{\textbackslash bar}\{X\}\} \qquad \text{\textbackslash acute}\{\text{\textbackslash acute}\{X\}\} \qquad \text{\textbackslash grave}\{\text{\textbackslash grave}\{X\}\} \Longrightarrow \bar{\bar{X}} \quad \acute{\acute{X}} \quad \grave{\grave{X}}$$

- amsmath パッケージを登録すると，このズレを補正する次のアクセント命令が使用できます．

《命令》　\Vec　\Acute　\Grave　\Hat　\Bar
　　　　　\Breve　\Check　\Tilde　\Dot　\Ddot

- 下に用例を示します．

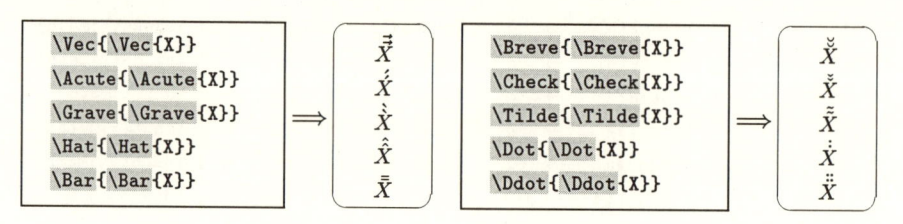

```
\Vec{\Vec{X}}              \Breve{\Breve{X}}
\Acute{\Acute{X}}    ⇒    \Check{\Check{X}}    ⇒
\Grave{\Grave{X}}          \Tilde{\Tilde{X}}
\Hat{\Hat{X}}              \Dot{\Dot{X}}
\Bar{\Bar{X}}              \Ddot{\Ddot{X}}
```

- これらのアクセント命令は，$\check{\bar{X}}$ や $\check{\breve{X}}$ のように，互いに組み合わせかつ幾重にも使うことができます．

37.3 アクセント記号の平準化

- 下の例のように，数式中でアクセント記号の付いた文字を並べると，文字の高低に伴ってアクセント記号も不揃いになり美観が損なわれてしまいます．

$$\$\text{\textbackslash vec}\{a\}+\text{\textbackslash vec}\{f\}+\text{\textbackslash vec}\{c\}\$ \Longrightarrow \vec{a}+\vec{f}+\vec{c}$$
$$\$\text{\textbackslash ddot}\{a\}+\text{\textbackslash ddot}\{f\}+\text{\textbackslash ddot}\{c\}\$ \qquad \ddot{a}+\ddot{f}+\ddot{c}$$

- このアクセント記号の不揃えを平準化するのが次の命令です [→p.145 (47.1)/ p.151 (50.4)]．

《命令》　\mathstrut

- その意味と用法は下の例から明らか (この命令は文書モード用のアクセント記号には使えません)．

$$\$\text{\textbackslash vec}\{\text{\textbackslash mathstrut } a\}+\text{\textbackslash vec}\{\text{\textbackslash mathstrut } f\}+\text{\textbackslash vec}\{\text{\textbackslash mathstrut } c\}\$ \Longrightarrow \vec{a}+\vec{f}+\vec{c}$$
$$\$\text{\textbackslash ddot}\{\text{\textbackslash mathstrut } a\}+\text{\textbackslash ddot}\{\text{\textbackslash mathstrut } f\}+\text{\textbackslash ddot}\{\text{\textbackslash mathstrut } c\}\$ \qquad \ddot{a}+\ddot{f}+\ddot{c}$$

37.4 幅の広いハットとチルド

- 数式モード内の文字列の上に幅の広いハットとチルドを付けるには次の命令を使います．

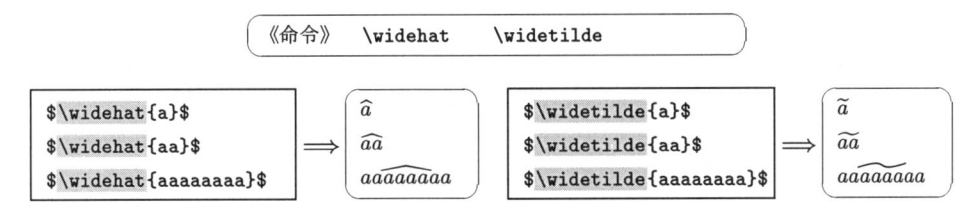

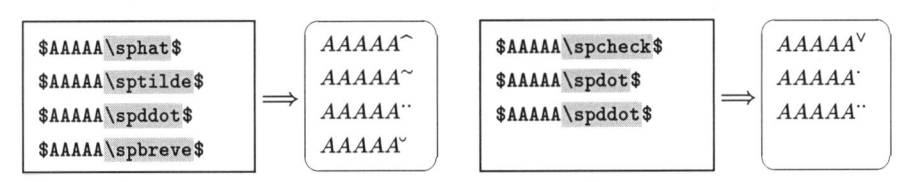

《命令》　\widehat　\widetilde

```
$\widehat{a}$
$\widehat{aa}$
$\widehat{aaaaaaaa}$
```
$\Longrightarrow$ $\widehat{a}$ $\widehat{aa}$ $\widehat{aaaaaaaa}$

```
$\widetilde{a}$
$\widetilde{aa}$
$\widetilde{aaaaaaaa}$
```
$\Longrightarrow$ $\widetilde{a}$ $\widetilde{aa}$ $\widetilde{aaaaaaaa}$

- 上の例からも明らかなように，このハットとチルドは高々4文字程度しか拡大されません．
- 37.1節(p.117)におけるハットとチルドと本節のハットとチルドを1文字の英大文字に付けた例を示しておきます．いずれがよいかは読者の好みあるいは執筆規定の問題です．

```
\hat{D}
\widehat{D}
```
$\Longrightarrow$ $\hat{D}$ $\widehat{D}$

```
\tilde{A}
\widetilde{\cal A}
```
$\Longrightarrow$ $\tilde{A}$ $\widetilde{\cal A}$

37.5 脇付きのアクセント記号

- [amsxtra] パッケージを登録すると [→p.32(10)]，アクセントを上付き添え字にする次の命令が使えます．詳細は文献 [4] (Goossense, p.268) を参照のこと．

```
$AAAAA\sphat$
$AAAAA\sptilde$
$AAAAA\spddot$
$AAAAA\spbreve$
```
$\Longrightarrow$ $AAAAA^\wedge$ $AAAAA^\sim$ $AAAAA^{..}$ $AAAAA^\smile$

```
$AAAAA\spcheck$
$AAAAA\spdot$
$AAAAA\spddot$
```
$\Longrightarrow$ $AAAAA^\vee$ $AAAAA^.$ $AAAAA^{..}$

- これは，37.4節(p.119)で述べる幅の広いハットやチルド $\widehat{AAAAAAA}$，$\widetilde{AAAAAAA}$ の代わりに使うことができます．

37.6 プライム記号

- 数学ではしばしばプライム記号 $'$ が使われます．その代表的なのが微分を表すプライム記号です．たとえば $f' = df(x)/dx$ です．
- プライム記号を出力させる標準的な命令として次の命令がありますが，その他にも様々な方法があります．下に例を示しますので好みに応じて使い分けて下さい．

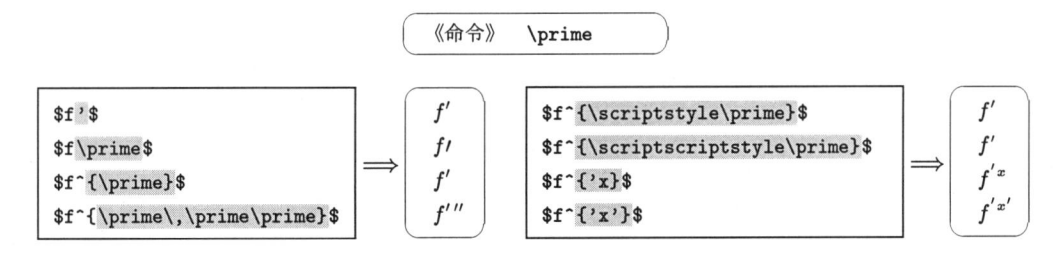

《命令》　\prime

```
$f'$
$f\prime$
$f^{\prime}$
$f^{\prime\,\prime\prime}$
```
$\Longrightarrow$ f' $f\prime$ f' f'''

```
$f^{\scriptstyle\prime}$
$f^{\scriptscriptstyle\prime}$
$f^{'x}$
$f^{'x'}$
```
$\Longrightarrow$ f' f' f'^x $f'^{x'}$

38 アンダー・オーバーライン

用語：アンダーライン　オーバーライン　矢印付きオーバーライン
命令：\underline　\overline　\overleftarrow　\overrightarrow

◇

38.1 アンダーラインとオーバーライン

▨ 数式モードの文字列に対しては「アンダーライン」と「オーバーライン」を引くことができます．それには次の命令を使います．

《命令》　\underline{ }　\overline{ }

```
$\underline{a+b+c+d}$
$\overline{a+b+c+d}$
$\overline{a+\underline{b+\overline{c}}+d}$
$e^{x^{\overline 2}}$
```

$\Longrightarrow$

$\underline{a+b+c+d}$
$\overline{a+b+c+d}$
$\overline{a+\underline{b+\overline{c}}+d}$
$e^{x^{\overline{2}}}$

▨ 文書モードの文字列に対しても，\underline 命令でアンダーラインを引くことができます．

```
$\underline{あいうえお}$
$\underline{aaaaaa}$
```
$\Longrightarrow$
あいうえお
$\underline{aaaaaa}$

この場合，その最大の長さは文書の右マージンまでです．途中で改行されるほど長いテキストにアンダーライン命令を宣言してもアンダーラインは引かれません．

▨ 文書モード内の文字列に対しては \overline 命令は使えませんが，数式モード内で \mbox{ } [→p.192 (64.9)] の引数 { } の中に文書モードの文字列を書くことによって，その文書モードの文字列にもオーバーラインを引くことができます．

```
$\overline{\mbox{あいうえお}}$
$\overline{\mbox{aaaaaa}}$
```
$\Longrightarrow$
$\overline{\mbox{あいうえお}}$
$\overline{\mbox{aaaaaa}}$

▨ ところで，下の例のようにアンダーラインが不揃いになることがあります．

```
\underline{cbcd} と \underline{efgh} は ...
```
$\Longrightarrow$ $\underline{cbcd}$ と $\underline{efgh}$ は ...

このようなとき，次の命令を挿入するとこの不揃いはなくなります [→p.118 (37.3)]．

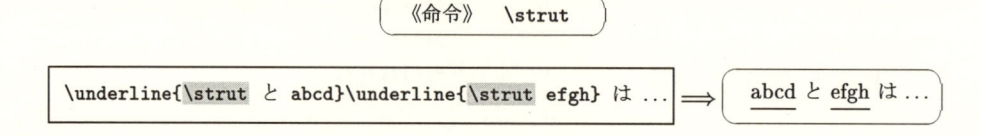

《命令》　\strut

```
\underline{\strut と abcd}\underline{\strut efgh} は ...
```
$\Longrightarrow$ $\underline{abcd}$ と $\underline{efgh}$ は ...

38.2 矢印付き左・右向きオーバーライン

数式モードの文字列の上に，その文字列と同じ長さの矢印付きオーバーラインを引くことができます．それには次の命令を使います．

《命令》　\overleftarrow{ }　　\overrightarrow{ }

```
$\overrightarrow{abcXYZ}$

$\overleftarrow{\int_a^b f(x)dx}$

$\overleftarrow{\mbox{\gtfamily あいうえお}}$
```

$\Longrightarrow$ $\overrightarrow{abcXYZ}$ / $\overleftarrow{\int_a^b f(x)dx}$ / $\overleftarrow{\text{あいうえお}}$

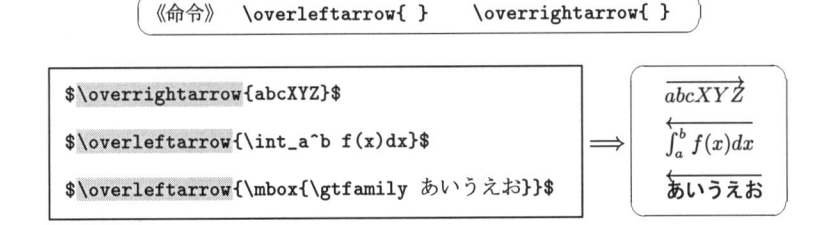

この命令で，いくらでも長い矢印を引くことができます．ただし右マージンを越える文字列にこの命令を適用してもその効果は現れません．

$\overleftarrow{aaaaaaaaaaaaaaaaaaaaaaaaaaaaaaaaaaaaaaaaaaaaaaaaaaaaaaaaaaa}$

下置きの左右の矢印を出力する命令はありませんが，次の3つの命令を併用してこれを出力させることもできます．

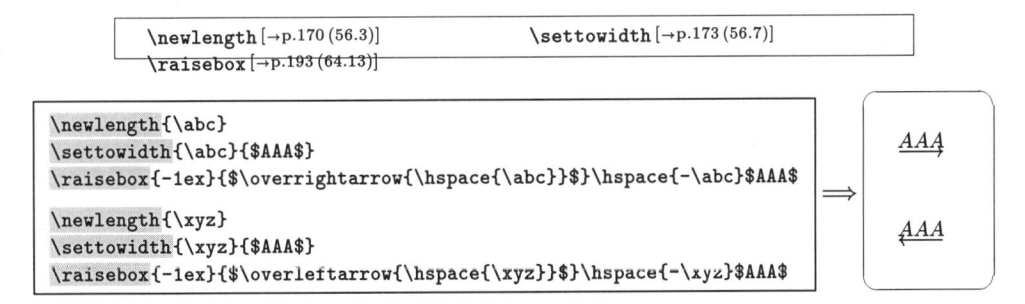

\newlength [→p.170 (56.3)]　　　　\settowidth [→p.173 (56.7)]
\raisebox [→p.193 (64.13)]

```
\newlength{\abc}
\settowidth{\abc}{$AAA$}
\raisebox{-1ex}{$\overrightarrow{\hspace{\abc}}$}\hspace{-\abc}$AAA$

\newlength{\xyz}
\settowidth{\xyz}{$AAA$}
\raisebox{-1ex}{$\overleftarrow{\hspace{\xyz}}$}\hspace{-\xyz}$AAA$
```

$\Longrightarrow$ $\underrightarrow{AAA}$ / $\underleftarrow{AAA}$

コラム Z：網羅的な参考文献リスト

　国内外を含め，世に出回っている TeX および LaTeX 関連の参考文献を網羅的にリストアップするには，優に十数ページを要することになります．幸いなことに，文献 [4] (Goossens, p.579-591)，[33] (藤田, p.409-411)，[19] (奥村, p.335-339) に網羅的な参考文献リストがありますので参照して下さい．文献 [4] には，海外で出版された重要文献が概要付きで紹介されています．本書執筆に際し主に参考した文献は巻末にリストしました．

39 アンダー・オーバーブレイス

用語: アンダーブレイス　オーバーブレイス
命令: \underbrace　\overbrace

39.1 アンダーブレイスとオーバーブレイス

▨ 次の命令で数式モード内の文字列にアンダーブレイスとオーバーブレイスを引くことができます.

《命令》　\underbrace{ }　\overbrace{ }

```
$\underbrace{AAAAA}$

$\overbrace{AAAAA}$
```
⇒ $\underbrace{AAAAA}$ / $\overbrace{AAAAA}$

```
$\underbrace{AAAAAAAAAA}_{10 個}$

$\overbrace{AAAAAAAAAA}^{10 個}$
```
⇒ $\underbrace{AAAAAAAAAA}_{10\text{個}}$ / $\overbrace{AAAAAAAAAA}^{10\text{個}}$

```
$\underbrace{AAA\overbrace{AAAAA}^{5 個}AAAAA}_{12 個}$

$AAA\underbrace{BBB\underbrace{CCC}_{3 個}BBB}_{9 個}AAA$
```
⇒ $\underbrace{AAA\overbrace{AAAAA}^{5\text{個}}AAAAA}_{12\text{個}}$ / $AAA\underbrace{BBB\underbrace{CCC}_{3\text{個}}BBB}_{9\text{個}}AAA$

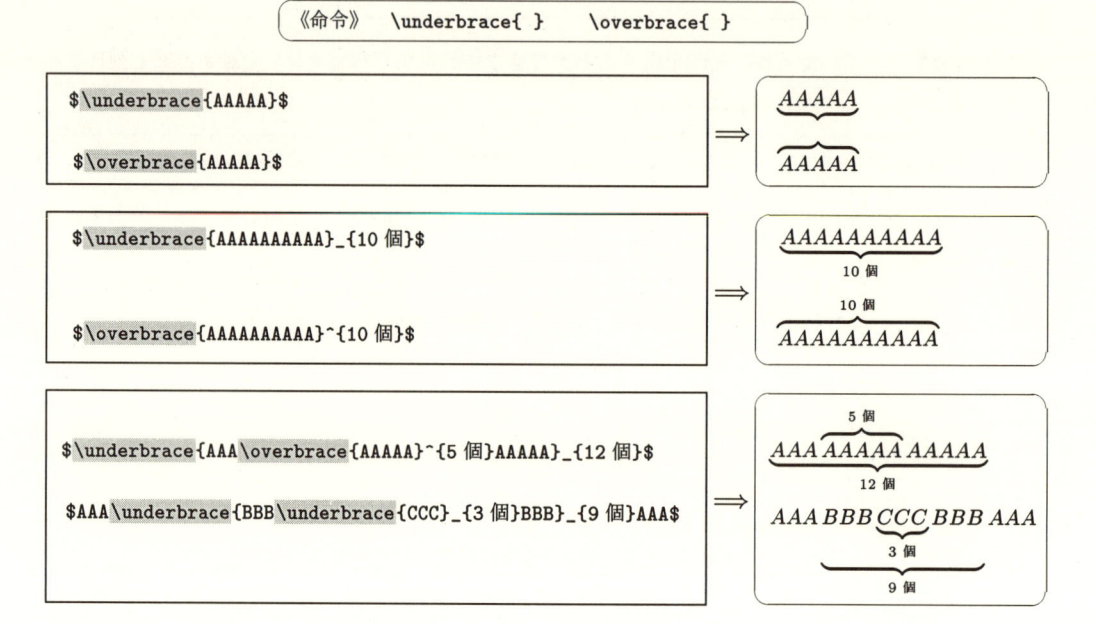

▨ これは右マージンまでならいくらでも長く延ばすことができます.

$$\overbrace{AAAAAAAAAAAAAAAAAAAAAAAAAAAAAAAAAAAAAAAAAAAAAAAA}$$

▨ 文書モードの文字列に対してこの命令は使用できませんが，数式モード内で \mbox{ } [→p.192 (64.9)] の引数 { } の中に文書モードの文字列を書くことによって，その文字列にこのブレイスを引くことができます.

```
$\overbrace{\mbox{いろはにほへと}}$
```
⇒ $\overbrace{\text{いろはにほへと}}$

40 上下置き

用語: 上置き　下置き　上下置き
命令: \stackrel \mathop \overset \underset \sideset
パッケージ: amsmath

◇

40.1 上置き命令

▨ 次の命令では，2番目の引数 { } の上に1番目の引数 { } が置かれます．上に置く文字や記号 (1番目の引数) は \scriptstyle [→p.85 (24.3)] のサイズに縮小されます．

《命令》　\stackrel{ }{ }

`x^2\stackrel{x=2}{=}4$` ⟹ $x^2 \stackrel{x=2}{=} 4$

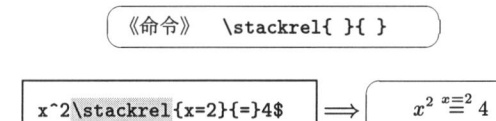

▨ この命令の2つの引数は，共に数式モードですが，その中で \mbox{ } [→p.192 (64.9)] を宣言し，このボックスの中で文章を書いたり，それらの書体 [→p.80 (23)] やサイズ [→p.83 (24)] を変更することができます．

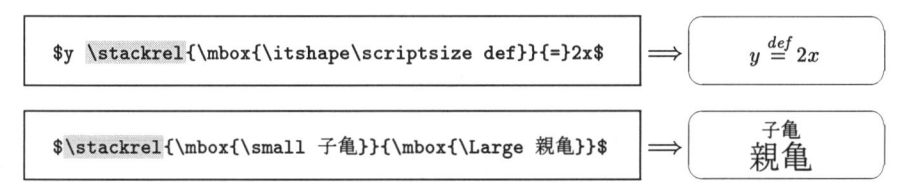

`$y \stackrel{\mbox{\itshape\scriptsize def}}{=}2x$` ⟹ $y \stackrel{def}{=} 2x$

`$\stackrel{\mbox{\small 子亀}}{\mbox{\Large 親亀}}$` ⟹ 子亀／親亀

▨ 次のように入れ子にすると文字・記号を何重にも重ねることができます．

`$\stackrel{\stackrel{a}{aa}}{aaa}$` ⟹ $\stackrel{\stackrel{a}{aa}}{aaa}$

1番上に置く文字は \scriptscriptstyle [→p.85 (24.3)]，2番目に置く文字は \scriptstyle のサイズです．

40.2 上下置き命令 I

▨ \stackrel は，文字や記号を上置きにする命令でしたが，上置きに加えて下置きもできる命令があります．それには次の命令を使います．

《命令》　\mathop{ }

▨ T–と D–スタイルで使用した場合 [→p.129 (42.5)]，その出力結果は異なります．
　□ D–スタイルである単一段落数式 [→p.128 (42.3)] で使用した例．

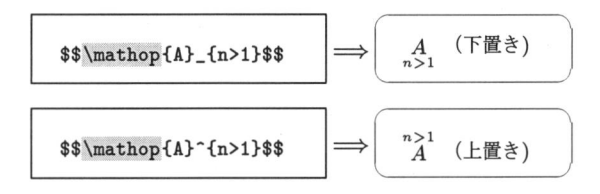

`$$\mathop{A}_{n>1}$$` ⟹ $\mathop{A}\limits_{n>1}$ （下置き）

`$$\mathop{A}^{n>1}$$` ⟹ $\mathop{A}\limits^{n>1}$ （上置き）

$$\mathop{A}_{n>1}^N$$ $\Longrightarrow$ $\mathop{A}\limits_{n>1}^{N}$ （上下置き）

□ T–スタイルである文中数式 [→p.127 (42.2)] の中で使用した例．

`$\mathop{A}_{n>1}$` $\Longrightarrow$ $A_{n>1}$ （下脇き）

`$\mathop{A}^{n>1}$` $\Longrightarrow$ $A^{n>1}$ （上脇き）

`$\mathop{A}_{n>1}^N $` $\Longrightarrow$ $A_{n>1}^{N}$ （上下脇き）

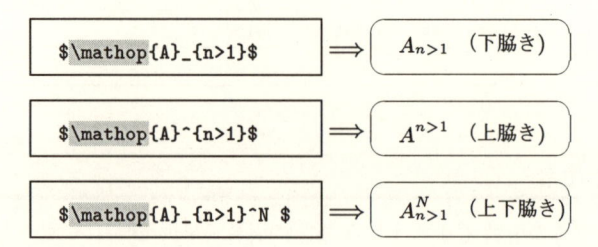

▨ この場合も，\stackrel の場合と同様 \mbox [→p.192 (64.9)] を使って文書モード [→p.72 (20)] のテキストを書くことができます．

`$$\mathop{\mbox{\LARGE\bfseries A}}^{\Large n>1}$$` $\Longrightarrow$ $\mathop{\mathbf{A}}\limits^{n>1}$

40.3　上下置き命令 II

▨ amsmath パッケージを登録すると [→p.32 (10)]，次の上下置きの命令も使えます【→ [4] p.269-270】．この命令では，添字は T– および D–スタイル [→p.129 (42.5)] 共に上下置きとなります．

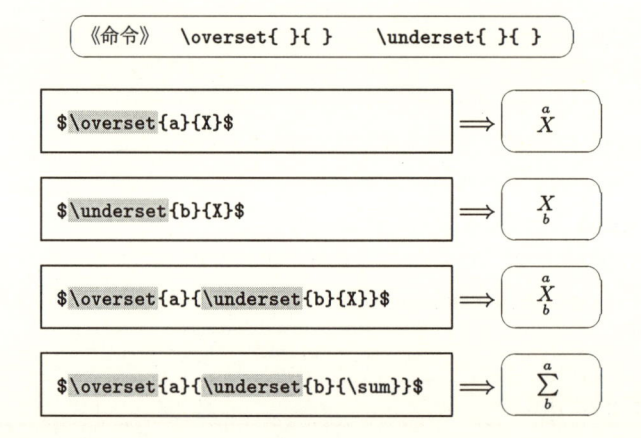

《命令》　\overset{ }{ }　　\underset{ }{ }

`$\overset{a}{X}$` $\Longrightarrow$ $\overset{a}{X}$

`$\underset{b}{X}$` $\Longrightarrow$ $\underset{b}{X}$

`$\overset{a}{\underset{b}{X}}$` $\Longrightarrow$ $\overset{a}{\underset{b}{X}}$

`$\overset{a}{\underset{b}{\sum}}$` $\Longrightarrow$ $\overset{a}{\underset{b}{\sum}}$

40.4　上下置き命令 III

▨ 上下置き命令として次のものもあります．

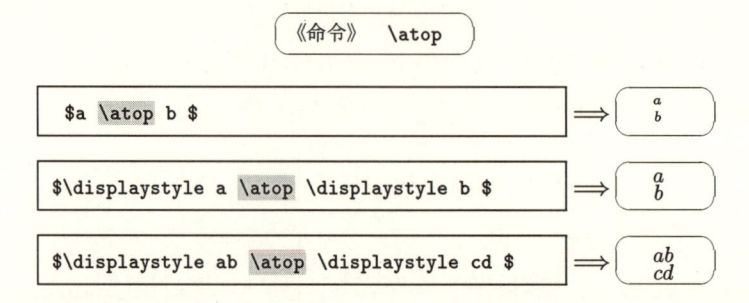

《命令》　\atop

`$a \atop b $` $\Longrightarrow$ ${a \atop b}$

`$\displaystyle a \atop \displaystyle b $` $\Longrightarrow$ ${a \atop b}$

`$\displaystyle ab \atop \displaystyle cd $` $\Longrightarrow$ ${ab \atop cd}$

この場合，T–スタイル [→p.129 (42.5)] で使用するときは，上下に置く両テキストの前に必ず `\displaystyle` を入れること．

▨ 次の命令を使うと，上下に置かれた文字の左右に区切り記号 [→p.104 (32)] を出力させることができます．

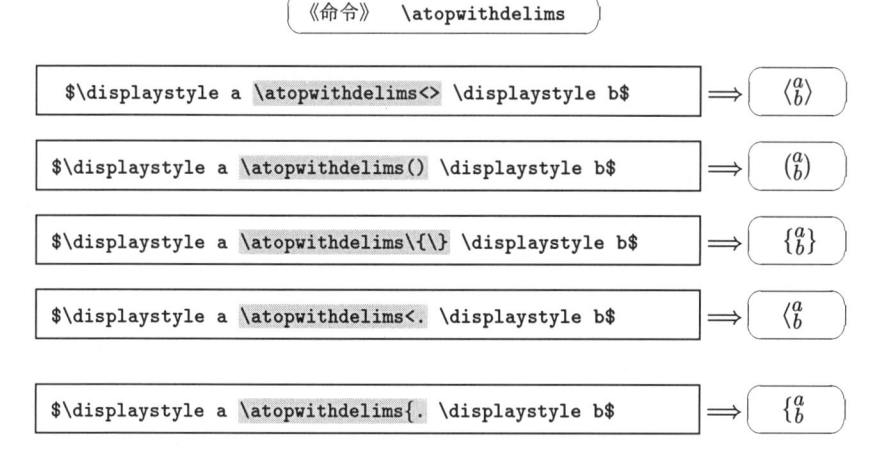

《命令》　`\atopwithdelims`

`$\displaystyle a \atopwithdelims<> \displaystyle b$`	⇒	$\left\langle {a \atop b} \right\rangle$
`$\displaystyle a \atopwithdelims() \displaystyle b$`	⇒	$\left({a \atop b} \right)$
`$\displaystyle a \atopwithdelims\{\} \displaystyle b$`	⇒	$\left\{ {a \atop b} \right\}$
`$\displaystyle a \atopwithdelims<. \displaystyle b$`	⇒	$\left\langle {a \atop b} \right.$
`$\displaystyle a \atopwithdelims\{. \displaystyle b$`	⇒	$\left\{ {a \atop b} \right.$

ここで，区切り記号は必ず対にしておくこと．左右いずれかの区切り記号が不要のときは，最後の2つの例のように「見えない記号」[→p.106 (32.6)] として `.` を入力しておくこと．

40.5　四隅置き命令

▨ `amsmath` パッケージを登録すると [→p.32 (10)]，ある文字や記号の四隅に他の文字や記号を置く次の命令が使えます【→ [4] p.270】．

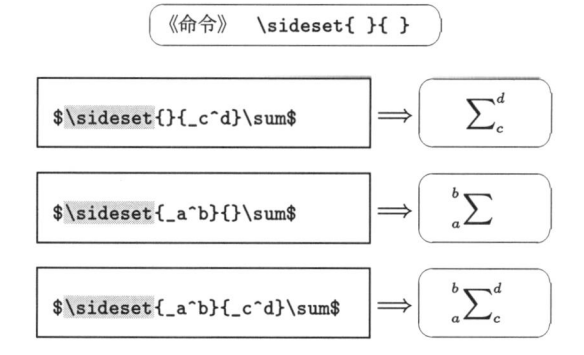

《命令》　`\sideset{ }{ }`

`$\sideset{}{_c^d}\sum$`	⇒	$\sideset{}{_c^d}\sum$
`$\sideset{_a^b}{}\sum$`	⇒	$\sideset{_a^b}{}\sum$
`$\sideset{_a^b}{_c^d}\sum$`	⇒	$\sideset{_a^b}{_c^d}\sum$

41 ルビ

用語：ルビ

命令：\Rubyt \Rubyb（筆者のマクロ）

パッケージ：amsmath

◇

41.1 ルビ

▣ T–スタイルである文中数式の中で \displaystyle [→p.129 (42.5)] によって D–スタイルを宣言し，その中で \mathop 命令 [→p.123 (40.2)] と \mbox 命令 [→p.192 (64.9)] を併用して漢字にルビを振ることもできます．

```
$\displaystyle \mathop{\mbox{俎}}^{\mbox{\tiny まないた}}$
```
⟹ 俎（まないた）

```
$\displaystyle \mathop{\mbox{俎}}_{\mbox{\tiny まないた}}$
```
⟹ 俎（まないた）

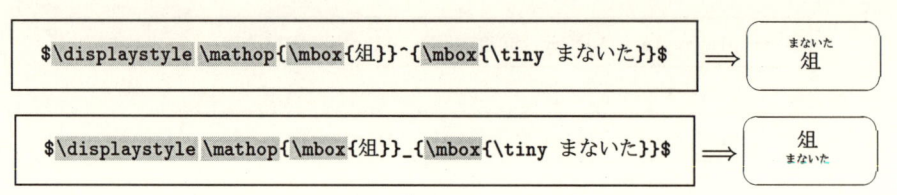

この長い命令は \newcommand [→p.26 (9.3)] を使って次のようにマクロ命令化することができます．

《命令》　\Rubyt　　\Rubyb　（筆者のマクロ）

```
\newcommand{\Rubyt}[2]{$\displaystyle \mathop{\mbox{#1}}^{\mbox{\tiny #2}}$}
\newcommand{\Rubyb}[2]{$\displaystyle \mathop{\mbox{#1}}_{\mbox{\tiny #2}}$}
```

このマクロ命令を使用した例を下に示します．

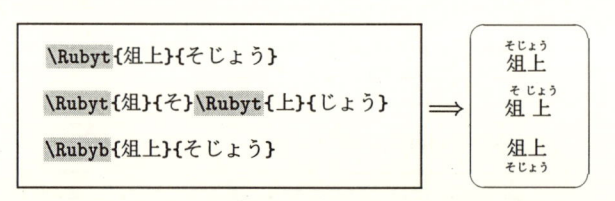

```
\Rubyt{俎上}{そじょう}
\Rubyt{俎}{そ}\Rubyt{上}{じょう}
\Rubyb{俎上}{そじょう}
```
⟹ 俎上（そじょう）

▣ ルビについては文献 [32]（藤田, p.87-118）と [35]（藤田, p.153-190：縦書き用）に詳しい解説があります．また文献 [18]（奥村, p.131-133）にもルビ用のスタイルファイルが紹介されています．

42 数式 (標準)

用語: 文中数式 (インライン数式)　段落数式 (ディスプレイ数式)　単一段落数式 I, II, III　別行段落数式
　　　　テキストスタイル (T–スタイル)　ディスプレイスタイル (D–スタイル)　poor man bold 体

命令: \eqno　\displaystyle　\textstyle　\mathversion　\pmb　math 環境　displaymath 環境
　　　　equation 環境　eqnarray 環境　eqnarray*環境　$~$　\(~\)　$$~$$　\[~\]

◇

42.1 数式の 2 つの形式

▣ 数式には次の 2 つの形式があります．
　□ 文中数式：文章の流れに沿って書く数式で「インライン数式」とも呼ばれます．
　□ 段落数式：新たに段落を取って書く数式で「ディスプレイ数式」とも呼ばれます．
　　　　　　　段落数式には次の 2 つの形式があります．
　　　　　　　　◦ 単一段落数式：1 行の数式
　　　　　　　　◦ 別行段落数式：複数行の数式

▣ 段落数式の前に空行を入れないことをお薦めします．空行を入れると，たまたまそこがページ末であるとそこで改行され，後につづく段落数式が次のページの頭に来てしまいます．段落数式がページの頭に来るということは見栄えのするものではありません (これは美意識の問題であり，気にしないと言う方はお好きなように)．

42.2 文中数式

▣ これは文章の流れに沿って書く数式の形式です．その命令には次の 3 通りがあります．

　　《命令》　`$ ~ $`
　　　　　　`\( ~ \)`
　　　　　　`\begin{math} \end{math}`

▣ この 3 者はみな同じものです．下に例を示します．

　　`$a=b+c$`　　`\(a=b+c\)`　　`\begin{math}a=b+c \end{math}`　⟹　$a = b+c$

▣ 下に文中数式の用例を 1 つ示します．

　　方程式 `$x^2-1=0$` の解は `$x=\pm 1$` です．　⟹　方程式 $x^2-1=0$ の解は $x=\pm 1$ です．

▣ 特殊な命令として，数式モード [→p.73 (20.4)] の宣言をしてもしなくても必要に応じて数式モードにしてくれる命令として次のものがあります [→p.26 (9.3)]．

　　《命令》　`\ensuremath`

　　`$\ensuremath{\sqrt{4}=2}$` としても　`\ensuremath{\sqrt{4}=2}`としても　⟹　$\sqrt{4}=2$

42.3 単一段落数式

▨ これは新たに段落を取り，そこに 1 行の数式を書く形式です．次の 3 種類の命令があります．

```
《命令》  $$ ～ $$                        （単一段落数式 I）
        \[ ～ \]      displaymath 環境   （単一段落数式 II）
        equation 環境                    （単一段落数式 III）
```

▨ 単一段落数式 II における 2 つの命令は同じものです．

▨ 下にこれらの命令による入・出力例を示します．

□ **単一段落数式 I** （\eqno 命令で数式番号を付けることができます [→p.135 (44.1)] ）

```
$$f(x)=0 \eqno(2.5)$$
```
$\Longrightarrow$ $\qquad f(x)=0 \qquad (2.5)$

□ **単一段落数式 II** （数式番号を付ける特別の命令はありません）

```
\[f(x)=0\]
```
$\Longrightarrow$ $\qquad f(x)=0$

□ **単一段落数式 III** （自動的に数式番号が付きます [→p.135 (44.2)] ）

```
\begin{equation}f{x}=0\end{equation}
```
$\Longrightarrow$ $\qquad f(x)=0 \qquad (42.1)$

▨ 単一段落数式で自動的に数式番号 [→p.135 (44.2)] が付けられるのは単一段落数式では III に対してのみです．

▨ 単一段落数式 II による数式には数式番号を付ける特別の命令はありません．

▨ これらの形式による数式は，どれも中寄せで出力されます．

▨ 単一段落数式のうち，文書クラスオプション fleqn を指定した場合 [→p.3 (3.3)] ，<u>数式</u> が左寄せ出力となるのは単一段落数式 III だけです．

▨ 単一段落数式のうち，文書クラスオプション leqno を指定した場合 [→p.3 (3.3)] ，<u>自動数式番号</u> が左寄せで出力されるのは単一段落数式 III だけです．

42.4 別行段落数式

▨ 別行段落数式を書く命令として次の環境が用意されています．

```
《命令》  \begin{eqnarray} ～ \end{eqnarray}環境  （自動数式番号あり）
         \begin{eqnarray*} ～ \end{eqnarray*}環境 （自動数式番号なし）
```

▨ 下に，この 2 つの環境による別行段落数式の例を示します．

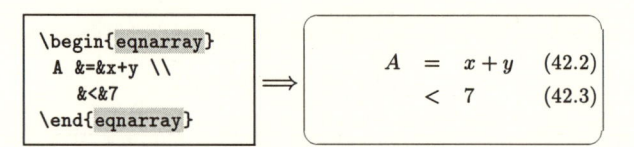

```
\begin{eqnarray}
  A &=&x+y \\
    &<&7
\end{eqnarray}
```
$\Longrightarrow$
$$\begin{array}{rcl} A &=& x+y \qquad (42.2) \\ &<& 7 \qquad (42.3) \end{array}$$

```
\begin{eqnarray*}
  A &=&x+y \\
    &<&7
\end{eqnarray*}
```
$\Longrightarrow$ $\begin{array}{rcl} A & = & x+y \\ & < & 7 \end{array}$

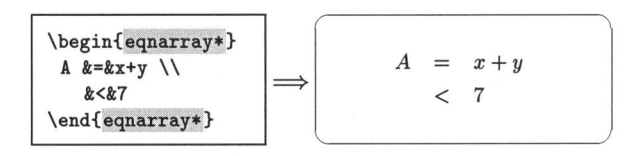

- eqnarray 環境による数式には自動的に右寄せで数式番号が付けられますが，文書クラスオプション leqno [→p.3 (3.3)] を宣言すると左寄せとなります．eqnarray*環境による数式には数式番号は付きません．数式番号の詳しい説明については 44 節 (p.135) を参照のこと．

- この環境による数式は中寄せで出力されますが，文書クラスオプション fleqn [→p.3 (3.3)] を宣言すると左寄せとなります．

- ところで，この環境による数式の等号 = の左右のスペースが空きすぎているのが気になります．筆者はこれを狭くする次のようなマクロ命令を作って使用しています．

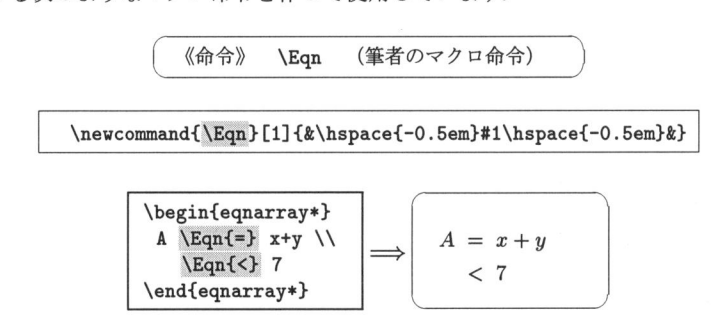

《命令》　\Eqn　　（筆者のマクロ命令）

```
\newcommand{\Eqn}[1]{&\hspace{-0.5em}#1\hspace{-0.5em}&}
```

```
\begin{eqnarray*}
  A \Eqn{=} x+y \\
    \Eqn{<} 7
\end{eqnarray*}
```
$\Longrightarrow$ $\begin{array}{rcl} A & = & x+y \\ & < & 7 \end{array}$

42.5　数式の 2 つのスタイル

- 数式には次の 2 つのスタイルがあります．
    - □ テキストスタイル　　　（略して「T–スタイル」と呼びます）
    - □ ディスプレイスタイル　（略して「D–スタイル」と呼びます）

- 文中数式はそれ自体が T–スタイルです．下に例を示します（下に示す D–スタイルとの違いに注意）．

`$\frac{1}{2}$`　[→p.142 (46.2)] $\Longrightarrow$ $\frac{1}{2}$ （分数）

`$\sup_{n\in I}a_n$`　[→p.111 (34.2)] $\Longrightarrow$ $\sup_{n \in I} a_n$　（Log 型記号）

`$\sum_{n=1}^9 a_n$`　[→p.108 (33.2)] $\Longrightarrow$ $\sum_{n=1}^9 a_n$　（Sum 型記号）

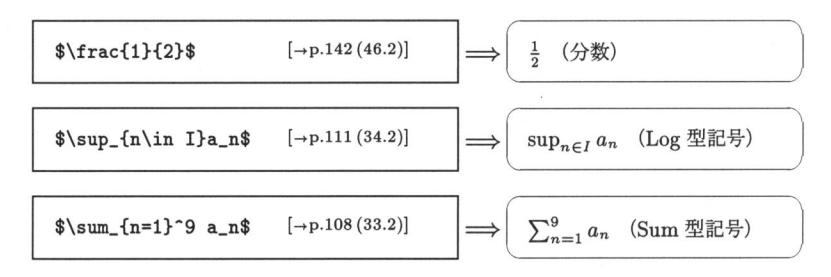

- 段落数式はそれ自体が D–スタイルです．下に例を示します（上で示した T–スタイルとの違いに注意）．

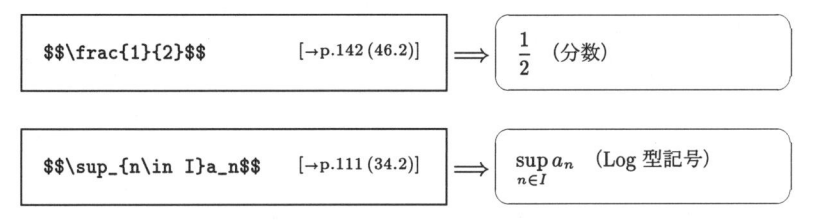

`$$\frac{1}{2}$$`　[→p.142 (46.2)] $\Longrightarrow$ $\displaystyle\frac{1}{2}$ （分数）

`$$\sup_{n\in I}a_n$$`　[→p.111 (34.2)] $\Longrightarrow$ $\displaystyle\sup_{n \in I} a_n$　（Log 型記号）

$$\sum_{n=1}^9 a_n$$　　[→p.108 (33.2)]　⟹　$\sum_{n=1}^{9} a_n$　（Sum 型記号）

▣ T–スタイルの数式の一部を D–スタイルに変更するには次の命令を使います．

《命令》　\displaystyle

`$\int_a^b f(x)dx = {\displaystyle\int_a^b f(x)dx}$`　⟹　$\int_a^b f(x)dx = \displaystyle\int_a^b f(x)dx$

▣ D–スタイルの数式の一部を T–スタイルに変更するには次の命令を使います．

《命令》　\textstyle

`$$\int_a^b f(x)dx = {\textstyle\int_a^b f(x)dx}$$`　⟹　$\displaystyle\int_a^b f(x)dx = \textstyle\int_a^b f(x)dx$

42.6　数式をボールド体にする

▣ 次の命令を使って数式全体をボールド体にすることができます．

《命令》　\mathversion{bold}

```
{\mathversion{bold}
\begin{eqnarray*}
  y &=& \int_0^\infty f(x)dx \\
  y &=& \sum_0^\infty f(x)
\end{eqnarray*}}
```
⟹　$\begin{aligned} \boldsymbol{y} &= \int_0^\infty \boldsymbol{f(x)dx} \\ \boldsymbol{y} &= \sum_0^\infty \boldsymbol{f(x)} \end{aligned}$

▣ 上の命令では，「積分」と「和」の記号はボールド体にはなりません．\mathop [→p.123 (40.2)] 命令と次の命令を併用するとこれをボールド体にすることができます．この方法は他の記号類にも使えます．

《命令》　\pmb{ }

```
{\mathversion{bold}
\begin{eqnarray*}
y &=&\mathop{\pmb{\int}}_0^\infty f(x)dx \\
y &=&\mathop{\pmb{\sum}}_{0}^\infty f(x)
\end{eqnarray*}}
```
⟹　$\begin{aligned} \boldsymbol{y} &= \pmb{\int}_0^\infty \boldsymbol{f(x)dx} \\ \boldsymbol{y} &= \pmb{\sum}_{0}^\infty \boldsymbol{f(x)} \end{aligned}$

\pmb は poor man bold 体と呼ばれるもので，その名のごとく，記号をずらして重ね打ちするという「姑息な方法」で作られるものです．その出力は綺麗であるとは言えません．

43 数式 (パッケージ)

用語：パッケージによる数式

命令：\shoveleft \shoveright \intertext gather 環境 align 環境 alignat 環境 flalign 環境
multiline 環境 split 環境

パッケージ：amsmath

◇

43.1 パッケージ登録による数式

▣ この節ではパッケージ登録による数式について述べます．詳細については文献 [4] (p.281-287) を参照のこと．

43.2 gather 環境による数式

▣ amsmath パッケージを登録すると [→p.32(10)]，別行段落数式 [→p.128(42.4)] の各数式を中寄せする次の環境命令が使えます．

《命令》　\begin{gather} 〜 \end{gather}　（自動数式番号あり）
　　　　\begin{gather*} 〜 \end{gather*}　（自動数式番号なし）

```
\begin{gather}
  a=b\\
  a=b+c\\
  a=b+c+d
\end{gather}
```
⟹
$$a = b \quad (43.1)$$
$$a = b + c \quad (43.2)$$
$$a = b + c + d \quad (43.3)$$

43.3 align 環境による数式

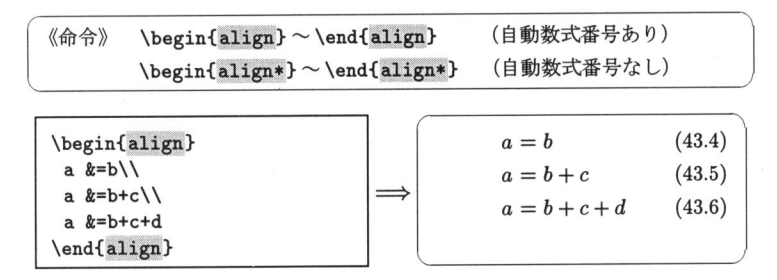

▣ amsmath パッケージを登録すると [→p.32(10)]，別行段落数式の全体を等号 = で揃えて中寄せで出力する次の環境命令が使えます．

《命令》　\begin{align} 〜 \end{align}　（自動数式番号あり）
　　　　\begin{align*} 〜 \end{align*}　（自動数式番号なし）

```
\begin{align}
  a &=b\\
  a &=b+c\\
  a &=b+c+d
\end{align}
```
⟹
$$a = b \quad (43.4)$$
$$a = b + c \quad (43.5)$$
$$a = b + c + d \quad (43.6)$$

これは，「等号がほどよく狭まっている」ことを除けば eqnarray 環境による別行段落数式 [→p.128(42.4)] と同じ出力となります（この出力は後で述べる alignat 環境によるものと同じです）．

▣ 次のように，1 行に複数の式を入力すると，各列の式は等号 = で縦方向に揃えられます．

```
\begin{align}
a &=b       & a&=b+c & a&=b+c+d \\
a &=b+c+d   & a&=b+c & a&=b
\end{align}
```

⇓

$$a = b \qquad a = b+c \qquad a = b+c+d \qquad (43.7)$$
$$a = b+c+d \qquad a = b+c \qquad a = b \qquad (43.8)$$

43.4　alignat 環境による数式

▣ amsmath パッケージを登録すると [→p.32 (10)]，別行段落数式の全体を等号 = で揃えて中寄せで出力する次の環境命令が使えます．

《命令》　\begin{alignat} ～ \end{alignat}　　（自動数式番号あり）
　　　　　\begin{alignat*} ～ \end{alignat*}　（自動数式番号なし）

```
\begin{alignat}{1}
  a &=b\\
  a &=b+c\\
  a &=b+c+d
\end{alignat}
```

⟹

$$a = b \qquad (43.9)$$
$$a = b+c \qquad (43.10)$$
$$a = b+c+d \qquad (43.11)$$

これは，「等号がほどよく狭まっている」ことを除けば eqnarray 環境による別行段落数式 [→p.128 (42.4)] と同じ出力となります（この出力は前に述べた align 環境によるものと同じです）．

▣ 下のように，1行に複数の数式を入力すると，各列の式は等号で縦方向に揃えられ，しかも式全体が中寄せでくっついて出力されます．記号 & の位置に注意．

```
\begin{alignat}{3}
a &=b       & a&=b+c & a&=b+c+d \\
a &=b+c+d   & a&=b+c & a&=b
\end{alignat}
```

⇓

$$a = b \qquad a = b+ca = b+c+d \qquad (43.12)$$
$$a = b+c+da = b+ca = b \qquad (43.13)$$

ここで，{3} は1行が3つの式から成ることを宣言しています．

▣ 数式間を開けるには，下の例のように \hspace [→p.174 (57.1)] など水平方向の空白命令を挿入します．

```
\begin{alignat}{3}
a &=b       & \hspace{5mm} a&=b+c & \hspace{15mm} a&=b+c+d \\[-2mm]
a &=b+c+d   &               a&=b+c &                a&=b
\end{alignat}
```

⇓

$$a = b \qquad a = b+c \qquad a = b+c+d \qquad (43.14)$$
$$a = b+c+d \quad a = b+c \qquad a = b \qquad (43.15)$$

　　　　　　　　　5mm　　　　15mm

43.5　flalign 環境による数式

▨ amsmath パッケージを登録すると [→p.32 (10)]，別行段落数式の全体を等号 = で揃え，中寄せで出力する次の環境命令が使えます．

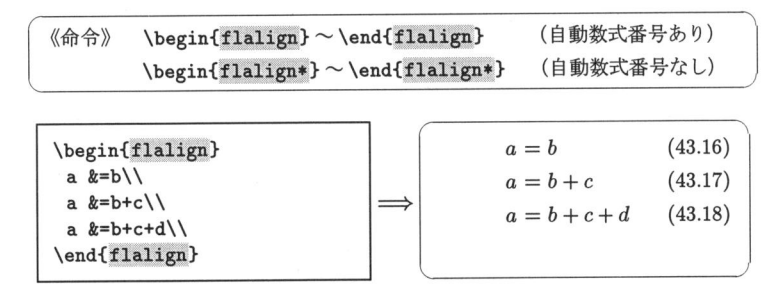

```
《命令》  \begin{flalign} 〜 \end{flalign}       （自動数式番号あり）
         \begin{flalign*} 〜 \end{flalign*}     （自動数式番号なし）
```

```
\begin{flalign}
  a &=b\\
  a &=b+c\\
  a &=b+c+d\\
\end{flalign}
```
⟹
$$a = b \qquad (43.16)$$
$$a = b + c \qquad (43.17)$$
$$a = b + c + d \qquad (43.18)$$

これは，「等号がほどよく狭まっている」ことを除けば eqnarray 環境による別行段落数式 [→p.128 (42.4)] と同じ出力となります（この出力は前に述べた align 環境および alignat 環境によるものと同じです）．

▨ 1 行に複数の数式を入力すると，それらを等間隔で，しかもページ幅いっぱいに広げて出力します．

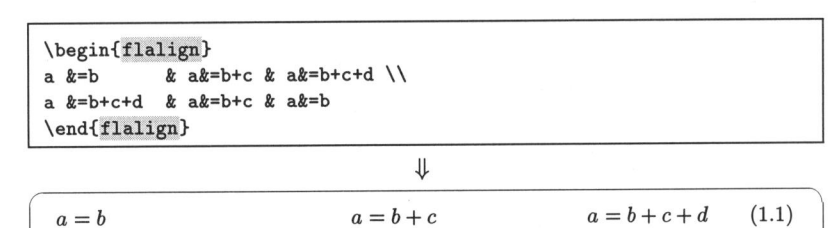

```
\begin{flalign}
a &=b        & a&=b+c  & a&=b+c+d \\
a &=b+c+d    & a&=b+c  & a&=b
\end{flalign}
```
⇓
$$a = b \qquad a = b+c \qquad a = b+c+d \qquad (1.1)$$
$$a = b+c+d \qquad a = b+c \qquad a = b \qquad (1.2)$$

数式間の距離は，下の例のように \hspace [→p.174 (57.1)] などの水平方向の空白命令の挿入によって調整が可能となります．

```
\begin{flalign}
a &=b          &\hspace{-10mm}a&=b+c  &\hspace{-15mm}  a&=b+c+d \\
a &=b+c+d   &                a&=b+c  &                a&=b
\end{flalign}
```
⇓
$$a = b \qquad a = b+c \qquad a = b+c+d \qquad (1.1)$$
$$a = b+c+d \qquad a = b+c \qquad a = b \qquad (1.2)$$

43.6　multline 環境による数式

▨ amsmath パッケージを登録すると [→p.32 (10)]，極端に長い 1 つの数式をいくつかに分割し，最初の式は左寄せ，最後の式は右寄せ，その他の式を中寄せで出力する次の環境命令が使えます．なお，この場合，改行された行頭の二項演算子である + に対しては 30.1 節 (p.99) で述べたような調整は不用です．

```
《命令》  \begin{multiline} 〜 \end{multiline}       （自動数式番号あり）
         \begin{multiline*} 〜 \end{multiline*}     （自動数式番号なし）
```

```
\begin{multline}
 a=b+c+d+e+f+g+h+i+j \\
    +k+l+m+n+o\\
    +p+q+r\\
    +s+t+u+v+w
\end{multline}
```
$\Rightarrow$
$$\begin{aligned}a = b+c+d+e+f+g+h+i+j\\+k+l+m+n+o\\+p+q+r\\+s+t+u+v+w\end{aligned} \quad (1.3)$$

▨ 次の命令を使うと，各行の式を左寄せ・右寄せにすることができます．

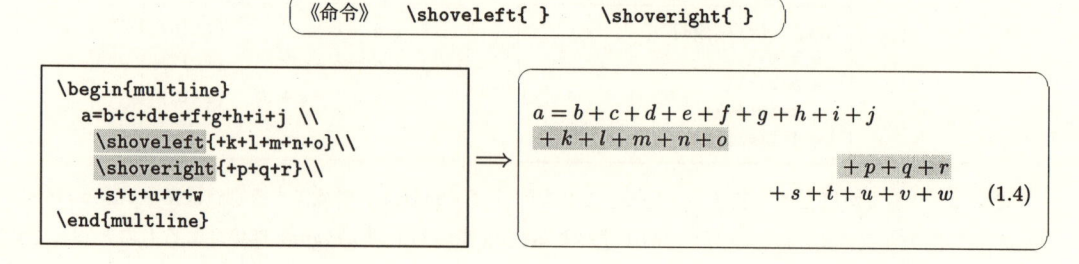

《命令》 \shoveleft{ }   \shoveright{ }

```
\begin{multline}
 a=b+c+d+e+f+g+h+i+j \\
 \shoveleft{+k+l+m+n+o}\\
 \shoveright{+p+q+r}\\
    +s+t+u+v+w
\end{multline}
```
$\Rightarrow$
$$\begin{aligned}a = b+c+d+e+f+g+h+i+j\\+k+l+m+n+o\qquad\qquad\\+p+q+r\\+s+t+u+v+w\end{aligned} \quad (1.4)$$

43.7　split 環境による数式

▨ amsmath パッケージを登録すると [→p.32 (10)]，1 行に収まらない長い数式を何行にも改行して続ける次の環境命令が使えます．これは単一段落数式 III の equation 環境の中 [→p.128 (42.3)] で使用します．下の例のように，これによる数式番号は縦に並ぶ数式の中央に出力されます【→ [4] p.284-285】．

《命令》 \begin{split} ～ \end{split}

```
\begin{equation}
 \begin{split}
   a &= b+c+d+e+f+g+h+i+j+k\\
     &= l+m+n+o+p+q+r
 \end{split}
\end{equation}
```
$\Rightarrow$
$$\begin{aligned}a &= b+c+d+e+f+g+h+i+j+k\\&= l+m+n+o+p+q+r\end{aligned} \quad (1.5)$$

▨ 数式が長すぎるとき，数式番号は，それが右に出力される場合には最後の式の右に，左に出力される場合には最初の式の左に出力されます．

43.8　数式の間にテキストを挿入

▨ amsmath パッケージを登録すると [→p.32 (10)]，次の命令によって，本節で述べた段落数式 (ただし multline 環境は除く) の数式間にテキストを挿入できます．

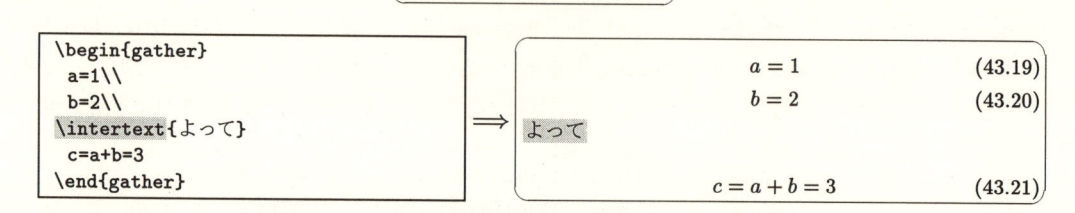

《命令》 \intertext{ }

```
\begin{gather}
 a=1\\
 b=2\\
 \intertext{よって}
 c=a+b=3
\end{gather}
```
$\Rightarrow$
$$\begin{aligned}&a = 1 &&(43.19)\\&b = 2 &&(43.20)\\&\text{よって}\\&c = a+b = 3 &&(43.21)\end{aligned}$$

42 節 (p.127) で述べた eqnarray 環境による段落数式にはこの命令は使えません．

44 数式番号

用語: 数式番号　自動数式番号

命令: \eqno \nonumber \notag \tag \makeatletter \makeatother \@addtoreset \numberwithin
parentequation leqno subequation 環境

パッケージ: amsmath

◇

44.1　単一段落数式における数式番号

▣ 単一段落数式 I [→p.128(42.3)] に対しては，命令

《命令》　\eqno

を使って数式番号を付けることができます．この場合，数式番号は自分で決めて入力します．これはカウンタ制御 [→p.34(11)] による数式番号ではありませんので相互参照 [→p.278(81)] することはできません．

$$\texttt{\$\$ a=b+c \textbackslash eqno(3.5) \$\$}\quad\Longrightarrow\quad a=b+c \qquad (3.5)$$

▣ 単一段落数式 II には数式番号を付ける特別の命令はありません．

▣ 単一段落数式 III には自動的に数式番号が付きます．

```
\begin{equation}
 a = b+c
\end{equation}
```
$\Longrightarrow\quad a = b+c \qquad (44.1)$

44.2　別行段落数式における自動数式番号

▣ 別行段落数式 [→p.128(42.4)/ p.131(43)] には，カウンタ制御 [→p.34(11)] によって自動数式番号が付けられます．したがってこの場合，その数式番号を相互参照 [→p.278(81)] することができます．

【論文の場合】
```
\begin{eqnarray}
  A &=& x+y \\
    &=& 2+5 \\
    &=& 7
\end{eqnarray}
```
$\Longrightarrow\quad\begin{array}{rcll} A &=& x+y & (1)\\ &=& 2+5 & (2)\\ &=& 7 & (3)\end{array}$

【本・報告書の場合】
```
\begin{eqnarray}
  A &=& x+y \\
    &=& 7
\end{eqnarray}
```
$\Longrightarrow\quad\begin{array}{rcll} A &=& x+y & (1.1)\\ &=& 7 & (1.2)\end{array}$

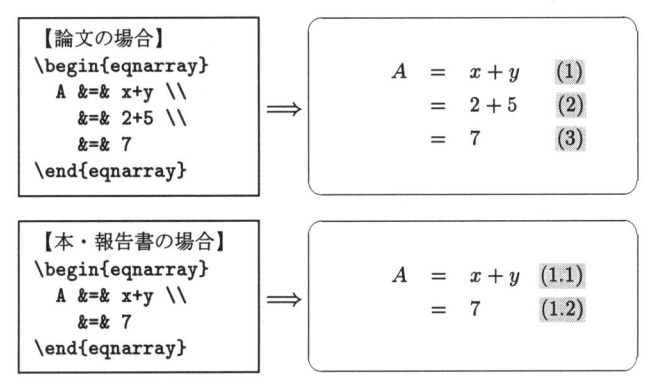

本クラス book と報告書クラス report における数式番号 (1.1), (1.2) の最初の 1 は章の番号で，それに続く 1, 2, ... は数式の一連番号です．

44.3 自動数式番号の解除

▨ eqnarray 環境 [→p.128 (42.4)] においてある行の数式に自動数式番号を付けたくないときには，その数式の末尾に次の命令を置きます．

《命令》 \nonumber

```
\begin{eqnarray}
   A &=& x+y \\
     &=& 7 \nonumber
\end{eqnarray}
```
$\Longrightarrow$
$$\begin{eqnarray} A &=& x+y \quad (44.2)\\ &=& 7 \end{eqnarray}$$

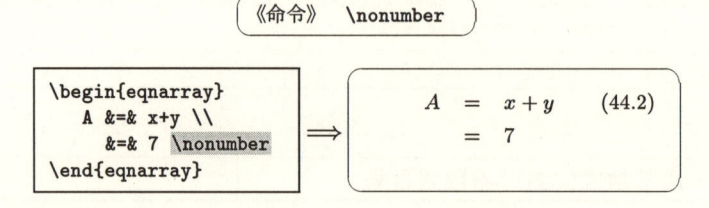

▨ すべての数式に数式番号を付けたくない場合には eqnarray* 環境による別行段落数式を使います．

```
\begin{eqnarray*}
   A &=& x+y \\
     &=& 7
\end{eqnarray*}
```
$\Longrightarrow$
$$\begin{eqnarray*} A &=& x+y \\ &=& 7 \end{eqnarray*}$$

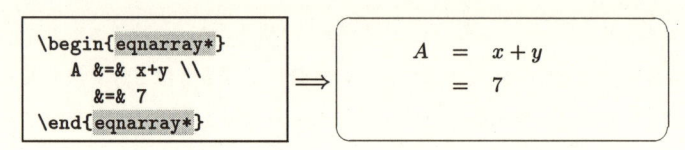

▨ amsmath パッケージによる別行段落数式 [→p.131 (43)] の自動数式番号を解除するには，その数式の末尾に次の命令を置きます．

《命令》 \notag

align 環境による別行段落数式 [→p.131 (43.3)] に対する例を下に示します．

```
\begin{align}
  a&=b & a&=b & a&=b \\
  a&=b & a&=b & a&=b \notag
\end{align}
```
$\Longrightarrow$
$$\begin{aligned} a=b \quad a=b \quad a=b \quad (1.1)\\ a=b \quad a=b \quad a=b \end{aligned}$$

44.4 自動数式番号の左マージン出力

▨ 単一段落数式 III [→p.128 (42.3)] と別行段落数式 [→p.128 (42.3)/p.131 (43)] による自動数式番号は，標準設定として右マージンに出力されますが，文書クラスオプション [→p.3 (3.3)]

《命令》 leqno

を宣言すると，数式番号は左マージンに出力されます．

```
\documentclass[leqno]{jarticle}
\begin{document}
\begin{eqnarray}
   A &=& x+y \\
   B &=& y+z
\end{eqnarray}
\end{document}
```
$\Longrightarrow$
$$(1.2) \quad A = x+y$$
$$(1.3) \quad B = y+z$$

44.5 自動数式番号に節番号を付ける I

▨ 論文 article の自動数式番号は，標準形式として，節に関わりなく一連番号 (1), (2), (3), ⋯ が付けられます．これを，たとえば 1 節では (1.1), (1.2), (1.3), ⋯, 2 節では (2.1), (2.2), (2.3), ⋯ の

※ ように節ごとに一連番号を付けたいことがあります．

※ 数式のカウンタ値 \theequation [→p.34(11.1)] を \renewcommand [→p.28(9.6)] を使って，プリアンブル [→p.5(4)] で次のように宣言すると，自動数式番号は節番号が付いたものになります．．

```
\renewcommand{\theequation}{\arabic{section}.\arabic{equation}}
```

$$
\begin{aligned}
A &= x+y & (1.1)\\
&= 7 & (1.2)
\end{aligned}
$$

※ ところで，このままでは節 \section が変わるたびに

```
\setcounter{equation}{0}
```

を宣言し [→p.35(11.3)]，数式のカウンタ値 \theequation を 0 にリセットしておかなければなりません．そうしないと，数式番号は $(1.1), (1.2), \cdots, (2.3), (2.4), \cdots$ のように，節が変わっても一連番号 $1, 2, 3, 4, \ldots$ が付いてしまいます．

※ 節の変わるたびにカウンタ値 \theequation を 0 にリセットするのは面倒なことです．そこで，プリアンブルで次のマクロ命令を宣言して下さい【→ [4] p.18-19】．

```
\makeatletter
\renewcommand{\theequation}{\thesection.\arabic{equation}}
\@addtoreset{equation}{section}
\makeatother
```

こうすると，カウンタ値 \theequation は節が変わるたびに自動的に 0 にリセットされます．しかも，これを宣言しておくと，本クラス book と報告書クラス report では自動数式番号に章の番号も付きます．すなわち，1章の1節では $(1.1.1), (1.1.2), \cdots$ となり，2章の1節では $(2.1.1), (2.1.2), \cdots$ となります．

$$
\begin{aligned}
A &= x+y & (1.1.1)\\
&= 7 & (1.1.2)
\end{aligned}
$$

44.6　自動数式番号に節番号を付ける II

※ amsmath パッケージを登録すると [→p.32(10)]，次の命令を宣言することによって (プリアンブルがよいでしょう)，論文 article および本 book・報告書 report の数式番号に節の番号を付けることができます．

《命令》　\numberwithin{equation}{section}

44.7　自分好みの数式番号・数式記号

※ amsmath パッケージによる別行段落数式 [→p.131(43)] における自動数式番号を自分の好みのものにするには次の命令を使います．これは自動数式番号なしの別行段落数式にも使えます．

《命令》　\tag{ }（括弧あり）　　\tag*{ }（括弧なし）

```
\begin{align}
 a&=b  &  a&=b  &  a&=b   \tag{$(\diamondsuit)$}\\
 a&=b  &  a&=b  &  a&=b   \tag*{$\clubsuit$}
\end{align}
```

$\Longrightarrow$
$$
\begin{array}{lll}
a=b & a=b & a=b \quad (\diamondsuit)\\
a=b & a=b & a=b \quad \clubsuit
\end{array}
$$

※ この場合，参照ラベルというものがありませんので相互参照 [→p.278 (81)] はできません．

44.8　従属番号の付いた自動数式番号

※ amsmath パッケージを登録すると [→p.32 (10)]，次の環境命令を使って自動数式番号に従属番号を付けることができます【→ [4] p.289】．

《命令》　\begin{subequations} 〜 \end{subequations}

従属番号の標準設定は \alph の a, b, c, … です [→p.36 (11.5)]．下の例では，数式に相互参照のための参照ラベル Eq.1 と Eq.2 を付けてあります．この参照ラベルを参照し出力させた例は 81.3 節 (p.278) にあります．

```
\begin{subequations}
 \begin{eqnarray}
 a& =& b      \label{Eq.1} \\
 a& =& b+c    \label{Eq.2}
\end{eqnarray}
\end{subequations}
```

$\Longrightarrow$
$$
\begin{array}{rcl}
a & = & b \qquad (44.3a)\\
a & = & b+c \qquad (44.3b)
\end{array}
$$

※ subequations 環境による数式番号は次のカウンタで制御されています．

《命令》　parentequation

従属番号を \roman の i, ii, iii, … [→p.36 (11.5)] に変更したければ次のようにします (この例では従属番号の前に - を付けました)．

```
\begin{subequations}
\renewcommand{\theequation}{\theparentequation-\roman{equation}}
 \begin{eqnarray}
 a&=&b      \label{Eq.3}\\
 a&=&b+c    \label{Eq.4}
\end{eqnarray}
\end{subequations}
```

$\Downarrow$
$$
\begin{array}{rcl}
a & = & b \qquad (44.4\text{-i})\\
a & = & b+c \qquad (44.4\text{-ii})
\end{array}
$$

45 数式のレイアウト

用語: 数式の左寄せ　数式間の間隔調整　長い段落数式　短い段落数式

命令: \abovedisplayskip　\belowdisplayskip　\abovedisplayshortskip　\belowdisplayshortskip
　　　　\jot　\mathindent　\lefteqn　fleqn

◇

45.1 別行段落数式の左寄せ出力

▨ 段落数式 [→p.127 (42.1)] は，標準設定として段落の中央に出力されますが，文書クラスオプション

《命令》　fleqn

を指定すると [→p.3 (3.3)]，単一段落数式 II と III [→p.128 (42.3)] および別行段落数式 [→p.128 (42.4)] は左寄せ出力となります．

▨ eqnarray 環境による別行段落数式の左寄せ出力の例を1つ挙げておきます．

```
\documentclass[fleqn]{jarticle}
\begin{document}
\begin{eqnarray}
   A &=& x+y \\
     &=& 7
\end{eqnarray}
\end{document}
```

⇒
$$A = x+y \qquad \text{左寄せ} \qquad (2.3)$$
$$ = 7 \qquad\qquad\qquad (2.4)$$

▨ 文書クラスオプション fleqn を指定し，さらにプリアンブルかその数式の前で，たとえば

《命令》　\mathindent=15mm

と指定すると，数式は左マージンより 15mm の所から始まります．

```
\documentclass[fleqn]{jarticle}
\mathindent=15mm
\begin{document}
\begin{eqnarray}
   A &=& x+y \\
     &=& 7
\end{eqnarray}
\end{document}
```

⇒
$$\underset{15\text{mm}}{\longrightarrow} A = x+y \qquad (2.3)$$
$$= 7 \qquad (2.4)$$

45.2 長い別行段落数式の左寄せ調整

▨ 下の例のように，長い別行段落数式の出力はあまり美しいとは言えません．

```
\begin{eqnarray*}
   a+b+c+d &=& i+j+k+l  \\
           &=& 10
\end{eqnarray*}
```

⇒
$$a+b+c+d = i+j+k+l$$
$$= 10$$

▨ この別行段落数式を，命令

《命令》 \lefteqn{ }

を使って次のように少し見栄えのよいものにすることができます．

```
\begin{eqnarray*}
\lefteqn{a+b+c+d}\\
  &=& i+j+k+l \\
  &=& 10
\end{eqnarray*}
```

$\Longrightarrow$

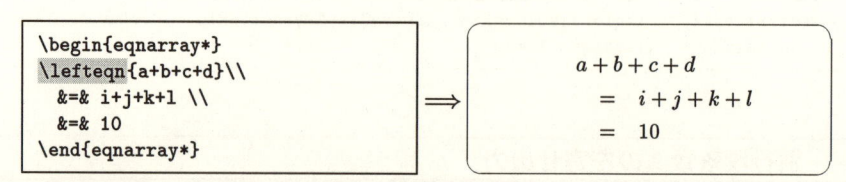

$$\begin{aligned}a+b+c+d\\=i+j+k+l\\=10\end{aligned}$$

▨ \lefteqn{ } と改行命令 \\ [→p.181(60.3)] の間に，水平方向のスペース命令 \hspace{ } [→p.174(57.1)] を入れると，さらに見栄えのよい形にすることができます．

```
\begin{eqnarray*}
\lefteqn{a+b+c+d}\hspace{5mm} \\
  &=& i+j+k+l \\
  &=& 10
\end{eqnarray*}
```

$\Longrightarrow$

$$\begin{aligned}a+b+c+d\\=i+j+k+l\\=10\end{aligned}$$
(5mm)

45.3　数式間の間隔調整

▨ 別行段落数式における改行命令 \\ を \\[*len*] [→p.181(60.3)] にすることにより，改行幅を *len* だけ追加することができます．*len* は負の数でも構いません．このときは改行幅は狭まります．

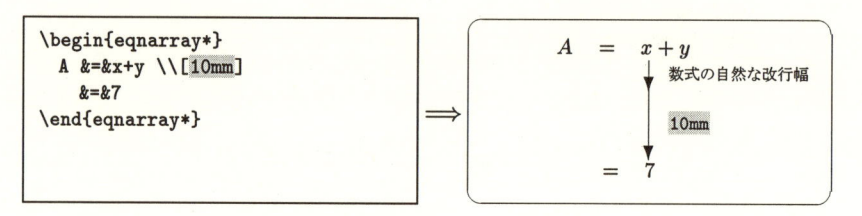

```
\begin{eqnarray*}
  A &=&x+y \\[10mm]
    &=&7
\end{eqnarray*}
```

$\Longrightarrow$

$$\begin{aligned}A &= x+y\\ &= 7\end{aligned}$$
（数式の自然な改行幅／10mm）

45.4　長い段落数式と短い段落数式

▨ 数式のレイアウトは，上で述べた方法である程度調整することができますが，この他にも，数式のレイアウトを調整するいくつかのパラメータが用意されています．

▨ これを説明する前に，まず「長い段落数式」と「短い段落数式」の定義を与えておきます．

□ **長い段落数式**：前行の行末より左側から始まる段落数式
□ **短い段落数式**：前行の行末より右側から始まる段落数式

長い段落数式の例

ここでは次の方程式を解く方法を述べる．
$$\begin{aligned} f(x) &= a(x)\\ g(x) &= b(x)\end{aligned}$$
この方程式の解は ...

短い段落数式の例

前述の方程式の解法は後述します．
$$\begin{aligned} f(x) &= a(x)\\ g(x) &= b(x)\end{aligned}$$
この方程式の解は ...

45.4 長い段落数式と短い段落数式

- 数式のレイアウトを調整するパラメータには，次のようなものがあります．

`\jot`	数式間に入れる追加のスペース
`\abovedisplayskipt`	長い段落数式とその上にある本文との間に入れる追加のスペース
`\belowdisplayskipt`	長い段落数式とその下にある本文との間に入れる追加のスペース
`\abovedisplayshortskip`	短い段落数式とその上にある本文との間に入れる追加のスペース
`\belowdisplayshortskip`	短い段落数式とその下にある本文との間に入れる追加のスペース

- 長い段落数式の例を下に示します．

```
ここでは次の方程式を解く方法を述べる．
\baselineskip    = 6mm
\jot             = 7mm
\abovedisplayskip = 10mm
\belowdisplayskip = 8mm
\begin{eqnarray*}
 f(x)&=& a(x)\\
 g(x)&=& b(x)
\end{eqnarray*}
この方程式の解は ...
```

$\Longrightarrow$

ここでは次の方程式を解く方法を述べる．

`\baselineskip=6mm`

`\abovedisplayskip=10mm`

$$f(x) = a(x)$$

`\baselineskip=6mm`

`\jot=7mm`

$$g(x) = b(x)$$

`\baselineskip=6mm`

`\belowdisplayskip=8mm`

この方程式の解は ...

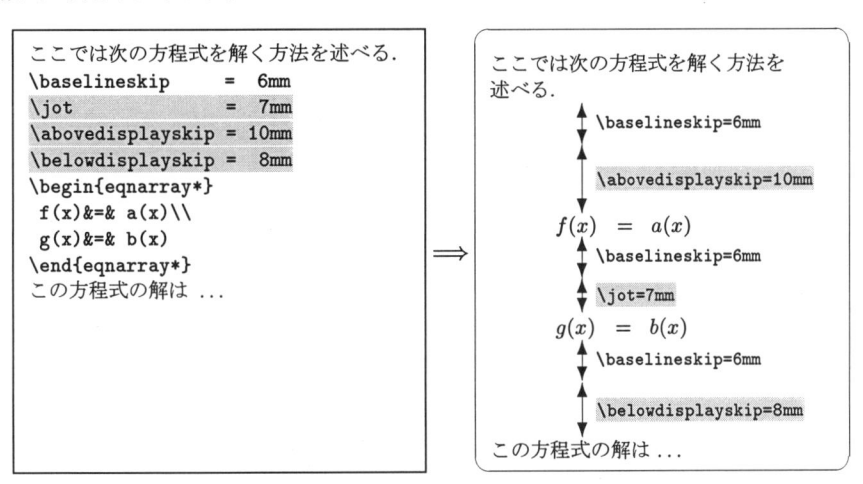

- 筆者が確かめたかぎりでは，`\abovedisplayshortskip` と `\belowdisplayshortskip` は，単一段落数式 [→p.128 (42.3)] に対してのみ有効で，別行段落数式 [→p.128 (42.4)] に対してはその効果は現れませんでした (読者も自ら確かめてみて下さい)．

- 文書クラスオプション `fleqn` を指定しているときと指定していないときとでは，これらのパラメータの効果は若干異なります．

コラム E：LaTeX 2ε ∋ ワープロ

　その存在を知ってか知らぬか，ワープロ専用機や他のワープロソフトを使っている人達からしばしば「LaTeX 2ε と言っても所詮ワープロの一種でしょ！」とこともなげに言い返されることがあります．実際，そうかも知れません．正確に言うならば，LaTeX 2ε は従来のワープロ機能をその <u>一部</u> として含んでいますが，それでもそれは勝れて高機能です．それだけではありません．LaTeX 2ε には，他のどのワープロソフトにもない素晴らしい機能が多く備わっており，しかもその全情報が無料で完全に公開されています．それを使ってあなた自身の LaTeX 2ε ワールドだって構築しようと思えばできるのです．

46 分数

用語: 分数　連分数
命令: \frac \tfrac \dfrac \cfrac \genfrac
パッケージ: amsmath

◇

46.1 分数 I

▨ 分数の最も簡単な記述方法は，たとえば単に 1/2 と書くことです．文中数式 [→p.127 (42.2)] における分数はこの方法で書くことをお薦めします．

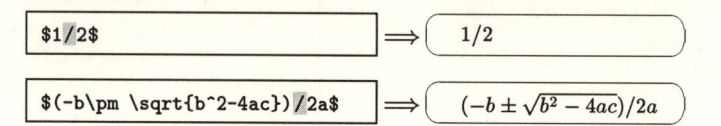

| $1/2$ | ⟹ | $1/2$ |
| $(-b\pm \sqrt{b^2-4ac})/2a$ | ⟹ | $(-b \pm \sqrt{b^2-4ac})/2a$ |

46.2 分数 II

▨ 分数を記述する標準的な命令に次のものがあります．

《命令》　\frac{ }{ }

▨ この命令は，T–スタイルと D–スタイル [→p.129 (42.5)] とでは出力結果は異なります．

□ T–スタイルである文中数式 [→p.127 (42.2)] の中で \frac 命令を用いて分数を書く例を下に示します．

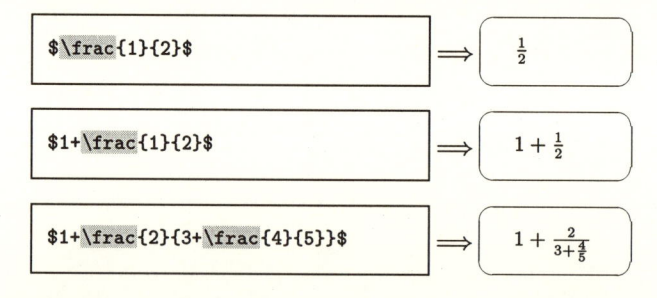

`$\frac{1}{2}$`	⟹	$\frac{1}{2}$
`$1+\frac{1}{2}$`	⟹	$1+\frac{1}{2}$
`$1+\frac{2}{3+\frac{4}{5}}$`	⟹	$1+\frac{2}{3+\frac{4}{5}}$

□ D–スタイルである段落数式 [→p.127 (42.1)] の中で \frac 命令を用いて分数を書く例を下に示します．

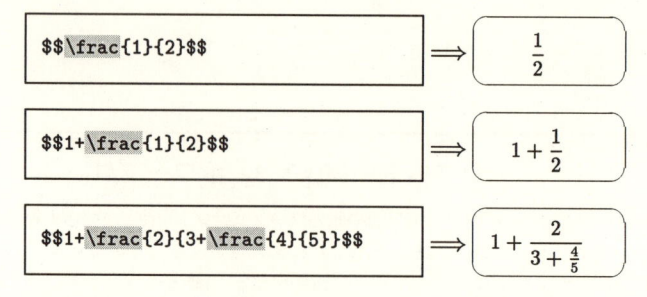

`$$\frac{1}{2}$$`	⟹	$\dfrac{1}{2}$
`$$1+\frac{1}{2}$$`	⟹	$1+\dfrac{1}{2}$
`$$1+\frac{2}{3+\frac{4}{5}}$$`	⟹	$1+\dfrac{2}{3+\dfrac{4}{5}}$

▨ 分数の入力文の中で \displaystyle と \textstyle [→p.129 (42.5)] を宣言することによって，T–スタイルによる分数の中の一部を D–スタイルに変更したり，逆に D–スタイルによる分数の中の一部を T–スタイルに変更したりすることができます．

- T–スタイル → D–スタイル

`$\frac{1}{2}+{\displaystyle\frac{1}{2}}$` $\implies$ $\frac{1}{2}+\frac{1}{2}$

- D–スタイル → T–スタイル

`$$\frac{1}{2}{\textstyle\frac{1}{2}}$$` $\implies$ $\frac{1}{2}+\frac{1}{2}$

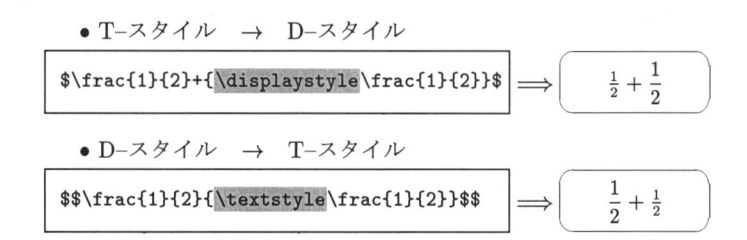

※ 分数のバーが短いと思われるときは，下の例のように \hspace 命令で長くすることができます．

`$\frac{\hspace{1mm} 1 \hspace{1mm}}{2}$` $\implies$ $\frac{1}{2}$

46.3　分数III：T–スタイルとD–スタイルの分数

※ amsmath パッケージを登録すると [→p.32 (10)]，T–スタイルとD–スタイルの分数を直接書く次の命令が使えます．

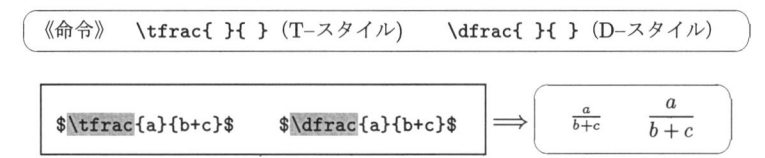

《命令》　\tfrac{ }{ }（T–スタイル）　\dfrac{ }{ }（D–スタイル）

`$\tfrac{a}{b+c}$`　　`$\dfrac{a}{b+c}$` $\implies$ $\tfrac{a}{b+c}$　$\dfrac{a}{b+c}$

46.4　分数IV

※ amsmath パッケージを登録すると [→p.32 (10)]，次の命令を使って様々な形式の分数が表現できます．

《命令》　\genfrac{左の区切り記号}{右の区切り記号}{線の太さ}{スタイル}{分子}{分母}

※ 第1，第2の引数 { } には区切り記号 [→p.104 (32)] であれば何でも使えます．第3の引数 { } は分数の中線の太さを指定するものです．第4の引数 { } はその分数の大きさのスタイルを指定するもので，{0}，{1}，{2} の3つのスタイルがあります．

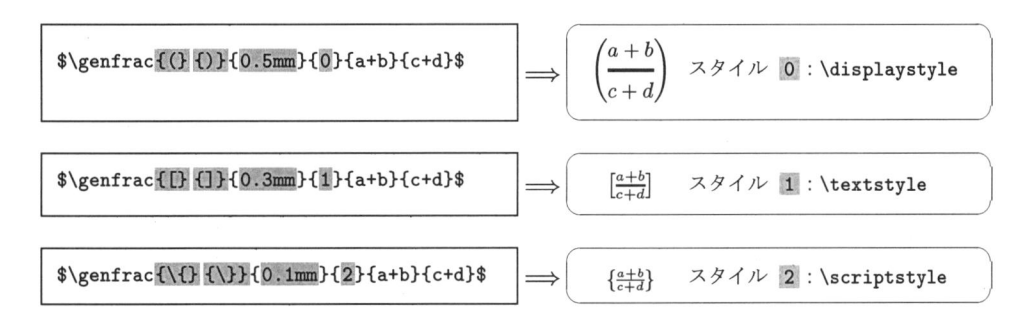

`$\genfrac{(}{)}{0.5mm}{0}{a+b}{c+d}$` $\implies$ $\left(\dfrac{a+b}{c+d}\right)$　スタイル 0：\displaystyle

`$\genfrac{[}{]}{0.3mm}{1}{a+b}{c+d}$` $\implies$ $\left[\tfrac{a+b}{c+d}\right]$　スタイル 1：\textstyle

`$\genfrac{\{}{\}}{0.1mm}{2}{a+b}{c+d}$` $\implies$ $\left\{\genfrac{}{}{0.1mm}{2}{a+b}{c+d}\right\}$　スタイル 2：\scriptstyle

46.5 連分数

連分数は次のように書きます．

```
$a+\frac{\displaystyle b}{\displaystyle c
  +\frac{\displaystyle d}{\displaystyle e
  +\frac{\displaystyle f}{\displaystyle g
  +\frac{\displaystyle h}{\displaystyle i}}}}$
```

$\Rightarrow$

$$a+\cfrac{b}{c+\cfrac{d}{e+\cfrac{f}{g+\cfrac{h}{i}}}}$$

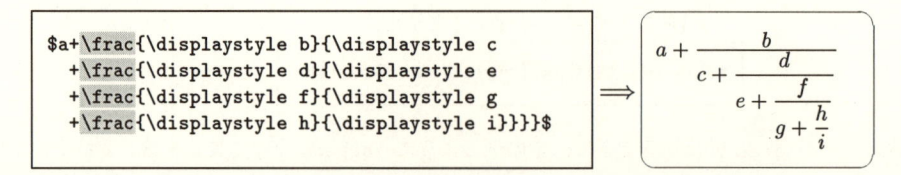

amsmath パッケージを登録すると [→p.32(10)]，連分数を書く次の命令が使用できます．

《命令》　\cfrac[ ]{ }

```
$a+\cfrac{b}{c
       +\cfrac{d}{e
         +\cfrac{f}{g
           +\cfrac{h}{i}}}}$
```

$\Rightarrow$

$$a+\cfrac{b}{c+\cfrac{d}{e+\cfrac{f}{g+\cfrac{h}{i}}}}$$

この命令において

《命令》　横位置パラメータ　　l(左)　c(中)　r(右)

を指定すると，分子を左・中・右寄せにすることができます．これを指定しなければ中寄せとなります．

```
$ a+\cfrac[l]{b}{c
        +\cfrac[c]{d}{e
          +\cfrac[r]{f}{g
            +\cfrac[r]{h}{i}}}}$
```

$\Rightarrow$

$$a+\cfrac[l]{b}{c+\cfrac[c]{d}{e+\cfrac[r]{f}{g+\cfrac[r]{h}{i}}}}$$

コラム X：人文社会系にも LaTeX 2_ε を

LaTeX 2_ε はもともと数理・物理系の論文・書籍用に開発されたものですが pLaTeX では縦書きも可能となり，人文社会系の論文・書籍の執筆への道が開かれました．筆者は縦書きを使ったことがないので，多く語ることはできませんが，縦書き専用に書かれたはじめての解説書 [35] (藤田) を紐解き，返り点のある漢文，ルビ，傍注など入・出力例を見るにつけ，LaTeX 2_ε が国文，法律文，仏典，公文書などの縦書文書が要求するほとんどのことが可能であることがわかります．今後，これらの分野の学生・研究者にも LaTeX 2_ε は大いに使ってもらいたいものです．

47 平方根

用語：平方根

命令：\sqrt \leftroot \uproot

パッケージ：amsmath

47.1 平方根

▨ 平方根の記述には次の命令を使用します．

《命令》 \sqrt[ ]{ }

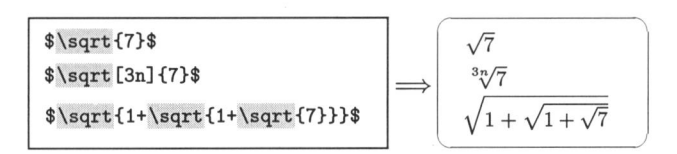

```
$\sqrt{7}$
$\sqrt[3n]{7}$
$\sqrt{1+\sqrt{1+\sqrt{7}}}$
```
$\Longrightarrow$
$\sqrt{7}$
$\sqrt[3n]{7}$
$\sqrt{1+\sqrt{1+\sqrt{7}}}$

▨ この命令では，下の例のように，高さの高い文字（f のような）はルート記号の屋根にくっつき過ぎてしまったり，隣り合うルート記号の屋根の高さが不揃いになったりします．

`$\sqrt{a}+\sqrt{f}+\sqrt{c}$` → $\sqrt{a}+\sqrt{f}+\sqrt{c}$

この不恰好さは，命令 \mathstrut を使って調整することができます[→p.118 (37.3)/ p.151 (50.4)]．

`$\sqrt{\mathstrut a}+\sqrt{\mathstrut f}+\sqrt{\mathstrut c}$` $\Longrightarrow$ $\sqrt{\mathstrut a}+\sqrt{\mathstrut f}+\sqrt{\mathstrut c}$

47.2 平方根のべきの位置調整

▨ amsmath パッケージを登録すると[→p.32 (10)]，平方根 $\sqrt[a]{x}$ のベキ a の位置を上下・左右に移動させる次の命令が使用できます．べきをどの程度移動させるかはユーザの美的感覚の問題です．

《命令》 \leftroot{ } \uproot{ }

移動単位がどのようなものであるかはっきりしませんが，上の例よりその感触をつかんで下さい．

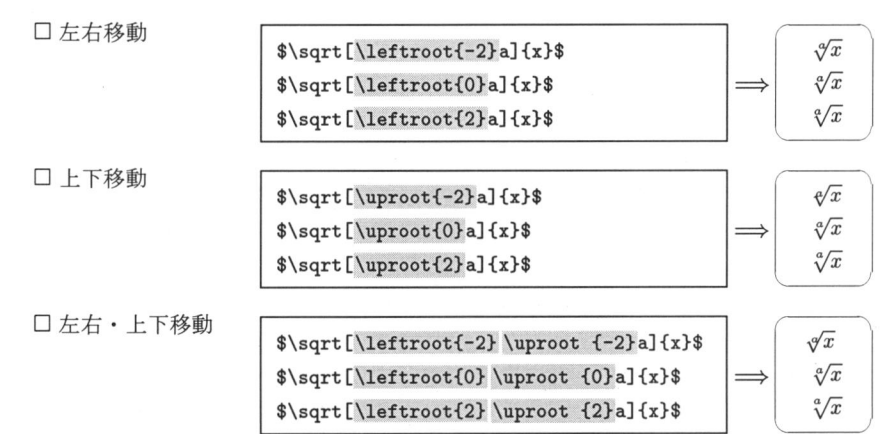

□ 左右移動
```
$\sqrt[\leftroot{-2}a]{x}$
$\sqrt[\leftroot{0}a]{x}$
$\sqrt[\leftroot{2}a]{x}$
```
$\Longrightarrow$
$\sqrt[a]{x}$
$\sqrt[a]{x}$
$\sqrt[a]{x}$

□ 上下移動
```
$\sqrt[\uproot{-2}a]{x}$
$\sqrt[\uproot{0}a]{x}$
$\sqrt[\uproot{2}a]{x}$
```
$\Longrightarrow$
$\sqrt[a]{x}$
$\sqrt[a]{x}$
$\sqrt[a]{x}$

□ 左右・上下移動
```
$\sqrt[\leftroot{-2} \uproot {-2}a]{x}$
$\sqrt[\leftroot{0} \uproot {0}a]{x}$
$\sqrt[\leftroot{2} \uproot {2}a]{x}$
```
$\Longrightarrow$
$\sqrt[a]{x}$
$\sqrt[a]{x}$
$\sqrt[a]{x}$

48 添字

用語：添字
命令：^　_

◇

48.1 添字

▣ 数式でよく使われる a^2 や x_2 のような上付き・下付きの添字は次の命令によって付けます．

《命令》　^　_

`$x^2$` → x^2	`$x_2$` → x_2	`$x_2^3$` → x_2^3
`$x^{2^3}$` → x^{2^3}	`$x_{2_3}$` → x_{2_3}	`$x^{2_3}$` → x^{2_3}
`$x^{2^{3^4}}$` → $x^{2^{3^4}}$	`$x_{2_{3_4}}$` → $x_{2_{3_4}}$	`$x_{2^{3^4}}$` → $x_{2^{3^4}}$
`$x^{2^{3^{4^5}}}$` → $x^{2^{3^{4^5}}}$	`$x_{2_{3_{4_5}}}$` → $x_{2_{3_{4_5}}}$	`$x_{2^{3_{4^5}}}$` → $x_{2^{3_{4^5}}}$

▣ 文字列を添字にするときは，その文字列を { } で囲んでグルーピングします [→p.23 (8.2)]．

▣ \alpha や \infty のような，1つの命令によって出力される文字や記号を上付き・下付きにするときはそれ全体を { } で囲んでグルーピングする必要はありません．ただし，-\infty, +\infty, 2\alpha, \beta/3 のような場合には，やはり { } で囲んでグルーピングしなければなりません．

`$x^{123}$` → x^{123}
`$x^\infty$` → x^∞
`$x^{-\infty}$` → $x^{-\infty}$
`$x_\alpha$` → x_α
`$x_{2\alpha}^{\beta/2}$` → $x_{2\alpha}^{\beta/2}$

▣ 次の例もしばしば有用となるでしょう（`{}` は「空の文字」と呼ばれるものです）．

`$a_i{}^2$` ⟹ $a_i{}^2$

49 二項係数

用語：二項係数
命令：\choose \binom \dbinom \tbinom \atopwithdelims
パッケージ：amsmath

◇

49.1 二項係数 I

▣ 二項係数を記述するには次の命令を使用します．

《命令》 \choose

▣ D–スタイルである段落数式 [→p.129 (42.5)] の中で二項係数を書く例を下に示します．

| `$$m \choose n$$` | `$$m \choose {n+k}$$` | `$$m \choose {n \choose k}$$` |

⇓

$$\binom{m}{n} \qquad \binom{m}{n+k} \qquad \binom{m}{\binom{n}{k}}$$

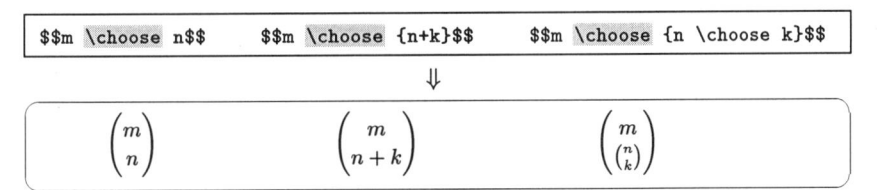

▣ T–スタイルである文中数式の中で二項係数を書く例を下に示します．

| `$m \choose n$` | `$m \choose{n+k}$` | `$m \choose{n \choose k}$` |

⇓

$\binom{m}{n} \quad \binom{m}{n+k} \quad \binom{m}{\binom{n}{k}}$

49.2 二項係数 II

▣ amsmath パッケージを使用すると [→p.32 (10)]，二項係数を書く次の命令が使用できます（下の例は D–スタイルのものです）．

《命令》 \binom{ }{ }

| `$$\binom{m}{n}$$` | `$$\binom{m}{n+k}$$` | `$$\binom{m}{\binom{n}{k}}$$` |

⇓

$$\binom{m}{n} \qquad \binom{m}{n+k} \qquad \binom{m}{\binom{n}{k}}$$

▣ さらに，二項係数を D–スタイルと T–スタイルで書く次の命令もあります．

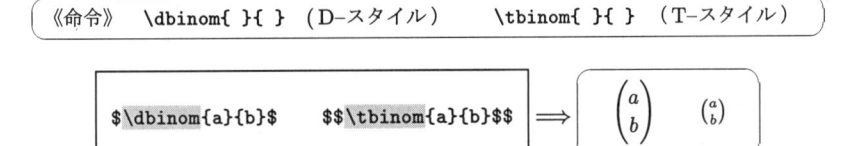

《命令》 \dbinom{ }{ } （D–スタイル）　　\tbinom{ }{ } （T–スタイル）

`$\dbinom{a}{b}$`　　`$$\tbinom{a}{b}$$` ⇒ $\dbinom{a}{b} \quad \tbinom{a}{b}$

49.3 二項係数 III

▨ 二項係数を書くのに，40.4 節 (p.124) で述べた次の命令を使うこともできます．

《命令》　\atopwithdelims

`$\displaystyle a \atopwithdelims() \displaystyle b $` ⇒ $\binom{a}{b}$

コラム V：和文における句読点・括弧・疑問符・感嘆符の入力上の注意

句読点・括弧・疑問符・感嘆符には半角・全角含めて次のようなものがあります．

	半角	全角
句読点	, ．	， ．
括弧	( )	（ ）
鈎括弧		「 」 『 』
疑問符	?	？
感嘆符	!	！

和文 (全角) の文章においてこれら句読点・括弧・疑問符・感嘆符を不用意に使うと，文続きが間延びしたり，窮屈になったりします．59.4 節 (p.179) で述べた四分空きと下に示す例を参考に，貴方の好みや学会・出版社の執筆規定に沿うものを使い分けて下さい．必要なら \hspace，\,，\@ など水平方向のスペース命令を挿入することも考えられます．

```
半角： あああ.いいい        →  あああ. いいい
半角： あああ. いいい       →  あああ. いいい
全角： あああ．いいい       →  あああ．いいい
```

```
半角： あああ,いいい        →  あああ, いいい
半角： あああ, いいい       →  あああ, いいい
全角： あああ，いいい       →  あああ，いいい
```

```
半角： あああ(いいい)ううう   →  あああ (いいい) ううう
半角： あああ (いいい) ううう →  あああ (いいい) ううう
全角： あああ（いいい）ううう →  あああ（いいい）ううう
```

```
半角： あああ).いいい       →  あああ). いいい
半角： あああ). いいい      →  あああ). いいい
全角： あああ）.いいい      →  あああ）. いいい
全角： あああ）．いいい     →  あああ）．いいい
```

```
半角： あああ? いいい       →  あああ? いいい
半角： あああ\,? いいい     →  あああ? いいい
半角： あああ~? いいい      →  あああ ? いいい
全角： あああ？いいい       →  あああ？いいい
```

50 行列・行列式・ベクトル

用語：行列　行列式　縁付き行列　縁付きベクトル
命令：\left　\right　\bordermatrix　\hdotsfor　array 環境　matrix 環境　pmatrix 環境　bmatrix 環境　vmatrix 環境　Vmatrix 環境　smallmatrix 環境　maxMatrixCols
パッケージ：amsmath

◇

50.1　行列と行列式 I

▣ 行列と行列式は次の 3 つの命令を併用して書きます [→p.212 (70)/ p.106 (32.6)].

《命令》　array 環境　\left　\right

```
$$\left(\begin{array}{rrr}
    a & b & c \\
    d & e & f \\
    g & h & i \\
    \end{array}\right)$$
```
$\Rightarrow$
$$\left(\begin{array}{rrr} a & b & c \\ d & e & f \\ g & h & i \end{array}\right)$$

```
$$\left|\begin{array}{rrr}
    a & b & c \\
    d & e & f \\
    g & h & i \\
    \end{array}\right|$$
```
$\Rightarrow$
$$\left|\begin{array}{rrr} a & b & c \\ d & e & f \\ g & h & i \end{array}\right|$$

```
$$ \left|\begin{array}{rrrrr}
    a      & \cdots & b      & \cdots & c \\
    \vdots & \ddots & \vdots & \ddots & \vdots \\
    d      & \cdots & e      & \cdots & f \\
    \vdots & \ddots & \vdots & \ddots & \vdots \\
    g      & \cdots & h      & \cdots & i \\
\end{array}\right|$$
```
$\Rightarrow$
$$\left|\begin{array}{rrrrr} a & \cdots & b & \cdots & c \\ \vdots & \ddots & \vdots & \ddots & \vdots \\ d & \cdots & e & \cdots & f \\ \vdots & \ddots & \vdots & \ddots & \vdots \\ g & \cdots & h & \cdots & i \end{array}\right|$$

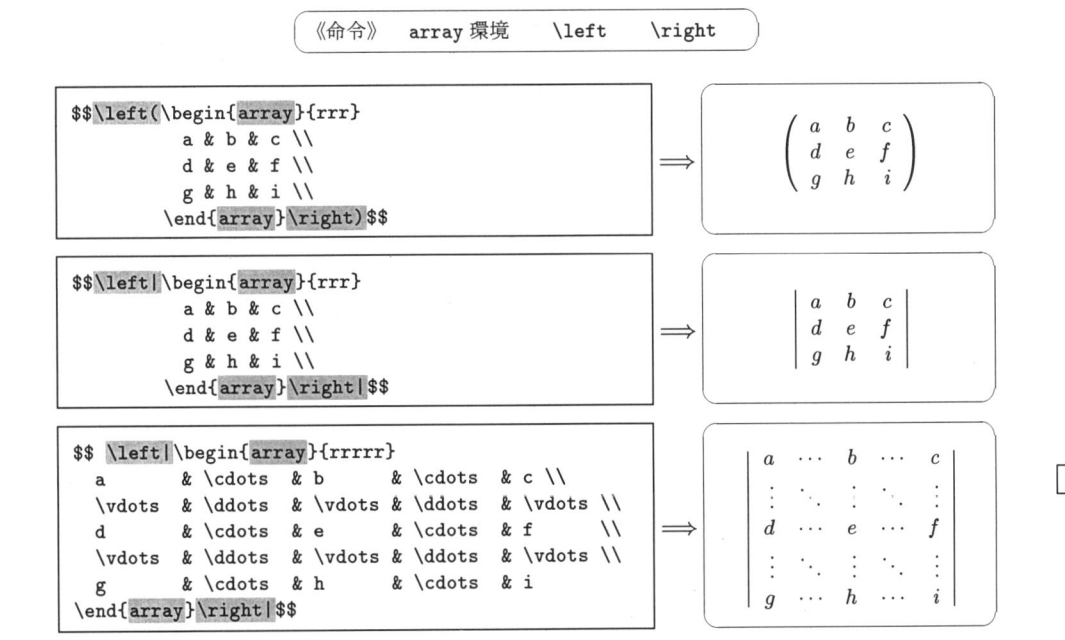

▣ 最初の例では括弧と行列要素の間が空き過ぎの感があります．横位置パラメータのところに @{\,} を挿入するとこの空きは狭まります．

```
$$\left(\begin{array}{@{\,} rrr@{\,}}
    a & b & c \\
    d & e & f \\
    g & h & i \\
    \end{array}\right)$$
```
$\Rightarrow$
$$\left(\begin{array}{@{\,}rrr@{\,}} a & b & c \\ d & e & f \\ g & h & i \end{array}\right)$$

50.2　行列と行列式 II

▣ amsmath パッケージを登録すると [→p.32 (10)]，次の 6 つの環境命令によっても行列や行列式を書くことができます．

《命令》　matrix 環境　pmatrix 環境　bmatrix 環境
　　　　 vmatrix 環境　Vmatrix 環境　smallmatrix 環境

`\begin{matrix} a & b \\c & d \end{matrix}`	$\Longrightarrow$ $\begin{matrix} a & b \\ c & d \end{matrix}$
`\begin{pmatrix} a & b \\c & d \end{pmatrix}`	$\Longrightarrow$ $\begin{pmatrix} a & b \\ c & d \end{pmatrix}$
`\begin{bmatrix} a & b \\c & d \end{bmatrix}`	$\Longrightarrow$ $\begin{bmatrix} a & b \\ c & d \end{bmatrix}$
`\begin{vmatrix} a & b \\c & d \end{vmatrix}`	$\Longrightarrow$ $\begin{vmatrix} a & b \\ c & d \end{vmatrix}$
`\begin{Vmatrix} a & b \\c & d \end{Vmatrix}`	$\Longrightarrow$ $\begin{Vmatrix} a & b \\ c & d \end{Vmatrix}$
`\left(\begin{smallmatrix} a & b \\c & d \end{smallmatrix}\right)`	$\Longrightarrow$ $\left(\begin{smallmatrix} a & b \\ c & d \end{smallmatrix}\right)$

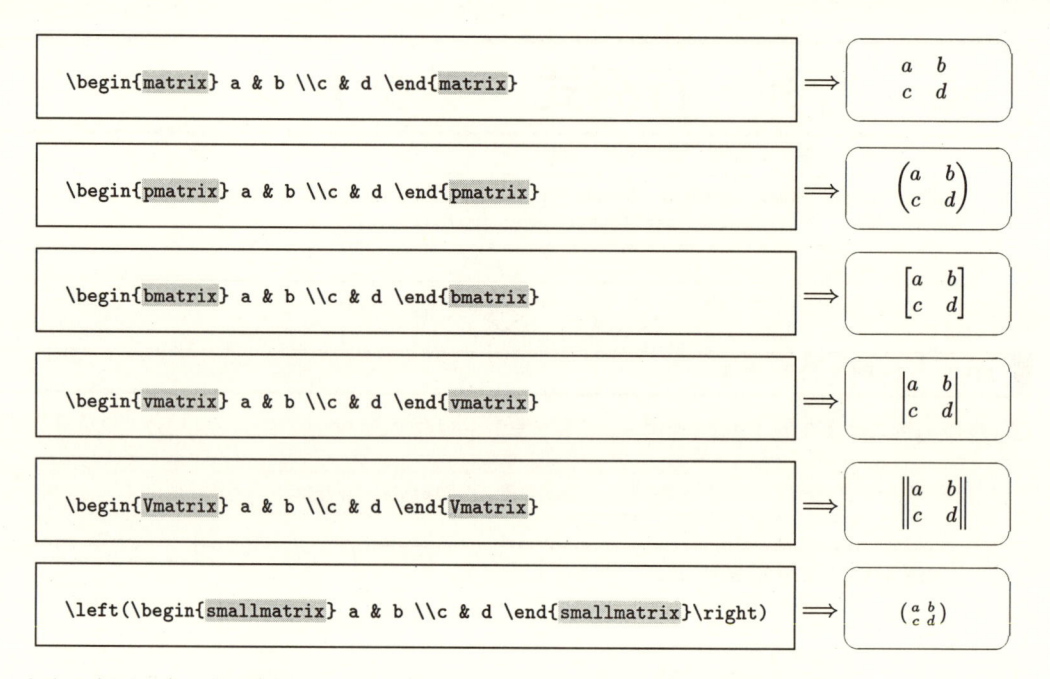

▨ これらの行列の大きさは標準として 10×10 までですが，カウンタ `MaxMatrixCols`【→ [4] p.277】を使って任意の大きさに変更できます．たとえば 20×20 にするには次のように宣言します．

```
\setcounter{MaxMatrixCols}{20}
```

▨ また次のような便利なドット命令もあります．引数 { } にはドットが及ぶ横要素の数を書きます．

《命令》　`\hdotsfor{ }`

```
$\begin{pmatrix}
a & b          & c            & d & e \\
f & g          & \hdotsfor{1} & h & i \\
i & \hdotsfor{2}              & & j & k \\
\hdotsfor{5}                             \\
l & m          & o            & p & q
\end{pmatrix}$
```

$\Longrightarrow$ $\begin{pmatrix} a & b & c & d & e \\ f & g & . & h & i \\ i & \dotsb & & j & k \\ \hdotsfor{5} \\ l & m & o & p & q \end{pmatrix}$

50.3　縁付き行列

▨ 行列にはその縁に説明を付ける「縁付き行列」というものがあります．これは次の命令で書きます（この場合，数式の終わりに置く改行命令には TeX 命令である `\cr` を使います）．

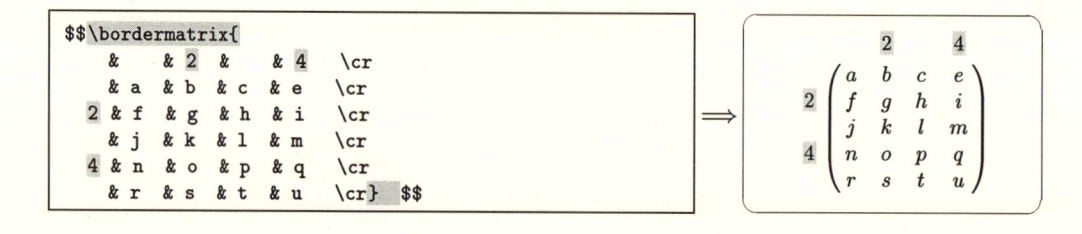

《命令》　`\bordermatrix{ }`

```
$$\bordermatrix{
  &   & 2 &   & 4   \cr
  & a & b & c & e   \cr
2 & f & g & h & i   \cr
  & j & k & l & m   \cr
4 & n & o & p & q   \cr
  & r & s & t & u   \cr} $$
```

$\Longrightarrow$ $\bordermatrix{ & & 2 & & 4 \cr & a & b & c & e \cr 2 & f & g & h & i \cr & j & k & l & m \cr 4 & n & o & p & q \cr & r & s & t & u \cr}$

50.4 縁付きベクトル

```
$$\bordermatrix{
   &        &         &  i      &         &        \cr
   & a      & \cdots  & b       & \cdots  & c      \cr
   & \vdots & \ddots  & \vdots  & \ddots  & \vdots \cr
 j & d      & \cdots  & e       & \cdots  & f      \cr
   & \vdots & \ddots  & \vdots  & \ddots  & \vdots \cr
   & g      & \cdots  & h       & \cdots  & i      \cr} $$
```

$$\Longrightarrow \quad \begin{matrix} & & i & & \\ & \begin{pmatrix} a & \cdots & b & \cdots & c \\ \vdots & \ddots & \vdots & \ddots & \vdots \\ d & \cdots & e & \cdots & f \\ \vdots & \ddots & \vdots & \ddots & \vdots \\ g & \cdots & h & \cdots & i \end{pmatrix} \\ j & & & & \end{matrix}$$

50.4 縁付きベクトル

▨ 数学でしばしば使われる縁付きベクトルは \stackrel [→p.123 (40.1)] を使って出力できます.

```
$(\stackrel{1}{a},\stackrel{\cdots}{\cdots},\stackrel{i-2}{a},\stackrel{i-1}{h},
  \stackrel{i}{a},\stackrel{i+1}{k},\stackrel{i+2}{a},\stackrel{\cdots}{\cdots},
  \stackrel{n}{a})$
```

⇓

$(\stackrel{1}{a},\stackrel{\cdots}{\cdots},\stackrel{i-2}{a},\stackrel{i-1}{h},\stackrel{i}{a},\stackrel{i+1}{k},\stackrel{i+2}{a},\stackrel{\cdots}{\cdots},\stackrel{n}{a})$

▨ 上の例では縁付き文字が不揃いになっています. これは, 次のように, mathstrut [→p.118 (37.3)] を使って補正することができます.

```
$(\stackrel{1}{\mathstrut a},\stackrel{\cdots}{\mathstrut \cdots},
  \stackrel{i-2}{\mathstrut a},\stackrel{i-1}{\mathstrut h},
  \stackrel{i}{\mathstrut a},\stackrel{i+1}{\mathstrut k},
  \stackrel{i+2}{\mathstrut a},\stackrel{\cdots}{\mathstrut \cdots},
  \stackrel{n}{\mathstrut a})$
```

⇓

$(\stackrel{1}{a},\stackrel{\cdots}{\cdots},\stackrel{i-2}{a},\stackrel{i-1}{h},\stackrel{i}{a},\stackrel{i+1}{k},\stackrel{i+2}{a},\stackrel{\cdots}{\cdots},\stackrel{n}{a})$

▨ 筆者はこれを次のマクロ命令にして使っています.

《命令》　\newcommand{\Bvector}[2]{\stackrel{#1}{\mathstrut #2}}

```
$(\Bvector{1}{a},\Bvector{\cdots}{\cdots},\Bvector{i-2}{a},\Bvector{i-1}{h},
  \Bvector{i}{a},\Bvector{i+1}{h},\Bvector{i+2}{a},\Bvector{\cdots}{\cdots},
  \Bvector{n}{a})$
```

⇓

$(\stackrel{1}{a},\stackrel{\cdots}{\cdots},\stackrel{i-2}{a},\stackrel{i-1}{h},\stackrel{i}{a},\stackrel{i+1}{h},\stackrel{i+2}{a},\stackrel{\cdots}{\cdots},\stackrel{n}{a})$

51 曲線

用語: ベジェー曲線　閉曲線　破線　折れ線　曲線の太さ
命令: \bezier　\qbezier　\path　\curve　\spline　\closecurve　\scaleput　\putfile　\picsquare　\dottedline　\dashline　\allinethickness　\Thicklines　\jput　\drawline　dottedjoin 環境　dashjoin 環境　drawjoin 環境　\Picdot (筆者のマクロ)
パッケージ: bezier　curves

◇

51.1 \bezier 曲線

▨ bezier パッケージを登録すると [→p.32(10)]，曲線を描く次の命令が使えます．

《命令》　\bezier{ }( )( )( )

```
\begin{picture}(60,30)
\bezier{100}(5,5)(30,40)(55,25)  % A
\bezier{200}(5,5)(30,15)(55,25)  % B
\bezier{350}(5,5)(30,0)(55,25)   % C
\end{picture}
```

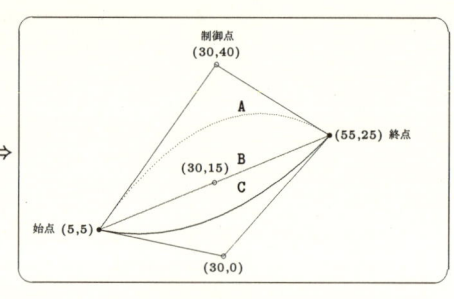

□ これらはすべて，始点・を (5,5)，終点・を (55,25) とし，それぞれ (30,40), (30,15), (30,0) を制御点。とした\bezier 曲線です．

□ \bezier 曲線は点列で描かれます．{100}, {200}, {350} はその点列数です．

□ 2番目の例のように，制御点を，始点 (5,5) と終点 (55,25) を結ぶ直線上 (中点 (30,15) がよい) に取ると直線となります (制御点を始点あるいは終点と同じにしても直線になりますが，そうすると直線に濃淡が生じます)．

□ A と B の例のように，制御点を，始点 (5,5) と終点 (55,25) を結ぶ直線上以外の点に取ると，その制御点に引っ張られたような形の曲線となります．

□ 指定点列数をあまり大きくするとコンパイルエラーとなります．しかも，分割処理 [→p.19(7)] をしているときにエラーとならなくても，いくつかのファイルを結合するとエラーとなることもあります．このような場合，点列数を小さくするとエラーは解消します．

51.2 \qbezier 曲線

▨ bezier パッケージを登録すると [→p.32(10)]，曲線を描く次の命令が使えます．

《命令》　\qbezier[ ]( )( )( )

```
\begin{picture}(60,30)
\qbezier[200](5,5)(30,40)(55,25)
\qbezier(5,5)(30,0)(55,25)
\end{picture}
```

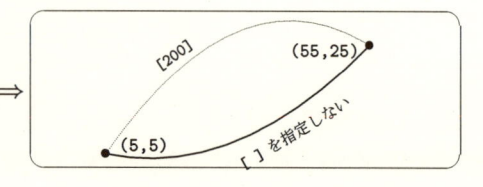

□ この命令では点列数はオプションです．点列数を 200 個にしたければ [200] と指定をします．点列数を指定しなければ，程よい濃さの線になるよう点列数は自動的に決められます．

51.3　\path 折れ線

▨ curves パッケージを登録すると [→p.32(10)]，点列を結ぶ次の命令が使えます．

《命令》　\path( )( )…( )

▨ 2 点連結は直線となります．

```
\begin{picture}(30,15)
\path(0,0)(30,15)
\end{picture}
```
⇒ (0,0) から (30,15) への直線

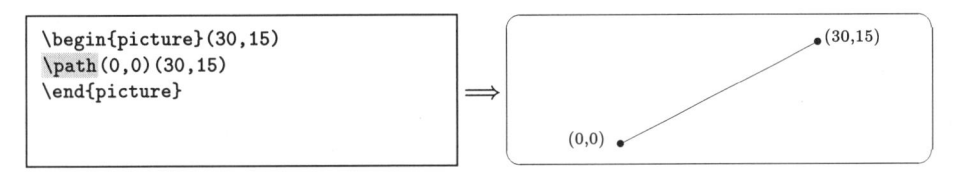

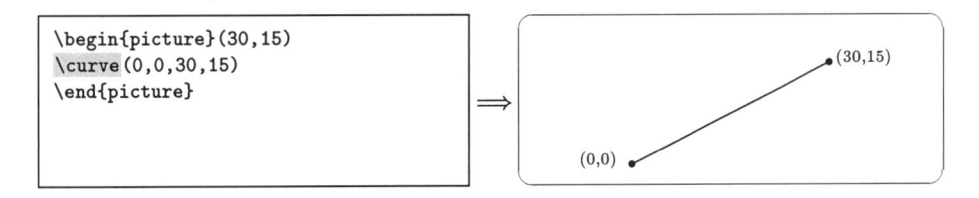

▨ 3 点連結は折れ線となります．

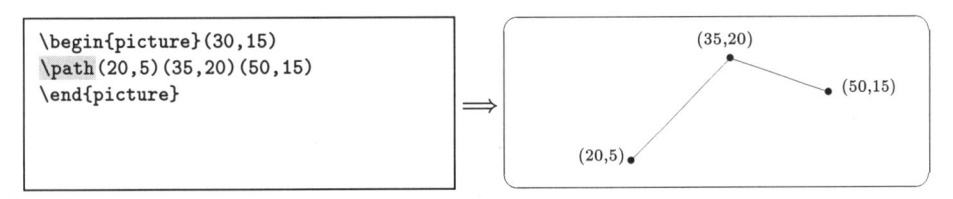

```
\begin{picture}(30,15)
\path(20,5)(35,20)(50,15)
\end{picture}
```
⇒ (20,5)、(35,20)、(50,15) を結ぶ折れ線

▨ 多点連結：たとえば正規分布を 13 点を指定して描くと次のようになります．

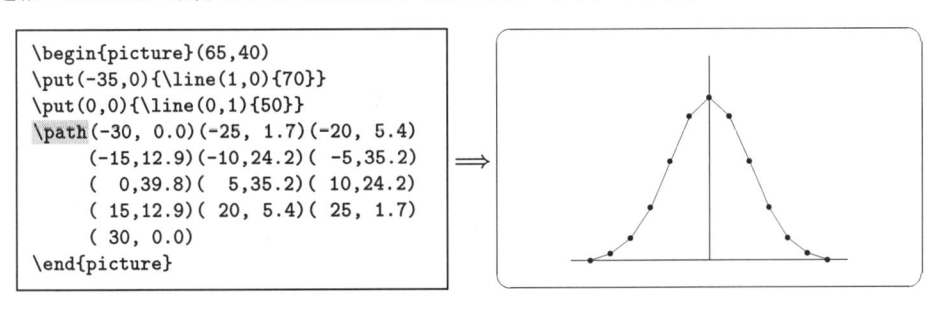

```
\begin{picture}(65,40)
\put(-35,0){\line(1,0){70}}
\put(0,0){\line(0,1){50}}
\path(-30, 0.0)(-25, 1.7)(-20, 5.4)
     (-15,12.9)(-10,24.2)( -5,35.2)
     (  0,39.8)(  5,35.2)( 10,24.2)
     ( 15,12.9)( 20, 5.4)( 25, 1.7)
     ( 30, 0.0)
\end{picture}
```

51.4　\curve 曲線

▨ curves パッケージを登録すると [→p.32(10)]，点列を結ぶ次の命令が使えます．

《命令》　\curve( )

▨ 2 点連結は，\path 命令と同じく直線となります．

```
\begin{picture}(30,15)
\curve(0,0,30,15)
\end{picture}
```
⇒ (0,0) から (30,15) への直線

▨ 3 点連結は放物線となります.

```
\begin{picture}(30,15)
\curve(20,5,35,20,50,15)
\end{picture}
```
⟹ (図: (20,5), (35,20), (50,15) を通る曲線)

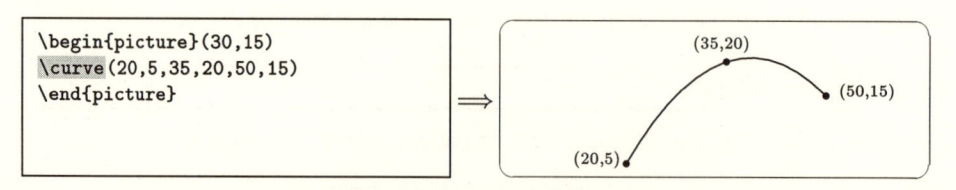

▨ 多点連結：たとえば正規分布を 13 点を指定して描くと次のようになります．この例のように，二点間の補間はかなり絶妙で，見た目にはほぼ完全な正規分布の形状となります．

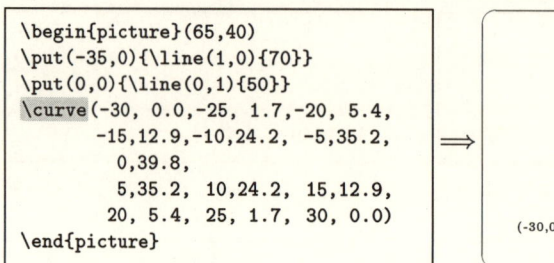

```
\begin{picture}(65,40)
\put(-35,0){\line(1,0){70}}
\put(0,0){\line(0,1){50}}
\curve(-30, 0.0,-25, 1.7,-20, 5.4,
       -15,12.9,-10,24.2, -5,35.2,
         0,39.8,
         5,35.2, 10,24.2, 15,12.9,
        20, 5.4, 25, 1.7, 30, 0.0)
\end{picture}
```
⟹ (正規分布曲線の図: (0,39.8), (-30,0.0), (30,0.0))

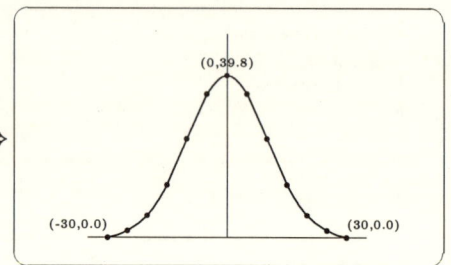

51.5 \spline 曲線

▨ curves パッケージを登録すると [→p.32(10)]，点列を結ぶ次の命令が使えます．

《命令》　\spline( )( )…( )

▨ 2 点連結をしても何も出力されません．

▨ 3 点連結の場合，中間点の傍をかすめるような曲線となります．

```
\begin{picture}(30,15)
\spline(20,5)(35,20)(50,15)
\end{picture}
```
⟹ (図: (20,5), (35,20), (50,15) を指定したスプライン曲線)

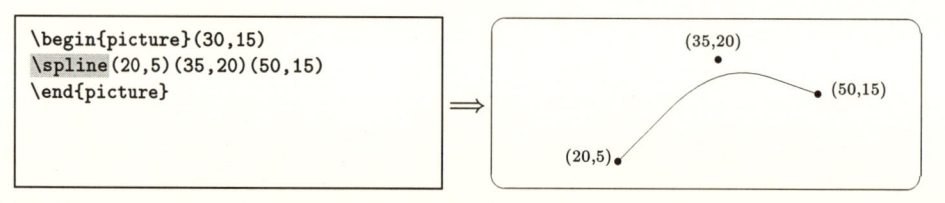

▨ 多点連結：たとえば正規分布を 13 点を指定して描くと次のようになります．

```
\begin{picture}(65,25)
\put(-35,0){\line(1,0){70}}
\put(0,0){\line(0,1){50}}
\spline(-30, 0.0)(-25, 1.7)(-20, 5.4)
       (-15,12.9)(-10,24.2)( -5,35.2)
       (  0,39.8)(  5,35.2)( 10,24.2)
       ( 15,12.9)( 20, 5.4)( 25, 1.7)
       ( 30, 0.0)
\end{picture}
```
⟹ (正規分布状のスプライン曲線の図)

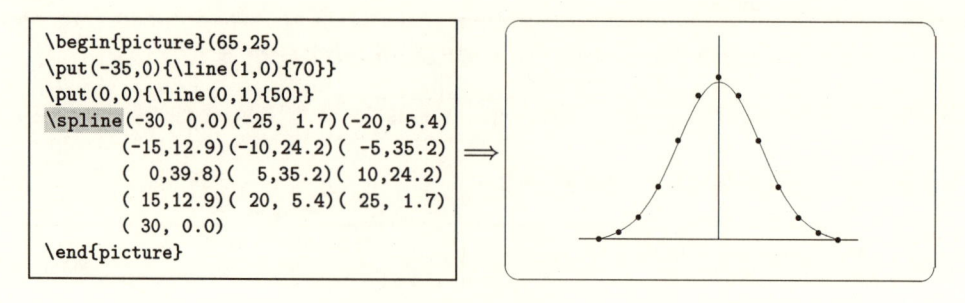

▨ \curve 命令の場合 [→p.153(51.4)]，指定した点はすべて通過するという強い制約がありますが，\spline 命令では，この制約は，それらの点の近くをかすめればよいという意味で緩やかになっています．

51.6 \closecurve 閉曲線

curves パッケージを登録すると [→p.32(10)]，与えられた 6 つ以上の座標点を結ぶ滑らかな閉曲線を描く次の命令が使えます．

《命令》　\closecurve[点列数]{$x_1,y_1,x_2,y_2,\ldots,x_n,y_n$ }

```
\begin{picture}(60,40)
\put(0,0){\closecurve(10,10,20,25,%
              40,20,35,5,%
              20,-2,15,0)}
\end{picture}
```

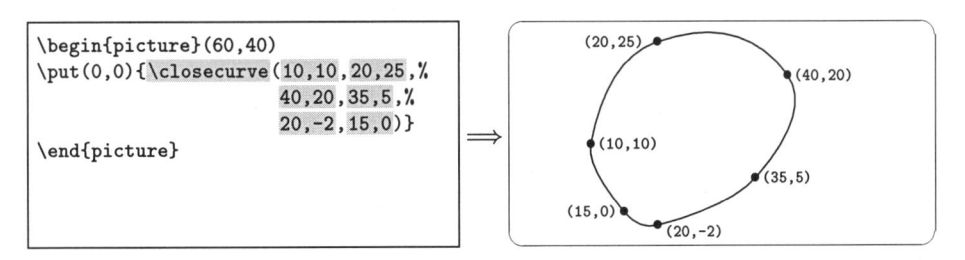

⇒ (20,25) (40,20) (10,10) (35,5) (15,0) (20,-2)

オプション引数を例えば [50] と指定すると，隣り合う座標点を結ぶ曲線の点列数を 50 に設定できます．

51.7 \scaleput（図形の縮小・拡大）

curves パッケージを登録すると [→p.32(10)]，縦方向と横方向の倍率を指定することによって，図形要素の原点 (0,0) に対する位置と図形の形状を縦横に拡大・縮小できる次の命令が使えます．

《命令》　\scaleput(x,y){図形}

縦方向と横方向の倍率は次の命令で指定します．

《命令》　\xscale　（横方向の倍率）　　\yscale　（縦方向の倍率）

```
\begin{picture}(60,30)
\put(10,5){\bigcircle{4}}
\renewcommand{\xscale}{3}
\renewcommand{\yscale}{2}
\scaleput(10,5){\bigcircle{4}}
\end{picture}
```

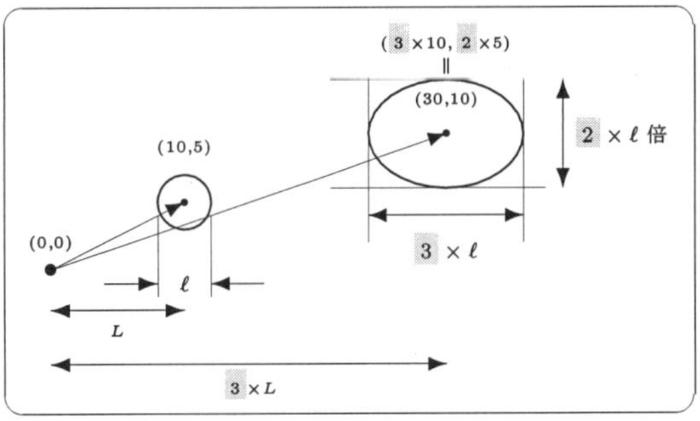

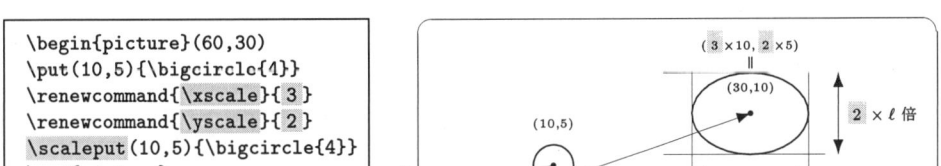

⇒ (0,0) (10,5) ℓ L (30,10) ($3\times10, 2\times5$) $2\times\ell$ 倍 $3\times\ell$ $3\times L$

51.8　データを読み込み二次元グラフを描く

以上述べてきた曲線描画の命令では，どれもがデータを手入力しなければなりませんでした．

epic パッケージを登録すると [→p.32(10)]，FORTRAN，BASIC，PASCAL などで事前に計算されたデータを読み込んで曲線を描く次の命令が使えます．これによって曲線描画の可能性は格段に広がるはずです．

《命令》　\putfile{読み込むデータのファイル名}{点の形状}

▨ ここで「点の形状」とは，曲線を描くときの点列の形 (かたち) のことで，次の命令によって定義します．

《命令》　\picsquare

小さな黒四角 ■ がその標準設定です．この黒四角の大きさは，ボックス枠の線の太さを宣言する命令 [→p.191 (64.8)]

《命令》　thinlines　\thicklines　\linethickness

によって変更できます．

▨ 1つの例を示します．まず，下のような「対になったデータ」のファイルを作ります．たとえば，このデータファイルの名前を NDF.DAT としましょう (ファイル名には拡張子があってもなくてもよい)．

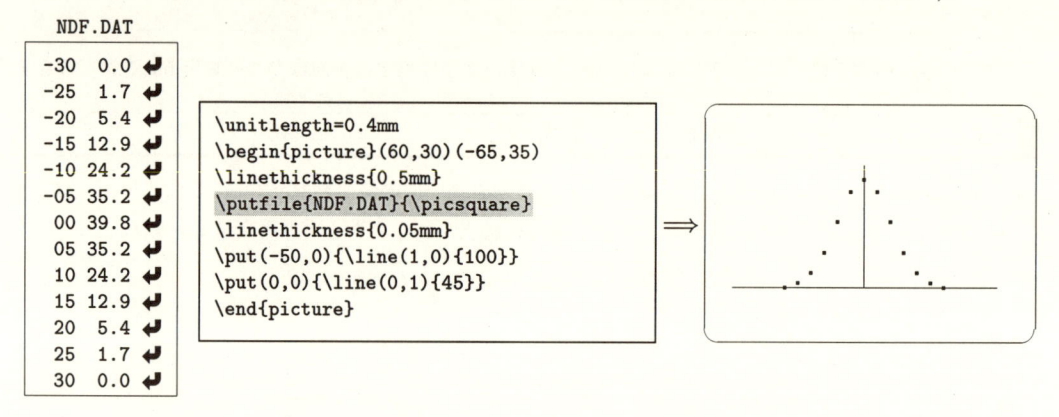

NDF.DAT
```
-30   0.0
-25   1.7
-20   5.4
-15  12.9
-10  24.2
-05  35.2
 00  39.8
 05  35.2
 10  24.2
 15  12.9
 20   5.4
 25   1.7
 30   0.0
```

```
\unitlength=0.4mm
\begin{picture}(60,30)(-65,35)
\linethickness{0.5mm}
\putfile{NDF.DAT}{\picsquare}
\linethickness{0.05mm}
\put(-50,0){\line(1,0){100}}
\put(0,0){\line(0,1){45}}
\end{picture}
```

⇒

▨ 筆者は，図形要素として，通常のドット ． を次のようにマクロ命令化して使っています．引数 #1 はドットのサイズを指定するパラメータです．サイズとして \tiny から \Huge [→p.83 (24)] までのどれか1つを好みに応じて指定します．

《命令》　\Picdot{サイズ命令}　　(筆者のマクロ)

```
\newcommand{\Picdot}[1]{\makebox(0,0){#1.}}
```

下に，上例の入力文における網掛け部分にある2番目の引数をこのマクロ命令に置き換えた例を2つ示します．

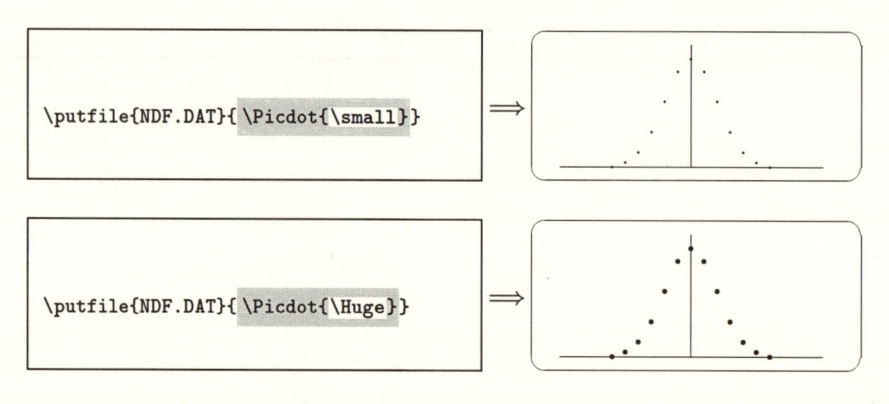

```
\putfile{NDF.DAT}{\Picdot{\small}}
```
⇒

```
\putfile{NDF.DAT}{\Picdot{\Huge}}
```
⇒

51.9 様々な破線

▨ [epic] パッケージを登録すると [→p.32(10)]，与えられた 2 点 (x_1,y_1) と (x_2,y_2) の間を点線や破線で結ぶ次の命令が使えます．

```
《命令》   \dottedline[ ]{ }(x₁,y₁)(x₂,y₂)    (点線)
           \dashline[ ]{ }[ ](x₁,y₁)(x₂,y₂)  (終線)
```

▨ **点線**で結ぶ命令 \dottedline の例を下に示します．

```
   \begin{picture}(50,20)
   \thicklines
1: \dottedline{2}(0,10)(45,20)
2: \dottedline[$\bullet$]{5}(0,5)(45,15)
3: \dottedline[$\heartsuit$]{8}(0,0)(45,10)
   \end{picture}
```

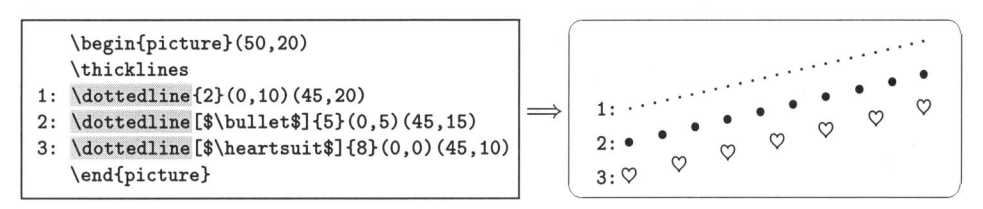

□ 1: は，点間の距離を 2 単位長 [→p.246(78.2)] とした点線です

□ 2: は，オプション引数 [$\bullet$] を宣言し，● を，点 (0,5) から (45,15) の間で，間隔 5 単位長で並べたものです．

□ 3: は，オプション引数 [$\heartsuit$] を宣言し，♡ を，点 (0,0) から (45,10) の間で，間隔 8 単位長で並べたものです．

▨ **破線**で結ぶ命令 \dashline の例を下に示します．

```
   \begin{picture}(50,10)
   \thicklines
1: \dashline{4}(0,15)(45,25)
2: \dashline[-30]{4}(0,10)(45,20)
3: \dashline[50]{4}(0,5)(45,5)
4: \dashline{4}[0.7](0,0)(45,0)
   \end{picture}
```

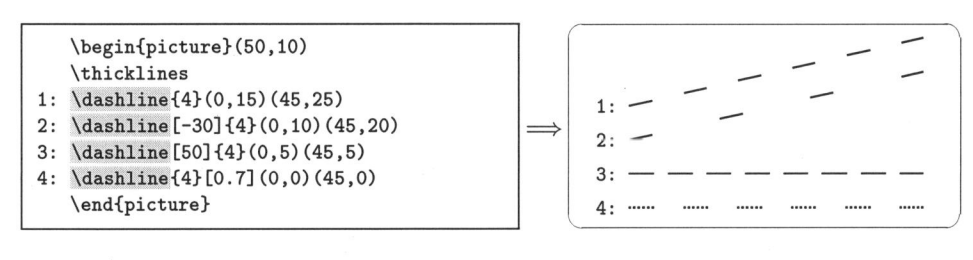

□ 1: は破線の長さを 4 単位長とした破線です．

□ 2: は必須引数 { } の前のオプション引数を [-30] とし，破線の数を少なくした例です．

□ 3: は必須引数 { } の前のオプション引数を [50] とし，破線の数を多くした例です．

□ 4: は必須引数 { } の後ろのプション引数を [0.7] とし，破線の各要素そのものを点間距離 0.7 単位長の破線にしたものです．

ただし，3: と 4: の例では，筆者の確かめた限りでは水平でない線に対しては無効でした．またこの例におけるオプション引数 [ ] の数は -100 以上の整数で宣言します．負の場合にはその数は減り，正の場合には増えます (その増減の程度は自ら確かめてみて下さい)．

51.10 折れ線 I

▨ [epic] パッケージを登録すると [→p.32(10)]，点間を点線・破線・直線で結んで折れ線を描くには次の環境命令を使うことができます．

《命令》　\begin{dottedjoin}[点の図形]{点間の距離} ～ \end{dottedjoin}
　　　　　\begin{dashjoin}[ ]{点間の距離}[ ] ～ \end{dashjoin}
　　　　　\begin{drawjoin}[ ]{点間の距離} ～ \end{drawjoin}

▣ この環境内では \put に替えて次の命令を使います．

《命令》　\jput(x,y){座標点の形状}

なお，点線・破線・直線の濃さは \thinlines と \thicklines で指定できます [→p.191 (64.8)]．

▣ dottedjoin 環境の例（座標間を結ぶ破線の間隔を 0.5 単位長としている）

```
 1: \unitlength=1mm
 2: \begin{picture}(0,0)
 3: \put(-5,-5){\line(1,0){40}}
 4: \put(-5,-5){\line(0,1){20}}
 5: \begin{dottedjoin}{0.5}
 6: \thicklines
 7: \jput(0,0){\makebox(0,0){$\bullet$}}
 8: \jput(10,9){\makebox(0,0){$\bullet$}}
 9: \jput(20,5){\makebox(0,0){$\bullet$}}
10: \jput(30,13){\makebox(0,0){$\bullet$}}
11: \end{dottedjoin}
12: \end{picture}
```

⇒

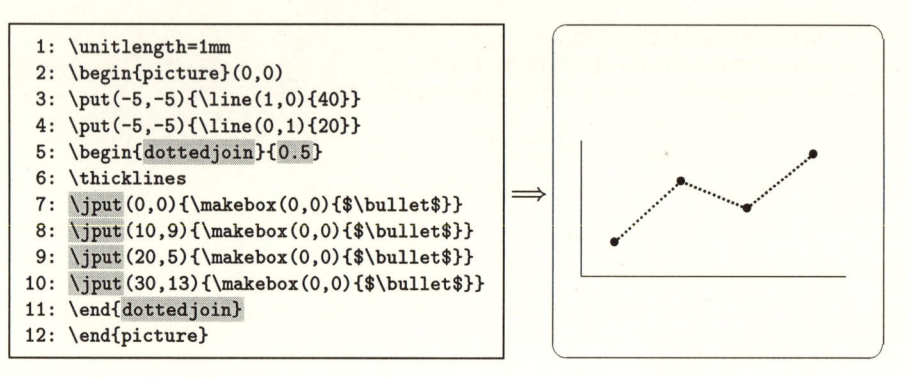

下の例のようにオプション引数 [$\circ$] [→p.99 (30.1)] を宣言すると，点線のドットを o に変えることができます．

```
 5: \begin{dottedjoin}[$\circ$]{2.5}
        ⋮
11: \end{dottedjoin}
```

⇒

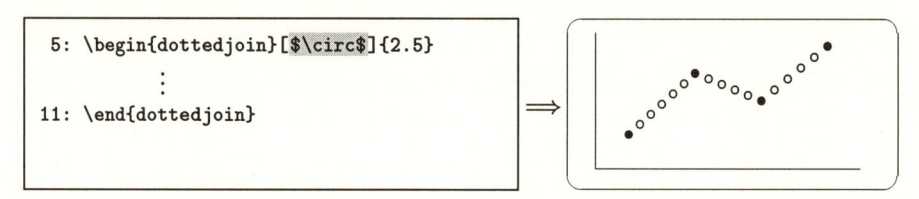

▣ dashjoin 環境の例：必須引数を {1.2} とすると，破線の各く要素の長さは 1.2 単位長になります．

```
 5: \begin{dashjoin}{1.2}
 6: \thicklines
        ⋮
11: \end{dashjoin}
```

⇒

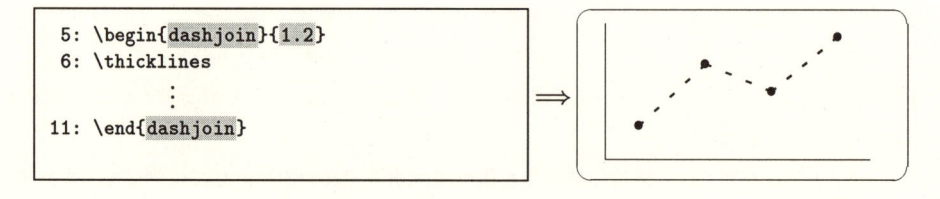

必須引数 { } の後にオプション引数 [0.5] を宣言すると，破線の要素そのものを点間距離 0.5 単位長の点列で描くことができます．

```
 5: \begin{dashjoin}{1.2}[0.5]
 6: \thicklines
        ⋮
11: \end{dashjoin}
```

⇒

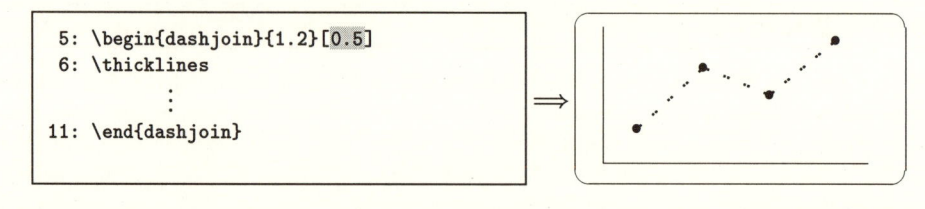

必須引数 { } の前でオプション引数 [50] を宣言すると，破線の数を増減させることができます．これは -100 以上の整数で宣言します．負の場合にはその数は減り，正の場合には増えます (その増減の程度は自ら確かめてみて下さい).

```
 5: \begin{dashjoin}[50]{1.2}
 6: \thicklines
     ⋮
11: \end{dashjoin}
```
⇒

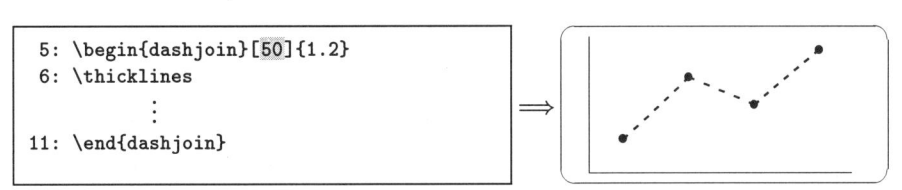

▨ drawjoin 環境の例

```
 5: \begin{drawjoin}
 6: \thickline
     ⋮
11: \end{drawjoin}
```
⇒

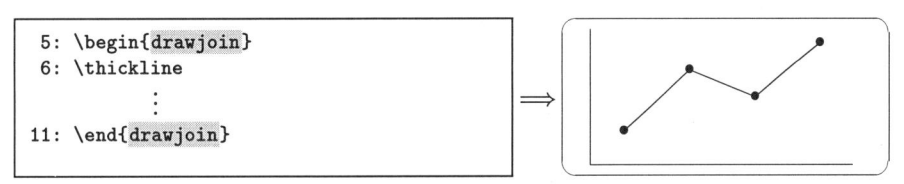

実は座標点を結ぶ直線は「破線」を沢山重ね打ちして直線にしています．下にオプション引数を [-30] にした例を示します．このオプション引数はこの破線の数を制御するパラメータで -100 以上の整数で与えます．負の場合にはその数は減り，正の場合には増えます．これを [-30] とした下の例では破線数が減ったため直線となるべきものが破線となっています．

```
 5: \begin{drawjoin}[-30]
 6: \thickline
     ⋮
11: \end{drawjoin}
```
⇒

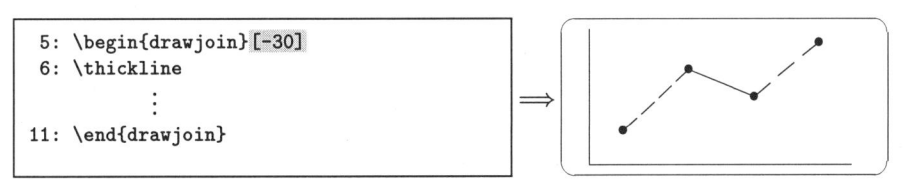

51.11 折れ線 II

▨ epic パッケージを登録すると [→p.32 (10)]，折れ線を描く次の命令も使えます．

《命令》 \drawline[ ]$(x_1, y_1)(x_2, y_2) \ldots (x_n, y_n)$

```
   \begin{picture}(50,10)
   \thicklines
1: \drawline(0,5)(10,14)(20,10)(30,18)
2: \drawline[-40](0,0)(10,9)(20,5)(30,13)
   \end{picture}
```
⇒

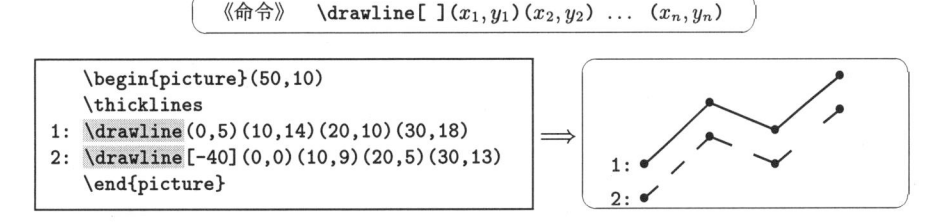

2:のオプション引数 [-40] の意味は \dashline におけるそれと同じです．

51.12 曲線の太さ

▨ eepic パッケージを登録すると [→p.32 (10)]，本節で述べた曲線の太さは次の命令によって指定できます [→p.255 (78.18)] (あまり太くすると，下の例に見られるように線の太さの一様さはかなり乱れます).

《命令》 \Thicklines (\thicklines の 1.5 倍) \allinethickness{ }

```
\begin{picture}(60,30)
\Thicklines
\bezier{300}(5,5)(30,40)(55,25)
\allinethickness{0.1mm}
\bezier{400}(5,5)(30,15)(55,25)
\allinethickness{0.6mm}
\bezier{500}(5,5)(30,0)(55,25)
\end{picture}
```

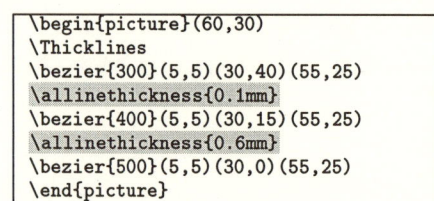

⇒

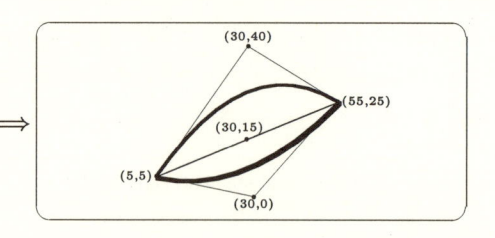

コラム I：LaTeX 2ε vs. WORD

　パソコンユーザの間に Windows 派 vs. Mac 派の密かな優位論争があるように，ワープロソフトのユーザ間にも TeX 派 vs. WORD 派の優位論争があるようです．独断ですが，筆者は，ゼミ学生に，私に提出する報告書の類はすべて LaTeX 2ε で書くことを強制しています．またそれだけの LaTeX 2ε 指導もしています．こんな私のような者を「TeX 派」というのでしょう．この対極として，WORD で報告書を書くことを強く勧めているゼミもあるらしい．そのようなゼミの教官を「WORD 派」と言っておこう．何れの派が良いかは，その使用目的にもよるが，些か大人げもないこと重々承知の上，ここで TeX 優位論を展開してみよう．

1. **印字品質の良さ**　LaTeX 2ε の印字品質は他のどのワープロソフトのものより格段に良い．特に数式の出力は芸術品といえるほどに美しい．「ワープロソフト×××で作った原稿だから出版してくれ」といって出版社に原稿を持ち込む人がいるらしい．その執筆者は，組版コストが節約できるから出版社は喜ぶはず，と思っているようである．しかし，出版社の専門家の目から見れば，それはとても版下原稿にはなり得ない代物と判断されるのが落ちです．出力がそのまま版下原稿となり得るのは LaTeX 2ε 以外にはありません．

2. **情報の完全公開**　LaTeX 2ε およびその基礎になっている TeX に関するすべての情報が完全に公開されている．従って，それをマスターすれば TeX および LaTeX 2ε の持つあらゆる可能性を縦横無尽に引き出して使いこなすことができます．

3. **たえず進化している**　情報が完全公開されているため，LaTeX 2ε の使い勝手を良くするための努力が世界規模で進行している．特にパッケージの進化には目を見張るものがあります．

4. **世界標準である**　理工系の分野のことであるが，論文や著書の投稿に際して半ば強制的に LaTeX 2ε のテキストファイルを同封することを求める学会や出版社が多くなってきています．これは，これから国際的に研究活動をしていこうとする者にとって，英語と同じく LaTeX 2ε も必要不可欠の素養として求められていくであろうことを意味しています．

5. **入手コストは 0 円である**　このように素晴らしい LaTeX 2ε の入手コストは 0 円であります．これは「LaTeX 2ε 優位なり」の駄目押しの証拠となるでしょう．

　非 TeX 派が LaTeX 2ε の素晴らしさを知って悔し涙を流すことはあっても，他のワープロソフトを知ったとて涙を流す TeX 派は恐らく一人もいないでしょう，というのが LaTeX 派を自称する筆者の最終結論であります．TeX を創造したコンピュータ界の天才 Knuth とそれを LaTeX へと発展させた Lamport の香り高い哲学が昇華し，花咲いたこの両ソフトは芸術品ですらあります．

以上独断にて

52 グラフと座標軸

用語： 座標軸　　グラフ上の説明文
命令： \multiframe　\multimake　\graphpaper　\shorstack
パッケージ： multibox　plext　graphpap

◇

52.1 座標軸の描き方

▨ multibox パッケージを登録すると [→p.32(10)]，次の命令を用いてグラフの縦座標軸と横座標軸の等間隔な目盛りの横と下に数値を出力させることができます【→ [4] p.339】．

《命令》　\multimake$(x,y)(Dx,Dy)\{n\}(Dw,Dh)[pos]\{text_1\}\{text_2\} \ldots \{text_n\}$
　　　　\multiframe$(x,y)(Dx,Dy)\{n\}(Dw,Dh)[pos]\{text_1\}\{text_2\} \ldots \{text_n\}$

▨ この命令の一般的な説明は煩雑になるので，まずは1つの入・出力例を下に示します．

```
\begin{picture}(55,55)
\put(5,5){\line(1,0){70}}
\put(5,5){\line(0,1){35}}
\multiput(5,5)(5,0){13}{\line(0,1){1}}
\multiput(5,5)(0,5){7}{\line(1,0){1}}

\multiframe(-6,5)(0,10){4}(10,3)[r]{10}{15}{20}{25}
\multiframe(4,0)(15,0){5}(9,4)[l]{0}{5}{10}{15}{20}
\end{picture}
```

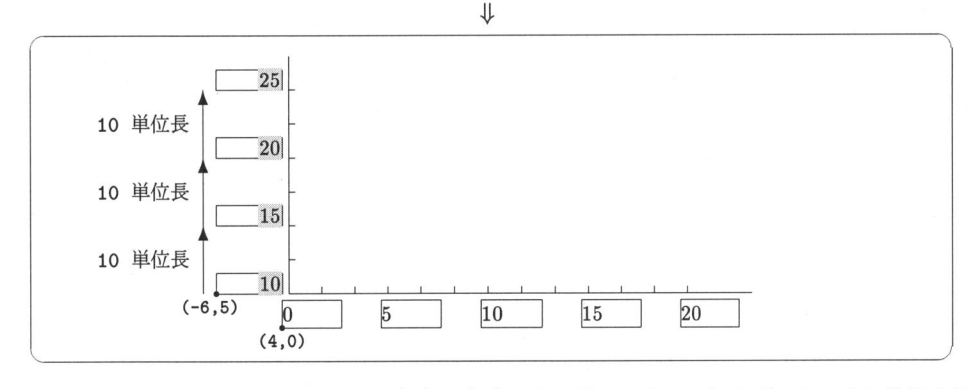

⇓

▨ 縦軸の横に数値を出力する \multiframe 命令の意味は次の通りです．これはボックス内に数値を出力する命令です．最初のボックスの左下の位置 • を (-6,5) とし，そこより右に0単位長，上に10単位長ずらしながら ((0,10))，10単位長 ×3 単位長のボックス ((10,3)) を4つ作り ({4})，各ボックス内に4つの数字 10, 15, 20, 25 を右寄せ ([r]) で出力せよ．横軸を描く \multiframe 命令についても同様です．\multiframe を \multimake にするとボックス枠は消えます．

52.2 グラフ上の説明文

▨ 座標軸やグラフ上に説明文を付ける際，その説明文を傾けて書きたいことがあります．とくに縦軸の説明文は，和文・欧文問わず縦書きにしたいものです．この縦書きをするためにテキストを回転させる

\rotatebox を使うことができます [→p.89 (26)] ．

▨ まずは，下の入・出力例を見て下さい．

```
\begin{picture}(55,55)(0,-5)
\put(5,5){\line(1,0){40}}
\put(5,5){\line(0,1){30}}
\put(0,12){\rotatebox{90}{speed $v$}}
\put(-6,25){\rotatebox{-90}{速度 $v$}}
\put(-13,-6){\begin{minipage}<t>{60mm} 速度 \rensuji{$v$} \end{minipage}}
\put(20,1){time $t$}
\put(5,10){\line(2,1){16}}
\put(7,8){\rotatebox{27}{weight I}}
\put(21,18){\line(4,5){15}}
\put(25,20){\rotatebox{51}{weight II}}
\end{picture}
```

⇓

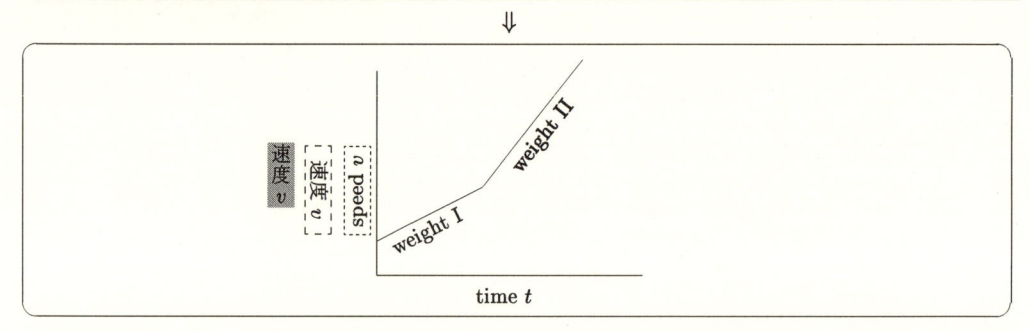

▨ この出力におけるグラフ上の説明文 weight I と weight II は \rotatebox [→p.89 (26)] で傾けたものです．ところで，⋮⋮⋮ で囲んだ縦軸の英文の説明文はこれで問題はありませんが，⋯⋯ で囲んだ和文の説明文は横書きのものを単に回転して縦にしただけのものです．できれば 網掛け出力文 のようになってほしいところです．

▨ この問題は，plext パッケージを登録し [→p.32 (10)]，網掛け入力文 のように，特別な引数 <t> を持ったミニページ環境と英文字を縦にする \rensuji を使用することによって解決できます [→ [23] p.414-415]．

▨ 筆者が試した限りでは，このパッケージは他のパッケージと衝突することがあります [→p.33 (10.4)]．そこで筆者は，苦肉の策として \shortstack 命令 [→p.72 (20.3)] を用いて急場を凌いでいます．

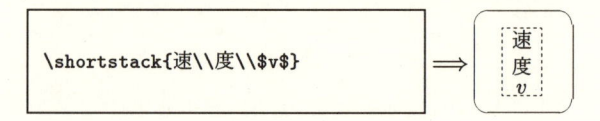

```
\shortstack{速\\度\\$v$}  ⟹  速
                              度
                              $v$
```

52.3 グラフ用紙

▨ graphpap パッケージを登録すると [→p.32 (10)]，グラフ用紙を描く次の命令が使用できます．

《命令》　\graphpaper[ ]( )( )

52.3 グラフ用紙

```
\unitlength=1mm
\begin{picture}(0,0)(-50,50)
\graphpaper[2](-10,-10)(40,30)
\put(0,0){\makebox(0,0){$\bullet$}}
\end{picture}
```

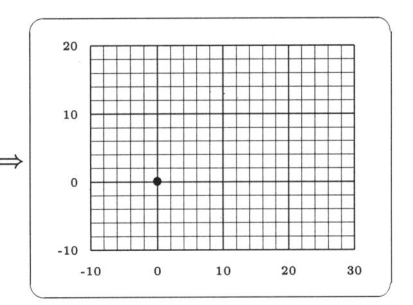

⇒

グラフ上の ● はこの図形の参照点で (説明の都合上付けたもので，実際には現れません) グラフの原点となります．オプション引数 [2] は 1 目盛りが 2 単位長であることを宣言しています．(-10,-10) と (40,30) はグラフ用紙の左下と右上の座標点です．

▨ 実は，筆者は上の出力を得るためにこのパッケージのスタイルファイル graphpap.sty [→(コラム W) p.95] を若干書き変えました．そうしないと，出力されるグラフの罫線は太くなりすぎ，加えて，数値も大きくかつ座標軸から離れすぎて見栄えの悪いものになってしまいます (読者は自ら確かめてみて下さい)．

▨ 下に，このスタイルファイルの修正方法を示します．まずこのスタイルファイルにある次の 6 つの行の網掛け部分に着目して下さい．

```
1: \multiput(#1,#2)(#3,0){#4}{\@vgridnumber{#3}}
2: \multiput(#1,#2)(0,#3){#4}{\@hgridnumber{#3}}
3: {\thinlines\@nonumvgrid(#2,#3){#1}{\@tempcnta}{#5}
4: \thicklines\@vgrid(#2,#3){\@tempcntb}{\@tempcnta}{#5}
5: \thinlines\@nonumhgrid(#2,#3){#1}{\@tempcnta}{#4}
6: \thicklines\@hgrid(#2,#3){\@tempcntb}{\@tempcnta}{#4}}
```

これらの部分を次のように書き換えます．

```
1: \multiput(#1,#2)(#3,0){#4}{\raisebox{1.5ex}{\tiny\@vgridnumber{#3}}}
2: \multiput(#1,#2)(0,#3){#4}{\hspace{0.5em}\tiny \@hgridnumber{#3}}
3: {\linethickness{0.01mm}\@nonumvgrid(#2,#3){#1}{\@tempcnta}{#5}
4: \linethickness{0.1mm}\@vgrid(#2,#3){\@tempcntb}{\@tempcnta}{#5}
5: \linethickness{0.01mm}\@nonumhgrid(#2,#3){#1}{\@tempcnta}{#4}
6: \linethickness{0.1mm}\@hgrid(#2,#3){\@tempcntb}{\@tempcnta}{#4}}
```

1 行目の修正で，縦軸の数値を \tiny に縮小し，それを 1.5ex だけ持ち上げます．

2 行目の修正で，横軸の数値を \tiny に縮小し，それを 0.5em だけ右に寄せます．

3 行目の修正で，縦の細線を 0.01mm にします．

4 行目の修正で，縦の太線を 0.1mm にします．

5 行目の修正で，横の細線を 0.01mm にします．

6 行目の修正で，横の太線を 0.1mm にします．

53 可換図式

用語: 可換図式　ノード　関係記号
命令: @>>>　@<<<　@AAA　@VVV　@|　@=　@.　CD 環境
パッケージ: amscd

◇

53.1 可換図式

▨ amscd パッケージを登録すると [→p.32 (10)]，次の環境命令で可換図式を描くことができます．より詳しい解説は文献 [29] (野寺, p.135-141)，[4] (Goossens, p.279-281) にあります．

《命令》　\begin{CD} 〜 \end{CD}

53.2 一次元の可換図式

▨ まずはじめに一次元の可換図式の例を示します．

```
$$ \begin{CD}
   @<<< A @>>> B @>i>> C @>>j> D @<i<j< E
   \end{CD}$$
```

⇓

$$\longleftarrow A \longrightarrow B \xrightarrow{i} C \xrightarrow[j]{} D \xleftarrow[j]{i} E$$

矢印の意味とその上下にどのように記号が現れているかは，この入・出力例を対比すれば直ちに理解できるでしょう．

53.3 二次元の可換図式

▨ 下に，説明抜きで二次元の可換図式の例を示します．

```
$$ \begin{CD}
   @<<< A      @>>> B      @>i>> C      @>>j> D      @<i<j< E   @.    \\
   @.   @VVV        @VaVV       @VVbV        @AaAbA            @|    \\
        @. F   @= G    @.  H   @= I    @. J @>>>
   \end{CD}$$
```

⇓

$$\begin{CD}
\longleftarrow A @>>> B @>i>> C @>>j> D @<i<j< E \\
@VVV @VaVV @VVbV @AaAbA @| \\
F @= G H @= I J @>>>
\end{CD}$$

▨ この例において，入力における各命令が出力のどれとどのように対応しているかは判然としません．この対応関係を網掛けで示すと次のようになります．

53.3 二次元の可換図式

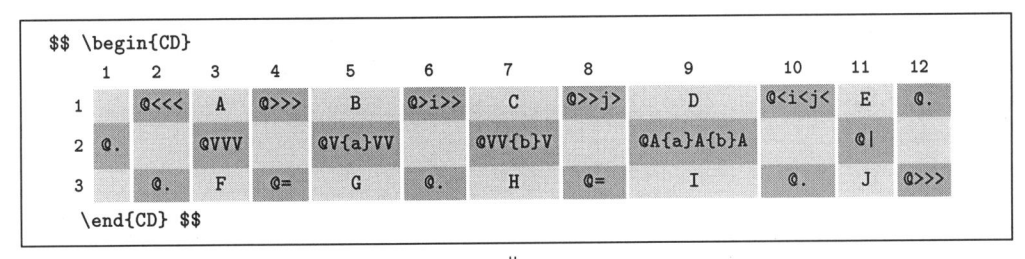

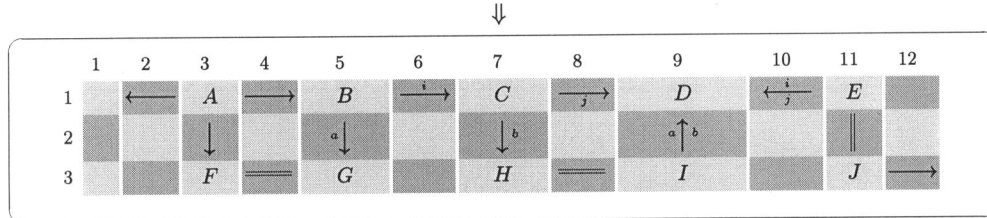

```
$$ \begin{CD}
             @<<<   A    @>>>    B    @>i>>   C    @>>j>   D    @<i<j<   E    @.
   @.               @VVV         @V{a}VV      @VV{b}V      @A{a}A{b}A          @|
                    F    @=      G    @.      H    @=      I    @.      J    @>>>
\end{CD} $$
```

⇓

ここで A ， B ， C ，… を「ノード」， ←, →, =, ||，…，などを「関係記号」と言うことにします．網掛け全体をマトリックスと見立て，i 行 j 列の位置を (i,j) としましょう．このとき次の規則があります．

□ 「$i+j=$ 偶数」となる位置は「ノード」を入力する所です．
□ 「$i+j=$ 奇数」となる位置は「関係記号」を入力する所です．

※ 上の例より，関係記号の意味とその用法は理解できたことと思いますが，その定義を，一応，下にまとめておきます．

@AAA	↑	（上向き矢印）	@VVV	↓	（下向き矢印）			
@<<<	←	（左向き矢印）	@>>>	→	（右向き矢印）			
@=	=	（横の二重線）	@|	||	（縦の二重線）	@.		（何も出力せず）

コラム Y：手作業による索引と参考文献リスト

索引と参考文献リストを「自動的」に作成する方法については 83 節 (p.288) と 80 節 (p.266) で詳述しましたが，LaTeX 2ε では「手作業」でそれらを作成することも可能です．「旧 LaTeX 文典」ではこのことについて詳しく述べましたが，新版 LaTeX 2ε 文典ではこの解説は削除しました．LaTeX 2ε を使うからには，それらを自動的に作成する術を初期の段階で馴れ親しみマスターしておくことが肝要と考えたからです．面倒臭がってそれらを手作業でやっているようでは，無限の可能性を秘めた LaTeX 2ε の真髄を見誤ることにもなるでしょう．

54　場合分け

用語：場合分け
命令：\left　\right　array 環境　cases 環境
パッケージ：amsmath

◇

54.1　場合分け I

▨ まずその標準的な例を示します（これは array 環境による行列の書き方と同じものです [→p.149 (50)]）．

```
$x=\left\{\begin{array}{ll}
         a & \mbox{if}\ x=1 \\
         b & \mbox{if}\ x=2
     \end{array}\right.$
```

$\Longrightarrow \quad x = \left\{ \begin{array}{ll} a & \text{if } x=1 \\ b & \text{if } x=2 \end{array} \right.$

▨ この例に見られるように，{ とそれに続くテキストとの間隔に空き過ぎの感があります．これを調整するには横位置パラメータのところに @{ } [→p.218 (70.13)/→p.218 (70.14)/→p.219 (70.15)] を挿入します．ただし，これではその間隔が 0mm となってしまいます．そこで，@{ } の引数として例えば hspace{0.6mm} を指定するとその間隔を見栄えのするものに調整することができます．

```
$x=\left\{\begin{array}{@{\hspace{0.6mm}}ll}
         a & \mbox{if}\ x=1 \\
         b & \mbox{if}\ x=2
     \end{array}\right.$
```

$\Longrightarrow \quad x = \left\{ \begin{array}{ll} a & \text{if } x=1 \\ b & \text{if } x=2 \end{array} \right.$

▨ array 環境は数式モードのため，その要素の中で文書モードのテキストを書くには \mbox{ } [→p.192 (64.9)] を用いなければなりません．

▨ 上の例の最後の行にある \right. は「見えない記号」と呼ばれるものです [→p.223 (70.22)]．これを「見える記号」にするには \right\} とします．

```
$x=\left\{\begin{array}{ll}
         a & \mbox{if}\ x=1 \\
         b & \mbox{if}\ x=2
     \end{array}\right\}$
```

$\Longrightarrow \quad x = \left\{ \begin{array}{ll} a & \text{if } x=1 \\ b & \text{if } x=2 \end{array} \right\}$

54.2　場合分け II

▨ amsmath パッケージを登録すると [→p.32 (10)]，「場合分け」を書く次の環境を使うことができます．

《命令》　cases 環境

```
\begin{eqnarray}
f(x)= \begin{cases}
        1 &\mbox{if $x>0$,}\\
        0 &\mbox{if $x=0$}
      \end{cases}
\end{eqnarray}
```

$\Longrightarrow \quad f(x) = \begin{cases} 1 & \text{if } x > 0, \\ 0 & \text{if } x = 0 \end{cases} \quad (54.1)$

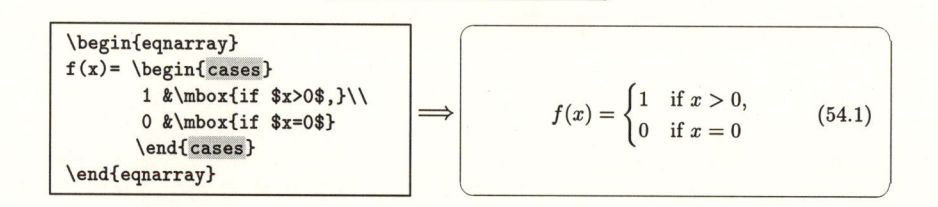

55 定理

用語: 定理環境　注付き定理環境　定理番号　定理番号の一元化　定理ラベル
命令: \newtheorem
パッケージ: theorem

55.1 定理環境

- LaTeX 2_ε には定理を記述するための環境命令が標準的に用意されています．

- さらに theorem パッケージを登録すると [→p.32 (10)]，この定理環境にいくつかの機能を追加させることができます．ただしこのパッケージを登録すると LaTeX 2_ε に標準装備の定理環境は使えなくなります．本書ではこのパッケージの解説はしません．関心のある読者は文献 [4] (Goossens, p.302-306) を参照して下さい．

55.2 定理環境の定義

- 定理環境は次の命令で定義します．

《命令》　\newtheorem{ }{ }[ ]

```
\newtheorem{The}{Theorem}
\begin{The}
It converges to 0.5.
\end{The}
```
$\Longrightarrow$ **Theorem 1** *It converges to 0.5.*

- この命令の最初の引数 {The} では定義する定理環境の名前を宣言し，2 番目の引数 {Theorem} では定理のラベルを宣言します．今後これを「定理ラベル」と言うことにします．この例では **Theorem** が定理ラベルとなります．定理ラベルはボールド体が標準設定です．

55.3 定理のラベルと本文の書体とサイズ

- 標準設定として，定理ラベルはボールド体，定理の本文はイタリック体で出力されます．これは変更できます．下の例では定理ラベルをサンセリフ体 \sffamily に，定理の本文をローマン体 \rmfamily [→p.80 (23)] に変更しています．ここで，まず一旦 \normalfont を宣言してから望みの書体命令を宣言していることに注意 [→p.81 (23.2)]（そうしないと変更できません）．

```
\newtheorem{The}{\normalfont \sffamily Theorem}
\begin{The}
{\normalfont \rmfamily It converges to 0.5.}
\end{The}
```
$\Longrightarrow$ Theorem 1　It converges to 0.5.

- \newtheorem によって定義される環境は一般に「定理環境」と呼ばれますが，これは公理，補助定理，注などその他いろいろな項目の記述に使うことができます．

- 本書では，それぞれの定理環境を，その名前「〜」をもって「〜環境」と呼ぶことにします．

▨ 下に，定理ラベルとして「**Axiom**」を持つ「`Axi`環境」の例と，定理ラベルとして「**花言葉**」を持つ「花環境」の例を示します．

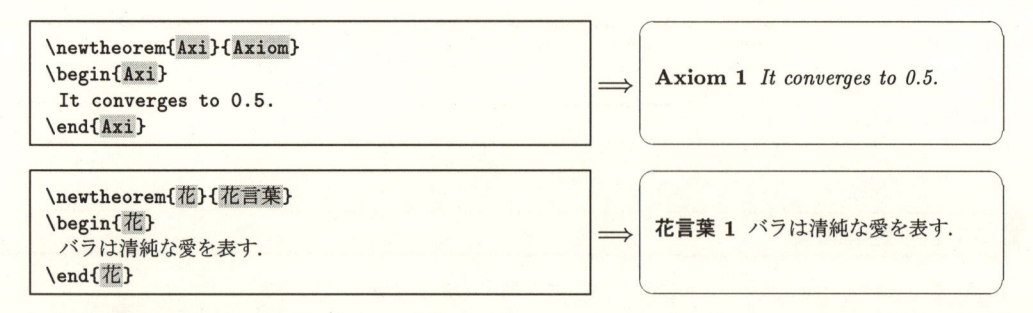

```
\newtheorem{Axi}{Axiom}
\begin{Axi}
  It converges to 0.5.
\end{Axi}
```
⟹ Axiom 1 *It converges to 0.5.*

```
\newtheorem{花}{花言葉}
\begin{花}
  バラは清純な愛を表す．
\end{花}
```
⟹ 花言葉 1 バラは清純な愛を表す．

55.4 定理番号

▨ 定理には，一般に，一連番号 1, 2, 3 ⋯ が付けられますが，その定理が記述されている章や節の番号を付けることもできます．

▨ 論文において，たとえば 55.2 節 (p.167) で宣言されている The 環境による定理に節 (\section) の番号の 55 を付けて **55.1**, **55.2**, **55.3** ⋯ とするためには，\newtheorem 命令に引数 `[section]` を付けます．

```
\newtheorem{The}{Theorem}[section]
\begin{The}
  This is unique.
\end{The}
\begin{The}
  This is also unique.
\end{The}
```
⟹ Theorem 54.1 *This is unique.*
  Theorem 54.2 *This is also unique.*

▨ この場合，章 (\chapter) の宣言があると (ただし本クラスと報告書クラス) 章番号も付きます．

```
\newtheorem{The}{Theorem}[section]
\begin{The}
  This is unique.
\end{The}
\begin{The}
  This is also unique.
\end{The}
```
⟹ Theorem 1.54.3 *This is unique.*
  Theorem 1.54.4 *This is also unique.*

55.5 定理番号の一元化

▨ 複数の種類の定理環境があるとき，それぞれの環境によって出力される定理ラベルには，標準設定としてそれぞれ個別の一連番号が付きます．たとえば The 環境には 1, 2, 3, ⋯，Axi 環境にも 1, 2, 3, ⋯ と付きます．

▨ これに対し，オプション引数 [ ] を持つ次の \newtheorem 命令を使うと，定義されているいくつかの種類の定理環境に一元化された一連番号を付けることもできます (このオプション引数 [ ] の位置が 55.2 節 (p.167) で述べた命令と違うことに注意)．

《命令》　\newtheorem{ }[ ]{ }

```
\newtheorem{Axi}{Axiom}
\newtheorem{Lem}[Axi]{Lemma}
\newtheorem{The}[Axi]{Theorem}
\begin{Axi}
$A$ is equal to $10$.
\end{Axi}
\begin{Lem}
$B$ is equal to $20$.
\end{Lem}
\begin{The}
$C$ is equal to $30$.
\end{The}
```

⟹

Axiom 1 *A is equal to 10.*
Lemma 2 *B is equal to 20.*
Theorem 3 *C is equal to 30.*

この例では，2番目の Lem 環境と 3 番目の The 環境による定理ラベルに，1 番目の Axi 環境に続く一連番号が付けられています．

55.6　注付きの定理環境

▨ 定理環境にオプション引数 [ ] を付けると，定理ラベルの後ろに「注書き」を付けることができます．

《命令》　\begin{TheNote}[注書き] ～ \end{TheNote}

```
\newtheorem{TheNote}{Theorem}
\begin{TheNote}[Alice]
All the laws are reversed in this world.
\end{TheNote}
```

⟹

Theorem 1　(Alice) *All the laws are reversed in this world.*

55.7　定理環境のカウンタ

▨ たとえば \newtheorem{THEorem}{Theorem} という定理環境を定義すると，THEorem というカウンタおよび \theTHEorem というカウンタ値 [→p.35 (11.2)] が自動的に定義され，これによって定理番号が制御されます．

▨ したがって，定理番号を \Roman の I, II, II … にしたければ次のようにします [→p.37 (11.6)]．

```
\renewcommand{\theTHEorem}{\Roman{THEorem}}
```

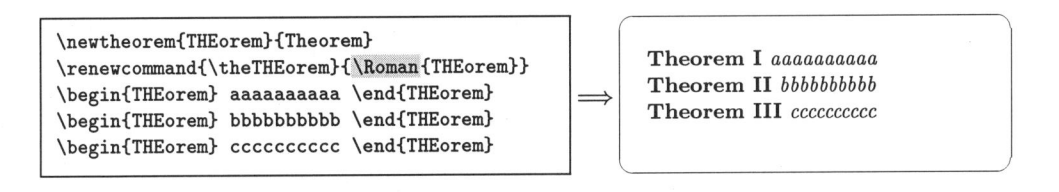

```
\newtheorem{THEorem}{Theorem}
\renewcommand{\theTHEorem}{\Roman{THEorem}}
\begin{THEorem} aaaaaaaaaa \end{THEorem}
\begin{THEorem} bbbbbbbbbb \end{THEorem}
\begin{THEorem} cccccccccc \end{THEorem}
```

⟹

Theorem I *aaaaaaaaaa*
Theorem II *bbbbbbbbbb*
Theorem III *cccccccccc*

56 長さの単位と距離変数

用語：距離変数　四則演算

命令：in　cm　pt …　\newlength　\setlength　\addtolength　\settowidth　\settoheight
\settodepth　\width　\height　\depth　\totalheight　\ratio

パッケージ：calc

◇

56.1　長さの基本的な単位

▨ LaTeX 2ε では下の表に示すようないろいろな長さの単位が使われています．

in (inch)	1in = 25.4mm = 72.27pt = 6.022pc
cm (centimeter)	1cm ≈ 28.34pt
mm (millimeter)	1mm ≈ 2.835pt
pt (point)	1pt ≈ 0.3514mm
pc (pica)	1pc = 12pt ≈ 4.218mm
bp (big point)	1bp = 1/72in ≈ 0.3527mm
dd (didot point)	1dd = 1238/1157pt ≈ 0.376m
cc (cicero)	1cc = 12dd ≈ 4.511mm
sp (scaled point)	1sp = 1/65536pt ≈ 0.0000053mm
mu	1mu = 1/18em（数式モードの配置に使う単位）
em	1em = ローマン体の文字 M の幅 [→p.80 (23)]
ex	1ex = ローマン体の文字 x の高さ
zw	1zw = 全角文字の字幅
zh	1zh = 全角文字の高さ

▨ 上の表における最後の 4 つの単位 em, ex, zw, zh の実際の長さは文書クラスオプションとして指定する文字サイズ 10pt, 11pt, 12pt [→p.3 (3.3)] によって比例的に変化します．したがって
　□ 文字サイズの変更によって長さの単位も比例して変わってほしい場合には，これらの単位を使うこと．
　□ 文字サイズの変更によって長さの単位が変わると困る場合にはこれらの単位は使わないこと．

56.2　距離変数とは

▨ LaTeX 2ε には，標準的に定義されたいろいろな長さの変数があります．その代表的なものは \textwidth と \textheight です [→p.6 (5.2)]．これらの変数を「距離変数」と言うことにします．

56.3　距離変数の定義

▨ 標準的に定義されている距離変数とは別に，新しい名称の距離変数を定義することもできます．

▨ 新しい名称の距離変数を定義するには次の命令を使います．

《命令》　\newlength{ }

▨ たとえば，次のように宣言すると距離変数 \abc が定義されます．

\newlength{\abc}

▨ 新しく定義する距離変数の名前に既存のいかなる命令の名前も使えません．

▨ 新しい距離変数は様々な用途のために定義されます．68.4 節 (p.208) で述べた「文章全体の左右の字下げ」を行うマクロ命令の作成はその一つの応用例と言えます．

56.4 距離変数に長さを与える

▨ 距離変数に長さを与えるには次の命令を使います．

《命令》　\setlength{ }{ }

▨ この命令は次のように宣言します．

\setlength{\textwidth}{12cm}　　\setlength{\abc}{2in}

▨ 長さの宣言は次のように簡単に書くこともできます (筆者はもっぱらこの方式を使っています)．

\textwidth=12cm　　\abc=2in

56.5 距離変数の四則演算 I

▨ **加算と減算**

□ 距離変数の長さにある長さを加算するには次の命令を使います．

《命令》　\addtolength{ }{ }

□ たとえば次のように宣言します．

\addtolength{\textwidth}{2cm}

こうすると，たとえば現在 \textwidth の長さが 13cm であるとすると，これに 2cm が加算され 15cm が改めて \textwidth の長さとなります．また

\addtolength{\textwidth}{-5cm}

と宣言すると，これより 5cm が減算され 10cm が改めて \textwidth の長さとなります．

□ \textwidth の長さを，長さ \aaa と長さ \bbb の和にしたいときは，次のように，2 段階に分けて宣言します．

\setlength{\textwidth}{\aaa}　　\addtolength{\textwidth}{\bbb}

▨ **乗算**

□ ある距離変数に与えられている長さを n 倍にすることもできます．たとえば，距離変数 \abc の長さを 2.3 倍にしたものを距離変数 \textwidth の長さにするには次のようにします．

\setlength{\textwidth}{2.3\abc}

□ 次のようにすると，それ自身の長さを 1.3 倍にすることもできます．

\setlength{\textwidth}{1.3\textwidth}

□ 上の 2 つの命令は次のように書くこともできます．

```
\textwidth=2.3\abc        \textwidth=1.3\textwidth
```

▨ **除算** LaTeX 2_ε には距離変数に対する除算というものはありません．

56.6　距離変数の四則演算 II

▨ calc パッケージを登録すると [→p.32 (10)]，+ (加) - (減) * (乗) / (除) を使った四則演算が可能となります【→ [4] p.562-564】(このパッケージを使うとカウンタの四則演算も可能となります [→p.40 (11.14)])．この場合，2*(-3) のように括弧 ( ) が使えます．なお，除算では小数点以下は切り捨てられます．

▨ 下にいくつかの例を示します．

　□ いま 2 つの長さ \LAA と \LBB を定義し，それぞれに 15mm と 3mm を与えます．すなわち

```
\newlength{\LAA} \setlength{\LAA}{15mm}
\newlength{\LBB} \setlength{\LBB}{3mm}
```

```
\setlength{\LAA}{\LAA+5mm}
```
⇓

長さ \LAA は ⊢⊢⊢⊢⊢⊢⊢⊣　20mm = 15mm + 5mm となる

```
\setlength{\LAA}{\LAA-3mm}
```
⇓

長さ \LAA は ⊢⊢⊢⊢⊢⊢⊣　17mm = 20mm − 3mm となる

```
\setlength{\LAA}{\LAA*4}
```
⇓

長さ \LAA は ⊢⊢⊢⊢⊢⊢⊢⊢⊢⊢⊢⊢⊢⊢⊢⊢⊢⊢⊢⊢⊢⊢⊢⊢⊢⊢⊢⊣　68mm = 17mm × 4 となる

```
\setlength{\LAA}{\LAA/6}
```
⇓

長さ \LAA は ⊢⊢⊢⊣　11mm = 68mm ÷ 6 となる

```
\setlength{\LAA}{\LAA-\LBB}
```
⇓

長さ \LAA は ⊢⊢⊣　8mm = 11mm − 3mm となる

　□ 加算と減算は常に単位を付けること．5mm+2 や 5mm-2 という書き方はできません．5mm+2mm や 5mm-2pt という書き方は可能 (単位は違っていてもよい)．

　□ 乗算と除算では 5mm*2 や 5mm/2 という書き方はできるが 5mm*2mm や 5mm/2pt という書き方は不可．

　□ 次の命令【→ [4] Goossens, p.562-563】は，第一引数を第二引数で除した結果を小数点以下も含めた実数を与えます．

```
《命令》   \ratio{ }{ }
```

```
\setlength{\LAA}{34.0mm}
\setlength{\LBB}{5.0mm}
\setlength{\LAA}{\LBB*\ratio{\LAA}{\LBB}}
```

⇓

長さ \LAA は ▭ 34mm = 5 × (34 ÷ 5) となる

筆者が確かめた限りでは，単独で \ratio{\LAA}{\LBB} とするだけではエラーとなります．これにはいつもある長さを掛けておかなければなりません．

56.7　テキストの長さ・高さ・深さの距離変数 I

▫ すべてのテキストは，「幅」，基準線より見た「高さ」，および基準線より見た「深さ」という3つの距離変数を持ちます．この長さをある定義された距離変数に与えることもできます．それには次の命令を使います．

《命令》　\settowidth{ }{ }　\settoheight{ }{ }　\settodepth{ }{ }

▫ たとえば「幅」「高さ」「深さ」の長さに対応した距離変数をそれぞれ \Width, \Height, \Depth と定義します[→p.170 (56.3)]．すなわち

```
\newlength{\Width}    \newlength{\Height}    \newlength{\Depth}
```

そして次のように宣言すると，これらの距離変数にテキスト {\Huge ghost} の「幅」「高さ」「深さ」が与えられます．

```
\settowidth{\Width}{\Huge ghost}
\settoheight{\Height}{\Huge ghost}
\settodepth{\Depth}{\Huge ghost}
```

幅:\Width
深さ:\Depth　ghost　高さ:\Height　基準線

56.8　テキストの長さ・高さ・深さの距離変数 II

▫ ボックス \mbox, \fbox, \makebox および \framebox [→p.187 (64.3)] の引数の中で宣言すると，そのボックスの中に書かれるテキストの「幅」「高さ」「深さ」「全体の高さ (=高さ+深さ)」が自動的に与えられる距離変数として次のものがあります．その用法については 64.14 節 (p.195) で述べます【→ [4] p.543】．

《命令》　\width　\height　\depth　\totalheight (=\height+\depth)

57　水平方向のスペース

用語：水平方向のスペース　微小なスペース補正
命令：\hspace \fill \hfill \quad \qquad \stretch

◇

57.1　水平方向にスペースを空ける

▨ 水平方向に指定した幅のスペースを空けるには次の命令を使います．

《命令》　\hspace{ }

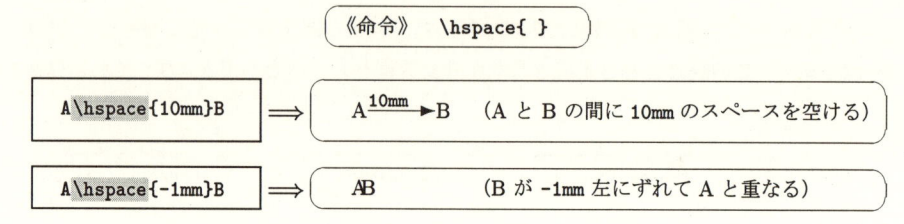

A\hspace{10mm}B ⟹ A⟵10mm⟶B　（A と B の間に 10mm のスペースを空ける）

A\hspace{-1mm}B ⟹ AB　（B が -1mm 左にずれて A と重なる）

▨ これは数式モード [→p.73 (20.4)] の中でも使うことができます．

$y\hspace{10mm}=\hspace{16mm}f(x)$ ⟹ $y \xleftarrow{10mm} = \xrightarrow{16mm} f(x)$

▨ \hspace は行頭に来るとその効果を消失します．そのようなときには次の命令を使います．

《命令》　\hspace*{ }

▨ \hspace 命令は 1 つ単語と見なされます．したがって \hspace{20mm}の前後にスペースを入れるとそこに単語間スペース [→p.178 (59.2)] が追加されます．

A \hspace{20mm} B ⟹ A⟵20mm⟶B

57.2　水平方向の標準的な幅のスペース

▨ 組版工たちが伝統的に「ほどよい」としてきたスペースを指定する次の 2 つの命令があります．これらは数式・文書の両モード [→p.72 (20)] で使えます．

《命令》　\quad　　\qquad

▨ たとえば次のような場合にこのスペース命令を使います．

$ax^2+bx+c=0$\quad 二次方程式
$ax^2+bx+c=0$\qquad 二次方程式

⟹ $ax^2 + bx + c = 0$　　二次方程式
　　$ax^2 + bx + c = 0$　　　二次方程式

57.3　行末までスペースを空ける

▨ 本来の長さは 0 で，使い方によっては任意の長さに伸びる距離変数に次のものがあります [→p.177 (58.3)]．

《命令》　\fill

57.4 \fill の n 倍の長さ

```
A\hspace{\fill}B
```
⇒ A————\fill————▶B

```
A\hspace{\fill}+\hspace{\fill}B
```
⇒ A——\fill——+——\fill——▶B

```
A\hspace{\fill}+\hspace{\fill}\hspace{\fill}B
```
⇒ A—\fill—+———2\fill———▶B

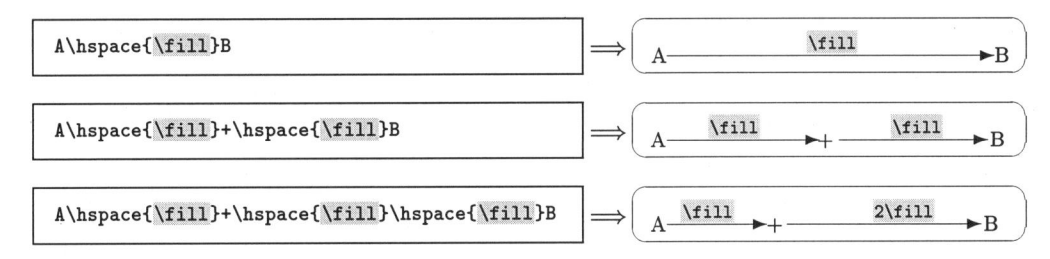

▨ \hspace{\fill} の簡略型として次の命令があります．

《命令》 \hfill

57.4 \fill の n 倍の長さ

▨ \fill の n 倍の長さを定義する命令として次の命令があります [→p.177 (58.4)]．

《命令》 \stretch{n}

▨ たとえば，\hspace{\stretch{2}} は \hspace{\fill}\hspace{\fill} と同じです．

```
A\hspace{\stretch{1.5}}B
```
⇒ A———1.5\fill———▶B

57.5 水平方向の微小なスペース補正

▨ 水平方向へのわずかなスペースとして次の4通りの命令があります．それらのスペースの空き具合を2本の縦線で示すと以下のようになります．

	1つ	2つ	3つ	
\,	|\,| → ||	|\,\,| → ||	|\,\,\,| → | |	数式・文書モード
\:	|\:| → ||	|\:\:| → ||	|\:\:\:| → | |	数式モード
\;	|\;| → ||	|\;\;| → ||	|\;\;\;| → | |	数式モード
\!	|\!| → |	|\!\!| → |	|\!\!\!| → ||	数式モード（負のスペース）

▨ 4行目の \! は負のスペース命令です．これはその後ろに続く文字を左方向にずらす効果を持ちます．

▨ 下に \, と \! の使用例を示します (多重積分記号 $\iint$ については 33.5 節 (p.110) も参照)．

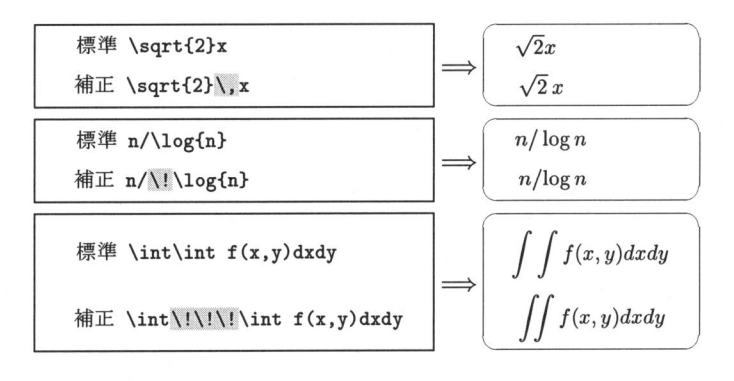

```
標準 \sqrt{2}x
補正 \sqrt{2}\,x
```
⇒ $\sqrt{2}x$
  $\sqrt{2}\,x$

```
標準 n/\log{n}
補正 n/\!\log{n}
```
⇒ $n/\log n$
  $n/\!\log n$

```
標準 \int\int f(x,y)dxdy
補正 \int\!\!\!\int f(x,y)dxdy
```
⇒ $\int\int f(x,y)dxdy$
  $\iint f(x,y)dxdy$

58 垂直方向のスペース

用語： 垂直方向のスペース

命令： \vspace \fill \vfill \smallskip \medskip \bigskip \smallskipamount \medskipamount \bigskipamount \stretch

◇

58.1 垂直方向にスペースを空ける

▨ 垂直方向に指定した幅のスペースを追加するには次の命令を使います．

《命令》 \vspace{ }

▨ これは，段落改行の命令 [→p.180 (60.2)] のあと (換言すれば，段落と段落の間) で宣言します．これが宣言されると，段落の改行幅は，本来の改行幅である \baselineskip [→p.180 (60.1)] と \parskip [→p.180 (60.2)] の和にさらに引数 { } で指定される幅が加算されたものとなります．

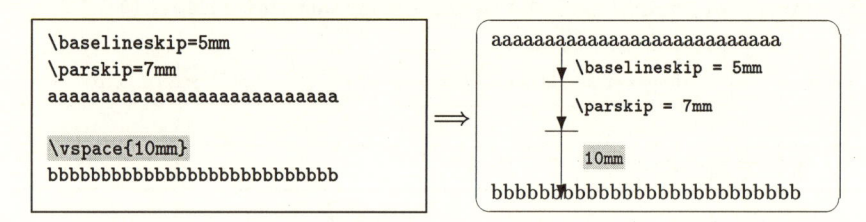

```
\baselineskip=5mm
\parskip=7mm
aaaaaaaaaaaaaaaaaaaaaaaa
\vspace{10mm}
bbbbbbbbbbbbbbbbbbbbbbbb
```
⇒
```
aaaaaaaaaaaaaaaaaaaaaaaa
     ↕ \baselineskip = 5mm
     ↕ \parskip = 7mm
     10mm
bbbbbbbbbbbbbbbbbbbbbbbb
```

▨ \vspace はページの頭に来るとその効果は消失します．そのようなときには次の命令を使います．

《命令》 \vspace*{ }

58.2 垂直方向の標準的なスペース

▨ 垂直方向の標準的なスペース命令として次の3つのものがあります．これは段落と段落の間で宣言します．

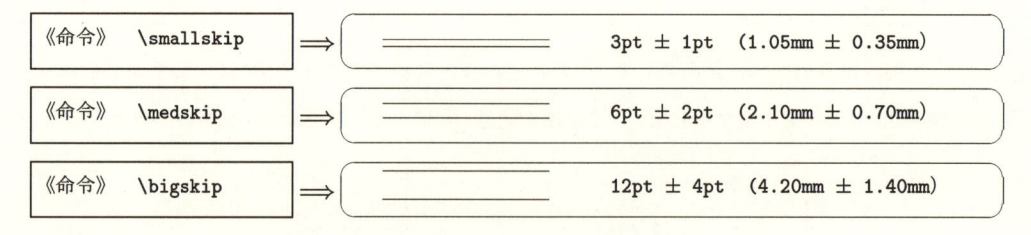

《命令》 \smallskip ⇒ 3pt ± 1pt (1.05mm ± 0.35mm)

《命令》 \medskip ⇒ 6pt ± 2pt (2.10mm ± 0.70mm)

《命令》 \bigskip ⇒ 12pt ± 4pt (4.20mm ± 1.40mm)

実は，これら3つのスペース命令はそれぞれ次の命令の省略形です．

\vspace{\smallskipamount}　　\vspace{\medskipamount}　　\vspace{\bigskipamount}

したがって，たとえばプリアンブル [→p.5 (4)] で

\smallskipamount=4mm　　\medskipamount=7mm　　\bigskipamount=13mm

と宣言しておくと [→p.171 (56.4)]，これらのスペースをそれぞれ 4mm, 7mm, 13mm に変えることができます．

58.3　ページ末までスペースを空ける

▨ 本来の長さは 0 で，使い方によっては任意の長さに伸びる距離変数に次のものがあります [→p.174 (57.3)]．

《命令》　\fill

▨ 下に，\fill を使ってページの下マージンまでスペースを空ける例を示します．

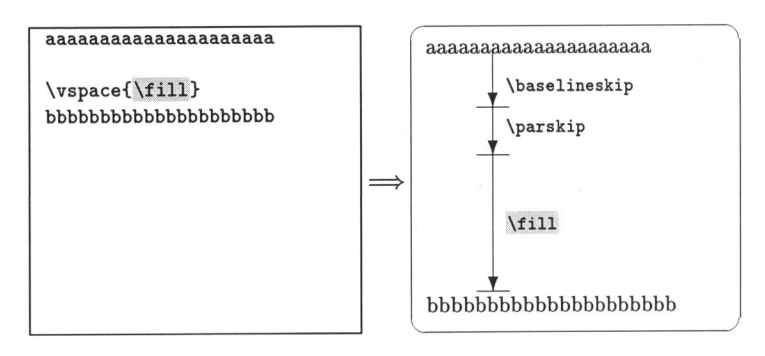

```
aaaaaaaaaaaaaaaaaaaa

\vspace{\fill}
bbbbbbbbbbbbbbbbbbbb
```

⟹

```
aaaaaaaaaaaaaaaaaaaa
    \baselineskip
    \parskip

    \fill

bbbbbbbbbbbbbbbbbbbb
```

▨ \vspace{\fill} の簡略型として次の命令があります．

《命令》　\vfill

58.4　\fill の n 倍の長さ

▨ \fill の n 倍の長さを定義する命令として次のものがあります [→p.175 (57.4)]．

《命令》　\stretch{n}

▨ 次に，この命令を垂直方向のスペースに使った例を示します．

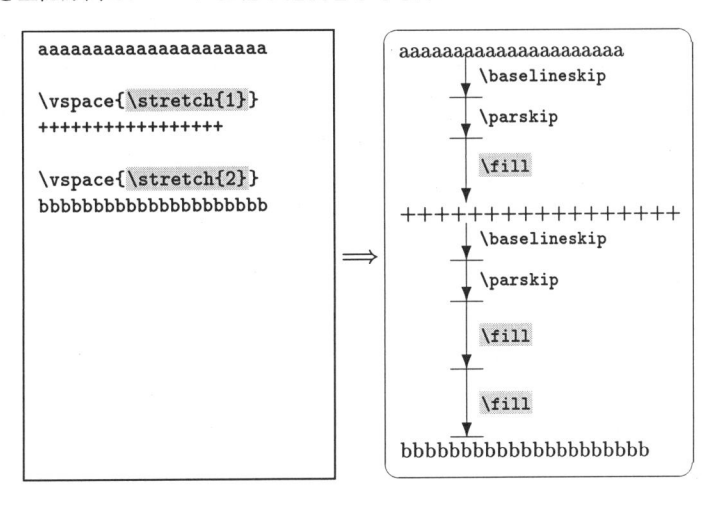

```
aaaaaaaaaaaaaaaaaaaa

\vspace{\stretch{1}}
++++++++++++++++

\vspace{\stretch{2}}
bbbbbbbbbbbbbbbbbbbb
```

⟹

```
aaaaaaaaaaaaaaaaaaaa
    \baselineskip
    \parskip
    \fill
++++++++++++++++
    \baselineskip
    \parskip
    \fill
    \fill
bbbbbbbbbbbbbbbbbbbb
```

59 文間・単語間・改行不可スペース

用語：文間スペース　単語間スペース　四分空き　改行不可スペース
命令：\@　\␣　~

◇

59.1 文間スペース

▢ 2つの文章の間には単語間スペースよりいくぶん幅の広い「文間スペース」が空けられるようになっています．

▢ LaTeX2εでは，大文字の後にピリオド **.**，疑問符 **?**，あるいは感嘆符 **!** が来て文が終わるとき，それを文の終わりとは解釈せず，次の文との間には「単語間スペース」しか空かず，若干均整の損なわれた文続きとなってしまいます．このような場合，それが文の終わりと解釈されるようにするために，それらの前に次の命令を挿入します．

《命令》　\@

下の例で，\@ を付けた場合とそうでない場合の文間スペースの微妙な違いを示します．

```
...as well as I. Hence,...      → ...as well as I. Hence,...     （単語間スペース）
...as well as I\@. Hence,...    → ...as well as I. Hence,...     （文間スペース）
Is it vitamin A ? Yes it is.    → Is it vitamin A ? Yes it is.   （単語間スペース）
Is it vitamin A \@? Yes it is.  → Is it vitamin A ? Yes it is.   （文間スペース）
BEAUTIFULL ! THANK YOU.         → BEAUTIFULL ! THANK YOU.        （単語間スペース）
BEAUTIFULL \@! THANK YOU.       → BEAUTIFULL ! THANK YOU.        （文間スペース）
```

59.2 単語間スペース

▢ 単語間には，そこで空けるべき一定の幅が定義されています．これを「単語間スペース」と言います．

▢ LaTeX2εでは，文章全体の均整を考慮しながら単語間にほどよい幅のスペースを入れるようになっているので，単語間は常にこの一定の幅を取るとはかぎりません．しかし，もしなんらかの理由で，単語間に一定のスペースを置きたいという場合には単語間スペースの命令

《命令》　\␣

をそこに挿入します．これは数式・文書の両モードで使えます．このスペースは 0.5em です（文字 M の幅の半分 [→p.170 (56.1)]）．なお，ここで ␣ は空白を意味します（この空白記号を直接出力させることはできません．これは擬似タイプ入力命令 \verb* [→p.306 (87.2)] を使って出力させます）．

▢ 小文字に続く（一般的には大文字でない文字に続く）ピリオド **.**，疑問符 **?**，感嘆符 **!**，コロン **:** を文の終わりと解釈し，次の文との間に文間スペースを取るようになっています．したがって，たとえば文中にたまたま省略記号としての **...**，**etc.**，**et al.** のようにピリオドで終わる記号や文字があると，最後のピリオドを文の終わりと解釈してしまい，次の単語との間に文間スペースが取られてしまいます．これを避けるには，単語間スペースをそこに挿入します（下の例で単語間スペース \␣ を付けた場合と

そうでない場合のスペースの微妙な違いに注意).

```
Yamada et al. wrote the report.  → Yamada et al. wrote the report. （文間スペース）
Yamada et al.\ wrote the report. → Yamada et al. wrote the report. （単語間スペース）
```

▨ 文字から成る命令の後ろの空白は無視されます．したがって，\alpha \beta としても $\alpha\beta$ と出力され，α と β の間には空白は空きません．空白を空けたければ，そこに単語間のスペース命令 \␣ を入れて，\alpha\␣\beta としなければなりません [→p.25 (8.8)]．

59.3 改行不可スペース

▨ 単語間のスペースを空けるもう 1 つの命令に次のものがあります．

《命令》 ~

▨ このスペース命令が使われている所では右マージンでの改行は回避されます．したがって，そのような改行を回避したい所にはこの改行不可スペースを挿入します．

▨ たとえば，定理 1 と入力したとき 定理 が行末に来て改行，1 が次の行に来るというのは無様です．これを避けるためには次のようにします．

```
定理~1    図~2    Theorem~2    Mr.~Lamport    from 5 to~20
```

▨ 人の名前などは行末で改行されないようにすべきです．その恐れのあるときは次のようにすべきです (\mbox{ } [→p.192 (64.9)] の引数の中に書かれたテキストは行末で改行されません)．

```
\mbox{Sakaguchi}    \mbox{坂口実}
```

59.4 四分空き

▨ 「かな・漢字」と「英文字・数字」の間には「四分空きスペース」が自動的に挿入されます [→ [14] p.68-70]．

```
あああaaaa阿阿阿123いいい  ⟹  あああ aaaa 阿阿阿 123 いいい
```

▨ 四分空きは，記号 ’ ） ］ ； ， ． の後ろにある「かな・漢字」の間にも空きます．

```
’あ ）あ ］あ ；あ ，あ ．あ  ⟹  ’ あ ） あ ］ あ ； あ ， あ ． あ
```

▨ 四分空きは，記号 ‘ （ ［ の前にある「かな・漢字」の間にも空きます．

```
あ‘ あ（ あ［  ⟹  あ ‘ あ （ あ ［
```

▨ 上の記号以外の記号と「かな・漢字」の間には四分空きは空きません．

▨ コラム V (p.148) も参照のこと．

60 改行

用語： 文中改行　段落改行　強制度付き改行　抑制度付き非改行

命令： \\\\　\baselineskip　\baselinestretch　\newline　\linebreak　\nolinebreak　\par
1 行以上の空行

◇

60.1 改行幅

▣ 段落内での行末における自然な改行幅は次の命令で設定します．一般にはプリアンブルで宣言しますが，文章の途中でも宣言できます．これを指定しなければ標準設定値が設定されます [→(コラム N) p.41]．

《命令》　\baselineskip

▣ ある段落内の文中に拡大された文字や大きな文中数式があると，それらが前後の行と重ならないように改行幅は自動的に広がります．

```
\baselineskip=4mm
a a a a a a a a a a a a a a a a a
a a  {\Huge c} a a a a a a a a a a
a a a a a a a {\Huge d} a a a a a a
a a $\displaystyle \sum_n=1^5 n$ a a
a a a a a a a a a a a a a a a a a
```
$\Rightarrow$
```
a a a a a a a a a a a a a a a a a
a a a a  c  a a a a a a a a a a a
a a a a a a a  d  a a a a a a a a
a a a a a a a a $\sum_{n=1}^{5} n$ a a a a a a a
a a a a a a a a a a a a a a a a a
```

▣ \baselineskip の値を一律 n 倍にする命令に

《命令》　\baselinestretch

があります．たとえば 2.3 倍に拡大したいときには次のように宣言します [→p.28 (9.6)]．

`\renewcommand{\baselinestretch}{2.3}`

ただしこの場合，その後に \baselineskip の宣言が 1 つでもあるとこの効果は消失します．

60.2 段落改行

▣ 新しい段落を開始するための改行を「段落改行」と言います．段落改行の命令には次の 2 つがあります（この 2 つの命令は同じものです）．

《命令》　1 つ以上の空行　\par

▣ 段落改行では
  □ 改行幅は \baselineskip に距離変数

《命令》　\parskip

が加算されたものになります．
  □ 改行後の最初の行頭は

《命令》　\parindent

によって指定された幅だけ字下げされます．

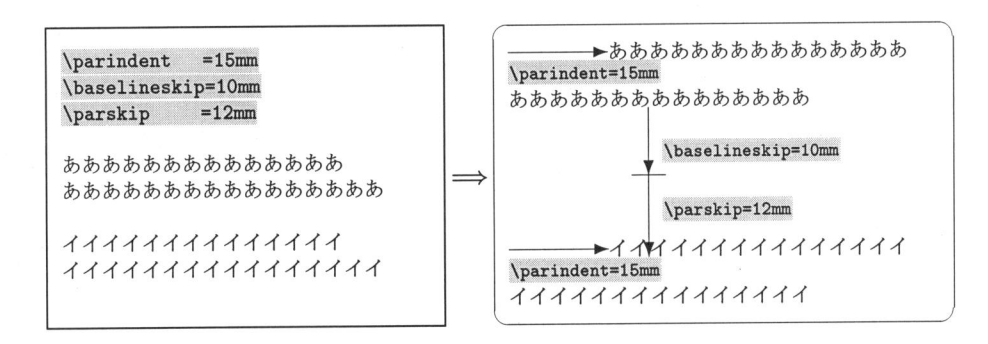

60.3 文中改行

▨ 段落内での強制的な改行を「文中改行」と言います．文中改行の命令には次の 2 つがあります．

《命令》　\\[ ]　　*[ ]

▨ 改行命令 * に対しては，そこで改行が抑制されます．すなわち，LaTeX 2_ε が改行しないほうがよいと判断すれば改行されません．

▨ この文中改行の命令は段落モードと数式モード [→p.73 (20.4)] のいずれにおいても使用できます．

▨ \\ による文中改行では
   □ 改行幅は \baselineskip です．
   □ 改行後の最初の行頭は字下げされません．

▨ 下に，文中改行の例を示します．

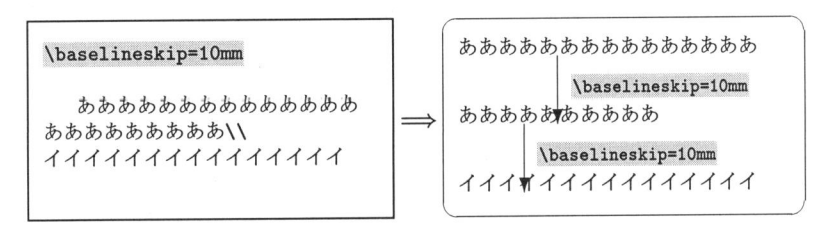

▨ 文中改行の改行幅を 3mm 追加したいときにはオプション引数を付けて

《命令》　\\[3mm]

とします．改行幅を狭くしたいときは \\[-3mm] とします．ただしこの場合，次の行の行頭にわずかな字下げが生じてしまいます．これは問題です．各自確かめてみて下さい．

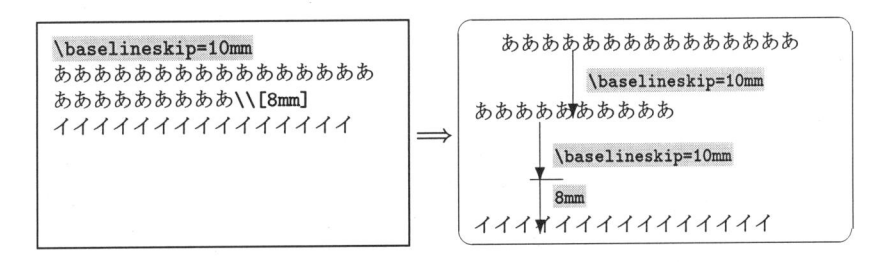

▨ \\ のあとに * で始まる文章があるとき，LaTeX 2_ε がこの * を * における * と解釈しないように，この * を { } でグルーピングしておくこと [→p.25 (8.6)]．

> …\\ {*}印はアステリスクと呼ばれる

60.4 \newline による改行

▨ これは段落モードの中でしか使用できないということ (2 つの段落モードの間では使用不可ということ)，および追加の改行幅を指定するオプション引数 [ ] を持たないということ以外は \\ と同じものです．

60.5 強制度付き改行

▨ オプションパラメータとしての強制度の付いた次の改行命令があります．これは段落モードの中でしか使用できません (2 つの段落モードの間では使用不可ということ)．

> 《命令》　\linebreak[強制度]

▨ 強制度には 5 つの レベル [0]，[1]，[2]，[3]，[4] があります．レベル [0] のときは，そこで改行はできるが強制はされません．標準設定はレベル [4] です．レベル [4] では必ず改行されます．

60.6 抑制度付き非改行

▨ オプションパラメータとしての抑制度の付いた次の非改行命令があります．これは段落モードの中でしか使用できません (2 つの段落モードの間では使用不可ということ)．

> 《命令》　\nolinebreak[抑制度]

▨ 抑制度には 5 つのレベル [0]，[1]，[2]，[3]，[4] があります．標準設定はレベル [4] です．レベル [4] では改行は起きません．

▨ \nolinebreak[0] と \linebreak[0] は同じように機能します．

コラム J：\today 命令 (文書ファイルがコンパイルされた年・月・日を出力)

　文書ファイルのあるところで命令 \today を入力しておくと，そこに，その文書ファイルがコンパイルされた年・月・日が自動的に出力されます．その出力は文書クラスとして欧文を指定しているときと和文を指定しているときでは異なります．

> 欧文：\today → June 23, 2000

> 和文：\today → 平成 12 年 6 月 23 日

　自動出力される年・月・日はコンピュータにセットされているものです．正しく設定されているか否かを一応チェックしておくこと．

61 改ページ

用語：改ページ　強制度付き改ページ　抑制度付き非改ページ　同一ページ化　ページの高さの調整

命令：`\newpage` `\clearpage` `\cleardoublepage` `\pagebreak` `\nopagebreak` `\samepage`
　　　`\raggedbottom` `\flushbottom` `\enlargethispage`

◇

61.1　改ページの制御

▨ 文章の体裁上，ある所では強制的に改ページしたいとか，ある所では改ページをさせたくないということがあります．LaTeX 2ε にはこういうことを可能にするいくつかの命令が用意されています．

61.2　改ページ

▨ 改ページをする命令には次の 3 つがあります．

《命令》　`\newpage`　`\clearpage`　`\cleardoublepage`

▨ `\newpage`：　改ページを強制します．
  □ ただし 2 段組の場合 [→p.7 (5.3)]，これが右段で宣言されていると改ページされますが，左段で宣言されているときは次の文章は右段の先頭から始まります．

▨ `\clearpage`：　`\newpage` とほとんど同じものです．異なるのは次の 2 点です．
  □ 2 段組の場合，これが左段・右段のいずれにあっても常に改ページされます．
  □ `figure` 環境と `table` 環境による図表 [→p.257 (79)] のうち，それまでに出力されないまま残されている図表を本文とは別のページ (章末ページや最後のページ) に出力します．

▨ `\cleardoublepage`：
  □ 片面印刷 [→p.3 (3.3)] のときは `\clearpage` と同じ働きをします．
  □ 両面印刷のとき，新しいページは常に右 (奇数) ページになるということ以外は `\clearpage` と同じものです．したがって，両面印刷でこの命令による改ページ命令を宣言した場合，左 (偶数) ページにこれがあると，次の文章は次のページから始まりますが，右 (奇数) ページにあると次のページ (偶数ページ) は空白となり，その次のページ (奇数ページ) から文章が始まります．

61.3　強制度付き改ページ

▨ オプション引数としての強制度の付いた改ページ命令として次のものがあります．これは段落と段落の間で使用します．

《命令》　`\pagebreak[強制度]`

▨ 強制度には 5 つのレベル [0]，[1]，[2]，[3]，[4] が定義されています．レベル [0] のときはそこで改ページできますが強制はされません．標準設定はレベル [4] です．レベル [4] では強制的に改ページされます．

61.4　抑制度付き非改ページ

▨ オプション引数としての抑制度の付いた改ページ命令として次のものがあります．

> 《命令》　\nopagebreak[抑制度]

▨ 抑制度には 5 つのレベル [0]，[1]，[2]，[3]，[4] があります．標準設定はレベル [4] です．そこでは改ページはされません．

61.5　同一ページ化

▨ ある範囲の文章を同一ページ内に納める命令に次のものがあります．

> 《命令》　\samepage

▨ これを宣言しておくと，宣言された範囲内（グルーピング [→p.23 (8.2)]）では，次の 4 箇所においては改ページが起きないよう抑制されます．

- □ 段落の中
- □ 段落数式の前後 [→ p.127 (42.1)]
- □ list 環境内 [→p.237 (76)] の最初の \item 以外の項目の前
- □ 章・節などの標題の前後 [→ p.53 (14)]

▨ ただし，この範囲内で \pagebreak や \nopagebreak が宣言されると改ページが起きます．

61.6　ページの高さの調整

▨ 入力されたテキストはページの高さ \textheight [→p.6 (5.2)] に収められるよう可能なかぎり調整されますが，それ故にページ末に不自然な余白が残ってしまうことも生じます．そこで，命令

> 《命令》　\raggedbottom

をプリアンブルで宣言しておくとページの高さに若干のゆとりが生じ，次ページに改行されそうな部分がこのゆとりの中に収まるようになり，余分な余白ができるだけ解消されるようになっています．

▨ このような余白調整を一切許さないという場合には，プリアンブルで次の命令を宣言しておきます．

> 《命令》　\flushbottom

▨ 本および両面印刷 [→p.3 (3.3)] の論文・報告書に対しては \flushbottom が標準設定，その他の形式の文章に対しては \raggedbottom が標準設定です．

▨ LaTeX 2_ε には，ページの高さを強制的に宣言する次の命令も用意されています【→ [4] p.115-117】（ただし，この宣言はそのページのみに有効です）．

> 《命令》　\enlargethispage{ }

例えば，あるページで次の命令を宣言すると，そのページの高さが 1 行分増え (減り) ます．

> \enlargethispage{\baselineskip}　　\enlargethispage{-\baselineskip}

引数 { } に任意の長さ (5mm, 2cm など) も指定できます．

62 ファシー・スロッピー行末揃え

用語：行末揃え　ファシー行末揃え　スロッピー行末揃え
命令：\fussy　\sloppy　sloppypar 環境

◇

62.1 行末の調整

■ LaTeX 2ε では，単語間・文間・行間にほどよい幅の空白を入れながら [→p.6 (5.2)]，指定されたページの幅 \textwidth の中にできるだけピッタリと文章が入るよう文章を整形していきますが，これが不可能となることも生じます．このようなとき，やむなく文章の一部を右マージンからはみ出すことを許すか否かを宣言する命令が用意されています．

62.2 ファシー行末揃え

■ 文章の一部をやむなく右マージンからはみ出すことを許しながら行末揃えをすることを「ファシー行末揃え」と言うことにします．それは次の命令によって宣言します．

《命令》　\fussy

■ 下に，行幅が 28mm のミニページへの文章の入力例を示します．

```
\begin{minipage}{28mm}
{\fussy I think and think for months and years.
Ninety-nine times, the conclusion is false.
The hundredth time I am right. \par
\hfill{\itshape Albert Einstein}}
\end{minipage}
```

⇒　I think and think for months and years. Ninety-nine times, the conclusion is false. The hundredth time I am right.
Albert Einstein

62.3 スロッピー行末揃え

■ 右マージンからはみ出すことを一切許さずに行末揃えすることを「スロッピー行末揃え」と言います．それは次の命令によって宣言します．

《命令》　\sloppy

■ 下に，幅 28mm のミニページをスロッピー行末揃えで出力した例を上げておきます．この例のように，スロッピー行末揃では単語間に異常な空白が空いてしまいます．

```
\begin{minipage}{28mm}
{\sloppy I think and think for months and years.
Ninety-nine times, the conclusion is false.
The hundredth time I am right. \par
\hfill{\itshape Albert Einstein}}
\end{minipage}
```

⇒　I think and think for months and years. Ninety-nine times, the conclusion is false. The hundredth time I am right.
Albert Einstein

63 ハイフネーション

用語：ハイフネーション

命令：\hyphenation

◇

63.1 ハイフネーションとは

- LaTeX 2_ε では，単語間や文間にほどよい幅の空白を入れながら指定されたページ幅の中に，できるだけうまく文章が入るように文章を整形していきます．このとき，行末に長い英単語が来てそれが右マージンよりはみ出しそうになると，LaTeX はその単語の中間の「しかるべき所」でハイフン - を付けて切り離し，残りの部分を次の行の行頭に持って来ます．これを「ハイフネーション」と言います．たとえば，environment という単語は，一般に en-vi-ron-ment という 3 箇所でハイフネーションが行われるようになっています．

- ハイフネーションが行われる「しかるべき所」については英語の辞典に示されており，LaTeX 2_ε におけるハイフネーション規則も，原則としてそれに基づいています．

63.2 ハイフネーションの位置の変更

- 何らかの理由で，文章中のある特定の所に現れるこの単語 environment に対しては「envi」と「ronment」の間か，「environ」と「ment」の間だけでハイフネーションを行いたいという状況が起きたとします．そのようなときには，そこで

```
envi\-ron\-ment
```

と入力します．こうするとこの単語に対しては LaTeX 2_ε のハイフネーション規則は無効となり，それに代わってこの規則が有効となります．

- ただし，この新しく指定されたハイフネーション規則は，この位置にあるこの単語のみに有効で，後で出てくる同じ単語 environment に対してはその効果を及ぼしません．そのあとはまた LaTeX 2_ε の規則が適用されます．

- 文章中に現れるこの単語すべてに対して，常に上で定義したハイフネーション規則に従わせたいときには，プリアンブルで

《命令》　`\hyphenation{envi-ron-ment}`

と宣言します．複数の単語に対してそれぞれ独自のハイフネーション規則に従わせたいときには，それらをコンマなしで次のように並べていきます．

```
\hyphenation{envi-ron-ment intro-duction stopp-ing}
```

- ハイフネーションのさらに詳しい解説は文献 [19]（奥村，p.251-253）にあります．

64 ボックス

用語： ボックスのモード　枠付きボックス　枠なしボックス　数式を囲むボックス　破線枠のボックス　ボックス枠の線の太さ　段落モードのボックス　上下するボックス　四分円ボックス　メモ用ボックス　ボックスの入れ子　ボックスの保存と呼出し

命令： `\fbox` `\mbox` `\framebox` `\makebox` `\boxed` `\parbox` `\raisebox` `\newsavebox` `\sbox`
`\savebox` `\usebox` `\dashbox` `\shadowbox` `\doublebox` `\ovalbox` `\Ovalbox` `\shortstack`
`\fboxrule` `\fboxsep` `\frame` `\shadowsize` `\thinlines` `\thicklines` `\linethickness` `\width`
`\depth` `\height` `\totalheight`

パッケージ： amsmath　fancybox　foldbox

◇

64.1　ボックスのモード

▨ LaTeX 2_ε には，文字列などをボックス (箱) の中に書く様々な命令が用意されています．

▨ `\parbox` [→p.192 (64.10)] 以外のすべてのボックスは左右モードです [→p.72 (20.3)]．`\parbox` 内は段落モードです．

64.2　枠付きボックス I

▨ 文字列を，その文字列の大きさに合わせた枠付きボックスで囲むには次の命令を使います．

《命令》　`\fbox{ }`

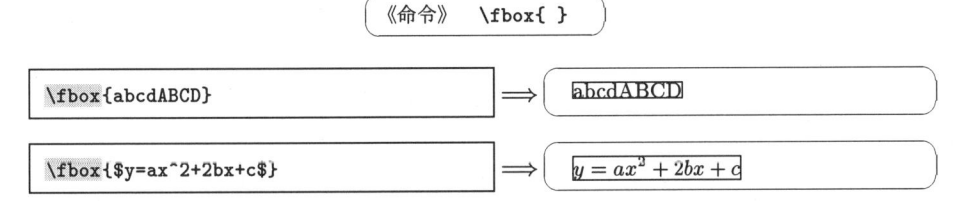

| `\fbox{abcdABCD}` | ⟹ | abcdABCD |

| `\fbox{$y=ax^2+2bx+c$}` | ⟹ | $y = ax^2 + 2bx + c$ |

▨ ボックスの外で宣言した文字の書体 [→p.80 (23)] やサイズ [→p.83 (24)] はボックスの中にもその効果を及ぼします．ボックスの中で宣言した文字の書体やサイズはボックスの外にはその効果を及ぼしません．

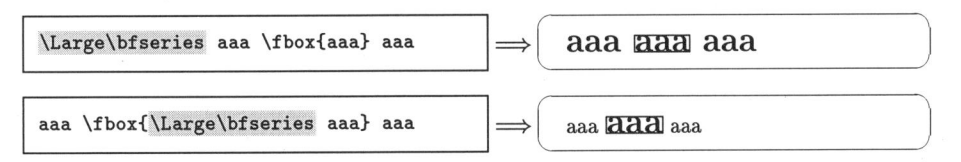

| `\Large\bfseries aaa \fbox{aaa} aaa` | ⟹ | **aaa** **aaa** **aaa** |

| `aaa \fbox{\Large\bfseries aaa} aaa` | ⟹ | aaa **aaa** aaa |

64.3　枠付きボックス II

▨ 文字列を，指定した横幅の枠付きボックスで囲むこともできます．それには次の命令を使います．

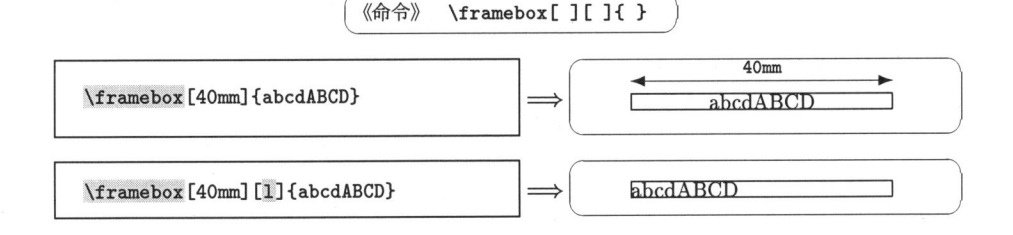

《命令》　`\framebox[ ][ ]{ }`

| `\framebox[40mm]{abcdABCD}` | ⟹ | (40mm枠, 中央に abcdABCD) |

| `\framebox[40mm][l]{abcdABCD}` | ⟹ | (40mm枠, 左寄せ abcdABCD) |

`\framebox[40mm][c]{abcdABCD}`	⟹	`[     abcdABCD     ]`
`\framebox[40mm][r]{abcdABCD}`	⟹	`[         abcdABCD]`
`\framebox{abcdABCD}`	⟹	`[abcdABCD]`

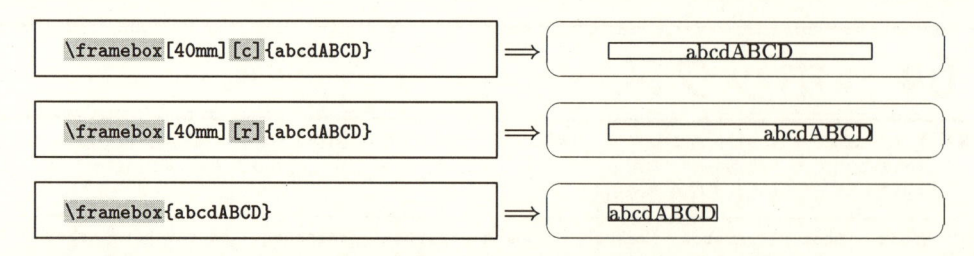

ここで [40mm] はボックスの幅を指定するオプションパラメータです．このオプションパラメータを省略すると \fbox と同じになります (最後の例).

■ また，ボックス内の文字列を，それぞれ左・中・右寄せと「間延び」にするには

《命令》　横位置パラメータ　　l(左)　c(中)　r(右)　s(間延び)

を使います．これを省略すると中寄せとなります (最初の例).

■ 横位置パラメータ [s] は英単語間や全角文字間 (和文) を「間延び」にさせます．下に例を示します.

`\framebox[60mm][s]{I am a boy}`	⟹	`[I      am      a      boy]`
`\framebox[60mm][s]{私は少年です}`	⟹	`[私  は  少  年  で  す]`

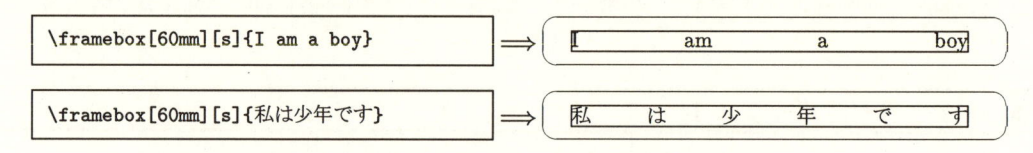

■ このボックスでは文字列が指定幅より長いときは枠からはみ出してしまいます.

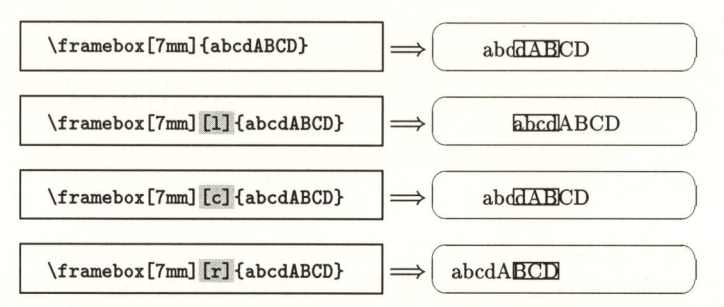

`\framebox[7mm]{abcdABCD}`	⟹	abcdABCD
`\framebox[7mm][l]{abcdABCD}`	⟹	abcdABCD
`\framebox[7mm][c]{abcdABCD}`	⟹	abcdABCD
`\framebox[7mm][r]{abcdABCD}`	⟹	abcdABCD

■ ボックス幅を 0mm としても文字列を書くことができます．そのときは次のようになります.

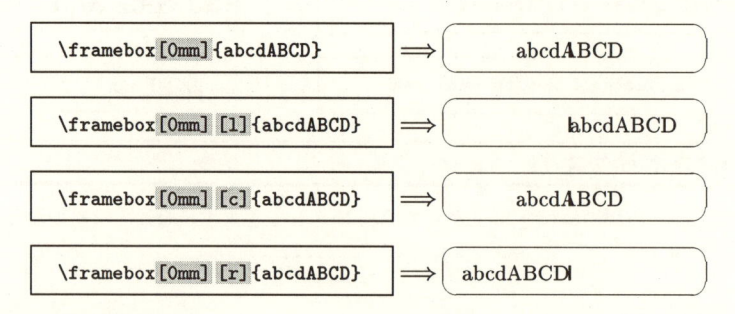

`\framebox[0mm]{abcdABCD}`	⟹	abcdABCD
`\framebox[0mm][l]{abcdABCD}`	⟹	abcdABCD
`\framebox[0mm][c]{abcdABCD}`	⟹	abcdABCD
`\framebox[0mm][r]{abcdABCD}`	⟹	abcdABCD

64.4　枠付きボックス III

■ 文字列を，指定した横幅と縦幅の枠付きボックスで囲むには次の命令を使います．その命令の名前は 64.3 節 (p.187) のものと同じですが，その用法は異なります.

64.4　枠付きボックス III

《命令》　\framebox( )[ ]{ }

▣ この命令を使用するには，まずはじめに 1 単位長 [→p.246 (78.2)] を，命令

《命令》　\unitlength

で定義し，横幅と縦幅をその単位長を使って次のように指定します．

《命令》　\framebox(60,20)[ ]{ }

たとえば，\unitlength=0.5mm と指定してあれば，(60,20) は，幅 30mm，高さ 10mm のボックスを作ることを意味します．

▣ この命令には，ボックス内に書く文字列の位置を左・中・右寄せおよび「間延び」にする

《命令》　横位置パラメータ　　l(左)　c(中)　r(右)　s(間延び)

の他に [→p.187 (64.3)]，その文字列をボックス内の上端・中央・下端のどこに置くかを指定する

《命令》　縦位置パラメータ　　t(上)　c(中)　b(下)

も使うことができます．この 2 種類のパラメータは [lt], [rt], [lb], [rb] のように組み合わせて使うこともできます．こうすると文字列はボックス内の左上，右上，左下，右下に出力されます．なお，横位置パラメータと縦位置パラメータの指定の順序は自由です．すなわち [lt] と指定しても [tl] と指定しても同じ出力結果となります．

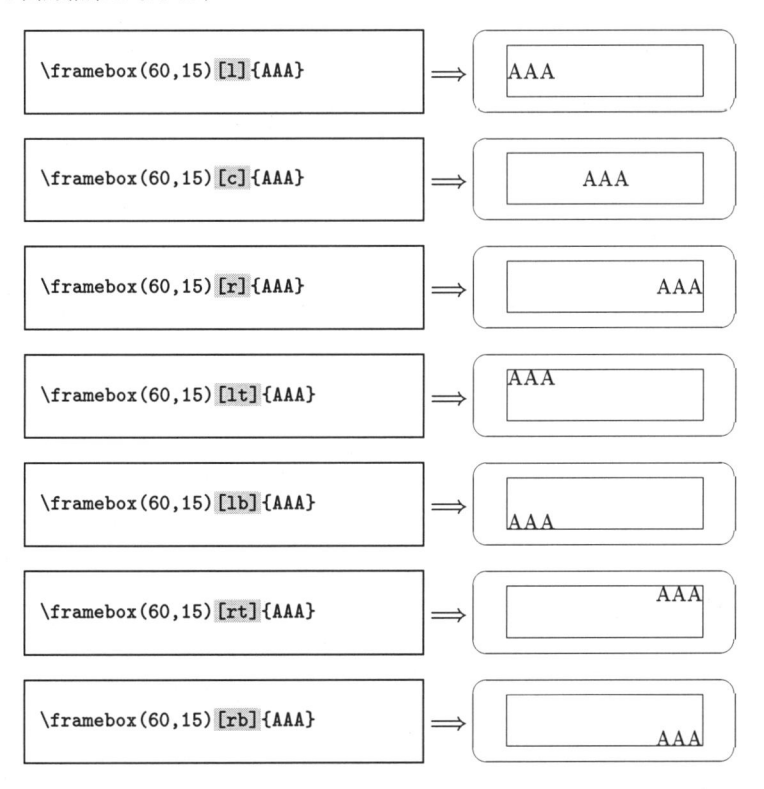

\framebox(60,15)[l]{AAA}	⟹	AAA（左寄せ）
\framebox(60,15)[c]{AAA}	⟹	AAA（中央）
\framebox(60,15)[r]{AAA}	⟹	AAA（右寄せ）
\framebox(60,15)[lt]{AAA}	⟹	AAA（左上）
\framebox(60,15)[lb]{AAA}	⟹	AAA（左下）
\framebox(60,15)[rt]{AAA}	⟹	AAA（右上）
\framebox(60,15)[rb]{AAA}	⟹	AAA（右下）

64.5　枠付きボックス IV

■ 文字列と枠の間の隙間が常に 0 となるボックス命令に次のものがあります．

《命令》　\frame{ }

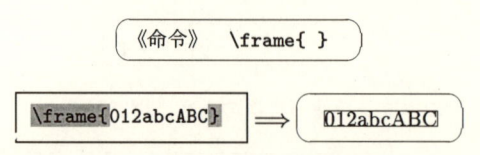

\frame{012abcABC} ⟹ 012abcABC

■ このボックスは \fboxsep 命令 [→p.196 (64.15)] の影響は受けません．

64.6　数式を囲むボックス

■ amsmath パッケージを登録すると [→p.32 (10)]，\fbox とは似ているが，その中が数式モードである次のボックスを使うことができます（この例における \fboxsep については 64.15 節 (p.196) を参照）．

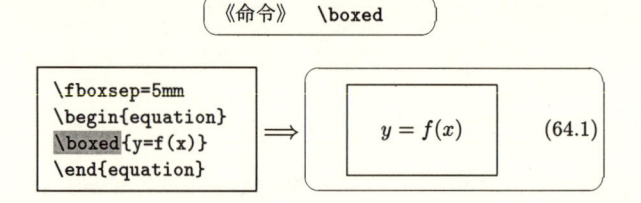

《命令》　\boxed

```
\fboxsep=5mm
\begin{equation}
\boxed{y=f(x)}
\end{equation}
```
⟹ $$\boxed{y=f(x)} \qquad (64.1)$$

■ このボックスは，数式モード [→p.73 (20.4)] の宣言をしなくても数式モードとして処理されます．すなわち，

\boxed{y=f(x)} としても $\boxed{y=f(x)}$ としても ⟹ $\boxed{y=f(x)}$

64.7　破線枠のボックス

■ 以上の例はすべて実線の枠を持つボックスですが，これを破線の枠にすることができます．それには次の命令を使います．

《命令》　\dashbox{ }( )[ ]{ }

■ 最初の引数 { } で破線要素の長さを指定します．他の引数の意味は \framebox のものと同じです．
■ 下に，\unitlength=0.5mm とし，破線要素が 5 単位長，すなわち 2.5mm=5×0.5mm の例を示します．

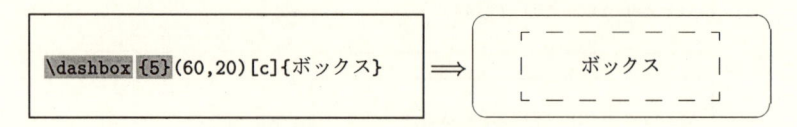

\dashbox{5}(60,20)[c]{ボックス} ⟹ ［ボックス］(破線枠)

■ 破線をきれいに描くためには，破線要素の長さを縦幅と横幅の約数になるように設定すること．この破線要素の長さは整数である必要はありません．下に例を示します．最後の 2 つの例は破線の長さが横幅と縦幅の約数になっていないまずい例です．

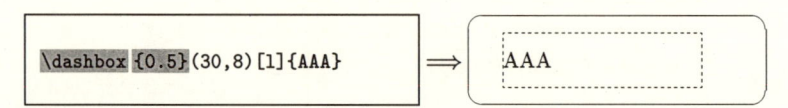

\dashbox{0.5}(30,8)[l]{AAA} ⟹ ［AAA］(破線枠)

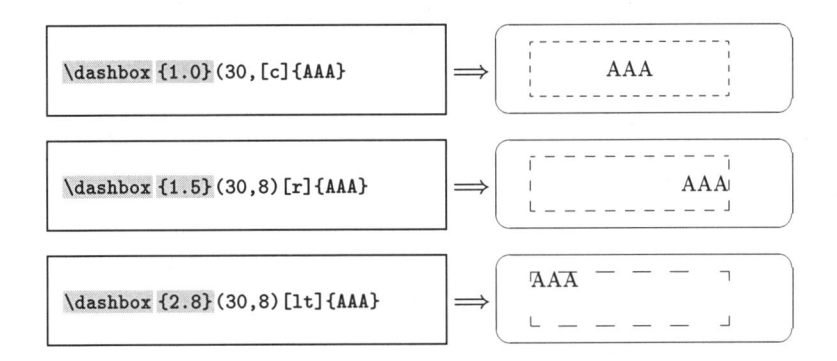

64.8 ボックス枠の線の太さの指定

▩ \fbox と 64.3 節 (p.187) における \framebox の枠の太さは次の命令で指定できます．

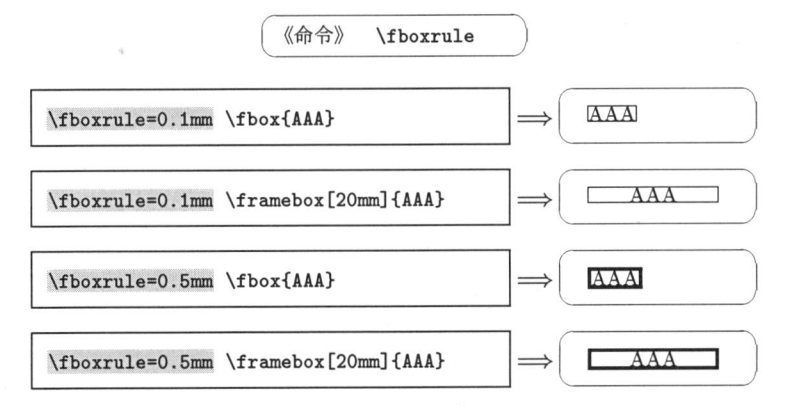

《命令》 \fboxrule

▩ \frame [→p.190 (64.5)] と 64.4 節 (p.188) における \framebox，および \dashbox [→p.190 (64.7)] における枠の太さは次の命令で指定できます (この命令は { } で囲んでグルーピングしておくことをお薦めします)．

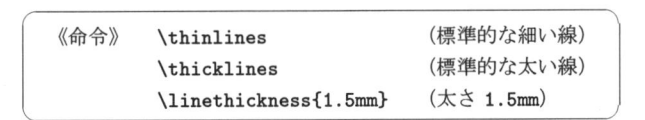

《命令》 \thinlines   (標準的な細い線)
        \thicklines   (標準的な太い線)
        \linethickness{1.5mm} (太さ 1.5mm)

▩ 下に例を示します．最後の例のように，\dashbox に太い線を指定すると見苦しいものになります．

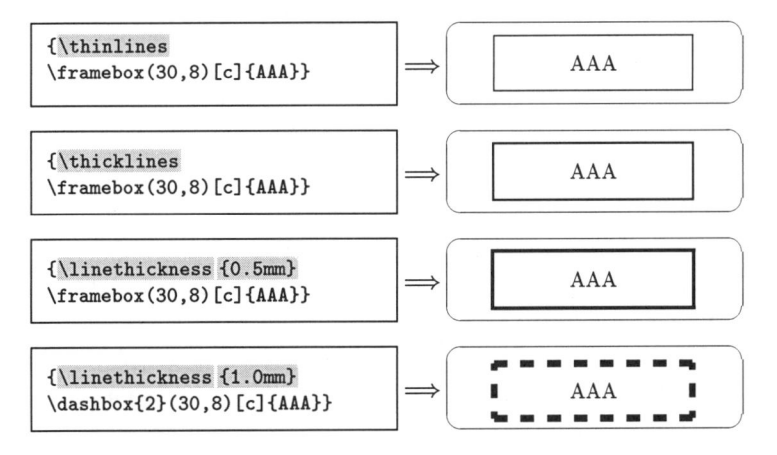

64.9　枠なしのボックス

▣ \fbox と \framebox は枠付きのボックス命令ですが，これに対応した枠なしのボックス命令として次の 3 つの命令があります．

《命令》　\mbox{ }　　\makebox{ }　　\makebox( )[ ]{ }

\fbox{AAA}	→	AAA	\mbox{AAA}	→	AAA
\framebox[15mm]{AAA}	→	AAA	\makebox[15mm]{AAA}	→	AAA
\framebox(15,7){AAA}	→	AAA	\makebox(15,7){AAA}	→	AAA

64.10　段落モードのボックス I

▣ これまで述べてきたボックスの内部はすべて左右モードです [→p.72 (20.3)]．したがって，そのボックス内で改行のある文章や段落数式などは入力できません．これに対し，その中が段落モード [→p.72 (20.2)] となるボックスに次のものがあります

《命令》　\parbox[ ]{ }{ }

▣ 下に幅 40mm の \parbox 内に文字列と段落数式を書く例を示します（このボックスには枠はありません．下の例では説明の都合上，\fbox{ } を使って枠を付けてあります．枠が不要なら \fbox{ } を取って下さい）．

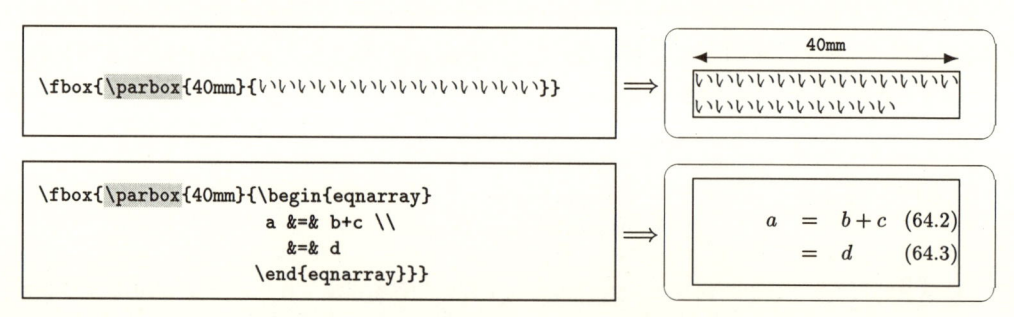

```
\fbox{\parbox{40mm}{いいいいいいいいいいいいいいい}}
```
⇒ （幅 40mm のボックスに「いいい…」が並ぶ）

```
\fbox{\parbox{40mm}{\begin{eqnarray}
            a &=& b+c \\
              &=& d
         \end{eqnarray}}}
```
⇒
$$a = b+c \quad (64.2)$$
$$= d \quad (64.3)$$

▣ \parbox には，下の例にあるように，その上端・中央・下端を基準線の位置に指定するパラメータ

《命令》　縦位置パラメータ　　t(上)　c(中)　b(下)

があります．このパラメータを省略すると [c] を指定したことと同じになります（下の例における % 記号 [→p.94 (28.3)] の後ろの「基準線」というテキストは出力されません）．

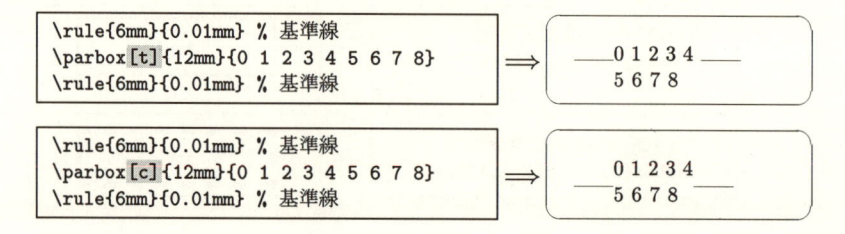

```
\rule{6mm}{0.01mm} % 基準線
\parbox[t]{12mm}{0 1 2 3 4 5 6 7 8}
\rule{6mm}{0.01mm} % 基準線
```
⇒　―― 0 1 2 3 4 ――
　　　　5 6 7 8

```
\rule{6mm}{0.01mm} % 基準線
\parbox[c]{12mm}{0 1 2 3 4 5 6 7 8}
\rule{6mm}{0.01mm} % 基準線
```
⇒　　　0 1 2 3 4
　　――5 6 7 8――

```
\rule{6mm}{0.01mm} % 基準線
\parbox[b]{12mm}{0 1 2 3 4 5 6 7 8}
\rule{6mm}{0.01mm} % 基準線
```
⟹
```
     0 1 2 3 4
___  5 6 7 8 ___
```

64.11　段落モードのボックス II

▨ 実は，\parbox 命令は 3 つのオプション引数 [ ] を持ちます．

《命令》　\parbox[ ][ ][ ]{ }{ }

1 番目のオプション引数 [ ] はすでに述べた縦位置パラメータ．

2 番目のオプション引数 [ ] はボックスの高さを指定するパラメータ．

3 番目のオプション引数 [ ] はボックス内のテキストの縦位置パラメータ．

▨ 下に，10mm×15mm の \parbox を示します．

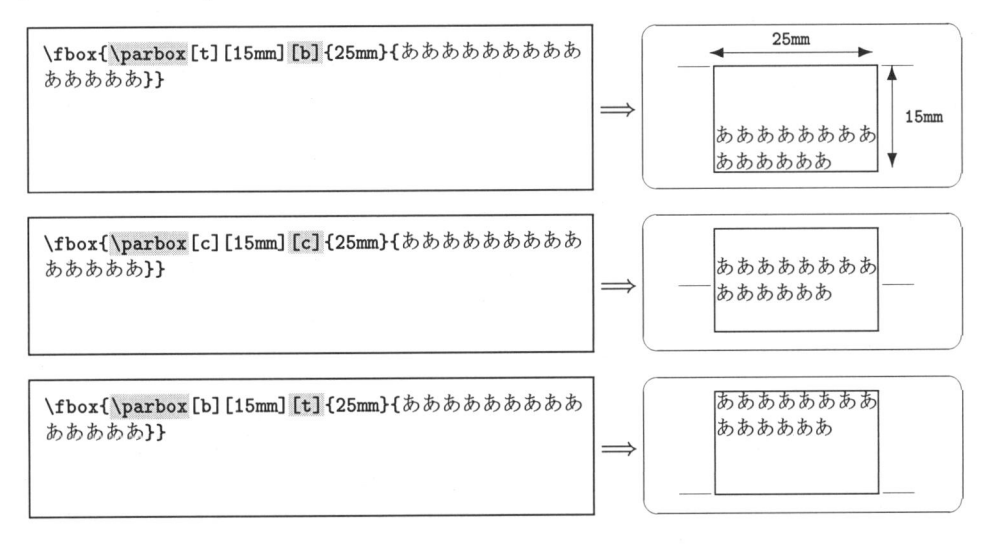

```
\fbox{\parbox[t][15mm][b]{25mm}{ああああああああ
あああああ}}
```
⟹ （幅 25mm，高さ 15mm のボックス内に下寄せで「ああああああ あああああ」）

```
\fbox{\parbox[c][15mm][c]{25mm}{ああああああああ
あああああ}}
```
⟹ （中央寄せ）

```
\fbox{\parbox[b][15mm][t]{25mm}{ああああああああ
あああああ}}
```
⟹ （上寄せ）

64.12　改行できるボックス（\shortstack）

▨ 少々毛色の変わったボックス命令として次のものがあります．詳細は 20.3 節 (p.72) を参照．これを使ってテキストを縦書きにする応用例については 52.2 節 (p.161) を見て下さい．

《命令》　\shortstack[ ]{ }

64.13　上下するボックス

▨ その中の文字列を上下させることのできるボックスとして次のものがあります．

《命令》　\raisebox{ }[ ][ ]{ }

▨ まず，その中の文字列を 10mm 持ち上げる例を示します．この持ち上げは基準線 ___ をベースに行います．なおこの場合，この持ち上げに引きずられる形でボックスの上端も持ち上がります（この例では，説明の都合上，\fbox{ } 命令で枠を付けてあります．不要ならこの命令を取って下さい）．

```
\fbox{\raisebox{10mm}{AAA}}
```

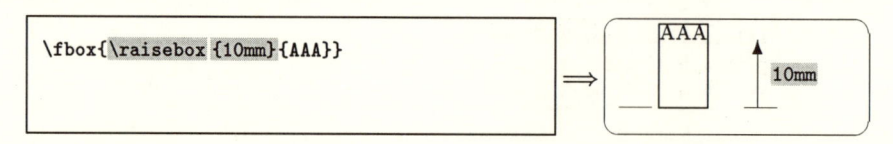

⇒ [図: AAAが10mm上に]

▩ その中の文字列を基準線より 10mm 引き下げるには次のようにします．この引き下げに引きずられる形でボックスの下端も 10mm 引き下がります．

```
\fbox{\raisebox{-10mm}{AAA}}
```

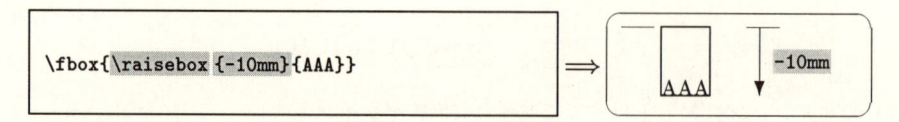

⇒ [図: AAAが-10mm下に]

▩ 上の例では文字列の上げ下げに引きずられる形でボックスの上端と下端も伸び縮みしていますが，文字列の上下はそのままにして，この上端と下端の伸び縮みを自由に指定することができます．たとえば，文字列を 10mm 持ち上げ，ボックスの上端を 6mm 持ち上げるには次のようにします．

```
\fbox{\raisebox{10mm}[6mm]{AAA}}
```

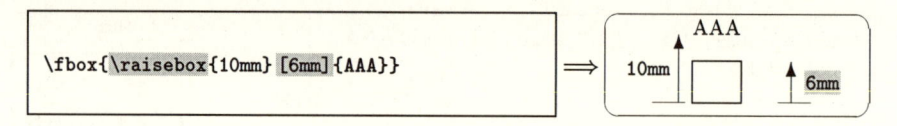

⇒ [図: 10mm, 6mm]

▩ 文字列を 10mm 持ち上げ，ボックスの下端を 8mm 引き下げるには次のようにします．

```
\fbox{\raisebox{10mm}[0mm][8mm]{AAA}}
```

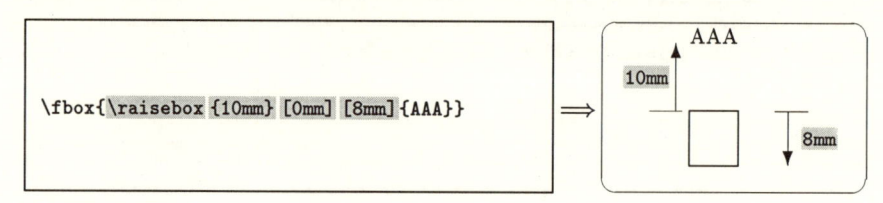

⇒ [図: 10mm, 8mm]

▩ 文字列を 10mm 持ち上げ，ボックスの上端を 17mm 持ち上げ，下端を 8mm 引き下げるには次のようにします．

```
\fbox{\raisebox{10mm}[17mm][8mm]{AAA}}
```

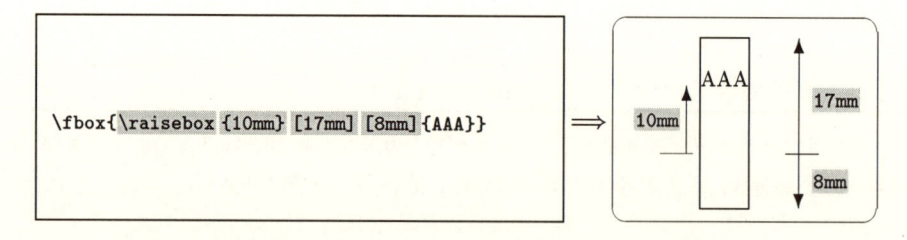

⇒ [図: 10mm, 17mm, 8mm]

▩ 数式モード [→p.73 (20.4)] には上付き添字の命令として ^ と下付き添字の命令として _ がありますが [→p.146 (48)]，\raisebox 命令を使うと，文章中の文字列に対しても上付き・下付きの添字を付けることができます．

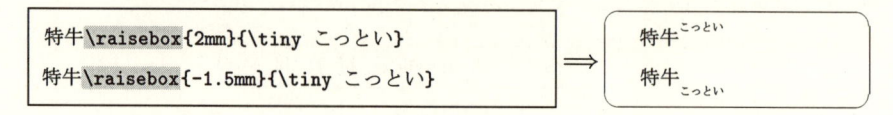

```
特牛\raisebox{2mm}{\tiny こっとい}
特牛\raisebox{-1.5mm}{\tiny こっとい}
```

⇒ 特牛^{こっとい}
　　特牛_{こっとい}

上の用法をさらに拡張すれば，ルビを振るマクロ命令も作ることができます [→p.126 (41)]．

64.14 テキストの幅・高さ・深さ・全体の高さの距離変数

▨ \mbox, \fbox, \makebox, \framebox, \savebox および \raisebox の引数の中で宣言すると，そのボックスの中に書かれるテキストの「幅」「高さ」「深さ」および「全体の高さ (=高さ+深さ)」が <u>自動的</u> に与えられる距離変数として次のものがあります [→p.173 (56.8)].

《命令》　\width　　\height　　\depth　　\totalheight (=\height+\depth)

たとえば，これらのボックスの中で \Huge ghost と入力すると，それぞれに下図にあるような長さが与えられます．

{\Huge ghost} ⇒ 幅:\width　深さ:\depth　ghost　高さ:\height　全体の高さ:\totalheight　基準線

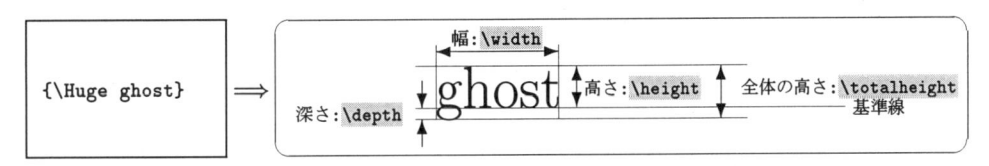

▨ calc パッケージを登録すると [→p.32 (10)]，これらの距離変数は四則演算が可能となります [→p.172 (56.6)]．たとえば次のような宣言も可能です (小数による除算，たとえば \depth/2.5 はできません).

2.5\totalheight+\height+10mm-3.5width+3\depth/2

□ \framebox のボックスの例：

\framebox[\width+35mm][c]{\Huge ghost} ⇒ \width + 35mm　ghost　\width

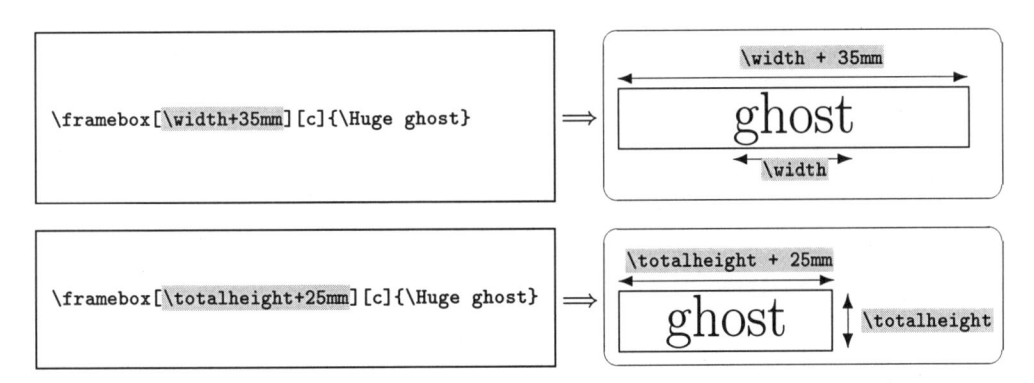

\framebox[\totalheight+25mm][c]{\Huge ghost} ⇒ \totalheight + 25mm　ghost　\totalheight

□ \raisebox の例：

○ \raisebox において \height を宣言するとボックス内のテキストの <u>高さ</u> だけそのテキストは上に持ち上げられます．

\raisebox{\height}{\Huge ghost}
⇓
幅:\width　深さ:\depth　ghost　高さ:\height　基準線

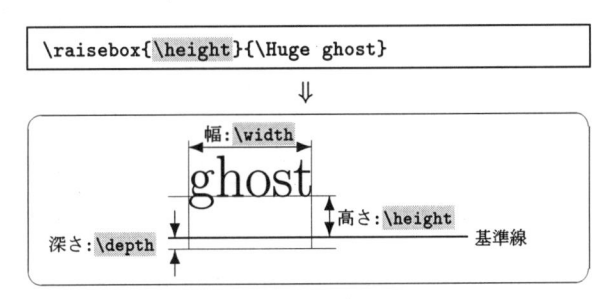

○ \raisebox において \totalheight を宣言するとボックス内のテキストの 全体の高さ だけそのテキストは上に持ち上げられます．

```
\raisebox{\totalheight}{\Huge ghost}
```
⇓

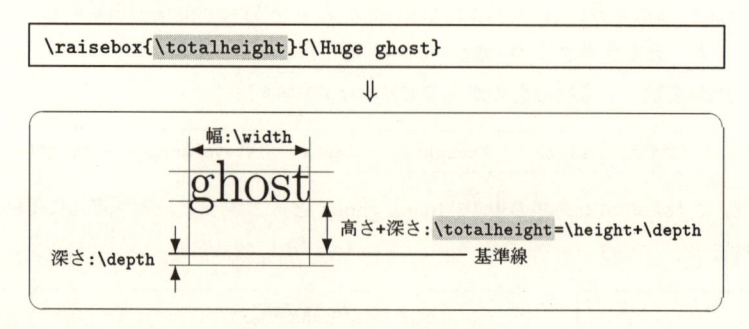

幅:\width
ghost
深さ:\depth
高さ+深さ:\totalheight=\height+\depth
基準線

○ \raisebox において \depth を宣言するとボックス内のテキストの 深さ だけそのテキストは上に持ち上げられます．

```
\raisebox{\depth}{\Huge ghost}
```
⇓

幅:\width
深さ:\depth ghost 高さ:\height
基準線

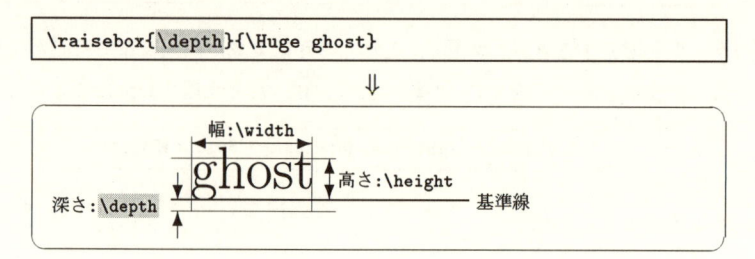

64.15 文字列とボックス枠の間隔

▨ 幅や高さが指定されていないボックスに対しては，ボックス枠とその中の文字列との間隔を指定する次の命令が使えます．

《命令》　\fboxsep

```
\fboxsep=10mm
\fbox{aaaa}
```
⇒
10mm
10mm aaaa 10mm
10mm

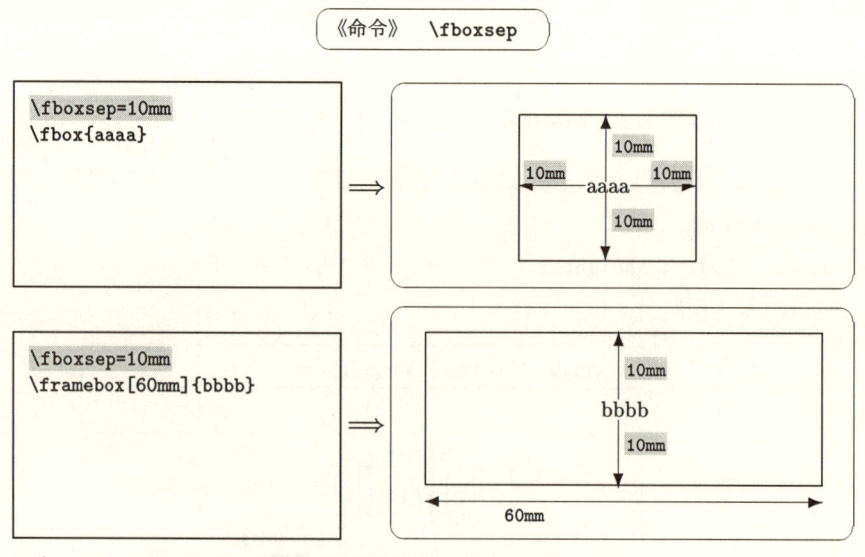

```
\fboxsep=10mm
\framebox[60mm]{bbbb}
```
⇒
10mm
bbbb
10mm
60mm

▨ この命令はボックス \frame [→p.190 (64.5)] には効きません．

▨ この命令は picture 環境 [→p.246 (78.4)] の中での \framebox には効きません．

64.16 影付きボックス

▨ `\rule` 命令を使うと [→p.202 (65.3)]，ボックス内のテキストとボックスの上端および下端の間にスペースを入れることができます．

▨ fancybox パッケージを登録すると [→p.32 (10)]，次の影付きボックスの命令が使用できます．

《命令》 `\shadowbox`

▨ 影の飛び出し部分の幅は次の距離変数で指定します．

《命令》 `\shadowsize`

```
\begin{alltt}
\fboxsep=1mm
\shadowsize=3mm
\shadowbox{AAAAA}
```
⟹ AAAAA `\shadowsize=3mm`

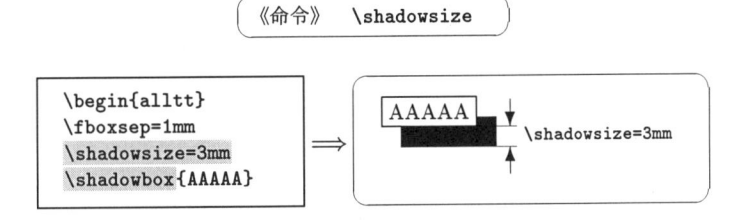

64.17 二重枠のボックス

▨ fancybox パッケージを登録すると [→p.32 (10)]，次の二重枠のボックスの命令が使用できます．

《命令》 `\doublebox`

▨ 外枠の線の幅は `\fboxrule` [→p.191 (64.8)] の 1.5 倍，内枠の線の幅は `\fboxrule` の 0.75 倍，外枠と内枠の間隔は `\fboxrule` の 1.5 倍プラス 0.5pt です．

```
\fboxrule=0.5mm
\fboxsep=3mm
\doublebox{AAAAA}
```
⟹ AAAAA
1.5\fboxrule
0.75\fboxrule
1.5\fboxrule+0.5pt

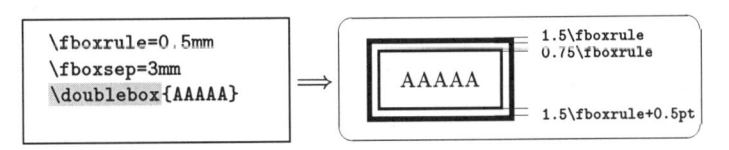

64.18 四分円ボックス

▨ fancybox パッケージを登録すると [→p.32 (10)]，次の四分円ボックス [→p.252 (78.13)] の命令が使用できます．

《命令》 `\ovalbox` 枠の線の太さは (`\thinlines`)
　　　　 `\Ovalbox` 枠の線の太さは (`\thicklines`)

```
\fboxsep=1mm
\ovalbox{AAAAA}
```
⟹ AAAAA

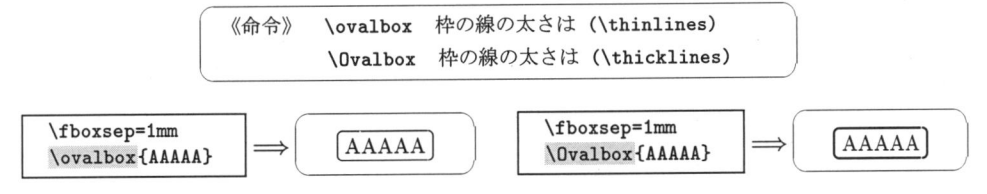

```
\fboxsep=1mm
\Ovalbox{AAAAA}
```
⟹ AAAAA

この命令によるボックスの四隅の括弧の直径は次の 2 つの命令で指定できます．

《命令》 `\cornersize{ }`　　`\cornersize*{ }`

□ \cornersize 命令では引数を「0 から 1 までの間の小数」で指定します．

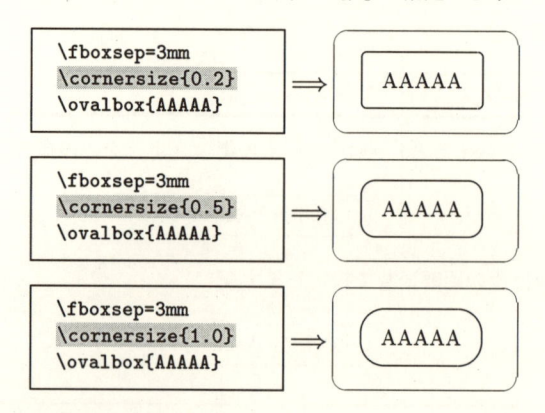

```
\fboxsep=3mm
\cornersize{0.2}
\ovalbox{AAAAA}
```
⇒ AAAAA

```
\fboxsep=3mm
\cornersize{0.5}
\ovalbox{AAAAA}
```
⇒ AAAAA

```
\fboxsep=3mm
\cornersize{1.0}
\ovalbox{AAAAA}
```
⇒ AAAAA

□ \cornersize* 命令では引数を「長さ」で指定します．

```
\fboxsep=3mm
\cornersize*{1mm}
\ovalbox{AAAAA}
```
⇒ AAAAA

```
\fboxsep=3mm
\cornersize*{3mm}
\ovalbox{AAAAA}
```
⇒ AAAAA

```
\fboxsep=3mm
\cornersize*{5mm}
\ovalbox{AAAAA}
```
⇒ AAAAA

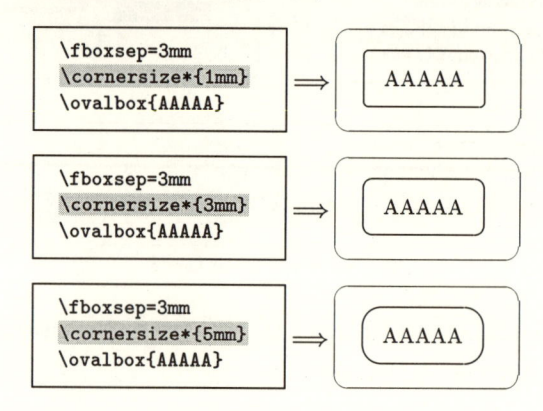

64.19　メモ用ボックス

foldbox パッケージ (文献 [18] (奥村) に添付の CD-ROM にある) を登録すると [→p.32 (10)]，メモ用ボックスを描く次の命令が使用できます．

《命令》　\foldbox{ }

この命令にはメモ本文と枠の間の距離を指定する次の命令が用意されています．

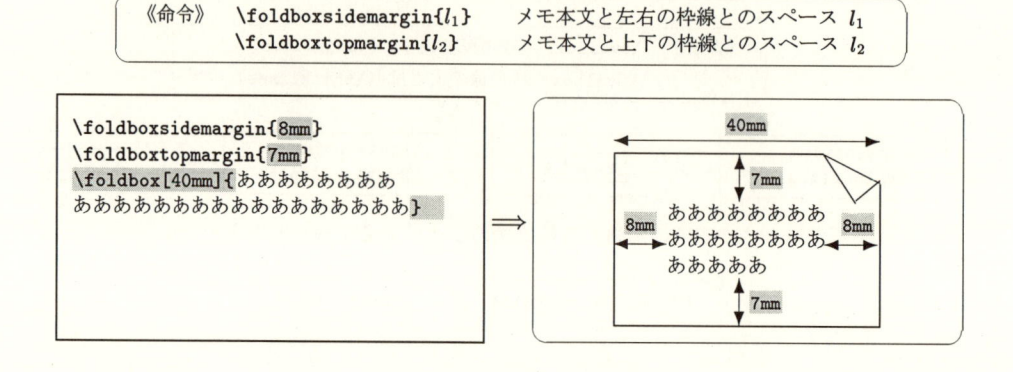

《命令》　\foldboxsidemargin{l_1}　　メモ本文と左右の枠線とのスペース l_1
　　　　　\foldboxtopmargin{l_2}　　　メモ本文と上下の枠線とのスペース l_2

```
\foldboxsidemargin{8mm}
\foldboxtopmargin{7mm}
\foldbox[40mm]{ああああああああ
ああああああああああああああ}
```
⇒ (40mm幅のメモボックスに「ああああああああああああああああああああああ」が表示され、上下7mm、左右8mmのマージン)

64.20 ボックスの入れ子

▨ どのボックスの中にも，それ自身および他のどのボックスを幾重にも入れ子の形で入力できます．

```
\fbox{
    \framebox[90mm][c]{
        \parbox{75mm}{
            \framebox(60,30)[c]{
                \parbox{45mm}{
                    \dashbox{1}(30,20)[c]{
                        \ovalbox{AAAAA}}}}}}}
```

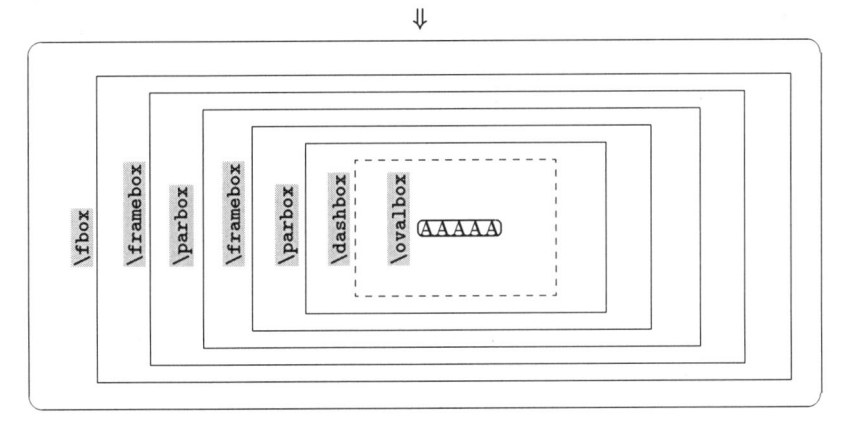

⇓

（入れ子状のボックスの図：\fbox, \framebox, \parbox, \framebox, \parbox, \dashbox, \ovalbox, AAAAA）

64.21 ボックスの保存と呼出し

▨ ボックスを，その中に書いた文字列ごと保存し後でそれを呼び出して使うことができます [→p.256 (78.19)]．以下，その手続きについて説明します．

□ まず，ボックスの保存所を定義します．たとえば \AAA と \BBB という名の 2 つの保存所を定義するには次のように宣言します (保存所の名として既存の命令の名は使用できません)．

《命令》　\newsavebox{\AAA}　　\newsavebox{\BBB}

□ 保存所 \AAA に「あいうえお」という文字列を，保存所 \BBB に「アイウエオ」という文字列を保存するには次のように宣言します．

《命令》　\sbox{\AAA}{あいうえお}　　\sbox{\BBB}{アイウエオ}

□ 上の例では文字列をその文字列の大きさに合わせたボックスに保存します．これを指定された幅，たとえば「30mm 幅のボックス」に「右寄せ」で保存するには次のようにします．

《命令》　\savebox{\BBB}[30mm][r]{アイウエオ}

□ ボックス内の保存位置を指定するには次のパラメータを使います [→p.187 (64.3)]．

《命令》　横位置パラメータ　　l (左)　c (中)　r (右)　s (間延び)

□ 保存所 \AAA と \BBB に保存されているボックスを呼び出すには次のように宣言します.

《命令》　\usebox{\AAA}　　　\usebox{\BBB}

▣ 以上のことをまとめると次のようになります.

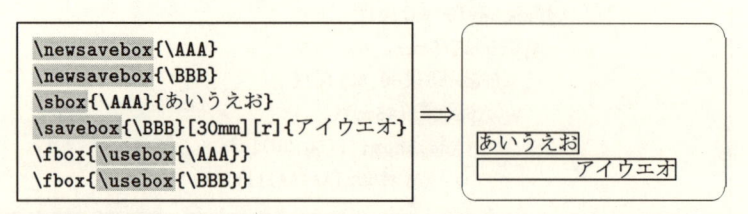

```
\newsavebox{\AAA}
\newsavebox{\BBB}
\sbox{\AAA}{あいうえお}
\savebox{\BBB}[30mm][r]{アイウエオ}
\fbox{\usebox{\AAA}}
\fbox{\usebox{\BBB}}
```
⇒
あいうえお
　　　アイウエオ

この例では，説明の都合上枠を付けていますが，枠が不要なら \fbox{ } を取って下さい.

▣ このようにして一度定義された保存所 \AAA，\BBB をその内容とともに消すには次のようにします.

\sbox{\AAA}{}　　　\savebox{\BBB}[30mm][r]{}

65 黒ボックス

用語：黒ボックス　罫線　上下・左右のスペース調整
命令：\rule

65.1 黒ボックス

矩形の黒いボックスを出力する命令として次のものがあります．以後これを「黒ボックス」と言います．「罫線ボックス」とも言います．

《命令》　\rule[ ]{ }{ }

下の例で，左側にある 5mm ほどの細い線 ── は基準線で，説明の都合上付けたものです．3 番目の矩形は数学において「証明終」の記号として使うことができます．

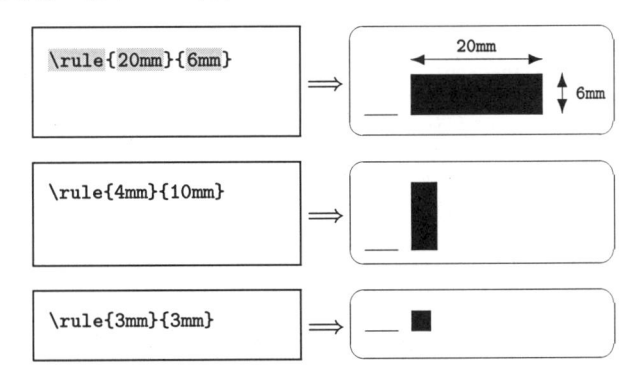

\rule{20mm}{6mm} ⇒ （横20mm，縦6mmの黒い矩形）

\rule{4mm}{10mm} ⇒ （横4mm，縦10mmの黒い矩形）

\rule{3mm}{3mm} ⇒ （横3mm，縦3mmの黒い矩形）

次の例のように，オプションパラメータ [10mm] あるいは [-8mm] を付けると，黒ボックスをそれぞれ 10mm 上に持ち上げ，8mm 下に引き下げることができます．

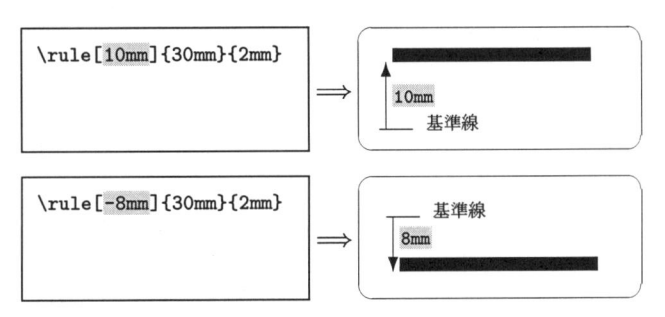

\rule[10mm]{30mm}{2mm} ⇒ （基準線より10mm上に持ち上げた矩形）

\rule[-8mm]{30mm}{2mm} ⇒ （基準線より8mm下に引き下げた矩形）

65.2 罫線

2 つある引数のうち 1 つを小さい値にすると，この黒ボックスは罫線の代用として使うことができます．

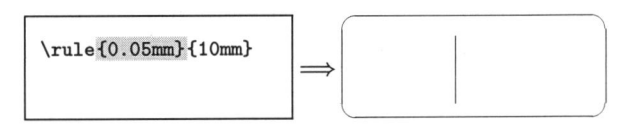

\rule{0.05mm}{10mm} ⇒ （縦の細い罫線）

```
                               \rule{25mm}{0.05mm}           ⇒
```

65.3　\rule命令によるスペース調整

▨ 幅あるいは高さが 0mm の \rule ボックスは，垂直あるいは水平方向のスペースを作るのに使うことができます．

□　**横方向のスペースの例**

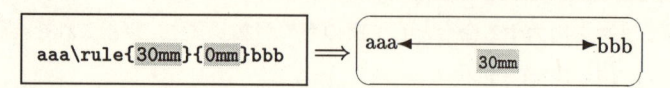

```
                         aaa\rule{30mm}{0mm}bbb    ⇒   aaa←        30mm        →bbb
```

□　**縦方向のスペースの例**

○ アレイ表やタブロー表においてある特定の行の縦幅を上下に広げたいことがあります．このようなときにこの命令を使うことができます．ただし，上げ幅はその中の最大の高さの文字列より大きいこと，下げ幅はその文字列の最大の深さより大きいこと [→p.195 (64.14)]．

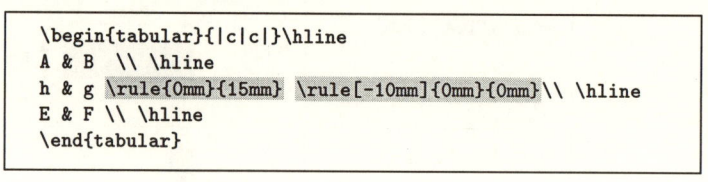

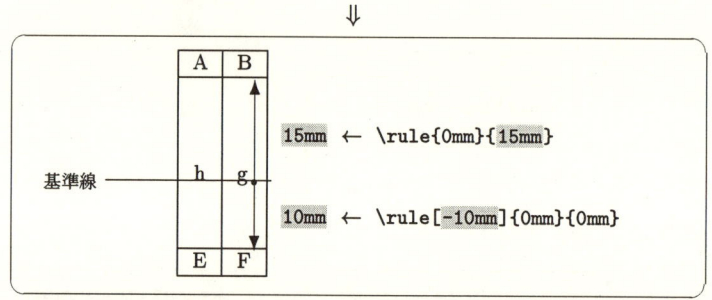

```
\begin{tabular}{|c|c|}\hline
A & B \\ \hline
h & g \rule{0mm}{15mm} \rule[-10mm]{0mm}{0mm}\\ \hline
E & F \\ \hline
\end{tabular}
```

⇓

```
                基準線 ─→   | A | B |
                           | h | g |  15mm ← \rule{0mm}{15mm}
                           |   |   |  10mm ← \rule[-10mm]{0mm}{0mm}
                           | E | F |
```

○ 同様にして，ボックス，たとえば \frame [→p.190 (64.5)] の上下にスペースを空けることができます．

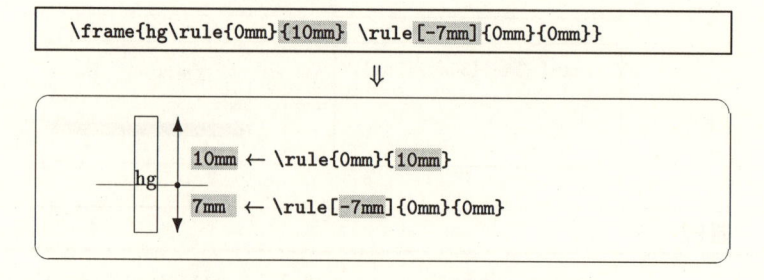

```
              \frame{hg\rule{0mm}{10mm} \rule[-7mm]{0mm}{0mm}}
```

⇓

```
              hg   10mm ← \rule{0mm}{10mm}
                   7mm  ← \rule[-7mm]{0mm}{0mm}
```

○ 上下にスペースを空けるこの用例は，次のようにマクロ命令にしておくと便利でしょう．

```
                《命令》  \UDspace{ }{ }   (筆者のマクロ命令)
```

```
       \newcommand{\UDspace}[2]{\rule{0mm}{#1}\,\rule[-#2]{0mm}{0mm}}
```

66 ミニページ

用語：ミニページ　枠付きミニページ
命令：`minipage` 環境

◇

66.1 ミニページとは

▨ あるページの中に，通常のページとほぼ同じ役割をする小さな幅の領域を指定することができます．この領域を「ミニページ」と言います．

▨ ミニページは次の環境命令によって宣言します．

《命令》　\begin{minipage}[ ][ ][ ]{ }{ } ～ \end{minipage}

66.2 ミニページの基本型

▨ まず初めに，幅が 20mm のミニページの例を示します．

```
\begin{minipage}{20mm}
いいいいいいいいいいいいいい
\end{minipage}
```
⇒

▨ あるミニページの前で設定された改行幅 `\baselineskip` [→p.180 (60.1)] はそのミニページ内には効果を及ぼしません．また逆に，あるミニページ内で設定された改行幅はそのミニページの後には影響しません．

▨ ミニページ内では，各段落の最初の行頭の字下げ幅 [→p.207 (68.1)] は標準設定として `\parindent=0mm` となっています．この字下げ幅は，必要ならミニページ内で設定して下さい．

66.3 ミニページの枠と内部のテキストとの間隔

▨ `\fboxsep` [→p.196 (64.15)] を宣言すると，ミニページの枠とテキストの間にスペースを入れることもできます．

▨ 下に例を示します（説明の都合上 `\fbox` 命令 [→p.187 (64.2)] で枠を付けてあります．不要ならこの命令は削除して下さい）．

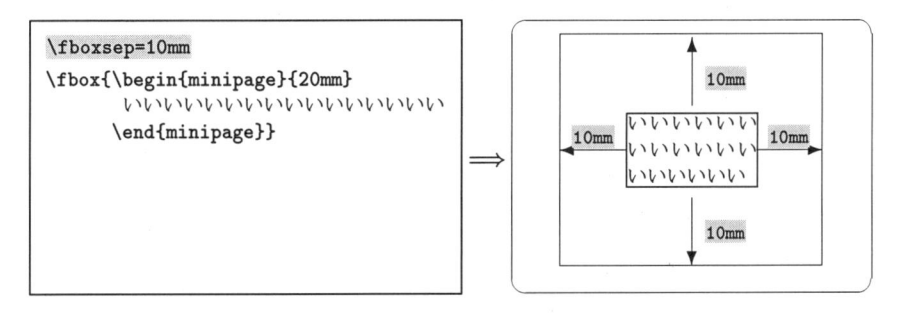

```
\fboxsep=10mm
\fbox{\begin{minipage}{20mm}
     いいいいいいいいいいいいいい
     \end{minipage}}
```
⇒

66.4 ミニページの基準線

▣ ミニページは1つの大きな文字と見なすことができます．したがって，次のように，文章の流れの中にミニページを書くことができます．この場合，ミニページの中心は文章の基準線 ____ に位置します．

```
aaaaa\begin{minipage}{20mm}
 いいいいいいいいいいいいいいい
 \end{minipage}aaaaa
```
⇒
```
          いいいいいい
 aaaaaいいいいいいaaaaa
          いいいい
```

▣ ミニページの上端・中央・下端をこの基準線に合わせるには，オプションとして

《命令》　縦位置パラメータ　　t(上)　c(中)　b(下)

を指定します．このパラメータを省くと [c] を指定したことと同じになります．下に例を示します．

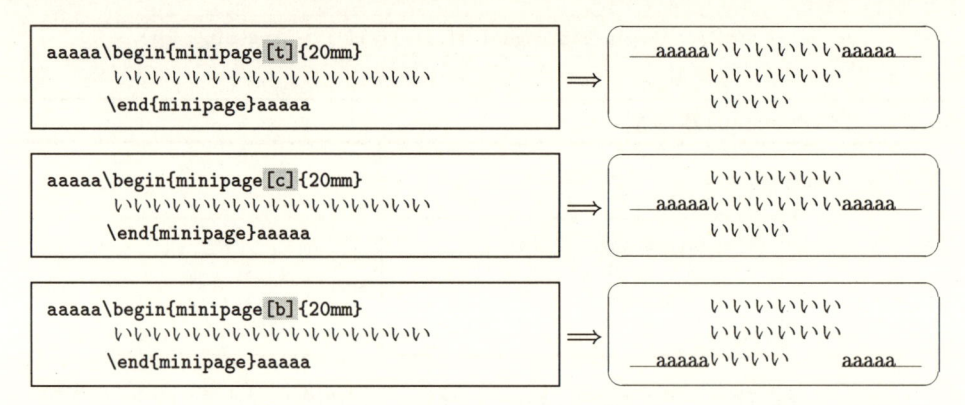

```
aaaaa\begin{minipage}[t]{20mm}
 いいいいいいいいいいいいいいい
 \end{minipage}aaaaa
```
⇒
```
 aaaaaいいいいいいaaaaa
          いいいいいい
          いいいい
```

```
aaaaa\begin{minipage}[c]{20mm}
 いいいいいいいいいいいいいいい
 \end{minipage}aaaaa
```
⇒
```
          いいいいいい
 aaaaaいいいいいいaaaaa
          いいいい
```

```
aaaaa\begin{minipage}[b]{20mm}
 いいいいいいいいいいいいいいい
 \end{minipage}aaaaa
```
⇒
```
          いいいいいい
          いいいいいい
 aaaaaいいいい      aaaaa
```

▣ もう1つ例を示します (説明の都合上 \fbox 命令 [→p.187 (64.2)] で枠を付けてあります．不要ならこの命令は削除して下さい)．

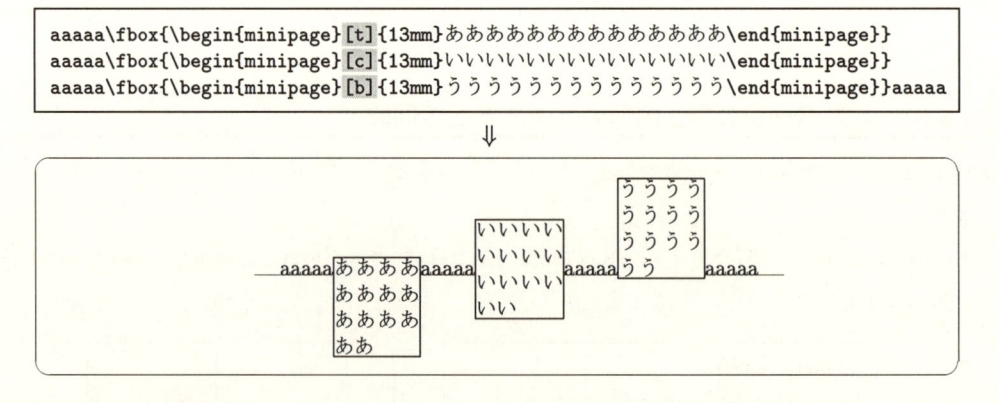

```
aaaaa\fbox{\begin{minipage}[t]{13mm}あああああああああああああ\end{minipage}}
aaaaa\fbox{\begin{minipage}[c]{13mm}いいいいいいいいいいいいい\end{minipage}}
aaaaa\fbox{\begin{minipage}[b]{13mm}ううううううううううううう\end{minipage}}aaaaa
```
⇓

aaaaa|あああ|aaaaa　いいいい　aaaaa　ううう　aaaaa

66.5 高さ指定のミニページ

▣ 以上述べてきたミニページでは，その高さはその中に書かれるテキストの量の応じて自動的に調整されていました．

▣ ここでは，その高さも指定できるミニページの例を示します．

66.6 枠付きミニページ

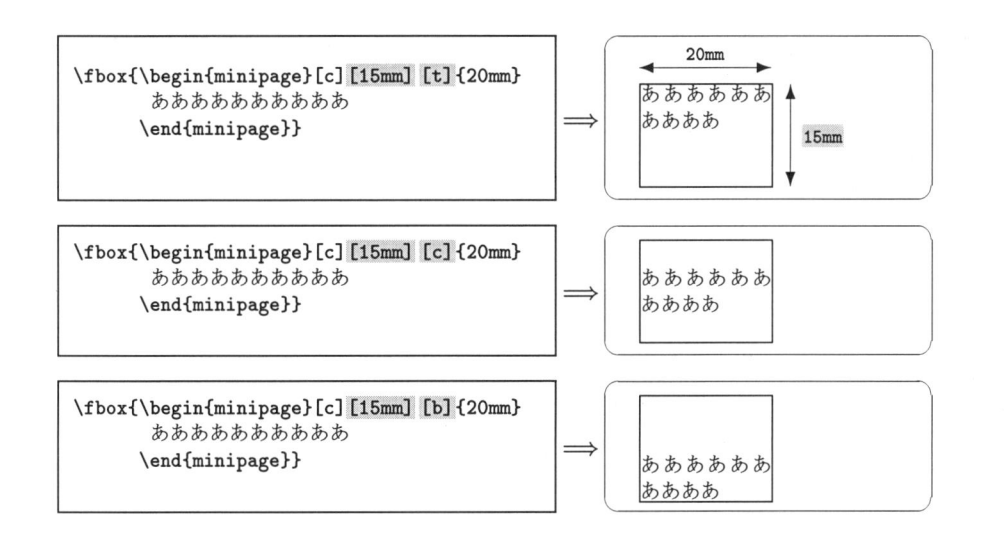

```
\fbox{\begin{minipage}[c][15mm][t]{20mm}
ああああああああああ
\end{minipage}}
```
⇒ （幅20mm、高さ15mmの枠、テキスト上寄せ）

```
\fbox{\begin{minipage}[c][15mm][c]{20mm}
ああああああああああ
\end{minipage}}
```
⇒ （幅20mm、高さ15mmの枠、テキスト中央寄せ）

```
\fbox{\begin{minipage}[c][15mm][b]{20mm}
ああああああああああ
\end{minipage}}
```
⇒ （幅20mm、高さ15mmの枠、テキスト下寄せ）

▨ 上の例で，最初のオプション引数 [c] はすでに述べたボックスそのものの縦位置パラメータ [→p.204 (66.4)] です．2番目のオプション引数 [15mm] ではボックスの高さを指定します．3番目のオプション引数 [ ] はボックス内のテキストの縦位置パラメータ

《命令》　縦位置パラメータ　　t(上)　c(中)　b(下)

です．それぞれボックス内のテキストをボックスの上端・中央・下端に持ってきます．

66.6 枠付きミニページ

▨ 66.3 節 (p.203) でも述べたように，ミニページ環境の全体を \fbox{ }命令 [→p.187 (64.2)] の中に書くと，ミニページに枠を付けることができます．

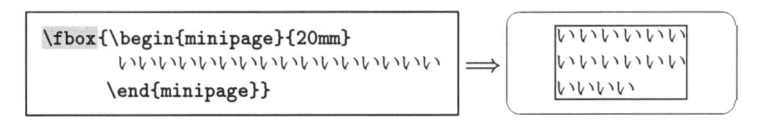

```
\fbox{\begin{minipage}{20mm}
いいいいいいいいいいいいいいいい
\end{minipage}}
```
⇒ （枠付きミニページ）

ただしこの場合，そのミニページ内で \verb や verbatim 環境による擬似タイプ入力 [→p.306 (87)] はできません．

▨ boxedminipage パッケージを登録すると [→p.32 (10)]，ミニページを枠で囲む次の環境が使用できます．このミニページ内では \verb や verbatim 環境による擬似タイプ入力 [→p.306 (87)] は可能です．

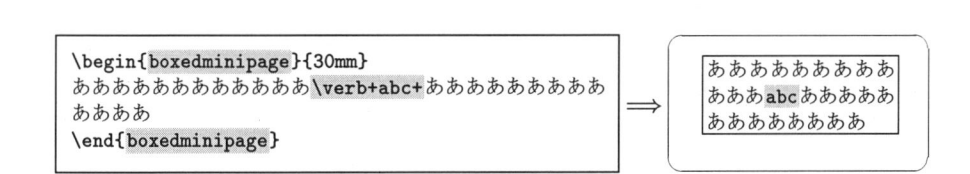

《命令》　\begin{boxedminipage}{ } ～ \end{boxedminipage}

```
\begin{boxedminipage}{30mm}
あああああああああ\verb+abc+ああああああああ
あああ
\end{boxedminipage}
```
⇒ （枠付き、abc を含むミニページ）

67 左・中・右寄せ

用語：テキストの左・中・右寄せ
命令：\leftline \centerline \rightline flushleft 環境 center 環境 flushright 環境

◇

67.1　1 行のテキストの左・中・右寄せ

▣ 1 行のテキストを左・中・右寄せにする命令に次のものがあります．

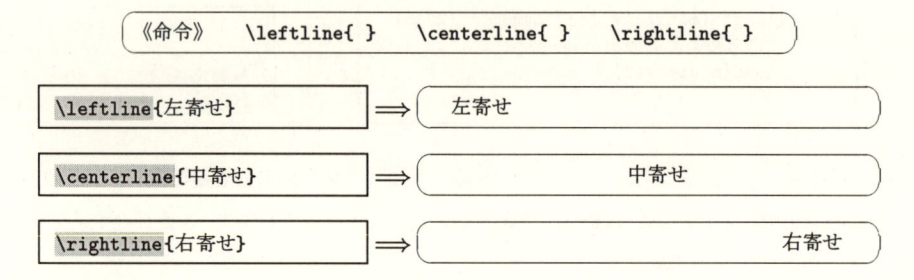

《命令》　\leftline{ }　\centerline{ }　\rightline{ }

\leftline{左寄せ}	⇒	左寄せ
\centerline{中寄せ}	⇒	中寄せ
\rightline{右寄せ}	⇒	右寄せ

67.2　複数行のテキストの左・中・右寄せ

▣ 複数行にわたるテキスト全体を左・中・右寄せにするには次の環境命令を使います．

《命令》　flushleft 環境　　center 環境　　flushright 環境

\begin{flushleft} 左 \\ 左左左 \end{flushleft}	⇒	左 左左左
\begin{center} 中 \\ 中中中 \end{center}	⇒	中 中中中
\begin{flushright} 右 \\ 右右右 \end{flushright}	⇒	右 右右右

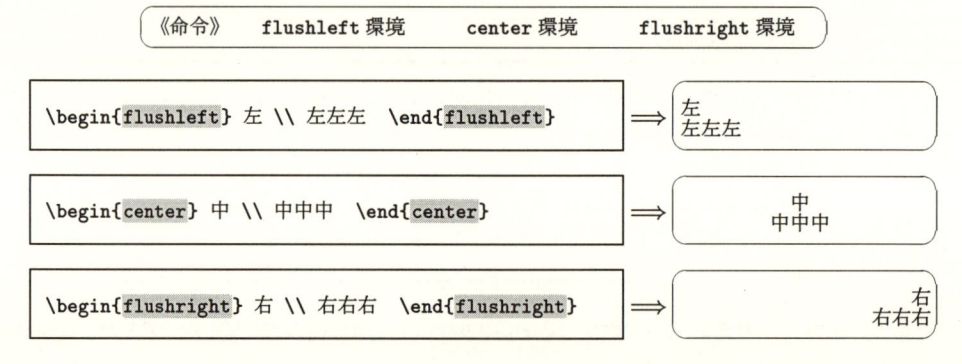

▣ この命令でミニページ [→p.203 (66)] やボックス [→p.187 (64)] 全体も左・中・右寄せができます．下に中寄せの例を示します (説明の都合上 \fbox 命令 [→p.187 (64.2)] で枠を付けてあります．不要ならこの命令は削除して下さい)．

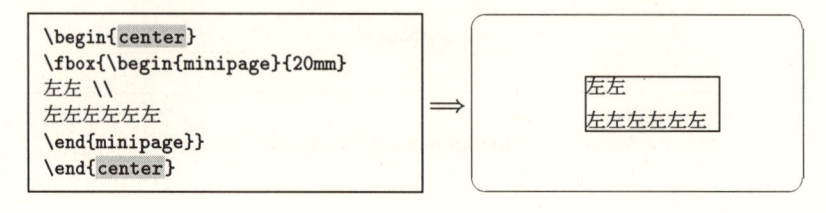

```
\begin{center}
\fbox{\begin{minipage}{20mm}
左左 \\
左左左左左左
\end{minipage}}
\end{center}
```
⇒ 左左
左左左左左左

68 字下げ

用語: 行頭の字下げ　字下げの解除　ハンギングインデント　文章全体の左右の字下げ
命令: \parindent　\noindent　\hangafter　\hangindent　\columnsep　\intextsep　wrapfigure 環境　wraptable 環境　indentation 環境　\LRindent (筆者のマクロ)
パッケージ: wrapfloat　indent

68.1 最初の1行の行頭字下げ

- LaTeX 2_ε では，新しい段落の最初の行頭は標準設定されている幅だけ自動的に字下げされます．

- 欧文の文書クラス [→p.3 (3.2)] を指定しているとき，節 \section や小節 \subsection [→p.53 (14.1)] に続く最初の行の行頭は字下げされません (和文の場合には字下げされます)．

- ある段落以降のすべての段落の最初の行頭をたとえば 15mm だけ字下げするには，そこで次の命令を宣言します．

《命令》　\parindent=15mm

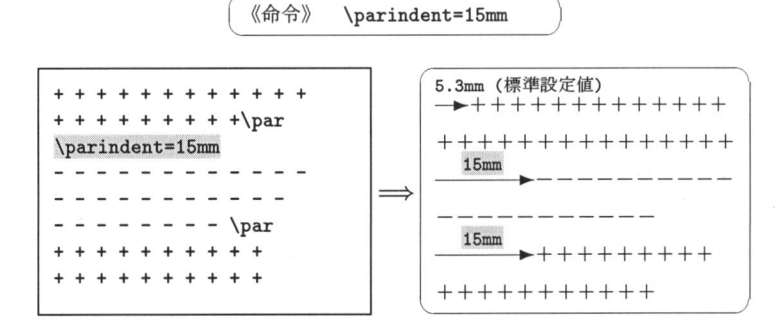

- この宣言をプリアンブル [→p.5 (4)] で行うと，その文書ファイル全体における段落の最初の行頭の字下げ幅はすべて 15mm となります．

- この字下げの効果はミニページ内 [→p.203 (66)] には及びません．またあるミニページ内で設定した字下げ幅はそのミニページ外には効果を及ぼしません．

68.2 字下げの一時的解除

- 新しい段落の最初の行頭で次の命令を宣言すると，その行頭の字下げは解除されます．

《命令》　\noindent

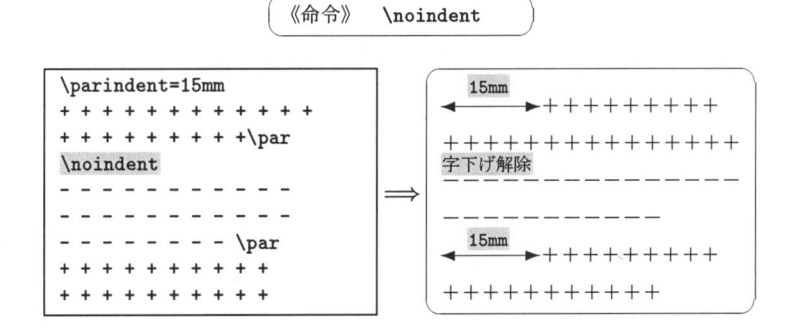

68.3　ハンギングインデント（複数行の行頭字下げ）

複数行の行頭を指定した幅だけ字下げをする命令（ハンギングインデント）に次のものがあります．

《命令》　\hangafter　\hangindent

字下げする行数は \hangafter で指定します．負の値も設定できます．\hangindent は字下げ幅を指定する距離変数です．詳細については文献 [21]（乙部, p.160-161）を参照のこと．

□ \hangafter を正の値 2 とした例を下に示します．これによって最初の 2 行より先の行が字下げされます．これを解除するには，そこで段落改行 [→p.180 (60.2)] をし，\hangindent=0mm と宣言します．

```
\hangafter=2
\hangindent=10mm
ああああああああああああ
ああああああああああああ
ああああああああああああ
ああああああああああ\par
\hangindent=0mm
いいいいいいいいいいいいいい
いいいいいいいい
```

⇒

```
ああああああああああああ
   ああああああああああああ
   ああああああああああ
ああああああああああ
いいいいいいいいいいいいいい
いいいいいいいい
```
（10mm）

□ \hangafter を負の値 -2 とした例を下に示します．これによって最初の 2 行が字下げされます．

```
\hangafter=-2
\hangindent=10mm
ああああああああああああ
ああああああああああああ
ああああああああああああ
ああああああああああ
```

⇒

```
   ああああああああああああ
   ああああああああああああ
ああああああああああああ
ああああああああああ
```

68.4　文章全体の左右の字下げ

次の例*のように，文章全体の左右を一律に字下げしたいこともあります．

> 美しいアイディアは醜いアイディアに比べて，正しいアイディアであるチャンスははるかに大きい．それが私自身の経験であり，他の人たちも似たような意見を表明している．たとえば，アダマール（Hadamard 1945）は次のように書いている．
>
> ←20mm→　発見しようとする意志なしに，重大な発見あるいは発明がなされることがないのは明らかである．しかしポアンカレとともに私たちは，美の感覚が発見のための欠くべからざる手段の役割を演じていることを認める．こうして我々は 2 重の結論に達する．　←15mm→
> 創造は選択である．
> この選択は否応なく科学的な美の感覚に支配される．
>
> その上，たとえばディラック（Dirac 1982）は，他の人たちがむなしく求めていた電子の方程式を探りあてることができたのは，彼自身の鋭い美の感覚のせいだった，と平然と言ってのけている．

残念ながら LaTeX 2ε にはこのような字下げを行う命令は用意されていませんが，minipage 環境 [→p.203 (66)] を \newenvironment 命令 [→p.29 (9.7)] を使って再定義することによってそれを行うことができます．以下で，このマクロ命令を作成する方法を述べます．

□ まず新しい距離変数 \Leftindent, \Rightindent, \Minipagewidth を定義します [→p.170 (56.3)]．

---

*ロジャー・ペンローズ，『皇帝の新しい心』，みすず書房，p. 475 より．

68.4 文章全体の左右の字下げ

```
\newlength{\Leftindent}   \newlength{\Rightindent}   \newlength{\Minipagewidth}
```

□ 次に，これらの距離変数に，それぞれに長さ #1mm，#2mm，\textwidth [→p.6 (5.2)] を与えます．

```
\Leftindent=#1mm    \Rightindent=#2mm    \Minipagewidth=\textwidth
```

□ 次に \Minipagewidth から \Leftindent と \Rightindent を引いたものを改めて \Minipagewidth とします．この変更は次のように2段に分けて行います [→p.171 (56.5)] ．

```
\addtolength{\Minipagewidth}{-\Leftindent}
\addtolength{\Minipagewidth}{-\Rightindent}
```

□ 次に \noindent を宣言して字下げを解除し，水平方向に \Leftindent だけ空白を空ける次の命令を宣言します [→p.174 (57.1)] ．

```
\hspace*{\Leftindent}
```

□ そして最後に，\newenvironment 命令 [→p.29 (9.7)] を使い，minipage 環境を，幅が \Minipagewidth の次の環境命令を定義します．

《命令》　LRindent 環境 (筆者のマクロ命令)

□ 以上をまとめると次のようになります．

```
\newlength{\Leftindent}   \newlength{\Rightindent}   \newlength{\Minipagewidth}
\newenvironment{LRindent}[2]{
  \Leftindent=#1mm \Rightindent=#2mm \Minipagewidth=\textwidth
  \addtolength{\Minipagewidth}{-\Leftindent}
  \addtolength{\Minipagewidth}{-\Rightindent}
  \noindent
  \hspace*{\Leftindent}
  \begin{minipage}{\Minipagewidth}}
  \end{minipage}}}
```

□ この新しい環境命令を使った入力例を次に示します (出力は前のものと同じ)．

```
美しいアイディアは醜いアイディアに比べて，正しいアイディアであるチャンスははるかに大きい．それが私
自身の経験であり，他の人たちも似たような意見を表明している．たとえば，アダマール (Hadamard 1945)
は次のように書いている．\par
\begin{LRindent}{20}{15}
発見しようとする意志なしに，重大な発見あるいは発明がなされることがないのは明らかである．しか
しポアンカレとともに私たちは，美の感覚が発見のための欠くべからざる手段の役割を演じていること
を認める．こうして我々は2重の結論に達する．\par
創造は選択である．\par
この選択は否応なく科学的な美の感覚に支配される．
\end{LRindent}
その上，たとえばディラック (Dirac 1982) は，他の人たちがむなしく求めていた電子の方程式を探り
あてることができたのは，彼自身の鋭い美の感覚のせいだった，と平然と言ってのけている．
```

▨ indent パッケージ (文献 [19] (奥村, p.53) に添付の CD-ROM に収録) を登録すると [→p.32 (10)] ，上のマクロ命令と全く同じに機能する次の環境命令が使用できます．

《命令》　\begin{indentation}{左側の字下げ幅}{右側の字下げ幅} 〜 \end{indentation}

68.5 字下げしたところに図・表を入力する

- `wrapfloat` パッケージを登録すると [→p.32 (10)]，ページの左端あるいは右端の一部を指定した長さだけ字下げし，その部分に図表などを差し挟む次の環境命令が使用できます [18] (奥村, p74)．

  《命令》　\begin{wrapfigure}[ ]{ }{ } 〜 \end{wrapfigure}：図を挿入
  　　　　\begin{wraptable}[ ]{ }{ } 〜 \end{wraptable}：表を挿入

  これによって，図表の入力による紙面の余計な余白にテキストなどを挿入することも可能となります．

- この 2 つの環境は，図を挿入するか表を挿入するかの違いだけでほとんど同じものです．
  - オプション引数 [ ] には字下げする行数を入力．これを省略すると，字下げ行数は挿入される図表の大きさに従って自動的に確保されます．
  - 1 番目の必須引数 { } にはページの左端での字下げには {l} を，右端での字下げには {r} を入力．
  - 2 番目の必須引数 { } には挿入する図表の幅を入力．

- この字下げ領域には `figure` 環境および `table` 環境による図表 [→p.257 (79)] は入力できません．

- 挿入する図表領域と本文の水平方向および垂直方向のスペースは次の距離変数によって指定できます．ここで \columnsep は 5.2 節 (p.6) で述べたものと同じです．また図表領域の上端と本文までのスペースは \vspace [→p.176 (58.1)] で指定します．

  《命令》　\columnsep　　\intextsep

- 下に例を示します (この例ではオプション引数は省略)．

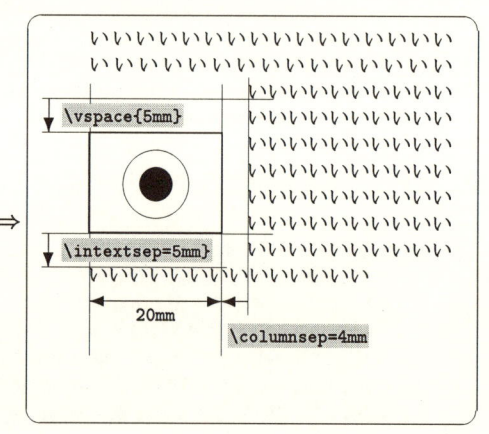

```
いいいいいいいいいいいいいいいいいいいいいいいい
いいいいいいいいいいいい
\columnsep=4mm
\intextsep=5mm

\begin{wrapfigure}{l}{20mm}
\vspace{5mm}
\parbox{20mm}{ああああああああああああ
あああああ}
\end{wrapfigure}
```

⇒

69　3種類の表

用語：アレイ表　タブロー表　タビング表
命令：`array`環境　`tabular`環境　`tabbing`環境

◇

69.1　作表の3通りの方法

▨ LaTeX 2_ε には表を作成するための次の3つの環境が用意されています．

```
《命令》　\begin{array}  ～ \end{array}      （アレイ表）
　　　　  \begin{tabular} ～ \end{tabular}    （タブロー表）
　　　　  \begin{tabbing} ～ \end{tabbing}    （タビング表）
```

▨ これらの環境による作表をそれぞれ「アレイ表」「タブロー表」「タビング表」と言うことにします．

▨ これらの環境による表組については次ページ以降で詳しく述べます (更に詳しい事柄については文献 [4] (Goossens, p.119-164) を参照のこと．

69.2　3通りの方法とその概要

▨ 3通りの表組の概要とその違いは次の表の通りです．

アレイ表	タブロー表	タビング表
● 数式モードで使用する． ● 要素中は数式モード． ● 途中で改ページはされない． ● 罫線を引くことができる． ● 要素中の文字列と罫線の間の間隔を調整することができる． ● 表の列幅はその列要素の最大の文字列の幅となる．	● 文書モードで使用する． ● 要素中は左右モード． ● 表全体の幅を指定することのできる `tabular*`環境がある． ● 他は`array`環境とほぼ同じ．	● 文書モードで使用する． ● 要素中は左右モード． ● 途中での改ページができる． ● 罫線を引くことはできない． ● 列数を途中で変更できる． ● 1行目に `\kill`行と呼ばれる特別の行を置く．

【例】
`$\begin{array}{|c|c|c|}\hline`
` a & b & c \\ \hline`
` d & e & f \\ \hline`
`\end{array}$`
⇓
$\begin{array}{\|c\|c\|c\|}\hline a&b&c\\\hline d&e&f\\\hline\end{array}$
	【例】
	`\begin{tabular}{|c|c|c|}\hline`
	` a & b & c \\ \hline`
	` d & e & f \\ \hline`
	`\end{tabular}`
	⇓
	$\begin{array}{\|c\|c\|c\|}\hline a&b&c\\\hline d&e&f\\\hline\end{array}$
		【例】
		`\begin{tabbin}`
		` a \= b \= c \kill`
		` a \> b \> c \\`
		` d \> e \> f`
		`\end{tabbing}`
		⇓
		a b c
		d e f

▨ 筆者が確かめた限りでは，少なくとも 70節 (p.212) で述べてあることに関してであるが，アレイ表で成り立つことは，数式モードを宣言する命令を削除し，かつその要素の中で数式モードになっているものを文書モードにすれば，すべてタブロー表でも成り立ちます (ただ1つの例外は，70.16節 (p.219) における例において `\scriptstyle` があるとコンパイルエラーとなることです)．ただし逆は真ならず．

70 アレイ表 (数式モード)

用語：アレイ表　横罫線　縦罫線　罫線の二重化　縦・横要素の併合　サブ表　小数点の揃え

命令：\hline　\arrayrulewidth　\arraycolsep　\doublerulesep　\arraystretch　\extrarowheight　\cline　\multicolumn　\multirow　\multirowsetup　\centering　\raggedleft　\raggedright　\left　\right　\newcolumntype　\vline　@{}　p{}　>{}　<{}　m{}　b{}　D{}{}{}　|　||　array 環境

パッケージ：multirow　dearray　dcolumn　array

◇

70.1 アレイ表の基本型

▨ アレイ表は次の環境命令で作成します．

《命令》　\begin{array} 〜 \end{array}

```
$$ \begin{array}{lcr}
    x   & x+y & z   \\
    x+y & x   & x-z
   \end{array} $$
```
⇒　$\begin{array}{lcr} x & x+y & z \\ x+y & x & x-z \end{array}$

▨ アレイ表は数式モード内 [→p.73 (20.4)] で使うものです．当然，要素の中は数式モードです．しかし，文中数式 [→p.127 (42.1)] は書くことはできるが，段落数式は直接書くことはできません．

▨ 各行の要素間は次の記号で結びます．

《命令》　&

▨ 要素内のテキストの位置は次の横位置パラメータで指定します．それぞれ左・中・右寄せとなります．

《命令》　横位置パラメータ　　l(左)　c(中)　r(右)

▨ 各行の行末には文中改行の命令 \\ [→p.181 (60.3)] を置きますが，最後の行の行末にはそれを置く必要はありません (書いてもエラーにはなりませんが，次の文との間に余分なスペースが空いてしまいます)．

▨ ある要素内で宣言したことは他の要素に及びません．

▨ 筆者が確かめた限りでは，少なくとも本節で述べてあることに関してであるが，アレイ表で成り立つことは，数式モードを宣言する命令を削除し，かつその要素の中で数式モードになっているものを文書モードにすれば，すべて 71 節 (p.226) で述べるタブロー表でも成り立ちます (ただ 1 つの例外は，70.16 節 (p.219) における例において \scriptstyle があるとコンパイルエラーとなることです)．ただし逆は真ならず．

70.2 行間と列間に罫線を引く

▨ ある列に縦罫線を引くには，対応する横位置パラメータの所に次の命令を入れます．

《命令》　|

▨ ある行に横罫線を引くには，その行の終わりで改行命令 \\ [→p.181 (60.3)] に続けて次の命令を入れます．

70.3 罫線を太くする

《命令》 \hline

```
$$\begin{array}{r|rrr}
   a & a & a & a \\
   a & a & a & a \\ \hline
   a & a & a & a\\
\end{array}$$
```

$$
\begin{array}{r|rrr}
a & a & a & a \\
a & a & a & a \\ \hline
a & a & a & a
\end{array}
$$

```
$$\begin{array}{|r|r|r|r|} \hline
   a & a & a & a \\ \hline
   a & a & a & a \\ \hline
   a & a & a & a \\ \hline
\end{array}$$
```

$$
\begin{array}{|r|r|r|r|} \hline
a & a & a & a \\ \hline
a & a & a & a \\ \hline
a & a & a & a \\ \hline
\end{array}
$$

70.3 罫線を太くする

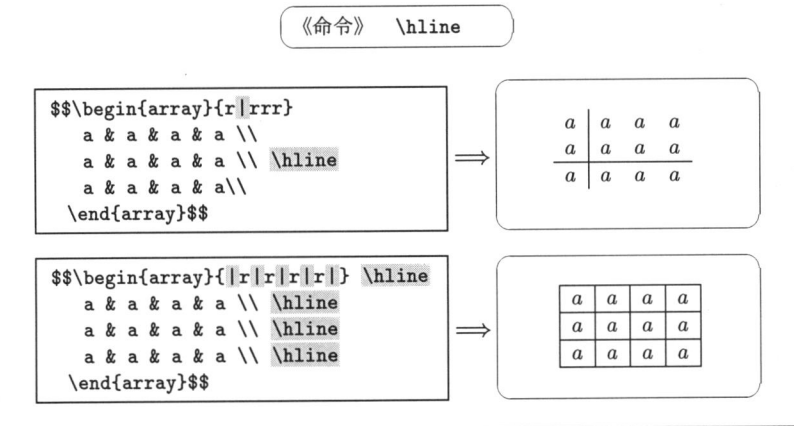

▨ 罫線の太さは次の距離変数によって指定することができます．

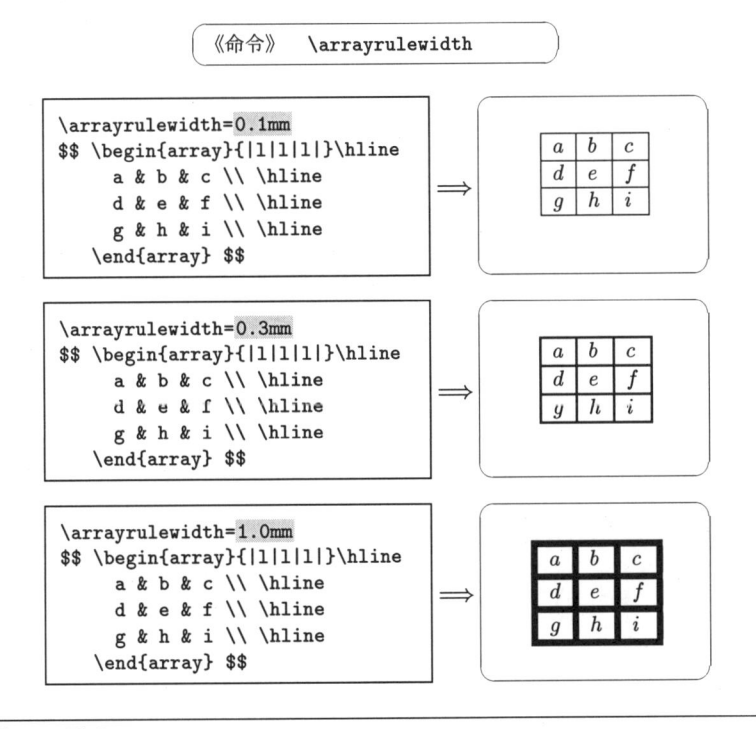

《命令》 \arrayrulewidth

```
\arrayrulewidth=0.1mm
$$ \begin{array}{|l|l|l|}\hline
   a & b & c \\ \hline
   d & e & f \\ \hline
   g & h & i \\ \hline
\end{array} $$
```

```
\arrayrulewidth=0.3mm
$$ \begin{array}{|l|l|l|}\hline
   a & b & c \\ \hline
   d & e & f \\ \hline
   g & h & i \\ \hline
\end{array} $$
```

```
\arrayrulewidth=1.0mm
$$ \begin{array}{|l|l|l|}\hline
   a & b & c \\ \hline
   d & e & f \\ \hline
   g & h & i \\ \hline
\end{array} $$
```

70.4 罫線の二重化

▨ 二重の縦罫線は，対応する横位置パラメータの所で「|」を，次のように2本続けて書くことによって引くことができます．

《命令》 ||

▨ 二重の横罫線は \hline を2つ続けて書くことによって引くことができます．

《命令》 \hline\hline

▨ 二重の罫線の間隔は次の距離変数によって指定することができます (なお二重の横罫線は表を上下に切り離します).

《命令》 \doublerulesep

```
\doublerulesep=2mm
$$\begin{array}{|l||l|l|}\hline
   a &b &c \\\hline
   d &e &f \\\hline\hline
   g &h &i \\\hline
\end{array}$$
```

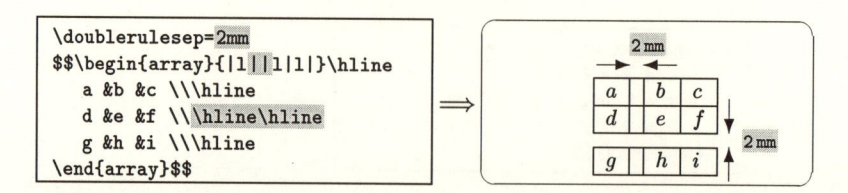

70.5　行間隔を広げるⅠ

▨ ある行の行間隔を広げるのに幅ゼロの \rule 命令 (黒ボックス) を使う方法があります．これについては 65.3 節 (p.202) を参照のこと．

70.6　行間隔を広げるⅡ

▨ すべての行間を一律に広くしたり狭くしたりするには次の命令を使います．

《命令》 \arraystretch

▨ これは \renewcommand によって宣言します [→p.28 (9.6)]．標準の間隔を 1 とし，その何倍にするかを指定します．たとえばそれを 2 倍にするには次のように宣言します．

```
\renewcommand{\arraystretch}{2}
```

▨ 下に，標準の間隔とそれを 1.8 倍にした例を示します．

```
$$ \begin{array}{|l|l|l|l|}\hline
    1 & 2 & 3 & 4  \\ \hline
    5 & 6 & 7 & 8  \\ \hline
    9 & 0 & 1 & 2  \\ \hline
   \end{array} $$
```

```
\renewcommand{\arraystretch}{1.8}
$$ \begin{array}{|l|l|l|l|}\hline
    1 & 2 & 3 & 4  \\ \hline
    5 & 6 & 7 & 8  \\ \hline
    9 & 0 & 1 & 2  \\ \hline
   \end{array} $$
```

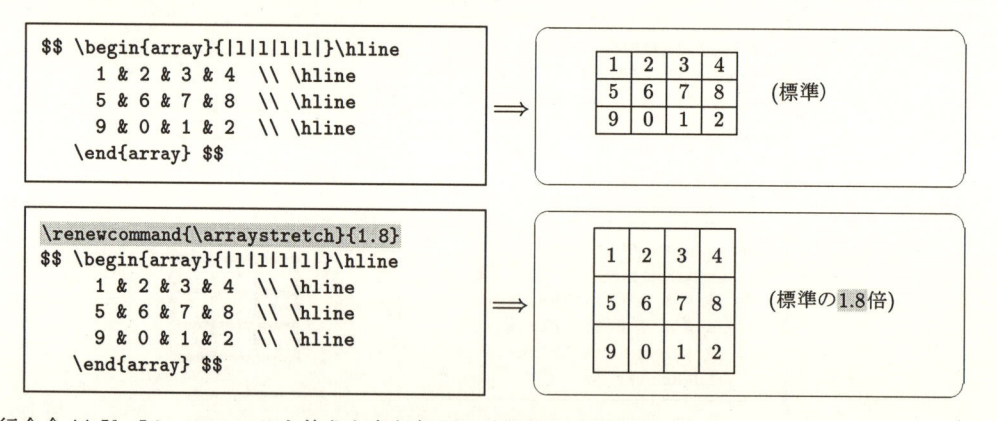

▨ 改行命令 \\[len] [→p.181 (60.3)] を使うと各行個別に改行幅が変更できます．このとき，\arraystretch を指定すると，それによって一律に拡大された改行幅にこの len が加算されます．

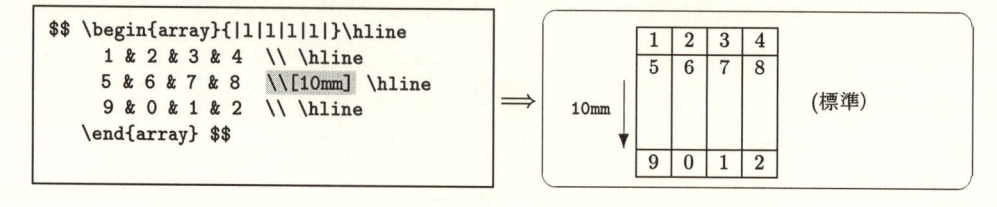

```
$$ \begin{array}{|l|l|l|l|}\hline
    1 & 2 & 3 & 4  \\ \hline
    5 & 6 & 7 & 8  \\[10mm] \hline
    9 & 0 & 1 & 2  \\ \hline
   \end{array} $$
```

```
\renewcommand{\arraystretch}{1.8}
$$ \begin{array}{|l|l|l|l|}\hline
    1 & 2 & 3 & 4  \\ \hline
    5 & 6 & 7 & 8  \\[10mm] \hline
    9 & 0 & 1 & 2  \\ \hline
  \end{array}
```

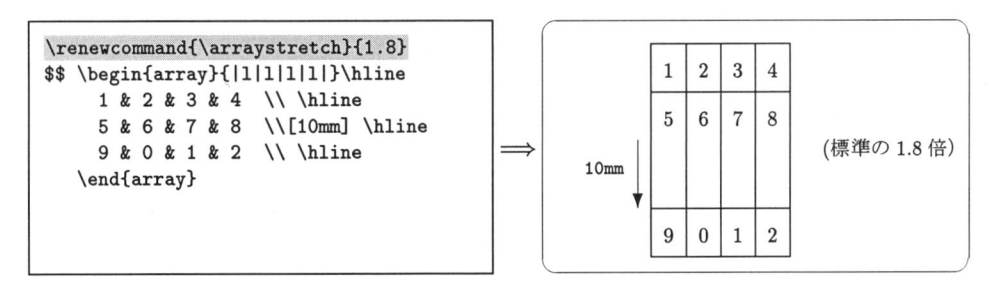

⇒ (標準の 1.8 倍)

▨ 行間隔は \baselinestretch の指定 [→p.180 (60.1)] によっても一律に広げることができます．

70.7 列の上方向にスペースを空ける

▨ 各列の上方にある与えられた縦方向のスペースを一律に空けるには次の命令を使います．

《命令》 \extrarowheight

```
\extrarowheight=8mm
\begin{array}{|c|c|c|} \hline
 1 & 2 & 3 \\ \hline
 A & B & C \\ \hline
\end{array}
```

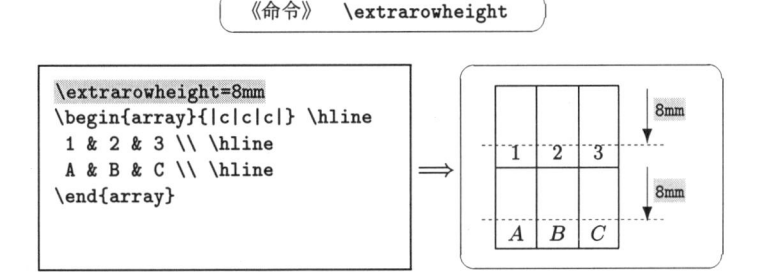

70.8 横罫線を部分的に引く

▨ 横罫線を部分的に引くこともできます．それには次の命令を使います．

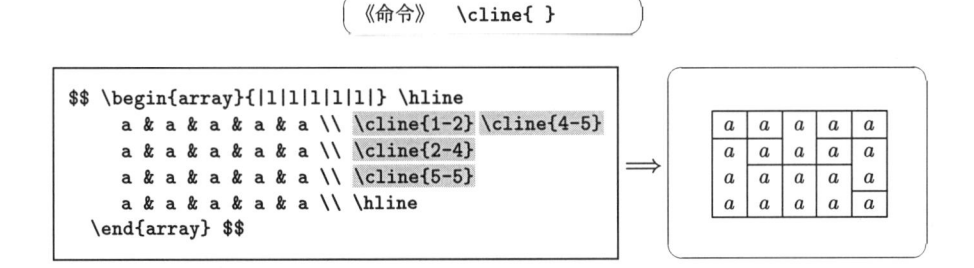

《命令》 \cline{ }

```
$$ \begin{array}{|l|l|l|l|l|} \hline
    a & a & a & a & a \\ \cline{1-2} \cline{4-5}
    a & a & a & a & a \\ \cline{2-4}
    a & a & a & a & a \\ \cline{5-5}
    a & a & a & a & a \\ \hline
  \end{array} $$
```

70.9 横要素の併合

▨ いくつかの横要素を併合して1つの要素にすることもできます．それには次の命令を使います．

《命令》 \multicolumn{ }{ }{ }

▨ 下に例を示します．

□ まず次のような表があるとします．

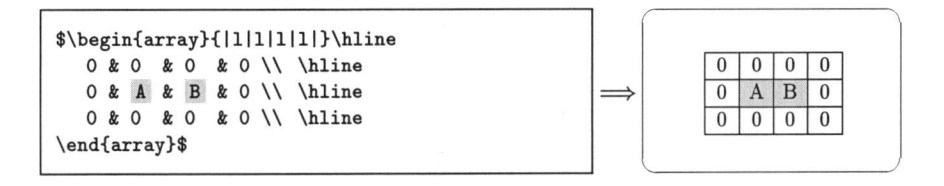

```
$\begin{array}{|l|l|l|l|}\hline
   0 & 0 & 0 & 0 \\ \hline
   0 & A & B & 0 \\ \hline
   0 & 0 & 0 & 0 \\ \hline
\end{array}$
```

□ この表の 2 行目の 2 つの要素 A と B を 1 つに併合し，そこに中寄せで AB と書くには次のようにします．

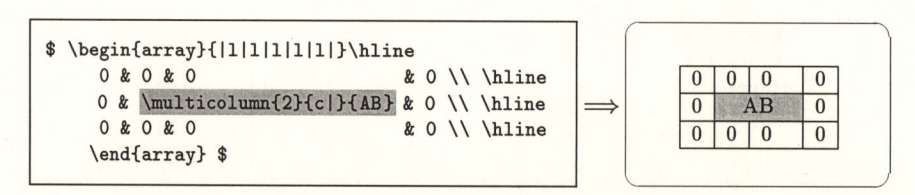

```
$ \begin{array}{|l|l|l|l|l|}\hline
   0 & 0 & 0              & 0 \\ \hline
   0 & \multicolumn{2}{c|}{AB} & 0 \\ \hline
   0 & 0 & 0              & 0 \\ \hline
  \end{array} $
```

⇒

0	0	0	0
0	AB		0
0	0	0	0

□ 3 つある引数のうち最初の引数 {2} には併合する要素の数を入力します．

▨ この場合，\multicolumn における横位置パラメータを c| としてあることに注意 (|c| としないこと)．これを l| あるいは r| とすると，併合要素はそれぞれ左寄せ，右寄せとなります．

70.10　縦要素の併合

▨ multirow パッケージを登録すると [→p.32 (10)]，次の命令を使って縦要素の併合が可能となります．

《命令》　\multirowsetup

```
\renewcommand{\multirowsetup}{\centering}
\hfill
$\begin{array}{|c|c|c|c|}\hline
                        & A & A                  & A \\ \cline{2-4}
\multirow{3}{20mm}[3mm]{ABC} & B & B              & B \\ \cline{2-4}
                        & C & C                  & C \\ \hline
\multirow{2}{20mm}{DEF} & D & D                  & D \\ \cline{2-4}
                        & E & \multirow{2}{30mm}{EF} & E \\ \cline{2-2}\cline{4-4}
                        & F &                    & F \\ \hline
\end{array}$
```

⇓

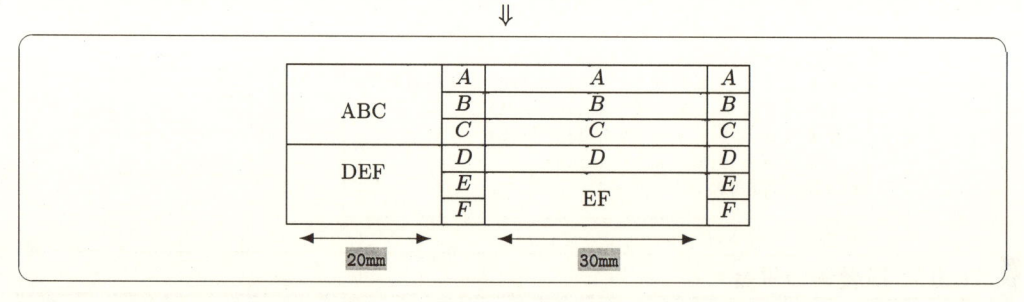

ABC	A	A	A
	B	B	B
	C	C	C
DEF	D	D	D
	E	EF	E
	F		F

　　　　　　←20mm→　←30mm→

□ {3} と {2} で併合する縦要素の数がそれぞれ 3 個と 2 個であることを宣言．

□ {20mm} と {30mm} で併合する要素の幅が 20mm と 30mm であることを宣言．

□ {ABC} と {DFE} と {EF} で併合要素のテキストを宣言します (このテキストはローマン体 [→p.80 (23)] となる)．

□ [3mm] と宣言すると，併合要素の縦方向の位置が調整できます．併合要素 {ABC} はこれによって中段に揃えられています．これを宣言していない併合要素 {DEF} が中段揃えとなっていないことに注意．{EF} のように，2 列の併合はこの調整をしなくても中段揃えとなります．

□ ここで，命令 \multirowsetup を

《命令》 \raggedleft   \centering   \reggedright

の何れかに宣言すると（上の例では \centering を宣言），併合要素はそれぞれ左・中・右寄せとなります．これを宣言しないと左寄せとなります．

70.11　表に注書きを付ける

▨ \multicolumn [→p.215 (70.9)] を使って表の上下に注書きを付けることもできます．

▨ 次に例を示します．

```
$ \begin{array}{|c|c|c|c|c|c|}
    \multicolumn{6}{c}{表} \\ \hline
    a & a & a & a & a & a \\ \hline
    b & b & b & b & b & b \\ \hline
    c & c & c & c & c & c \\ \hline
    d & d & d & d & d & d \\ \hline
    \multicolumn{6}{r}{2000 年}
  \end{array} $
```

⇒

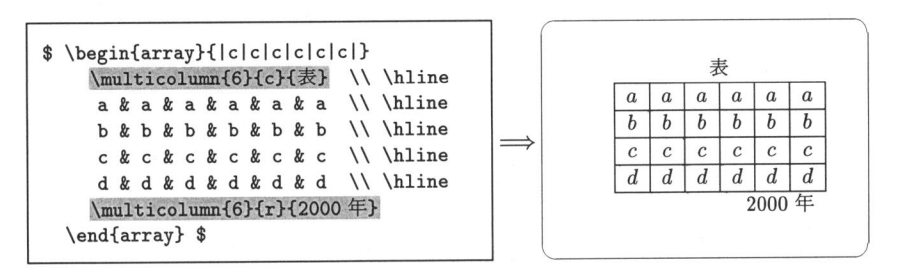

	表				
a	a	a	a	a	a
b	b	b	b	b	b
c	c	c	c	c	c
d	d	d	d	d	d

2000 年

▨ この例では，1 行目と 6 行目の要素を 1 つの要素に併合，そこには縦罫線と横罫線を描かないようにし（\multicolumn において横位置パラメータに | を付けずに単に c, r とする），かつ最初と最後には横罫線は引かないようにしています．

70.12　列間のスペース調整

▨ 要素内のテキストの左右のスペースを調整する下の例を見て下さい．

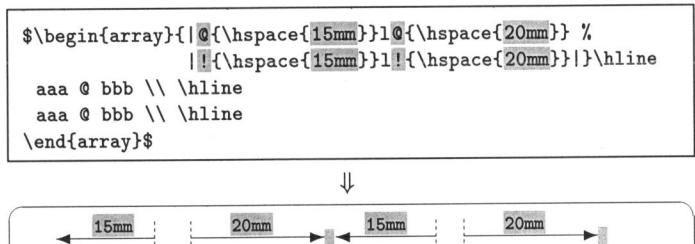

```
$\begin{array}{|@{\hspace{15mm}}l@{\hspace{20mm}} %
              |!{\hspace{15mm}}l!{\hspace{20mm}}|}\hline
 aaa @ bbb \\ \hline
 aaa @ bbb \\ \hline
\end{array}$
```

⇒

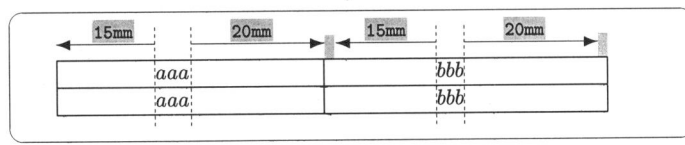

@{ } を宣言すると，左右のマージンからそれぞれ 15mm と 20mm のスペースが空きます．!{ } を宣言すると，標準設定されているスペース にこの 15mm と 20mm が追加されます．

▨ 次の命令を使うと各要素内のテキストの左右に同一のスペースを空けることができます．

《命令》　\arraycolsep

```
\arraycolsep = 10mm
$ \begin{array}{|r|r|r|}\hline
    a      & aaa \\ \hline
    aaaaa  & a   \\ \hline
  \end{array} $
```

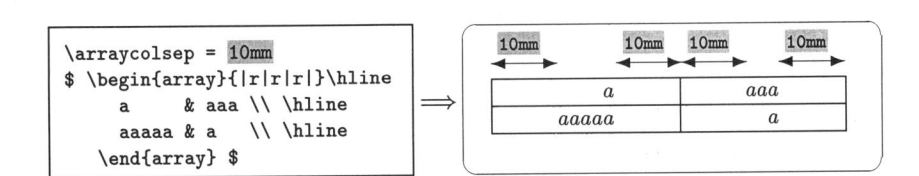

70.13　要素の中にサブ表を書く

※ 要素の中にサブ表を書くこともできます．まず次のような表を考えて下さい．

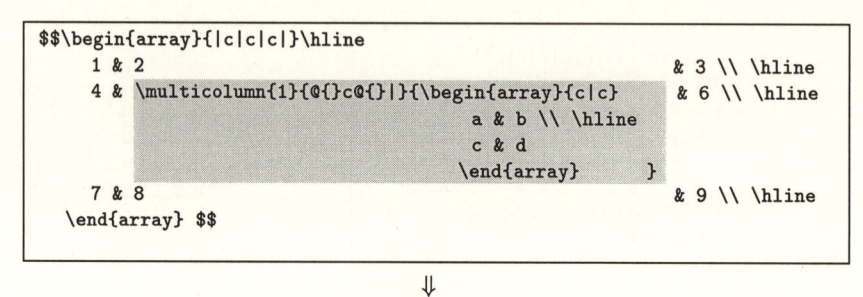

1	2	3
4		6
7	8	9

※ この表の2行，2列目の空の要素にサブ表 $\dfrac{a \mid b}{c \mid d}$ を入れるには次のようにします．

```
$$\begin{array}{|c|c|c|}\hline
   1 & 2                                                   & 3 \\ \hline
   4 & \multicolumn{1}{@{}c@{}|}{\begin{array}{c|c}        & 6 \\ \hline
                                     a & b \\ \hline
                                     c & d
                                \end{array}     }
   7 & 8                                                   & 9 \\ \hline
\end{array} $$
```

⇓

1	2	3
4	$\dfrac{a \mid b}{c \mid d}$	6
7	8	9

ここで \multicolumn の横位置パラメータを `{@{}c@{}|}` とすること．単に `{c}` とすると不要な空白が空いてしまいます．なお，`{|@{}c@{}|}` のように，左側に `|` を付けないこと．

※ 一般に

《命令》　`@{}`

は不要な空白を取り除く機能を持っています．

70.14　ある列に同じテキストを出力させる

※ 横位置パラメータの所で

《命令》　`@{テキスト}`

を宣言すると，対応する列のすべての要素に同じテキストを出力させることができます．

※ 下に例を示します．3列目には \mbox{ } を使って左右モードのテキストを出力させています．

```
$ \begin{array}%
   {|c@{f(x)=0}|c|c@{\mbox{equation}}|l|}\hline
      & 1        & & 2 \\ \hline
      & 1        & & 2 \\ \hline
      & 1        & & 2 \\ \hline
  \end{array}$
```

⇒

$f(x)=0$	1	equation	2
$f(x)=0$	1	equation	2
$f(x)=0$	1	equation	2

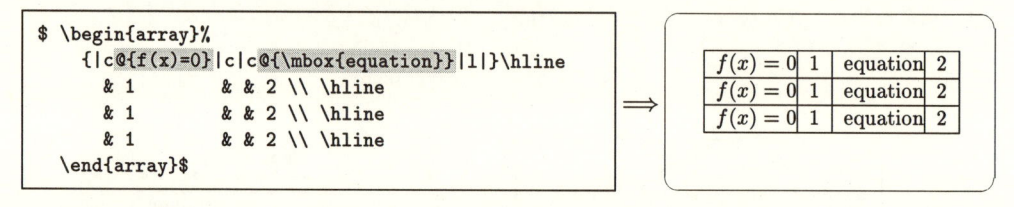

※ `@{ }` の引数は「動く引数」[→p.24 (8.4)] です．動く引数内ではエラーとなる命令があります．そのようなときには，その命令の前に \protect を置きます．

※ なお，この例に見られるように，@{ } 命令を使うと，横位置パラメータが `l`，`c`，`r` の何であれ文字列が要素の右マージンにくっついてしまいます．ここに適当なスペースを入れるには次のようにします．

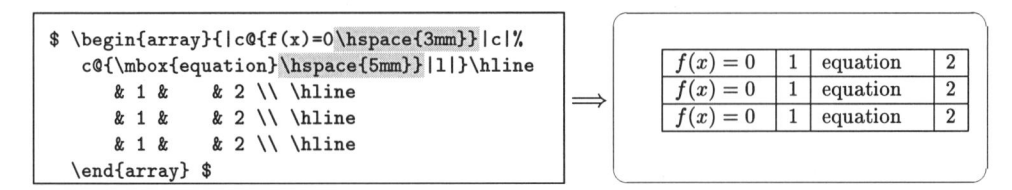

```
$ \begin{array}{|c@{f(x)=0\hspace{3mm}}|c|%
    c@{\mbox{equation}\hspace{5mm}}|l|}\hline
        & 1 &       & 2 \\ \hline
        & 1 &       & 2 \\ \hline
        & 1 &       & 2 \\ \hline
   \end{array} $
```

$\Longrightarrow$

$f(x)=0$	1	equation	2
$f(x)=0$	1	equation	2
$f(x)=0$	1	equation	2

70.15 要素の中にさらに縦罫線を引く

※ 横位置パラメータ {|l|c|r|} の中の縦バー | は，罫線を上から下まで貫いて引く命令ですが，各要素の内部に，これとは別の縦罫線を書くこともできます．それには次の命令を使います．

《命令》 \vline

```
$ \begin{array}{|c|c|c|}\hline
  \vline 1      & 2 & 3 \\ \hline
         4 \vline & 5 & 6 \\ \hline
  \vline 7 \vline & 8 & 9 \\ \hline
  \end{array} $
```

$\Longrightarrow$

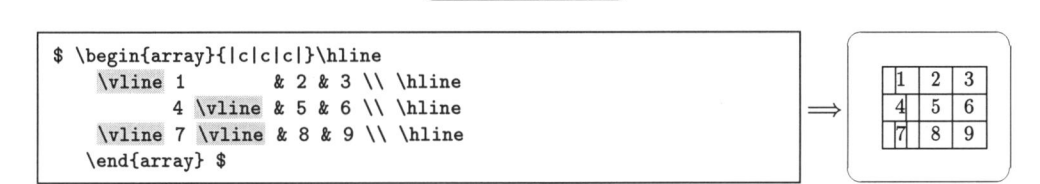

1	2	3
4	5	6
7	8	9

※ この \vline 命令は，70.13 節 (p.218) で述べた @{ } の中でも使うことができます．

```
$ \begin{array}{|c@{\vline x+y}|c|}\hline
       & 2 \\ \hline
       & 5 \\ \hline
       & 8 \\ \hline
  \end{array} $
```

$\Longrightarrow$

$x+y$	2
$x+y$	5
$x+y$	8

※ 上の例では，要素内に引いた縦罫線と式がくっつきすぎています．その間に適当な空白を入れるには次のようにします．

```
$ \begin{array}{|c@{\vline\hspace{4mm} x+y \hspace{2mm}}|c}\hline
       & 2 \\ \hline
       & 5 \\ \hline
       & 8 \\ \hline
  \end{array} $
```

$\Longrightarrow$

$x+y$	2
$x+y$	5
$x+y$	8

70.16 同一列の要素に共通の命令を作用させる

※ `array` パッケージを登録すると [→p.32 (10)]，ある列の横位置パラメータの前に `>{ }` を置き，後ろに `<{ }` を置くと，その引数 `{ }` の中にある命令の効果をその列のすべてに作用させることができます．

```
$\begin{array}{|>{\hspace{10mm}\scriptstyle}c<{\hspace{20mm}}|c|}\hline
 A=B+C & D=E+F \\ \hline
 a=b+c & d=e+f \\ \hline
\end{array}$
```

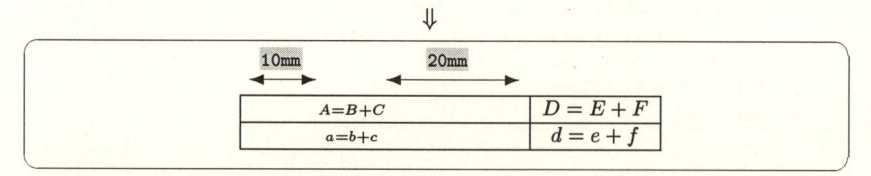

⇓

$A=B+C$	$D=E+F$
$a=b+c$	$d=e+f$

(矢印で 10mm, 20mm の幅を表示)

70.17 ある要素を文書モードにする

▨ アレイ表は数式モード内 [→p.73(20.4)] で使用するもので，各要素の中も当然数式モードです．したがって，文書モードのテキストを入力するには，\mbox{ } [→p.192(64.9)] を宣言し，その引数 { } の中にそのテキストを入力しなければなりません．

```
$$ \begin{array}{|l|l|}\hline
   \sqrt{5}=2.236                      & \sum_{n=1}^9 n=45            \\ \hline
   \mbox{Differential Equation} f'(x)=0 & Differential Equation f'(x)=0 \\ \hline
\end{array}$$
```

⇓

$\sqrt{5}=2.236$	$\sum_{n=1}^9 n=45$
Differential Equation $f'(x)=0$	$Differential\ Equation\ f'(x)=0$

2 列目の Differential と $Differential$ の違いに注意して下さい．\mbox で処理をする前者は通常のローマン体 [→p.80(23)] ですが，そうしない後者は数学イタリック体 [→p.75(21.1)] となります．

70.18 同一列の要素を文書モードにする

▨ array パッケージを登録すると [→p.32(10)]，ある列の横位置パラメータを >{$} と <{$} で挟むことによってその列のすべての要素を一括して文書モードにすることができます．

```
$ \begin{array}{|>{$}c<{$}|c|} \hline
   文書モード    & 数式モード   \\ \hline
   Differential & f'(x)       \\ \hline
   Integral     & \int f(x)dx \\ \hline
\end{array} $
```
⟹

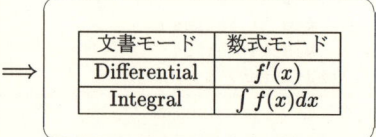

文書モード	数式モード
Differential	$f'(x)$
Integral	$\int f(x)dx$

70.19 要素を段落モードにする I

▨ 要素の中には，直接，段落数式を入力することはできません．

▨ 要素の中に minipage 環境 [→p.203(66)] や \parbox [→p.192(64.10)] を宣言すると，その中に段落数式や段落モードのテキストを入力することができます．

```
$$\begin{array}{|c|c|} \hline
    \begin{minipage}{20mm}
        右の等式を背理法で証明しなさい.
    \end{minipage}           & \parbox{40mm}{\begin{eqnarray}
                                    a &=& b+c \\
                                      &=& d+e
                                \end{eqnarray}}\\ \hline
\end{array} $$
```

⇓

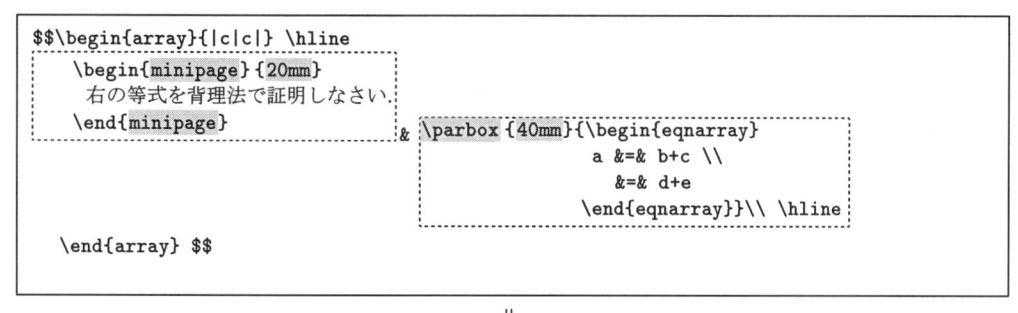

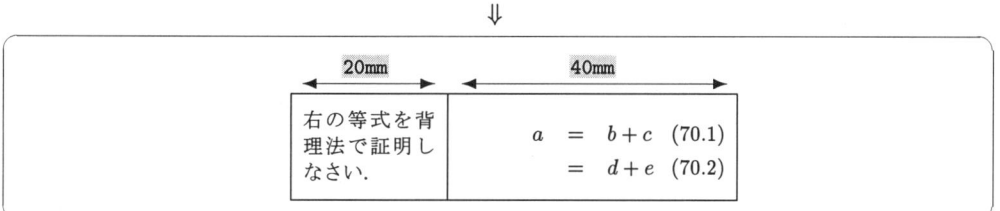

20mm	40mm
右の等式を背理法で証明しなさい.	$a = b+c$ (70.1) $= d+e$ (70.2)

70.20　要素を段落モードにする II

▧ 要素の中を段落モードにするもう1つの方法として，横位置パラメータの所で次の命令を宣言する方法があります．

《命令》　p{*len*}

▧ これを宣言すると，対応する列の要素内のテキストはすべて，幅 *len* の段落モードとなります．

```
$$\begin{array}{|p{20mm}|p{40mm}|} \hline
    右の等式を背理法で証明しなさい.
    & $$\begin{eqnarray}a&=&b+c \\ &=&d+e \end{eqnarray}$$\\ \hline
\end{array} $$
```

⇓

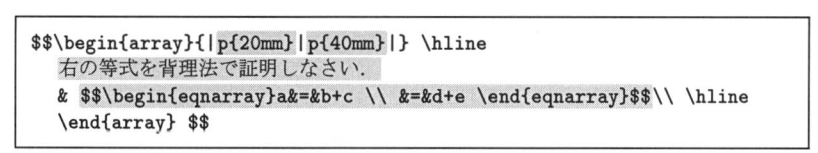

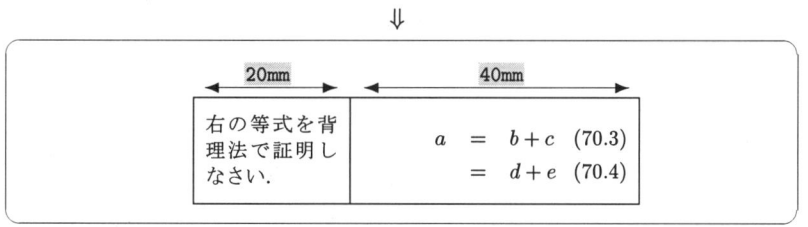

20mm	40mm
右の等式を背理法で証明しなさい.	$a = b+c$ (70.3) $= d+e$ (70.4)

▧ array パッケージを登録すると [→p.32(10)]，要素を段落モードにする次の命令が使えます．

《命令》　m{*len*}（中段揃え）　　b{*len*}（下段揃え）

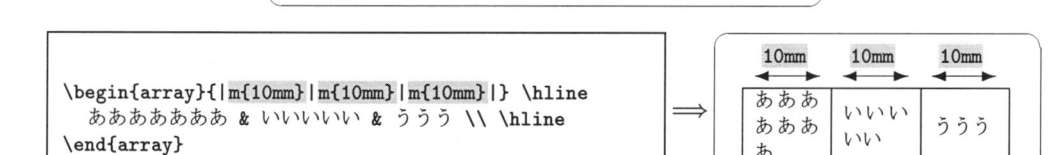

```
\begin{array}{|m{10mm}|m{10mm}|m{10mm}|} \hline
    あああああああ & いいいいい & ううう \\ \hline
\end{array}
```

⇒

10mm	10mm	10mm
あああ あああ あ	いいい いい	ううう

```
\begin{array}{|b{10mm}|b{10mm}|b{10mm}|} \hline
  あああああああ & いいいいい & ううう \\ \hline
\end{array}
```

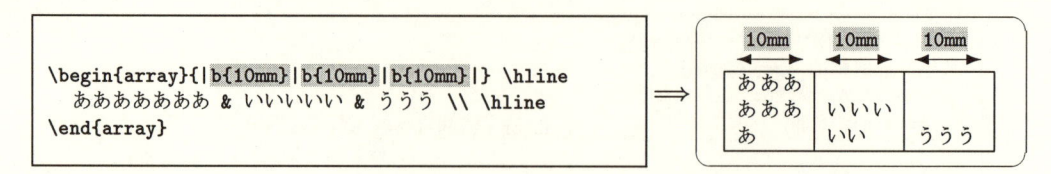

▣ さらに次の例のように \parindent を宣言すると [→p.207 (68.1)]，その列の各要素の行頭の字下げを行うことができます．

```
\begin{array}{|>{\parindent=3mm}p{10mm}|p{10mm}|p{10mm}|} \hline
  あああああああ & いいいいい & ううう \\ \hline
\end{array}
```

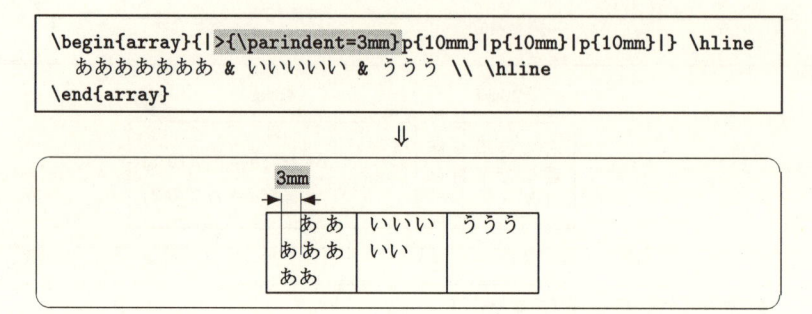

70.21 表の縦位置パラメータ

▣ 表の上・中・下段を基準線に合わせるには次のオプション

《命令》　縦位置パラメータ　　t(上)　c(中)　b(下)

を宣言します．これを省略すると中段合わせとなります．

```
表で示すと
$\begin{array}[t]{rr}
   1 & 2 \\ 3 & 4
\end{array} $ となる．
```

```
表で示すと
$\begin{array}[c]{rr}
   1 & 2 \\ 3 & 4
\end{array} $ となる．
```

```
表で示すと
$\begin{array}[b]{rr}
   1 & 2 \\ 3 & 4
\end{array} $ となる．
```

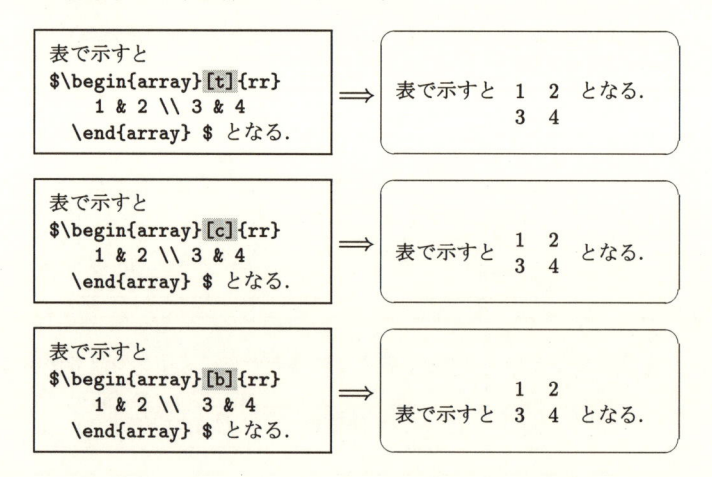

▣ 上の例において表に罫線を引くと，下のように，その出力結果は上の場合と若干異なります．

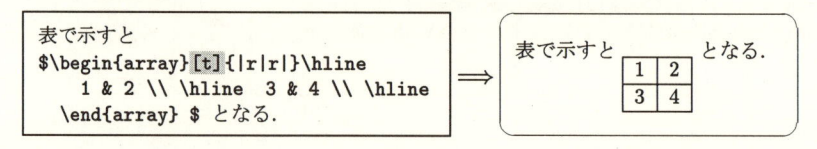

```
表で示すと
$\begin{array}[t]{|r|r|}\hline
   1 & 2 \\ \hline 3 & 4 \\ \hline
\end{array} $ となる．
```

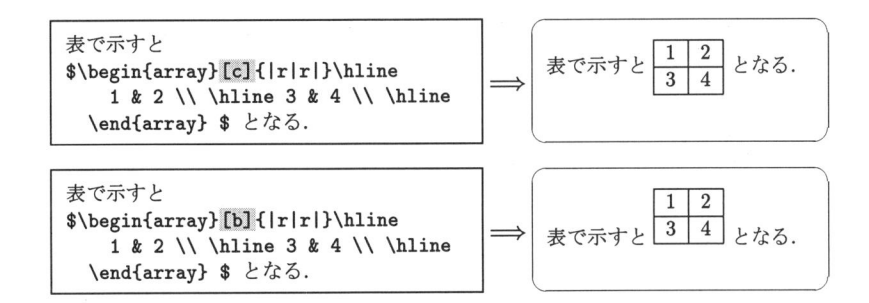

```
表で示すと
$\begin{array}[c]{|r|r|}\hline
   1 & 2 \\ \hline 3 & 4 \\ \hline
\end{array} $ となる.
```
⇒ 表で示すと $\begin{array}[c]{|r|r|}\hline 1 & 2 \\ \hline 3 & 4 \\ \hline \end{array}$ となる.

```
表で示すと
$\begin{array}[b]{|r|r|}\hline
   1 & 2 \\ \hline 3 & 4 \\ \hline
\end{array} $ となる.
```
⇒ 表で示すと $\begin{array}[b]{|r|r|}\hline 1 & 2 \\ \hline 3 & 4 \\ \hline \end{array}$ となる.

70.22　表を区切り記号で囲むⅠ

▨ 表の左・右・両側を，命令

《命令》　\left　　　\right

を使っていろいろな区切り記号で囲むことができます [→p.104 (32) / p.149 (50.1)]．

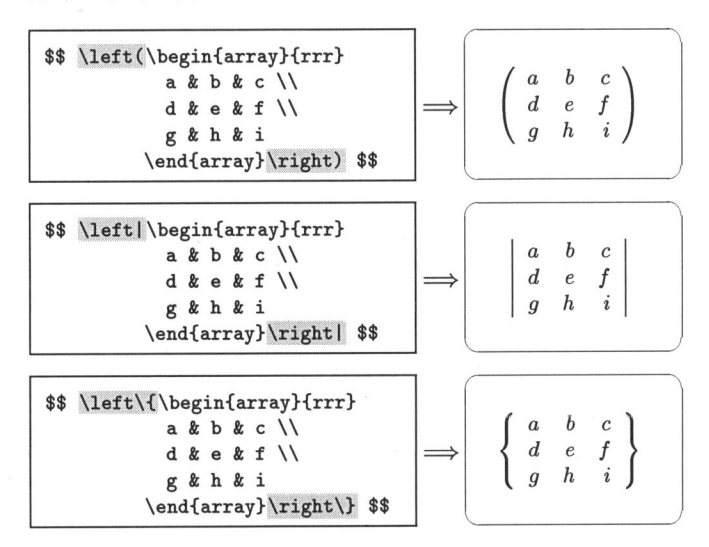

```
$$ \left(\begin{array}{rrr}
       a & b & c \\
       d & e & f \\
       g & h & i
    \end{array}\right) $$
```
⇒ $\left(\begin{array}{rrr} a & b & c \\ d & e & f \\ g & h & i \end{array}\right)$

```
$$ \left|\begin{array}{rrr}
       a & b & c \\
       d & e & f \\
       g & h & i
    \end{array}\right| $$
```
⇒ $\left|\begin{array}{rrr} a & b & c \\ d & e & f \\ g & h & i \end{array}\right|$

```
$$ \left\{\begin{array}{rrr}
       a & b & c \\
       d & e & f \\
       g & h & i
    \end{array}\right\} $$
```
⇒ $\left\{\begin{array}{rrr} a & b & c \\ d & e & f \\ g & h & i \end{array}\right\}$

最初の例では括弧と配列要素の間が空きすぎです．これを狭める方法は 50.1 節 (p.149) で述べます．

▨ 次の命令で表の右側あるいは左側の区切り記号を書かないようにすることもできます．これは「見えない記号」と呼ばれるものです [→p.106 (32.6)]．

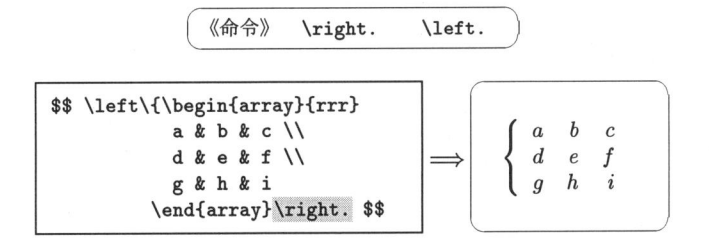

《命令》　\right.　　　\left.

```
$$ \left\{\begin{array}{rrr}
       a & b & c \\
       d & e & f \\
       g & h & i
    \end{array}\right. $$
```
⇒ $\left\{\begin{array}{rrr} a & b & c \\ d & e & f \\ g & h & i \end{array}\right.$

70.23　表を区切り記号で囲むⅡ

▨ delarray パッケージを登録すると [→p.32 (10)]，横位置パラメータを以下の例のように入力することによって，\left と \right を宣言しなくても行列の左右に然るべき大きさの区切り記号を出力させることが

できます．ただし左右に必ず一対の区切り記号がなければなりません．

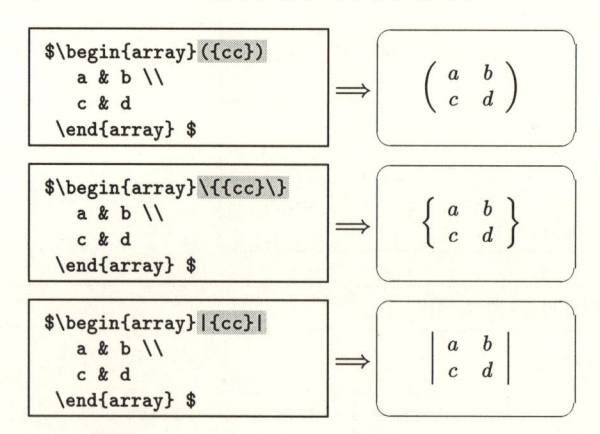

```
$\begin{array}({cc})
   a & b \\
   c & d
 \end{array} $
```
$\Rightarrow \begin{pmatrix} a & b \\ c & d \end{pmatrix}$

```
$\begin{array}\{{cc}\}
   a & b \\
   c & d
 \end{array} $
```
$\Rightarrow \begin{Bmatrix} a & b \\ c & d \end{Bmatrix}$

```
$\begin{array}|{cc}|
   a & b \\
   c & d
 \end{array} $
```
$\Rightarrow \begin{vmatrix} a & b \\ c & d \end{vmatrix}$

70.24　表中の小数点を揃える

▨　`dcolumn` パッケージを登録すると [→p.32(10)]，アレイ表で数表を作成したとき，各数値の小数点を揃える次の命令が使用できます．

《命令》　`D{ }{ }{ }`

▨　1つの例でその意味するところを説明します【→ [4] p.151-152】．

```
$\begin{array}{|D{.}{.}{-1}|D{.}{+}{0}|D{.}{*}{1}|D{.}{\Box}{2}|}
1.     & 1.     & 1.     & 1.     \\
1.2    & 1.2    & 1.2    & 1.2    \\
1.23   & 1.23   & 1.23   & 1.23   \\
1.234  & 1.234  & 1.234  & 1.234  \\
1234.5 & 1234.5 & 1234.5 & 1234.5
\end{array}$
```

⇓

1.	1+	1*	1□
1.2	1+2	1*2	1□2
1.23	1+23	1*23	1□23
1.234	1+234	1*234	1□234
1234.5	1234+5	1234*5	1234□5

上の例における4つの `D{ }{ }{ }` 命令は，それぞれ次のことを意味しています．

- `D{.}{.}{-1}`：最初の引数 `.` によって2番目の引数 `.` を出力，3番目の引数 `-1`（負の整数であれば何でも良い）は2番目の引数 `.` を要素の中央に揃えることを意味する．

- `D{.}{+}{0}`：最初の引数 `.` によって2番目の引数 `+` を出力，3番目の引数 `0` は2番目の引数 `+` を1文字分のスペースを残して左側に寄せること意味する．

- `D{.}{*}{1}`：最初の引数 `.` によって2番目の引数 `*` を出力，3番目の引数 `1` は2番目引数 `*` につづく最初の数字を2文字分のスペースを残して左側に寄せることを意味する．

- `D{.}{\Box}{2}`：最初の引数 `.` によって2番目の引数 `\Box` を出力，3番目の引数 `2` は2番目引数 `\Box` につづく2番目の数字を3文字分のスペースを残して左側に寄せることを意味する．

▣ この D{ }{ }{ }命令は次の命令によってマクロ化することができます．

《命令》　\newcolumntype

```
\newcolumntype{a}{D{.}{.}{-1}}
\newcolumntype{B}{D{.}{+}{0}}
\newcolumntype{y}{D{.}{*}{1}}
\newcolumntype{?}{D{.}{\Box}{2}}
$\begin{array}{|a|B|y|?|}
1.     & 1.     & 1.     & 1.     \\
1.2    & 1.2    & 1.2    & 1.2    \\
1.23   & 1.23   & 1.23   & 1.23   \\
1.234  & 1.234  & 1.234  & 1.234  \\
1234.5 & 1234.5 & 1234.5 & 1234.5
\end{array}$
```

⇩

1.	1+	1*	1□
1.2	1+2	1*2	1□2
1.23	1+23	1*23	1□23
1.234	1+234	1*234	1□234
1234.5	1234+5	1234*5	1234□5

ここで，マクロ命令としての a, B, y, ? には任意の文字や記号（ただし他の命令として使われているもの，たとえば l, c, r, #, & などは除いて）が使用できます．

70.25　数表はアレイ表で作ること

▣ 知ってか知らぬか分かりませんが，数表を作成するには，本来，array 環境 [→p.212 (70)] を使うべきところを tabular 環境 [→p.226 (71)] で済ませてしまう人がほとんどです．

▣ マイナスの付いた数，たとえば −12 という数字は，array 環境では −12 となりますが，tabular 環境では -12 となってしまいます．- はハイフンであってマイナス記号ではありません．

コラムC：LaTeX 2ε は組版ソフトである

　LaTeX 2ε とは何か．一口で言うとそれは「コンピュータによる組版ソフト」ということです．広辞苑によれば，組版とは『印刷工程の一．原稿指定・レイアウトに従って文字・図表・写真などを一ページごとに印刷する形にまとめること．元来活版印刷で使われた語』のことです．つまり，LaTeX 2ε を使えば組版作業をあなたが全てやってしまうということです．

71　タブロー表 (文書モード)

用語：タブロー表
命令：tabular 環境　　tabular*環境　　tabularx 環境　　\tabcolsep　\extracolsep
パッケージ：tabularx

◇

71.1　タブロー表の基本型

▣ タブロー表は次の環境命令によって作成します．

《命令》　\begin{tabular}{ }{ } 〜 \end{tabular}

```
\begin{tabular}{lcr}
    a   & aaa & a   \\
    bbb & b   & bbb \\
    cc  & cc  & cc
\end{tabular}
```

⟹

```
a    aaa  a
bbb  b    bbb
cc   cc   cc
```

▣ タブロー表は文書モード内 [→p.72 (20.1)] で使うものです．要素内は左右モード [→p.72 (20.3)] です．

71.2　アレイ表との類似点

▣ tabular 環境の使用方法は，70 節 (p.212) で述べた array 環境のそれとほとんど同じです．

▣ 実際，70 節 (p.212) での用例のすべては
　□ array を tabular に置き換え，
　□ array 環境の前後にある数式モードを宣言する命令を削除，
　□ 要素内で数式モードで入力されているものをすべて文書モードにすれば，
コンパイルエラーを起こさずに実行され，然るべき出力が得られます (ただ 1 つの例外は，70.16 節 (p.219) の入・出例において \scriptstyle があるとコンパイルエラーとなることです)．ただし逆は真ではありません．

▣ 以下で述べることはタブロー表のみに成り立つことです．アレイ表では使えません．

71.3　要素の前後にスペースを入れる

▣ tabular 環境には，要素内の文字列とその左右の罫線との間にある一定のスペースを一括して空けるための次の命令があります (array 環境ではこの命令は使用できません)．

《命令》　\tabcolsep

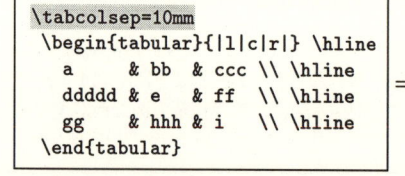

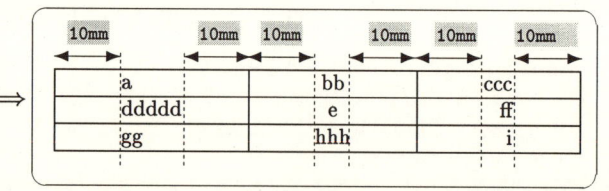

```
\tabcolsep=10mm
\begin{tabular}{|l|c|r|} \hline
    a     & bb  & ccc \\ \hline
    ddddd & e   & ff  \\ \hline
    gg    & hhh & i   \\ \hline
\end{tabular}
```

71.4　表全体の幅を指定 I

- tabular 環境には，その変形として，表全体の幅を指定することができる次の環境命令があります (array 環境にはこれに類する環境は用意されていません).

《命令》　\begin{tabular*}{ }{ } ～ \end{tabular*}

- この環境を使う場合には，横位置パラメータのところに次の命令を挿入しなければなりません．

《命令》　\extracolsep{\fill}

```
\begin{tabular*}{90mm}{@{\extracolsep{\fill}}|l|c|r|} \hline
aa         & bbbbbbbb & cccccccc \\ \hline
aaaaaaaaaa & bb       & cc       \\ \hline
\end{tabular*}
```

⇓

aa	bbbbbbbb	cccccccc
aaaaaaaaaa	bb	cc

- 上の例のように，1 列目以外の要素ではテキストの左側にスペースが置かれ，テキスト全体が右寄せとなります．

71.5　表全体の幅を指定 II

- tabularx パッケージを登録すると [→p.32 (10)]，表全体の幅が指定できる次の環境命令を使うことができます．

《命令》　\begin{tabularx}{ }{ } ～ \end{tabularx}

- 下に 1 つの例を示します (横位置パラメータ X はその列の幅を自動計算することを指定しています).

横位置パラメータ　X

```
\begin{tabularx}{90mm}{|X|X|X|} \hline
aa     & bb     & cc     \\ \hline
aaaaaa & bbbbbb & cccccc \\ \hline
\end{tabularx}
```

⇓

90mm

aa	bb	cc
aaa	bbbbbb	cccccc

- ある列の要素のテキストを左マージンより右方向にある与えられたスペースだけ寄せるには次のようにします [→p.217 (70.12)]．

```
\begin{tabularx}{90mm}{|@{\hspace{30mm}}X|@{\hspace{10mm}}X|X|} \hline
aaa    & bbbbb & ccccccc \\ \hline
aaa    & bbbbb & ccccccc \\ \hline
\end{tabularx}
```

⇓

	30mm		10mm
	aaa	bbbbb	ccccccc
	aaa	bbbbb	ccccccc

- 71 ある列の横位置パラメータを `r`, `c`, `l` のいずれかにすると，下の例のようになります (少なくとも1つの列のパラメータは `X` としなければなりません)．

```
\begin{tabularx}{90mm}{|l|X|c|r|} \hline
aa      & bb     & cc     & dd     \\ \hline
aaaaaa  & bbbbbb & cccccc & dddddd \\ \hline
\end{tabularx}
```

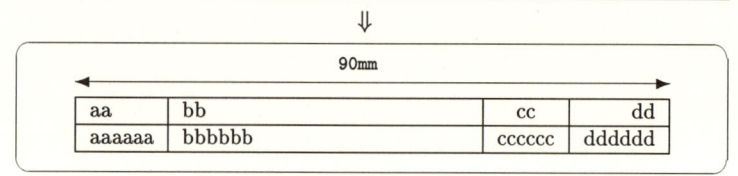

⇓

←―――――― 90mm ――――――→

aa	bb	cc	dd
aaaaaa	bbbbbb	cccccc	dddddd

コラムＯ：標準設定値 (図表環境のパラメータ)

スタイルパラメータ	[10pt]	[11pt]	[12pt]
topnumber	2	2	2
\topfraction	0.7	0.7	0.7
bottomnumber	1	1	1
\bottomfraction	0.3	0.3	0.3
totalnumber	3	3	3
\textfraction	0.2	0.2	0.2
\floatpagefraction	0.5	0.5	0.5
dbltopnumber	2	2	2
\dbltopfraction	0.7	0.7	0.7
\dblfloatpagefraction	0.5	0.5	0.5
\floatsep	10〜14pt (3.5〜4.9mm)	10〜14pt (3.5〜4.9mm)	12〜16pt (4.2〜5.6mm)
\textfloatsep	16〜22pt (5.6〜7.7mm)	16〜22pt (5.6〜7.7mm)	16〜22pt (5.6〜7.7mm)
\intextsep	10〜14pt (3.5〜4.9mm)	10〜14pt (3.5〜4.9mm)	12〜16pt (4.2〜5.6mm)
\dblfloatsep	10〜14pt (3.5〜4.9mm)	10〜14pt (3.5〜4.9mm)	12〜16pt (4.2〜5.6mm)
\dbltextfloatsep	16〜22pt (5.6〜7.7mm)	16〜22pt (5.6〜7.7mm)	16〜22pt (5.6〜7.7mm)

72 タビング表 (文書モード)

用語: タビング表

命令: tabbing 環境 \kill \pushtabs \poptabs \= \> \+ \- \< \' \`  \a=  \a'  \a`

72.1 タビング表の基本型

▨ タビング表は次の環境命令で作成します (各要素の文字列は左寄せで出力されます).

```
\begin{tabbing}
  222  \=  111  \=  22  \kill
  1    \>  111  \>  1   \\
  222  \>  2    \>  22
\end{tabbing}
```

⟹

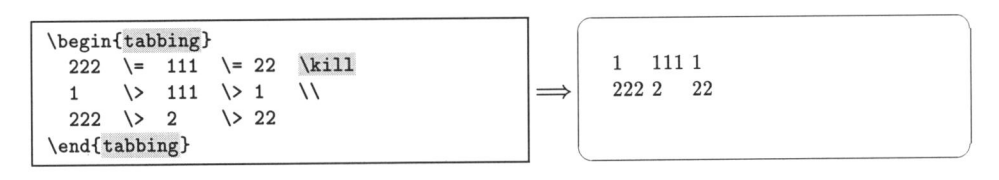

```
1    111 1
222  2   22
```

▨ tabbing 環境における第 1 行目を \kill 行と言います．この行の最後には次の命令を置きます．

《命令》　\kill

▨ \kill 行はタビング表の各列の幅を決めるだけの行で出力はされません．この行の各列には，その下の行の要素の中の最大の長さの文字列か，それより長い文字列を書きます．上の例では，1 列目には 222, 2 列目には 111, 3 列目には 22 が与えられています．

▨ \kill 行の各要素の間には次の命令を置きます [→p.232 (72.11)]．

《命令》　\=

▨ \kill 行より下の行の各要素の間には次の命令を置きます．

《命令》　\>

▨ ある要素に \kill 行で指定した長さより長い文字列を書くと，その飛び出し部分は右の要素の文字列と重なってしまいます．

72.2 タビング表の列幅の指定

▨ タビング表の各列の幅は，\kill 行で \hspace [→p.174 (57.1)] を宣言することによって自由に指定することができます．ただし，その長さは対応する列の要素の中の最長文字列の長さ以上でなければなりません (下の出力例の破線枠は説明の都合上付けたもの).

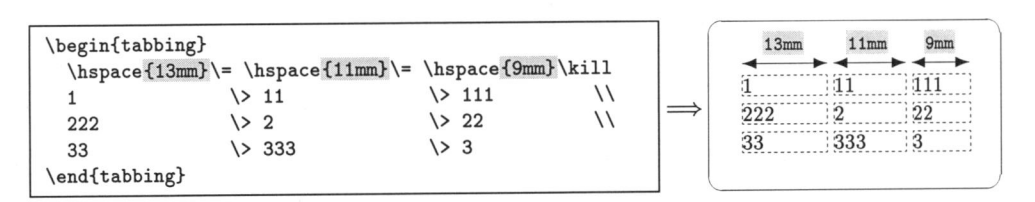

```
\begin{tabbing}
  \hspace{13mm}\= \hspace{11mm}\= \hspace{9mm}\kill
  1            \> 11            \> 111           \\
  222          \> 2             \> 22            \\
  33           \> 333           \> 3
\end{tabbing}
```

⟹

```
 13mm   11mm   9mm
 1      11     111
 222    2      22
 33     333    3
```

72.3 中間行での列数の変更

▨ タビング表の中間に別の \kill 行を挿入することによって，それ以降の行の列数をこの挿入 \kill 行で指定された列数に変えることができます．

▨ 下の出力例では，1行目は4列，2行目は3列，3行目は2列となっています．

```
\begin{tabbing}
1 \= 22 \= 333 \= 4444   \kill
1 \> 22 \> 333 \> 4444 \\
1 \= 22 \= 333           \kill
1 \> 22 \> 333           \\
1 \= 22                  \kill
1 \> 22
\end{tabbing}
```

⇒
```
1 22 333 4444
1 22 333
1 22
```

72.4 要素の文字列の左・中・右寄せ

▨ タビング表では，各要素の文字列は左寄せとなりますが，\makebox [→p.192(64.9)] を使ってそれを左寄せ，中寄せ，右寄せにすることができます (下の出力例の破線枠は説明の都合上付けたもの)．

```
\begin{tabbing}
\hspace{12mm}           \= \hspace{12mm}           \kill
\makebox(12,3)[l]{1}    \> \makebox(12,3)[r]{111}  \\
\makebox(12,3)[c]{222}  \> \makebox(12,3)[c]{2}    \\
\makebox(12,3)[r]{33}   \> \makebox(12,3)[l]{3}    \\
\end{tabbing}
```

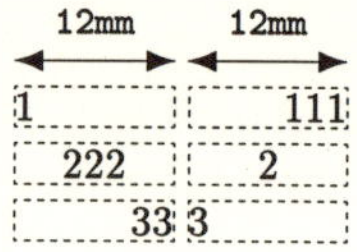

⇒ (出力: 12mm幅の2列で、1行目「1」左・「111」右、2行目「222」中央・「2」中央、3行目「33」右・「3」左)

72.5 行頭の字下げ

▨ ある行の行末に次の命令を続けて n 個書くと，次の行以降の行の行頭は n 要素分だけ字下げされます．

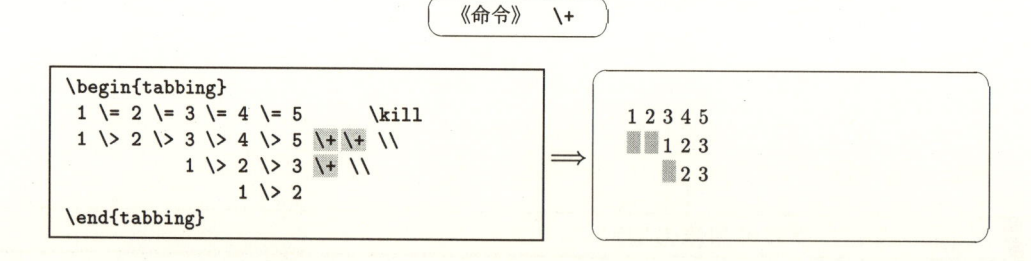

《命令》 \+

```
\begin{tabbing}
1 \= 2 \= 3 \= 4 \= 5     \kill
1 \> 2 \> 3 \> 4 \> 5 \+\+ \\
      1 \> 2 \> 3 \+ \\
            1 \> 2
\end{tabbing}
```

⇒
```
1 2 3 4 5
    1 2 3
      2 3
```

72.6 行頭の字下げ解除

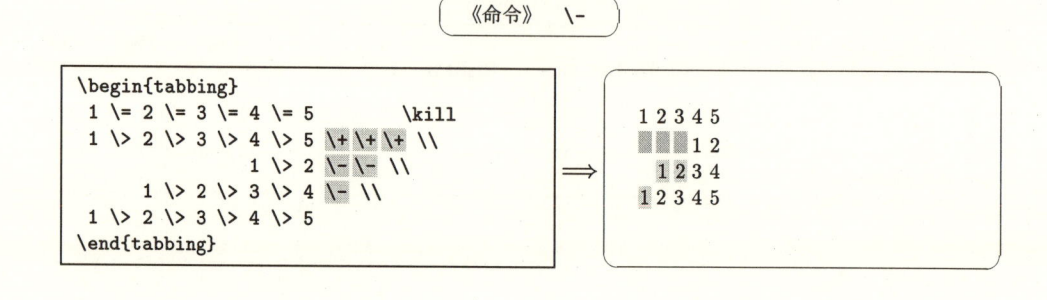

▨ ある行の行末に次の命令を続けて n 個書くと，次の行以降の行の行頭は n 要素分だけ字下げが解除されます．

《命令》 \-

```
\begin{tabbing}
1 \= 2 \= 3 \= 4 \= 5       \kill
1 \> 2 \> 3 \> 4 \> 5 \+\+\+ \\
            1 \> 2 \-\- \\
      1 \> 2 \> 3 \> 4 \- \\
1 \> 2 \> 3 \> 4 \> 5
\end{tabbing}
```

⇒
```
1 2 3 4 5
      1 2
   1 2 3 4
1 2 3 4 5
```

72.7　行頭の字下げの一時的解除

▣ 既に字下げされている行の行頭に次の命令を n 個続けて書くと，その行にかぎり n 要素分だけ字下げが解除されます．

《命令》　\<

```
\begin{tabbing}
    1 \= 2 \= 3 \= 4 \= 5    \kill
    1 \> 2 \> 3 \> 4 \> 5 \+ \+ \\
            1 \> 2 \> 3 \\
\<          1 \> 2 \> 3 \> 4 \\
\< \< 1 \> 2 \> 3 \> 4 \> 5 \\
            1 \> 2 \> 3
\end{tabbing}
```

⟹

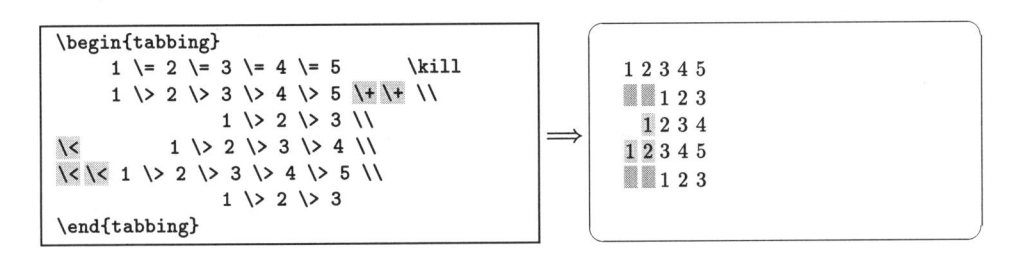

```
1 2 3 4 5
  1 2 3
  1 2 3 4
1 2 3 4 5
  1 2 3
```

72.8　要素の文字列の左要素への移動

▣ ある要素の文字列の後ろに次の命令を置くと，その文字列は左の要素の右マージンに移動されて出力されます [→p.232 (72.11)]．

《命令》　\'

▣ 下の入力文において，1 行 3 列目の 3 の後ろに \'，2 行 2 列目の 5 の後ろに \'，3 行 1 列目の 7 の後ろに \' が置かれていることに注意．点線枠は説明の都合上付けたものです．

```
\begin{tabbing}
\hspace{20mm} \= \hspace{20mm} \= \hspace{20mm} \kill
1              \> 2              \> 3 \'          \\
4              \> 5 \'            \> 6            \\
7 \'           \> 8               \> 9
\end{tabbing}
```

⇓

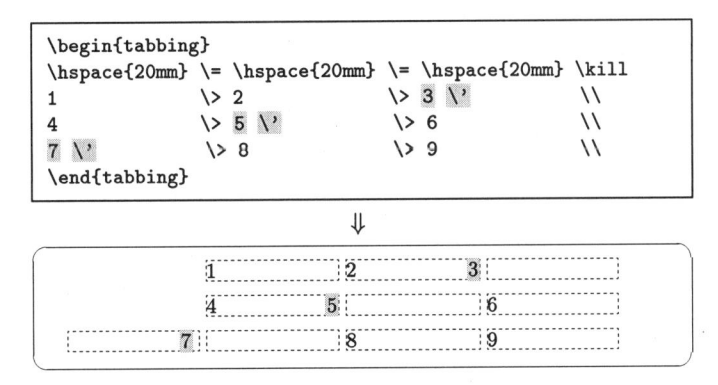

```
        1        2        3
        4    5        6
    7        8        9
```

▣ 上の入力例の 3 行目におけるように，その行の 1 列目の要素の文字列にこの命令 \' を作用させると，その左に，\kill 行では定義されていない列を起こし，その列の要素の右マージンにその文字列を移します．

72.9　要素の文字列を右マージンまで移動

▣ ある要素において

《命令》　\`

に続けて文字列を書くと [→p.232 (72.11)]，その文字列は右マージンまで移動し，かつタビング表自体は左マージンまで移動します．ただし「\`」の後ろに「\>」，「\=」，「\'」があってはなりません．点線枠は説明の都合上付けたものです．

```
\begin{tabbing}
\hspace{15mm} \= \hspace{15mm} \= \hspace{15mm} \kill
1            \> 2            \> 3  \`  3333         \\
4            \> 5            \`  5555               \\
6  \`  6666
\end{tabbing}
```

⇓

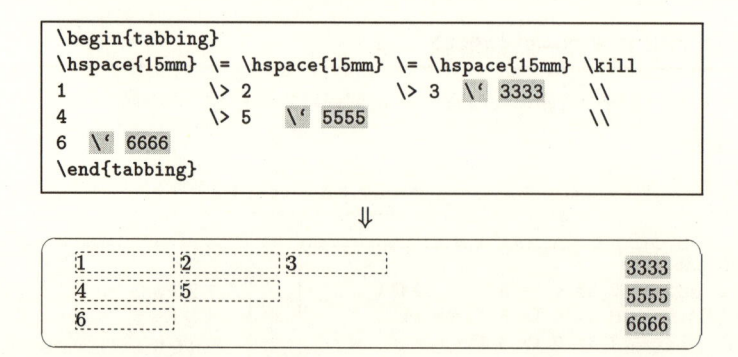

```
1    2    3              3333
4    5                   5555
6                        6666
```

72.10　タビング表の入れ子

タビング表のある行間に次の対になった命令を挿入すると，その間に別のタビング表を入れ子として挿入することができます (挿入されるタビング表の最後の行の行末には必ず改行命令 \\ を置くこと).

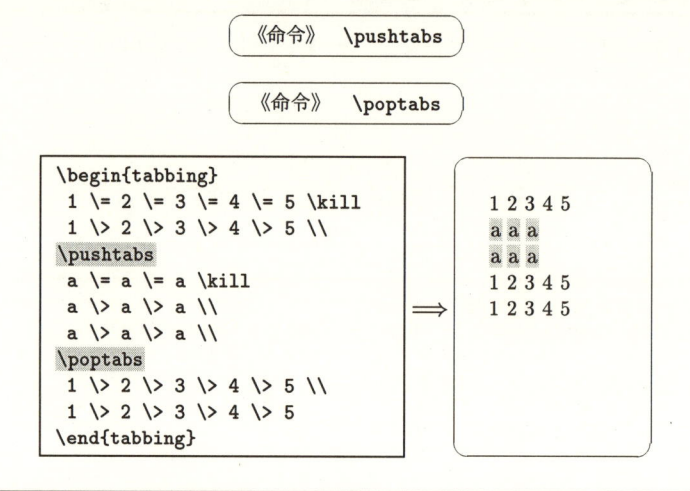

《命令》　\pushtabs

《命令》　\poptabs

```
\begin{tabbing}
 1 \= 2 \= 3 \= 4 \= 5 \kill
 1 \> 2 \> 3 \> 4 \> 5 \\
\pushtabs
  a \= a \= a \kill
  a \> a \> a \\
  a \> a \> a \\
\poptabs
 1 \> 2 \> 3 \> 4 \> 5 \\
 1 \> 2 \> 3 \> 4 \> 5
\end{tabbing}
```

⟹

```
1 2 3 4 5
a a a
a a a
1 2 3 4 5
1 2 3 4 5
```

72.11　タビング表の中でのアクセント記号

タビング表の要素の中で，アクセント記号の ¯, ´, ` を付けた文字を入力したいことがあります．これらのアクセント記号は，本来なら命令 \=, \', \` によって出力させますが [→p.117 (37.1)]，残念ながらこの 3 つの命令はタビング表を作成するための命令として使われています．タビング表の中でこのアクセント記号を出力させるには，これらに替えて次の命令を使います．

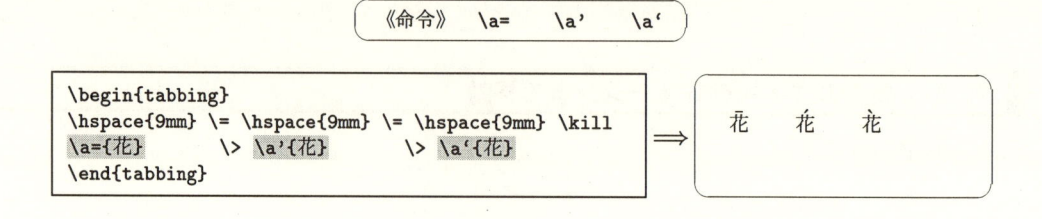

《命令》　\a=　\a'　\a`

```
\begin{tabbing}
\hspace{9mm} \= \hspace{9mm} \= \hspace{9mm} \kill
\a={花}      \> \a'{花}      \> \a`{花}
\end{tabbing}
```

⟹ 花　花　花

73 箇条書 (enumerate環境)

用語: 箇条書　項目ラベル

命令: \item enumi enumii enumiii enumiv \labelenumi \labelenumii \labelenumiii \labelenumiv enumerate 環境

パッケージ: enumerate

◇

73.1 基本型

標準的な箇条書の1つの方法として次の環境命令によるものがあります (入れ子は最大4レベルまで). この環境では項目ラベルを相互参照することができます [→p.280(81.8)].

《命令》　\begin{enumerate} ～ \end{enumerate}

```
\begin{enumerate}
 \item いいいいいいいいいいいい
   \begin{enumerate}
    \item ろろろろろろろろろろろ
      \begin{enumerate}
       \item ははははははははは
         \begin{enumerate}
          \item ににににににに
         \end{enumerate}
      \end{enumerate}
   \end{enumerate}
 \item いいいいいいいいいいいい
\end{enumerate}
```

⇒

1. いいいいいいいいいいいい
　　(a) ろろろろろろろろろろろ
　　　　i. ははははははははは
　　　　　A. ににににににに
2. いいいいいいいいいいいい

各項目には入れ子の内に向かい, 次の順に項目ラベルが付けられていきます.

| 1, 2, 3 … | → | (a), (b), (c) … | → | i, ii, iii … | → | A, B, C … |

73.2 項目ラベルの修飾と変更

enumerate 環境による箇条書には次のようなカウンタ, カウンタ値およびラベルが定義されています.

	レベル1	レベル2	レベル3	レベル4
カウンタ	enumi	enumii	enumiii	enumiv
カウンタ値	\theenumi	\theenumii	\theenumiii	\theenumiv
ラベル	\labelenumi	\labelenumii	\labelenumiii	\labelenumiv

項目ラベルは, これらのカウンタおよびラベルを使い, プリアンブル [→p.5(4)] か enumerate 環境の前で, たとえば次のように宣言すると, 変更できます.

```
\renewcommand{\labelenumi}{\itshape\Roman{enumi}}      → I II III …   : レベル1
\renewcommand{\labelenumii}{\bfseries\roman{enumii}}   → i ii iii …   : レベル2
\renewcommand{\labelenumiii}{[\Alph{enumiii}]}         → [A] [B] [C] … : レベル3
\renewcommand{\labelenumiv}{\Large\bfseries\arabic{enumiv}} → 1 2 3 …  : レベル4
```

▣ このように宣言すると，上の入力例は次のように出力されます．

> *I* いいいいいいいいいいいいい
> i ろろろろろろろろろろろ
> [A] はははははははははは
> **1** ににににににににに
> *II* いいいいいいいいいいいいい

73.3 パッケージ登録によるもの

▣ enumerate パッケージを登録すると [→p.32 (10)]，オプション引数 [ ] 付きの箇条書が使えるようになります．

```
\begin{enumerate}[Ex. A]
\item あああああああああ\vspace{-1mm}
\item いいいいいいいいいい\vspace{-1mm}
\end{enumerate}
```
⟹ Ex.A ああああああああああ
Ex.B いいいいいいいいいい

```
\begin{enumerate}[例 a]
\item あああああああああ\vspace{-1mm}
\item いいいいいいいいいい\vspace{-1mm}
\end{enumerate}
```
⟹ 例 a ああああああああああ
例 b いいいいいいいいいい

```
\begin{enumerate}[{Case}-I]
\item あああああああああ\vspace{-1mm}
\item いいいいいいいいいい\vspace{-1mm}
\end{enumerate}
```
⟹ Case-I ああああああああああ
Case-II いいいいいいいいいい

```
\begin{enumerate}[{\bfseries 問} i]
\item あああああああああ\vspace{-1mm}
\item いいいいいいいいいい\vspace{-1mm}
\end{enumerate}
```
⟹ **問** i ああああああああああ
問 ii いいいいいいいいいい

```
\begin{enumerate}[{\bfseries 演習問題 1}]
\item あああああああああ\vspace{-1mm}
\item いいいいいいいいいい\vspace{-1mm}
\end{enumerate}
```
⟹ **演習問題 1** ああああああああああ
演習問題 2 いいいいいいいいいい

▣ 上の入力文における網掛けの部分 A ， a ， I ， i ， 1 に着目して下さい．これらは項目の番号をそれぞれ「A, B, C, … 」「a, b, c, … 」「I, II, III, … 」「i, ii, iii, … 」「1, 2, 3, … 」にすることを指示するものです．

▣ 3番目の例でオプション引数の入力を [{Case}-I] のようにグルーピング [→p.23 (8.2)] しているのは，Case の文字の中に a が含まれているからです．このように，その文字列の中に A ， a ， I ， i ， 1 のいずれかが含まれている場合にはその文字列全体を { } で囲んでグルーピングすること．

▣ 箇条書の各本文の最後に \vspace{-1mm} を挿入して次の項目との間隔を調整します．この調整をしないと間隔が間延びしてしまいます．調整値は自分で適当に決めて下さい．なお，この間延びの調整方法は他の箇条書の方法にも適用できます．

74 箇条書 (itemize環境)

用語: 箇条書　項目ラベル

命令: \item \labelitemi \labelitemii \labelitemiii \labelitemiv itemize 環境

◇

74.1 基本型

▨ 標準的な箇条書の1つの方法として次の環境命令によるものがあります (入れ子は最大 4 レベルまで).

《命令》　\begin{itemize} 〜 \end{itemize}

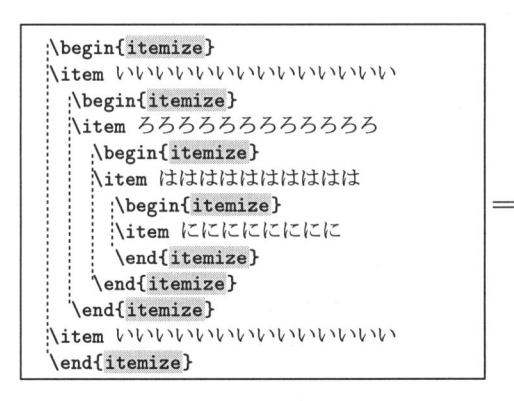

```
\begin{itemize}
\item いいいいいいいいいいいい
  \begin{itemize}
  \item ろろろろろろろろろろろ
    \begin{itemize}
    \item ははははははははは
      \begin{itemize}
      \item にににににににに
      \end{itemize}
    \end{itemize}
  \end{itemize}
\item いいいいいいいいいいいい
\end{itemize}
```

⟹

- いいいいいいいいいいいい
  - ろろろろろろろろろろろ
    * ははははははははは
      · にににににににに
- いいいいいいいいいいいい

▨ 箇条書の本文は次の命令の後ろに入力します.

《命令》　\item

▨ 各項目には入れ子の内に向かい, 次の順に項目ラベルが付けられていきます.

● → – → * → ·

74.2 項目ラベルの修飾と変更

▨ itemize 環境による箇条書には次のようなラベルが定義されています.

	レベル 1	レベル 2	レベル 3	レベル 4
ラベル	\labelitemi	\labelitemii	\labelitemiii	\labelitemiv

▨ たとえば, レベル1に対する項目ラベルは, このラベルを使い, プリアンブル [→p.5 (4)] か itemize 環境の前で, たとえば次のように宣言すると変更できます (他のレベルについても同様).

\renewcommand{\labelitemi}{$\clubsuit$}　→　♣ : レベル 1

▨ このように宣言すると, 次のように出力されます.

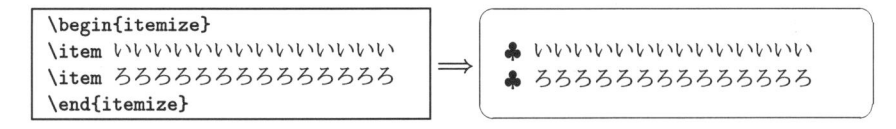

```
\begin{itemize}
\item いいいいいいいいいいいい
\item ろろろろろろろろろろろ
\end{itemize}
```

⟹

♣ いいいいいいいいいいいい
♣ ろろろろろろろろろろろ

75 箇条書 (description 環境)

用語： 箇条書　項目ラベル

命令： \item　\descriptionlabel　description 環境

75.1 基本型

▨ 標準的な箇条書の1つの方法として次の環境命令によるものがあります（入れ子は最大4レベルまで）．この環境では項目ラベルを自分の好きなものにすることができます．

《命令》　\begin{description} ～ \end{description}

```
\begin{description}
\item[First]　いいいいいいいいいいい
  \begin{description}
  \item[$\Box$]　ろろろろろろろろろろろ
    \begin{description}
    \item[\copyright]　はははははははは
      \begin{description}
      \item[浮舟]　ほほほほほほほ
      \end{description}
    \end{description}
  \end{description}
\item[{[Second]}]　いいいいいいいいい
\item　とととととととととととととと
\end{description}
```

⟹

```
First　いいいいいいいいいいい
    □　ろろろろろろろろろろろ
        ⓒ　はははははははは
            浮舟　ほほほほほほほ
[Second]　いいいいいいいいい
    とととととととととととととと
```

75.2 項目ラベルの書き方

▨ 上の例で，最後の「\item ととと …」のようにオプションパラメータ [ ] を省略すると，ラベルの付かない項目となります．

▨ 項目ラベルを [Second] のように [ ] 付きで出力させたいときには，この [ ] がオプションパラメータを意味する [ ] と混同されないように，この部分を { } で囲んで \item[{[Second]}] とします．

▨ 項目ラベルの書体を一律に指定したり，それに飾りを付けるには次の命令を使います【→ [4] p.70-71】．

《命令》　\descriptionlabel

```
\renewcommand{\descriptionlabel}[1]{\hspace{\labelsep}$\bullet$--\textsf{#1}.}
\begin{description}
\item[A]　いいいいいいいいいいい
\item[B]　ろろろろろろろろろろろ
\item[C]　はははははははは
\end{description}
```

⇓

```
●–A.　いいいいいいいいいいい
●–B.　ろろろろろろろろろろろ
●–C.　はははははははは
```

76 箇条書 (list環境)

用語： 箇条書　項目ラベル　箇条書のレイアウトパラメータ

命令： \item \makelabel \topsep \partosep \parsep \itemsep \rightmargin \leftmargin \labelsep \listparindent \parskip \labelwidth \itemindent \usecounter list 環境 trivlist 環境

◇

76.1 基本型

▣ 出力形式を自由に設定できる箇条書の環境として次の環境命令があります (入れ子は最大 6 レベルまで).

《命令》　\begin{list}{ }{ } ～ \end{list}

▣ 箇条書の本文は次の命令の後ろに入力します.

《命令》　\item

▣ list 環境には 2 つの必須引数 { }{ } があります．これは省略できません．不要なときには空白のまま残しておくこと．

▣ 引数に何も指定しないとき，出力形式は次のようになります.

```
\begin{list}{}{}
 \item[桐壺] あああああああああ
 \item[空蝉] いいいいいいいいい
 \item ううううううううう
\end{list}
```
⟹
```
桐壺　あああああああああ
空蝉　いいいいいいいいい
　　　ううううううううう
```

▣ オプション引数としての [桐壺], [空蝉] を「項目ラベル」と言います．3 番目の項目のように，項目ラベルを指定しないと項目ラベルなしの項目となります.

76.2 いくつかの項目に同じ項目ラベルを書く

▣ 最初の引数 { } に，たとえば {源氏} と書くと，引数 [ ] を省略した項目に対する項目ラベルはすべて 源氏 と出力されます．

```
\begin{list}{源氏}{ }
 \item[桐壺] あああああああああ
 \item いいいいいいいいい
 \item[空蝉] ううううううううう
 \item ええええええええええ
\end{list}
```
⟹
```
桐壺　あああああああああ
源氏　いいいいいいいいい
空蝉　ううううううううう
源氏　ええええええええええ
```

76.3 項目ラベルの書体とサイズ

▣ 項目ラベルの書体 [→p.80 (23.1)] やサイズ [→p.83 (24)] は変更することができます．それには次の 2 つの方法があります．

▨ **個別に行う方法**　\item の引数 [ ] の中で個別に行う方法．下に例を示します．

```
\begin{list}{ }{ }
 \item[\bfseries 桐壺] あああああああ
 \item[\huge rose] いいいいいい
 \item[\Huge\bfseries flower] うううう
\end{list}
```
⇒ 桐壺　あああああああ
rose いいいいいい
flower うううう

▨ **一括して行う方法**　すべての項目ラベルの書体とサイズを同じものに一括して指定する方法．実は，項目ラベルは次の命令で設定されています．この変更は list 環境内で \renewcommand [→p.28 (9.6)] によって行います．

《命令》　\makelabel

```
\begin{list}{flower}{ }
 \renewcommand{\makelabel}{\sffamily}
 \item[桐壺] あああああああ
 \item うううううう
 \renewcommand{\makelabel}{\Huge\bfseries}
 \item[夕顔] ああああああ
 \item うううううう
\end{list}
```
⇒ 桐壺　あああああああ
flower　うううううう
夕顔　ああああああ
flower　うううううう

```
\begin{list}{flower}{ }
 \renewcommand{\makelabel}{$\bullet$~\bfseries}
 \item[桐壺] あああああああ
 \item[空蝉] いいいいいいいい
 \item うううううううう
\end{list}
```
⇒ • 桐壺　あああああああ
• 空蝉　いいいいいいいい
• **flower**　うううううううう

76.4　箇条書のレイアウトパラメータ

▨ 項目間のスペースは，距離変数である \parsep を適当に設定することによって調整できます．この距離変数を箇条書のレイアウトパラメータと言います．この他にも，下の表に示すようないくつかの箇条書のレイアウトパラメータがあります．

● 縦方向のレイアウトパラメータ

[1]	\topsep+\parskip+[\partosep]	本文と箇条書の間に追加される改行幅
[2]	\parsep	同一項目内での各段落間に追加される改行幅
[3]	\itemsep+\parsep	項目間の改行幅

● 横方向のレイアウトパラメータ

[4]	\rightmargin	項目本文の行末と右マージンの間のスペース
[5]	\leftmargin	左マージンと項目本文の間のスペース
[6]	\itemindent	左マージンと項目ラベルの間のスペース[†]
[7]	\labelsep	項目ラベルと項目本文の間のスペース
[8]	\listparindent	項目内における新段落の行頭の字下げ幅
[9]	\labelwidth	項目ラベルの幅

この表で「… に追加される」というのは，設定されている改行幅 \baselineskip [→p.180 (60.1)] に追加されるという意味です．

[†]文献 [4] (p.72) にあるこの説明は，文献 [8] (p.212) にある説明と異なっています．前者の方が間違いではないかと思います．

▨ 上の表の内容を図解すると次のようになります．

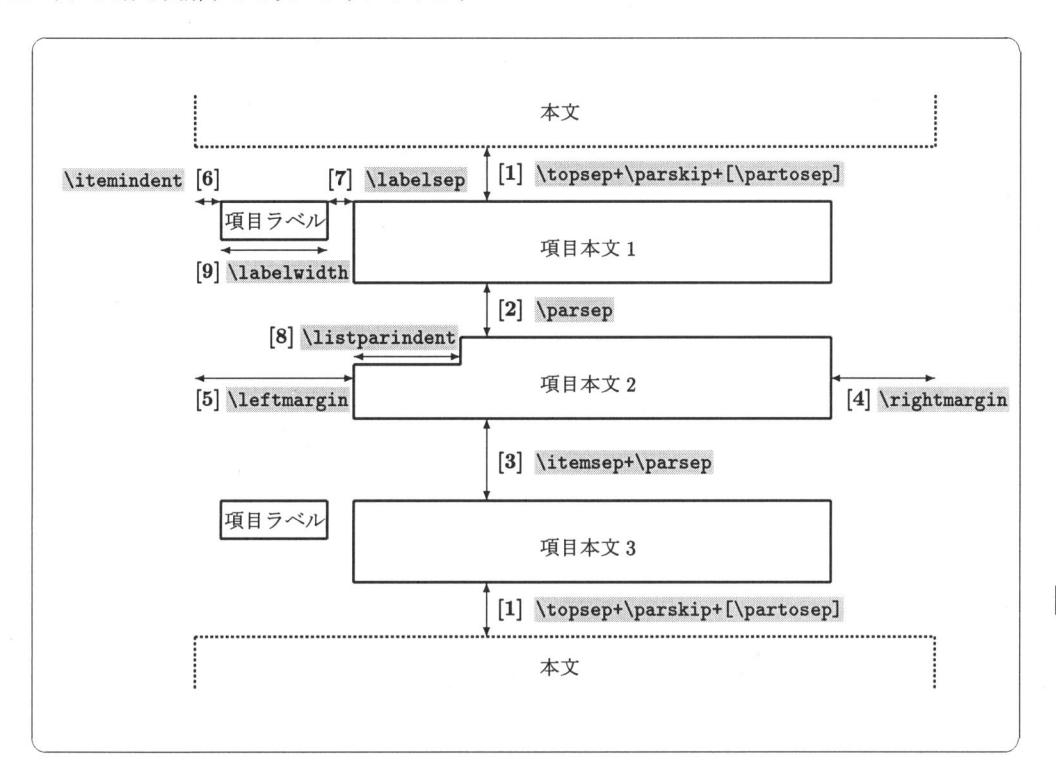

```
                                          本文
        ┌─────────────────────────────────────────────────────────┐
        │  \itemindent [6]      [7] \labelsep  [1] \topsep+\parskip+[\partosep]
        │                      ┌──────────────────────────────────┐
        │              項目ラベル│          項目本文 1              │
        │                      └──────────────────────────────────┘
        │              [9] \labelwidth
        │                              [2] \parsep
        │              [8] \listparindent
        │                          ┌──────────────────────────────┐
        │   [5] \leftmargin        │       項目本文 2             │    [4] \rightmargin
        │                          └──────────────────────────────┘
        │                              [3] \itemsep+\parsep
        │                      ┌──────────────────────────────────┐
        │              項目ラベル│          項目本文 3              │
        │                      └──────────────────────────────────┘
        │                              [1] \topsep+\parskip+[\partosep]
                                          本文
```

76.5　縦方向のレイアウトパラメータの使用例

▨ **本文と箇条書の間に追加される改行幅**：　baselineskip に \topsep+\parskip+\partosep が追加されたものがその改行幅となります．ただし，\list 環境の前に空行がないときは \partosep は無視されます．

```
本文本文本文本文本文本文本文本文本文

\begin{list}{}{\baselineskip=5mm
                \topsep=5mm
                \parskip=5mm
                \partopsep=8mm}
  \item[桐壺] あああああああああああああ
  \item[空蝉] いいいいいいいいいいいいい
\end{list}
本文本文本文本文本文本文本文本文本文
```
⟹
```
本文本文本文本文本文本文本文本文本文
              ▼ \baselineskip=5mm
              ▼ \topsep=5mm
              ▼ \parskip=5mm
              ▼ \partopsep=8mm
桐壺　あああああああああああああ
空蝉　いいいいいいいいいいいいい
              ▼ \baselineskip=5mm
              ▼ \topsep=5mm
              ▼ \parskip=5mm
              ▼ \partopsep=8mm
本文本文本文本文本文本文本文本文本文
```

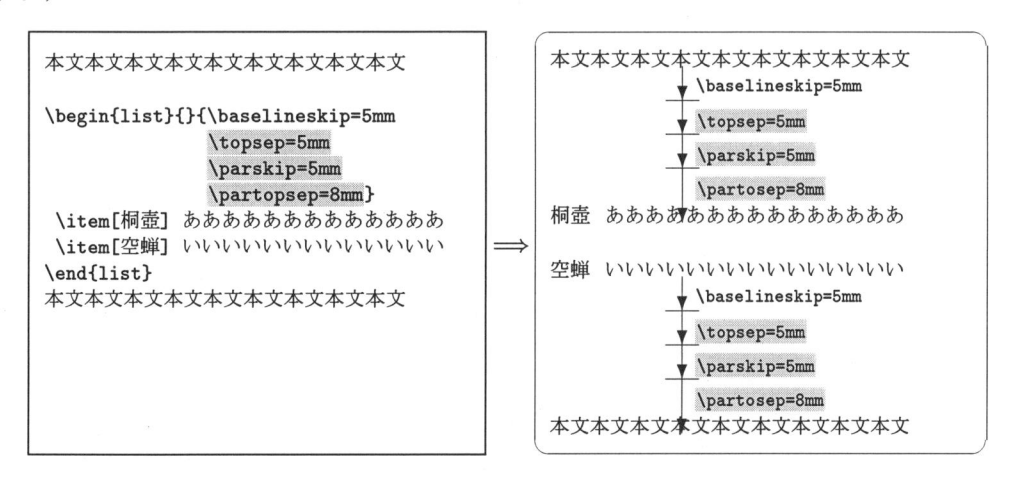

▨ **同一項目内での段落間に追加される改行幅**：　\baselineskip に \parsep が追加されたものがその改行幅となります．

```
\begin{list}{}{\baselineskip=5mm
              \parsep=8mm}
 \item[桐壺] あああああああああああ
ああああああああああああ\par
アアアアアアアアアアアアアア
アアアアア
\end{list}}
```

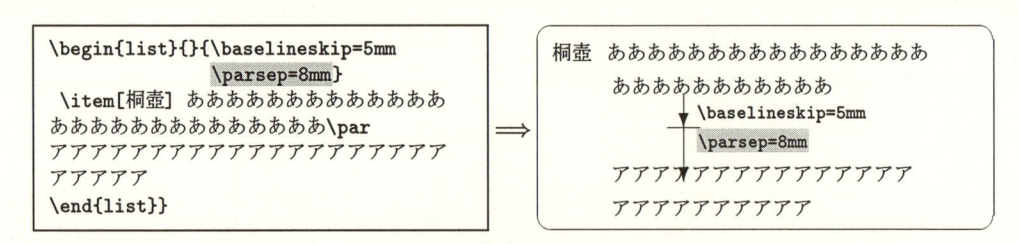

⇒ 桐壺　あああああああああああ
　　　ああああああああああ
　　　↓\baselineskip=5mm
　　　↓\parsep=8mm
　　　アアアアアアアアアアアア
　　　アアアアアアアア

- **項目間の改行幅**： \baselineskip に \itemsep+\parsep が追加されたものがその改行幅となります．

```
\begin{list}{}{\baselineskip=5mm
              \itemsep=5mm
              \parsep=8mm}
 \item[桐壺] あああああああああ
ああああああああああ
 \item[空蝉] いいいいいいいいいい
いいいいいいいいい
\end{list}
```

⇒ 桐壺　あああああああああああ
　　　ああああああああああ
　　　↓\baselineskip=5mm
　　　↓\itemsep=5mm
　　　↓\parsep=8mm
　　　空蝉　いいいいいいいいいいいい
　　　　　いいいいいいいい

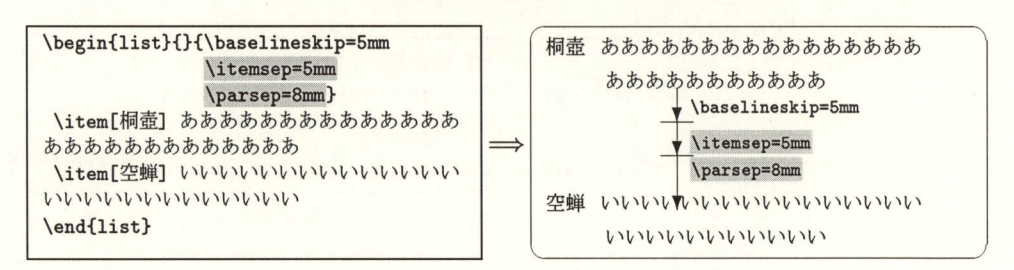

76.6　横方向のレイアウトパラメータの使用例

- **項目本文の行末と右マージンの間のスペース**：　\rightmargin を指定すると右マージンよりその分だけ左にずれた所が箇条書本文の右マージンとなります．

```
\begin{list}{}{\rightmargin=30mm}
 \item[桐壺] あああああああああああ
 \item[空蝉] いいいいいいいいいいい
\end{list}
```

⇒ 　　　　　　　　　　　　\rightmargin=30mm
　桐壺　あああああああ　←
　　　　ああああああ

　空蝉　いいいいいいいい
　　　　いいいいいい

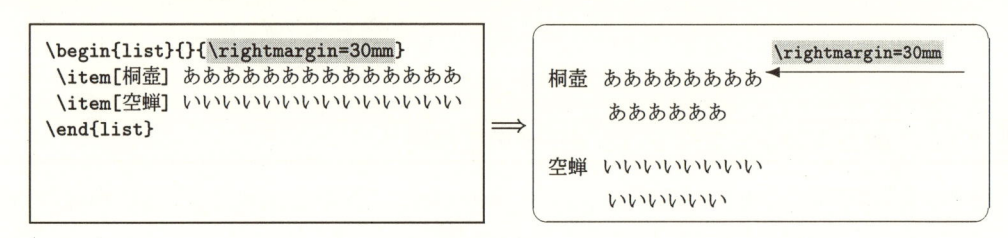

- **項目本文と左マージンの間のスペース**：　\leftmargin を指定すると，左マージンより右方向にその分だけスペースを空け，そこより項目本文が始まります (このとき，項目ラベルもそれに引きずられる形で右に移動します).

```
\begin{list}{}{\leftmargin=20mm}
 \item[桐壺] あああああああああああ
ああああああ
 \item[空蝉] いいいいいいいいいいい
いいいいい
\end{list}
```

⇒ ------► 桐壺　あああああああああああ
　　　　　► ああああああああ
　\leftmargin=20mm
　------► 空蝉　いいいいいいいいいいいい
　　　　　► いいいいいいい
　\leftmargin=20mm

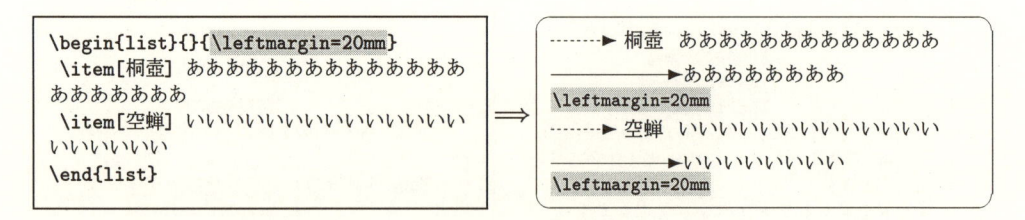

- **左マージンと項目ラベルの間のスペース**：　\itemindent を指定すると左マージンと項目ラベルの間にその分だけスペースが空きます．

```
\begin{list}{}{\itemindent=20mm}
 \item[桐壺] あああああああああああ
ああああああああああ
 \item[空蝉] いいいいいいいいいい
いいいいいいいいい
\end{list}
```

⇒ \itemindent=20mm
　　　　　► 桐壺　あああああああああ
　　　ああああああああああああ

　　　　　　空蝉　いいいいいいいいいい
　　　いいいいいいいいいいいいい

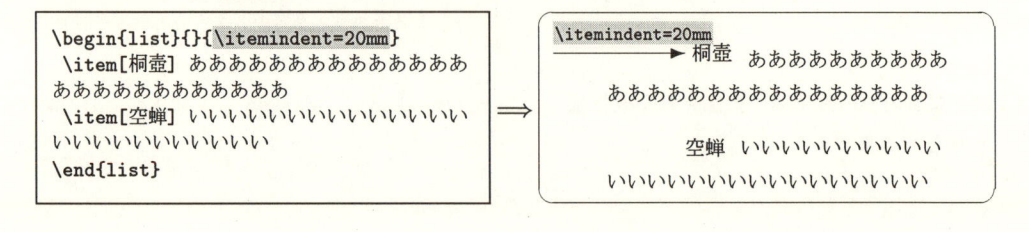

76.6 横方向のレイアウトパラメータの使用例

▨ **項目ラベルと項目本文の間のスペース：** `\labelsep` を指定すると，項目本文から左方向にその分だけのスペースが空けられ，そこが項目ラベルの右端となります．

```
\begin{list}{}{\labelsep=15mm}
 \item[桐壺] あああああああああああ
ああああああああああ
\end{list}
```
⟹
\labelsep=15mm
桐壺　　　　あああああああああああ
　　　　　　あああああああ

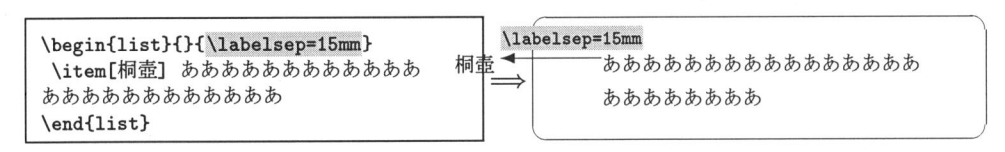

▨ **同一項目内における新段落の行頭の字下げ幅：** `\listparindent` を指定すると，同一項目内における新段落の行頭がその分だけ字下げされます．

```
\begin{list}{}{\listparindent=15mm}
 \item[桐壺] ああああああああああ

ああああああああああああああああ
ああああああ
\end{list}
```
⟹
桐壺　ああああああああああああ
　　　\listparindent=15mm
　　　　　　ああああああああ
ああああああああああああああ

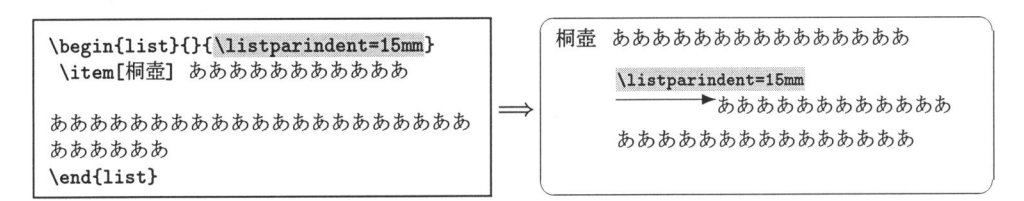

▨ **項目ラベルの幅：** 実は，項目ラベルは枠なしのボックスの中に出力されています．このボックスの幅は `\labelwidth` で指定されています．

□ たとえば，この幅を 7mm とした例を示します (破線のボックス枠は説明の都合上付けたものです)．

```
\begin{list}{}{\labelwidth=7mm}
 \item[桐] あああああああああああ
 \item[桐壺] ああああああああああ
 \item[桐壺の更衣] ああああああああ
\end{list}
```
⟹
\labelwidth=7mm
　桐　あああああああああああ
　桐壺　あああああああああ
桐壺の更衣　　あああああああああ

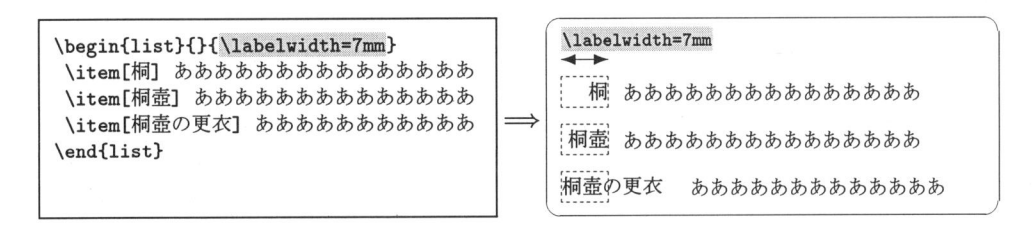

□ この例より次のことがわかります．
　　○ 1 番目の項目のように，項目ラベルがボックスの幅より短ければ，項目ラベルはボックス内に右寄せで出力されます．
　　○ 3 番目の項目のように，項目ラベルがボックスの幅より広ければ，項目ラベルの左端はボックスの左マージンまで行き，項目ラベルはそこより右方向に出力され，ボックス幅より長い部分はボックスの右マージンより飛び出し，その分，項目本文の行頭も右にスライドします．

□ ボックス幅 `\labelwidth` を 0mm と 13mm にした例を下に示します．これらの例より `\labelwidth` がどのような挙動を示すかを理解して下さい．
　　● ボックスの幅を 0mm にすると，ボックスが左マージンより 7mm ほど離れた所に作られることがわかります．これは，ボックスの左マージンの標準的な位置がページの左マージンより 7mm ほど右にあることがわかります．

```
\begin{list}{}{\labelwidth=0mm}
 \item[桐] あああああああああああ
 \item[桐壺] ああああああああああ
 \item[桐壺の更衣] ああああああああ
\end{list}
```
⟹
\labelwidth=0mm
　　　桐　あああああああああああ
　　　桐壺　あああああああああ
　7mm　桐壺の更衣　　ああああああああ

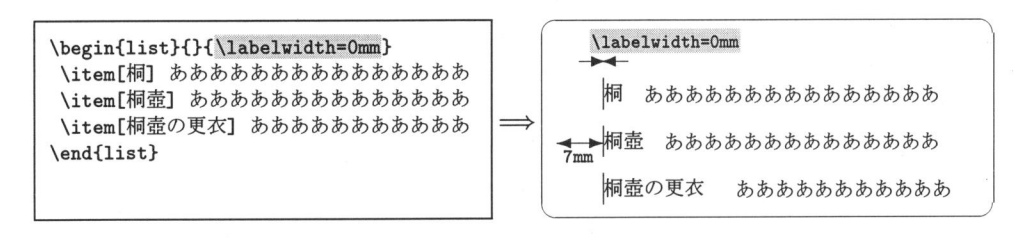

- ボックスの幅を 13mm にすると，ボックスの左端はページの左マージンより飛び出します．

```
\begin{list}{}{\labelwidth=13mm}
  \item[桐] ああああああああああああ
  \item[桐壺] ああああああああああ
  \item[桐壺の更衣] ああああああ
\end{list}
```
⇒
```
    桐      ああああああああああ
    桐壺    ああああああああああ
桐壺の更衣  ああああああああ
```

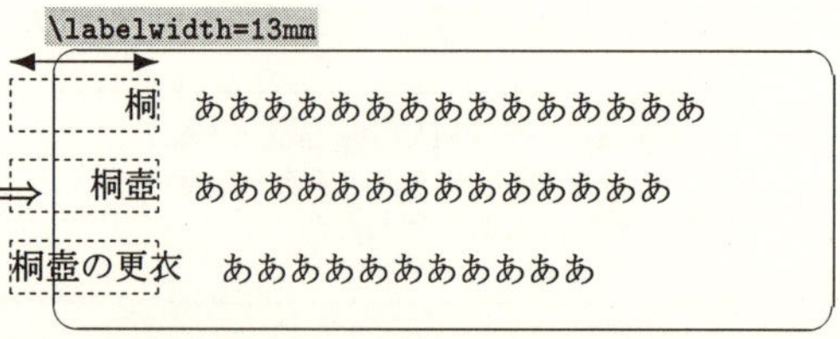

- この飛び出し部分は，`\leftmargin=6mm` を指定して右に移動させることができます．

```
\begin{list}{}{\labelwidth=13mm
               \leftmargin=6mm}
  \item[桐] ああああああああ
  \item[桐壺] ああああああ
  \item[桐壺の更衣] ああああ
\end{list}
```
⇒
```
      桐      ああああああああ
      桐壺    ああああああ
  桐壺の更衣  ああああ
```

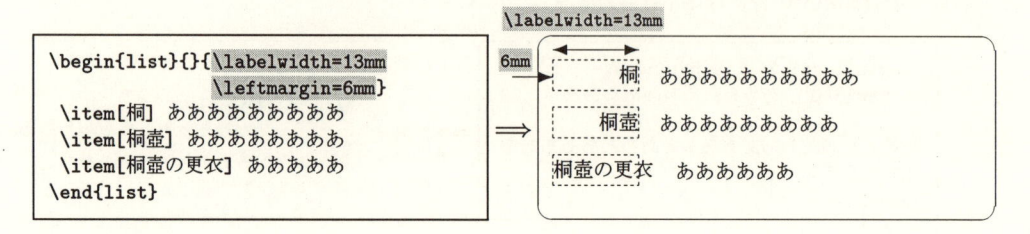

□ 項目ラベルをボックス内に左寄せで出力させるためには `\renewcommand{ }{ }` の 1 番目の引数の中で次の命令を宣言します．

《命令》 \makelabel

```
\begin{list}{}{\labelwidth=13mm%
               \itemindent=6mm}
\renewcommand{\makelabel}{}
  \item[桐] ああああああああああああ
  \item[桐壺] ああああああああああ
  \item[桐壺の] ああああああああ
  \item[桐壺の更衣] ああああああ
\end{list}
```
⇒
```
桐          ああああああああああああ
桐　壺      ああああああああああああ
桐　壺　の  ああああああああああ
桐壺の更衣  ああああああああああ
```

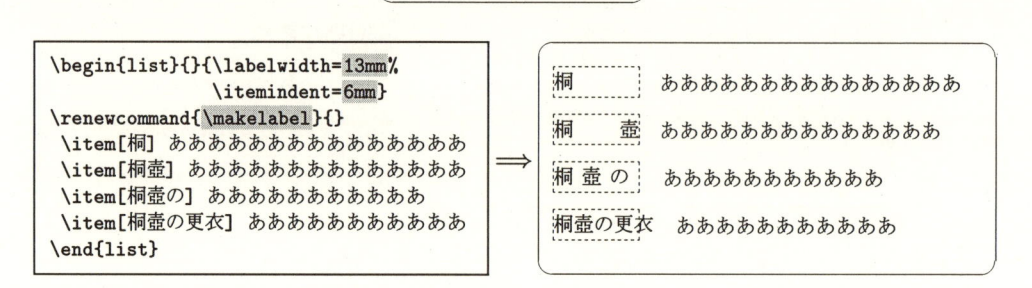

ところで，上の例の 2 行目と 3 行目のように，項目ラベルがボックスの幅より短いときに `\makelabel` を宣言すると，この項目ラベルの文字間隔は間延びしたものになってしまいます．この間延びは，次のように，項目ラベルの終わりに `\hfill`[→p.174 (57.3)] を入れることによって解消できます．

```
\begin{list}{}{\labelwidth=13mm%
               \itemindent=6mm}
\renewcommand{\makelabel}{}
  \item[桐壺\hfill] ああああああああ
  \item[桐壺の\hfill] ああああああああ
\end{list}
```
⇒
```
桐壺    ああああああああ
桐壺の  ああああああああ
```

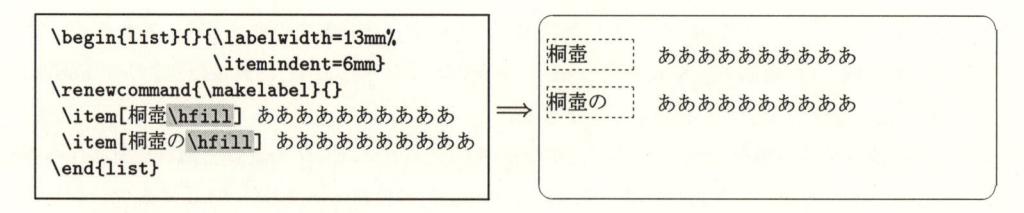

76.7 項目ラベルのカウンタ制御

▣ list 環境による項目ラベルは自分で書かなければなりませんが，次の 2 つの命令を使って項目ラベルを，enumerate 環境による箇条書のように [→p.233 (73)] ，一連の記号や番号にすることもできます．

《命令》 \newcounter{ }   \usecounter{ }

▣ 次に例を示します．

□ まず，たとえばカウンタ XYZ を次の命令によって定義します[→p.38 (11.9)]．カウンタの名称としてはすでに使われているものは使用できません．なお，この定義は list 環境の外で行います．

《命令》　newcounter{XYZ}

□ 次に，下の命令を list 環境の 2 番目の引数の中で宣言します．このカウンタはオプション引数 [ ] のない \item が現れるたびに値が 1 つ増えます．

《命令》　\usecounter{XYZ}

□ 最後に，\renewcommand を使って \makelabel にどのカウンタ種[→p.36 (11.5)] を対応させるかを定義します．

▣ 下に例を示します．この例ではカウンタ種として \alph [→p.36 (11.5)] の a, b, c ... を定義しています．

```
\newcounter{XYZ}
\begin{list}{}{\usecounter{XYZ}}
\renewcommand{\makelabel}{\alph{XYZ}}
 \item あああああああああああああ
 \item いいいいいいいいいいいいい
\end{list}
```

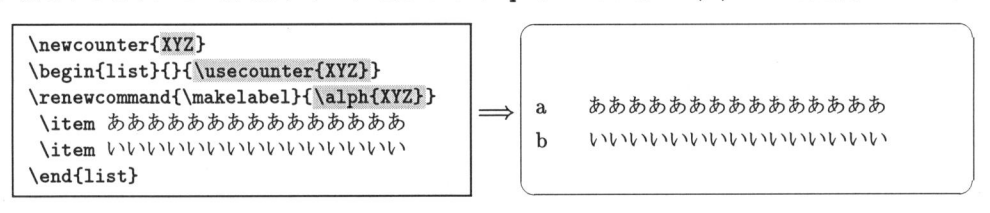

⟹　a　　ああああああああああああ
　　b　　いいいいいいいいいいいい

▣ 項目ラベルに飾りを付けたり，その書体[→p.80 (23)] やサイズ[→p.83 (24)] を変更することもできます．

```
\newcounter{XYZ}
\begin{list}{}{\usecounter{XYZ}}
\renewcommand{\makelabel}%
       {\bfseries[\alph{XYZ}]}
\item あああああああああああああ
\item いいいいいいいいいいいいい
\end{list}
```

⟹　[a]　　ああああああああああああ
　　[b]　　いいいいいいいいいいいい

76.8　簡易 list 環境

▣ list 環境の簡易型として次の環境命令があります．

《命令》　\begin{trivlist} ～ \end{trivlist}

▣ これは list 環境においてそのレイアウトパラメータを次のように指定したものと同じです．

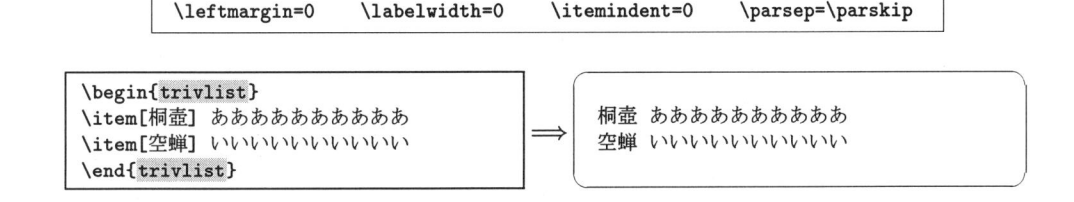

\leftmargin=0　　\labelwidth=0　　\itemindent=0　　\parsep=\parskip

```
\begin{trivlist}
\item[桐壺] ああああああああ
\item[空蝉] いいいいいいいい
\end{trivlist}
```

⟹　桐壺　ああああああああ
　　空蝉　いいいいいいいい

77　各種箇条書の入れ子

用語：箇条書　箇条書の入れ子

命令：`itemize` 環境　`enumerate` 環境　`description` 環境　`list` 環境

◇

77.1　入れ子の最大レベル

▨　これまで述べてきた 4 つの箇条書の入れ子の最大レベルをまとめると次のようになります．

```
● itemize 環境による箇条書      ：レベル 4 まで
● enumerate 環境による箇条書    ：レベル 4 まで
● description 環境による箇条書  ：レベル 4 まで
● list 環境による箇条書         ：レベル 6 まで
```

77.2　各種箇条書の入れ子

▨　前節までに述べてきた各種の箇条書の環境は，互いに入れ子にして使用することができます．

```
\begin{itemize}
\item aaaaaaaaaaaaaaaa
  \begin{enumerate}
  \item bbbbbbbbbbbbbbbb
    \begin{description}
    \item[{[1]}] cccccccccccccccccccc
      \begin{list}{}{}
      \item[桐壺]　ああああああああ
      \end{list}
    \item[{[2]}] cccccccccccccccccccc
    \end{description}
  \item bbbbbbbbbbbbbbbb
  \end{enumerate}
\item aaaaaaaaaaaaaaaa
\end{itemize}
```

⇒

```
● aaaaaaaaaaaaaaaa
   1. bbbbbbbbbbbbbbbb
       [1] cccccccccccccccccccc
           桐壺　ああああああああ
       [2] cccccccccccccccccccc
   2. bbbbbbbbbbbbbbbb
● aaaaaaaaaaaaaaaa
```

78 図形

用語: 図形環境　単位長　図形範囲の原点　図形要素の参照点　図形の縮小・拡大　直線　ベクトル　円　四分円　楕円　円弧　格子　図表の保存と呼出し

命令: \unitlength \put \multiput \multiputlist \matrixput \grid \line \vector \circle \circle* \bigcircle \ellipse \ellipse* \filltype \oval \maxovaldiam \newsavebox \sbox \usebox \allinethicklines \Thicklines picture環境

パッケージ: eepic　curves

◇

78.1 図形描画の概略

まず左下のように入力し実行して下さい．すると右下のような斜線が出力されます．図中の • は「図形範囲の原点」と言います (これは説明の都合上付けたものです)．

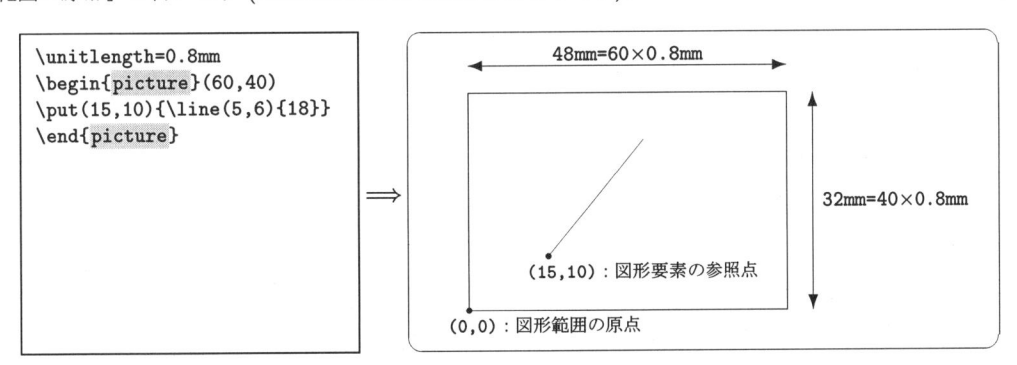

```
\unitlength=0.8mm
\begin{picture}(60,40)
\put(15,10){\line(5,6){18}}
\end{picture}
```

⟹　[図: 48mm=60×0.8mm, 32mm=40×0.8mm, (15,10): 図形要素の参照点, (0,0): 図形範囲の原点]

以下，この例についての簡単な説明をします．

□ **単位長の指定**　LaTeX 2_ε で図を描く場合，まずはじめに 1 単位の長さを定義します．これを「単位長」と言うことにします．描くべき図形は，それを構成する各図形要素の長さがその何倍であるかを指定することによって描いていきます．この単位長を指定するのが次の距離変数です．

《命令》　\unitlength

上の例では単位長を \unitlength=0.8mm としています．したがって，これを \unitlength=1.6mm と書き換えると，描かれる各図形要素は 2 倍の大きさに拡大されることになります．

□ **図形環境**　図形を描く一連の命令は次の環境の中に入力します．

《命令》　\begin{picture}( )( ) ～ \end{picture}

上の入力例における引数 (60,40) は，60 単位長 × 40 単位長，すなわち 48mm×32mm の範囲の中に図形を描けということを指定するパラメータです．

□ **図形描画**　上の例では，「図形範囲の原点」を (0,0) とし，点 (15,10) を始点としてそれより右へ 5 単位長 (4.0mm＝5×0.8)，上へ 6 単位長 (4.8mm＝6×0.8) の方向に，水平写像にして 18 単位長 (14.4mm＝18×0.8) の直線 (図形要素) を描いています．この直線描画は命令 [→p.248 (78.7)]

《命令》　\put(15,10){\line(5,6){18}}

によって行います．ここで (15,10) を「図形要素の参照点」と言い，これを基準としてその直線（図形要素）を描いていきます．

78.2　図形の単位長の指定

▨ LaTeX 2ε で図を描く場合，まず 1 単位の長さ，すなわち「単位長」を定義します．描くべき図形は，それを構成する各図形要素の長さが単位長の何倍であるかを指定することによって描いていきます．この単位長は次の距離変数で定義します．

《命令》　\unitlength

たとえば次のように指定します [→p.171 (56.4)]．

\unitlength=2mm　　\unitlength=5pt　　\unitlength=0.5in

▨ この単位長の指定は必ず図形環境の前（直前がいいでしょう）で宣言して下さい．単位長を指定しなければ標準設定値として 1pt ≈ 0.35mm が指定されます．

▨ この単位長の指定は図上に描かれる線の太さ，文字のサイズなど一部の命令には影響しません．

78.3　図形の縮小・拡大

▨ \unitlength=0.5mm として描いた図形は，\unitlength=1.0mm と変更すると 2 倍の大きさに拡大されます．

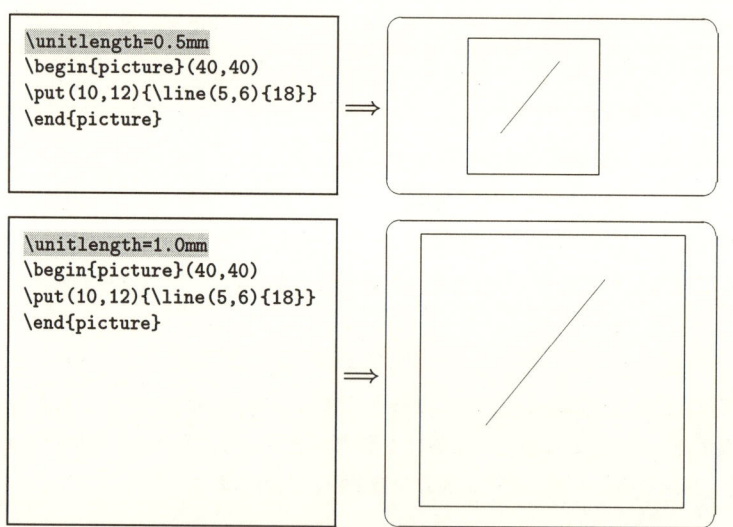

```
\unitlength=0.5mm
\begin{picture}(40,40)
\put(10,12){\line(5,6){18}}
\end{picture}
```
⇒

```
\unitlength=1.0mm
\begin{picture}(40,40)
\put(10,12){\line(5,6){18}}
\end{picture}
```
⇒

78.4　図形環境 (picture 環境)

▨ 図形を描く一連の命令は次の図形環境 (picture 環境) の中に入力します．

《命令》　\begin{picture}(Dx,Dy)(x,y) 〜 \end{picture}

▨ 引数 (Dx,Dy) は 横幅が Dx 単位長，縦幅が Dy 単位長の範囲に図形を描けということを指定するパラメータです．この図形範囲の左下が (0,0) となり，これを「図形範囲の原点」と呼びます．

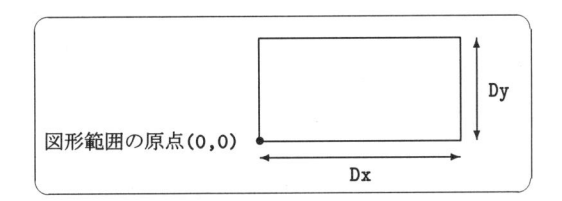

図形原点は移動させることができます．

□ この移動距離を指定するのがオプション引数 (x,y) です (従ってこれは省略できます)．LaTeX 2_ε では，一般に，オプション引数 [ ] で囲みますが，このように ( ) で囲むこともあります．このパラメータを (x,y) と指定すると，図形範囲の原点は左に x 単位長，下に y 単位長，すなわち点 (-x,-y) に移り，そこが新たな図形範囲の原点 (0,0) となり，そこから横幅が Dx 単位長，縦幅が Dy 単位長の範囲が新たな図形範囲となります．

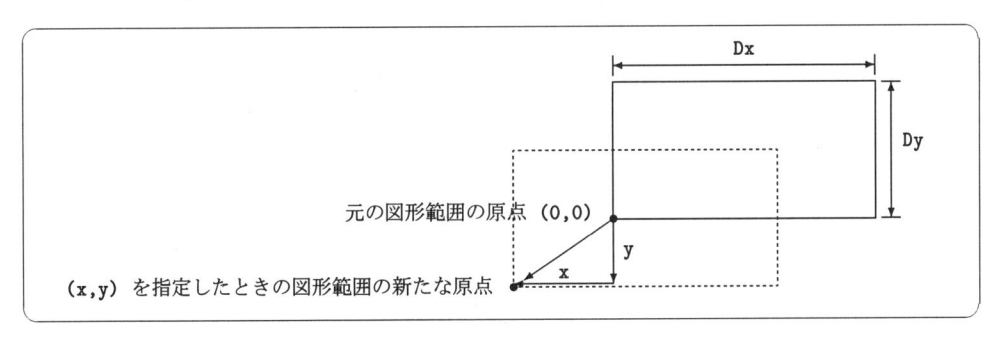

□ 左に 20 単位長 (10mm)，下に 10 単位長 (5mm) 移動させるには次のようにします．

```
\unitlength=0.5mm
\begin{picture}(60,40)(20,10)
\put(15,10){\line(5,6){18}}
\end{picture}
```

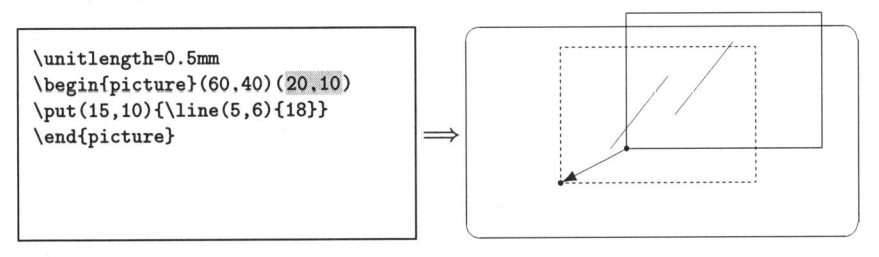

□ 右に 20 単位長 (10mm)，上に 10 単位長 (5mm) 移動させるには次のようにします．

```
\unitlength=0.5mm
\begin{picture}(60,40)(-20,-10)
\put(15,10){\line(5,6){18}}
\end{picture}
```

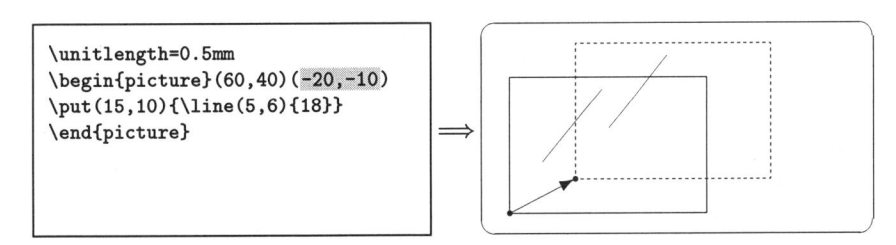

78.5　図形要素の参照点

与えられた図形範囲にある図形要素を描くには，まずその図形要素の参照点 (x,y) を指定します．図形要素はこの参照点を起点として描かれます．図形要素の参照点は次の命令で宣言します．

《命令》　\put(x,y){図形要素}

▨ これは，図形範囲の原点 (0,0) より右に x 単位長，上に y 単位長だけ移動した所を，すなわち点 (x,y) をこれから描こうとする図形要素の参照点にせよ，という命令です．x と y は負の値も取ることができます．そのときは移動方向は左右・上下が逆転します．

▨ 引数 { } 内は左右モードです [→p.72 (20.3)]．

▨ 下に，単位長を 0.3mm として，80 単位長 × 80 単位長（24mm×24mm）の図形範囲の中に，長さが 14 単位長 (4.2mm) の水平ベクトル [→p.249 (78.8)] を，7 つの参照点を起点として描く例を示します（各図形要素の参照点・は説明の都合上付けたものです）．

```
\unitlength=0.3mm
\begin{picture}(80,80)
\put(90,90){\vector(1,0){14}}
\put(80,80){\vector(1,0){14}}
\put(60,60){\vector(1,0){14}}
\put(40,40){\vector(1,0){14}}
\put(20,20){\vector(1,0){14}}
\put(0,0){\vector(1,0){14}}
\put(-10,-10){\vector(1,0){14}}
\end{picture}
```

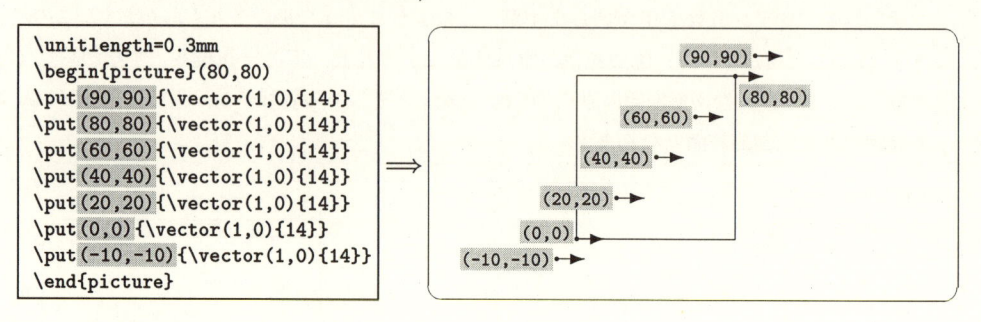

78.6 参照点の加法

▨ \put 命令は入れ子にすることができます．

```
\unitlength=1mm
\begin{picture}(65,35)
\put(5,5){\circle*{1}}
\put(5,5){\put(25,8){\circle*{1}}}
\put(5,5){\put(25,8){\put(28,17){\circle*{1}}}}
\end{picture}
```

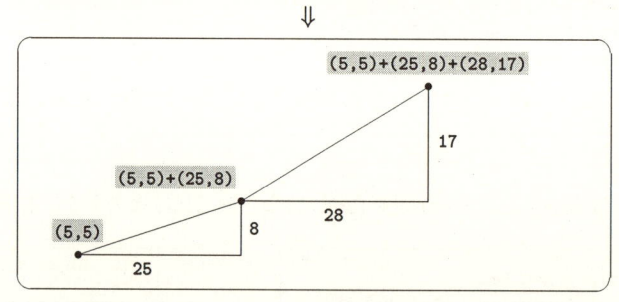

▨ この入れ子は，ベクトルの加法図や，色々な長さが加算・減算された点を参照点として図形を描くのに使うことができます．

78.7 直線

▨ 直線は次の命令で描きます．

《命令》 \put(x,y){\line(Dx,Dy){L}}

▨ これは，参照点 (x,y) より右に Dx 単位長，上に Dy 単位長の方向に，その水平写像の長さが L 単位長となる直線を描けということを意味します．Dx, Dy が負の値のときは，直線の方向は左右・上下が逆転します．

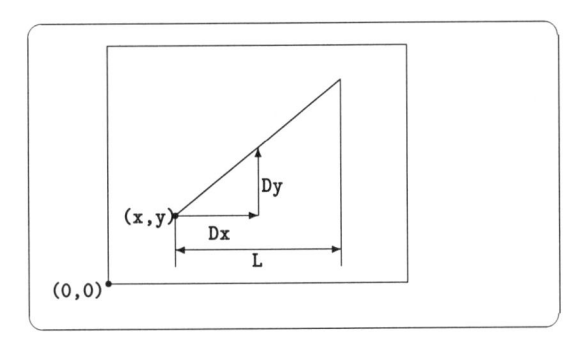

- 垂直線の場合，その水平写像の長さは 0 となります．そこで，この場合にかぎり L はその垂直線の長さそのものと定義します．
- Dx および Dy は $-6 \leq Dx, Dy \leq 6$ の範囲の整数でなければなりません．したがって，LaTeX2_ε では，任意の方向の直線を描くことはできません．
- Dx および Dy は，その最大公約数は 1 でなければなりません．たとえば (2,4) は許されません．このときは (1,2) としなければなりません．
- 下に，\unitlength=1mm とし，50 単位長×50 単位長，すなわち 50mm×50mm の図形範囲の中心より伸びる，水平写像が 10 単位長の 12 本の直線の例を与えます．ただし 2 本の垂直線についてはその長さを 15 単位長としています（入力文における % はその後ろに注釈文を書くときに使う記号です [→p.95(28.4)]）．

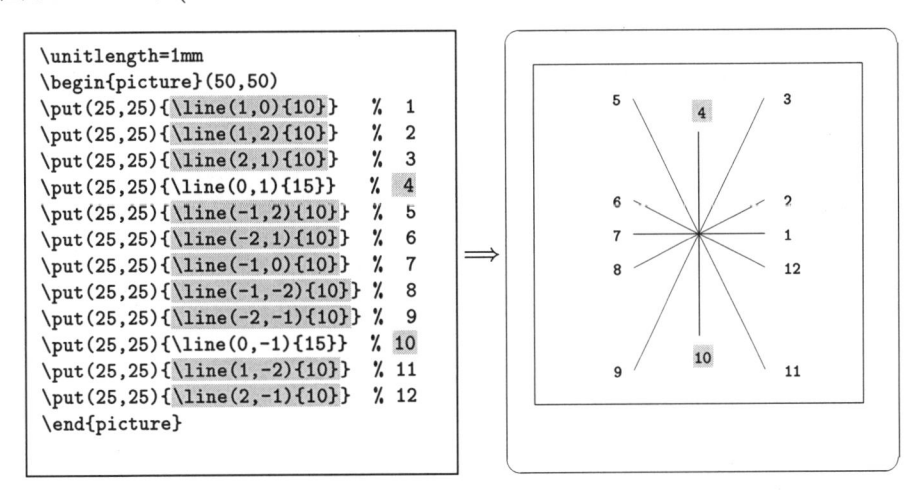

```
\unitlength=1mm
\begin{picture}(50,50)
\put(25,25){\line(1,0){10}}    % 1
\put(25,25){\line(1,2){10}}    % 2
\put(25,25){\line(2,1){10}}    % 3
\put(25,25){\line(0,1){15}}    % 4
\put(25,25){\line(-1,2){10}}   % 5
\put(25,25){\line(-2,1){10}}   % 6
\put(25,25){\line(-1,0){10}}   % 7
\put(25,25){\line(-1,-2){10}}  % 8
\put(25,25){\line(-2,-1){10}}  % 9
\put(25,25){\line(0,-1){15}}   % 10
\put(25,25){\line(1,-2){10}}   % 11
\put(25,25){\line(2,-1){10}}   % 12
\end{picture}
```

- eepic パッケージを登録すると [→p.32(10)]，Dx と Dy は任意の正負の整数にすることができます．しかもその最大公約数は 1 である必要もありません．したがってほとんど任意の方向の直線が描けます（ただし Dx と Dy が整数だけなので完全に任意の方向というわけにはいきません）．

78.8　ベクトル

- ベクトルは次の命令によって描きます．

《命令》　\put(x,y){\vector(Dx,Dy){L}}

- これは，直線の頭に矢印が付くということおよび Dx と Dy は $-4 \leq Dx, Dy \leq 4$ の範囲の整数であること以外，直線を描く命令とまったく同じです．

▣ 下に，50単位長×50単位長の図形範囲の中心より伸びる，水平写像が 10 単位長 の 12 本のベクトルの例を与えます．ただし，そのうちの 2 本の垂直のベクトルについてはその長さを 15 単位長としています (入力文における % 記号 はその後ろに注釈文を書くときに使う記号です [→p.95(28.4)])．

```
\unitlength=1mm
\begin{picture}(50,50)
\put(25,25){\vector(1,0){10}}    %  1
\put(25,25){\vector(1,2){10}}    %  2
\put(25,25){\vector(2,1){10}}    %  3
\put(25,25){\vector(0,1){15}}    %  4
\put(25,25){\vector(-1,2){10}}   %  5
\put(25,25){\vector(-2,1){10}}   %  6
\put(25,25){\vector(-1,0){10}}   %  7
\put(25,25){\vector(-1,-2){10}}  %  8
\put(25,25){\vector(-2,-1){10}}  %  9
\put(25,25){\vector(0,-1){15}}   % 10
\put(25,25){\vector(1,-2){10}}   % 11
\put(25,25){\vector(2,-1){10}}   % 12
\end{picture}
```
⟹

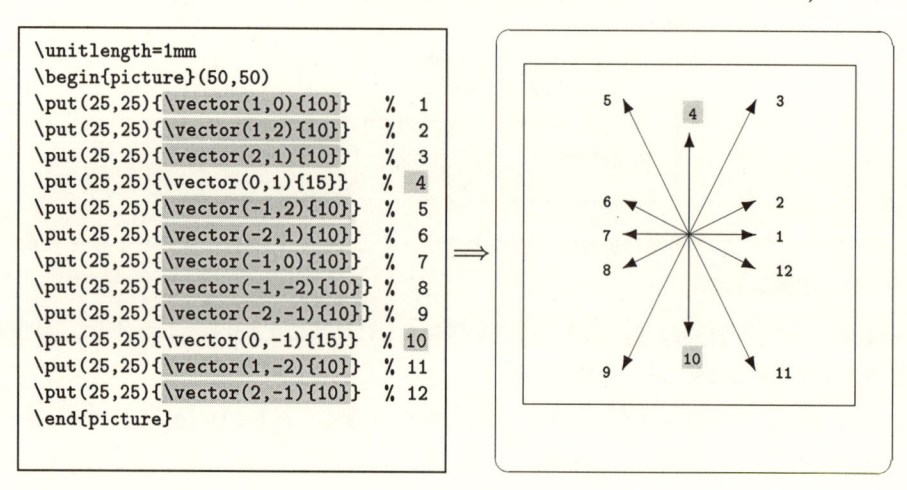

▣ この命令において L を 0 とすると矢印だけがそこに描かれます．

```
\unitlength=1mm
\begin{picture}(50,50)
\put(10,10){\vector(-1,-1){0}}  % 1
\put(40,10){\vector(1,-1){0}}   % 2
\put(40,40){\vector(1,1){0}}    % 3
\put(10,40){\vector(-1,1){0}}   % 4
\put(25,25){\vector(-1,-1){0}}  % 5
\put(25,25){\vector(1,-1){0}}   % 6
\put(25,25){\vector(1,1){0}}    % 7
\put(25,25){\vector(-1,1){0}}   % 8
\end{picture}
```
⟹

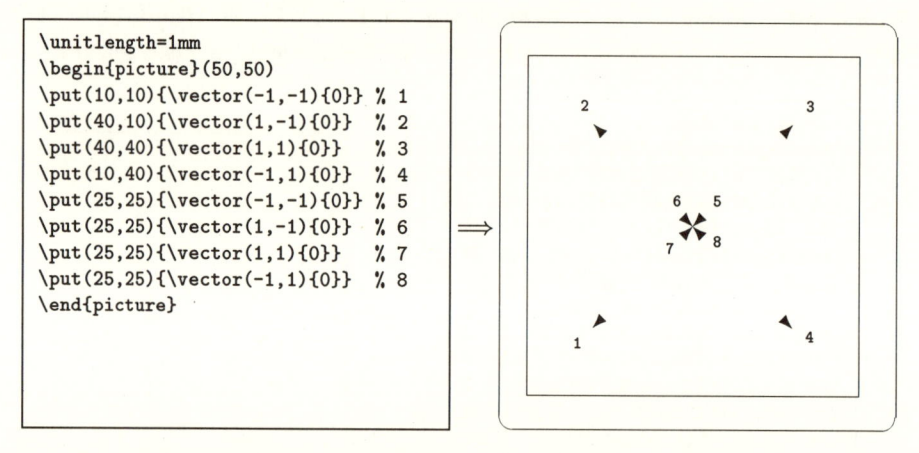

▣ 次のようにすると，両端に矢印を持つベクトルを描くこともできます (左の矢印が長さ 0mm のベクトルです)．

```
\unitlength=1mm
\begin{picture}(50,14)
\put(10,7){\vector(1,0){30}}
\put(10,7){\vector(-1,0){0}}
\end{picture}
```
⟹

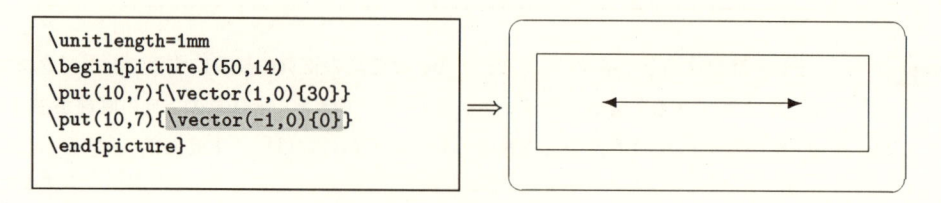

78.9 円 I

▣ 点 (x,y) を中心 (参照点) とする直径が d 単位長の円は命令

《命令》　　\put(x,y){\circle{d}}　　\put(x,y){\circle*{d}}

によって描きます．*形式の命令 \circle* は内部を塗りつぶした円を描くときに使います．

▨ \circle{d} による円の直径 d の最大は 40pt(約 14mm)，\circle*{d} による塗りつぶし円の直径 d の最大は 15pt(約 5.25mm) です．

▨ 下に，中心 (参照点) を (10,10) とする円と塗りつぶしの円を描く例を示します．

```
\unitlength=0.8mm
\begin{picture}(20,20)
\put(10,10){\circle*{4}}
\put(10,10){\circle{12}}
\end{picture}
```

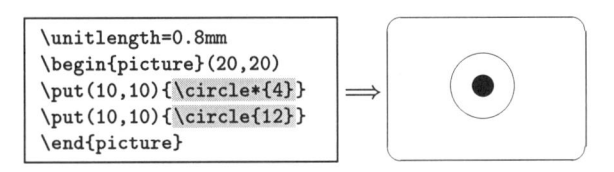

▨ eepic パッケージを登録すると [→p.32(10)]，\circle* で描いた塗りつぶしの円内を「白」「網掛け」「黒」にする次の命令が使えます [→p.251(78.11)]．

《命令》　\filltype{white or shade or black}

```
   \begin{picture}(20,20)
1:              \put(10,10){\circle*{10}}
2: \filltype{white}\put(30,10){\circle*{10}}
3: \filltype{shade}\put(50,10){\circle*{10}}
4: \filltype{black}\put(70,10){\circle*{10}}
   \end{picture}
```

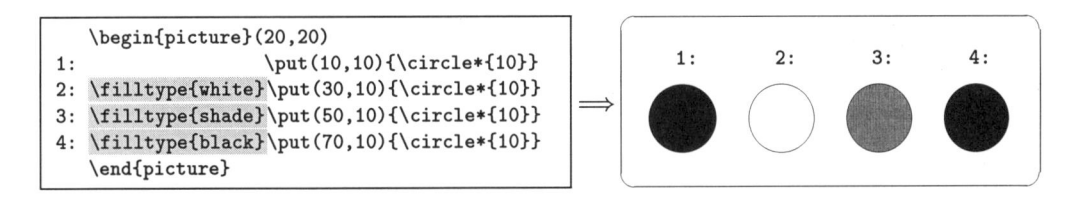

78.10　円 II

▨ eepic パッケージを登録すると [→p.32(10)]，命令 \circle および \circle* で 任意の直径 の円および塗りつぶしの円を描けます．

```
\unitlength=0.8mm
\begin{picture}(20,20)
\put(10,10){\circle{30}}
\put(10,10){\circle{20}}
\put(10,10){\circle{15}}
\put(10,10){\circle*{10}}
\end{picture}
```

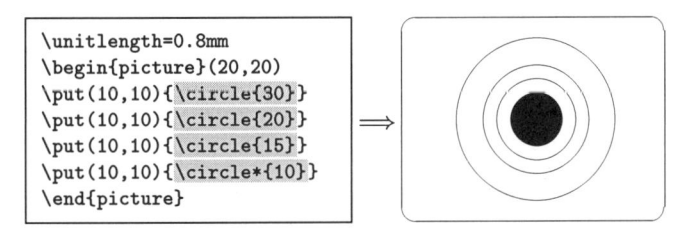

▨ curves パッケージを登録すると [→p.32(10)]，次の命令でも任意の直径の円を描くことができます．

《命令》　\bigcircle[点列数]{直径}

```
\begin{picture}(20,20)
\put(0,0){\bigcircle{10}}
\end{picture}
```

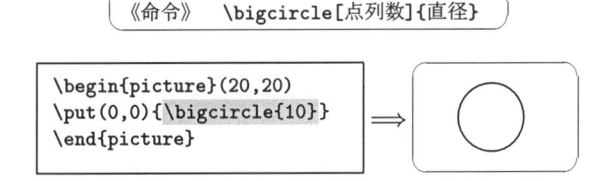

78.11　楕円

▨ eepic パッケージを登録すると [→p.32(10)]，次の命令を使って任意の楕円および塗りつぶしの楕円が描けます．

《命令》　\ellipse{ }{ }　　\ellipse*{ }{ }

```
\unitlength=0.8mm
\begin{picture}(20,20)
\put(10,10){\ellipse{30}{20}}
\put(10,10){\ellipse*{10}{15}}
\end{picture}
```

⇒

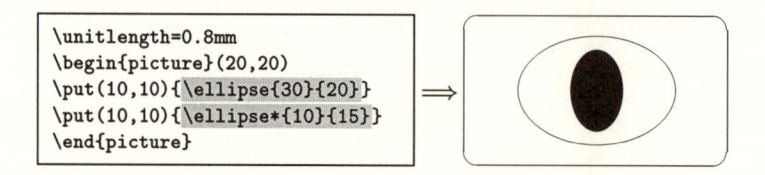

■ 塗りつぶしの楕円を「白」「網掛け」「黒」にする次の命令があります [→p.250 (78.9)].

《命令》　\filltype{white *or* shade *or* black}

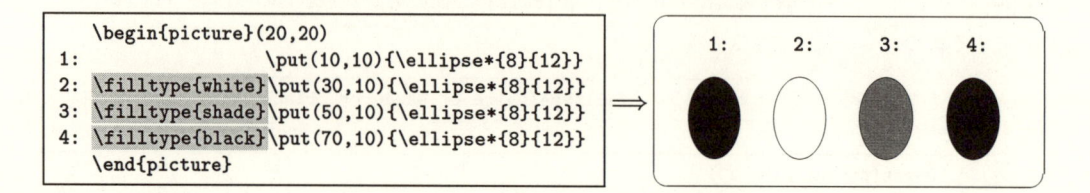

```
   \begin{picture}(20,20)
1:              \put(10,10){\ellipse*{8}{12}}
2: \filltype{white}\put(30,10){\ellipse*{8}{12}}
3: \filltype{shade}\put(50,10){\ellipse*{8}{12}}
4: \filltype{black}\put(70,10){\ellipse*{8}{12}}
   \end{picture}
```

⇒

78.12　円弧

■ eepic パッケージを登録すると [→p.32 (10)]，円弧を描く次の命令が使えます．

《命令》　\arc{直径}{始点角度}{終点角度}

始点角度はラジアンで $[0, \pi/2] \approx (0, 1.57)$ の範囲に，また終点角度は，始点角度より $2\pi \approx 6.28$ の範囲になければなりません．

■ 下に，直径を 10 単位長，始点角度を $0.25\pi \approx 0.785$ ラジアン，終点角度をそれぞれ $0.75\pi \approx 2.355$, $1.000\pi \approx 3.141$, $1.25\pi \approx 3.925$, $1.50\pi \approx 4.710$, $1.75\pi \approx 5.495$ とした円弧の例を示します．

```
   \unitlength=1mm
   \begin{picture}(20,20)
   \thicklines
1: \put(0,0){ \arc{10}{0.785}{2.355}}
2: \put(12,0){\arc{10}{0.785}{3.141}}
3: \put(24,0){\arc{10}{0.785}{3.925}}
4: \put(36,0){\arc{10}{0.785}{4.710}}
5: \put(48,0){\arc{10}{0.785}{5.495}}
   \end{picture}
```

⇒

78.13　四分円

■ 中心 (参照点) を (x,y) とした丸い角を持つ幅 Dx 単位長，高さ Dy 単位長の四分円を描くには次の命令を使います [→p.197 (64.18)]．

《命令》　\put(x,y){\oval(Dx,Dy)}

■ 下に，幅 35 単位長，高さ 20 単位長の四分円の例を示します．図中のドット ● はこの図形要素の参照点で，説明の都合上付けたものです．

78.13 四分円

```
\unitlength=1mm
\begin{picture}(75,32)
\put(27,18){\oval(35,20)}
\end{picture}
```

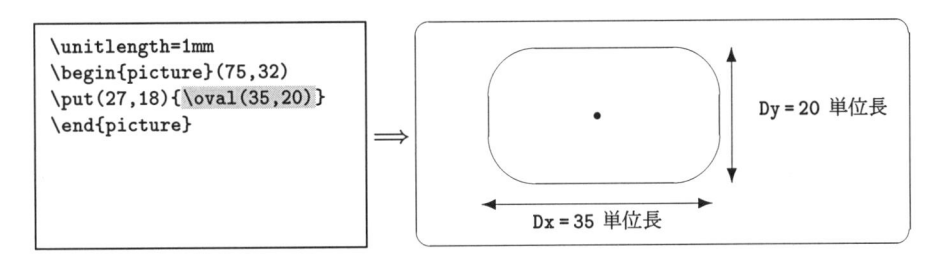

⇒ Dy = 20 単位長　Dx = 35 単位長

▨ この四分円の四隅の丸い角だけを描くこともできます．それには次の命令を使います．

《命令》　\put(x,y){\oval(Dx,Dy)[pos]}

▨ [pos] には

《命令》　横位置パラメータ　　l(左)　c(中)　r(右)

《命令》　縦位置パラメータ　　t(上)　c(中)　b(下)

を入力します．これらのパラメータを組み合わせて [rt]，[lt]，[rb]，[lb] とするとそれぞれ「右上」「左上」「右下」「左下」の角が描かれます．なお，これら2種のパラメータの指定の順序は自由です．すなわち [lt] と指定しても [tl] と指定しても同じ出力結果となります．

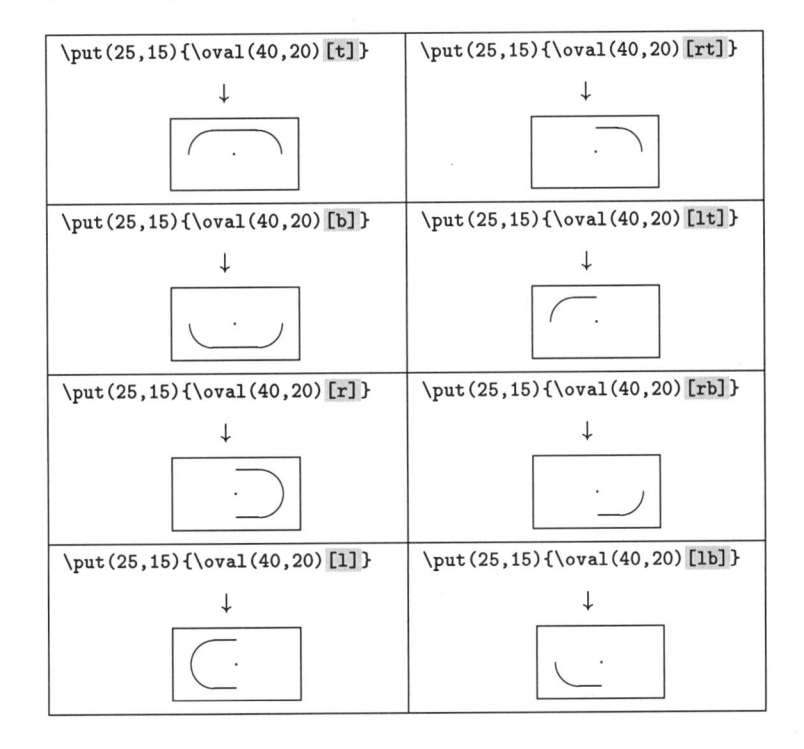

`\put(25,15){\oval(40,20)[t]}`	`\put(25,15){\oval(40,20)[rt]}`
`\put(25,15){\oval(40,20)[b]}`	`\put(25,15){\oval(40,20)[lt]}`
`\put(25,15){\oval(40,20)[r]}`	`\put(25,15){\oval(40,20)[rb]}`
`\put(25,15){\oval(40,20)[l]}`	`\put(25,15){\oval(40,20)[lb]}`

▨ eepic パッケージを登録すると [→p.32(10)]，距離変数 [→p.170(56.2)]

《命令》　\maxovaldiam

の指定によって，丸い角の直径を調整することができます．

```
\maxovaldiam=2mm
\unitlength=1mm
\begin{picture}(75,32)
\put(27,18){\oval(35,15)}
\end{picture}
```

```
\maxovaldiam=6mm
\unitlength=1mm
\begin{picture}(75,32)
\put(27,18){\oval(35,15)}
\end{picture}
```

```
\maxovaldiam=10mm
\unitlength=1mm
\begin{picture}(75,32)
\put(27,18){\oval(35,15)}
\end{picture}
```

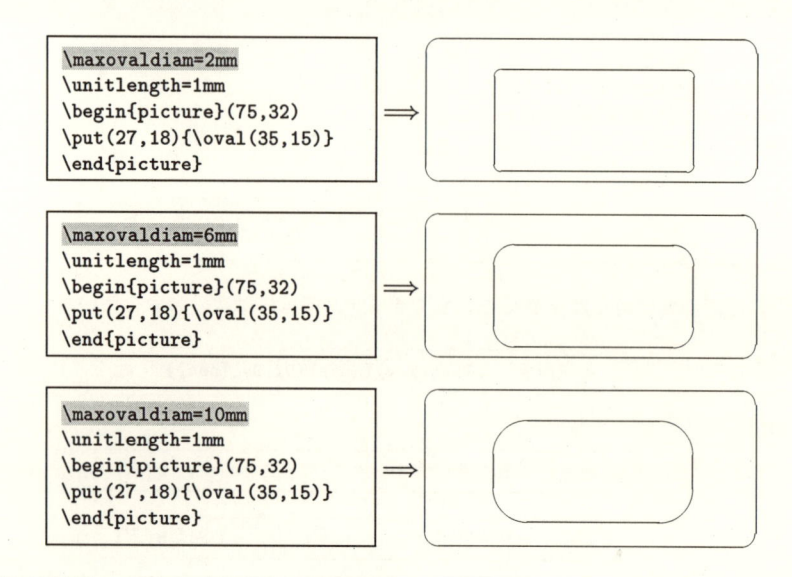

78.14　図形要素を並べるI（一次元配列）

▩ 点（x,y）から（Dx,Dy）ずつ移動しながらn個の図形要素を描く命令として次のものがあります．

《命令》　\multiput(x,y)(Dx,Dy){n}{図形要素}

```
\unitlength=1mm
\begin{picture}(50,20)
\put(5,5){\line(1,0){40}}
\multiput(5,5)(10,0){5}{\line(0,1){8}}
\multiput(10,5)(10,0){4}{\line(0,1){5}}
\multiput(5,5)(1,0){41}{\line(0,1){3}}
\end{picture}
```

```
\unitlength=1mm
\begin{picture}(50,30)
\multiput(5,5)(10,5){5}{\circle*{2}}
\end{picture}
```

78.15　図形要素を並べるII（一次元配列）

▩ \multiput 命令では等間隔に並べる図形要素は同一のものですが，epic パッケージを登録 [→p.32(10)] すると，各種好みのものを等間隔に並べる次の命令が使えます．

《命令》　\multiputlist(x,y)(Dx,Dy)[pos]{図形要素1, 図形要素2, ... 図形要素n }

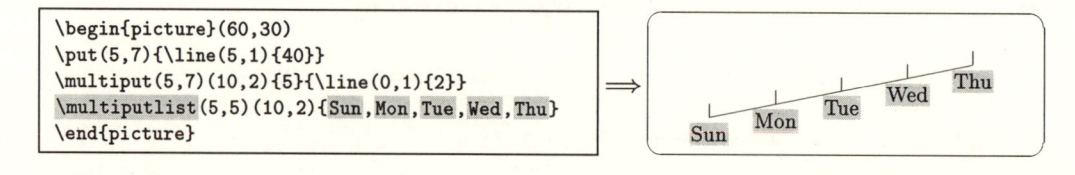

```
\begin{picture}(60,30)
\put(5,7){\line(5,1){40}}
\multiput(5,7)(10,2){5}{\line(0,1){2}}
\multiputlist(5,5)(10,2){Sun,Mon,Tue,Wed,Thu}
\end{picture}
```

78.16 図形要素を並べる III（二次元配列）

▣ 下の例のように，オプションパラメータを [1] と指定すると図形要素は左寄せで出力されます（[r] とすると右寄せ，[c] とすると中寄せとなり，何も指定しなければ中寄せとなる）．

```
\begin{picture}(60,30)
\put(5,7){\line(5,1){40}}
\multiput(5,7)(10,2){5}{\line(0,1){2}}
\multiputlist(5,5)(10,2)[l]{Sun,Mon,Tue,Wed,Thu}
\end{picture}
```

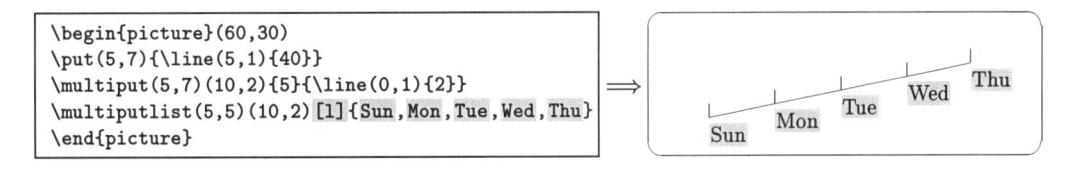

78.16 図形要素を並べる III（二次元配列）

▣ \multiput 命令では一方向に図形要素を並べるという意味で一次元的ですが，epic パッケージを登録すると [→p.32(10)]，n1×n2 の行列要素に二次元的に図形要素を配列する次の命令が使えます．

《命令》　\matrixput(x,y)(Dx1,Dy1){n1}(Dx2,Dy2){n2}{図形要素}

```
\begin{picture}(60,30)
\matrixput(0,0)(35,10){2}(8,15){2}{$\heartsuit$}
\end{picture}
```

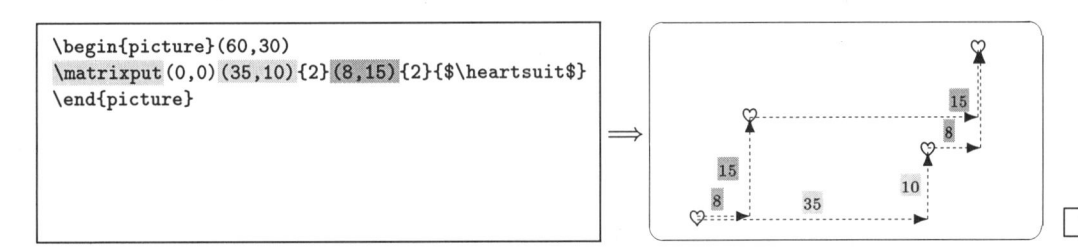

78.17 格子の作成

▣ epic パッケージを登録すると [→p.32(10)]，格子を作成するには次の命令が使えます．

《命令》　\grid(L,H)(Dx,Dy)[x,y]

▣ 下に，40×20 単位長の矩形を 10×5 単位長の小マスに分けて格子を作る例を示します．オプション引数の [-15,-10] は原点の座標です．入力文における \tiny [→p.83(24)] は周囲の数値を小さくするためのものです．

```
\unitlength=1mm
\begin{picture}(40,30)
\put(0,0){\tiny \grid(40,20)(10,5)[-15,-10]}
\end{picture}
```

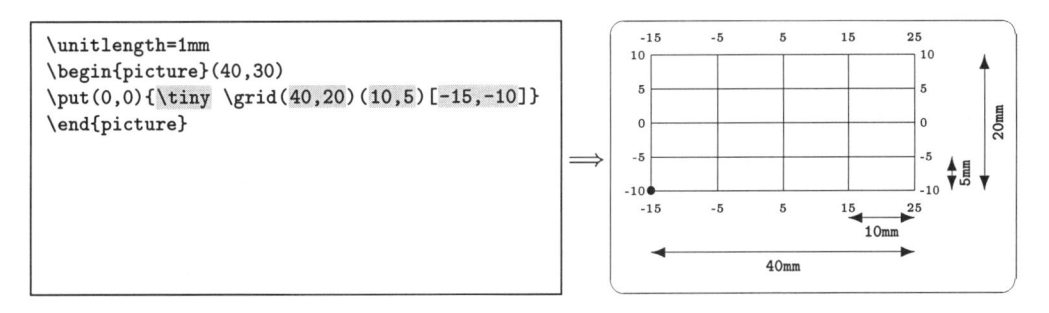

78.18 図形の線の太さ

▣ eepic パッケージを登録すると [→p.32(10)]，picture 環境で描かれるすべての線の太さを次の命令によって指定できます．ただし線の太さをあまり大きくすると線が歪みます．

《命令》　\allinethickness{ }
　　　　　\Thicklines　（\thicklines [→p.191 (64.8)] の 1.5 倍の太さ）

```
\unitlength=0.8mm
\begin{picture}(20,20)
\allinethickness{0.1mm}
\put(10,10){\circle{10}}
\allinethickness{1.5mm}
\put(10,10){\circle{15}}
\Thicklines
\put(10,10){\circle{25}}
\end{picture}
```
⇒

78.19　図形の保存と呼出し

▣ 一度描いた図形を保存し，後でそれを呼出して何回でも使うことができます．その手順は 64.21 節 (p.199) で述べた「ボックスの保存と呼出し」と同じです．

□ まず図形の保存先，たとえば \AAA を次の命令で指定します．

《命令》　\newsavebox{\AAA}

□ 次に，保存すべき図形を次のボックス命令の 2 番目の引数の中に入力します．

《命令》　\sbox{\AAA}{保存図形}

□ 保存した図形は次の命令で呼出します．

《命令》　\usebox{\AAA}

□ 下に例を示します．

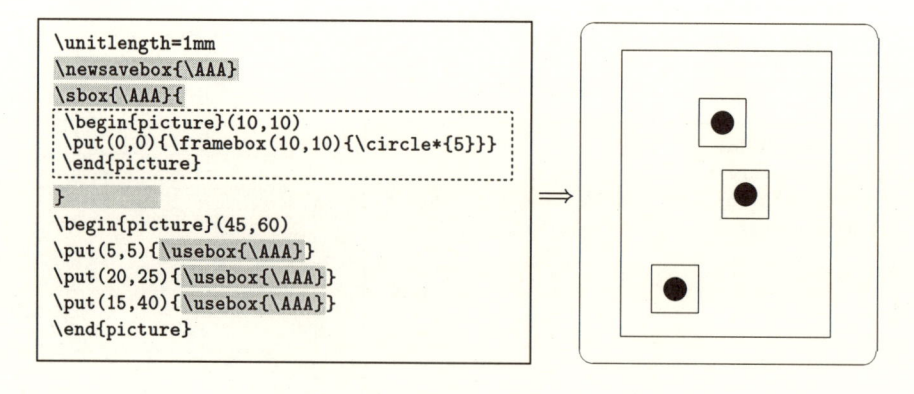

```
\unitlength=1mm
\newsavebox{\AAA}
\sbox{\AAA}{
\begin{picture}(10,10)
\put(0,0){\framebox(10,10){\circle*{5}}}
\end{picture}
}
\begin{picture}(45,60)
\put(5,5){\usebox{\AAA}}
\put(20,25){\usebox{\AAA}}
\put(15,40){\usebox{\AAA}}
\end{picture}
```
⇒

79 図環境と表環境

用語: 図環境　表環境　図表標題　図表領域のスタイルパラメータ
命令: \caption　\topfraction　\textfraction　topnumber　\floatsep … figure 環境　figure*環境　table 環境　table*環境
パッケージ: hangcaption

◇

79.1 簡単な例

▣ LaTeX 2_ε には図の領域と表の領域を確保する次の環境命令が用意されています．

《命令》　\begin{figure}[ ] ～ \end{figure}　（図環境）
　　　　\begin{table}[ ] ～ \end{table}　（表環境）

▣ この環境の中では図と表の標題は次の命令の引数の中に書きます．

《命令》　\caption[ ]{ }

▣ まずは1つの例を示します．ここで center 環境 [→p.206 (67.2)] を使っているのは，図と表をページ幅の中央に出力させるためです．[h] については 79.2 節 (p.258) で述べます．なお，図の標題は図の下に，表の標題は表の上に書くのが慣例です．

```
\begin{figure}[h]
\begin{center}
 \unitlength=1mm \begin{picture}(140,20) \put(70,10){\circle*{5}} \end{picture}
\caption{特性要因図}
\end{center}
\end{figure}
```

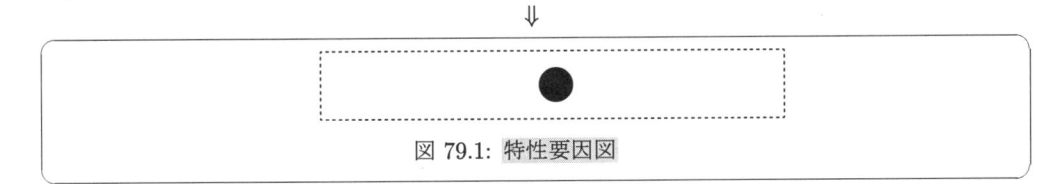

⇓

図 79.1: 特性要因図

```
\begin{table}[h]
\begin{center}
  \caption{特性の一覧表}
 \begin{tabular}{|c|c|}\hline 温度 & 湿度 \\ \hline \end{tabular}
\end{center}
\end{table}
```

⇓

表 1: 特性の一覧表

| 温度 | 湿度 |

79.2　図表の出力位置パラメータ

▨ 図表環境には，その図表領域の出力位置を指定する4種類のオプション引数

《命令》　出力位置パラメータ　[h]　[t]　[b]　[p]

があります．上の例では [h] が指定されています．これらのパラメータの意味は次のとおりです．

h	図表環境を宣言したその場所（here）にその図表領域が確保されます．
t	図表環境を宣言したページの上端（top）にその図表領域が確保されます．
b	図表環境を宣言したページの下端（bottom）にその図表領域が確保されます．
p	章末や最後のページ（page）にその図表領域が確保されます．

▨ ある1つの出力位置パラメータ，たとえば [h] が指定されていてその図表がそのページに収まりきれなくなると（図表が大きすぎたり，同一ページに複数の図表があるとこのようなことが起こります），それ以降の図表はすべて最後のページにまとめて出力されることになります．すなわち [p] が指定されたことと同じになります．

▨ 出力位置パラメータを [htbp] のように複数個並べて指定しておくと，まず [h] が試みられ，それがダメなら次の可能性として [t] が試みられ，それがダメなら [b] が，そしていよいよダメなら最後に [p] によって図表が章末や最後のページに出力されることになります．

▨ このような理由から，出力位置の自由度を確保するために，パラメータは上のように4つを並べて指定しておくことをお薦めします．この4つのパラメータはどのような順に並べても LaTeX 2_ε は次の規則に従いその出力位置の優先順位を決定します．
- □ 優先順位は h ≻ t ≻ b ≻ p
- □ 図表の出力は，その図表環境の宣言がある同一のページかそれ以降のページとなる．
- □ 各図表の出力はその宣言した順となる．

▨ 出力位置のパラメータを指定しなければ，標準設定として [tbp] が設定されます．

▨ 上の説明からも，図表の出力位置はかなり制約が多く，それを如何に設定しても必ずしも期待するような位置には出力されません．この問題は p.264 で述べる「図表領域のスタイルパラメータ」を定義することによってある程度解消できます．

79.3　図表標題の入力 I

▨ 図表の標題は次の命令の引数 { } の中に書きます．

《命令》　\caption[ ]{ }

▨ 図表番号はカウンタ [→p.34 (11)] で制御され，図表の標題はその番号とともに図目次・表目次 [→p.51 (13.13)] に取り込んだり，他の所で相互参照 [→p.279 (81.5)] したりすることができます．

▨ この引数は「動く引数」です [→p.24 (8.4)]．したがって図表標題の中にある命令を持った記述があるときはその前に \protect 命令を挿入しないとコンパイルエラーとなることがあります．

▨ また，たとえば

```
\caption[魚の骨]{特性要因図}
```

のようにオプション引数 [魚の骨] を宣言すると，図目次・表目次にはこのオプション項目が出力されます．

79.4　図表標題の入力 II

▨ hangcaption パッケージを登録すると [→p.32 (10)]，図表の説明文を，下の例にあるように図表番号の右端に揃えて出力させる次の命令が使用できます．

《命令》　\hangcaption

この命令は，図表標題の幅を指定する次の距離変数を併用します．

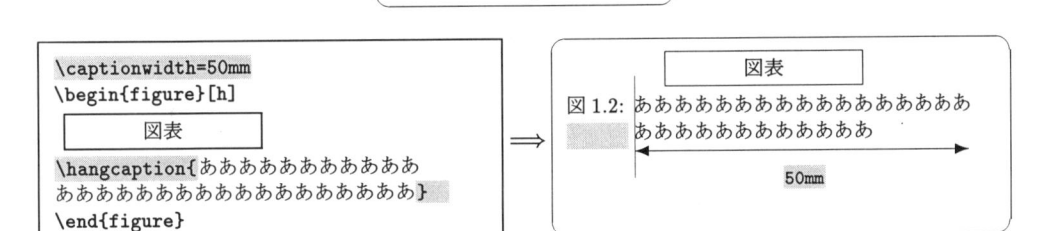

《命令》　\captionwidth

```
\captionwidth=50mm
\begin{figure}[h]
    図表
\hangcaption{ああああああああ
ああああああああああああああ}
\end{figure}
```

⇒　図表
図 1.2: あああああああああああああ
　　　ああああああああああ
　　　　　　　50mm

79.5　図表の見出しの定義

▨ \caption 命令による図と表の見出し [→p.ii] は，標準設定として次のようになっています．

	和文クラス	欧文クラス
`figure` 環境	図	Figure
`table` 環境	表	Table

▨ この標準設定の見出しは，次の命令によって定義されています [→p.88]．

《命令》　\figurename　　（figure 環境）
　　　　　\tablename　　　（table 環境）

▨ 従って，プリアンブルか図表環境の前で左下のように宣言すると，それぞれ右下のように変更できます．

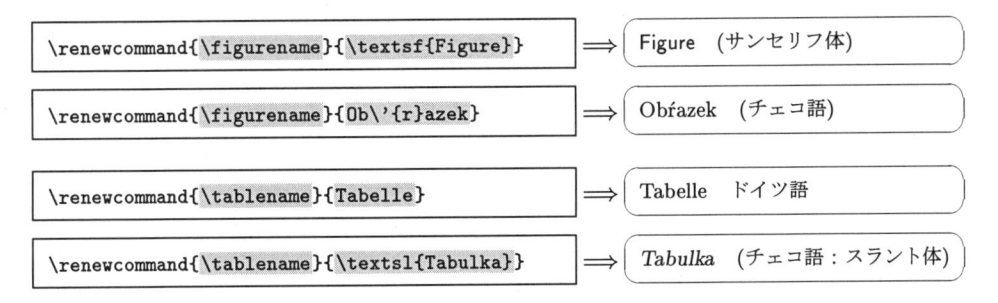

```
\renewcommand{\figurename}{\textsf{Figure}}
```
⇒　Figure　（サンセリフ体）

```
\renewcommand{\figurename}{Ob\'{r}azek}
```
⇒　Obŕazek　（チェコ語）

```
\renewcommand{\tablename}{Tabelle}
```
⇒　Tabelle　ドイツ語

```
\renewcommand{\tablename}{\textsl{Tabulka}}
```
⇒　*Tabulka*　（チェコ語：スラント体）

79.6　図表の見出し番号

▨ 図と表の番号は，章・節番号なしの一連番号 1, 2, 3, ... が標準設定です．これを章・節番号を付けて 1.1.1, 1.1.2, ... , 2.1.1, 2.1.2, ... とするには次の 2 つのことをしなければなりません．

□ いま 論文クラス article で文章を書いているとしましょう．この場合，この文書クラスのクラスファイル article.cls (Windows の検索機能でどのディレクトリにあるか探すことができます) の中にある次の 2 つのテキストをエディタの検索機能で探して下さい．

```
\renewcommand{\thetable}{\@arabic\c@table}
\renewcommand{\thefigure}{\@arabic\c@figure}
```

そしてこれを次のように書き換えます．

```
\renewcommand{\thefigure}{\arabic{section}.\arabic{figure}}
\renewcommand{\thetable}{\arabic{section}.\arabic{table}}
```

□ 次に，下の命令をプリアンブル [→p.5(4)] で宣言します．

```
\makeatletter
\renewcommand{\thefigure}{\thesection.\arabic{figure}}
\renewcommand{\thetable}{\thesection.\arabic{table}}
\@addtoreset{figure}{section}
\@addtoreset{table}{section}
\makeatother
```

□ そしてコンパイルすると所期の図表番号となります．

79.7　1 つの図表環境に複数の図表を入れる

▨ 次のようにすると，1 つの図表環境の中に 2 つ以上の図表を縦に出力させることもできます．

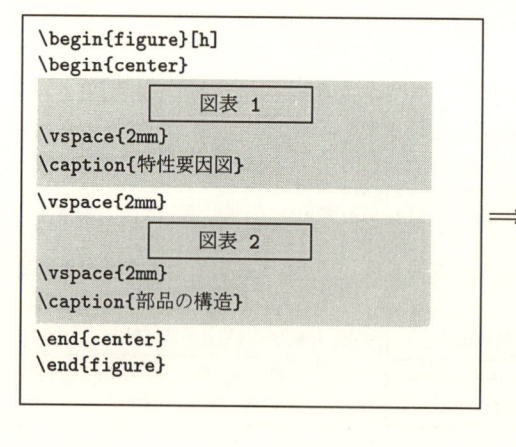

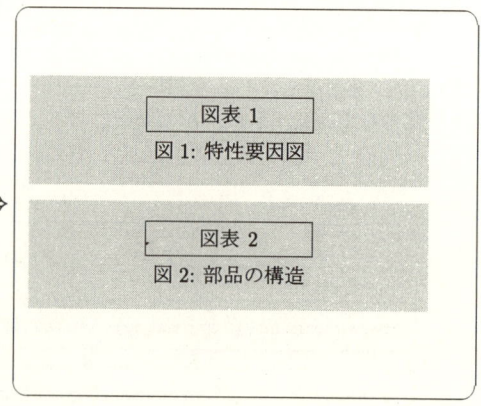

```
\begin{figure}[h]
\begin{center}
         図表 1
\vspace{2mm}
\caption{特性要因図}
\vspace{2mm}
         図表 2
\vspace{2mm}
\caption{部品の構造}
\end{center}
\end{figure}
```

⇒

図表 1
図 1: 特性要因図

図表 2
図 2: 部品の構造

79.7　1つの図表環境に複数の図表を入れる

■1つの図表環境の中で minipage 環境を使い，2つ以上の図表を横に並べて出力させることもできます（ミニページが1つの大きな文字であることを思い起こして下さい [→p.203 (66)] ）．

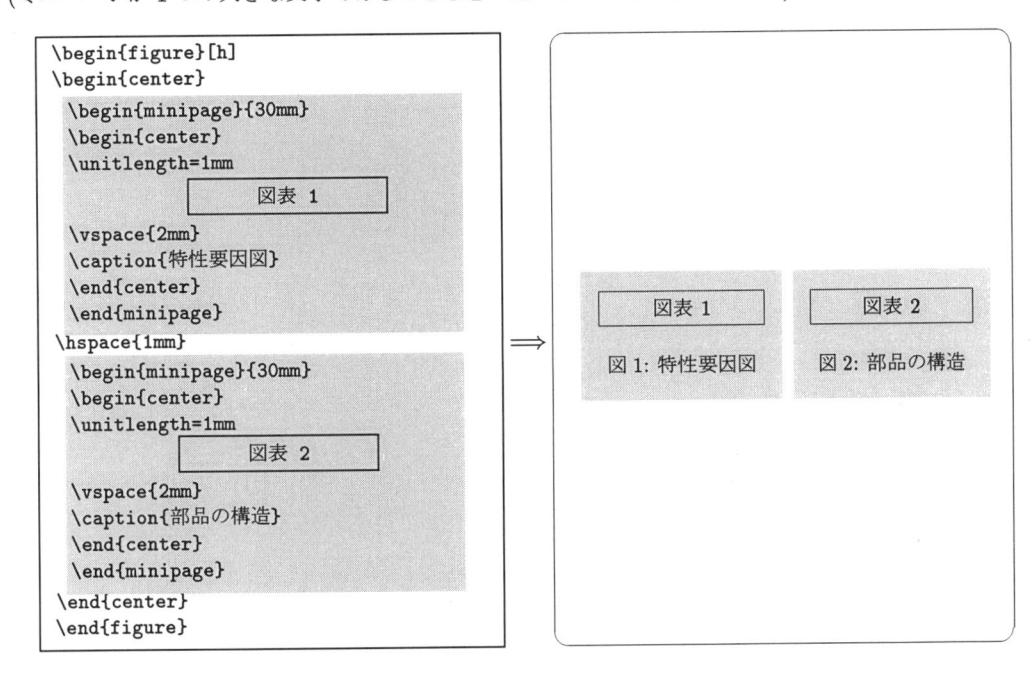

```
\begin{figure}[h]
\begin{center}
   \begin{minipage}{30mm}
   \begin{center}
   \unitlength=1mm
         図表 1
   \vspace{2mm}
   \caption{特性要因図}
   \end{center}
   \end{minipage}
\hspace{1mm}
   \begin{minipage}{30mm}
   \begin{center}
   \unitlength=1mm
         図表 2
   \vspace{2mm}
   \caption{部品の構造}
   \end{center}
   \end{minipage}
\end{center}
\end{figure}
```

⇒

図表 1	図表 2
図1: 特性要因図	図2: 部品の構造

コラム H：LaTeX 2_ε の源流と今後　【→ [4] p.2-4/[23] p.2-5/[22] p.148-158】

- □ **TeX (Knuth 1977)**　スタンフォード大学の Donald E. Knuth 教授は，コンピュータ組版による自著の刷り上がりに満足できず，ならばと自分でコンピュータによる組版システム TeX を作り上げてしまいました．Knuth が最初に作った TeX の命令集を plain TeX マクロパッケージと言い，それを組み込んだ TeX を plain TeX と言います．通常，この plain TeX を単に TeX と言います．

- □ **LaTeX (Lamport 1980年代初頭)**　TeX は玄人向きで大変に使いにくく一般ユーザ向きではありませんでした．これをマクロ命令化し使いやすく書き直し LaTeX としたのが Lamport 氏です．

- □ **AMS-LaTeX (アメリカ数学会)**　さらに数学用の特殊なマクロ命令を追加したものに AMS-LaTeX というものがあります．

- □ **LaTeX 2_ε (LaTeX の改訂版)**　LaTeX はその勝れた機能故に一挙に普及しましたが，欠点も指摘されるようになり，その改訂版として LaTeX 2_ε がリリースされました．これが，現在世界の主流となっています．LaTeX に対し LaTeX 2_ε は，フォントをかなり自在に指定することができるようになったこと (NFSS2: New Font Selection Scheme, version 2), PostScript 言語とのやり取りが改善・改良されたこと，各種パッケージが容易に使えるようになり，図やグラフの描画，カラー出力命令の取り扱いが容易になったこと，などがその特徴となっています．

- □ **TeX の日本語化 (アスキー 1987)**　もともと英文用であった TeX を，アスキーが日本語 TeX としてリリースし，NTT が jTeX として日本語化しました．その後改良が加えられ，現在では pTeX (アスキー) となっています．日本語化された LaTeX 2_ε を pLaTeX 2_ε と言います．

- □ **今後への期待 (LaTeX3 プロジェクト 20×× 年)**　現在，F. Mittelbach, C. Rowley, R. Schöpf の3氏が LaTeX3 プロジェクトと呼ばれる LaTeX の再構築を行っています．これは大変な難事のようで，完成の目途はいまのところ立っていないようです．すでに垂涎の逸品の如き LaTeX 2_ε が LaTeX3 プロジェクト完成後にどんな姿を現すかは，世界の LaTeX 2_ε ファン共通の夢と言えるでしょう．

※ さらに，tabular環境を使って図表領域を縦・横に並べて出力させることもできます．

```
\begin{center}
\begin{figure }[h]
\begin{tabular}{ll}
\begin{minipage}{70mm}
\begin{center}
\unitlength=1mm
       図表 1
\caption{部品の構造}
\end{center}
\end{minipage}
&
\begin{minipage}{70mm}
\begin{center}
\unitlength=1mm
       図表 2
\caption{品質特性}
\end{center}
\end{minipage}\\[5mm]

\begin{minipage}{70mm}
\begin{center}
\unitlength=1mm
       図表 3
\caption{測定値}
\end{center}
\end{minipage}
&
\begin{minipage}{70mm}
\begin{center}
\unitlength=1mm
       図表 4
\caption{経年変化}
\end{center}
\end{minipage}
\end{tabular}
\end{figure}
\end{center}
```

⇓

図表 1	図表 2
図 79.2: 部品の構造	図 79.3: 品質特性
図表 3	図表 4
図 79.4: 測定値	図 79.5: 経年変化

79.8　2段組における図表領域の確保

▨ 2段組において [→p.7 (5.4)] figure 環境・table 環境を使うと，図表領域はそれぞれの段に確保されます．

▨ これを「両段ぶち抜き」の中央に確保するには次の命令を使います．

```
《命令》   \begin{figure*}[ ] ～ \end{figure*}   (図環境)
          \begin{table*}[ ] ～ \end{table*}    (表環境)
```

▨ ただし，この環境ではオプションの [h] と [b] は使用できません．すなわち，2段組における両段ぶち抜きの領域確保は，ページの上端か章末か最後のページに限るということです．

79.9　図表領域のスタイルパラメータ

▨ 図表環境には p.264 の表に示すようなスタイルパラメータがあります．このパラメータによって，出力される図表領域の出力位置を微妙に調整することができます．

▨ この表で，「図表領域」とは本文ページで図表領域が出力される領域，「テキスト領域」とは本文ページで図表領域以外のテキスト領域，「図表ページ」とは本文の最後に独立に作成される図表だけのページ，「本文ページ」とはそれ以外の本来のページのことです．

▨ この表で記号 ♣, ♠, ★ の付いたパラメータは，それぞれ次のように宣言します．

```
♣  \setcounter{topnumber}{3}
♠  \renewcommand{\topfraction}{0.3}
★  \setlength{\floatsep}{5mm} あるいは簡単に \floatsep=5mm
```

79.10　図表環境の問題点

▨ 同一ページに図表環境による図表領域をたくさん宣言したり，またある図表領域のサイズが大きすぎてそのサイズに見合うスペースがそのページにない場合，LaTeX 2_ε はこれを「処置なし」と判断し，それ以降の図表環境による図表を，著者の意図とは無関係にすべてを最後尾の独立したページに一括して出力してしまいます．

▨ こういう問題を避けるために，次のページで述べるような図表の出力位置を調整するいろいろなスタイルパラメータが用意されています．しかしこれらをいかにうまく設定しても，残念ながらこの問題を完全に解決することはできません．そのような場合には，手作業で調整する以外に手は残されていません．

▨ 筆者はこの問題を，下のように，同一ページ内での出力図表の最大数を大きく設定し，かつ出力テキストと出力図表の最低面積比率を 0.0 に設定することによって回避しています (完全ではありませんが)．読者もこれらの値をいろいろと調整してみて下さい．

```
\setcounter{topnumber}{100}           % 上部出力図表の最大数
\setcounter{bottomnumber}{100}        % 下部出力図表の最大数
\setcounter{totalnumber}{100}         % 出力図表の最大数
\renewcommand{\topfraction}{1.0}      % 上部出力図表の最大面積比率
\renewcommand{\bottomfraction}{1.0}   % 下部出力図表の最大面積比率
\renewcommand{\textfraction}{0.0}     % 出力テキストの最低面積比率
\renewcommand{\floatpagefraction}{0.0} % 出力図表の最低面積比率
```

図表領域のスタイルパラメータ

```
♣ \setcounter{topnumber}{3}
♠ \renewcommand{\topfraction}{0.3}
★ \setlength{\floatsep}{5mm} あるいは簡単に \floatsep=5mm
```

スタイルパラメータ		説　明
topnumber	♣	本文ページ上部に出力される図表の最大数のカウンタ
\topfraction	♠	0 と 1 の間の数値．たとえばこれを 0.3 とすると，本文ページ上部に出力できる図表領域は本文ページ面積の 30%までとなる
bottomnumber	♣	本文ページ下部に出力される図表の最大数のカウンタ
\bottomfraction	♠	0 と 1 の間の数値．たとえばこれを 0.3 とすると，本文ページ下部に出力できる図表領域は本文ページ面積の 30%までとなる
totalnumber	♣	本文ページに出力できる図表 (出力位置は問わない) の最大数のカウンタ
\textfraction	♠	0 と 1 の間の数値．たとえばこれを 0.2 に設定すると，テキスト領域は本文ページ面積の 20%以上となり，残りの部分が図表領域となる．
\floatpagefraction	♠	0 と 1 の間の数値．たとえばこれを 0.2 とすると，図表ページにおける図表の占有率は 20%以上になる
dbltopnumber	♣	「2 段組における両段ぶち抜きの図表」に対するパラメータで，topnumber と同様に機能する．すなわち，本文ページ上部に出力する「2 段組における両段ぶち抜きの図表領域」の最大数に対するカウンタ
\dbltopfraction	♠	「2 段組における両段ぶち抜きの図表」に対するパラメータで，\topfraction と同様に機能する．たとえばこれを 0.3 とすると，本文ページ上部に出力できる「2 段組における両段ぶち抜きの図表領域」の面積は本文ページ面積の 30%までとなる
\dblfloatpagefraction	♠	「2 段組における両段ぶち抜きの図表」に対するパラメータで，\floatpagefraction と同様に機能する．たとえばこれを 0.2 に設定すると，「2 段組における両段ぶち抜きの図表」の図表ページにおける図表の占有率は 20%以上になる
\floatsep	★	本文ページ上部あるいは下部に出力する図表間に入れる垂直方向のスペース
\textfloatsep	★	本文ページ上部あるいは下部に出力する図表領域とテキスト領域の間に入れる垂直方向のスペース
\intextsep	★	位置指定パラメータ [h] の指定によって確保される図表領域とテキスト領域の間に入れる垂直方向のスペース
\dblfloatsep	★	「2 段組における両段ぶち抜きの図表」で，本文ページ上部に出力する図表間に入れる垂直方向のスペース．\floatsep と同様に機能する
\dbltextfloatsep	★	「2 段組における両段ぶち抜きの図表」で，本文ページ上部に出力する図表領域とテキスト領域の間に入れる垂直方向のスペース．\textfloatsep と同様に機能する

図表の出力位置

▧ 下の4つの図における外枠はページのレイアウトパラメータの \textwidth と \textheight によって指定されるページ領域です [→p.6 (5.2)]．

[t] を指定した場合

図表領域
図表 1
↕ \floatsep
図表 2
↕ \textfloatsep
テキスト領域

P, F, S

[h] を指定した場合

テキスト領域
↕ \intextsep
図表領域
図表
↕ \intextsep
テキスト領域

S_1, F, S_2

[b] を指定した場合

テキスト領域
↕ \textfloatsep
図表領域
図表 1
↕ \floatsep
図表 2

P, S, F

[p] を指定した場合

図表ページ
図表 1
↕ \floatsep
図表 2
↕ \floatsep
図表 3

F_1, F_2, F_3

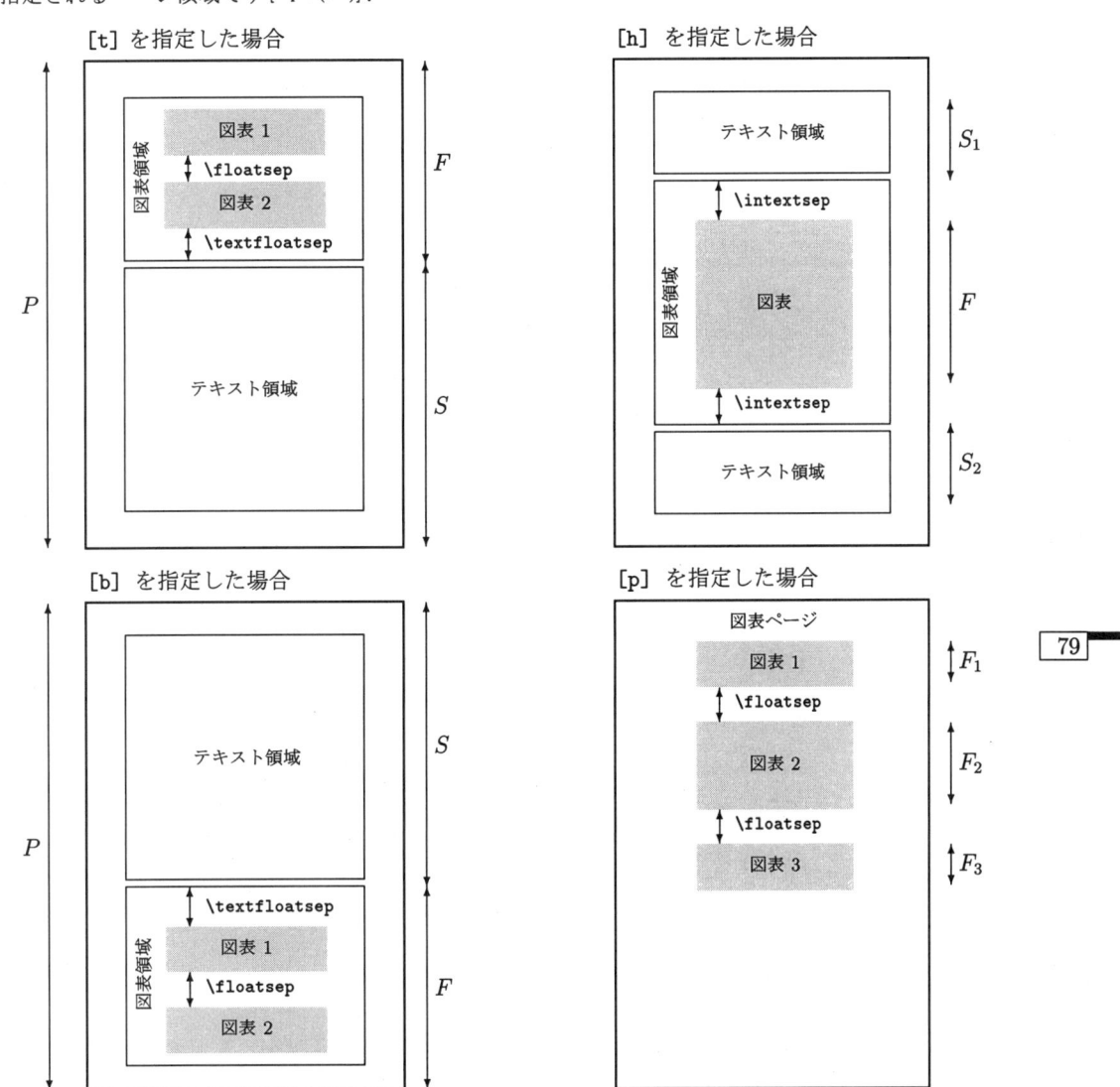

▧ 図表の高さ (F や $F_1+F_2+F_3$) とテキスト領域領域の高さ (P) の比率は次のようになっていなければなりません．この関係が崩れるとそれ以降の図表はすべて章末か最終ページに出力されてしまいます．

[t] を指定した場合	F/P ≤	\topfraction
[b] を指定した場合	F/P ≤	\bottomfraction
[h] を指定した場合	F/P <	1− \textfraction
[p] を指定した場合	$(F_1+F_2+F_3)/P$ ≥	\floatpagefraction

▧ 図表領域の配置と上の表の関係式に関しては文献 [9] (Shuitis,p.40-43)，[4] (Goossens,p.165-182) に詳しい解説があります．

80 参考文献リスト

用語: 文献データベース　文献カテゴリ　文献項目　文献引用キー　フィールド (必須, 任意)　フィールド情報　オープン形式　文献の出力スタイル

命令: \bibliography \bibliographystyle \refname \bibname \cite \nocite plain unsrt alpha abbrv openbin author editor title ... @article @book @manual ... @string jan feb ...

◇

80.1　簡単な入・出力例

▨ 最後のページに本文で引用した参考文献のリストを出力させるためには，まずはじめに，その拡張子を「～.BIB」とした文献データベースファイルを作ります．たとえばそれを MYREF.BIB とします．このファイルの作り方については 80.8 節 (p.271) 以降で詳しく述べます．まずは 1 つの例を示します．

文献データベースファイル：MYREF.BIB

```
@book{ITOK.01,
  author    = "伊藤和人",
  title     = "『{\upshape \LaTeX} トータルガイド』",
  publisher = "株式会社秀和システム",
  year      = "1992"}
@book{LAMP.01,
  author    = "Lamport, Leslie",
  title     = "{\upshape \LaTeX:} A Document Preparation System",
  publisher = "Addison-Wesley Publishing Company, Inc.",
  year      = "1986"}
@book{KNUT.01,
  author    = "Knuth, Donald E.",
  title     = "The {\upshape \TeX book}",
  publisher = "Addison-Wesley Publishing Company, Inc.",
  year      = "1984",
  note      = " (邦訳：『\TeX ブック（改訂新版）』斎藤信男 監訳, アスキー, 1992)"}
```

▨ 次に，たとえば AAA.TEX という文書ファイルを作りコンパイルします．すると以下のように出力されます．

AAA.TEX

```
\documentclass{jarticle}
\begin{document}
Lamport~\cite{LAMP.01} は \LaTeX の聖書と言うべき本を書いた．\cite[邦訳 p.184--186]{LAMP.01}
における tabbing 環境の解説は初心者にはほとんど「般若心経」である．これの理解には伊藤の書
~\cite[7-4 節, p.192--202]{ITOK.01} が助けとなろう．
\bibliography{MYREF}
\bibliographystyle{jplain}
\end{document}
```

⇓

Lamport [1] は L^AT_EX の聖書と言うべき本を書いた．[1, 邦訳 p.184–186]における tabbing 環境の解説は初心者にはほとんど「般若心経」である．これの理解には伊藤の書[2, 7-4 節, p.192–202]が助けとなろう．

参考文献

[1] Lamport, L. L^AT_EX: *A Document Preparation System*. Addison-Wesley Publishing Company, Inc., 1986.

[2] 伊藤和人．『L^AT_EX トータルガイド』．株式会社秀和システム, 1992.

▨ 文献データベースファイル MYREF.TEX における @book{ の次にある ITOK.01, LAMP.01, KNUT.01 は文献引用キーと呼ばれるもので，入力文でこの文献引用キーを \cite{ } の引数として入力すると，そこに文献ラベル [1], [2], … が出力されます．

▨ 上の例からも分かるように，参考文献リストの作成とは，将来引用するであろう文献を集めた「文献データベースファイル」を事前に作っておき，そこから必要な参考文献を本文に引用し，かつ本文の最終ページ (本・報告書の場合には改ページされた最終ページ) に本文で引用された参考文献のリストを自動的に出力させることを言います (これを実行するには JBIBTeX というソフトを使います)．

80.2 コンパイル

▨ 参考文献リストの作成を完成させるためには，4回のコンパイルが必要となります (文献 [23] (乙部) に添付の CD-ROM にある LaTeX 2ε のシステムでは1回の操作で全て自動的にやってくれます)．
  □ 1回目　→　文献データベースファイルから引用する文献の情報を AAA.AUX ファイルに取り込む．
  □ 2回目　→　引用される文献の情報を AAA.BBL ファイルに取り込む (JBIBTeX のコンパイル)．
  □ 3回目　→　AAA.BBL ファイルの情報を本文に取り込む．
  □ 4回目　→　文献引用が完成．

▨ 2回目のコンパイルは JBIBTeX によるコンパイルです．他はすべて LaTeX 2ε のコンパイルです．

80.3 参考文献の見出しの変更

▨ 参考文献の見出しは標準設定として次の表のようになっています．

	論文	本・報告書
和文の場合	**参考文献**	**参考文献**
欧文の場合	**References**	**Bibliography**

▨ これらの見出しは次の命令で定義されています．

　　　《命令》　refname（論文）
　　　　　　　bibname（本・報告書）

▨ この見出しは，\bibliograpy の前で，たとえば次のように宣言して好みのものに変更できます．
  □ **論文の場合**
    ● 例1
```
\renewcommand{\refname}{\large 関連図書}
\bibliography{MYREF}
\bibliographystyle{jplain}
```
⇒
関連図書
[1] Lamport, L., LaTeX: *A Document* …

    ● 例2
```
\renewcommand{\refname}{\fboxsep=0.5mm\fbox{\large 文献}}
\bibliography{MYREF}
\bibliographystyle{jplain}
```
⇓
文献
[1] Lamport, L., LaTeX: *A Document Preparation*, …

● 例3

```
\renewcommand{\refname}{\hspace{-6mm}\colorbox{black}{\textcolor{white}{ %
                              \makebox(140,6)[c]{\large\bfseries 文献}}}}
\bibliography{MYREF}
\bibliographystyle{jplain}
```

⇓

文献

[1] Lamport, L., LaTeX: *A Document Preparation*, ...

□ **本・報告書の場合** 上の入力例において \refname を \bibname に変えると同様の出力が得られます.

80.4 文献の引用命令

☒ 本文中で文献を引用するには次の命令を使います.

《命令》　\cite[ ]{ }

☒ この命令の必須引数 { } には参考文献リストから引用する文献の文献引用キーを入力 [→p.271 (80.8)].

☒ オプション引数 [ ] には, 引用する文献に対する「注書き」を入力 (80.1 節 (p.266) の出力例を見よ).

☒ 引数 [ ] と { } は共に動く引数です [→p.24 (8.4)].

☒ 入力文において, 著者名と \cite 命令の間には「Lamport~\cite{LAMP.01}」のように改行不可の空白命令 ~ を置きます [→p.179 (59.3)]. このようにしないと, 著者名が行末に来て改行され, 次の行の先頭に文献ラベルが来るという無様なことが起きてしまいます.

☒ 本文中では引用しないが, 参考文献リストにはその文献を載せたいということもあります. そのような場合には \cite 命令に替えて次の命令を使います.

《命令》　\nocite{ }

たとえば, 本文中で「… Lamport~\nocite{LAMP.01}は …」とすると, Lamport のこの文献は参考文献のリストには出力されるが, 本文では文献ラベルが付かずに, 単に「… Lamport は …」となります.

☒ 文献データベースファイル中のすべての文献を出力するには次の命令を宣言します (筆者が確かめた限りでは, 何か1つの文献を \cite 命令で「呼び水」として宣言しておかなければこの命令は機能しないようです).

《命令》　\nocite{*}

☒ cite パッケージを登録すると [→p.32 (10)], 文中での参照文献の番号 [1][3][4][5][8] を [1,3-5,8] のように出力させることができます. また, 参考文献を並列に並べる次のような使い方もできます.

\cite{ITOK.01,LAMP.01,OTOB.01,OTOB.02,GOOS.01,FUJI.01,FUJI.02,FUJI.03}

⇓

[1,3-5,8,10-12]

80.5　文献データベースファイルの指定

▨ 文献引用のために使用する文献データベースファイルは次の命令によって宣言します．

《命令》　\bibliography{MYREF}

▨ 複数の種類の文献データベースファイルを宣言することもできます．たとえば

MYREF1.BIB　　MYREF2.BIB　　MYREF3.BIB

という3種類の文献データベースファイルがあるとき，

《命令》　\bibliography{MYREF1,MYREF3}

とすると MYREF1.BIB と MYREF3.BIB から文献を引用することができます．このようにすると，共著の論文や書籍を書く際，著者間で文献データベースファイルを共有できるので便利な機能かと思います．

80.6　文献出力スタイルの指定

▨ 参考文献リストへの「文献出力スタイル」は，次の命令によって宣言します．この例では文献の出力スタイルを jplain としています．

《命令》　\bibliographystyle{jplain}

80.7　各種の文献出力スタイル

▨ 文献出力スタイルは拡張子が「~.bst」であるスタイルファイルに書かれています．たとえば jplain スタイルはスタイルファイル jplain.bst に書かれています．

▨ 使用したいスタイルファイルはルートディレクトリにコピーしておくこと．LATEX 2ε にはいくつかのスタイルファイルが標準的に用意されていますが，どのスタイルノァイルがそれであるか判然としません．使いたいスタイルファイルはすべてルートディレクトリにコピーしておくことをお薦めします．ルートディレクトリにあるものが優先されます．

▨ LATEX 2ε では以下に示すような様々な文献出力スタイルが利用可能です．

▨ **欧文用のスタイル**

□ plain：文献は，姓 (family name) の「アルファベット順」に並べられます．和文氏名の文献は「あいうえお順」に並べられます．英文氏名の文献の次に和文氏名の文献が来ます．文献ラベルは [1], [2], · · · となります．最も標準的なスタイルです．80.1 節 (p.266) の出力例はこのスタイルです．

> [1] R.H. Hayes. Optimal strategies for divestiture. *Operations Research*, 17(2):292–310, 1969.
> [2] D.E. Knuth. *The TEXbook*. Addison-Wesley Publishing Company, Inc., 1984.
> [3] W.T. Morris. Some analysis of purchasing policy. *Management Science*, 5(4):443–452, 1959.
> [4] 阿瀬はる美. **てくてく TEX**. アスキー出版局, 1994.
> [5] 奥村晴彦. LATEX 2ε **美文書作成入門**. 技術評論社, 1997.
> [6] 藤田眞作. LATEX 2ε **階梯**. アジソンウェスレイ, 1996.

□ unsrt：本文で引用した順に文献が出力されます．このこと以外は plain と同じです．

□ alpha：ラベルは [Knu84] のように，著者名の最初の3文字と出版年の最後の2桁を並べたものになります．このこと以外は plain と同じです．

> [Hay69] R.H. Hayes. Optimal strategies for divestiture. *Operations Research*, 17(2):292–310, 1969.
> [Knu84] D.E. Knuth. *The TEXbook*. Addison-Wesley Publishing Company, Inc., 1984.
> [Mor59] W.T. Morris. Some analysis of purchasing policy. *Management Science*, 5(4):443–452, 1959.

□ plainyr：発表・出版年順に出力．このこと以外は plain と同じです．

> [1] W.T. Morris. Some analysis of purchasing policy. *Management Science*, 5(4):443–452, 1959.
> [2] R.H. Hayes. Optimal strategies for divestiture. *Operations Research*, 17(2):292–310, 1969.
> [3] D.E. Knuth. *The TEXbook*. Addison-Wesley Publishing Company, Inc., 1984.

□ abbrv：著者の名 (given name)，発行の月，雑誌名が省略されること以外は plain と同じです【筆者の確かめたところでは plain スタイルと同じ出力となってしまいました】

▨ **和文用のスタイル** 上で述べた欧文用のスタイルの和文用として

> jplain junsrt jalpha jabbrv

があります．その用法は欧文用スタイルとほぼ同じです．なお，jalpha スタイルの出力例を下に示します．

> [Hay69] R.H. Hayes. Optimal strategies for divestiture. *Operations Research*, 17(2):292–310, 1969.
> [Knu84] D.E. Knuth. *The TEXbook*. Addison-Wesley Publishing Company, Inc., 1984.
> [Mor59] W.T. Morris. Some analysis of purchasing policy. *Management Science*, 5(4):443–452, 1959.
> [阿瀬 94] 阿瀬はる美．てくてく TEX．アスキー出版局，1994．
> [奥村 97] 奥村晴彦．LATEX 2ε 美文書作成入門．技術評論社，1997．
> [藤田 96] 藤田眞作．LATEX 2ε 階梯．アジソンウェスレイ，1996．

▨ **各種学会のスタイル**

□ jorsj：日本オペレーションズ・リサーチ学会のスタイル (姓 family name が最初に出力されます)．

> [1] Hayes, R.: Optimal strategies for divestiture, *Operations Research*, Vol. 17(2) (1969), 292–310.
> [2] Knuth, D.: *The TEXbook*, Addison-Wesley Publishing Company, Inc., 1984.
> [3] Morris, W.: Some analysis of purchasing policy, *Management ...*, Vol. 5(4) (1959), 443–452.

□ 文献 [23] (乙部) に添付のシステムには

> jipsj.bst　情報処理学会の欧文雑誌用
> tipsj.bst　情報処理学会の論文誌用
> tieice.bst　電子情報通信学会の論文誌用

が収録されています．他学会のものについてはそれぞれの事務局に尋ねてみて下さい．

▨ **その他** 海外で使われている 57 種のスタイルが文献 [4](p.452-455) に紹介されています．その他にも様々なものが CTAN [→(コラム A) p.113] などから入手できます．

▨ 以上述べてきたすべてのスタイルにおいて，文献内容の各項目を次のように改行して出力したいことがあります．

> [1] R.H. Hayes.
>   Optimal strategies for divestiture.
>   *Operations Research*, 17(2):292–310, 1969.

これを「オープン形式」の文献スタイルと言います．この形式で文献を出力させるには，文書クラスオプション openbib を宣言します [→p.3 (3.3)]．

80.8　文献データベースファイルの構造

▨ 80.1 節 (p.266) における文献データベースのファイル MYREF.BIB の中の

《命令》　@book{ }

は，その文献が本であることを宣言します．この他にも論文 @article{ }，報告書 @report{ }，マニュアル @manual{ } など全部で 14 通りの文献の種類が用意されています (→ p.272)．

▨ これら文献の種類のことを「文献カテゴリ」とか「文献項目」と言います．これは一般に次のような構造になっています．

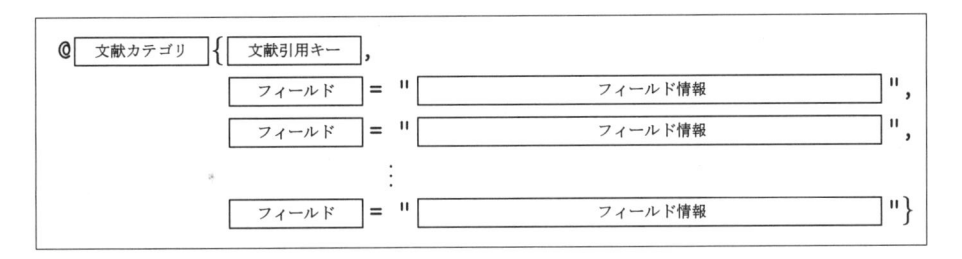

```
@ 文献カテゴリ { 文献引用キー ,
                フィールド = " フィールド情報 ",
                フィールド = " フィールド情報 ",
                        ⋮
                フィールド = " フィールド情報 "}
```

- □ まずはじめに 文献カテゴリ を入力します．
- □ 次に 文献引用キー を書きます．通常は著者名を書きますが，あまり奇抜なものでなければ何でもよい．筆者は，たとえば，「坂口実」の文献に対して SAKA.01, SAKA.02 … のように，著者名の最初の 4 文字と 2 桁の数字を使っています (2 桁の数字はその著者の文献の一連番号です．100 以上の論文を書いている人の場合には 3 桁の数にするとよいでしょう)．
- □ 続いて author, title, publisher, year, … など必要な フィールド を入力します．LaTeX 2_ε には全部で 25 通りのフィールドが用意されています (→ p.273)．
- □ 各フィールドに入力する フィールド情報 は " と " で囲みます (DOS/V 機ではこれはキーボードの上段 2 列目の左端付近にあるキー " で入力)．記述する情報が長いときは改行して続けることができます．
- □ フィールド情報の終わりはカンマ , で区切ります．最後のフィールドはカンマなしで } で閉じます．

80.9　文献カテゴリの一覧

▨ 文献カテゴリには 14 種があり (→ p.272)，フィールドには 25 種があります (→ p.273)．

▨ 各文献カテゴリで宣言されるフィールドには次の 2 種類があります．

- • 必須フィールド：必ず宣言しなければならないフィールド
- ∘ 任意フィールド：必要に応じて宣言するオプションのフィールド

文献カテゴリ	フィールド（● 必須フィールド　○ 任意フィールド）
@article	論文誌や雑誌などの定期刊行物に収録されている論文や記事 ● author, title, journal, year ○ volume, number, pages, month, note
@masterthesis	修士論文 ● author, title, school, year ○ type, address, month, note
@phdthesis	博士論文 ● author, title, school, year ○ type, address, month, note
@book	出版社名のある本 ● author または editor, title, publisher, year ○ volume または number, series, address, edition, month, note
@booklet	出版社名の明記されていない本 ● title ○ author, howpublished, address, month, year, note
@inbook	本のある章やある範囲のページを引用するときに使う． ● author または editor, title, chapter または pages, publisher, year ○ volume または number, series, type, address, edition, month, note
@incollection	本の一部で，それ自体にタイトルがあるもの ● author, title, booktitle, publisher, year ○ editor, volume または number, series, type, chapter, pages, address ○ edition, month, note
@proceedings	学術会議の紀要 ● title, year ○ editor, volume または number, series, publisher, organization ○ address, month, note
@inproceedings	学術会議の紀要に収録されているもの ● author, title, booktitle, year ○ editor, volume または number, series, pages, organizaion, publisher ○ address, month, note
@conference	@inproceedings と同じ
@techreport	研究機関が出す技報（テクニカルレポート） ● author, title, institution, year ○ type, number, address, month, note
@manual	技術文書（マニュアル） ● title ○ author, organizaion, address, edition, month, year, note
@unpublished	公式出版物でないもの ● author, title, note ○ month, year
@misc	以上のどれにも該当しないもの ● なし ○ author, title, howpublished, month, year, note

80.10　フィールドの一覧

各フィールドの意味は下の表の通りです．

フィールド	参照	説明
author	→ p.273	著者名
editor	→ p.275	編集者の名前
title	→ p.275	標題
booktitle		その一部が引用されている本，紀要，論文集などの標題
journal		雑誌などの定期刊行物の名前
institution		それを発表，出版あるいはサポートしている機関や組織の名前
organization		それを出している学術会議を組織したりサポートしている組織名
publisher		出版社名
school		その学位論文を提出した学校名
address		出版社，研究機関，組織などの住所
volume	→ p.276	定期刊行物や全集などの巻（Volume）番号
number	→ p.276	定期刊行物などの巻に続く号の番号
pages	→ p.276	参考されるページやページの範囲
month	→ p.276	刊行，出版，発表，公表された月
year		刊行，出版，発表，公表された年
howpublished		規格外のものがどのように刊行，出版，発表，公表されたかを記す．
chapter	→ p.276	章や節の番号
edition	→ p.276	Second，第2版といった書籍の「版」
annote		注釈を書く．標準の文献スタイルでは無視される．
note		読者に役立つと思われる追加情報
series		本のシリーズ名，セット名
type	→ p.276	—
key	→ p.277	—
yomi	→ p.277	—
自分で登録	→ p.277	—

80.11　フィールドの書き方

author フィールド：

- 参考文献リストが作成される場合，和文著者名の文献は姓 (family name) の「あいうえお順」に，英文著者名の文献は姓の「abc 順」に並べられます (文献スタイル unsrt を指定した場合は引用順)．
- 日本人名の場合，姓名の書き方は明確なのでほとんど問題はありません．ただし姓と名の間に空白を入れて「乙部␣厳巳」とすること【→ [19] p.149】．なお，日本人名の場合には yomi フィールド (p.277) でその「読み」を，たとえば「いくた」と入れておくことをお薦めします．「生田」を「しょうだ」と読ませる場合もあるかもしれません)．
- 欧米人などの外国人の名前の書き方には様々なものがあり，JBibTeX が正しく「姓」を認識できるよう適正に記入してやらなければなりません．以下，欧米人の姓名の書き方について説明します【→ [4] p.478-480】．
- 姓名は可能なかぎり完全なもので入力すること．たとえば「R. Bellman」ではなく「Rechard Bellman」としましょう．2つの文献データベースファイルに同じ著者の文献が，一方では「R. Bellman」と，

他方では「Richard Bellman」と登録されていると，それぞれ別の文献と解釈されてしまいます．文献データベースファイルを相互利用して共著論文を執筆するときには気になることです．

- 「R[ichard] Bellman」と入力しておくと「R. Bellmann」と出力されます．
- 著者名 Möbius の入力は次のようにします．

    author="M{\"{o}}bius" ⟹ Möbius

- 同一著者でも，いくつかの異なった形式で著者名を書くことがあります．この場合には，最も一般的と思われる形式で記述しておき，そのことを「自分で登録」したフィールド（既に登録されている以外のフィールド名でなければ何でもよい．たとえば remark）に次のように注書きしておくことをお薦めします．

    《命令》 remark="要注意名：「渡部太郎」の姓の読みは「わたなべ」ではなく「わたべ」である"

- 欧米人の名前は，通常「名 (given name) → 姓 (family name)」の順に書きます．無論，出力はこの順になります．

    author="Leslie Lamport"   Leslie Lamport
    author="Richard Bellman"   Richard Bellman
    author="Michael Landsberger" ⟹ Michael Landsberger
    author="Ludwig van Beethoven "   Ludwig van Beethoven
    author="Per Brinch Hansen"   Per Brinch Hansen

- 欧米人の名前を，日本人の名前と同様に「姓 → 名」の順に書くこともあります．この場合には「姓」の次にカンマを置き，その後ろに「名」を書きます．この場合でも出力は「名 → 姓」の順になります．

    author="Lamport, Leslie"   Leslie Lamport
    author="Bellman, Richard"   Richard Bellman
    author="Landsberger, Michael" ⟹ Michael Landsberger
    author="van Beethoven, Ludwig"   Ludwig van Beethoven
    author="Brinch Hansen, Per"   Per Brinch Hansen

- 著者名が，たとえば会社名の Barnes, Inc. になっているとき，このままでは Barnes を姓，Inc. を名と解釈してしまいおかしなことになります．このようなときにはこの会社名全体を { } で囲んでグルーピング [→p.23 (8.2)] しておきます．{ } で囲んだ場合とそうでない場合の出力例を下に示します (著者名を連ねるときの and については次ページで説明します)．

    author="{Barnes, Inc.}"   Barnes, Inc.
    author="Barnes, Inc."   Inc. Barnes（まずい例）
    author="{Barnes and Noble, Inc.}" ⟹ Barnes and Noble, Inc.
    author="Barnes and Noble, Inc."   Barnes and Inc. Noble（まずい例）

- 姓を { } で囲んで

    author="{van Beethoven}, Ludwig" ⟹ Ludwig van Beethoven

のようにすると，van Beethoven は確かに「姓」として識別されますが，LaTeX 2_ε はこの「姓」を最初の文字「v」によって識別するため，アルファベット配列に際してこの「v」が使われることになり

ます．この場合は「B」によって配列されるべきであることは言うまでもありません．このような場合には名前を { } で囲むこの方法は避けるべきです．

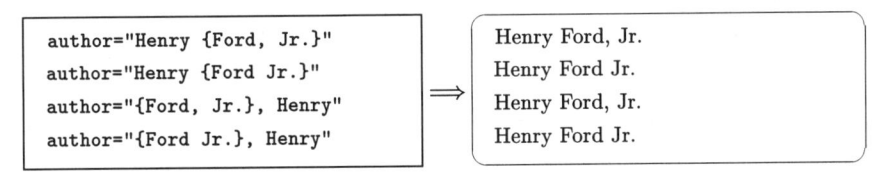

□ 姓名に「Jr.」の付く場合，多くの人はその前にカンマを付けますが，付けない人もたまにいます．このような場合，LaTeX 2_ε に無用な混乱をさせないよう，次のように，姓と Jr. を { } で囲んでグルーピングしておくことをお薦めします．

```
author="Henry {Ford, Jr.}"
author="Henry {Ford Jr.}"
author="{Ford, Jr.}, Henry"
author="{Ford Jr.}, Henry"
```
$\Longrightarrow$
Henry Ford, Jr.
Henry Ford Jr.
Henry Ford, Jr.
Henry Ford Jr.

2 番目の例において Ford Jr. をグルーピングしないと次のようになってしまいます．

```
author="Henry Ford Jr."
```
$\Longrightarrow$ Jr. Henry Ford

□ 複数の著者がいる場合には著者の間に and を置きます．最後の and だけが「···, and ···」のように出力されます．下に例を示します．

```
author="Lamport, Leslie and Knuth, Donald E. and Brinch Hansen, Per"
```
$\Downarrow$
Leslie Lamport, Donald E. Knuth, and Per Brinch Hansen

□ Barnes and Noble, Inc. と Alpha and Beta, Inc. のように and をその名前の一部として持つ 2 つの名前を入力するときにはこの 2 つの名前を { } で囲んでグルーピングします [→p.23 (8.2)]．

```
author="{Barnes and Noble, Inc.} and {Alpha and Beta, Inc.}"
```
$\Downarrow$
Barnes and Noble, Inc. and Alpha and Beta, Inc.

□ 3 名以上の著者名を連記しなければならない場合には通常 2, 3 の著者名を書いた後ろに and others と書きます．こうすると，JBIBTEX はそれを自動的に「, et al.」に変換します．

```
"Lamport, Leslie and Bellman, Richard and others"
```
$\Downarrow$
Leslie Lamport, Richard Bellman, et al.

▨ editor フィールド：編集者名の出力形式は和文と欧文用のスタイルでは異なります．

```
editor="筑波太郎"    (和文用のスタイルの場合)
editor="R. Bellman"  (欧文用のスタイルの場合)
```
$\Longrightarrow$
筑波太郎（編）
R. Bellman, editor

▨ title フィールド：通常，文献タイトルの最初の単語は，冠詞であれ前置詞であれ大文字で始めますが，それ以降の単語はすべて小文字で始めます．このルールに従わずに入力しても，指定された文献スタイルによっては自動的に上のルールに合うよう変更してくれます．しかしこのように変更してほしくないこともあります．そのような場合には，たとえば {A}nd のように，変更されたくない文字を { } で囲んでグルーピングします．

- **volume フィールド**: 本 @book と論文 @article では，和文と欧文用のスタイルとではその出力形式は異なります．

    - @book の場合

        ```
        volume="3"    (和文用のスタイルの場合)
        volume="3"    (欧文用のスタイルの場合)
        ```
        ⟹
        ```
        第 3 巻
        volume 3
        ```

    - @article の場合

        ```
        volume="3"    (和文用のスタイルの場合)
        volume="3"    (欧文用のスタイルの場合)
        ```
        ⟹
        ```
        Vol. 3
        3
        ```

- **number フィールド**: 和文と欧文用のスタイルではその出力形式は異なります．

    ```
    number="8"    (和文用のスタイルの場合)
    number="8"    (欧文用のスタイルの場合)
    ```
    ⟹
    ```
    No. 8
    (8)
    ```

論文 @article の場合，volume フィールドと number フィールドの出力は和文と欧文のスタイルでは異なります．

和文のスタイル ⇒ Vol. 3, No. 8　　欧文のスタイル ⇒ 3(8)

- **pages フィールド**: 和文と欧文用のスタイルでは出力形式は異なります．

    ```
    pages="12"    (和文用のスタイルの場合)
    pages="12"    (欧文用のスタイルの場合)
    ```
    ⟹
    ```
    p. 12
    12
    ```

- **month フィールド**: 下に示す最後の例のようにすると，英語の月名を省略形 jan, feb, mar, apr, may, jun, jul, aug, sep, oct, nov, dec [→p.277 (80.12)] で入力することができます (ここで # は文字列結合演算子と呼ばれるものです)．

    ```
    month="12 月"
    month="January"
    month="January~5"
    month=jan#"~5"
    ```
    ⟹
    ```
    12 月
    January
    January 5
    January 5
    ```

- **chapter フィールド**: 和文と欧文のスタイルではその出力形式は異なります．

    ```
    chapter="2"    (和文用のスタイルの場合)
    chapter="2"    (欧文用のスタイルの場合)
    ```
    ⟹
    ```
    第 2 章
    chapter 2
    ```

- **edition フィールド**: 和文と欧文のスタイルではその出力形式は異なります．

    ```
    edition="2"         (和文用のスタイルの場合)
    edition="改訂版"     (和文用のスタイルの場合)
    edition="増補版"     (和文用のスタイルの場合)
    edition="2nd"       (欧文用のスタイルの場合)
    edition="third"     (欧文用のスタイルの場合)
    edition="revised"   (欧文用のスタイルの場合)
    ```
    ⟹
    ```
    第 2 版
    改訂版
    増補版
    2nd edition
    third edition
    revised edition
    ```

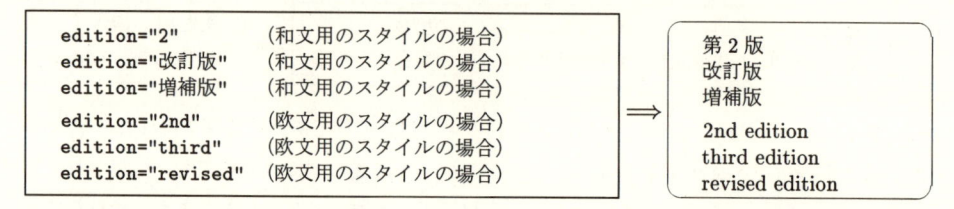

- **type フィールド**: mastersthesis, phdthesis, techreport の場合，参考文献の標題 (title) の後ろにそれぞれ標準形式として

80.12 フィールドの省略形

```
    Master's thesis,     PhD. thesis,     Technical Report
```

が出力されます．type フィールドを使って，たとえば

```
    type="修士論文"     type="博士論文"     type="技報"
```

としておくと，この標準形式に替えてこれらが出力されます．

- key フィールド：author, editor のいずれもない文献もあります．そのような文献に対しては，JBIBTEX が文献を「あいうえお順」あるいは「アルファベット順」に並べるためのよりどころとなるものをこのフィールドに書きます．この場合，必須フィールドである author あるいは editor は author=" ", editor=" " のように空の形で宣言しておかなければなりません．

- yomi フィールド：author, editor, key にある和文の著者名に替わる読みを登録します．文献の「あいうえお配列」はこの読みに従って行われます．なお，このフィールドは和文用の JBIBTEX に特有のものです．欧文用の BIBTEX ではこれは定義されていません．

- 自分で登録するフィールド：以上のフィールドの他に，自分で登録したフィールドにその文献に関する個人的なメモや何かの情報を入れておきたいこともあります．たとえばその文献のアブストラクトなどを入力するという使い方もあります．そのような場合には，以上で述べてきた既存のフィールド名とは別のフィールド名，たとえば \remark や \myfield などを設定し，そこにその情報を入力します．これは JBIBTEX では無視されます．

80.12　フィールドの省略形

- January, Feburary … などには省略形 jan, feb … が定義されています【→ [4] p.482-483】．
- このような省略形は次の命令を使って自分でも定義できます．

```
            《命令》  @string
```

- それには，文献データベースファイル「～.BIB」の先頭に，たとえば

```
    @string{jorsj = "Journal of Operations Resaearch Society of Japan"}
```

と登録しておきます．こうすると，フィールドには引用符なしで単に journal = jorsj と書くだけで，参考文献のリストには雑誌名がフルネームで出力されます．

- この登録は，あらかじめ JBIBTEX に登録されているものに優先します．したがって，jan を January と出力させたければ次のように宣言しておきます．

```
            @string{jan="January"}
```

- このような省略化は，著者名，タイトル，住所など他のフィールドに対しても有効です．
- 省略形は必ず英字で始まること，およびその中に空白と次の 10 個の記号が含まれてはなりません．

```
        "  #  %  '  (  )  ,  =  {  }
```

81 相互参照

用語: 相互参照　参照ラベル　外部の文書ファイルからの参照
命令: `\label` `\ref` `\pageref` `\eqref` `\vref` `\pref` `\vpageref` `\reftextbefore` `\reftextfacebefore` `\reftextafter` `\reftextcurrent` `\reftextfaraway` `\reftextvario` `\unskip` `\externaldocument`
パッケージ: amsmath　varioref　xr

◇

81.1 相互参照

▨ LaTeX 2_ε には，数式番号 [→p.135 (44)] のように，カウンタ [→p.34 (11)] の制御で自動的に付けられる番号が多くあります．これらの番号は，それに適当な「参照ラベル」を付け，本文の任意の場所でその参照ラベルを入力すると，そこに出力させることができます．このことを「相互参照」と言います．

▨ 参照ラベルを定義するには次の命令を使います．

《命令》　`\label{参照ラベル}`

▨ `\label` で定義された参照ラベルを出力させるには次の命令を使います (ページ番号の相互参照については p.280 で述べます).

《命令》　`\ref{参照ラベル}`

▨ 参照ラベルは英文字・和文字・数字・区読記号 [→p.94 (28.2)] からなる文字・記号によって指定します．英文字については大文字と小文字は区別されます．したがって，`eq:3` と `Eq:3` は異なった参照ラベルです．

81.2 コンパイル

▨ 相互参照を完成させるには，2 回のコンパイルが必要です．文献 [23] (乙部) に添付の LaTeX 2_ε のシステムでは，1 回の操作でこの 2 つのコンパイルが相い続いて実行されます．
- □ 1 回目 (LaTeX 2_ε のコンパイル)　→　相互参照の情報が ~.AUX ファイルに取り込まれる．
- □ 2 回目 (MakeIndex のコンパイル)　→　~.AUX からの相互参照の情報が本文に取り込まれる．

81.3 自動数式番号の相互参照

▨ 自動数式番号が付く単一段落数式 III [→p.128 (42.3)] および別行段落数式 [→p.128 (42.4)/p.131 (43)] の数式番号は相互参照が可能です．

▨ 下に，一例として eqnarray 環境による数式番号の相互参照の例を示します．ここでは参照ラベルとして aaa と bbb が使用されています．

```
\begin{eqnarray}
  x-1=0   \label{aaa}\\
  y-2=0   \label{bbb}
\end{eqnarray}
方程式 (\ref{aaa}) と方程式 (\ref{bbb}) の解は
それぞれ $x=1$, $y=2$ である.
```

⇒

$$x - 1 = 0 \quad (81.1)$$
$$y - 2 = 0 \quad (81.2)$$

方程式 (81.1) と方程式 (81.2) の解はそれぞれ $x = 1, y = 2$ である．

▨ amsmath パッケージを登録すると [→p.32 (10)]，次の参照命令を使うことによって参照された数式番号の前後に括弧が自動的に挿入されます．

《命令》 \eqref{ }

```
\begin{eqnarray}
 x-1=0    \label{aaa}\\
 y-2=0    \label{bbb}
\end{eqnarray}
方程式~\eqref{aaa}と方程式~\eqref{bbb}の解は
それぞれ $x=1$, $y=2$である.
```

⇒

$$x - 1 = 0 \quad (81.3)$$
$$y - 2 = 0 \quad (81.4)$$

方程式 (81.3) と方程式 (81.4) の解はそれぞれ $x = 1, y = 2$ である．

▨ amsmath パッケージを登録すると [→p.32 (10)]，44.8 節 (p.138) で述べた従属番号付きの自動数式番号を出力させる subequation 環境による数式番号も参照することができます．44.8 節 (p.138) での入・出力例にある参照番号が Eq.1 と Eq.2 である数式を参照した例を下に示しておきます．

```
\ref{050.008}節の式\ref{Eq.1} と\ref{Eq.2} より上の式は \ldots
```

⇓

44.8節の式 (44.3a) と (44.3b) より上の式は ...

81.4　部・章・節・段落の番号の相互参照

▨ \part, \chapter, \section … などによる部・章・節・段落・付録などの番号 [→p.53 (14)] は相互参照が可能です．次の例では，参照ラベルとして ccc, ddd, AP1, AP2 が使用されています．

```
\section{モデル \label{ccc}}
最適政策は方程式$\cdots$
\subsection{解法 \label{ddd}}
この方程式の解法は $\cdots$

 \ref{ccc}~節の方程式を\ref{ddd}~節の方法で
 解くと解 $x=3.14$が得られる.
```

⇒

2　モデル

　最適政策は方程式…

2.1　解法

　この方程式の解法は…

　2 節の方程式を 2.1 節の方法で解くと解 $x = 3.14$ が得られる．

```
これは付録~\ref{AP1}における\ref{AP2}の方法
で得られる.
\appendix
\section{モデル\label{AP1}}
最適政策は方程式$\cdots$
\subsection{解法 \label{AP2}}
この方程式の解法は $\cdots$
```

⇒

これは付録 A における A.1 の方法で得られる．

付録

A　モデル

　最適政策は方程式…

A.1　解法

　この方程式の解法は…

81.5　図表番号の相互参照

▨ 図表環境 [→p.257 (79)] による図表の図表番号は相互参照ができます．下の例では参照ラベルとして eee が使用されています．

```
\begin{figure}[h]
\unitlength=1mm
\begin{center}
   ここに図が入る
\end{center}\par
\caption{特性要因図 \label{eee}}
\end{figure}

   図~\ref{eee} から次のことが判明する.
```
⇒

ここに図が入る

図 1.2: 特性要因図

図 1.2から次のことが判明する.

81.6 定理番号の相互参照

定理環境 [→p.167(55)] による定理番号は相互参照ができます．下の例では参照ラベルは `teiri` です.

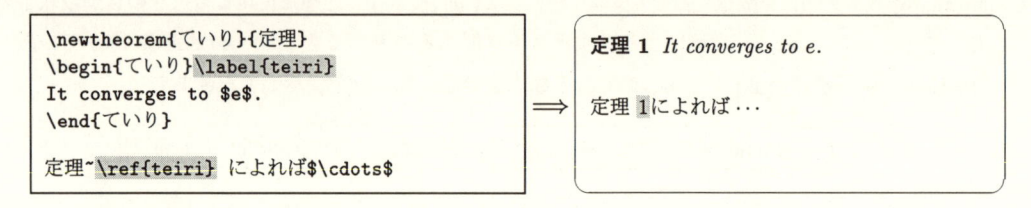

```
\newtheorem{ていり}{定理}
\begin{ていり}\label{teiri}
It converges to $e$.
\end{ていり}

定理~\ref{teiri} によれば$\cdots$
```
⇒

定理 1 *It converges to e.*

定理 1によれば…

81.7 脚注番号の相互参照

`footnote` 命令 [→p.294(84)] による脚注番号や脚注記号は相互参照ができます．下の例では参照ラベルとして `地名` が使われています.

```
特牛\footnote{こっとい \label{地名}}という地
名（脚注~\ref{地名}）を正確に呼ぶことのできる
人は少ない.
```
⇒

特牛[a]という地名（脚注 a）を正確に呼ぶことのできる人は少ない.
―――――
[a]こっとい

81.8 enumarate 環境による箇条書の相互参照

`enumarate` 環境による箇条書 [→p.233(73)] の項目番号は相互参照できます．ここでは参照ラベルを `eee`, `fff`, `ggg` としています．ただし入れ子に対する項目の相互参照はできません.

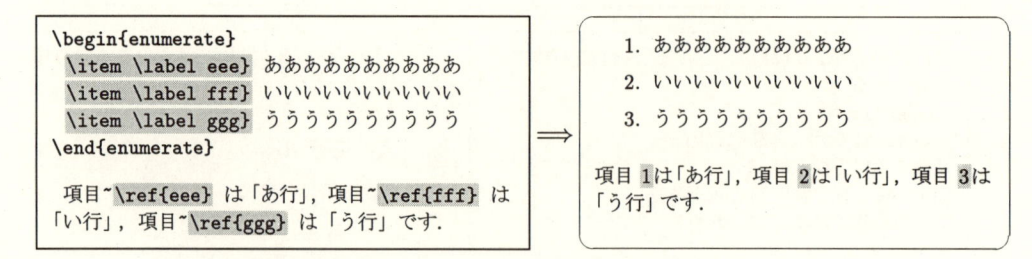

```
\begin{enumerate}
   \item \label eee} あああああああああ
   \item \label fff} いいいいいいいいい
   \item \label ggg} うううううううう
\end{enumerate}

   項目~\ref{eee} は「あ行」，項目~\ref{fff} は
「い行」，項目~\ref{ggg} は「う行」です.
```
⇒

1. あああああああああ
2. いいいいいいいいい
3. うううううううう

項目 1は「あ行」，項目 2は「い行」，項目 3は「う行」です.

81.9 ページ番号の相互参照 I

あるページで `\label` 命令によってある参照ラベルが定義されているとき，他のページでそのページのページ番号を参照することができます．それには次の命令を使います.

《命令》   \pageref{ }

▨ 下に，本書の 81.3 節 (p.278)，81.6 節 (p.280)，81.7 節 (p.280) において既に定義されている参照ラベル `aaa`，`teiri`，`地名` を参照し，それらのページ番号をそこに出力させる例を示します．

```
本章における数式~(p.\pageref{aaa}) と
     定理~(p.\pageref{teiri}) と
     地名~(p.\pageref{地名}) は
まったく無関係なことがらである．
```
⇒
本章における数式 (p.279) と定理 (p.280) と地名 (p.280) はまったく無関係なことがらである．

81.10　ページ番号の相互参照 II

▨ `varioref` パッケージを登録すると [→p.32 (10)]，下の例のような 粋(いき) な相互参照ができる次の命令が使用できます (ここでは，現在のページを p.4 としています)．詳細は文献 [23] (乙部, p441-444) を参照のこと．

《命令》　\vref{ }　\vpageref{ }

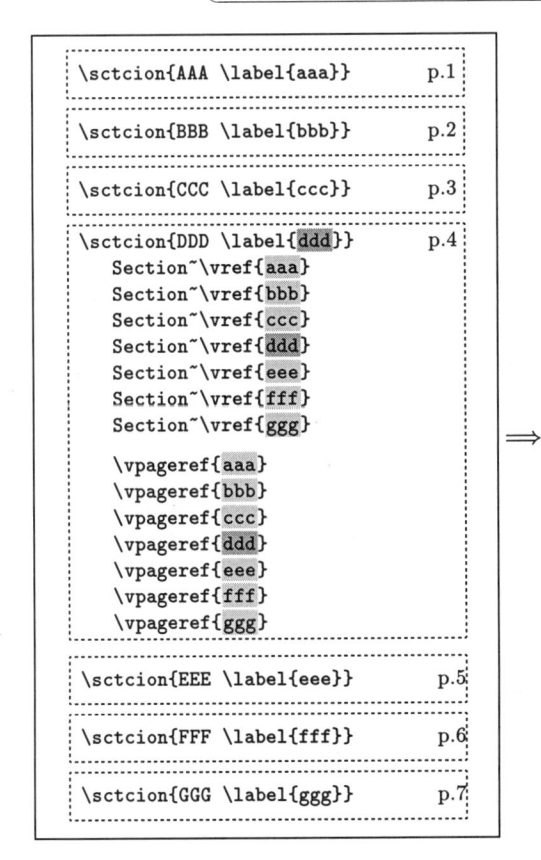

```
\sctcion{AAA \label{aaa}}      p.1

\sctcion{BBB \label{bbb}}      p.2

\sctcion{CCC \label{ccc}}      p.3

\sctcion{DDD \label{ddd}}      p.4
   Section~\vref{aaa}
   Section~\vref{bbb}
   Section~\vref{ccc}
   Section~\vref{ddd}
   Section~\vref{eee}
   Section~\vref{fff}
   Section~\vref{ggg}

   \vpageref{aaa}
   \vpageref{bbb}
   \vpageref{ccc}
   \vpageref{ddd}
   \vpageref{eee}
   \vpageref{fff}
   \vpageref{ggg}

\sctcion{EEE \label{eee}}      p.5

\sctcion{FFF \label{fff}}      p.6

\sctcion{GGG \label{ggg}}      p.7
```
⇒
```
Section 1 on page 1
Section 2 on page 2
Section 3 on the facing page
Section 4
Section 5 on the following page
Section 6 on page 6
Section 7 on page 7

on page 1
on page 2
on the facing page
on this page
on the following page
on page 6
on page 7
```

ここで，現在のページが：
- 左 (偶数) ページのとき，次ページにおける \vref は on the facing page と出力．
- 右 (奇数) ページのとき，次ページにおける \vref は on the following page と出力．

▨ 以上は英文用のもの．乙部がこれを日本語化した `jvarioref` パッケージを提供しています【→ [23] p.444】．このパッケージは次のスタイルファイルに書かれています (乙部のものを若干書き変えてあります)．

日本語化のスタイルファイル jvariore.sty（乙部）

```
\RequirePackage{varioref}
\renewcommand{\reftextbefore}{前ページ}
\renewcommand{\reftextfacebefore}{\reftextvario{前ページ}{左ページ}}
\renewcommand{\reftextafter}{次ページ}
\renewcommand{\reftextfaceafter}{\reftextvario{次ページ}{右ページ}}
\renewcommand{\reftextcurrent}{本ページ}
\renewcommand{\reftextfaraway}[1]{\pageref{#1}~ページ}
\newcommand{\pvref}[1]{\unskip\@vpageref[\reftextcurrent]{#1}の \ref{#1}}
\renewcommand{\vref}[1]{\unskip\@vpageref[\unskip]{#1}\hspace{0.4em}\ref{#1}}
```

このパッケージを登録すると，次の命令が使用できます（\vref{ } と \vpageref{ } の内容は変更されます）．

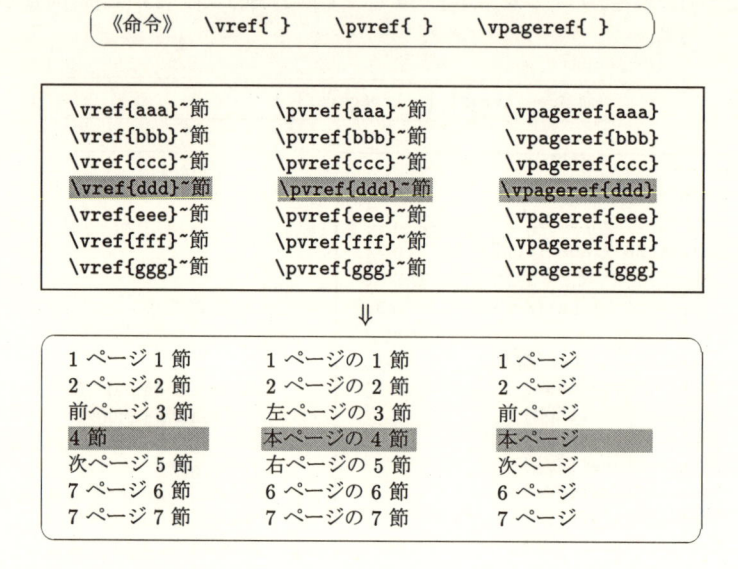

《命令》　\vref{ }　　\pvref{ }　　\vpageref{ }

```
\vref{aaa}~節        \pvref{aaa}~節        \vpageref{aaa}
\vref{bbb}~節        \pvref{bbb}~節        \vpageref{bbb}
\vref{ccc}~節        \pvref{ccc}~節        \vpageref{ccc}
\vref{ddd}~節        \pvref{ddd}~節        \vpageref{ddd}
\vref{eee}~節        \pvref{eee}~節        \vpageref{eee}
\vref{fff}~節        \pvref{fff}~節        \vpageref{fff}
\vref{ggg}~節        \pvref{ggg}~節        \vpageref{ggg}
```

⇓

```
1 ページ 1 節        1 ページの 1 節       1 ページ
2 ページ 2 節        2 ページの 2 節       2 ページ
前ページ 3 節        左ページの 3 節       前ページ
4 節                 本ページの 4 節        本ページ
次ページ 5 節        右ページの 5 節       次ページ
7 ページ 6 節        6 ページの 6 節       6 ページ
7 ページ 7 節        7 ページの 7 節       7 ページ
```

81.11　外部文書からの相互参照

▨ [xr] パッケージを登録すると [→p.32(10)]，外部の文書ファイルの参照ラベルが参照できます．詳細は文献 [4] (Goossens, p.53) を参照のこと．

▨ 下に例を示します．

□ 参照すべき外部の文書ファイルが 2 つあって，それぞれ AA.TEX と BB.TEX とします．

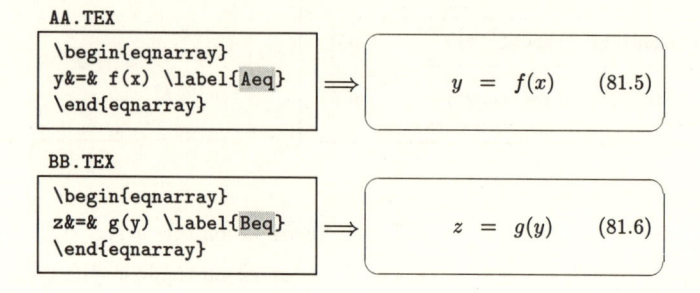

AA.TEX
```
\begin{eqnarray}
y&=& f(x) \label{Aeq}
\end{eqnarray}
```
⟹　　$y = f(x)$　　(81.5)

BB.TEX
```
\begin{eqnarray}
z&=& g(y) \label{Beq}
\end{eqnarray}
```
⟹　　$z = g(y)$　　(81.6)

□ プリアンブル [→p.5(4)] で，参照すべき外部文書ファイルを次の命令を使って宣言します．

81.11 外部文書からの相互参照

《命令》　　\externaldocument{AA}
　　　　　　\externaldocument{BB}

□ AA.TEX にある参照ラベル Aeq と BB.TEX にある参照ラベル Beq を現在のファイルで参照するのには \ref{Aeq}, \ref{Beq}, \pageref{Aeq}, \pageref{Beq} とします.

□ 以上のことをまとめると次のようになります.

```
\documentclass{article}
\usepackage{xr}
\externaldocument{AA}
\externaldocument{BB}
\begin{document}
AA.TEX の式~(\ref{Aeq}(p.\pageref{Aeq})) を BB.TEX の式 (\ref{Beq}(p.\pageref{Beq}))
に代入すると $z=g(f(x))$ となる.
\end{document}
```

⇓

AA.TEX の式 (81.5(p.282)) を BB.TEX の式 (81.6(p.282)) に代入すると $z = g(f(x))$ となる.

▨ ところで，この2つの外部の文書ファイルにある参照ラベルが共に同じ Eq であるとします.

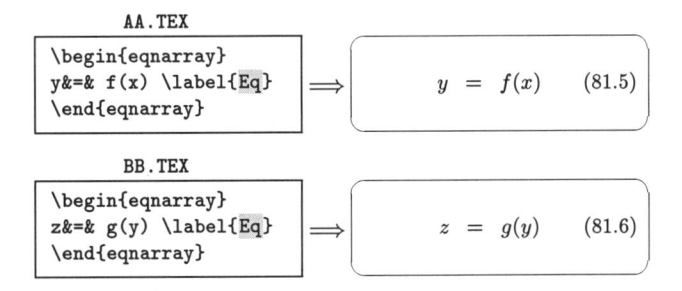

AA.TEX
```
\begin{eqnarray}
y&=& f(x) \label{Eq}
\end{eqnarray}
```
⟹　　$y = f(x)$　　(81.5)

BB.TEX
```
\begin{eqnarray}
z&=& g(y) \label{Eq}
\end{eqnarray}
```
⟹　　$z = g(y)$　　(81.6)

この場合，当然問題が生じます．このときは次のようにします.

```
\documentclass{article}
\usepackage{xr}
\externaldocument[a-]{AA}
\externaldocument[b-]{BB}
\begin{document}
AA.TEX の式 (\ref{a-Eq} を BB.TEX の式 (\ref{b-Eq} に代入すると $z=g(f(x))$ となる.
\end{document}
```

⇓

AA.TEX の式 (81.5) を BB.TEX の式 (81.6) に代入すると $z = g(f(x))$ となる.

a- と b- は同一参照ラベルを区別する標識であり何でもかまいません．たとえば X-, U-, m-, q- でも構いません.

82　ファイル名と参照ラベルの管理

用語：文書ファイル名の管理　参照ラベルの管理
命令：\EQUlabel　\EQUref (筆者のマクロ)

◇

82.1　文書ファイル名と参照ラベルの付け方

▨ 十数ページの文章を書く場合にはあまり問題とはなりませんが，二，三百ページにも及ぶ本などを書く際には，全体を章や節に分割して処理することが必要不可欠となります [→p.19 (7)]．本書も全体を 120 ほどの文書ファイルに分割処理して作成しました．

▨ その際，筆者は，各文書ファイルのファイル名とそこで使用する参照ラベル [→p.278 (81.1)] を次のように定義しました (押し付けがましいことは言いたくありませんが，1 つのやり方として検討されてみては如何でしょうか)．

□ 文書ファイルのファイル名は 000.TEX から始まる一連番号で次のように定義する．

```
000.TEX    001.TEX    002.TEX    003.TEX ···
```

□ 各文書ファイル「～.TEX」内での参照ラベルは，そのファイル名 ～ に 000 から始まる一連番号で次のように定義する．

```
～.000    ～.001    ～.002    ～.003 ···
```

▨ ファイル名と参照ラベルに数字を使うこと及びその数字を 3 桁 にすることの理由は次の 3 点にあります．

□ 短い文書ファイルの場合，通常，ファイル名と参照ラベルには何か意味を持たせた英・和文名で定義しますが，長文を分割処理する場合，それは往々にして煩雑となり，時間が経つうちに筆者自身がそれに持たせた意味を思い出せなくなるということが生じます (これは，筆者が旧版「LaTeX 文典」を書き上げた後に実感したことです)．これは「意味を持たせる」という便利さがもたらす弊害と言えます．これに対しそれを数値化しておくと「管理が容易」になるという便利さが生まれてきます．

□ 1 つの文章が 100 より多くのファイルに分割されることは十分に考えられるが，1000 より多くのファイルに分割されることはまずありえない．よって文書ファイル名は 3 桁の数とする．

□ 1 つの分割ファイルの中で 100 より多くの参照ラベルを定義することは十分に考えられるが，1000 より多くの参照ラベルを定義することはまずありえない．よって参照ラベルは 3 桁の数とする．

82.2　文書ファイル名の管理

▨ **執筆原稿と最終原稿**
  □ 最終的に出版社に提出する文書ファイルの原稿を「最終原稿」と言うことにします．
  □ 最終原稿に至るまでの文書ファイルの原稿をすべて「執筆原稿」と言うことにします．

▨ **親文書ファイルと子文書ファイル**
  □ 分割処理をしているとき，分割された個々の文書ファイルを「子文書ファイル」と言い，子文書ファイルを \input 命令あるいは \include 命令で結合するための文書ファイル (下の例では XYZ0.TEX) を「親文書ファイル」と言うことにします [→p.19 (7.2)]．

82.3 参照ラベルを「出力する・しない」の管理

□ 本書の1節(p.1)，2節(p.2)，3節(p.3)は文書ファイル名をそれぞれ002.TEX, 003.TEX, 004.TEX とした子文書ファイルとして処理し，これらを結合する親文書ファイルでは，\input命令の後ろに%記号[→p.95 (28.4)]を使ってそれぞれの節の標題を注として入力します．これでそれぞれの子文書ファイルが何のファイルであるかがすぐに分かります．

```
\documentclass{jarticle}
\begin{document}
\input{002} \clearpage % LATEX2e 入門
\input{003} \clearpage % 文書ファイルの基本構造
\input{004} \clearpage % 文書クラスとクラスオプション
\end{document}
```

82.3 参照ラベルを「出力する・しない」の管理

▨ 参照ラベルの入力に際して重要なことは次の3点です．
　□ 執筆原稿では，定義した参照ラベルがその入力場所に出力されること．
　□ 執筆原稿では，それまでに定義した参照ラベルの一覧表がディスプレイ上に示されること．
　□ 最終原稿のプリントアウト時には，原稿上のすべての参照ラベルが消えること．

▨ 以下では，自動数式番号[→p.135 (44)]の参照ラベルを例に取り，上の3つのことが自動的に処理できるマクロ命令[→p.26 (9)]の作成例を示します (if文については12節(p.42)を参照)．

《命令》　\EQUlabel　　（筆者のマクロ命令）

```
\newcounter{CounterEQUlabel}
\newcommand{\EQUlabel}[1]{\label{#1}
  \ifcase \theCounterEQUlabel
    \relax
  \or
    \hspace{1em}\mbox{\tiny$\langle$\rmfamily#1$\rangle$}\index{んんん#1@#1}
  \fi }
```

■ 参照ラベルの索引への出力
　□ このマクロ命令における \index{んんん#1@#1} は，参照ラベルとして定義したものを索引[→p.288 (83)]の最後に出力させるためのものです．ここで「んんん」としているのは，この参照ラベルを最後の索引項目として出力させるためです．英文の文書を書いているときは「zzz」とすべきでしょう．
　□ 参照ラベルの索引出力によって，どこまでの番号のラベルが使われてきたかが分かると同時に，同一ラベルの二重使用がチェックできます (同一ページでの二重使用はこれではチェックできません)．

▨ 下に，このマクロを使った例を示します．
　□ 執筆原稿において参照ラベルを出力する．

```
\setcounter{CounterEQUlabel}{1}  % プリアンブルで宣言
\begin{eqnarray}a &=&b+c+d \EQUlabel{123.000} \end{eqnarray}
```
⇓

$$a = b+c+d \quad \text{\tiny(123.000)} \qquad (82.1)$$

□ 最終原稿において参照ラベルを出力しない．

```
\setcounter{CounterEQUlabel}{0}    % プリアンブルで宣言
\begin{eqnarray}a &=&b+c+d \EQUlabel{123.001} \end{eqnarray}
```

$$a = b+c+d \tag{82.2}$$

82.4　参照ページ番号を「出力する・しない」の管理

※ 執筆・最終原稿の何れにおいても，参照番号の出力に加え，その参照番号があるページ番号も併せて出力させたい場合もあります．上で示した自動数式番号の参照ラベルを例とすると，これを条件判断で決めるマクロ命令は次のようになります．

《命令》　\EQUlref　（筆者のマクロ命令）

```
\newcounter{CounterEQUref}
\newcounter{CounterEQUpageref}
\newcommand{\EQUref}[1]{
  \ifcase \theCounterEQUref       \relax     \or {\tiny[#1]}\,\fi
  \ifcase \theCounterEQUpageref (\ref{#1}) \or (\ref{#1}\,(p.\pageref{#1}))  \fi}
```

※ このマクロ命令を使った入・出力例を下に示します (この例では数式中に参照ラベルを出力させています)．

□ 文中で「参照ラベルを出力する」かつ「参照ページを出力する」の例．

```
\setcounter{CounterEQUlabel}{1}    % 参照ラベルを出力する   （式中に）
\setcounter{CounterEQUref}{1}      % 参照ラベルを出力する   （文中に）
\setcounter{CounterEQUpageref}{1}  % 参照ページ番号を出力する （文中に）
\begin{eqnarray} a &=& b+c+d \EQUlabel{123.002} \end{eqnarray}
従って \EQUref{123.002} 式より
```

$$a = b+c+d \quad {\tiny (123.002)} \tag{82.3}$$

従って (82.3 (p.286)) [123.002] 式より

□ 文中で「参照ラベルを出力する」かつ「参照ページ番号を出力しない」の例．

```
\setcounter{CounterEQUlabel}{1}    % 参照ラベルを出力する   （式中に）
\setcounter{CounterEQUref}{1}      % 参照ラベルを出力する   （文中に）
\setcounter{CounterEQUpageref}{0}  % 参照ページ番号を出力しない （文中に）
\begin{eqnarray} a &=& b+c+d \EQUlabel{123.003} \end{eqnarray}
従って \EQUref{123.003} 式より
```

$$a = b+c+d \quad {\tiny (123.003)} \tag{82.4}$$

従って (82.4) [123.003] 式より

82.4 参照ページ番号を「出力する・しない」の管理

□ 文中で「参照ラベルを出力しない」かつ「参照ページ番号を出力する」の例.

```
\setcounter{CounterEQUlabel}{1}      % 参照ラベルを出力する       (式中に)
\setcounter{CounterEQUref}{0}        % 参照ラベルを出力する       (文中に)
\setcounter{CounterEQUpageref}{1}    % 参照ページ番号を出力する  (文中に)
\begin{eqnarray} a &=& b+c+d \EQUlabel{123.004} \end{eqnarray}
従って \EQUref{123.004} 式より
```

⇒

$$a \;=\; b+c+d \quad \text{\scriptsize (123.004)} \qquad\qquad (82.5)$$

従って (82.5 (p.287)) 式より

□ 文中で「参照ラベルを出力しない」かつ「参照ページを出力しない」の例.

```
\setcounter{CounterEQUlabel}{1}      % 参照ラベルを出力する       (式中に)
\setcounter{CounterEQUref}{0}        % 参照ラベルを出力しない     (文中に)
\setcounter{CounterEQUpageref}{0}    % 参照ページ番号を出力しない (文中に)
\begin{eqnarray} a &=& b+c+d \EQUlabel{123.005} \end{eqnarray}
従って \EQUref{123.005} 式より
```

⇒

$$a \;=\; b+c+d \quad \text{\scriptsize (123.005)} \qquad\qquad (82.6)$$

従って (82.6) 式より

コラムR：マニュアル執筆の要諦3 (参照機能の充実)

マニュアルの最も重要なことは，ユーザがマニュアルを調べている際に不明な用語や命令に出会っとき，それが記述さているページにいち早く辿り着けることです．このために本書では次の4点に注意を払いました．

1. **節目次を作りそれに「つめ」を付けたこと**：「本文目次」は長すぎるため知りたい項目を探すのが往々にして面倒となります．そこで本書では，本文目次にある「節」だけを抜き書きして「節目次」を作りました．さらに，この「節目次」のページの右端につめ 12 を付け，対応する本文ページの検索を容易にしました．

2. **文中に相互参照機能を持たせたこと**：他の節で説明してある用語や命令に対しては，それが説明してある「節とそのページ番号」を，たとえば [→p.284 (82.2)] のように，そこに記述しました．

3. **文中での参考文献表示に関連ページを付けたこと**：書中で参考文献表示に出会うと，ユーザはその文献を紐解くことになりますが，その中の何処にそのことが触れられているかを調べるのも結構面倒なものです．その文献の索引が不完全であったりすると参照ページを探すには結構時間を要するものです．ユーザのこの時間の浪費を軽減させるために，本書では参考文献表示には，たとえば [23](乙部,p.102-105) や【→[4]p.102-105】のように，著者名と関連ページも併せて表示しました．

4. **索引に注書きを付けたこと**：読者が索引参照をするとき，その項目についてすべてのことを知りたいのではなく，その1つの局面を知りたいということが多いものです．従って，索引項目には，必要最小限の注書きを付すのはマニュアル本の使いやすさを向上させる上で必要なことかと思います．本書の索引もこのことに留意して作成しました．

83 索引

用語: 索引　索引項目　索引項目の読み　索引項目への追加情報　索引の分類項目
命令: \makeindex　\index　\printindex　\indexname　see　MakeIndex
パッケージ: makeidx

◇

83.1 簡単な入・出力例

▣ 先ずは下に，文書ファイル名を AAA.TEX とした索引作成の簡単な入・出力例を示します．網掛け部分がどのように出力されているかをじっくり眺めて下さい．文書ファイルにある 3 つの ┄┄ 内の命令は，索引作成のために必要なものです．

AAA.TEX

```
\documentclass[11pt]{jbook}
\makeindex
\usepackage{makeidx}
\begin{document}
\LaTeX\index{latexe@\LaTeXe|(} とはコンピュータ\index{こんぴゅーたー@コンピュータ}による
組版システム\index{くみはんしすてむ@組版システム}．広辞苑\index{こうじえん@広辞苑}では，
組版\index{くみはん@組版|see{p.15}} とは 『原稿にもとづいて活字ケースから
文選\index{ぶんせん@文選} した活字を，原稿の指定に従って，順序・\index{じゅんじょ@順序}・
字詰\index{じづめ@字詰}・行数\index{ぎょうすう@行数}・字間\index{じかん@字間}・行間・位置
などを正しく組み上げること』です．
印刷会社の組版工\index{くみはん@組版!くみはんこう@組版工}は，それまでに多くの組版工達によって培わ
れてきた数々の組版テクニック\index{くみはん@組版!くみはんてくにっく@組版テクニック}を駆使して組版
作業をします．組版工の技量
\index{くみはん@組版!くみはんこう@組版工!くみはんこうのぎりょう@組版工の技量|see{印刷の歴史}}は
その経験年数と共に向上していく ….．\LaTeX \index{latexe@\LaTeXe|)} とはこのようなもの．
\printindex
\end{document}
```

⇓

索引

L^AT_EX 2_ε, 1–6　　　　　　　　　　広辞苑, 1
行数, 1　　　　　　　　　　　　　コンピュータ, 1
組版, *see* p.15　　　　　　　　　 字間, 1
　　組版工, 1　　　　　　　　　　 字詰, 1
　　　　組版工の技量, *see* 印刷の歴史，順序, 1
　　組版テクニック, 1　　　　　　 文選, 1
組版システム, 1

▣ 上の出力例にも見られるように，最初に英文字の索引「L^AT_EX 2_ε」が，その次に和文字の索引「行数」「組版」… がつづきます．

▣ 索引項目は，その「読み」の最初の文字に関し次の順で並べられます．

$$0,1,\ldots \to A,B,\ldots \to a,b,\ldots \to あ,い,\ldots \to ア,イ,\ldots$$

- 索引の分類文字「**A, B,**···」,「**あ, い,**···」の付け方は 83.4 節 (p.292) で述べます.
- 平仮名の「あ」,「あー」,「ああ」, カタカナの「ア」,「アー」,「アア」はこの順になります.
- 本書の索引のように, ページ番号の前にリーダ (...) を挿入するには, 次のように \dotfill [→p.116 (36.4)] を \index 命令の最後の引数の終わりに挿入します.

```
\index{ぎょうすう@行数\dotfill}
```
⇓
```
行数....................................................., 1
```

リーダを入れる別の方法もあります. 詳細は文献 [4] (Goosssense, p.432-433) を参照のこと.

83.2 索引作成の手続き

- 索引作成の手順は次のとおりです.
  - □ プリアンブル [→p.5 (4)] で次の命令を宣言する.

    《命令》 \makeindex

  - □ プリアンブルで索引作成の makeidx パッケージを登録する [→p.32 (10)].

    \usepackage{makeidx}

  - □ 本文の中で, 次の命令を使って索引に登録する項目を指定する [→p.289 (83.3)].

    《命令》 \index{ }

  - □ 文書ファイルの最後に (\end{document} の直前に), 索引を出力する次の命令を宣言する.

    《命令》 \printindex

- 索引の自動的な作成を完成させるためには 3 回のコンパイルが必要です (文献 [23] (乙部) に添付の CD-ROM にある LaTeX 2ε のシステムでは全て自動的にやってくれます).
  - □ 1 回目: LaTeX 2ε のコンパイル → ～.IDX ファイルが作成される.
  - □ 2 回目: MakeIndex のコンパイル → ～.IDX ファイルから ～.IND ファイルが作成される.
  - □ 3 回目: LaTeX 2ε のコンパイル → ～.IND ファイルを本文に取り込んで索引を作成する.

83.3 \index 命令の構造

- 83.1 節 (p.288) の入力ファイル AAA.TEX における \index{ } の部分だけを抜き書きします.

  ① \index{latexe@\LaTeXe|(}
  ② \index{こんぴゅーたー@コンピュータ}
  ③ \index{くみはんしすてむ@組版システム}
  ④ \index{こうじえん@広辞苑}
  ⑤ \index{くみはん@組版|see{p.15}}
  ⑥ \index{ぶんせん@文選}
  ⑦ \index{じゅんじょ@順序}
  ⑧ \index{じつめ@字詰}
  ⑨ \index{ぎょうすう@行数}

⑩　\index{じかん@字間}
⑪　\index{くみはん@組版!くみはんこう@組版工}
⑫　\index{くみはん@組版!くみはんてくにっく@組版テクニック}
⑬　\index{くみはん@組版!くみはんこう@組版工!くみはんこうのぎりょう@組版工の技量| see{印刷の歴史}}
⑭　\index{latexe@\LaTeXe|)}

▩ これらを，出力された索引に対応させると次のようになります．

```
           索引                    ④      広辞苑, 1
①⑭    LaTeX 2ε, 1–6              ②      コンピュータ, 1
⑨        行数, 1                  ⑩      字間, 1
⑤        組版, see p.15           ⑧      字詰, 1
⑪            組版工, 1            ⑦      順序, 1
⑬            組版工の技量, see 印刷の歴史
⑫            組版テクニック, 1    ⑥      文選, 1
③        組版システム, 1
```

▩ この抜き書きのうち ① ⑤ ⑬ ⑭ には | が，また ⑪ ⑫ ⑬ には ! がその引数の中に入力されていることに着目して下さい．

▩ この抜き書きから，\index{ } の引数 { } が，一般に，次のような構造になっていることがわかります．

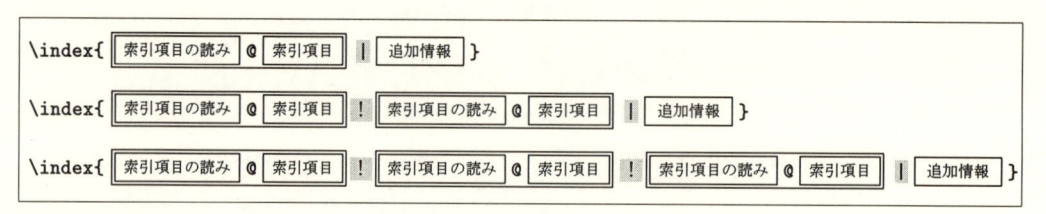

\index{ 索引項目の読み @ 索引項目 | 追加情報 }
\index{ 索引項目の読み @ 索引項目 ! 索引項目の読み @ 索引項目 | 追加情報 }
\index{ 索引項目の読み @ 索引項目 ! 索引項目の読み @ 索引項目 ! 索引項目の読み @ 索引項目 | 追加情報 }

▩ 索引項目の読み には，
- □「漢字項目」と「ひらがな項目」に対してはひらがなで「こうじえん」と入力します．
- □「カタカナ項目」に対してはカタカナで「コンピュータ」と入力します．
- □「漢字項目」と「カタカナ項目」は別々に分類されます．
- □ 清音「は」，濁音「ば」，半濁音「ぱ」，拗音「ゅ」，促音「っ」なども自動的に「は」，「ゆ」，「つ」と判断して「あいうえお」順に並べてくれます．カタカナについても同じです．
- □ 英文項目にはそのまま小文字で入力します．
- □「索引項目の読み」と「索引項目」が同じなら「索引項目の読み」は省略できます．したがってカタカナ項目と英文項目は \index{コンピュータ}, \index{matrix} とするだけで十分です．

▩ 索引項目 の部分には索引にしたい項目を入力します．不要な空白は極力避けること．

▩ 索引項目の読み @ 索引項目 が1つの索引項目の入力単位となります． ! で区切って最大3つまでの索引項目を入力することができます．2番目の入力は1番目の項目のサブ索引項目となります．3番目の入力は2番目の項目のサブ索引項目となります．

▩ 追加情報 の部分には，索引項目に付けておくと便利と思われる情報を入力します．たとえば：
- □ ⑤や⑬のように，そこに次の命令を入力すると，引数{ }の中に書かれた情報が出力されます．

《命令》　see{ }

たとえば \index{...|see{積分}} とすると標準設定として see 積分 となります．

83.3 \index 命令の構造

□ ところで，和文の文書を作成しているときに英文で *see* と出力されるのはいささか不自然です．下に，これを変更する2つの方法を示します．

○ 実は，この *see* は次の命令によって定義されています．

> 《命令》　\seename

従って，これをたとえば ⇒ 積分 のように変更するにはこれを次のように宣言します．

> `\renewcommand{\seename}{$\Rightarrow$}`

○ また，⇒「積分」 のように飾り「　」を付けたものに変更することもできます．それには，スタイルファイル `\makeidx.sty` を以下のように書き換えます【→ [23] p.454】（このスタイルファイルは，Windowsの「検索機能」で探すことができます）．この例にならって好みのものに書き換えて下さい）．

```
● 元の makeidx.sty                           see 積分
\ProvidesPackage{makeidx}
\newcommand*\see[2]{\emph{\seename}#1}
\newcommand\printindex{\@input@{\jobname.ind}}
\providecommand\seename{see}
```

⇓

```
● 変更された makeidx.sty                      ⇒「積分」
\ProvidesPackage{makeidx}
\newcommand*\see[2]{\emph{\seename}「#1」}
\newcommand\printindex{\@input@{\jobname.ind}}
\providecommand\seename{$\Rightarrow$}
```

さらに，次のような変更もできます．

```
● 変更された makeidx.sty                      「積分」を見よ
\ProvidesPackage{makeidx}
\newcommand*\see[2]{「#1」\emph{\seename}}
\newcommand\printindex{\@input@{\jobname.ind}}
\providecommand\seename{\textnormal{を見よ}}
```

□ ①と⑭ のように，`\index{…|(}` と `\index{…|)}` を対にしておくと，前者が入力されているページから 後者が入力されているページまでのページ範囲が，たとえば 1–6 のように索引に出力されます．このこととは別に，ある索引項目がページ 3, 4, 5, 6 のように一続きになるときにも，その索引項目に対するページ番号は自動的に 3–6 となります．

□ 次のようにすると参照ページのページ番号の書体をローマン体から好みの書体に変更できます（ここで \textsf ではなく「バックスラッシュ \ なし」の textsf であることに注意）．

```
\index{せきぶん@積分|textsf}    →    積分, 12    サンセリフ体
\index{せきぶん@積分|texttt}    →    積分, 12    タイプライタ体
\index{せきぶん@積分|textbf}    →    積分, 12    ボールドフェイス体
\index{せきぶん@積分|textit}    →    積分, 12    イタリック体
\index{せきぶん@積分|textsl}    →    積分, 12    スラント体
```

83.4　索引の分類文字

▨ 83.1 節 (p.288) の出力例にも見られるように，索引の分類文字の「A, B, C, …」や「あ, い, う, …」の入るべき所には空行が空くだけで分類文字は出力されません．その入力方法は次のとおりです．

▨ まず 2 度目のコンパイルで作成される `AAA.IND` ファイルの中身が次のようになっていることをエディタ上で確かめて下さい．

```
                          AAA.IND
\begin{theindex}
  \item \LaTeXe, 1
  \indexspace
  \item 行数, 1
  \indexspace
  \item 組版, \see{p.15}{1}
    \subitem 組版工, 1
      \subsubitem 組版工の技量, \see{印刷の歴史}{1}
    \subitem 組版テクニック, 1
  \item 組版システム, 1
  \indexspace
  \item 広辞苑, 1
  \item コンピュータ, 1
  \indexspace
  \item 字間, 1
  \item 字詰, 1
  \item 順序, 1
  \indexspace
  \item 文選, 1
\end{theindex}
```

▨ この `AAA.IND` ファイルに，下の例にあるように，\item 命令を使って索引の分類文字である「A, B, C, …」や「あ, い, う, …」を入力していきます．分類文字の他にも索引に出力したい情報があれば \item を使って同様に出力させることができます．

```
                          AAA.IND
  \begin{theindex}
\item{\large\bfseries 用語}
\item {\bfseries L}
  \item \LaTeXe, 1
  \indexspace
\item {\bfseries き}
  \item 行数, 1
  \indexspace
\item {\bfseries く}
  \item 組版, \see{p.15}{1}
  \subitem 組版工
  \subsubitem 組版工の技量, \see{印刷の歴史}{1}
  \subitem 組版テクニック, 1
  \item 組版システム, 1
  \indexspace
\item {\bfseries こ}
  \item 広辞苑, 1
  \item コンピュータ, 1
  \indexspace
\item {\bfseries し}
  \item 字間, 1
  \item 字詰, 1
  \item 順序, 1
  \indexspace
\item {\bfseries ふ}
  \item 文選, 1
  \end{theindex}
```

▨ AAA.IND ファイルを上のように修正した後で AAA.TEX ファイルをもう一度 LaTeX 2ε のコンパイルにかけると，分類文字が付いた索引が次のように出力されます．

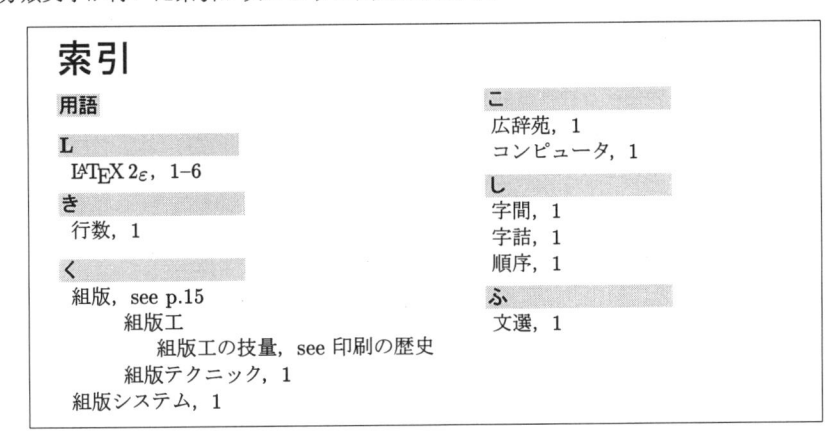

```
索引
用語
L
  LaTeX 2ε, 1–6
き
  行数, 1
く
  組版, see p.15
      組版工
          組版工の技量, see 印刷の歴史
      組版テクニック, 1
      組版システム, 1
こ
  広辞苑, 1
  コンピュータ, 1
し
  字間, 1
  字詰, 1
  順序, 1
ふ
  文選, 1
```

83.5 索引見出しの変更

▨ 索引見出しは標準設定として次の表のようになっています．

和文	英文
索引	Index

▨ これらの見出しは次の命令によって定義されています．

《命令》 \indexname

▨ この見出しは \printindex の前で次のように宣言して好みのものに変更できます．

- 例 1

```
\renewcommand{\indexname}{\fboxsep=1mm\fbox{\large さくいん}}
```
⇒ さくいん

- 例 2

```
\renewcommand{\indexname}{\hspace{-6mm}\colorbox{black}{\textcolor{white}{
                         \makebox(140,6)[c]{\large\bfseires 索引}}}}
```

⇓

索引

84 脚注

用語：脚注　脚注ラベル　脚注間のスペース　脚注の罫線
命令：\footnote　\thefootnote　\mpfootnote　\thempfootnote　\footnotemark　\footnotetext
　　　　\footnoterule　\footnotesep　\FNsymbol（筆者のマクロ）
パッケージ：fnpara　ftnright　footnpag

◇

84.1 脚注の基本型

▨ ページ末に脚注を出力させるには次の命令を使います．

《命令》　\footnote[ ]{ }

▨ 脚注に付ける記号・文字・数字を「脚注ラベル」と言います．脚注ラベルはカウンタ footnote [→p.34 (11.1)] によって制御され，付けられます．

▨ 脚注ラベルの標準設定は，本文中では \arabic の $1, 2, \cdots$ [→p.36 (11.5)]，ミニページ内 [→p.203 (66)] では \alph の $a, b, \cdots$ となります．

　□　本文中の脚注 → ページ末に出力

> 山頭火\footnote{放浪俳人}は熊本で生まれ\footnote{大正1年1月}，早稲田大学\footnote{文学部}を卒業した．彼は，その放浪日記に数多くのすぐれた自由律俳句\footnote{たとえば''分け行っても分け行っても青い空''}を残し，いつしか彼は現代自由律俳句の巨頭となっていた．

⇓

> 山頭火[1]は熊本で生まれ[2]，早稲田大学[3]を卒業した．彼は，その放浪日記に数多くのすぐれた自由律俳句[4]を残し，いつしか彼は現代自由律俳句の巨頭となっていた．

　□　ミニページ内の脚注 → ミニページ末に出力．

> 山頭火\footnote{放浪俳人}は熊本で生まれ\footnote{大正1年1月}，早稲田大学\footnote{文学部}を卒業した．彼は，その放浪日記に数多くのすぐれた自由律俳句\footnote{たとえば''分け行っても分け行っても青い空''}を残し，いつしか彼は現代自由律俳句の巨頭となっていた．

⇓

> 山頭火[a]は熊本で生まれ[b]，早稲田大学[c]を卒業した．彼は，その放浪日記に数多くのすぐれた自由律俳句[d]を残し，いつしか彼は現代自由律俳句の巨頭となっていた．
> 　　[a]放浪俳人
> 　　[b]大正1年1月
> 　　[c]文学部
> 　　[d]たとえば"分け行っても分け行っても青い空"

84.2 脚注ラベルの変更

▨ 本文中の脚注ラベルの標準設定は \arabic [→p.36 (11.5)] の $1, 2, 3, \cdots$ ですが，次にあげた6通りの命令のどれか1つを宣言すると [→p.26 (9.3)]，それに対応した脚注ラベルに変更できます．この宣言は変更し

---

[1]放浪俳人
[2]大正1年1月
[3]文学部
[4]たとえば"分け行っても分け行っても青い空"

たい所より上であればどこで行ってもよい．全文章にわたって同じ脚注ラベルを使うのであればプリアンブル[→p.5 (4)]で宣言するのがよいでしょう．

```
\renewcommand{\thefootnote}{\fnsymbol{footnote}}      →   *  †  ‡ …
\renewcommand{\thefootnote}{\arabic{footnote}}        →   1  2  3 …
\renewcommand{\thefootnote}{\alph{footnote}}          →   a  b  c …
\renewcommand{\thefootnote}{\roman{footnote}}         →   i  ii iii …
\renewcommand{\thefootnote}{\rmfamily\alph{footnote}} →   a  b  c …
\renewcommand{\thefootnote}{\rmfamily\roman{footnote}}→   i  ii iii …
```

▨ 最後の2つは，脚注ラベルをそれぞれローマン体 \rmfamily [→p.80 (23)] にするものです．これを \slshape, \bfseries, \ttfamily に変えると脚注ラベルは，それぞれスラント体，ボールド体，タイプライタ体に変更されます．

▨ 下に，本文中の脚注ラベルを \fnsymbol に変更した例を示します．

```
\renewcommand{\thefootnote}{\fnsymbol{footnote}}
山頭火\footnote{放浪俳人}は熊本で生まれ\footnote{大正1年1月}，早稲田大学\footnote{文学部}を卒業した．彼は，その放浪日記に数多くのすぐれた自由律俳句\footnote{たとえば''分け行っても分け行っても青い空''}を残し，いつしか彼は現代自由律俳句の巨頭となっていた．
```

⇓

山頭火*は熊本で生まれ†，早稲田大学‡を卒業した．彼は，その放浪日記に数多くのすぐれた自由律俳句§を残し，いつしか彼は現代自由律俳句の巨頭となっていた．

84.3　いろいろな脚注ラベルの混在

▨ 1つの文章の中でいろいろな脚注ラベルを使用したいこともあります．この場合，その都度その場所で84.2節 (p.294) で述べた脚注ラベルの変更命令を宣言しなければなりません．これは面倒なことです．これは，次の命令をすべてプリアンブルに登録しておくことによって解決できます．

```
\newcommand{\zfn}{\renewcommand{\thefootnote}{\fnsymbol{footnote}}}
\newcommand{\Zfn}{\zfn\footnote}                      →   * † ‡ …
```

```
\newcommand{\zar}{\renewcommand{\thefootnote}{\arabic{footnote}}}
\newcommand{\Zar}{\zar\footnote}                      →   1 2 3 …
```

```
\newcommand{\zal}{\renewcommand{\thefootnote}{\alph{footnote}}}
\newcommand{\Zal}{\zal\footnote}                      →   a b c …
```

```
\newcommand{\zro}{\renewcommand{\thefootnote}{\roman{footnote}}}
\newcommand{\Zro}{\zro\footnote}                      →   i ii iii …
```

```
\newcommand{\zarit}{\renewcommand{\thefootnote}{\itshape\arabic{footnote}}}
\newcommand{\Zarit}{\zarit\footnote}                  →   1 2 3 …
```

```
\newcommand{\zalrm}{\renewcommand{\thefootnote}{\itshape\alph{footnote}}}
\newcommand{\Zalrm}{\zalrm\footnote}                  →   a b c …
```

---

*放浪俳人
†大正1年1月
‡文学部
§たとえば"分け行っても分け行っても青い空"

```
\newcommand{\zrorm}{\renewcommand{\thefootnote}{\itshape\roman{footnote}}}
\newcommand{\Zrorm}{\zrorm\footnote}                    →   i ii iii···
```

▨ これらを使用した用例を下に示します．

```
山頭火\Zfn[5]{放浪俳人}は熊本\Zal[26]{九州}で生まれ\Zal[2]{大正1年1月}，早稲田大
学\Zar[10]{文学部}を卒業した．彼は単なる飲んだくれ\Zro[1]{酔って熊本市内で電車を止める}の
乞食坊主\Zarit[5]{托鉢とは言っているがほとんど物乞い}にしか過ぎないと言われるが，その放浪日
記に数多くのすぐれた自由律俳句\Zalrm[9]{たとえば"分け行っても分け行っても青い空"}を残し，
いつしか彼は現代自由律俳句の巨頭となっていた．
```

⇓

山頭火¶は熊本ᶻで生まれᵇ，早稲田大学¹⁰を卒業した．彼は単なる飲んだくれⁱの乞食坊主⁵にしか過ぎないと言われるが，その放浪日記に数多くのすぐれた自由律俳句ⁱを残し，いつしか彼は現代自由律俳句の巨頭となっていた．

84.4　ミニページの中の脚注 I

▨ 84.1節 (p.294) ですでに述べたように，ミニページの脚注記号は標準設定として \alpha の $a, b, c, \ldots$ となります．この脚注記号を変更するにはカウンタ mpfootnote [→p.34 (11.1)] を使います．

▨ 下に，この脚注記号を \fnsymbol の *, †, ‡, ... に変更する例を示します．

```
\renewcommand{\thempfootnote}{\fnsymbol{mpfootnote}}
\begin{minipage}{145mm}\bskip{4}
山頭火\footnote{放浪俳人}は熊本\footnote{九州}で生まれ\footnote{大正1年1月}，早稲田大
学\footnote{文学部}を卒業した．彼は単なる飲んだくれ\footnote{酔って熊本市内で電車を止める}の乞
食坊主\footnote{托鉢とは言っているがほとんど物乞い}にしか過ぎないと言われるが，その放浪日記に数
多くのすぐれた自由律俳句\footnote{たとえば"分け行っても分け行っても青い空"}を残し，いつしか
彼は現代自由律俳句の巨頭となっていた．
\end{minipage}
```

⇓

山頭火*は熊本†で生まれ‡，早稲田大学§を卒業した．彼は単なる飲んだくれ¶の乞食坊主‖にしか過ぎないと言われるが，その放浪日記に数多くのすぐれた自由律俳句**を残し，いつしか彼は現代自由律俳句の巨頭となっていた．

　　*放浪俳人
　　†九州
　　‡大正1年1月
　　§文学部
　　¶酔って熊本市内で電車を止める
　　‖托鉢とは言っているがほとんど物乞い
　　**たとえば"分け行っても分け行っても青い空"

84.5　ミニページの中の脚注 II

▨ ミニページ内 [→p.203 (66)] の脚注はそのミニページ内に出力されます．これをページ末に出力するには次の2つの命令を組み合わせて使用します．

¶放浪俳人
ᶻ九州
ᵇ大正1年1月
¹⁰文学部
ⁱ酔って熊本市内で電車を止める
⁵托鉢とは言っているがほとんど物乞い
ⁱたとえば"分け行っても分け行っても青い空"

《命令》　\footnotemark[ ]　　\footnotetext[ ]{ }

```
\renewcommand{\thefootnote}{\Roman{footnote}}
\begin{minipage}{140mm}
山頭火\footnotemark[2]は熊本で生まれ\footnotemark[4]，早稲田大学\footnotemark[9]を卒業
した．彼は単なる飲んだくれの乞食坊主\footnotemark[6]にしか...
\end{minipage}
\footnotetext[2]{放浪俳人}
\footnotetext[4]{大正1年1月}
\footnotetext[9]{文学部}
\footnotetext[6]{酔って熊本市内で電車を止める}
```

⇓

山頭火[II]は熊本で生まれ[IV]，早稲田大学[IX]を卒業した．彼は単なる飲んだくれの乞食坊主[VI]にしか…

84.6　章・節の標題の中の脚注

章・節の引数は「動く引数」です[→p.24(8.4)]．この動く引数に対しても脚注を付けることができます．ただしこの場合，次のように \footnote の前に \protect を置くこと[→p.24(8.4)]．

```
\renewcommand{\thefootnote}{\fnsymbol{footnote}}
\subsection{モデルの定義\protect \footnotetext[5]{文献[3]を参照}}
\footnotetext[5]{文献[3]を参照}
```

⇓

2.1　モデルの定義[¶]

84.7　図表標題の中の脚注

figure 環境内と table 環境内[→p.257(79)]で \caption{ } 命令の引数 { } の中に書く図表標題における脚注には \footnote 命令は使用できません．このような場所で脚注を付けるには次のようにします．ただしこの命令の引数 { } は動く引数なのでその前に \protect 命令を置きます[→p.24(8.4)]．

```
\renewcommand{\thefootnote}{\roman{footnote}}
\begin{figure}[h]
 \caption{特性要因図\protect \footnotemark[3]}\par
 \unitlength=1mm
 \begin{center}
 \framebox(50,20)[c]{ここに図が入る}
 \end{center}\par
\end{figure}
\footnotetext[3]{筑波太郎氏による}
```

⟹

図 1.1: 特性要因図[iii]

ここに図が入る

[II]放浪俳人
[IV]大正1年1月
[IX]文学部
[VI]酔って熊本市内で電車を止める
[¶]文献[3]を参照
[iii]筑波太郎氏による

84.8 表中の脚注

アレイ表 [→p.212 (70)]，タブロー表 [→p.226 (71)]，タビング表 [→p.229 (72)] の要素の中では \footnote 命令は使用できません．この場合には次のようにします．

```
\renewcommand{\thefootnote}{\fnsymbol{footnote}}
\begin{tabular}{|c|c|}\hline
山頭火\footnotemark[1]    & 熊本生まれ\footnotemark[2]     \\ \hline
早稲田大学卒\footnotemark[5] & 自由律俳句の巨頭\footnotemark[7] \\ \hline
\end{tabular}
\footnotetext[1]{放浪俳人}
\footnotetext[2]{大正1年1月}
\footnotetext[5]{文学部}
\footnotetext[7]{たとえば''分け行っても分け行っても青い空''がある}
```

⇓

山頭火*	熊本生まれ†
早稲田大学卒¶	自由律俳句の巨頭**

84.9 数式の中の脚注

別行段落数式 [→p.128 (42.4) / p.131 (43)] の中で脚注を付けるには \footnote 命令を使うことができません．この場合には次のようにします．

```
\renewcommand{\thefootnote}{\Roman{footnote}}
\begin{eqnarray}
a &=& b+c\footnotemark[2] \\
  &=& d+e
\end{eqnarray}
\footnotetext[2]{式 (2) より}
```

⟹

$$a = b+c^{\text{II}} \quad (84.1)$$
$$= d+e \quad (84.2)$$

84.10 脚注ラベル \fnsymbol から「*」と「**」を外す

\fnsymbol の脚注記号である * と ** は，しばしば数学記号として，しかも上付き記号として使われます (たとえばユニタリ行列 U^*)．このような数学記号が使われている文書内ではこの2つの脚注記号は避けるべきでしょう．この問題は筆者作成の次のマクロ命令を使うことによって回避できます（プリアンブルで宣言するとよいでしょう）．

《命令》　\FNsymbol　（筆者のマクロ命令）

```
\newcommand{\FNsymbol}{\renewcommand{\thefootnote}{\fnsymbol{footnote}}
                \ifnum \value{footnote}>8 \setcounter{footnote}{0}\fi
                \ifnum \value{footnote}=0 \setcounter{footnote}{1}\fi
                \ifnum \value{footnote}=6 \setcounter{footnote}{7}\fi
                \hspace{-0.3em}\footnote}
```

---

*放浪俳人
†大正1年1月
¶文学部
**たとえば"分け行っても分け行っても青い空"がある
II式 (2) より

▨ 下に 1 つの入・出力例を示します．

```
\renewcommand{\thefootnote}{\fnsymbol{footnote}}
山頭火\FNsymbol{放浪俳人}は熊本\FNsymbol{九州}で生まれ\FNsymbol{大正 1 年 1 月}，早稲田大
学\FNsymbol{文学部}を卒業した．彼は単なる飲んだくれ\FNsymbol{酔って熊本市内で電車を止める}
の乞食坊主\FNsymbol{托鉢とは言っているがほとんど物乞い}にしか過ぎないと言われるが，その放浪
日記に数多くのすぐれた自由律俳句\FNsymbol{たとえば''分け行っても分け行っても青い空''}を残
し，いつしか彼は現代自由律俳句の巨頭となっていた．
```

⇓

```
山頭火†は熊本‡で生まれ§，早稲田大学¶を卒業した．彼は単なる飲んだくれ‖の乞食坊主††にしか過ぎ
ないと言われるが，その放浪日記に数多くのすぐれた自由律俳句‡‡を残し，いつしか彼は現代自由俳
句の巨頭となっていた．
```

84.11 脚注罫線の変更

▨ 脚注罫線は次の命令によって引かれています．

《命令》　\footnoterule

▨ この脚注罫線の長さや太さは，\renewcommand [→p.28 (9.6)] を使って変更できます．

▨ たとえば，罫線の長さを 130mm ，太さを 0.5mm にするには \rule 命令 [→p.201 (65)] を用い次のように宣言します (本ページの脚注を見よ)．

`\renewcommand{\footnoterule}{\noindent\rule{130mm}{0.5mm}\vspace{1mm}}`

ここで，\noindent [→p.207 (68.2)] はこの脚注罫線をページの左マージンよりはじめるためのものです．また，\vspace{1mm} [→p.176 (58)] は脚注罫線と最初の脚注の間隔を 1mm にするためのものです．

▨ この変更は文章の途中でも宣言できますが，プリアンブルで宣言しておくのが最も自然です．

84.12 脚注間のスペース

▨ 脚注間のスペースは次の命令で調整できます．

《命令》　\footnotesep

たとえば上の例で

`\footnotesep=4mm`

と宣言すると，本ページ末にある脚注のように脚注間隔が 4mm となります．

---

† 放浪俳人

‡ 九州

§ 大正 1 年 1 月

¶ 文学部

‖ 酔って熊本市内で電車を止める

†† 托鉢とは言っているがほとんど物乞い

‡‡ たとえば "分け行っても分け行っても青い空"

84.13　脚注を直列に出力する

▨ fnpara パッケージを登録すると [→p.32(10)] ，相い続く脚注を直列につなげて出力させることができます．

> 山頭火\footnote{放浪俳人}は熊本で生まれ\footnote{大正1年1月} 早稲田大学\footnote{文学部}を卒業した．彼は単なる飲んだくれの乞食坊主\footnote{托鉢とは言っているがほとんど物乞い}にしかすぎないと言われるが...

⇓

> 山頭火[1] は熊本で生まれ[2]，早稲田大学[3] を卒業した．彼は単なる飲んだくれの乞食坊主[4] にしかすぎないと言われるが ...
>
> [1]放浪俳人　[2]大正1年1月　[3]文学部　[4]托鉢とは言っているがほとんど物乞い

84.14　2段組の脚注

▨ ftnright パッケージを登録すると [→p.32(10)] ，2段組において [→p.7(5.4)] ，脚注を右段のページ末に出力することができます【→ [4] p.92-94】．

84.15　脚注ラベルをページごとに初期化

▨ footnpag パッケージを登録すると [→p.32(10)]，ページが変わるたびに脚注カウンタ \thefootnote が1にリセットされ 1, 2, 3, . . . , a, b, c, . . . と付いていきます．ただしこの場合，2度のコンパイルが必要となります．

85 欄外脚注

用語：欄外脚注

命令：\marginpar \marginparwidth \marginparpush \marginparsep \reversemarginpar
\normalmarginpar

◇

85.1 欄外脚注

▨ 欄外脚注 [→p.6 (5.2)] は次の命令で出力させます．

《命令》 \marginpar{欄外脚注のテキスト}

この命令の入・出力例は p.7 にありますが，ここで改めてこの命令の用法について説明します．

85.2 欄外脚注のレイアウトパラメータ

▨ 欄外脚注のレイアウトを指定するパラメータには次の3つがあります [→p.6 (5.2)]．これらはプリアンブル [→p.5 (4)] で宣言して下さい．

\marginparwidth	欄外脚注の幅
\marginparpush	上下に相続く2つの欄外脚注の間のスペース
\marginparsep	本文と欄外脚注の間のスペース

85.3 欄外脚注の出力位置

▨ 欄外脚注の出力位置は，原則的には，次のとおりです．

両面印刷で1段組	左ページでは左余白に，右ページでは右余白に出力
片面印刷で1段組	右余白に出力
2段組	左段にある欄外脚注は左余白に，右段にある欄外脚注記号は右余白に出力

▨ 原則的には，欄外脚注の出力の1行目はそれに対応する本文中の欄外脚注項目の行と一致するようになっています．いくつかの欄外脚注が続くとそれらは重ならないよう順次下に移動します．

85.4 欄外脚注の出力位置の左右変更

▨ 欄外脚注の出力位置は上で述べた規則に従いますが，その出力位置を左右逆転させることができます．それには次の命令を使います．

《命令》 \reversemarginpar

▨ 一度左右逆転させた出力位置は次の命令によって元に戻すことができます．

《命令》 \normalmarginpar

▨ ただし，2段組の場合，この2つの命令は効力を失います．

▨ ある段落内にこの2つの命令がいくつ混在しても，最後に宣言されたものがその段落における出力ルールとなります．

85.5　出力位置が左右のいずれかで欄外脚注のテキストの内容を変更する

欄外脚注が左右のいずれの余白に出力されるかによって欄外脚注の内容を変更したいことがあります．たとえば左余白に欄外脚注が出力されるときは「右本文におけるように.....」，右余白に欄外脚注が出力されるときは「左本文におけるように.....」としなければなりません．このようなときには次のように宣言します

```
\marginpar[右本文におけるように.....]{左本文におけるように.....}
```

欄外脚注が左余白にくるときはオプション引数 [ ] 内のテキストが出力，右余白にくるときは必須引数の { } 内のテキストが欄外脚注として出力されます．

85.6　欄外脚注の問題点

欄外脚注には次のような問題点もあります．

- □ 欄外脚注には脚注ラベルというものがありません．ただし 5.3 節 (p.7) で例示したように，たとえば `${}^3` とすると脚注ラベル (この例では 3) を付けることができます．
- □ 出力位置が必ずしも指示どおりにはならない．
- □ 本文の欄外脚注の指定位置と対応する欄外脚注の行が離れてしまうことがある．
- □ 相続く欄外脚注が重なってしまうことがある．

ただし，これらの問題は，同一ページ内に多くの欄外脚注を付けた場合のことです．実際には，欄外脚注はむやみに付けるものではないので，これらの問題はあまり生じないでしょう．

コラム T：マニュアル執筆の要諦 5 (明示的な短い説明文)

たとえば，次のような代名詞を使った説明文があったとしましょう．

- 「LaTeX 2ε は他のワープロソフトとは違います．それは 組版ソフトというべきものです」

この代名詞 それは が「LaTeX 2ε」であることは直ぐに分かりますが，そのためには，そこに「LaTeX 2ε」と「他のワープロソフト」のうち「LaTeX 2ε」が それは に対応しているという思考判断プロセスが必要となります．些細なことのようですが，これはマニュアルを読むユーザを疲れさせる原因となります．そこで，上の説明文を次のようにより明示的にすると，ユーザの余計な思考プロセスを軽減できることになります．

- 「LaTeX 2ε は他のワープロソフトとは違います．前者 は組版ソフトというべきものです」
- 「LaTeX 2ε は他のワープロソフトとは違います．LaTeX 2ε は組版ソフトというべきものです」

よく読めば分かることであっても，代名詞はしばしばそれが何を指しているかが判然としなかったり，ユーザの思考の流れを「つんのめさせる」ことになります．ユーザに余計な思考をさせないためにも (ユーザが本来の仕事に専念できるためにも) このような記述上の配慮はマニュアル執筆にとって重要なことと考えます．

同じ視点から，「... であるので，... としないで，... とし，さらに ... とし，... すべきである」のようなダラダラと接続詞で並べてた長文は避けるべきです．説明文は可能な限り短文にすべきです．

マニュアルは簡明であるべきですが，だからと言ってなにもかも省けということではありません．繰り返した方がユーザにとって親切であれば大いに繰り返して説明すべきです．例えば，本書では，パッケージの登録について言及するときは必ず「登録のし方」を述べた「節とページ」をそこに出力させました．これは，分かってしまった人には全く不用なことですが馴れない初心者にとっては親切であろうと考えます．簡明と反復のバランスを巧く取ることはマニュアル執筆におけるひとつの重要な要諦と考えます．

86 色指定・網掛け・白抜き

用語： 色文字　色ボックス　網掛け　白抜き　配色モデル (gray・cmyk・rgb・hsb)
命令： \color　\textcolor　\colorbox　\fcolorbox　\definecolor　named　\Ami (筆者のマクロ)
パッケージ： color

◇

86.1 色を指定する

▨ color パッケージを登録すると [→p.32 (10)]，様々な色が出力できます．また，特殊な色としての網掛けも出力できます．本書では，色出力の詳細は他書【→ [23] p.237-251/[22] p.90-104/[5] p.311-350】に譲り，その概略のみを述べます．

86.2 色文字 I

▨ 色文字を出力する命令には2つあります．その1つが次の命令です (オプション引数 [ ] の用途については 86.11 節 (p.305) で述べます)．

《命令》　\color[ ]{ }

▨ あるところで，この命令を使って，たとえば \color{red} と宣言すると，それ以降の文字はすべて赤で出力されます．ある所からこの赤を青に変更するには，そこで \color{blue}を宣言し，そしてまたある所から元の黒に戻すには，そこで \color{black} を宣言します．

▨ 指定できる色は

red　　blue　　green　　yellow　　magenta　　white　　black

の7色です．下に1例を示します．

平方根 \color{red} $x=\sqrt{2}$ \color{black} は …　⟹　平方根 $x=\sqrt{2}$ は …

▨ 他の色についても各自確かめてみて下さい．ディスプレイによってはその通りの色出力にならないこともあります．プリンタ出力は，筆者が確かめた Cannon BJ F600 ではすべて指定通り出力されました．

86.3 色文字 II

▨ 色文字を出力するもう1つの命令に次のものがあります (オプション引数 [ ] については 86.11 節 (p.305) で述べます)．これは引数として入力したテキストを色付けする命令です．

《命令》　\textcolor[ ]{ }{ }

平方根 \textcolor{red}{$x=\sqrt{2}$}は …　⟹　平方根 $x=\sqrt{2}$ は …

86.4 色ボックス

▨ 色ボックスは次の命令で出力できます (オプション引数 [ ] については 86.11 節 (p.305) で述べます)．

《命令》　\colorbox[ ]{ }{ }

\fboxsep=1mm \colorbox{red}{$x=\sqrt{2}$}　⟹　$x=\sqrt{2}$

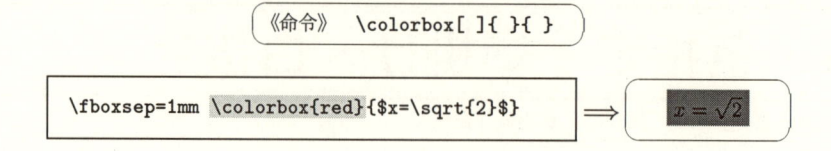

86.5　色ボックスに色文字

▨ 色ボックス内に色文字を出力するには \colorbox 命令と \textcolor を併用します．

\colorbox{red}{\textcolor{yellow}{abAB 日本}}　⟹　abAB 日本

\colorbox{black}{\textcolor{white}{\bfseries abAB 日本}}　⟹　abAB 日本

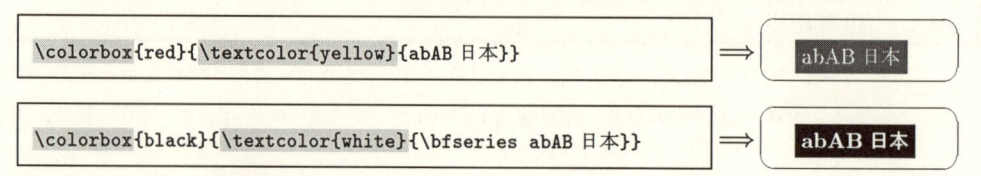

▨ 2番目の例は，いわゆる 白抜き と呼ばれるものです．文字をボールド体 \bfseries [→p.80 (23)] にすると白抜きが鮮やかになります．

86.6　色枠付きの色ボックス

▨ 色枠の付いた色ボックスは次の命令で出力できます．

《命令》　\fcolorbox[ ]{ }{ }{ }

▨ 下の例では \fboxrule=1mm [→p.191 (64.8)]，\fboxsep=1mm [→p.196 (64.15)] としています（オプション引数 [ ] の用途については 86.11 節 (p.305) で述べます）．

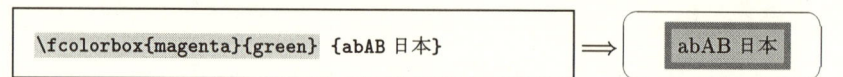

\fcolorbox{magenta}{green} {abAB 日本}　⟹　abAB 日本

86.7　配色モデルⅠ（gray）

▨ これは，白を配色比率 1，黒を配色比率 0，その中間の配色を 1 と 0 の中間の配色比率で定義するモデルです（下の例ではすべて fboxsep=1mm としています [→p.196 (64.15)]）．

▨ たとえば，配色比率を 0.7 とした配色ボックスにテキスト「AAA」を出力させるには次のようにします．

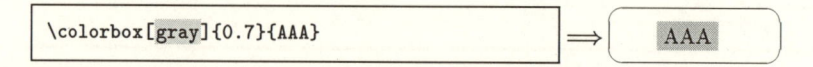

\colorbox[gray]{0.7}{AAA}　⟹　AAA

▨ 実は，これは 網掛け と呼ばれるものです．本書の網掛けもすべてこれで行っています．下に，配色比率を 1.0 から 0.5 までを 0.05 刻みで減じた 11 例を示しておきます．必要に応じて使い分けて下さい（これを 0.5 以上にすると暗くなりすぎて網掛けの用はなしません）．

配色比率	1.00	0.95	0.90	0.85	0.80	0.75	0.70	0.65	0.60	0.55	0.50
色具合	AA	AA	AA	AA	AA	AA	AA	AA	AA	AA	AA

86.8 配色モデル II (cmyk)

▨ これは，cyan・magenta・yellow・black の 4 色をこの順に様々な配色比率で混合して色合成するものです（下の例では \fboxsep=1mm としています [→p.196 (64.15)]）．

\colorbox[cmyk]{0.44,0.00,0.74,0.00}{AAA}　⟹　AAA

▨ 黒に対する 4 番目の比率を 0.10 にすると，いくぶん黒ずんだ色になります．

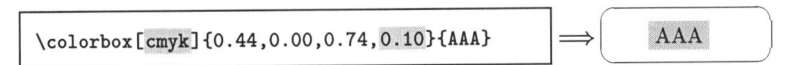

\colorbox[cmyk]{0.44,0.00,0.74,0.10}{AAA}　⟹　AAA

86.9 配色モデル III (rgb)

▨ これは，red・green・blue の 3 色をこの順に様々な配色比率で混合し色合成するものです．このモデルでは，比率を {0,0,0} にすると黒となり，{1,1,1} にすると白となります（下の例では \fboxsep=1mm としています [→p.196 (64.15)]）．

\colorbox[rgb]{0.7,0.6,0.9}{AAA}　⟹　AAA

86.10 配色モデル IV (hsb)

▨ これは，hue（色相）・saturation（彩度）・brightness（輝度）の配合比率をこの順に指定して様々な色を合成するモデルです（下の例では \fboxsep=1mm としています [→p.196 (64.15)]）．

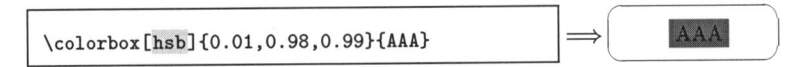

\colorbox[hsb]{0.01,0.98,0.99}{AAA}　⟹　AAA

86.11 [named] 指定による 67 色の標準色の出力

▨ 以上述べてきた色の出力命令にオプション引数 [named] を付けると，GreenYellow・Apricot・Mulberry など 68 通りの標準色を出力させることができます．これらすべての出力色については文献 [27]（中野）を参照のこと．

▨ 下に，枠を Orchid，ボックスの中を Apricot とする枠付きボックスの例を示します．

\fcolorbox[named]{Orchid}{Apricot}{平方根 $x=\sqrt{2}$}　⟹　平方根 $x=\sqrt{2}$

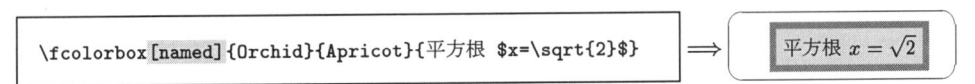

▨ 実は，これらの色は次の命令を cmyk モデルと併用して出力させることもできます．

《命令》　\definecolor{ }{ }{ }

たとえば Mulberry は次の配色比率です【→ [23] p.243】．

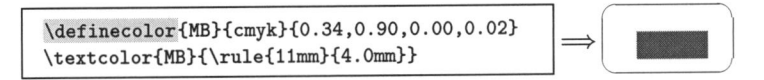

\definecolor{MB}{cmyk}{0.34,0.90,0.00,0.02}
\textcolor{MB}{\rule{11mm}{4.0mm}}　⟹

87 擬似タイプ入力

用語：擬似タイプ入力

命令：\verb \verb* verbatim 環境 verbatim* 環境 alltt 環境

パッケージ：[alltt] [vervatim]

◇

87.1 擬似タイプ入力とは

▨ キーボードから入力した通りに (英文字はタイプライタ体 [→p.80 (23)] に) 出力させることを「擬似タイプ入力」と言います．

▨ この命令には，次の 4 通りがあります．

> 《命令》　\verb
> 　　　　　\verb*
> 　　　　　\begin{verbatim} ～ \end{verbatim}
> 　　　　　\begin{verbatim*} ～ \end{verbatim*}

87.2 1 行のテキストの擬似タイプ入力

▨ 1 行のテキストに対する擬似タイプ入力には次の命令を使います．

《命令》　\verb

| 通常の入・出力 | What is \LaTeXe ? | ⟹ | What is LaTeX 2$_\varepsilon$? |

| 擬似タイプ入力としての入・出力 | \verb+What is \LaTeXe ?+ | ⟹ | What is \LaTeXe ? |

▨ この命令における + と + で挟まれる部分を擬似タイプ入力の引数と言います．

▨ この引数は左右モードです [→p.72 (20.3)]．したがって長いテキストは，右マージンで改行されることなく左から右へとひたすら伸び，右マージンを飛び出してしまいます．

| \verb+aaaaaaaaaaaaaaaaaaaaaaaaaaaaaaaaa+ | ⟹ | aaaaaaaaaaaaaaaaaaaaaaaaaaaaaaaaaaaa |

ただし，右マージンに全角文字があるとそこで改行されます．

| \verb+aaa ああああ aaa ああああ aaaa あ+ | ⟹ | aaa ああああ aaa ああ
ああ aaaa あ |

▨ 引数自体に + 記号があるときは別の記号で挟まなければなりません．たとえば \verb+a+b=c+ とするとコンパイルエラーとなります．このときは \verb-a+b=c- とします．

▨ 一般的には，引数にない記号（空白と * は省く）か数字で挟みます．すなわち，使用できる記号と数字は次の 28 通りです．

> ( ) [ ] / + - = " ` ' , . : ; ? @ !
> 0 1 2 3 4 5 6 7 8 9

それぞれの用法は次のとおりです．

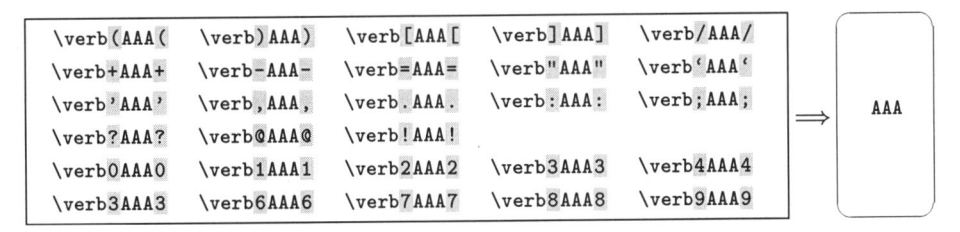

```
\verb(AAA(     \verb)AAA)     \verb[AAA[     \verb]AAA]     \verb/AAA/
\verb+AAA+     \verb-AAA-     \verb=AAA=     \verb"AAA"     \verb`AAA`
\verb'AAA'     \verb,AAA,     \verb.AAA.     \verb:AAA:     \verb;AAA;
\verb?AAA?     \verb@AAA@     \verb!AAA!
\verb0AAA0     \verb1AAA1     \verb2AAA2     \verb3AAA3     \verb4AAA4
\verb5AAA5     \verb6AAA6     \verb7AAA7     \verb8AAA8     \verb9AAA9
```
⇒ AAA

▨ 空白も明示的に a␣b␣c のように出力させる場合には *形式の次の命令を使用します．

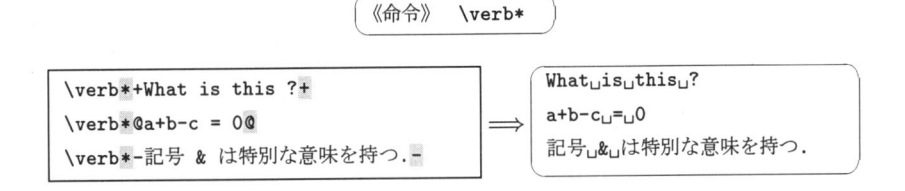

《命令》 \verb*

```
\verb*+What is this ?+
\verb*@a+b-c = 0@
\verb*-記号 & は特別な意味を持つ．-
```
⇒
```
What␣is␣this␣?
a+b-c␣=␣0
記号␣&␣は特別な意味を持つ．
```

87.3 複数行のテキストの擬似タイプ入力

▨ \verb および \verb* による擬似タイプ入力は 1 行のテキストに対してのみ有効でしたが，改行命令 \\ など [→p.181 (60.3)] によって複数行となるテキストに対しては次の環境を使います．

《命令》 verbatim 環境　　verbatim* 環境

後者の *形式の命令では空白が明示的に出力されます．

```
\begin{verbatim}
  What is this ?
    a+b-c = 0
      記号 & は特別な意味を持つ．
\end{verbatim}
```
⇒
```
What is this ?
  a+b-c = 0
    記号 & は特別な意味を持つ．
```

```
\begin{verbatim*}
  What is this ?
    a+b-c = 0
      記号 & は特別な意味を持つ．
\end{verbatim*}
```
⇒
```
␣␣What␣is␣this␣?
␣␣␣␣a+b-c␣=␣0
␣␣␣␣␣␣記号␣&␣は特別な意味を持つ．
```

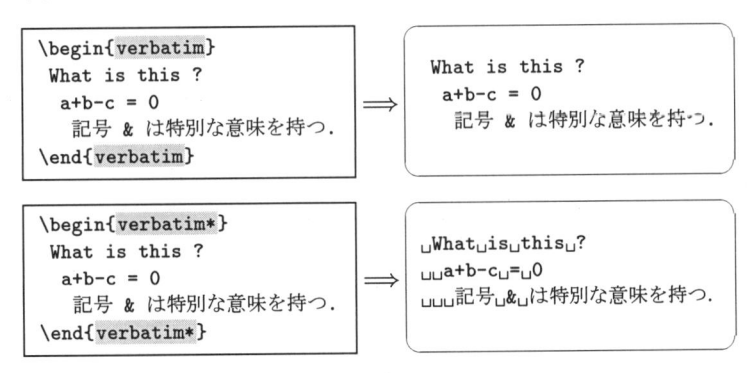

▨ 各行における右マージンでの改行規則は，\verb 命令におけるそれと同じです．

▨ この環境内には \end{verbatim} というテキスト以外のすべてのテキストを入力することができます．\end{verbatim} というテキストを出力させるには \verb 命令を使います．

\verb+\end{verbatim}+ ⇒ \end{verbatim}

▨ この環境による擬似タイプ入力がページ末の近くにあると，その途中で改ページされます．

▨ 数ページにもわたる複数行から成るテキストの擬似タイプ入力はうまくいかないことがあります．そのようなときには，それをいくつかの verbatim 環境に分割して下さい．

▨ verbatim 環境による擬似タイプ入力を \flushleft 環境，\center 環境，\flushright 環境 [→p.206 (67)] の中に書いて左・中・右寄せにすることはできません．そうしたい場合には，この擬似タイプ入力をいっ

たんミニページ[→p.203(66)] の中に入力し，そのミニページ自体をこれらの環境で左・中・右寄せにします．下に右寄せの例を示します．この例では，擬似タイプ入力のテキストを幅 45mm のミニページに入れています．

```
\begin{flushrigh}
\begin{minipage}{45mm}
\begin{verbatim}
What is this ?
a+b-c = 0
記号 & は特別な意味を持つ．
\end{verbatim}
\end{minipage}
\end{flushright}
```
⇒
```
What is this ?
a+b-c = 0
記号 & は特別な意味を持つ．
```

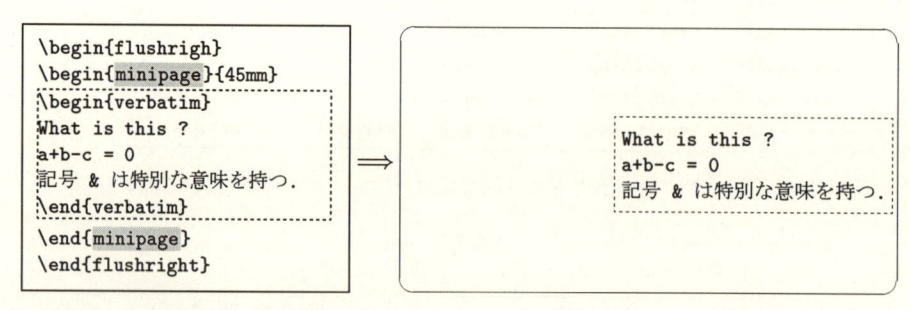

▨ この2つの環境による擬似タイプ入力であまり長いテキストを入力するとコンパイルエラーを起こしてしまいます．　verbatim　パッケージを登録しておくとこの問題は解消します．

87.4　命令の引数の中での擬似タイプ入力

▨ 擬似タイプ入力の命令 \verb と \verb* は，命令の引数 { } や [ ] の中では使用できません．従ってボックス[→p.187(64)] の中では使用できません．

▨ たとえば

```
\fbox{\verb+$\sqrt{x}=4$+}
```

と入力するとコンパイルエラーとなります．そこで次のようにします．

□ まず，テキスト $\squar{x}=4$ の記述の中で，それ自体が命令の1つあるいは命令の1部になっている記号 $, \, {, } を

　《命令》　\symbol

命令によって，たとえば次のように直接定義します[→p.91(27)]．

```
\newcommand{\do}{\symbol{'044}}   →  $
\newcommand{\lb}{\symbol{'173}}   →  {
\newcommand{\rb}{\symbol{'175}}   →  }
\newcommand{\ye}{\symbol{'134}}   →  \
```

ここで数字 '044, '173, '175, '134 は cmtt10 の文字コード表から決めます[→p.91(27.2)]．たとえば $ は '04x 行の '4 列目にあるので '044 とします．

□ 次に，タイプライタ体 \ttfamily を宣言し[→p.80(23)]，$, \, {, } を上で定義した記号 \do, \ye, \lb, \rb に置き変えます (命令の後に文字が続くときは空白を置くことに注意[→p.25(8.7)])．

□ こうするとコンパイルエラーが発生することなく所定の出力が得られます．実際，左下のように入力すると右下のように出力されます．

```
\fboxsep=1mm \fbox{\ttfamily \do\ \ye sqrt\lb 4 \rb=2\do}
```
⇒
```
$\sqrt{4}=2$
```

□ その他の記号も必要とあらば随時定義してください．

87.5 alltt パッケージによる擬似タイプ入力

- [alltt] パッケージを登録すると [→p.32 (10)]，次の環境が使えるようになります．

> 《命令》　\begin{alltt} ～ \end{alltt}

　この環境内では 3 つの記号 \，{，} は LaTeX 2ε の本来の機能を発揮します．

- したがってこの環境内では，たとえば \hspace{2mm}，\LaTeX などを入力すると，これらは命令としての意味を持ちます．

- しかし，たとえば $\sqrt{5}$ を入力しても，$ がタイプライタ体の $ と解釈されてしまい，数式モードを定義する本来の $ とならないため，エラーとなってしまいます．

- ここで一例を示しておきます．

```
\begin{alltt}
 AAA {\rmfamily AAA}\hspace{10mm} AAA
 AAA {\itshape\LARGE AAA} AAA
 \textrm{\LaTeX}    \textsf{\footnotesize AAA}
\end{alltt}
```

⟹
```
AAA  AAA           AAA
AAA   AAA  AAA
LaTeX  AAA
```

88 画面からの入力・画面への出力

用語：画面からの入力　画面への出力

命令：\typein　\typeout　\@typein　\space

88.1　画面からの入力

▨ 文書ファイルの適当な所に左下のような命令を入れておくと，
  □ コンパイル時にディスプレイ上に右下のようなメッセージが出力されます．

```
\typein{著者名は？}
```
⇒ ディスプレイ画面
```
著者名は？
@typein=
```

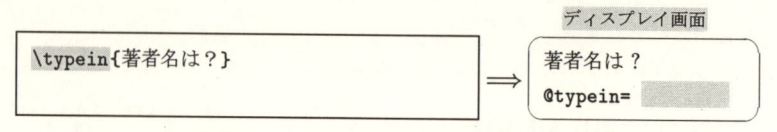

  □ ディスプレイ上の = の後ろに 紫式部 と入力すると，そこで 紫式部 と出力されます．

▨ 文書ファイルの適当な所に左下のような命令を入れておくと，
  □ コンパイル時にディスプレイ上に右下のようなメッセージが出力されます．

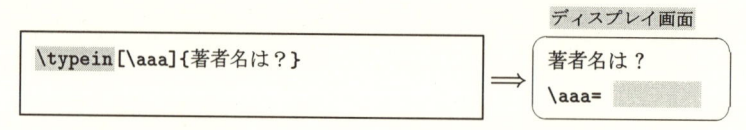

```
\typein[\aaa]{著者名は？}
```
⇒ ディスプレイ画面
```
著者名は？
\aaa=
```

  □ ディスプレイ上の = の後ろに 紫式部 と入力すると，それより下の文書ファイル中で \aaa 命令を入力した所ではすべて 紫式部 と出力されます（\aaa が既存の命令名であるとエラーとなります）．

▨ \typein 命令の引数 { } の中では，水平方向の空白命令である \hspace や \␣ などは使用できません．
  □ この引数の中で空白を空けるには次の命令を使います．

《命令》　\space

  □ たとえば次のようにすると「著者名は？」と「漢字で」の間に 1 つの空白␣が挿入されます．

```
\typein[\aaa]{著者名は？\space 漢字で}
```
⇒ ディスプレイ画面
```
著者名は？␣漢字で
\aaa=
```

  □ この引数の中では，\newcommand と \renewcommand で定義された命令も使うことができます．

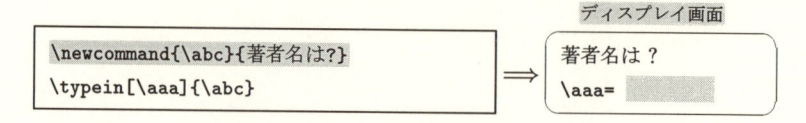

```
\newcommand{\abc}{著者名は？}
\typein[\aaa]{\abc}
```
⇒ ディスプレイ画面
```
著者名は？
\aaa=
```

88.2　画面への出力

▨ コンパイル時に，何か注意を促すメッセージがディスプレイ上に出力されると便利なことがあります．このようなとき，そのメッセージを出力させたい所に，たとえば左下のような命令を入れておくとコンパイル時にディスプレイ上に右下のようなメッセージが出力されます．

88.3 簡単な例

```
\typeout{著者目録}
```
⟹ ディスプレイ画面：著者目録

▨ この命令の引数 { } の中でも，空白命令の \hspace や \␣ などは使用できません．この引数の中で空白を確保するには，先に述べた \space 命令を使います．この引数の中でも，\newcommand [→p.28 (9.6)] と \renewcommand [→p.28 (9.6)] で定義された命令を使うことができます．

88.3　簡単な例

▨ 以上のことを 1 つの例としてまとめたものを下に示しておきます．

入力文
```
\typeout{著者目録}
\typein[\aaa]{著者名は？ \space 漢字で}

この物語の著者「\aaa」は \typein{性別は？} 性である．
```

⇓

ディスプレイ画面
```
著者目録
著者名は？␣漢字で
\aaa=紫式部
性別は？
\@typein=女
```

⇓

出力文
```
この物語の著者「紫式部」は女性である．
```

コラム S：マニュアル執筆の要諦 4（ユーザの目線で）

　マニュアルのユーザはほとんどが素人です．マニュアルの執筆者はこのことを片時も忘れてはならいと思います．横柄・傲慢とも思われるほどの筆致で書かれているものがありますが，正直っいて腹立たちさを覚えます．自動車運転を教えるのに内燃機関のエネルギ効率の話をしても始まらないのと同じく，「こうすればこうなる」と，どうしてもっと単刀直入に説明してくれないものかと思います．実を言うと「旧 LaTeX 文典」は素人にもわかるように，と心掛けて執筆したつもりですが，ゼミの学生からは「解せない」と指摘されること多々でした．「何をか言わんや」ですが，この新版の執筆に当たって筆者は，少なくともそうあってはならいと肝に銘じつつ筆を進めました．

89 四則演算

用語： 四則演算　連立方程式
命令： \ISum　\ISub　\IMul　\IDiv　\Sum　\Sub　\Mul　\Div　\LEQ　(以上すべて筆者のマクロ)

◇

89.1 四則演算のマクロパッケージ

▨ 11.13 節 (p.40) と 11.14 節 (p.40) 節ではカウンタの，そして 56.5 節 (p.171) と 56.6 節 (p.172) 節では距離変数の四則演算について解説しました．

▨ 本節では TeX のプリミティブ命令を使った筆者自作の四則演算用マクロパッケージについて述べます．このマクロパッケージには整数型の 4 つの演算命令と実数型の 4 つの演算命令が含まれています．とくに，実数型の演算命令 \Div では任意に与えられた精度の除算が可能です．筆者よりも高い TeX 技量の持ち主が作れば，このマクロパッケージはよりスマートなものとなるでしょう．

▨ まずは，p.314 にある四則演算用のマクロパッケージを手入力かスキャナーでプリアンブルに丸写しして下さい．テキスト中にある 1:,2:,3:, … は説明のために付したものでありこれは写さないこと．

▨ このマクロパッケージの理解には文献 [15] (磯崎, p.54-58, 96-97) が役立ちます．文献 [7] (Knuth), [3] (Eijkhout), [1] (Abrahams) も参照のこと．

89.2 マクロパッケージの内容

▨ このマクロパッケージでは次の 8 つの命令が定義されています．

《命令》					
1:	\ISum	整数の加算	5:	\Sum	実数の加算
2:	\ISub	整数の減算	6:	\Sub	実数の減算
3:	\IMul	整数の乗算	7:	\Mul	実数の乗算
4:	\IDiv	整数の除算	8:	\Div	実数の除算

▨ 下に，これらのマクロを使った入・出力例を示します．

□ 整数の四則演算 (除算は小数点切り捨て)

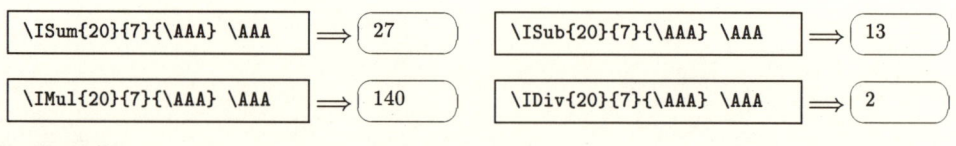

\ISum{20}{7}{\AAA} \AAA ⟹ 27　　\ISub{20}{7}{\AAA} \AAA ⟹ 13
\IMul{20}{7}{\AAA} \AAA ⟹ 140　　\IDiv{20}{7}{\AAA} \AAA ⟹ 2

□ 実数の四則演算

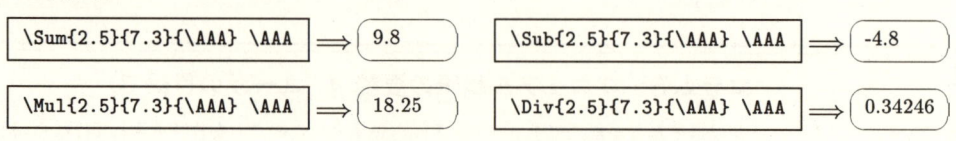

\Sum{2.5}{7.3}{\AAA} \AAA ⟹ 9.8　　\Sub{2.5}{7.3}{\AAA} \AAA ⟹ -4.8
\Mul{2.5}{7.3}{\AAA} \AAA ⟹ 18.25　　\Div{2.5}{7.3}{\AAA} \AAA ⟹ 0.34246

□ 実数型の演算命令では，整数を入力しても構いません (結果は実数です)．

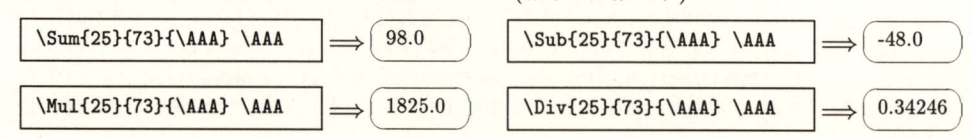

\Sum{25}{73}{\AAA} \AAA ⟹ 98.0　　\Sub{25}{73}{\AAA} \AAA ⟹ -48.0
\Mul{25}{73}{\AAA} \AAA ⟹ 1825.0　　\Div{25}{73}{\AAA} \AAA ⟹ 0.34246

▨ 実数型の除算 \Div による上の出力例 0.34246 の下 3 桁「246」は，p.314 のテキストにおける網掛け部分が 3 つあるからです (この 3 つはみな同じものです)．これを 1 つ増やすと下桁数が 1 つ増えます．したがって，これを，たとえば 50 個にすると出力は次のようになります．

```
\Div{25}{73}{\AAA} \AAA
```
$\Longrightarrow$ 0.34246575342465753424657534246575342465753424

89.3 二元連立方程式を解く

▨ ここでは，以上述べてきた四則演算のマクロ命令を使って次の二元連立方程式を解く方法を示します．

$$Ax + By = C \tag{89.1}$$
$$Dx + Ey = F \tag{89.2}$$
$$x = (EC - BF)/(EA - BD) \quad y = (AF - BC)/(AE - DB) \tag{89.3}$$

▨ いま次のような連立方程式を考えましょう．

$$1.2x - 2.6y = -0.48 \tag{89.4}$$
$$3.4x + 5.3y = 21.44 \tag{89.5}$$

すなわち，$A = 1.2, B = -2.6, C = -0.48, D = 3.4, E = 5.3, F = 21.44$．解は $x = 3.5, y = 1.8$．

▨ これは次のようにして求めることができます (解は \X と \Y に与えられます．文中で \X，\Y と入力するとそこに解が出力されます)．

```
\Mul{5.3}{-0.48}{\EC}   \Mul{2.6}{21.44}{\BF}   \Sub{\EC}{\BF}{\ECBF}
\Mul{1.2}{21.44}{\AF}   \Mul{3.4}{-0.48}{\DC}   \Sub{\AF}{\DC}{\AFDC}
\Mul{5.3}{1.2}{\EA}     \Mul{3.4}{-2.6}{\DB}    \Sub{\EA}{\DB}{\EADB}
\Div{\ECBF}{\EADB}{\X}  \X  % 解 x
\Div{\AFDC}{\EADB}{\Y}  \Y  % 解 y
```

実際これを LaTeX 2_ε のコンパイルにかけると解 $x = 3.50230, y = 1.80052$ が得られます (精度はこの程度です)．

▨ **マクロ命令化** 以上述べてきた命令体系をマクロ命令化すると次のようになります．ここでは，パラメータ $A, B, \ldots$ とマクロ命令の引数 #1, #2 ... を次のように対応付けます．

$$A \to \text{\#1} \quad B \to \text{\#2} \quad C \to \text{\#3} \quad D \to \text{\#4} \quad E \to \text{\#5} \quad F \to \text{\#6}$$

```
\newcommand{\LEQ}[6]{
\Mul{#5}{#3}{\EC}\Mul{#2}{#6}{\BF}\Sub{\EC}{\BF}{\ECBF}
\Mul{#1}{#6}{\AF}\Mul{#4}{#3}{\DC}\Sub{\AF}{\DC}{\AFDC}
\Mul{#5}{#1}{\EA}\Mul{#2}{#4}{\DB}\Sub{\EA}{\DB}{\EADB}
\Div{\ECBF}{\EADB}{\X}
\Div{\AFDC}{\EADB}{\Y}}
```

このマクロ命令を使って上の連立方程式を解くと次のようになります．

```
\LEQ{1.2}{-2.6}{-0.48}{3.4}{5.3}{21.44}   \X   \Y
```
$\Longrightarrow$ 3.50230   1.80052

▨ **一般 n 次連立方程式** 同様にして，任意に与えられた次元の連立方程式を解くプロセスも記述できます．さらに条件分岐の命令 [→p.42 (12)] を使えば掃き出し法によるアルゴリズムも作ることは夢ではありません．筆者はまだ試みていませんが，関心のある方は挑戦してみて下さい．

整数および実数の四則演算用マクロパッケージ (筆者自作)

1: \ISum   2: \ISub   3: \IMul   4: \IDIV   は整数の四則演算のマクロ命令
5: \Sum   6: \Sub   7: \Mul   8: \DIV   は実数の四則演算のマクロ命令

```
    \newcounter{ISumx}  \newcounter{ISumy}  \newcounter{ISubx}  \newcounter{ISuby}
    \newcounter{IMulx}  \newcounter{IMuly}  \newcounter{IDivX}  \newcounter{IDivY}
    \newcounter{iDivX}  \newcounter{iDivY}  \newcounter{iDivXX} \newcounter{iDivYY}
    \newdimen{\Sumx}  \newdimen{\Subx}  \newdimen{\Mulx} \newdimen{\Muly}
    \newcounter{KKKx} \newcounter{KKKy}
%-----------------------------------------------------------------------------
1: \newcommand{\ISum}[3]{\setcounter{ISumx}{#1}\setcounter{ISumy}{#2}
                        \advance\value{ISumx}\value{ISumy}\edef#3{\theISumx}}
2: \newcommand{\ISub}[3]{\setcounter{ISubx}{#1}\setcounter{ISuby}{#2}
                        \advance\value{ISubx}-\value{ISuby}\edef#3{\theISubx}}
3: \newcommand{\IMul}[3]{\setcounter{IMulx}{#1}\setcounter{IMuly}{#2}
                        \multiply\value{IMulx}\value{IMuly}\edef#3{\theIMulx}}
4: \newcommand{\IDiv}[3]{\value{IDivX}=#1\divide\value{IDivX}by#2\edef#3{\theIDivX}}
%-----------------------------------------------------------------------------
5: \newcommand{\Sum}[3]{\Sumx=#1pt\advance\Sumx #2pt\edef #3{\expandafter\JI\the\Sumx}}
6: \newcommand{\Sub}[3]{\Subx=#1pt\advance \Subx-#2pt\edef #3{\expandafter\JI\the\Subx}}
7: \newcommand{\Mul}[3]{\Mulx=#1pt\Mulx=#2\Mulx\edef #3{\expandafter\JI\the\Mulx}}
   \newcommand{\iDiv}[3]{\value{iDivX}=#1 \divide \value{iDivX} by #2 \edef\Ans{\theiDivX.}
                        \value{iDivY}=\value{iDivX}\multiply \value{iDivY} by #2
                        \value{iDivX}=#1\advance \value{iDivX} by -\value{iDivY}
                        \multiply \value{iDivX} by 10\edef\SSS{\theiDivX}
                        \divide \value{iDivX} by #2 \edef\Ans{\Ans\theiDivX}

                        \value{iDivY}=\value{iDivX}\multiply \value{iDivY} by #2
                        \value{iDivX}=\SSS\advance \value{iDivX} by -\value{iDivY}
                        \multiply \value{iDivX} by 10\edef\SSS{\theiDivX}
                        \divide \value{iDivX} by #2 \edef\Ans{\Ans\theiDivX}

                        \value{iDivY}=\value{iDivX}\multiply \value{iDivY} by #2
                        \value{iDivX}=\SSS\advance \value{iDivX} by -\value{iDivY}
                        \multiply \value{iDivX} by 10\edef\SSS{\theiDivX}
                        \divide \value{iDivX} by #2 \edef\Ans{\Ans\theiDivX}

                        \value{iDivY}=\value{iDivX}\multiply \value{iDivY} by #2
                        \value{iDivX}=\SSS\advance \value{iDivX} by -\value{iDivY}
                        \multiply \value{iDivX} by 10\edef\SSS{\theiDivX}
                        \divide \value{iDivX} by #2 \edef\Ans{\Ans\theiDivX}

                        \value{iDivY}=\value{iDivX}\multiply \value{iDivY} by #2
                        \value{iDivX}=\SSS\advance \value{iDivX} by -\value{iDivY}
                        \multiply \value{iDivX} by 10\edef\SSS{\theiDivX}
                        \divide \value{iDivX} by #2
                        \edef#3{\Ans\theiDivX}}
   \newcommand{\MulX}[1]{\ifdim #1pt<0pt\Mulx=-#1pt\else\Mulx=#1pt\fi
                        \Mulx=100\Mulx\value{KKKx}=\Mulx\divide \value{KKKx} by 65536}
   \newcommand{\MulY}[1]{\ifdim#1pt<0pt\Muly=-#1pt\else\Muly=#1pt\fi
                        \Muly=100\Muly\value{KKKy}=\Muly\divide\value{KKKy} by 65536}
8: \newcommand{\Div}[3]{\MulX{#1}\MulY{#2}\iDiv{\theKKKx}{\theKKKy}{\Anss}
                       \edef #3{\ifdim #1pt>0pt
                                   \ifdim #2pt>0pt\Anss\else-\Anss\fi
                                \else
                                   \ifdim #2pt>0pt-\Anss\else\Anss\fi
                                \fi}}
```

90　エラー対策

用語：エラー対策　エラーメッセージ

◇

90.1　筆者が直面したエラーとその対策

▨ 入力ミスがあればコンパイルエラーとなるのは当然ですが，どう見ても入力ミスがないのにコンパイルエラーとなったり，コンパイルが途中で停止してしまうようなことがあります．実際，筆者は本書執筆時に次のような問題に直面し，それぞれの仕方でその問題を解決しました．

- `bezier` 曲線 [→p.152 (51.1)/p.152 (51.2)] の指定点列数を大きく設定し過ぎたために生じたエラー (エラーメッセージ：`Tex capacity exceeded, sorry ...`)．指定点列数を小さくするとエラーは解消します．
- `\dashbox` [→p.152 (51.1)] で，その破線数をあまり多く設定したために生じたエラー (この場合エラーメッセージは現れずコンパイルは完了し，その場所以降のページの出力は得られません)．破線数を少なくするとエラーは解消．
- 定義可能なカウンタ数の上限 256 を超えてカウンタを定義したことによるエラー [→p.38 (11.8)] (エラーメッセージ：`No room for a new count`)．不要なカウンタを削除することによってエラーは解消します．むやみにカウンタは定義しないことです．多くのパッケージを使う場合には [→p.32 (10)]，それらのパッケージですでにいくつかのカウンタが定義されているので，このことは特に注意を要します．
- ある種のパッケージ間では [→p.32 (10)]，同じ命令記号が別様に定義されているため衝突が起きることがあります．衝突を起こすパッケージの相関図などはないので，この種のエラーは始末に負えないところがあります．試行錯誤でいくつかのパッケージを削除してエラーが解消するか否かをチェックするより手はありません．
- 100 以上の分割ファイルを個々に分割処理 [→p.19 (7)] しているときはすべてエラーなくコンパイルが完成したが，それらをすべて結合してコンパイルするとコンパイルが途中で停止した (エラーメッセージなし)．このような場合には，その文書ファイル (～.TEX ファイル [→p.1 (1.1)]) に関連した他のすべてのファイル (～.AUX，～.IND など) を削除して再度コンパイルするか，それでもだめならコンピュータをリセットしてから再度コンパイルしてみて下さい．

▨ 入力ミスの個所を見つける方法とし，筆者は，文書ファイルの所々に `\end{document}` [→p.2 (2.4)] を置いてコンパイルを繰り返すという挟みうちの方法を取っています．千行もの長い文書ファイルでも高々 10 回程度のコンパイルでその個所に辿り着くはずです．エラー箇所発見の強力な方法です．

▨ エラー対策で万策尽きたら，「LaTeX 2ε 不可解なり！」と絶叫してコンピュータを蹴飛ばす前に一晩不貞寝することです．目覚めれば阿呆らしいほどに単純な入力ミスに気が付くこと多々です．筆者の長年の経験を通じ，四苦八苦の末エラーが解消しなかったことはただの一度もありませんでした．

90.2　エラー対策を詳述した文献

▨ エラーの原因にはこれ以外にも様々なものがあります．エラー対策についてはほとんどすべての LaTeX 2ε 関連図書にその記述がありますが，筆者は文献 [17] (今井) および [8] (Lamport. p.152-168) をよく参照します．

参考文献

[1] P. Abrahams, K.A. Hargreaves, and K. Berry. 『TeX for the Impatient 』. Addison-Wesley, 1990. (渡辺了介 訳. 『明解 TeX』. アジソン・ウェスレイ, 1997).

[2] D.J. Buerger. 『LaTeX for Scientists and Enigineers』. McGraw-Hill, Inc, 1990. (引地信之, 引地美恵子 訳. 『逆引き LaTeX』. マグロヒル, 1992).

[3] V. Eijkhout. 『TeX by Topic』. Addison-Wesley, 1992. (富樫秀昭 訳. 『TeX by Topic : TeX をより深く知るための 39 章』. アスキー, 1999).

[4] M. Goossens, F. Mittelbach, and A. Samarin. 『The LaTeX Companion』. Addison–Wesley, 1994. (アスキー 訳. 『The LaTeX コンパニオン』. アスキー, 1998).

[5] M. Goossens, S. Rahtz, and F. Mittelbach. 『The LaTeX Graphics Companion』. Addison–Wesley, 1997.

[6] A. Johnstone. 『LaTeX Concisely』. Ellis Horwood Limited, 1992. (鷲谷好輝, 阿瀬はる美 監修, 山内厚子, 河原林美子 訳. 『LaTeX コンサイスブック』. プレンティスホール, 1994).

[7] D. E. Knuth. 『The TeX book』. Addison–Wesley, 1984. (斎藤信男 監修, 鷲谷好輝 訳. 『TeX ブック（改訂新版）』. アスキー, 1992).

[8] L. Lamport. 『LaTeX: A Document Preparatoin System, 2nd edition』. Addison–Wesley, 1994. (阿瀬はる美 訳. 『文書処理システム LaTeX』. アスキー 1990).

[9] J. K. Shultis. 『LaTeX Notes : Practical Tips for Preparing Technical Documents』. Prentice Hall, 1994. (鷲谷好輝, 阿瀬はる美 監訳, 河原林美子, 内山厚子 訳. 『LaTeX 実用ハンドブック』. プレンティスホール, 1995).

[10] N. Walsh. 『An Excerpt From Making TeXwork』. O'Reilly & Associates, 1997.

[11] 青山耕治, 霜山滋, 仲道嘉夫. 『LaTeX 2ε パワーガイド』. 秀和システム, 1998.

[12] アスキー. 『明解 LaTeX リファレンス』. アスキー, 1995.

[13] 阿瀬はる美. 『てくてく TeX (下) 』. アスキー, 1994.

[14] 阿瀬はる美. 『てくてく TeX (上) 』. アスキー, 1994.

[15] 磯崎秀樹. 『LaTeX 自由自在』. サイエンス社, 1992.

[16] 伊藤和人. 『LaTeX トータルガイド』. 秀和システム, 1991.

[17] 今井豊. 『LaTeX エラーマニュアル』. カットシステム, 1994.

[18] 奥村晴彦 監修, 今井康之, 刀祢宏三郎, 美吉明浩. 『LaTeX スタイル・マクロ ポケットリファレンス』. 技術評論社, 1997.

[19] 奥村晴彦. 『LaTeX 2ε 美文書作成入門』. 技術評論社, 1997.

[20] 小国力. 『LaTeX の基礎』. サイエンス社, 1998.

[21] 乙部厳己, 江口庄英. 『pLaTeX 2ε for Windows: Another Manual, Vol. 2 (Extended Kit)』. ソフトバンク, 1997.

[22] 乙部厳己. 『pLaTeX 2ε for Windows: Another Manual, Vol. 0 (Upgrade Kit)』. ソフトバンク, 1998.

[23] 乙部厳己, 江口庄英. 『pLaTeX 2ε for Windows: Another Manual, Vol. 1 (Basic Kit 1999)』. ソフトバンク, 1998.

[24] 小林道正, 小林研. 『LaTeX で数学を』. 朝倉書店, 1997.

[25] 嶋田隆司, 大野義男監修. 『LaTeX スーパー活用術』. オーム社, 1995.

[26] すずきひろのぶ. 『やさしい LaTeX のはじめかた』. オーム社, 1991.

[27] 中野賢. 『日本語 LaTeX 2ε ブック』. アスキー, 1996.

[28] 野寺隆志. 『楽々TeX』. 共立出版, 1990.

[29] 野寺隆志. 『もっと $\mathcal{A}_{\mathcal{M}}\mathcal{S}$TEX』. 共立出版, 1993.

[30] 藤田眞作. 『化学者・生化学者のための LaTeX』. 東京化学同人, 1993.

[31] 藤田眞作. 『LaTeX マクロの八衢』. アジソン・ウェスレイ, 1995.

[32] 藤田眞作. 『LaTeX 本づくりの八衢』. アジソン・ウェスレイ, 1996.

[33] 藤田眞作. 『LaTeX 2_ε 階梯』. アジソン・ウェスレイ, 1996.

[34] 藤田眞作. 『X$^{\Upsilon}$MTEX–Typesetting Chemical Structural Formulas–』. Addison–Wesley, 1997.

[35] 藤田眞作. 『続 LaTeX 2_ε 階梯・縦組編』. アジソン. ウェスレイ, 1998.

[36] 平松惇, 松島康, 山川純次. 『例題でまなぶ LaTeX』. 培風館, 1995.

[37] 宮原玄. 『実例による LaTeX 入門』. 森北出版, 1997.

索引

- ■ パッケージ 318
- ■ 記号出力 319
- ■ 記号命令 320
- ■ 命令 320
- ■ 事項 337
- ■ その他 352

- □ パッケージ名 は使用パッケージ
- □ 筆マ は筆者が作ったマクロ命令
- □ (文) は「文書モード」の略
- □ (数) は「数式モード」の略
- □ (文・数) は「文書モードと数式モード」の略

小節 (項) で現れる索引用語に対する索引の宣言をその小節の頭で行っている所もあります．従って，実際にその索引用語があるページ番号と索引で示されるその索引用語のページ番号の間に 1 ページの飛びが生ずることもあります．そのような飛びのありそうな索引用語については，その小節全体を見て該当する索引項目を探して下さい．

■ パッケージ

- alltt ⇒ alltt 環境 (擬似タイプ入力) 309
- amscd ⇒ CD 環境 (可換図式) 164
- amsfonts ⇒
  - $\mathbb{ABCDE}$ (ブラックボード体 (数)) 76
  - $\mathfrak{12ab}\mathfrak{AB}$ (オイラーフラクトール体 (数)) .. 76
  - 特殊記号 96
- amsmath ⇒
  - $A \xrightarrow[aaa]{bb} B$ (矢印記号) 103
  - $\bar{A}, \acute{A}, \grave{A}$ (二重アクセント) 118
  - $\operatorname*{ess\,inf}_{x}$ のような記号の定義 112
  - $\lim_{\substack{i=0 \\ j=0,1}}, \max_{\substack{i=0 \\ j=0,1}}$ (多重添字) 113
  - $\sum_{\substack{i=0 \\ j=0,1}}, \int_{\substack{i=0 \\ j=0,1}}$ (多重添字) 110
  - $\iint, \iiint, \int\cdots\int$ (多重積分記号) ... 110
  - $\varliminf, \varlimsup, \varinjlim, \varprojlim$ (Lim 型記号) ... 111
  - \binom, \dbinom, \tbinom (二項係数) .. 147

- \boxed (数式を囲むボックス) 190
- \cfrac (連分数：$a + \cfrac{b}{c + \cfrac{d}{e}}$) 144
- \dotsc, \dotsb, \dotsm, \dotsi (ドット) 115
- \eqref (自動数式番号の相互参照) 279
- \genfrac (分数：$\left[\frac{a+b}{c+d}\right]$) 143
- \intertext (数式間にテキストを挿入) .. 134
- \leftroot, \uproot (平方根のべきの位置調整) 145
- \matrix, \pmatrix, \bmatrix, \vmatrix \Vmatrix, \smallmatrix (行列と行列式) 149
- \notag (自動数式番号の解除) 136
- \overset, \underset (上下置き命令) ... 124
- \sideset (四隅置き命令) 125
- \tag, \tag* (好みの数式番号や数式記号を付ける) 137
- \tfrac, \dfrac (T・D-スタイルの分数) 143
- mod 関数 114
- alignat 環境 (別行段落数式) 132
- align 環境 (別行段落数式) 131
- cases 環境 (場合分け) 166
- flalign 環境 (別行段落数式) 133
- gather 環境 (別行段落数式) 131
- multline 環境 (別行段落数式) 133
- split 環境 (別行段落数式) 134
- 自動数式番号の相互参照 (従属番号) 279
- 自動数式番号に従属番号を付ける 138
- 自動数式番号に節番号を付ける 137
- amssyb ⇒ 特殊記号 96
- amssymb ⇒
  - $\mathfrak{F}, \aleph, \beth, \gimel, \daleth$ (ヘブライ文字 (数)) 76
  - $\dotplus, \Cap, \barwedge, \boxtimes$ など (二項演算子記号 II) 100
  - $\leqq, \lll, \doteqdot, \blacktriangleleft$ など (関係演算子記号 II) ... 101
  - $\leftarrowtail, \circlearrowleft, \multimap, \Lsh, \rightsquigarrow$ など (矢印記号) 102
  - $\ulcorner, \urcorner, \llcorner, \lrcorner$ (区切り記号 II) 104
- amsxtra ⇒ $AAA\hat{\,}, AAA\tilde{\,}$ (脇付きアクセント) .. 119
- array ⇒
  - 表の同一列に共通の命令を作用させる (アレイ表) 219
  - 表の同一列を文書モードにする (アレイ表) 220
  - 表の要素を段落モードにする (アレイ表) . 221
- bezier ⇒
  - \bezier (ベジェー曲線) 152
  - \qbezier (ベジェー曲線) 152

索 引

boxedminipage ⇒ boxedminipage 環境 (枠付きミニページ) 205
calc ⇒
- カウンタの四則演算 40, 41
- 距離変数の四則演算 (+, -, *, /) 172

color ⇒ \color, \colorbox など (各種カラーの出力) 303
curves ⇒
- \closecurve (閉曲線) 155
- \curve (曲線) 153
- \path (折れ線) 153
- \scaleput (図形の拡大・縮小) 155
- \spline (曲線) 154

dcolumn ⇒ D{ }{ }{ } (アレイ表による表中の数字の小数点を揃える) 224
delarray ⇒ 表に左右対の括弧を指定 (アレイ表) . 224
eepic ⇒
- \circle, \circle* (任意の直径) 251
- \ellipse, \ellipse* (任意の直径) ... 251
- \line (傾きを任意の整数とする直線) ... 249
- \maxovaldiam (四分円の四隅の曲率) ... 253

enumerate ⇒ enumerate 環境の拡張 234
epic ⇒
- \dashline (破線) 157
- \dottedline (破線) 157
- \putfile (データ読み込みによる二次元グラフ) 155
- dashjoin 環境 (折れ線) 158
- dottedjoin 環境 (折れ線) 158
- drawjoin 環境 (折れ線) 158

euical ⇒ $\mathcal{ABCDE}$ (オイラースクリプト体 (数)) .. 76
fancybox ⇒
- \doublebox (二重枠ボックス) 197
- \ovalbox (四分円ボックス) 197
- \shadebox (影付きボックス) 197

fancyheadings ⇒ ページ形式 fancy (ヘッダとフッタの設計) 16
fnpara ⇒ 脚注を直列に出力 300
foldbox ⇒ \foldbox (メモ用ボックス) 198
footnpag ⇒ ページごとに脚注ラベルを初期化 .. 300
ftnright ⇒ 2 段組の場合に脚注を右段に出力 ... 300
graphics ⇒
- \reflectbox (文字の反転：記号) 87
- \resizebox (文字の縮小・拡大：記号) .. 86
- \rotatebox (回転：ABC) 89
- \scalebox (文字の縮小・拡大：記号) ... 86

graphpap ⇒ \graphpaper (グラフ用紙) 162
ifthen ⇒ \ifcase, \ifnum など (条件分岐) 42
indent ⇒ indentation 環境 (文章全体の左右の字下げ) 209
latexsym ⇒

- ⇒ ⇝ (矢印記号) 102
- ⇒ 特殊記号 96

makeidx ⇒ 索引作成 289
multibox ⇒ \multimake, \multiframe (座標軸上に等間隔の数値を出力) 161
multicol ⇒ multicols 環境 (多段組) 12
multirow ⇒ \multirowsetup (アレイ表の縦要素の併合) 216
plext ⇒ \rensuji (縦組みで英数字を横にする) .. 162
tabularx ⇒ 表幅の指定 (タブロー表) 227
theorem ⇒ 定理環境 167
varioref ⇒ \ref の拡張 (相互参照) 281
wrapfloat ⇒ \wrapfigure 環境, \wraptable 環境 (ページの右あるいは左マージンに，指定した字下げ部分を作りそこに独立したテキスト領域を確保) 210
xr ⇒ \externaldocument (外部文書からの相互参照) 282
xspace ⇒ \xspace (マクロ命令内のスペース) ... 31

■ 記号出力

! ⇒ ! (文・数) 94
' ⇒ ' (文), ′ (数) 94
(⇒ ((文・数) 94, 104
) ⇒) (文・数) 94, 104
* ⇒ * (文・数) 94
+ ⇒ + (文・数) 94
, ⇒ , (文・数) 94
- ⇒ - (文), − (数) 94
--- ⇒ — (文の区切り (文)) 116
-- ⇒ – (数字の範囲 (文)) 116
- ⇒ - (単語間の区切りとハイフン (文)) ... 116
. ⇒ . (文・数) 94
/ ⇒ / (文・数) 94
: ⇒ : (文・数) 94
; ⇒ ; (文・数) 94
< ⇒ ¡ (文), < (数) 94
= ⇒ = (文・数) 94
> ⇒ ¿ (文), > (数) 94
? ⇒ ? (文・数) 94
@ ⇒ @ (文・数) 94
[⇒ [(文・数) 94, 104
\'{a} ⇒ á (文) 117
\.{a} ⇒ ȧ (文) 117
\={a} ⇒ ā (文) 117
\"{a} ⇒ ä (文) 117
\# ⇒ # (文) 95
\$ ⇒ $ (文) 95
\% ⇒ % (文) 95
\& ⇒ & (文) 95

索引

\\^{a} ⇒ â (文)	117
_ ⇒ _ (文)	95
\\{ ⇒ { (文・数)	95, 104
\\} ⇒ } (文・数)	95, 104
\\~{a} ⇒ ã (文)	117
\\'{a} ⇒ à (文)	117
\a' ⇒ ´ (アクセント記号 (タビング表))	232
\a= ⇒ ¯ (アクセント記号 (タビング表))	232
\a` ⇒ ` (アクセント記号 (タビング表))	232
\\| ⇒ ∥ (数)	104
] ⇒] (文・数)	94, 104
' ⇒ ' (文・数)	94
	⇒ — (文),	(数)	104
	⇒ — (文),	(数)	94
`~' ⇒ '~' (文中引用符 (単一))	68
``~'' ⇒ ''~'' (文中引用符 (二重))	68
`\,``~''\,' ⇒ '''~'''(文中引用符 (三重))	68
``\,`~'\,'' ⇒ '''~'''(文中引用符 (三重))	68

■ 記号命令

* ⇒ 距離変数の乗算 [calc]	172
+ ⇒ 距離変数の加算 [calc]	172
- ⇒ ハイフネーション	186
- ⇒ 距離変数の減算 [calc]	172
/ ⇒ 距離変数の除算 [calc]	172
#n ⇒ マクロ命令の引数 (#1, #2, ⋯, #9)	26, 94
$$~$$ ⇒ 単一段落数式 I (自動数式番号なし (数式番号は \eqno で付ける)	128
$~$ ⇒ 文中数式	73, 94, 127
% ⇒ エディタ上のリターンキーによる改行箇所や入力文に注を付けるときに使用	94
& ⇒ 表の列間に置く	212, 226
@{} ⇒ 表の要素内テキストとその要素の左右マージン間のスペース調整	217, 218
\' ⇒ 文字列の左要素への移動 (タビング表)	231
\+ ⇒ 行頭の字下げ (タビング表)	230
\, ⇒ 水平方向にスペースを少し空ける (文・数)	175
\- ⇒ 行頭の字下げの解除令 (タビング表)	230
\/ ⇒ イタリック補正 ($ib → ib$)	82
\: ⇒ 水平方向にスペースを少し空ける (数)	175
\; ⇒ 水平方向にスペースを少し空ける (数)	175
\< ⇒ 行頭の一時的解除 (タビング表)	231
\= ⇒ kill 行の要素間に置く命令 (タビング表)	229
\> ⇒ 要素間に置く命令げ (タビング表)	229
\(~\) ⇒ 文中数式	127
\[~\] ⇒ 単一段落数式 II (自動数式番号なし)	128
* ⇒ 文中改行 (抑制される)	181
\\ ⇒ 文中改行	181
\ ⇒ 命令の先頭に付ける (¥キーで入力)	94
\␣ ⇒ 単語間スペース	178
\! ⇒ 水平方向にスペースを少し狭くする (数)	175
\@ ⇒ 文間スペース	178
\' ⇒ 要素の文字列をページの右マージンまで移動 (タビング表)	231
^ ⇒ 上付き添字 (x^2)	94, 146
_ ⇒ 下付き添字 (x_2)	94, 146
|| ⇒ 表に縦罫線を2本引く	213
| ⇒ 表に縦罫線を1本引く	212
~ ⇒ 改行不可スペース	94, 179
@<<< ⇒ 左向き矢印 (可換図式)	165
@>>> ⇒ 右向き矢印 (可換図式)	165
@= ⇒ 横の二重線 (可換図式)	165
@| ⇒ 縦の二重線 (可換図式)	165
@. ⇒ 何も出力しない (可換図式)	165

■ 命令

A

a4paper ⇒ A4 用紙 (文書クラスオプション)	4
a5paper ⇒ A5 用紙 (文書クラスオプション)	4
\AA ⇒ Å (文)	96
\aa ⇒ å (文)	96
@AAA ⇒ 上向き矢印 (可換図式)	165
abbrv ⇒ 文献の出力のスタイル (名 (given name)・月・雑誌名は省略)	270
\abovedisplayshortskip ⇒ 短い段落数式とその上にある本文との間に入れる追加のスペース	141
\abovedisplayskip ⇒ 長い段落数式とその上にある本文との間に入れる追加のスペース	141
abstract 環境 ⇒ アブストラクトを書く	64
\abstractname ⇒ アブストラクトの見出しの定義	65
\Acute ⇒ Á (二重アクセント) [amsmath]	118
\acute{a} ⇒ á (数)	117
\acute{\imath} ⇒ í (数)	117
\acute{\jmath} ⇒ j́ (数)	117
\addcontentsline ⇒ 目次にテキストを挿入 (\addtocontents も見よ)	48
address ⇒ 住所 (参考文献のフィールド)	273
\address ⇒ 受取人の住所 (手紙)	70
\addtocontents ⇒ 目次にテキストを挿入 (\addcontentsline も見よ)	49
\addtocounter ⇒ カウンタ値の増・減	36
\addtolength ⇒ 距離変数の加・減算	171
@addtoreset ⇒ 節の変わるたびに ⇒	
• 図番号を0にリセットする	260
• 数式番号を0にリセットする	137
• 表番号を0にリセットする	260
\advance ⇒ カウンタ値の加・減算	40

索引

\AE ⇒ Æ (文) 96
\ae ⇒ æ (文) 96
\aleph ⇒ ℵ (数) 96
 align 環境 ⇒ 別行段落数式
  (自動数式番号あり) [amsmath] 131
 align*環境 ⇒ 別行段落数式
  (自動数式番号なし) [amsmath] 131
 alignat 環境 ⇒ 別行段落数式
  (自動数式番号あり) [amsmath] 132
 alignat*環境 ⇒ 別行段落数式
  (自動数式番号なし) [amsmath] 132
\allinethickness ⇒ 線の太さ [eepic] 159, 256
 alltt 環境 ⇒ 擬似タイプ入力 [alltt] 309
 Alph ⇒ A, B, C, ⋯ (ページ番号用のカウンタ) . 18
 alph ⇒ a, b, c, ⋯ (ページ番号用のカウンタ) ... 18
\Alph ⇒ A, B, C, ⋯ (カウンタ種) 36, 295
\alph ⇒ a, b, c, ⋯ (カウンタ種) 36, 295
 alpha ⇒ 文献の出力のスタイル (簡略著者名) . 269
\alpha ⇒ α (数) 76
\amalg ⇒ ⨿ (数) 99
 and ⇒ 複数の著者の間に置く (文献データベース
  ファイル) 275
\and ⇒
 ● 複数の著者名の間に置く (タイトル) 62
 ● 理論積 (条件分岐: if 文) [ifthen] 44
 and others ⇒ 複数の著者の最後の著者の前に
  置くと et al. に変換される (文献データ
  ベースファイル) 275
\angle ⇒ ∠ (数) 96, 97
 annote ⇒ 注釈: 無視される (参考文献のフィー
  ルド) 273
\appendix ⇒ 付録作成の宣言 50, 56
\appendixname ⇒ 付録目次の見出し 51
\approx ⇒ ≈ (数) 100
\approxeq ⇒ ≊ [amssymb] (数) 101
 arabic ⇒ 1, 2, 3, ⋯ (ページ番号用のカウンタ) . 18
\arabic ⇒ 1, 2, 3, ⋯ (カウンタ種) 36, 295
\arc ⇒ 円弧 [curves] 252
\arccos ⇒ arccos (Log 型記号) 111
\arcsin ⇒ arcsin (Log 型記号) 111
\arctan ⇒ arctan (Log 型記号) 111
\arg ⇒ arg (Log 型記号) 111
 array 環境 ⇒
  ● アレイ表 (数) 211, 212
  ● 場合分け 166
\arrayrulewidth ⇒ 表の罫線の太さを指定 ... 213
\arraystretch ⇒ 表の行間隔を広げる 214
\Arrowvert ⇒ ∥ (数) 104
\arrowvert ⇒ | (数) 104
 article ⇒ 欧文の論文 (文書クラス) 3
@article ⇒ 文献カテゴリ 272

\ast ⇒ ∗ (数) 99
\asymp ⇒ ≍ (数) 100
\atopwithdelims ⇒ $\binom{a}{b}$ $\langle{a\atop b}\rangle$ $\{{a\atop b}\}$ など 148
 author ⇒ 著者名 (参考文献のフィールド) 273
\author ⇒ 著者名 (タイトル) 62

B

 b4paper ⇒ B4 用紙 (文書クラスオプション) 4
 b5paper ⇒ B5 用紙 (文書クラスオプション) 4
 b{ } ⇒ アレイ表の要素を段落モードにする
  [array] 221
\b{a} ⇒ a̱ (文) 117
\backepsilon ⇒ [amssymb] (数) 101
\backprime ⇒ ‵ (数) 97
\backsim ⇒ ∽ [amssymb] (数) 101
\backsimeq ⇒ ⋍ [amssymb] (数) 101
\backslash ⇒ \ (数) 96, 104
\Bar ⇒ $\bar{\bar{A}}$ (二重アクセント) [amsmath] 118
\bar{a} ⇒ ā (数) 117
\bar{\imath} ⇒ ī (数) 117
\bar{\jmath} ⇒ j̄ (数) 117
\barwedge ⇒ ⊼ (数) 100
\baselineskip ⇒ 改行幅 180
\baselinestretch ⇒ 改行幅を一律 n 倍にする .. 180
\Bbbk ⇒ k (数) 97
\because ⇒ ∵ [amssymb] (数) 101
\begin ⇒ 環境命令の始まり 23
\belowdisplayshortskip ⇒ 短い段落数式とその
 下にある本文との間に入れる追加のス
 ペース 141
\belowdisplayskip ⇒ 長い段落数式とその下
 にある本文との間に入れる追加の
 スペース 141
\beta ⇒ β (数) 76
\beth ⇒ ℶ (数) 76
\between ⇒ ≬ [amssymb] (数) 101
\bezier ⇒ ベジェー曲線 [bezier] 152
\bfseries ⇒ **02abAB** (ボールド体 (宣言型)) .. 80
\bibliography ⇒ 文献データベースファイルの
 指定 269
\bibliographystyle ⇒ 参考文献リストへの
 文献の出力のスタイルの指定 269
\bibname ⇒ 参考文献の見出しの定義
 (本・報告書) 267
\Big ⇒ x \Big | y → $x\big|y$ (指定拡大 I) ... 105
\big ⇒ x \big | y → $x|y$ (指定拡大 I) 105
\bigcap ⇒ ⋂ (Sum 型記号) 108
\bigcirc ⇒ ◯ (数) 99
\bigcircle ⇒ 円 [curves] 251
\bigcup ⇒ ⋃ (Sum 型記号) 108
\Bigg ⇒ x \Bigg | y → $x\Big|y$ (指定拡大 I) ... 105

\bigg ⇒ x \bigg | y → $x\bigg|y$ (指定拡大 I) ... 105
\Biggl ⇒ \Biggl(→ $\Biggl($ (指定拡大 II) 105
\biggl ⇒ \biggl(→ $\biggl($ (指定拡大 II) 105
\Biggm ⇒ x \Biggm | y → $x\Biggm|y$ (指定拡大 I) 105
\biggm ⇒ x \biggm | y → $x\biggm|y$ (指定拡大 I) 105
\Biggr ⇒ \Biggr) → $\Biggr)$ (指定拡大 II) 105
\biggr ⇒ \biggr) → $\biggr)$ (指定拡大 II) 105
\Bigl ⇒ \Bigl(→ $\Bigl($ (指定拡大 II) 105
\bigl ⇒ \bigl(→ $\bigl($ (指定拡大 II) 105
\Bigm ⇒ x \Bigm | y → $x\Bigm|y$ (指定拡大 I) .. 105
\bigm ⇒ x \bigm | y → $x\bigm|y$ (指定拡大 I) .. 105
\bigodot ⇒ $\bigodot$ (Sum 型記号) 108
\bigoplus ⇒ $\bigoplus$ (Sum 型記号) 108
\bigotimes ⇒ $\bigotimes$ (Sum 型記号) 108
\Bigr ⇒ \Bigr) → $\Bigr)$ (指定拡大 II) 105
\bigr ⇒ \bigr) → $\bigr)$ (指定拡大 II) 105
\bigskip ⇒ 垂直方向の標準的な大スペース . 176
\bigskipamount ⇒ \bigskip の定義に使う ... 176
\bigsqcup ⇒ $\bigsqcup$ (Sum 型記号) 108
\bigstar ⇒ ★ (数) 97
\bigtriangledown ⇒ $\triangledown$ (数) 99
\bigtriangleup ⇒ △ (数) 99
\biguplus ⇒ $\biguplus$ (Sum 型記号) 108
\bidvee ⇒ $\bigvee$ (Sum 型記号) 108
\bigwedge ⇒ $\bigwedge$ (Sum 型記号) 108
\binom ⇒ $\binom{m}{n}$ (二項係数) [amsmath] 147
black ⇒ \filltype{ } の引数内で宣言し, 円 circle* および楕円 ellipse* の内部を「黒」にする 252
\blacklozenge ⇒ ♦ (数) 97
\blacksquare ⇒ ■ (数) 97
\blacktriangle ⇒ ▲ (数) 97
\blacktriangledown ⇒ ▼ (数) 97
\blacktriangleleft ⇒ ◄ [amssymb] (数) 101
\blacktriangleright ⇒ ► [amssymb] (数) 101
bmatrix 環境 ⇒ $\begin{bmatrix}a&b\\c&d\end{bmatrix}$ [amsmath] 149
\bmod ⇒ $\bmod x$ 114
\boldmath ⇒ $2\alpha \mathcal{A} \mathbf{A} \mathbf{B} 2aa\mathfrak{A}$ (数) 77
book ⇒ 欧文の本 (文書クラス) 3
@book ⇒ 文献カテゴリ 272
@booklet ⇒ 文献カテゴリ 272
booktitle ⇒ その一部が引用されている本などの標題 (参考文献のフィールド) 273

\bordermatrix ⇒ $\bordermatrix{&&2&\cr 3&a&b&c\cr&d&e&f\cr&g&h&i\cr}$ (縁付き行列) . 150
\bot ⇒ ⊥ (数) 96
\bottomfraction ⇒ 図表領域のスタイルパラメータ 264
bottomnumber ⇒ 図表領域のスタイルパラメータ 264
\bowtie ⇒ ⋈ (数) 100
\Box ⇒ □ (数) 97
\boxdot ⇒ ⊡ (数) 100
\boxed ⇒ 数式を囲むボックス $\boxed{\sqrt{5}}$ [amsmath] . 190
boxedminipage 環境 ⇒ 枠付きミニページ 205
\boxminus ⇒ ⊟ (数) 100
\boxplus ⇒ ⊞ (数) 100
\boxtimes ⇒ ⊠ (数) 100
bp ⇒ 長さの単位 (1bp ≈ 1/72inch) 170
\bracevert ⇒ ⎪ (数) 104
\Breve ⇒ $\breve{A}$ (二重アクセント) [amsmath] . 118
\breve{a} ⇒ $\breve{a}$ (数) 117
\breve{\imath} ⇒ $\breve{\imath}$ (数) 117
\breve{\jmath} ⇒ $\breve{\jmath}$ (数) 117
\bullet ⇒ • (数) 99
\Bumpeq ⇒ $\Bumpeq$ [amssymb] (数) 101
\bumpeq ⇒ $\bumpeq$ [amssymb] (数) 101
\Bvector ⇒ $(0,\overset{1}{\cdots},\overset{i-1}{0},\overset{i}{a},\overset{i+1}{0},\overset{n}{\cdots},0)$ (縁付きベクトル) [筆マ] 151

C

\c{a} ⇒ ą (文) 117
\Cap ⇒ ⋒ (数) 100
\cap ⇒ ∩ (数) 99
\caption ⇒ 図と表の標題 257
cases 環境 ⇒ 場合分け [amsmath] 166
cc ⇒ 長さの単位 (1cc ≈ 12dd) 170
\cc ⇒ 同じ手紙の受取人 (手紙) 70
CD 環境 ⇒ 可換図式 164
\cdot ⇒ · (数) 99, 115
\cdots ⇒ ⋯ (数) 115
center 環境 ⇒ 複数行のテキストの中寄せ ... 206
\centerdot ⇒ . (数) 100
\centering ⇒ 中寄せ 217
\centerline ⇒ 1行のテキストの中寄せ 206
\cfoot ⇒ フッタ中央への情報出力命令 [fancyheadings] 16
\cfrac ⇒ $a+\cfrac{b}{c+\cfrac{d}{e}}$ (連分数) [amsmath] 144
chapter ⇒
  • 章 (参考文献のフィールド) 273, 276
  • 章のカウンタ 35
\chapter ⇒ 章の出力 53
\chapter* ⇒ 擬似の章の出力 54

索　引

\chaptername ⇒ 章の見出しの定義 57
\chead ⇒ ヘッダ中央への情報出力命令
　　　　[fancyheadings] 16
\Check ⇒ $\check{A}$ (二重アクセント) [amsmath] 118
\check{a} ⇒ $\check{a}$ (数) 117
\check{\imath} ⇒ $\check{\imath}$ (数) 117
\check{\jmath} ⇒ $\check{\jmath}$ (数) 117
\chi ⇒ χ (数) 76
\choose ⇒ $\binom{n}{m}$ (二項係数) 147
\circ ⇒ ∘ (数) 99
\circeq ⇒ $\circeq$ [amssymb] (数) 101
\circle ⇒ 円 (picture 要素) 250
\circle* ⇒ 塗りつぶしの円 (picture 要素) ... 250
\circlearrowleft ⇒ ↺ [amssymb] (数) 102
\circlearrowright ⇒ ↻ [amssymb] (数) 102
\circledast ⇒ ⊛ (数) 100
\circledcirc ⇒ ⊚ (数) 100
\circleddash ⇒ ⊖ (数) 100
\circledS ⇒ Ⓢ (数) 97
\cite ⇒ 文献の引用 (参考文献リストの作成) .. 268
\cleardoublepage ⇒ 改ページ 183
\clearpage ⇒ 改ページ 183
\cline ⇒ 表に横罫線を部分的に引く 215
\closecurve ⇒ 閉曲線 [curves] 155
\closing ⇒ 手紙を終えるときの決まり文句
　　　　(Sincerely yours,) 70
cm ⇒ 長さの単位 (1cm ≈ 10mm) 170
cmyk ⇒ cmyk 配色モデルの宣言 (cyan, magenta,
　　　　yellow, black の4色の混合) 305
\color ⇒ 色文字 303
\colorbox ⇒ 色ボックス 304
\columnsep ⇒ 2段組における左右の段間の距離
　　　　(ページのレイアウトパラメータ) .. 6, 210
\columnseprule ⇒ 2段組における左右の段間に
　　　　引く罫線の幅 (ページのレイアウトパラ
　　　　メータ) 6
\complement ⇒ $\complement$ (数) 97
@conference ⇒ 文献カテゴリ 272
\cong ⇒ ≅ (数) 100
\contentsname ⇒ 本文目次の見出し 51
\coprod ⇒ $\coprod$ (Sum 型記号) 108
\copyright ⇒ © (数) 97
\cos ⇒ cos (Log 型記号) 111
\cosh ⇒ cosh (Log 型記号) 111
\cot ⇒ cot (Log 型記号) 111
\coth ⇒ coth (Log 型記号) 111
\csc ⇒ csc (Log 型記号) 111
\Cup ⇒ ⋓ (数) 100
\cup ⇒ ∪ (数) 99
\curlyeqprec ⇒ $\curlyeqprec$ [amssymb] (数) 101
\curlyeqsucc ⇒ $\curlyeqsucc$ [amssymb] (数) 101
\curlyvee ⇒ $\curlyvee$ (数) 100
\curlywedge ⇒ $\curlywedge$ (数) 100
\curve ⇒ 曲線 [curves] 153
\curvearrowleft ⇒ $\curvearrowleft$ [amssymb] (数) ... 102
\curvearrowright ⇒ $\curvearrowright$ [amssymb] (数) .. 102

D

D{ }{ }{ } ⇒ アレイ表で数表を作るときの
　　　　小数点の位置の定義 [dcolumn] 224
\d{a} ⇒ ạ (文) 117
\dag ⇒ † (数) 97
\dagger ⇒ † (数) 97, 99
\dashbox ⇒ 破線枠のボックス [aaa] 190
dashjoin 環境 ⇒ 折れ線 [epic] 158
\dashleftarrow ⇒ ⇠ [amssymb] (数) 102
\dashline ⇒ 破線 [epic] 157
\dashrightarrow ⇒ ⇢ [amssymb] (数) 102
\dashv ⇒ ⊣ (数) 100
\date ⇒
　　● 手紙の発送日や出版年月日 (手紙) 70
　　● 発表・出版年月日 (タイトル) 62
\dbinom ⇒ $\binom{m}{n}$ (D-スタイルの二項係数)
　　　　[amsmath] 147
\dblfloatpagefraction ⇒ 図表領域のスタイ
　　　　ルパラメータ 264
\dblfloatsep ⇒ 図表領域のスタイルパラメータ
　　　　..................................... 264
\dbltextfloatsep ⇒ 図表領域のスタイルパラ
　　　　メータ 264
\dbltopfraction ⇒ 図表領域のスタイルパラ
　　　　メータ 264
dbltopnumber ⇒ 図表領域のスタイルパラメータ
　　　　..................................... 264
dd ⇒ 長さの単位 (1dd ≈ 1238/1157pt) 170
\ddag ⇒ ‡ (数) 97
\ddagger ⇒ ‡ (数) 97, 99
\ddddot{a} ⇒ $\ddddot{a}$ (数) 117
\ddddot{\imath} ⇒ $\ddddot{\imath}$ (数) 117
\ddddot{\jmath} ⇒ $\ddddot{\jmath}$ (数) 117
\dddot{a} ⇒ $\dddot{a}$ (数) 117
\dddot{\imath} ⇒ $\dddot{\imath}$ (数) 117
\dddot{\jmath} ⇒ $\dddot{\jmath}$ (数) 117
\Ddot ⇒ $\ddot{A}$ (二重アクセント) [amsmath] 118
\ddot{a} ⇒ $\ddot{a}$ (数) 117
\ddot{\imath} ⇒ $\ddot{\imath}$ (数) 117
\ddot{\jmath} ⇒ $\ddot{\jmath}$ (数) 117
\ddots ⇒ ⋱ (数) 115
\DeclareMathOperator ⇒ $\mathrm{ess\,inf}_x$ のような記号
　　　　を定義する命令 [amsmath] 112

\DeclareMathOperator* ⇒ $\operatorname*{ess\,inf}_{x}$ のような記号を定義する命令 [amsmath] 112
\def ⇒ 新命令の定義 28
\definecolor ⇒ 色の定義 305
\deg ⇒ deg (Log 型記号) 111
\DElta ⇒ Δ の別定義 (文) [筆マ] 78
\Delta ⇒ Δ (数) 76
\delta ⇒ δ (数) 76
\depth ⇒ テキストの深さ与える距離変数 . 173, 195
description 環境 ⇒ 箇条書 236
\descriptionlabel ⇒ 項目ラベルの一律変更 (description 環境による箇条書) 236
\det ⇒ det (Log 型記号) 111
\dfrac ⇒ $\frac{a}{b}$ (D-スタイルの分数) [amsmath] .. 143
\diagdown ⇒ \ (数) 97
\diagup ⇒ / (数) 97
\Diamond ⇒ ◇ (数) 97
\diamond ⇒ ⋄ (数) 99
\digamma ⇒ F (数) 76
\dim ⇒ dim (Log 型記号) 111
displaymath 環境 ⇒ 単一段落数式 II (自動数式番号なし) 128
\displaystyle ⇒ D-スタイルの宣言 130
\Div ⇒ 実数の除算 [筆マ] 312
\div ⇒ ÷ (数) 99
\divide ⇒ カウンタ値の除算 40
\divideontimes ⇒ ⋇ (数) 100
document 環境 ⇒ 文書環境ともいう (文書を作成する領域) 2
\documentclass ⇒ 文書クラスと文書クラスオプションの宣言 (旧 LaTeX では \documentstyle でした) 3
\documentstyle ⇒ 旧 LaTeX の命令 (LaTeX 2ε では \documentclass に変更) 3
\Dot ⇒ $\dot{A}$ (二重アクセント) [amsmath] 118
\dot{a} ⇒ $\dot{a}$ (数) 117
\doteq ⇒ ≐ (数) 100
\doteqdot ⇒ ≑ [amssymb] (数) 101
\dotfill ⇒ 長く伸びるドット (文・数) ... 116
\dot{\imath} ⇒ i (数) 117
\dot{\jmath} ⇒ j (数) 117
\dotplus ⇒ ∔ (数) 100
\dotsb ⇒ $A + B + C + \cdots$ (二項/関係演算子用のドット: \cdots と同じ (数)) [amsmath] 115
\dotsc ⇒ $A, B, C, \ldots$ (カンマ付きドット: \ldots と同じ (数)) [amsmath] 115
\dotsi ⇒ $\int\int\cdots$ (積分用のドット: \cdots と同じ (数)) [amsmath] 115
\dotsm ⇒ $ABC\cdots$ (積を表すドット: \cdots と同じ (数)) [amsmath] 115

dottedjoin 環境 ⇒ 折れ線 [epic] 158
\dottedline ⇒ 点線 [epic] 157
\doublebarwedge ⇒ $\overline{\wedge}$ (数) 100
\doublebox ⇒ 二重枠のボックス [aaa] [fancybox] 197
\Downarrow ⇒ ⇓ (数) 104
\downarrow ⇒ ↓ (数) 104
\downdownarrows ⇒ ⇊ [amssymb] (数) .. 102
\downharpoonleft ⇒ ⇃ [amssymb] (数) .. 102
\downharpoonright ⇒ ⇂ [amssymb] (数) .. 102
drawjoin 環境 ⇒ 折れ線 [epic] 158
\drawline ⇒ 折れ線 159

E

edition ⇒ 版 (参考文献のフィールド) ... 273, 276
editor ⇒ 編集者の名 (参考文献のフィールド) 273, 275
\ell ⇒ ℓ (数) 96
\ellipse ⇒ 楕円 [eepic] 251
\ellipse* ⇒ 楕円 [eepic] 251
em ⇒ 長さの単位 (ローマン体の文字 M の幅) .. 170
empty ⇒ ページ形式 (ヘッダ・フッタには何も出力されない) 13
\emptyset ⇒ ∅ (数) 96
\encl ⇒ 同封資料のリスト (手紙) 70
\end ⇒ 環境命令の終わり 23
\enlargethispage ⇒ ページの高さを増やす ... 184
\ensuremath (必要とあらばその引数内のテキストを数式モードにする命令) 27
enumerate 環境 ⇒ 箇条書 233
enumi ⇒ enumerate 環境による箇条書のレベル 1 のカウンタ 35, 233
enumii ⇒ enumerate 環境による箇条書のレベル 2 のカウンタ 35, 233
enumiii ⇒ enumerate 環境による箇条書のレベル 3 のカウンタ 35, 233
enumiv ⇒ enumerate 環境による箇条書のレベル 4 のカウンタ 35, 233
\epsilon ⇒ ϵ (数) 76
\eqcirc ⇒ ≗ [amssymb] (数) 101
\Eqn [筆マ] 129
eqnarray 環境 ⇒ (別行段落数式 (自動数式番号あり)) 128
eqnarray* 環境 ⇒ (別行段落数式 (自動数式番号なし)) 128
\eqno ⇒ 単一段落数式 I における数式番号 135
\eqref ⇒ 自動数式番号の相互参照 [amsmath] .. 279
\eqslantgtr ⇒ ⪖ [amssymb] (数) 101
\eqslantless ⇒ ⪕ [amssymb] (数) 101
\equal ⇒ 「2 つの文字列が同じであるか否か」の判断 [ifthen] 43
equation ⇒ 数式のカウンタ 35

索　引

equation 環境 ⇒ 単一段落数式 III（自動数式番号あり）............. 128
\equiv ⇒ ≡（数）............................. 100
\EQUlabel ⇒ 相互参照ラベルの定義命令 筆マ 285
\EQUref ⇒ 相互参照ラベルの呼び出し命令 筆マ 286
\ess inf ⇒ \DeclareMathOperator で定義 ... 112
\ess sup ⇒ \DeclareMathOperator で定義 ... 112
\eta ⇒ η（数）............................. 76
\eth ⇒ ð（数）................................. 97
\evensidemargin ⇒ 偶数(左)ページにおける左基準線より本文領域までの距離（ページのレイアウトパラメータ）............. 6
ex ⇒ 長さの単位（ローマン体の文字xの高さ）. 170
\exists ⇒ ∃（数）............................. 96
\exp ⇒ exp（Log 型記号）.................... 111
\externaldocument ⇒ 相互参照する外部文書の宣言 xr 283
\extracolsep ⇒ tabular*環境と併用 227
\extrarowheight ⇒ 表の各列に縦方向のスペースを空ける 215

F

\fallingdotseq ⇒ ≒ amssymb （数）......... 101
fancy ⇒ ページ形式 fancyheadings 16
\fbox ⇒ 枠付きボックス aaa 187
\fboxrule ⇒ ボックス枠の線の太さを指定 191
\fboxsep ⇒ ボックスとその内部のテキストとの隙間 196
\fcolorbox ⇒ 枠付き色ボックス：abcABC ... 304
figure ⇒ 図のカウンタ 35
figure 環境 ⇒ 図領域の確保 257
figure*環境 ⇒ 図領域の確保（2 段組時に両段ぶち抜きの図領域を確保）............. 263
\figurename ⇒ figure 環境による図の見出しの定義 259
\fill ⇒ 任意の長さに伸びる距離変数 175, 177
\filltype ⇒ 円 circle*と楕円 ellipse*の内部を「黒」「網掛け」「色白」の何れにするかを宣言する eepic 252
\Finv ⇒ Ⅎ（数）............................. 97
flalign 環境 ⇒ 別行段落数式（自動数式番号あり）amsmath 133
flalign*環境 ⇒ 別行段落数式（自動数式番号なし）amsmath 133
\flat ⇒ ♭（数）............................. 96
fleqn ⇒ 数式の左寄せ（文書クラスオプション）............. 4, 139
\floatpagefraction ⇒ 図表領域のスタイルパラメータ 264
\floatsep ⇒ 図表領域のスタイルパラメータ .. 264
\flushbottom ⇒ ページの高さを揃える 184
flushleft 環境 ⇒ 複数行のテキストの左寄せ ... 206
flushright 環境 ⇒ 複数行のテキストの右寄せ .. 206
\FNsymbol ⇒ 脚注記号から「*」と「**」を外す 筆マ 298
\fnsymbol ⇒ *, †, ‡, ⋯ （カウンタ種）..... 36, 295
\foldbox ⇒ メモ用ボックス foldbox 198
\footheight ⇒ フッタ領域の高さ（ページのレイアウトパラメータ：これは LaTeX の命令．LaTeX 2_ε では抹消）............. 6
footnote ⇒ 脚注のカウンタ 35
\footnote ⇒ 脚注の出力 294, 295
\footnotemark ⇒ 脚注マーク（\footnotetext と併用）............. 297
\footnoterule ⇒ 脚注罫線の長さや太さを定義する命令 299
\footnotesep ⇒ 脚注間のスペース 299
\footnotesize ⇒ 文字サイズ（a花$\sqrt{2}$（文・数））. 83
\footnotetext ⇒ 脚注テキスト（\footnotemark と併用）............. 297
\footrulewidth ⇒ フッタに引く罫線の太さ fancyheadings 16
\footskip ⇒ 本文領域の下端とフッタ領域の下端までの距離（ページのレイアウトパラメータ）............. 6
\forall ⇒ ∀（数）............................. 96
\frac ⇒ $\frac{a}{b}$（分数）............................. 142
\frame ⇒ 内部テキストにへばり付くボックス aaa 190
\framebox ⇒
　● 横幅と縦幅を指定 aaa 189
　● 横幅を指定 aaa 187
\frown ⇒ ⌢（数）............................. 100
\fussy ⇒ ファシー行末揃え（\sloppy も見よ）. 185

G

\Game ⇒ ⅁（数）............................. 97
\GAmma ⇒ Γ の別定義（文）筆マ 78
\Gamma ⇒ Γ（数）............................. 76
\gamma ⇒ γ（数）............................. 76
gather 環境 ⇒ 別行段落数式（自動数式番号あり）amsmath 131
gather*環境 ⇒ 別行段落数式（自動数式番号なし）amsmath 131
\gcd ⇒ gcd（Log 型記号）.................... 111
\genfrac ⇒ $\left[\frac{a+b}{c+d}\right]$（分数）amsmath 143
\geq ⇒ ≥（数）............................. 100
\geqq ⇒ ≧ amssymb （数）............. 101
\geqslant ⇒ ⩾ amssymb （数）............. 101
\gg ⇒ ≫（数）............................. 100
\ggg ⇒ ⋙ amssymb （数）............. 101
\gimel ⇒ ℷ（数）............................. 76
\gnapprox ⇒ ⪊ amssymb （数）............. 101

\gneq ⇒ ≩ [amssymb] (数) 101
\gneqq ⇒ ≩ [amssymb] (数) 101
\gnsim ⇒ ≵ [amssymb] (数) 101
\graphpaper ⇒ グラフ用紙を描く [graphpaper] 162
\Grave ⇒ $\grave{A}$ (二重アクセント) [amsmath] 118
\grave{a} ⇒ à (数) 117
\grave{\imath} ⇒ ì (数) 117
\grave{\jmath} ⇒ j̀ (数) 117
gray ⇒ gray 配色モデルの宣言 (白と黒の中間色としての配色) 304
\grid ⇒ 格子点 [epic] 255
\gtfamily ⇒ 桜さくら (ゴシック体 (宣言型)) ... 80
\gtrapprox ⇒ ⪆ [amssymb] (数) 101
\gtrdot ⇒ ⋗ [amssymb] (数) 101
\gtreqless ⇒ ⋛ [amssymb] (数) 101
\gtreqqless ⇒ ⪌ [amssymb] (数) 101
\gtrless ⇒ ≷ [amssymb] (数) 101
\gtrsim ⇒ ≳ [amssymb] (数) 101
\gvertneqq ⇒ ≩ [amssymb] (数) 101

H

\H{a} ⇒ a̋ (文) 117
\hangafter ⇒ 字下げする行数 (ハンギングインデント) 208
\hangindent ⇒ 字下げ幅 (ハンギングインデント) 208
\Hat ⇒ $\hat{A}$ (二重アクセント) [amsmath] 118
\hat{a} ⇒ â (数) 117
\hat{\imath} ⇒ ı̂ (数) 117
\hat{\jmath} ⇒ ȷ̂ (数) 117
\hbar ⇒ ℏ (数) 96, 97
\hdotsfor ⇒ 行列の中で使うドット [amsmath] . 150
\headheight ⇒ ヘッダ領域の高さ (ページのレイアウトパラメータ) 6
headings ⇒ ページ形式 (ヘッダにページ番号, 章・節などの番号とその標題が出力) .. 13
\headrulewidth ⇒ ヘッダに引く罫線の太さ [fancyheadings] 16
\headsep ⇒ ヘッダ領域の下端より本文領域の上端までの距離 (ページのレイアウトパラメータ) 6
\headwidth ⇒ フッタとフッタの長さ [fancyheadings] 16
\height ⇒ テキストの高さ与える距離変数 173, 195
\hfill ⇒ \hspace{\fill}の省略型 175
\hline ⇒ 表に横罫線を引く 213
\hom ⇒ hom (Log 型記号) 111
\hookleftarrow ⇒ ↩ (数) 102
\hookrightarrow ⇒ ↪ (数) 102
howpublished ⇒ 規格外文献の発表のされ方 (参考文献のフィールド) 273
\hrulefill ⇒ 長く伸びるバー (文) 116

hsb ⇒ hsb 配色モデルの宣言 (hue (色相), saturation (彩度), brightness (輝度)) . 305
\hslash ⇒ ℏ (数) 97
\hspace ⇒ 水平方向のスペース 174
\hspace* ⇒ 行頭での水平方向へのスペース ... 174
\Huge ⇒ 文字サイズ (a花$\sqrt{2}$ (文・数)) 83
\huge ⇒ 文字サイズ (a花$\sqrt{2}$ (文・数)) .. 83
\hyphenation ⇒ ハイフネーション 186

I

\IDiv ⇒ 整数の除算 [筆マ] 312
\idotsint ⇒ $\int\cdots\int$ [amsmath] 110
\ifcase ⇒ 「カウンタ値が 0,1,2, … の何れであるか」の判断 [ifthen] 42
\ifnum ⇒ 「カウンタ値がある値より大きいか, 等しいか, 小さいか」の判断 42
\ifodd ⇒ 条件分岐: 「カウンタ値が奇数であるか否か」の判断 42
\ifthenelse ⇒ 「ある言明が真であるか否か」の判断 [ifthen] 43
\ii ⇒ ı (文) 96
\iiiint ⇒ $\iiiint$ [amsmath] 110
\iiint ⇒ $\iiint$ [amsmath] 110
\iint ⇒ $\iint$ [amsmath] 110
\im ⇒ ℑ (数) 96
\imath ⇒ ı (数) 96
\IMul ⇒ 整数の乗算 [筆マ] 312
in ⇒ 長さの単位 (1in ≈ 25.4mm) 170
\in ⇒ ∈ (数) 100
@inbook ⇒ 文献カテゴリ 272
\include ⇒ 文書ファイルの読込み (\input も見よ) 20
\includeonly ⇒ \include と併用 21
@incollection ⇒ 文献カテゴリ 272
\index ⇒ 索引項目の指定 289
\indexname ⇒ 索引見出し定義 293
\inf ⇒ inf (Log 型記号) 111
\infty ⇒ ∞ (数) 96
@inproceedings ⇒ 文献カテゴリ 272
\input ⇒ 文書ファイルの読込み (\include も見よ) 5, 19
institution ⇒ それを出している組織の名前 (参考文献のフィールド) 273
\int ⇒ ∫ (Sum 型記号) 108
\intercal ⇒ ⊺ (数) 100
\intertext ⇒ 数式間にテキストを挿入 [amsmath] 134
\intextsep ⇒
● [wrapfloat] による字下げ部分に入れるテキスト領域と本文の上下間隔 210

- • 図表領域のスタイルパラメータ 264
- \iota ⇒ ι (数) 76
- \isodd ⇒「カウンタ値が奇数であるか否か」の判断 [ifthen] 43
- \ISub ⇒ 整数の減算 [筆マ] 312
- \ISum ⇒ 整数の加算 [筆マ] 312
- \item ⇒
  - • 箇条書き項目の入力 233, 235, 236, 237
  - • 索引項目 292
- \itemindent ⇒ 左マージンと項目ラベルの間のスペース (list 環境による箇条書). 238, 240
- itemize 環境 ⇒ 箇条書 235
- \itemsep ⇒ 項目間の改行幅 (list 環境による箇条書) 238, 240
- \itshape ⇒ $02abAB$ (イタリック体 (宣言型)) ... 80

J

- jarticle ⇒ 和文の論文 (文書クラス) 3
- jbook ⇒ 和文の本 (文書クラス) 3
- jipsj ⇒ 文献の出力のスタイル (情報処理学会) 270
- \jj ⇒ ȷ (文) 96
- \jmath ⇒ $\jmath$ (数) 96
- \Join ⇒ ⋈ (数) 97, 100
- jorsj ⇒ 文献の出力のスタイル (日本オペレーションズ・リサーチ学会) 270
- \jot ⇒ 段落数式の式間に入れる追加のスペース 141
- journal ⇒ 雑誌の名前 (参考文献のフィールド) 273
- jreport ⇒ 和文の報告書 (文書クラス) 3

K

- \kappa ⇒ κ (数) 76
- \ker ⇒ ker (Log 型記号) 111
- key ⇒ 参考文献のフィールド 273, 277
- \kill ⇒ タビング表の行の定義 229

L

- \L ⇒ Ł (文) 96
- \l ⇒ ł (文) 96
- \label ⇒ 相互参照のラベル (\ref も見よ) 278
- \labelenumi ⇒ enumerate 環境による箇条書のレベル 1 のラベル 233
- \labelenumii ⇒ enumerate 環境による箇条書のレベル 2 のラベル 233
- \labelenumiii ⇒ enumerate 環境による箇条書のレベル 3 のラベル 233
- \labelenumiv ⇒ enumerate 環境による箇条書のレベル 4 のラベル 233
- \labelitemi ⇒ itemize 環境による箇条書のレベル 1 のラベル 235
- \labelitemii ⇒ itemize 環境による箇条書のレベル 2 のラベル 235
- \labelitemiii ⇒ itemize 環境による箇条書のレベル 3 のラベル 235
- \labelitemiv ⇒ itemize 環境による箇条書のレベル 4 のラベル 235
- \labelsep ⇒ 項目ラベルと項目本文の間のスペース (list 環境による箇条書) 238, 241
- \labelwidth ⇒ 項目ラベルの幅 (list 環境による箇条書) 238, 241
- \LAmbda ⇒ Λ の別定義 (文) [筆マ] 78
- \Lambda ⇒ Λ (数) 76
- \lambda ⇒ λ (数) 76
- \langle ⇒ $\langle$ (数) 104
- \LARGE ⇒ 文字サイズ($a花\sqrt{2}$ (文・数)) ... 83
- \Large ⇒ 文字サイズ($a花\sqrt{2}$ (文・数)) ... 83
- \large ⇒ 文字サイズ($a花\sqrt{2}$ (文・数)) 83
- \LaTeX ⇒ LaTeX (文) 96
- \LaTeXe ⇒ LaTeX 2_ε (文) 96
- \lceil ⇒ ⌈ (数) 104
- \ldots ⇒ ... (数) 115
- \leadsto ⇒ ⇝ (数) 97, 102
- \left ⇒ $\left(\sum_{i=1}^{10}\right.$ (自動拡大) 106, 223
- \left. ⇒ 見えない記号 (左) 107, 223
- \Leftarrow ⇒ ⇐ (数) 102
- \leftarrow ⇒ ← (数) 102
- \leftarrowtail ⇒ ↢ [amssymb] (数) 102
- \lefteqn ⇒ 別行段落数式の左寄せ調整 140
- \leftharpoondown ⇒ ↽ (数) 102
- \leftharpoonup ⇒ ↼ (数) 102
- \leftleftarrows ⇒ ⇇ [amssymb] (数) 102
- \leftline ⇒ 1 行のテキストの左寄せ 206
- \leftmargin ⇒ 左マージンと項目本文の間のスペース (list 環境による箇条書). 238, 240
- \Leftrightarrow ⇒ ⇔ (数) 102
- \leftrightarrow ⇒ ↔ (数) 102
- \leftrightarrows ⇒ ⇆ [amssymb] (数) 102
- \leftrightharpoons ⇒ ⇋ [amssymb] (数) 102
- \leftrightsquigarrow ⇒ ↭ [amssymb] (数) .. 102
- \leftroot ⇒ $\sqrt[n]{x}$ (平方根のベキの上下移動) [amsmath] 145
- \leftthreetimes ⇒ ⋋ (数) 100
- \lengthtest ⇒「与えられた長さの比較が真であるか否か」の判断 [ifthen] 43
- \LEQ ⇒ 二元連立方程式 [筆マ] 313
- \leq ⇒ ≤ (数) 100
- leqno ⇒ 数式番号左寄せ (文書クラスオプション) 4, 136
- \leqq ⇒ ≦ [amssymb] (数) 101
- \leqslant ⇒ ⩽ [amssymb] (数) 101
- \lessapprox ⇒ ⪅ [amssymb] (数) 101
- \lessdot ⇒ ⋖ [amssymb] (数) 101
- \lesseqgtr ⇒ ⋚ [amssymb] (数) 101
- \lesseqqgtr ⇒ ⪋ [amssymb] (数) 101

\lessgtr ⇒ ≶ [amssymb] (数) 101
\lesssim ⇒ ≲ [amssymb] (数) 101
　letter ⇒ 欧文の手紙 (文書クラス) 3, 69
　letter 環境 ⇒ 欧文の手紙 69, 70
\lfloor ⇒ ⌊ (数) 104
\lfoot ⇒ フッタ左端への情報出力命令
　　　　　[fancyheadings] 16
\lg ⇒ lg (Log 型記号) 111
\lgroup ⇒ ⎛ (数) 104
\lhd ⇒ ◁ (数) 97, 99
\lhead ⇒ ヘッダ左端への情報出力命令
　　　　　[fancyheadings] 16
\lim ⇒ lim (Log 型記号) 111
\Liminf ⇒ lim̲ₙ [筆マ] 111
\liminf ⇒ lim inf (Log 型記号) 111
\Liminj ⇒ lim̲ₙ [筆マ] 111
\limits ⇒ 上下付き添字 (Sum 型記号と併用) .. 109
\Limproj ⇒ lim̄ₙ [筆マ] 111
\Limsup ⇒ lim̄ₙ [筆マ] 111
\limsup ⇒ lim sup (Log 型記号) 111
\line ⇒ 直線 (picture 要素) 245, 248
\linebreak ⇒ 強制度付き改行 182
\linethickness ⇒ ボックス枠の線の太さの指定
　　　　　....................................... 191
　list 環境 ⇒ 箇条書 237
\listfigurename ⇒ 図目次の見出し 51
\listoffigures ⇒ 図目次の出力 51
\listoftables ⇒ 表目次の出力 51
\listparindent ⇒ 同一項目内における新段落の
　　　　　行頭の字下げ幅 (list 環境による箇条書)
　　　　　................................... 238, 241
\listtablename ⇒ 表目次の見出し 51
\ll ⇒ ≪ (数) 100
\llap ⇒ ¥, ②など 97
\llcorner ⇒ ⌞ [amssymb] (数) 104
\Lleftarrow ⇒ ⇚ [amssymb] (数) 102
\lll ⇒ ⋘ [amssymb] (数) 101
\lmoustache ⇒ ⎩ (数) 104
\ln ⇒ ln (Log 型記号) 111
\lnapprox ⇒ ⪉ [amssymb] (数) 101
\lneq ⇒ ⪇ [amssymb] (数) 101
\lneqq ⇒ ⪇ [amssymb] (数) 101
\lnsim ⇒ ⋦ [amssymb] (数) 101
　lof ⇒ \listoffigures に対応 51
\log ⇒ log (Log 型記号) 111
\Longleftarrow ⇒ ⟸ (数) 102
\longleftarrow ⇒ ⟵ (数) 102
\Longleftrightarrow ⇒ ⟺ (数) 102
\longleftrightarrow ⇒ ⟷ (数) 102
\longmapsto ⇒ ⟼ (数) 102
\Longrightarrow ⇒ ⟹ (数) 102

\longrightarrow ⇒ ⟶ (数) 102
\loop ⇒ ある言明が真である限り「ある事」が実行
　　　　　される (\whiledo も見よ) [ifthen] 44
\looparrowleft ⇒ ↫ [amssymb] (数) 102
\looparrowright ⇒ ↬ [amssymb] (数) 102
　lot ⇒ \listoftables に対応 51
\lozenge ⇒ ◊ (数) 97
\lrcorner ⇒ ⌟ [amssymb] (数) 104
　LRindent 環境 ⇒ 文章全体の左右の字下げ
　　　　　[筆マ] 209
\Lsh ⇒ ↰ [amssymb] (数) 102
\ltimes ⇒ ⋉ (数) 100
\lvertneqq ⇒ ⪇ [amssymb] (数) 101

M

m{ } ⇒ アレイ表の要素を段落モードにする
　　　　　[array] 221
\magstephalf ⇒ フォントの拡大率
　　　　　($1.2^{0.5} \approx 1.095$) 92
\magstep1 ⇒ フォントの拡大率 ($1.2^1 \approx 1.200$) .. 92
\magstep2 ⇒ フォントの拡大率 ($1.2^2 \approx 1.440$) .. 92
\magstep3 ⇒ フォントの拡大率 ($1.2^3 \approx 1.728$) .. 92
\magstep4 ⇒ フォントの拡大率 ($1.2^4 \approx 2.074$) .. 92
\magstep5 ⇒ フォントの拡大率 ($1.2^5 \approx 2.488$) .. 92
\makeatletter ⇒ @記号を持つ命令群の最初に
　　　　　置く .... 47 , 137
\makeatother ⇒ @記号を持つ命令群の最後に
　　　　　置く .... 47 , 137
\makebox ⇒ 枠なしボックス (\framebox に対応)
　　　　　....................................... 192
\makeindex ⇒ 索引作成の宣言 289
\makelabel ⇒ list 環境の中で使用するもの
　　　　　................................... 238, 242
\makelabels ⇒ 受取人の住所・氏名のラベル
　　　　　を出力 (手紙) 70
\maketitle ⇒ タイトルの出力命令 62
@manual ⇒ 文献カテゴリ 272
\mapsto ⇒ ↦ (数) 102
\marginpar ⇒ 欄外脚注 301
\marginparpush ⇒ 欄外脚注間の距離 (ページの
　　　　　レイアウトパラメータ) 6, 301
\marginparsep ⇒ 欄外脚注と本文の距離 (ページ
　　　　　のレイアウトパラメータ) 6, 301
\marginparwidth ⇒ 欄外脚注の幅 (ページのレイ
　　　　　アウトパラメータ) 6, 301
\markboth ⇒ 左右のページのヘッダへの出力情報
　　　　　の指定 (ページ形式myheadingsと併用)
　　　　　.. 15
\markright ⇒ 右 (奇数) ページのヘッダへの出力
　　　　　情報をの指定 (ページ形式myheadings
　　　　　と併用) 15
\MaruA{3} ⇒ ③ [筆マ] 98

索 引

\MaruB{12} ⇒ ⑫ [筆マ] 98
@masterthesis ⇒ 文献カテゴリ 272
math 環境 ⇒ 文中数式 127
\mathbb{ABCDEFG} ⇒ $\mathbb{ABCDEFG}$ (ブラック
　　　ボード体 (数)) [amsfonts] 76
\mathbf{0121bcABC} ⇒ $\mathbf{0121bcABC}$ (数) 77
\mathcal{ABCXYZ} ⇒ $\mathcal{ABCXYZ}$ (数) 77
\mathfrak{abcABC} ⇒ $\mathfrak{abcABC}$ (オイラーフラク
　　　トール体 (数)) [amsfonts] 76
\mathindent ⇒ 文書クラスオプション fleqn の指
　　　定により左寄せにされた別行段落数式
　　　の左マージンよりの距離 139
\mathit{0121bcABC} ⇒ $\mathit{0121bcABC}$ (数) 77
\mathnormal{0121bcABC} ⇒ $0121bcABC$ (数) . 77
\mathop ⇒ $\underset{n>1}{\overset{N}{A}}$ (上下置き命令) 123
\mathrm{0121bcABC} ⇒ 0121bcABC (数) 77
\mathscr{ABCXYZ} ⇒ $\mathscr{ABCXYZ}$ (オイラースク
　　　リプト体 (数)) [eucal] 76
\mathsf{0121bcABC} ⇒ 0121bcABC (数) 77
\mathstrut ⇒
　　・ $(\overset{1}{a},\cdots,\overset{i-2}{a},\overset{i-1}{a},\overset{i}{h},\overset{i+1}{a},\overset{i+2}{k},\cdots,\overset{n}{a})$ (縁付き
　　　ベクトル) 151
　　・ $\sqrt{a}+\sqrt{f}+\sqrt{c}$ (平方根の平準化) ... 145
　　・ $\vec{a}+\vec{b}+\vec{c}$ (アクセント記号の平準化) ... 118
\mathtt{0121bcABC} ⇒ 0121bcABC (数) 77
\mathversion ⇒ 数式文字をボールド体にする . 130
matrix 環境 ⇒ $\begin{smallmatrix}a&b\\c&d\end{smallmatrix}$ [amsmath] 149
\matrixput ⇒ 図形要素の二次元配列 [epic] ... 255
\max ⇒ max (Log 型記号) 111
MaxMatrixCols ⇒ [amsmath] による行列・行列式
　　　の次数を定義するカウンタ) 150
\maxovaldiam ⇒ 四分円の四隅の直径 [eepic] ... 253
\mbox ⇒ 枠なしボックス (\fbox に対応) 192
\mcfamily ⇒ 桜さくら (明朝体 (宣言型)) 80
\mdseries ⇒ 02abAB (ミディアム体 (宣言型)) .. 80
\measuredangle ⇒ ∡ (数) 97
\medskip ⇒ 垂直方向の標準的な中スペース ... 176
\medskipamount ⇒ \medskip の定義に使う ... 176
\mho ⇒ ℧ (数) 97
\mid ⇒ | (数) 100
\min ⇒ min (Log 型記号) 111
minipage 環境 ⇒ ミニページ 203
@misc ⇒ 文献カテゴリ 272
mm ⇒ 長さの単位 (millimeter) 170
\mod ⇒ mod x 114
\models ⇒ ⊨ (数) 100
month ⇒ 月 (参考文献のフィールド) 273, 276
\mp ⇒ ∓ (数) 99
mu ⇒ 長さの単位 (1mu=1/18em (数式モード用の
　　　単位)) 170
\mu ⇒ μ (数) 76

\Mul ⇒ 実数の乗算 [筆マ] 312
multicols 環境 ⇒ 多段組 [multicol] 12
\multicolumn ⇒ 表の横要素の併合 215
\multiframe ⇒ 座標軸上に等間隔に数値を出力
　　　(枠付き) [multibox] 161
\multimake ⇒ 座標軸上に等間隔に数値を出力
　　　(枠なし) [multibox] 161
\multimap ⇒ ⊸ [amssymb] (数) 102
\multiply ⇒ カウンタ値の乗算 40
\multiput ⇒ 同じ図形要素を並べる
　　　(picture 環境) 254
\multiputlist ⇒ 図形要素の一次配列 [epic] ... 254
\multirowsetup ⇒ 表の縦要素の併合 [multirow] ... 216
multiline 環境 ⇒ 別行段落数式
　　　(自動数式番号あり) [amsmath] 133
multiline* 環境 ⇒ 別行段落数式
　　　(自動数式番号なし) [amsmath] 133
myheadings ⇒ ページ形式 (markboth と
　　　markright を使い, ヘッダに自分好みの
　　　情報が出力できる) 13
myheadings ⇒ ページ形式 (ヘッダに自分好みの
　　　情報が出力できる) 15

N

\nabla ⇒ ∇ (数) 96
named ⇒ 色指定のオプション引数 (様々な色
　　　指定が可能) 305
\natural ⇒ ♮ (数) 96
\ncong ⇒ ≇ [amssymb] (数) 101
\nearrow ⇒ ↗ (数) 102
\neg ⇒ ¬ (数) 96
\neq ⇒ ≠ (数) 100
\newcolumntype ⇒ D{ }{ }{ }をマクロにす
　　　る命令 225
\newcommand I ⇒ 新命令の定義 26
\newcommand II ⇒ 新命令の定義 27
\newcounter ⇒ 新しいカウンタの登録 38
\newenvironment ⇒ 新環境命令の定義 29
\newfont ⇒ フォントの登録 92
\newlength ⇒ 距離変数の定義 170
\newline ⇒ 改行 182
\newpage ⇒ 改ページ 183
\newsavebox ⇒
　　・ ボックスの保存所の定義 199
　　・ 図形の保存先の定義 256
\newtheorem ⇒ 定理環境の定義 167
\nexists ⇒ ∄ (数) 97
\ngeq ⇒ ≱ [amssymb] (数) 101
\ngeqq ⇒ ≱ [amssymb] (数) 101
\ngeqslant ⇒ ≱ [amssymb] (数) 101
\ngtr ⇒ ≯ [amssymb] (数) 101
\ni ⇒ ∋ (数) 100

\nLeftarrow ⇒ ⇍ [amssymb] (数) 102
\nleftarrow ⇒ ↚ [amssymb] (数) 102
\nLeftrightarrow ⇒ ⇎ [amssymb] (数) 102
\nleftrightarrow ⇒ ↮ [amssymb] (数) 102
\nleq ⇒ ≰ [amssymb] (数) 101
\nleqq ⇒ ≰ [amssymb] (数) 101
\nleqslant ⇒ ≰ [amssymb] (数) 101
\nless ⇒ ≮ [amssymb] (数) 101
\nmid ⇒ ∤ [amssymb] (数) 101
\nocite ⇒ 本文では引用しないが参考文献リスト
  には載せる文献の宣言 268
\nocorr ⇒ イタリック補正の解除 82
\noindent ⇒ 行頭の字下げの一時的解除 207
\nolimits ⇒ 脇付き添字 (Sum 型記号と併用) . 109
\nolinebreak ⇒ 抑制度付き非改行 182
\nonumber ⇒ 別行段落数式 (eqnarray 環境) にお
  ける自動数式番号の解除 136
\nopagebreak ⇒ 抑制度付き非改ページ 184
\normalfont ⇒ 02abAB (ノーマルフォント体
  (宣言型)) 80
\normalmarginpar ⇒ 欄外脚注の出力位置を標
  準位置に戻す (\reversemarginpar を)
  見よ 301
\normalsize ⇒ 文字サイズ (a花√2 (文・数)) .. 83
\not ⇒ 否定 [ifthen] 44
\notag ⇒ 自動数式番号の解除 [amsmath] 136
  note ⇒ 追加情報 (参考文献のフィールド) .. 273
\nparallel ⇒ ∦ [amssymb] (数) 101
\nprec ⇒ ⊀ [amssymb] (数) 101
\npreceq ⇒ ⋠ [amssymb] (数) 101
\nRightarrow ⇒ ⇏ [amssymb] (数) 102
\nrightarrow ⇒ ↛ [amssymb] (数) 102
\nshortmid ⇒ ∤ [amssymb] (数) 101
\nshortparallel ⇒ ∦ [amssymb] (数) 101
\nsim ⇒ ≁ [amssymb] (数) 101
\nsubseteq ⇒ ⊈ [amssymb] (数) 101
\nsucc ⇒ ⊁ [amssymb] (数) 101
\nsucceq ⇒ ⋡ [amssymb] (数) 101
\nsupseteq ⇒ ⊉ [amssymb] (数) 101
\nsupseteqq ⇒ ⊉ [amssymb] (数) 101
\ntriangleleft ⇒ ⋪ [amssymb] (数) 101
\ntrianglelefteq ⇒ ⋬ [amssymb] (数) 101
\ntriangleright ⇒ ⋫ [amssymb] (数) 101
\ntrianglerighteq ⇒ ⋭ [amssymb] (数) 101
\nu ⇒ ν (数) 76
  number ⇒ 「巻」に続く「号」(参考文献のフィー
  ルド) 273, 276
\numberwithin ⇒ 自動数式番号に節番号を付ける
  [amsmath] 137
\nVDash ⇒ ⊮ [amssymb] (数) 101
\nvDash ⇒ ⊭ [amssymb] (数) 101

\nvdash ⇒ ⊬ [amssymb] (数) 101
\nwarrow ⇒ ↖ (数) 102

O

\O ⇒ Ø (文) 96
\o ⇒ ø (文) 96
\oddsidemargin ⇒ 奇数 (右) ページにおける左
  基準線より本文領域までの距離 (ページ
  のレイアウトパラメータ) 6
\odot ⇒ ⊙ (数) 99
\OE ⇒ Œ (文) 96
\oe ⇒ œ (文) 96
\oint ⇒ ∮ (Sum 型記号) 108
\OMega ⇒ Ω の別定義 (文) [筆マ] 78
\Omega ⇒ Ω (数) 76
\omega ⇒ ω (数) 76
\ominus ⇒ ⊖ (数) 99
  onecolumn ⇒ 1 段組 (文書クラスオプション) 4
\onecolumn ⇒ 途中で 1 段組に変更する命令
  (クラスオプション onecolumn との
  違いに注意) 10
  oneside ⇒ 片面印刷 (文書クラスオプション) ... 4
\ooalign ⇒ 重ね合わせの記号を作る (¥, ② など)
  98
  openany ⇒ 章の開始を左 (偶数) ページから始ま
  ることを許す (文書クラスオプション) .. 4
  openbib ⇒ オープン形式の文献リストの作成
  (文書クラスオプション) 4
\opening ⇒ 受取人の敬称・氏名 (手紙) 70
  openright ⇒ 章の開始を右 (奇数) ページとす
  る (文書クラスオプション) 4
\oplus ⇒ ⊕ (数) 99
\or ⇒ 論理和 [ifthen] 44
  organization ⇒ それを出している学術会議
  の名前 (参考文献のフィールド) 273
  origin ⇒ 回転軸の指定 (\rotatebox) [graphix] .. 90
\oslash ⇒ ⊘ (数) 99
\otimes ⇒ ⊗ (数) 99
\oval ⇒ 四分円 (picture 要素) 252
\Ovalbox ⇒ 四分円ボックス [aaa] [fancybox] ... 197
\ovalbox ⇒ 四分円ボックス [aaa] [fancybox] ... 197
\overbrace{AAAAA} ⇒ $\overbrace{AAAAA}$ (数) 122
\overleftarrow{aaaaa} ⇒ $\overleftarrow{aaaaa}$ (数) 121
\overline{aaa} ⇒ $\overline{aaa}$ (数) 120
\overrightarrow{aaaaa} ⇒ $\overrightarrow{aaaaa}$ (数) 121
\overset ⇒ $\overset{a}{X}$ [amsmath] 124

P

\P ⇒ ¶ (数) 97
  p{ } ⇒ アレイ表の要素を段落モードにする ... 221
  page ⇒ ページのカウンタ 35
\pagebreak ⇒ 改ページ 183

索 引

\pagenumbering ⇒ ページ番号の種類(カウンタ種)の指定 18
\pageref ⇒ 相互参照ラベルの宣言されているページ番号の呼び出し 280
pages ⇒ ページ番号(参考文献のフィールド) 273, 276
\pagestyle ⇒ ページ形式の宣言 13
\par ⇒ 段落改行 180
paragraph ⇒ 段落のカウンタ 35
\paragraph ⇒ 段落の出力 53
\paragraph* ⇒ 擬似の段落の出力 54
\parallel ⇒ ∥ (数) 100
\parbox ⇒ 段落モードのボックス 192, 193
parentequation ⇒ 自動数式番号に付ける従属番号のカウンタ [amsmath] 138
\parindent ⇒ 行頭の字下げ 180, 207
\parsep ⇒ 同一項目内での各段落間に追加される改行幅(list 環境による箇条書) . 238, 239
\parskip ⇒ 段落改行における追加改行幅 180, 238, 239
part ⇒ 部のカウンタ 35
\part ⇒ 部の出力 53
\part* ⇒ 擬似の部の出力 54
\partial ⇒ ∂ (数) 96
\partname ⇒ 部の見出しの定義 57
\partosep ⇒ 本文と箇条書の間に追加される改行幅(list 環境による箇条書) ... 238, 239
\path ⇒ 折れ線 [curves] 153
pc ⇒ 長さの単位(1pc ≈ 4.21mm) 170
\perp ⇒ ⊥ (数) 100
@phdthesis ⇒ 文献カテゴリ 272
\PHi ⇒ Φ の別定義(文) [筆マ] 78
\Phi ⇒ Φ (数) 76
\phi ⇒ φ (数) 76
\PI ⇒ Π の別定義(文) [筆マ] 78
\Pi ⇒ Π (数) 76
\pi ⇒ π (数) 76
\Picdot ⇒ \putfile で点線グラフを描くときの点(黒丸)のサイズを指定 [筆マ] [epic] .. 156
\picsquare ⇒ \putfile で点線グラフを描くときの点(実は黒四角)のサイズを指定 [epic] 156
picture 環境 ⇒ 図形を描く環境 245, 246
\pitchfork ⇒ ⋔ [amssymb] (数) 101
plain ⇒
　● ページ形式(フッタにページ番号のみ出力) .. 13
　● 文献の出力スタイル(姓の順) 269
plainyr ⇒ 文献の出力のスタイル (年順) 270
\pm ⇒ ± (数) 99
pmatrix 環境 ⇒ $\begin{pmatrix} a & b \\ c & d \end{pmatrix}$ [amsmath] 149

\pmb ⇒ 数学記号をボールド体に($\int, \sum, \sqrt{2}$ など) (poor man bold 体) 130
\pmod ⇒ (mod x) 114
\pod ⇒ \pod{x} → (x) [amsmath] 114
\poptabs (タビング表に別のタビング表を挿入するとき,その終わりに宣言する命令 (\pushtabs も見よ) 232
\postchaptername ⇒ 章の見出しの定義(後) 58
\postpartname ⇒ 部見出しの定義(後) 58
\pounds ⇒ £ (数) 97
\Pr ⇒ Pr (Log 型記号) 111
\prec ⇒ ≺ (数) 100
\precapprox ⇒ ⪷ [amssymb] (数) 101
\preccurlyeq ⇒ ≼ [amssymb] (数) 101
\preceq ⇒ ⪯ (数) 100
\prechaptername ⇒ 章の見出しの定義(前) 58
\precnapprox ⇒ ⪹ [amssymb] (数) 101
\precnsim ⇒ ⋨ [amssymb] (数) 101
\precsim ⇒ ≾ [amssymb] (数) 101
\prepartname ⇒ 部見出しの定義(前) 58
\prime ⇒ ′ (数) 96, 119
\printindex ⇒ 索引の出力命令 289
@proceedings ⇒ 文献カテゴリ 272
\prod ⇒ ∏ (Sum 型記号) 108
\propto ⇒ ∝ (数) 100
\protect ⇒ 動く引数内で使われる命令に対する防御命令 24
\ps ⇒ 追伸 (手) 70
\Psi ⇒ Ψ (数) 76
\psi → ψ (数) 76
pt ⇒
　● 長さの単位(1pt ≈ 0.35mm) 170
　● 文字サイズ 10pt, 11pt, 12pt (文書クラスオプション) 4
publisher ⇒ 出版社名 (参考文献のフィールド) 273
\pushtabs (タビング表に別のタビング表を挿入するとき,その始めに宣言する命令 (\poptabs も見よ) 232
\put ⇒ 図形要素の参照点の指定 (picture 環境) 245, 248
\putfile ⇒ データを読み込み二次元グラフを描く [epic] 155

Q

\qbezier ⇒ ベジェー曲線 [bezier] 152
\qquad ⇒ 水平方向の標準的なスペース 174
\quad ⇒ 水平方向の標準的なスペース 174
quotation 環境 ⇒ 段落引用文を書く 67
quote 環境 ⇒ 段落引用文を書く 67

R

\raggedbottom ⇒ ページの高さを揃えない 184
\raggedleft ⇒ 左寄せ 217
\raggedright ⇒ 右寄せ 217
\raisebox ⇒ 上下するボックス 193
\rangle ⇒ ⟩ (数) 104
\ratio ⇒ 商 [calc] 172
\rceil ⇒ ⌉ (数) 104
\re ⇒ ℜ (数) 96
\ref ⇒ 相互参照ラベルの呼出し (\label も見よ)
   278
\reflectbox ⇒ 文字の反転 (渆刃) [graphics] 87
\refname ⇒ 参考文献の見出しの定義 (論文) ... 267
\renewcommand ⇒ 既存命令の再定義 28
\renewenvironment ⇒ 既存環境命令の再定義 ... 30
\rensuji ⇒ 縦組みで, 英数字を横にする [plext]
   162
report ⇒ 欧文の報告書 (文書クラス) 3
\resizebox ⇒ 文字の縮小・拡大 (記号)
   [graphics] 86
\resizebox* ⇒ 文字の縮小・拡大 (記号)
   [graphics] 86
\reversemarginpar ⇒ 欄外脚注の出力位置の
   左右変更 (\normalmarginpar も見よ) 301
\rfloor ⇒ ⌋ (数) 104
\rfoot ⇒ フッタ右端への情報出力命令
   [fancyheadings] 16
rgb ⇒ rgb 配色モデルの宣言 (red, green, blue) 305
\rgroup ⇒ ⟯ (数) 104
\rhd ⇒ ▷ (数) 97, 99
\rhead ⇒ ヘッダ右端への情報出力命令
   [fancyheadings] 16
\rho ⇒ ρ (数) 76
\right ⇒ $\sum_{i=1}^{10}$ (自動拡大) ... 106, 223
\right. ⇒ 見えない記号 (右) 107, 223
\Rightarrow ⇒ ⇒ (数) 102
\rightarrow ⇒ → (数) 102
\rightarrowtail ⇒ ↣ [amssymb] (数) 102
\rightharpoondown ⇒ ⇁ (数) 102
\rightharpoonup ⇒ ⇀ (数) 102
\rightleftarrows ⇒ ⇄ [amssymb] (数) 102
\rightleftharpoons ⇒ ⇌ (数) 102
\rightline ⇒ 1 行のテキストの右寄せ 206
\rightmargin ⇒ 項目本文の行末と右マージンの
   間のスペース (list 環境による箇条書)
   .... 238, 240
\rightrightarrows ⇒ ⇉ [amssymb] (数) 102
\rightsquigarrow ⇒ ⇝ [amssymb] (数) 102
\rightthreetimes ⇒ ⋌ (数) 100
\risingdotseq ⇒ ≓ [amssymb] (数) 101

\rmfamily ⇒ 02abAB (ローマン体 (宣言型)) 80
\rmoustache ⇒ ⎱ (数) 104
Roman ⇒ I, II, III, ⋯ (ページ番号用のカウンタ)
   18
roman ⇒ i, ii, iii, ⋯ (ページ番号用のカウンタ) . 18
\Roman ⇒ I, II, III, ⋯ (カウンタ種) 36, 295
\roman ⇒ i, ii, iii, ⋯ (カウンタ種) 36, 295
\rotatebox ⇒ 回転 (ABC) 89
\Rsh ⇒ ↱ [amssymb] (数) 102
\rtimes ⇒ ⋊ (数) 100
\Rubyb ⇒ 狙上 (下置きルビ) [筆マ] 126
\Rubyt ⇒ 狙上 (上置きルビ) [筆マ] 126
\rule ⇒ ▬ ▮ ▁ | (黒ボックス.「罫線
   ボックス」とも言う) 201

S

\S ⇒ § (数) 97
\samepage ⇒ 同一ページ化 184
\savebox ⇒ 横幅を指定したボックスの保存 ... 199
\sbox ⇒
   • ボックスの保存 199
   • 図形の保存 256
\scalebox ⇒ 文字の縮小・拡大 (記号)
   [graphics] 86
scaled ⇒ フォントの拡大 (\magstep と併用) .. 92
\scaleput ⇒ 図形の拡大・縮小 [curves] 155
school ⇒ その学位論文を出している大学名
   (参考文献のフィールド) 273
\scriptscriptstyle ⇒ 文字サイズ ($\sqrt{2\pi\sigma}$ (数)) . 85
\scriptsize ⇒ 文字サイズ (a花$\sqrt{2}$ (文・数)) 83
\scriptstyle ⇒ 文字サイズ ($\sqrt{2\pi\sigma}$ (数)) 85
\scshape ⇒ ABCABC (スモールキャップ体
   (宣言型)) 80
\searrow ⇒ ↘ (数) 102
\sec ⇒ sec (Log 型記号) 111
secnumdepth ⇒ 章・節などの番号付けの深さ
   (カウンタ) 54
section ⇒ 節のカウンタ 35
\section ⇒ 節の出力 53
\section* ⇒ 擬似の節の出力 54
see ⇒ 索引の注書き 290
series ⇒ シリーズ名, 巻名 (参考文献のフィー
   ルド) 273
\setcounter ⇒ カウンタ値の設定と変更 35
\setlength ⇒ 距離変数に長さを与える 171
\setminus ⇒ \ (数) 99
\settodepth ⇒ テキストの深さを与える距離
   変数 173
\settoheight ⇒ テキストの高さを与える距離
   変数 173

索　引

\settowidth ⇒ テキストの長さを与える距離
　　　　変数 173
\sffamily ⇒ 02abAB (サンセリフ体 (宣言型)) .. 80
shade ⇒ \filltype{ } の引数内で宣言し, 円
　　　circle* および楕円 ellipse* の内部を
　　　「網掛け」にする 252
\shadowbox ⇒ 影付きボックス aaa fancybox 　 197
\shadowsize ⇒ 影付きボックスの影の飛び出し
　　　部分の幅 fancybox 197
\sharp ⇒ ♯ (数) 96
\shortmid ⇒ ∣ amssymb (数) 101
\shortparallel ⇒ ∥ amssymb (数) 101
\shortstack ⇒ 改行できる左右モードのボックス
　　　　........................ 72, 162, 193
\shoveleft ⇒ \multiline 環境による数式の
　　　左寄せ 134
\shoveright ⇒ \multiline 環境による数式の
　　　右寄せ 134
\sideset ⇒ $\substack{b\\a}\sum\substack{d\\c}$ amsmath 125
\SIgma ⇒ Σ の別定義 (文) 筆マ 78
\Sigma ⇒ Σ (数) 76
\sigma ⇒ σ (数) 76
\signature ⇒ 発送人の署名 (手紙) 70
\sim ⇒ ∼ (数) 100
\simeq ⇒ ≃ (数) 100
\sin ⇒ sin (Log 型記号) 111
\sinh ⇒ sinh (Log 型記号) 111
\sloppy ⇒ スロッピー行末揃え (\fussy も見よ) 185
\slshape ⇒ 02abAB (スラント体 (宣言型)) 80
\small ⇒ 文字サイズ (a花$\sqrt{2}$ (文・数)) 83
\smallfrown ⇒ ⌢ amssymb (数) 101
smallmatrix 環境 ⇒ $\begin{smallmatrix}a&b\\c&d\end{smallmatrix}$ amsmath 149
\smallsetminus ⇒ ∖ (数) 100
\smallskip ⇒ 垂直方向の標準的な小スペース . 176
\smallskipamount ⇒ \smallskip の定義に使う
　　　　.................................... 176
\smallsmile ⇒ ⌣ amssymb (数) 101
\smile ⇒ ⌣ (数) 100
sp ⇒ 長さの単位 (1sp ≈ 1/65536pt) 170
\space ⇒ \typein, \typeout 命令の引数の中で
　　　使用する空白命令 310, 311
\spbreve ⇒ $\breve{AAA}$ amsxtra 119
\spcheck ⇒ $\check{AAA}$ amsxtra 119
\spdddot ⇒ $\dddot{AAA}$ amsxtra 119
\spddot ⇒ $\ddot{AAA}$ amsxtra 119
\spdot ⇒ $\dot{AAA}$ amsxtra 119
\sphat ⇒ $\hat{AAA}$ amsxtra 119
\sphericalangle ⇒ ∢ (数) 97
\spline ⇒ 曲線 curves 154
split 環境 ⇒ 別行段落数式 amsmath 134
\sptilde ⇒ $\tilde{AAA}$ amsxtra 119

\sqcap ⇒ ⊓ (数) 99
\sqcup ⇒ ⊔ (数) 99
\sqrt ⇒ $\sqrt[3]{x}$ (平方根) 145
\sqsubset ⇒ ⊏ amssymb (数) 97, 100, 101
\sqsubseteq ⇒ ⊑ (数) 100
\sqsupset ⇒ ⊐ amssymb (数) 97, 100, 101
\sqsupseteq ⇒ ⊒ (数) 100
\square ⇒ □ (数) 97
\ss ⇒ ß (文) 96
\stackrel ⇒ $y\stackrel{def}{=}2x$ (上置き命令) 123
\star ⇒ ⋆ (数) 99
\@startsection ⇒ 章・節などの標題形式の定義 58
\stretch ⇒ 長さ \fill を n 倍にする ... 175, 177
@string ⇒ 省略形フィールドの定義 (参考文献
　　　リストの作成) 277
\Sub ⇒ 実数の減算 筆マ 312
subarray 環境 ⇒
　• $\max_{\substack{i=0\\j=0,1}}$ (多重添字) amsmath 113
　• $\sum_{\substack{i=0\\j=0,1}}$ (多重添字) amsmath 110
subequations 環境 ⇒ 自動数式番号に従属番号
　　　を付ける amsmath 138
subparagraph ⇒ 小段落のカウンタ 35
\subparagraph ⇒ 小段落の出力 53
\subparagraph* ⇒ 擬似の小段落の出力 54
subsection ⇒ 小節のカウンタ 35
\subsection ⇒ 小節の出力 53
\subsection* ⇒ 擬似の小節の出力 54
\Subset ⇒ ⋐ amssymb (数) 101
\subset ⇒ ⊂ (数) 100
\subseteq ⇒ ⊆ (数) 100
\subseteqq ⇒ ⫅ amssymb (数) 101
\subsetneq ⇒ ⊊ amssymb (数) 101
\subsetneqq ⇒ ⫋ amssymb (数) 101
\substack ⇒
　• $\lim_{\substack{i=0\\j=0,1}}$ (多重添字) amsmath 113
　• $\sum_{\substack{i=0\\j=0,1}}$ (多重添字) amsmath 110
\subitem ⇒ サブ索引項目の入力 292
\subsubitem ⇒ サブサブ索引項目の入力 292
subsubsection ⇒ 小小節のカウンタ 35
\subsubsection ⇒ 小小節の出力 53
\subsubsection* ⇒ 擬似の小小節の出力 54
\succ ⇒ ≻ (数) 100
\succapprox ⇒ ⪸ amssymb (数) 101
\succcurlyeq ⇒ ≽ amssymb (数) 101
\succeq ⇒ ⪰ (数) 100
\succnapprox ⇒ ⪺ amssymb (数) 101
\succnsim ⇒ ⋩ amssymb (数) 101
\succsim ⇒ ≿ amssymb (数) 101

\Sum ⇒ 実数の加算 [筆マ] 312
\sum ⇒ ∑ (Sum 型記号) 108
\sup ⇒ sup (Log 型記号) 111
\Supset ⇒ ⋑ [amssymb] (数) 101
\supset ⇒ ⊃ (数) 100
\supseteq ⇒ ⊇ (数) 100
\supseteqq ⇒ ⊇ [amssymb] (数) 101
\supsetneq ⇒ ⊋ [amssymb] (数) 101
\supsetneqq ⇒ ⊋ [amssymb] (数) 101
\surd ⇒ √ (数) 96
\swarrow ⇒ ↙ (数) 102
\symbol ⇒ フォントの出力 92

T

\t{ac} ⇒ âc (文) 117
tabbing 環境 ⇒ タビング表 (文) 211, 229
\tabcolsep ⇒ タブロー表の要素内の文字列とその
　　　要素の左右マージンとの間の間隔 226
table ⇒ 表のカウンタ 35
table 環境 ⇒ 表領域の確保 257
table* 環境 ⇒ 表領域の確保 (2 段組時に両段ぶち
　　　抜きの図領域を確保) 263
\tablename ⇒ table 環境による表の見出しの定義
　　　... 259
\tableofcontents ⇒ 目次作成の命令 46
tabular 環境 ⇒ タブロー表 (文) 211, 226
tabular* ⇒ タブロー表全体の幅を指定できる 227
tabularx 環境 ⇒ タブロー表 [tabularx] 227
\tag ⇒ 自動数式番号を自分好みのものにする
　　　(括弧付き) [amsmath] 137
\tag* ⇒ 自動数式番号を自分好みのものにする
　　　(括弧なし) [amsmath] 137
\tan ⇒ tan (Log 型記号) 111
\tanh ⇒ tanh (Log 型記号) 111
tarticle ⇒ 縦書きの論文 (文書クラス) 3
\tau ⇒ τ (数) 76
\tbinom ⇒ $\binom{m}{n}$ (T-スタイルの二項係数)
　　　[amsmath] 147
tbook ⇒ 縦書きの本 (文書クラス) 3
@techreport ⇒ 文献カテゴリ 272
\tex ⇒ TeX (文) 96
\textasciicircum ⇒ ^ (文) 96
\textasciitilde ⇒ ~ (文) 96
\textbackslash ⇒ \ (文) 96
\textbar ⇒ | (文) 96
\Textbf ⇒ \GAmma, \DElta などと併用
　　　(→ Γ, Δ) [筆マ] 78
\textbf ⇒ **02abAB** (ボールド体 (命令型)) 80
\textbullet ⇒ • (文) 96
\textcolor ⇒ 色文字 303
\textfloatsep ⇒ 図表領域のスタイルパラメータ
　　　... 264

\textfraction ⇒ 図表領域のスタイルパラメータ
　　　... 264
\textgreater ⇒ > (文) 96
\textgt ⇒ 桜さくら (ゴシック体 (命令型)) 80
\textheight ⇒ 本文領域の高さ (ページのレイ
　　　アウトパラメータ) 6
\Textit ⇒ \GAmma, \DElta などと併用
　　　(→ Γ, Δ) [筆マ] 78
\textit ⇒ *02abAB* (イタリック体 (命令型)) 80
\textless ⇒ < (文) 96
\textmc ⇒ 桜さくら (明朝体 (命令型)) 80
\textmd ⇒ 02abAB (ミディアム体 (命令型)) ... 80
\Textnormal ⇒ \GAmma, \DElta などと併用
　　　(→ Γ, Δ) [筆マ] 78
\textnormal ⇒ 02abAB (ノーマルフォント体
　　　(命令型)) 80
\textperiodcentered ⇒ · (文) 96
\textregistered ⇒ ® (文) 96
\Textrm ⇒ \GAmma, \DElta などと併用
　　　(→ Γ, Δ) [筆マ] 78
\textrm ⇒ 02abAB (ローマン体 (命令型)) 80
\textsc ⇒ ABCABC (スモールキャップ体
　　　(命令型)) 80
\Textsf ⇒ \GAmma, \DElta などと併用
　　　(→ Γ, Δ) [筆マ] 78
\textsf ⇒ 02abAB (サンセリフ体 (命令型)) 80
\Textsl ⇒ \GAmma, \DElta などと併用
　　　(→ Γ, Δ) [筆マ] 78
\textsl ⇒ *02abAB* (スラント体 (命令型)) 80
\textstyle ⇒ T-スタイルの宣言 130
\texttrademark ⇒ ™ (文) 96
\Texttt ⇒ \GAmma, \DElta などと併用
　　　(→ Γ, Δ) [筆マ] 78
\texttt ⇒ 02abAB (タイプライタ体 (命令型)) .. 80
\textup ⇒ 02abAB (直立体 (命令型)) 80
\textvisiblespace ⇒ ␣ (文) 96
\textwidth ⇒ 本文領域の幅 (ページのレイアウト
　　　パラメータ) 6
\tfrac ⇒ $\frac{a}{b}$ (T-スタイルの分数) [amsmath] ... 143
\thanks ⇒ 謝辞や注 (タイトル) 62
\thechapter ⇒ 章のカウンタ値 35
\theenumi ⇒ enumerate 環境による箇条書の
　　　レベル 1 のカウンタ値 35, 233
\theenumii ⇒ enumerate 環境による箇条書の
　　　レベル 2 のカウンタ値 35, 233
\theenumiii ⇒ enumerate 環境による箇条書の
　　　レベル 3 のカウンタ値 35, 233
\theenumiv ⇒ enumerate 環境による箇条書の
　　　レベル 4 のカウンタ値 35, 233
\theequation ⇒ 数式のカウンタ値 35
\thefigure ⇒ 図のカウンタ値 35

| 索　引 | 335 |

\thefootnote ⇒ 脚注カウンタ値 35, 295
\thepage ⇒ ページのカウンタ値 35
\theparagraph ⇒ 段落のカウンタ値 35
\thepart ⇒ 部のカウンタ値 35
\therefore ⇒ ∴ [amssymb] (数) 101
\thesection ⇒ 節のカウンタ値 35
\thesubparagraph ⇒ 小段落のカウンタ値 35
\thesubsection ⇒ 小節のカウンタ値 35
\thesubsubsection ⇒ 小小節のカウンタ値 35
\THeta ⇒ Θ の別定義 (文) [筆マ] 78
\Theta ⇒ Θ (数) 76
\theta ⇒ θ (数) 76
\thetable ⇒ 表のカウンタ値 35
\thickapprox ⇒ ≈ [amssymb] (数) 101
\Thicklines ⇒ 線の太さ [eepic] 159, 256
\thicklines ⇒ 太い線のボックス枠 [aaa] .. 191
\thicksim ⇒ ∼ [amssymb] (数) 101
\thinlines ⇒ 細い線のボックス枠 [aaa] ... 191
\thispagestyle ⇒ ページ形式の一時的変更 13
tieice ⇒ 文献の出力のスタイル (電子情報
　　通信学会) 270
\Tilde ⇒ $\tilde{\tilde{A}}$ (二重アクセント) [amsmath] ... 118
\tilde{a} ⇒ $\tilde{a}$ (数) 117
\tilde{\imath} ⇒ $\tilde{\imath}$ (数) 117
\tilde{\jmath} ⇒ $\tilde{\jmath}$ (数) 117
\times ⇒ × (数) 99
\tiny ⇒ 文字サイズ ($_a$花$_\sqrt{2}$(文・数)) 83
tipsj ⇒ 文献の出力のスタイル (情報処理学会) 270
title ⇒ 標題 (参考文献のフィールド) ... 273, 275
\title ⇒ タイトル 62
titlepage ⇒ タイトルとアブストラクトを独立
　　した1ページに出力 (文書クラスオプ
　　ション) 4, 62, 64
titlepage 環境 ⇒ タイトルを独立した1ページ
　　に出力 62
toc ⇒ \tableofcontents に対応 48
tocdepth ⇒ 目次の深さ 47
today ⇒ 文書ファイルがコンパイルされた
　　年・月・日を出力 62, 70, 182
\top ⇒ ⊤ (数) 96
\topfraction ⇒ 図表領域のスタイルパラメータ
　　.................................... 264
\topmargin ⇒ ページの上基準線よりヘッダ領域
　　の上端までの距離 (ページのレイアウト
　　パラメータ) 6
topnumber ⇒ 図表領域のスタイルパラメータ . 264
\topsep ⇒ 本文と箇条書の間に追加される改行幅
　　(list 環境による箇条書) 238, 239
\topskip ⇒ 本文領域の上端から本文の第1行目
　　までの距離 (ページのレイアウトパラ
　　メータ) 6

\totalheight ⇒ テキストの全体の高さ (「高さ」＋
　　「深さ」) を与える距離変数 173, 195
totalnumber ⇒ 図表領域のスタイルパラメータ
　　.................................... 264
treport ⇒ 縦書きの報告書 (文書クラス) 3
\triangledown ⇒ ▽ (数) 97
\triangleleft ⇒ ◁ (数) 99
\trianglelefteq ⇒ ⊴ [amssymb] (数) 101
\triangleq ⇒ ≜ [amssymb] (数) 101
\triangleright ⇒ ▷ (数) 99
\trianglerighteq ⇒ ⊵ [amssymb] (数) 101
trivlist 環境 ⇒ 簡易 list 環境 243
\ttfamily ⇒ 02abAB (タイプライタ体 (宣言型)) 80
twocolumn ⇒ 2段組 (文書クラスオプション) 4
\twocolumn ⇒ 途中で2段組にする命令 (クラス
　　オプションの twocolumn との違いに
　　注意) 10
\twocolumn[ ] ⇒ 両段ぶち抜きにする 10
\twoheadleftarrow ⇒ ↞ [amssymb] (数) 102
\twoheadrightarrow ⇒ ↠ [amssymb] (数) 102
twoside ⇒ 両面印刷 (文書クラスオプション) ... 4
type ⇒ (参考文献のフィールド) 273, 276
\typein ⇒ 画面からの入力命令 310
\typeout ⇒ 画面への出力命令 311

U

\u{a} ⇒ ă (文) 117
\ulcorner ⇒ ⌜ [amssymb] (数) 104
\underbrace{AAAAA} ⇒ $\underbrace{AAAAA}$ (数) 122
\underline{aaa} ⇒ $\underline{aaa}$ (文・数) ... 120
\underset ⇒ X_a [amsmath] 124
unit ⇒ 回転方向の指定 (\rotatebox) [graphix]
　　..................................... 90
\unitlength ⇒ 単位長 189, 245, 246
\unlhd ⇒ ⊴ (数) 97, 99
@unpublished ⇒ 文献カテゴリ 272
\unrhd ⇒ ⊵ (数) 97, 99
unsrt ⇒ 文献の出力のスタイル (引用順) 269
\uparrow ⇒ ↑ (数) 104
\Updownarrow ⇒ ⇕ (数) 104
\updownarrow ⇒ ↕ (数) 104
\upharpoonleft ⇒ ↿ [amssymb] (数) 102
\upharpoonright ⇒ ↾ [amssymb] (数) 102
\uplus ⇒ ⊎ (数) 99
\Uparrow ⇒ ⇑ (数) 104
\uproot ⇒ $\sqrt[n]{x}$ (平方根のベキの左右移動)
　　[amsmath] 145
\upshape ⇒ 02abAB (直立体 (宣言型)) 80
\UPsilon ⇒ Υ の別定義 (文) [筆マ] 78
\Upsilon ⇒ Υ (数) 76
\upsilon ⇒ υ (数) 76
\urcorner ⇒ ⌝ [amssymb] (数) 104

V

\usebox ⇒
- ボックスの呼出し 199
- 保存図形の呼出し 256

\usecounter ⇒ list 環境でカウンタを使うときの命令 242

\usepackage ⇒ パッケージを登録する命令 32

V

\v{a} ⇒ ă (文) 117
\vpageref ⇒ 相互参照ラベルの宣言されているページ番号の呼び出し [varioref] 281
\value ⇒ カウンタ値の引渡し 39
\varepsilon ⇒ ε (数) 76
\varinjlim ⇒ $\varinjlim$ [amsmath] 111
\varkappa ⇒ $\varkappa$ (数) 76
\varliminf ⇒ $\varliminf$ [amsmath] 111
\varlimsup ⇒ $\varlimsup$ [amsmath] 111
\varnothing ⇒ $\varnothing$ (数) 97
\varphi ⇒ φ (数) 76
\varprojlim ⇒ $\varprojlim$ [amsmath] 111
\varpropto ⇒ $\propto$ [amssymb] (数) 101
\varrho ⇒ ϱ (数) 76
\varsigma ⇒ ς (数) 76
\varsubsetneq ⇒ $\varsubsetneq$ [amssymb] (数) 101
\varsubsetneqq ⇒ $\varsubsetneqq$ [amssymb] (数) 101
\varsupsetneq ⇒ $\varsupsetneq$ [amssymb] (数) 101
\varsupsetneqq ⇒ $\varsupsetneqq$ [amssymb] (数) 101
\vartheta ⇒ ϑ (数) 76
\vartriangle ⇒ $\triangle$ (数) 97
\vartriangleleft ⇒ $\vartriangleleft$ [amssymb] (数) ... 101
\vartriangleright ⇒ $\vartriangleright$ [amssymb] (数) .. 101
\Vdash ⇒ $\Vdash$ [amssymb] (数) 101
\vDash ⇒ $\vDash$ [amssymb] (数) 101
\vdash ⇒ $\vdash$ (数) 100
\vdots ⇒ $\vdots$ (数) 115
\Vec ⇒ $\vec{A}$ (二重アクセント) [amsmath] (数) .. 118
\vec{a} ⇒ $\vec{a}$ (数) 117
\vec{\imath} ⇒ $\vec{\imath}$ (数) 117
\vec{\jmath} ⇒ $\vec{\jmath}$ (数) 117
\vector ⇒ ベクトル (picture 要素) 249
\vee ⇒ $\vee$ (数) 99
\veebar ⇒ $\veebar$ (数) 100
\verb ⇒ 擬似タイプ入力 (1 行のテキスト) 306
\verb* ⇒ 擬似タイプ入力 (1 行のテキスト. 空白を明示的に出力) 307
verbatim 環境 ⇒ 擬似タイプ入力 (複数行のテキスト) 307
verbatim* 環境 ⇒ 擬似タイプ入力 (複数行のテキスト. 空白を明示的に出力) 307
verse 環境 ⇒ 詩を書く 71
\vfill ⇒ \vspace{\fill}の省略型 177

\vline ⇒ 表の要素の中に縦罫線を引く 219
Vmatrix 環境 ⇒ $\begin{Vmatrix} a & b \\ c & d \end{Vmatrix}$ [amsmath] 149
vmatrix 環境 ⇒ $\begin{vmatrix} a & b \\ c & d \end{vmatrix}$ [amsmath] 149
volume ⇒ 巻番号 (参考文献のフィールド) 273, 276
\vref ⇒ 相互参照ラベルの呼び出し [varioref] ... 281
\vspace ⇒ 垂直方向のスペース 176
\vspace* ⇒ ページの頭での垂直方向へのスペース 176
\Vvdash ⇒ $\Vvdash$ [amssymb] (数) 101
@VVV ⇒ 下向き矢印 (可換図式) 165

W

\wedge ⇒ $\wedge$ (数) 99
\whiledo ⇒ ある言明が真である限り「ある事」が実行される (\loop も見よ) [ifthen] 44
white ⇒ \filltype{ }の引数内で宣言し, 円 circle* および楕円 ellipse* の内部を「白」にする 252
\widehat{aaa} ⇒ $\widehat{aaa}$ (数) 119
\widetilde{aaa} (数) ⇒ $\widetilde{aaa}$ (数) 119
\width ⇒ テキストの幅を与える距離変数 . 173, 195
\wp ⇒ $\wp$ (数) 96
\wr ⇒ $\wr$ (数) 99
wrapfigure 環境 (ページの右あるいは左マージンに字下げ部分を作りそこに図領域を確保) . 210
wraptable 環境 (ページの右あるいは左マージンに字下げ部分を作りそこに表領域を確保) . 210

X

\XI ⇒ Ξ の別定義 (文) [筆マ] 78
\Xi ⇒ Ξ (数) 76
\xi ⇒ ξ (数) 76
\xleftarrow ($A \xleftarrow[aaa]{bb} B$) 103
\xrightarrow ($A \xrightarrow[aaa]{bb} B$) 103
\xspace マクロ命令内のスペース 31

Y

year ⇒ 年 (参考文献のフィールド) 273
yomi ⇒ (参考文献のフィールド) 273, 277

Z

\Zal ⇒ $a\ b\ c\cdots$ (脚注記号) [筆マ] 296
\Zalrm ⇒ a b c ⋯ (脚注記号) [筆マ] 296
\Zar ⇒ $1\ 2\ 3\cdots$ (脚注記号) [筆マ] 296
\Zarit ⇒ $1\ 2\ 3\cdots$ (脚注記号) [筆マ] 296
\zeta ⇒ ζ (数) 76
\Zfn ⇒ $*\ \dagger\ \ddagger\cdots$ (脚注記号) [筆マ] 296
zh ⇒ 長さの単位 (全角文字の高さ) 170
\Zro ⇒ $i\ ii\ iii\cdots$ (脚注記号) [筆マ] 296
\Zrorm ⇒ i ii iii ⋯ (脚注記号) [筆マ] 296
zw ⇒ 長さの単位 (全角文字の幅) 170

索 引

■ 事項

あ
アクセント記号とプライム記号 ⇒
- アクセント記号 ⇒ á, à, $\vec{a}$ (文・数) 117
- アクセント記号の平準化 ⇒ $\vec{a}+\vec{b}+\vec{c}$
  平準化しないと ⇒ $\vec{a}+\vec{b}+\vec{c}$ 118
- 二重アクセント ⇒ $\bar{\vec{X}}, \vec{\vec{X}}\acute{\vec{X}}, \dot{\vec{X}}$ など 118
- 脇付きアクセント ⇒ $AAA\widehat{\ }, AAA\widetilde{\ }$ (数) .. 119

新しいカウンタの登録 ⇒ \newcounter 38
アブストラクト ⇒
- 1 段組アブストラクト 64
- 2 段組アブストラクト 65
- 2 段組での両断ぶち抜きのアブストラクト .. 66
- アブストラクトの見出しの定義 ⇒
  \abstractname 65

網掛け ⇒ ああ ああ ああ 304
アンダーブレイス ⇒ $\underbrace{AAAAA}$ (数) 122
アンダーライン ⇒ $\underline{aaa}$ (文・数) 120

い
イタリック体 ($02abAB$) ⇒
- 宣言型 ⇒ \itshape 80
- 命令型 ⇒ \textit 80

イタリック補正 ⇒
- \/ ⇒ ib → ib 82
- イタリック補正の解除 ⇒ \nocorr 82

1 段組 ⇒
- \onecolumn, (文書クラスオプション) 4
- 1 段組から2 段組 ⇒ \twocolumn 10
- 1 段組のページレイアウト 7, 8

位置パラメータ ⇒
- 縦位置 ⇒ t (上), c (中), b (下) ⇒
  - array 環境 222
  - \dashbox 190
  - \framebox 189
  - minipage 環境 204
  - \oval 253
  - \parbox 192
  - \shortstack 73
- 横位置 ⇒ l (左), c (中), r (右) ⇒
  - array 環境 212
  - \cfrac (連分数) [amsmath] 144
  - \dashbox 190
  - \framebox 188, 189
  - \oval 253
  - \savebox 200
  - \shortstack 193
- 横位置 ⇒ s (間延び) ⇒
  - \dashbox 190
  - \framebox 188, 189
  - \savebox 200
- 横位置 ⇒ X (表の列幅を自動計算する) ⇒
  - tabularx 環境 227

色の指定 ⇒
- 68 色の標準色 305
- named による色指定 305
- 色ボックス ⇒ \colorbox 303
- 色ボックスに色文字 ⇒ \colorbox と
  \textcolor の併用 304
- 色文字 I ⇒ \color 303
- 色文字 II ⇒ \textcolor 303
- 色枠付きの色ボックス ⇒ \fcolorbox 304
- 白抜き ⇒ 白抜き 304
- 配色モデル ⇒
  - cmyk ⇒ cyan, magenta, yellow, black
    による配色 305
  - gray ⇒ 白と黒の中間色としての配色 .. 304
  - hsb ⇒ hue (色相), saturation (彩度),
    brightness (輝度) による配色 305
  - rgb ⇒ red, green, blue による配色 ... 305

印刷 ⇒
- 片面印刷 ⇒ oneside (文書クラスオプション)
  .... 4, 14
- 両面印刷 ⇒ twoside (文書クラスオプション)
  .... 4, 14

引用 ⇒
- 引用符 ⇒
  - 単一引用符 ⇒ ' ∼ ' 68
  - 二重引用符 ⇒ '' ∼ '' 68
  - 三重引用符 ⇒ '\,''∼''\,'
    ''\,'∼'\,'' 68
- 段落引用文 I ⇒ quote 環境 67
- 段落引用文 II ⇒ quotation 環境 67
- 文中引用文 ⇒ 引用符による引用文 68

う
上置き命令 ⇒
- \overset ⇒ $\overset{a}{X}$ [amsmath] 124
- \stackrel ⇒ $y \stackrel{def}{=} 2x$ 123

動く引数 ⇒ 目次や索引など, 他の場所に出力される
引数 24

え
エラー ⇒
- エラー対策 ⇒ 文献 [17] (今井), [8] (Lamport,
  p.152-168) が役立つ 315
- エラーメッセージ ⇒ LaTeX 2_ε のコンパイル時
  に現れる 315
- 本書執筆時に出会った一見不可解なエラー
  とその対策 315

円 ⇒ \circle 250
円弧 ⇒ \arc 252

お

オイラースクリプト体 ⇒ $\mathcal{ABCDE}$ (数) [eucal] ... 76
オイラーフラクトール体 ⇒ $\mathfrak{abc}\mathfrak{ABC}$ (数) [amsfonts]
.... 76
欧文の文書クラス ⇒ article, book, report, letter 3
大型演算子 ⇒ $\sum, \int$ など (「可変サイズの記号」ともいう. 本書では「Sum 型記号」という) 108
オーバーブレイス ⇒ $\overbrace{AAAAA}$ (数) 122
オーバーライン ⇒ $\overline{aaa}$ (数) 120
オープン形式の文献リスト ⇒ openbib (文書クラスオプション) 4
同じ図形要素を並べる ⇒
- \multiputlist 254
- \multiput 254, 255

オプション引数 ⇒ [ ] (省略できる) 24
オプション引数項目 24
親文書ファイル ⇒ ファイルの分割と結合 20
折れ線 ⇒
- dashjoin 環境 [epic] 158
- dottedjoin 環境 [epic] 158
- drawjoin 環境 [epic] 158
- \drawline 159
- \path 折れ線 [curves] 153
- \spline 折れ線 [curves] 154

か

カーニング ⇒ 字詰め「To」(通常は「To」) 79
改行 ⇒
- \linebreak ⇒ \\による改行とほぼ同じ .. 182
- \par ⇒ 段落改行 180
- \baselineskip ⇒ 改行幅 180
- \baselinestretch ⇒ 改行幅の一律 n 倍 .. 180
- \linebreak ⇒ 強制度付き改行 182
- 1 つ以上の空行 ⇒ 段落改行 180
- * ⇒ 文中改行 (抑制される) 181
- \\ ⇒ 文中改行 181
- \nolinebreak ⇒ 抑制度付き非改行 182
改行可のボックス ⇒ \shortstack (左右モード)
.... 72, 162, 193
改行不可スペース ⇒ ~ 179
回転 ⇒
- 傾斜回転 ⇒ \rotatebox ($\mathcal{ABC}$) 90
- 通常の回転 ⇒ \rotatebox (ABC) 89
- ボックスの回転 90
- ミニページの回転 90
改ページ ⇒
- \cleardoublepage 183
- \clearpage 183
- \newpage 183
- \pagebreak ⇒ 強制度付き改ページ 183
- \nopagebreak ⇒ 抑制度付き非改ページ ... 184
カウンタ ⇒
- 新しいカウンタの登録 ⇒ \newcounter 38
- カウンタ種 34
- カウンタ種の種類 ⇒
    - \Alph ⇒ A, B, C, ··· (カウンタ種) 36
    - \alph ⇒ a, b, c, ··· (カウンタ種) 36
    - \arabic ⇒ 1, 2, 3, ··· (カウンタ種) ... 36
    - \fnsymbol ⇒ *, †, ‡, ··· (カウンタ種) . 36
    - \Roman ⇒ I, II, III, ··· (カウンタ種) .. 36
    - \roman ⇒ i, ii, iii, ··· (カウンタ種) .. 36
- カウンタ種の変更 ⇒ \renewcommand 37
- カウンタ値 34, 35
- カウンタ値の出力 40
- カウンタ値の設定と変更 ⇒ \setcounter ... 35
- カウンタ値の増・減 ⇒ \addtocounter 36
- カウンタ値の引渡し ⇒ \value 39
- カウンタの四則演算 ⇒
    - [calc] によるもの 40, 41
    - 標準的なもの 40
- カウンタ札 34, 37
- カウンタ札の修飾と複合化 ⇒
    \renewcommand 38
可換図式 ⇒
- 1 次元の可換図式 164
- 2 次元の可換図式 164
- 関係記号 165
- ノード 165
影付きボックス ⇒ \shadowbox [aaa]
[fancybox] 197
箇条書 ⇒
- description 環境 ⇒
    - 基本型 236
    - 項目ラベル 236
- enumerate 環境 ⇒
    - enumerate 環境の拡張 [enumerate] 234
    - 基本型 233
    - 項目ラベル 233
    - enumi ⇒ レベル 1 のカウンタ 35, 233
    - enumii ⇒ レベル 2 のカウンタ 35, 233
    - enumiii ⇒ レベル 3 のカウンタ ... 35, 233
    - enumiv ⇒ レベル 4 のカウンタ 35, 233
    - \labelenumi ⇒ レベル 1 のラベル 233
    - \labelenumii ⇒ レベル 2 のラベル ... 233
    - \labelenumiii ⇒ レベル 3 のラベル .. 233
    - \labelenumiv ⇒ レベル 4 のラベル ... 233
    - \theenumi ⇒ レベル 1 のカウンタ値
        .... 35, 233
    - \theenumii ⇒ レベル 2 のカウンタ値
        .... 35, 233

索　引

- ○ \theenumiii ⇒ レベル 3 のカウンタ値 35, 233
- ○ \theenumiv ⇒ レベル 4 のカウンタ値 35, 233
- itemize 環境 ⇒
  - ○ 基本型 235
  - ○ 項目ラベル 235
  - ○ \labelitemi ⇒ レベル 1 のラベル 235
  - ○ \labelitemii ⇒ レベル 2 のラベル ... 235
  - ○ \labelitemiii ⇒ レベル 3 のラベル .. 235
  - ○ \labelitemiv ⇒ レベル 4 のラベル ... 235
- list 環境 ⇒
  - ○ 基本型 237
  - ○ 簡易 list 環境 243
  - ○ 項目ラベル 237, 241
  - ○ 項目ラベルのカウンタ制御 242
  - ○ 項目ラベルの書体とサイズ 237
  - ○ レイアウトパラメータ 238
- 各種箇条書の入れ子 244

片面印刷 ⇒ oneside (文書クラスオプション) . 4, 14
可変サイズの記号 ⇒ $\sum$, $\int$ など（「大型演算子」ともいう．本書では「Sum 型記号」という）108
画面 ⇒
- 画面からの入力 ⇒ \typein 310
- 画面への出力 ⇒ \typeou 310

環境命令 ⇒ \begin{ } で始まり \end{ } で終わる命令 (array 環境, minipage 環境など) . 23
関係演算子記号 I ⇒ ≤, ⊂, ∝ など [amssymb] .. 100
関係演算子記号 II ⇒ ≦, ÷, ⌢, ⋹, ≃ など 101
管理 ⇒
- 参照ラベルの付け方と管理 284
- ファイル名の付け方と管理 284

き

キーボード上の記号 94
記号 ⇒
- 関係演算子記号 I ⇒ ≤, ⊂, ∝ など [amssymb] 100
- 関係演算子記号 II ⇒ ≦, ÷, ⌢, ⋹, ≃ など . 101
- キーボード上の記号 94
- 記号の重ね合わせ ⇒
  - ○ \llap 97
  - ○ \ooalign 98
- 句読記号 ⇒ -, (, * など (文) 94
- 単独記号 ⇒ =, +, ? など (文・数) 94
- 特殊記号 ⇒
  - ○ 特殊記号 I (文) ⇒ œ, å, ł, Å, Ł ø など .. 96
  - ○ 特殊記号 II (文) ⇒ ®, ™, LaTeX 2ε など 96
  - ○ 特殊記号 III (数) ⇒ ℵ, ∂, ℑ, ℧ など [latexsym] [amssymb] 96
  - ○ 特殊記号 IV (数) ⇒ ℧, ⊴, ⋈, □ など [latexsym] [amsfonts] [amssymb] 97
  - ○ 特殊記号 V (数) ⇒ ℏ, ◇, Ⓢ, ∠ など [amssymb] 97
  - ○ 特殊記号 VI (数・文) ⇒ ©, §, ¶, £ など 97
- 二項演算子記号 I ⇒ ±, ×, ∩, ⊓ など 99
- 二項演算子記号 II ⇒ ∔, ⋒, ⊞ など [amssymb] 100
- 見えない記号 ⇒ \left., \right. 107
- 命令の一部としての記号 ⇒ #,$,%,& など .. 94

擬似の部・章・節・段落 ⇒
- 擬似の部の出力 ⇒ \part* 54
- 擬似の章の出力 ⇒ \chapter* 54
- 擬似の節の出力 ⇒ \section* 54
- 擬似の小節の出力 ⇒ \subsection* 54
- 擬似の小小節の出力 ⇒ \subsubsection* . 54
- 擬似の段落の出力 ⇒ \paragraph* 54
- 擬似の小段落の出力 ⇒ \subparagraph* ... 54

擬似タイプ入力 ⇒
- [alltt] パッケージによる擬似タイプ入力 309
- 1 行のテキストの擬似タイプ入力 ⇒ \verb, \verb* 306
- 複数行のテキストの擬似タイプ入力 ⇒ verbatim 環境, verbatim* 環境 307
- ボックス内での擬似タイプ入力 308

奇数 (右) ページ 14
既存環境命令の再定義 ⇒ \renewenvironment ... 30
既存命令の再定義 ⇒ \renewcommand 28
輝度 ⇒ brightness (hsb 配色モデル) 305
脚注 ⇒
- 2 段組の脚注 [fnright] 300
- アレイ表・タブロー表・タビング表の中の脚注 298
- いろいろな脚注ラベルの混在 [筆マ] ⇒
  - ○ \Zal ⇒ a, b, c など 296
  - ○ \Zalrm ⇒ a, b, c など 296
  - ○ \Zar ⇒ 1, 2, 3 など 296
  - ○ \Zarit ⇒ 1, 2, 3 など 296
  - ○ \Zfn ⇒ *, †, ‡ など 296
  - ○ \Zro ⇒ i, ii, iii など 296
  - ○ \Zrorm ⇒ i, ii, iii など 296
- 脚注罫線の変更 ⇒ \footnoterule 299
- 脚注間のスペース ⇒ \footnotesep 299
- 脚注記号から「*」と「**」を外す 298
- 脚注の基本型 294
- 脚注の出力 ⇒ \footnote 294, 295
- 脚注ラベル 294
- 脚注ラベルの変更 294
- 脚注ラベルをページごとに初期化 [fiitnpag] . 300
- 脚注を直列に出力する [fnpara] 300

- 章・節の標題の中の脚注 297
- 数式の中の脚注 298
- 図表標題の中の脚注 297
- ミニページの中の脚注 I 296
- ミニページの中の脚注 II 296
- 欄外脚注 ⇒ \marginpar 13
- 欄外脚注 ⇒ ページの左右の余白に書く脚注 (\marginpar) 6

強制度付き改行 ⇒ \linebreak 182
強制度付き改ページ ⇒ \pagebreak 183
行頭の字下げ ⇒ \parindent 180, 207
行頭の字下げの一時的解除 ⇒ \noindent ... 207
行末揃え ⇒
- スロッピー行末揃え ⇒ \sloppy 185
- ファジー行末揃え ⇒ \fussy 185

行列 ⇒
- matrix 環境 ⇒ $\begin{smallmatrix}a&b\\c&d\end{smallmatrix}$ [amsmath] 149
- pmatrix 環境 ⇒ $\begin{pmatrix}a&b\\c&d\end{pmatrix}$ [amsmath] 149
- bmatrix 環境 ⇒ $\begin{bmatrix}a&b\\c&d\end{bmatrix}$ [amsmath] 149
- vmatrix 環境 ⇒ $\begin{vmatrix}a&b\\c&d\end{vmatrix}$ [amsmath] 149
- Vmatrix 環境 ⇒ $\begin{Vmatrix}a&b\\c&d\end{Vmatrix}$ [amsmath] 149
- smallmatrix 環境 ⇒ $\begin{smallmatrix}a&b\\c&d\end{smallmatrix}$ [amsmath] 149
- array 環境によるもの 149
- 縁付き行列 ⇒ \bordermatrix $\begin{smallmatrix}&2&\\3&\begin{pmatrix}a&b&c\\d&e&f\\g&h&i\end{pmatrix}\end{smallmatrix}$ 150

曲線 ⇒
- \closecurve 閉曲線 [curves] 155
- \bezier 曲線 [bezier] 152
- \curve 曲線 [curves] 153
- \qbezier 曲線 [bezier] 152
- 曲線の太さ 159

距離変数 ⇒
- 距離変数に長さを与える ⇒ \setlength ... 171
- 距離変数に文字列の長さを与える ⇒ \addtowidth 173
- 距離変数の四則演算 I 171
- 距離変数の四則演算 II [calc] 172
- 距離変数の定義 ⇒ \newlength 170
- 距離変数の長さの加算・減算 ⇒ \addtolength 171
- 距離変数の長さの乗算 171

ギリシャ文字 ⇒
- ギリシャ大文字 ⇒ $\Gamma, \Delta, \Theta, \Lambda$ など(数) ... 75
- ギリシャ小文字 I ⇒ $\alpha, \beta, \gamma, \delta$ など(数) ... 75
- ギリシャ小文字 II ⇒ $\varepsilon, \vartheta, \varsigma, \varrho$ など(数) ... 75

く

偶数(左)ページ 14
空の文字 {} ⇒ 何も出力されない 79, 99, 146

区切り記号 ⇒
- 区切り記号 I ⇒ (,), ↦, 「, 」, 〈 など 104
- 区切り記号 II ⇒ 「, 」, ⌊, ⌋ 104
- 区切り記号の指定拡大命令 I ⇒ \big, \bigm など(単独の区切り記号) 104
- 区切り記号の指定拡大命令 II ⇒ \bigl, \bigr など(左右対の区切り記号) .. 104, 105
- 区切り記号の自動拡大命令 ⇒ \left, \right(左右対の区切り記号) ... 104, 106

句読記号 ⇒ -, (, * など(文) 94
組版 ⇒ 活字を,原稿の指定に従って正しく組み上げること(コラム C) 225
クラスファイル ⇒ 「~.cls」(コラム W) 4, 95
グラフ ⇒
- グラフ上の説明文を傾ける ⇒ \rotatebox [graphics] [graphicx] 161
- グラフ用紙 ⇒ \graphpaper [graphpap] 162
- 座標軸の描き方 ⇒ \multimake, \multiframe [multibox] 161

グルーピング ⇒ {…}(宣言したことをある範囲に限定すること) 23
黒ボックス ⇒ ■■▎▁ ｜(\rule:「罫線ボックス」ともいう) 201

け

罫線 ⇒ ▁ ｜(\rule による) 201

こ

合字 ⇒ リガチャ「ff fi fl ffl ffi」(通常は「ff fi fl ffl ffi」) 79
格子点 ⇒ \grid 255
項目ラベル ⇒
- description 環境による箇条書 236
- enumerate 環境による箇条書 233
- itemize 環境による箇条書 235
- list 環境による箇条書 237

ゴシック体 (桜さくら) ⇒
- 宣言型 ⇒ \gtfamily 80
- 命令型 ⇒ \textgt 80

子文書ファイル ⇒ ファイルの分割と結合 ... 20
コンパイル ⇒
- LaTeX 2ε のコンパイル ⇒ 文書ファイルの入力文を出力文に変換する 1
- 索引作成のコンパイル 289
- 参考文献リスト作成のコンパイル 267
- 相互参照のコンパイル 278
- 分割ファイルのコンパイル 20

さ

彩度 ⇒ saturation (hsb 配色モデル) 305
索引 ⇒
- \index 命令の構造 290

索　引

- \subitem ⇒ サブ索引項目の入力 292
- \subsubitem ⇒ サブサブ索引項目の入力.. 292
- 索引項目 290
- 索引項目の登録 ⇒ \index 289
- 索引項目の入力 ⇒ \item 292
- 索引項目の読み 290
- 索引作成のコンパイル 289
- 索引作成の手続き 289
- 索引の参照ページの書体変更 291
- 索引の出力命令 ⇒ \printindex 289
- 索引の追加情報 290
- 索引の分類文字 292
- 索引の見出しの変更 ⇒ \indexname 293
- 索引のリーダ ⇒ (...,3) 289
- 索引ファイル ⇒ 「〜.IND」 289

座標軸の描き方 ⇒ \multimake, \multiframe
　　multibox 161

左右モード ⇒ 改行不可で, 左から右へ何処までも
　　延びていくモード 72

参考文献リスト ⇒
- 各種の文献出力スタイル ⇒
  - abbrv ⇒ 名 (given name)・月・雑誌名は省略 270
  - alpha ⇒ 簡略著者名 269
  - jipsj ⇒ 情報処理学会 270
  - jorsj ⇒ 日本オペレーションズ・リサーチ学会 270
  - plain ⇒ 姓 (family name) のアルファベット順 269
  - plainyr ⇒ 年順 270
  - tieice ⇒ 電子情報通信学会 270
  - tipsj ⇒ 情報処理学会 270
  - unsrt ⇒ 引用順 269
- 簡単な入・出力例 266
- 参考文献の見出しの変更 267
- 参考文献リスト作成のコンパイル 267
- 手作業によるもの 165
- 任意フィールド 271
- 必須フィールド 271
- フィールド ⇒
  - address ⇒ 住所 273
  - annote ⇒ 注釈 (無視される) 273
  - author ⇒ 著者名 273
  - booktitle ⇒ その一部が引用されている本などの標題 273
  - chapter ⇒ 章 273, 276
  - edition ⇒ 版 273, 276
  - editor ⇒ 編集者の名 273, 275
  - howpublished ⇒ 規格外のものの発表のされ方 273
  - institution ⇒ それを出している組織の名前 273
  - journal ⇒ 雑誌の名前 273
  - key 273, 277
  - month ⇒ 月 273, 276
  - note ⇒ 追加情報 273
  - number ⇒「巻」に続く「号」.... 273, 276
  - organization ⇒ それを出している学術会議の名前 273
  - pages ⇒ ページ番号 273, 276
  - publisher ⇒ 出版社名 273
  - school ⇒ 大学名 273
  - series ⇒ シリーズ名, 巻名 273
  - title ⇒ 標題 273, 275
  - type 273, 276
  - volume ⇒ 巻番号 273, 276
  - year ⇒ 年 273
  - yomi 273, 277
  - 自分で登録 273, 277
- フィールドの省略形 ⇒ @string 277
- 文献出力スタイルの指定 ⇒
  \bibliographystyle 269
- 文献引用キー (通常は著者名) 271
- 文献カテゴリ ⇒
  - @article ⇒ 論文 272
  - @book ⇒ 本 272
  - @booklet ⇒ 出版社の明記されていない本 272
  - @conference ⇒ @inproceeding と同じ 272
  - @inbook ⇒ 本のある章やあるページの引用 272
  - @incollection ⇒ 本の一部でそれ自体にタイトルのあるもの 272
  - @inproceedings ⇒ 学術会議の紀要に収録されているもの 272
  - @manual ⇒ 技術文書, マニュアル 272
  - @masterthesis ⇒ 修士論文 272
  - @misc ⇒ どれにも該当しないもの ... 272
  - @phdthesis ⇒ 博士論文 272
  - @proceedings ⇒ 学術会議の紀要 272
  - @techreport ⇒ 研究機関が出す技報 .. 272
  - @unpublished ⇒ 非公式出版物 272
- 文献データベースファイル ⇒「〜.BIB」.. 266
- 文献データベースファイルの構造 271
- 文献データベースファイルの指定 ⇒
  \thebibilography 269
- 文献の引用命令 ⇒ \cite 268
- 本文では引用しないが参考文献リストには載せる ⇒ \nocite 268

- 三重引用符 ⇒ `'\,' '' ~ '' \,'`
  `'' '' \,' ' ~ '' \,' ''` 68
- 参照点の加法 ⇒ `\put` 命令の入れ子 248
- 参照ラベルの付け方と管理 284
- サンセリフ体 (02abAB) ⇒
  - 宣言型 ⇒ `\sffamily` 80
  - 命令型 ⇒ `\textsf` 80

し

- 色相 ⇒ hue (hsb 配色モデル) 305
- 字下げ ⇒
  - 行頭の字下げ ⇒ `\parindent` 207
  - 行頭の字下げの一時的解除 ⇒ `\noindent` .. 207
  - ハンギングインデント ⇒ 複数行の行頭字下げ
    `\hangafter, \hangindent` 208
  - 文章全体の左右の字下げ ⇒
    - ⇒ `\LRinden` [筆マ] 208
    - ⇒ indentation 環境 [indent] 209
- 事前の約束事 ⇒ 文書環境で文章を書くとき使う
  約束事 (プリアンブルで宣言) 5
- 四則演算 ⇒
  - カウンタの四則演算 40, 41
  - 距離変数の四則演算 171, 172
  - 四則演算のマクロパッケージ [筆マ] ⇒
    - `\ISum` (整数の加算) 312
    - `\ISub` (整数の減算) 312
    - `\IMul` (整数の乗算) 312
    - `\IDiv` (整数の除算) 312
    - `\Sum` (実数の加算) 312
    - `\Sub` (実数の減算) 312
    - `\Mul` (実数の乗算) 312
    - `\Div` (実数の除算) 312
- 下置き命令 ⇒ `\underset` $(\Rightarrow X_a)$ [amsmath] 124
- 字詰め ⇒ カーニング「To」(通常は「To」) 79
- 四分空き ⇒ 「かな・漢字」と「英文字・数字」の間
  のスペース (「コラム V」も見よ) 179
- 四分円 ⇒
  - `\oval` (picture 環境) 252
  - `\Ovalbox` ⇒ [aaa] [fancybox] 197
  - `\ovalbox` ⇒ [aaa] [fancybox] 197
- 章 ⇒
  - 章の開始ページ ⇒
    - 右 (奇数) ページのみ ⇒ openright
      (文書クラスオプション) 4, 15
    - 左 (偶数) ページも許す ⇒ openany
      (文書クラスオプション) 4, 15
  - 章の出力 ⇒ `\chapter` 53
  - 章の標題形式の変更 ⇒ `\startsection` 59
  - 章の見出しの定義 ⇒ `\chaptername`,
    `\prechaptername, \postchaptername` 57
- 上下置き命令 ⇒
  - `\atop` ⇒ $\genfrac{}{}{0pt}{}{a}{b}$ 124

- `\mathop` ⇒ $\underset{n>1}{A}^{N}$ 123
- 上下するボックス ⇒ `\raisebox` 193
- 上下付き添字 ⇒ `\limits` (Sum 型記号と併用) .. 109
- 条件分岐 ⇒
  - `\and` ⇒ 理論積 [ifthen] 44
  - `\equal` ⇒ 「2 つの文字列が同じであるか否か」
    の判断 [ifthen] 43
  - `\ifcase` ⇒ 「カウンタ値が 0,1,2, ... の何れ
    であるか」の判断 [ifthen] 42
  - `\ifnum` ⇒ 「カウンタ値がある値より大きいか,
    等しいか, 小さいか」の判断 42
  - `\ifodd` ⇒ 「カウンタ値が奇数であるか否か」
    の判断 42
  - `\ifthenelse` ⇒ 「ある言明が真であるか否か」
    の判断 [ifthen] 43
  - `\isodd` ⇒ 「カウンタ値が奇数であるか否か」
    の判断 [ifthen] 43
  - `\lengthtest` ⇒ 「与えられた長さの比較が真
    であるか否か」の判断 [ifthen] 43
  - `\not` ⇒ 否定 [ifthen] 44
  - `\or` ⇒ 論理和 [ifthen] 44
  - `\loop` ⇒ ある言明が真である限り「ある事」が
    実行される (`\whiledo` も見よ) [ifthen] 44
  - `\whiledo` ⇒ ある言明が真である限り「ある事」
    が実行される (`\loop` も見よ) [ifthen] .. 44
  - 条件分岐を持ったマクロ命令の作成例 44
- 小小節の出力 ⇒ `\subsubsection` 53
- 小節の出力 ⇒ `\subsection` 53
- 小段落の出力 ⇒ `\subparagraph`
  53
- 書体選定の命令 (宣言型) ⇒
  - `\bfseries` ⇒ **02abAB** (ボールド体) 80
  - `\gtfamily` ⇒ 桜さくら (ゴシック体) 80
  - `\itshape` ⇒ *02abAB* (イタリック体) 80
  - `\rmfamily` ⇒ 02abAB (ローマン体) 80
  - `\mcfamily` ⇒ 桜さくら (明朝体) 80
  - `\mdseries` ⇒ 02abAB (ミディアム体) 80
  - `\normalfont` ⇒ 02abAB (ノーマルフォ
    ント体) 80
  - `\scshape` ⇒ ABCABC (スモールキャップ体) 80
  - `\sffamily` ⇒ 02abAB (サンセリフ体) 80
  - `\slshape` ⇒ *02abAB* (スラント体) 80
  - `\ttfamily` ⇒ 02abAB (タイプライター体) .. 80
  - `\upshape` ⇒ 02abAB (直立体) 80
- 書体選定の命令 (命令型) ⇒
  - `\textbf` ⇒ **02abAB** (ボールド体) 80
  - `\textgt` ⇒ 桜さくら (ゴシック体) 80
  - `\textit` ⇒ *02abAB* (イタリック体) 80
  - `\textrm` ⇒ 02abAB (ローマン体) 80
  - `\textmc` ⇒ 桜さくら (明朝体) 80
  - `\textmd` ⇒ 02abAB (ミディアム体) 80

- \textnormal ⇒ 02abAB (ノーマルフォント体) 80
- \textsc ⇒ ABCABC (スモールキャップ体) . 80
- \textsf ⇒ 02abAB (サンセリフ体) 80
- \textsl ⇒ *02abAB* (スラント体) 80
- \texttt ⇒ 02abAB (タイプライター体) 80
- \textup ⇒ 02abAB (直立体) 80

書体の組み合わせ選定 81
白抜き ⇒ 白抜き 304
詩を書く ⇒ verse 環境 71
新 Log 型記号の定義 ⇒ \DeclearMathOperator 112
新環境命令の定義 ⇒ \newenvironment 29
新命令の定義 ⇒
- \def 28
- \newcommand I 26
- \newcommand II 27

す

数式 ⇒
- 数式の間にテキストを挿入 [amsmath] 134
- 数式のスタイル ⇒
  - \displaystyle (「D–スタイル」と略称) 129
  - \textstyle (「T–スタイル」と略称) ... 129
- 数式の左寄せ出力 ⇒ fleqn (文書クラスオプション) 4
- 数式のレイアウト ⇒
  - 数式間の間隔調整 ⇒ \\[len] 140
  - 数式の左寄せ調整 ⇒ \lefteqn 139
- 数式のレイアウトパラメータ ⇒
  - \abovedisplayshortskip ⇒ 短い段落数式とその上にある本文との間に入れる追加のスペース 141
  - \abovedisplayskip ⇒ 長い段落数式とその上にある本文との間に入れる追加のスペース 141
  - \belowdisplayshortskip ⇒ 短い段落数式とその下にある本文との間に入れるあ追加のスペース 141
  - \belowdisplayskip ⇒ 長い段落数式とその下にある本文との間に入れる追加のスペース 141
  - \jot ⇒ 段落数式の式間に入れる追加のスペース 141
- 数式番号 ⇒
  - 好みの数式番号 ⇒ \tag [amsmath] 137
  - 数式番号の解除 ⇒ \nonumber 136
  - 数式番号の左寄せ出力 ⇒ leqno (文書クラスオプション) 136
  - 従属番号の付いた数式番号 ⇒ subequation 環境 [amsmath] 138
  - 数式番号に節番号を付ける I ⇒ プリアンブルであるマクロ命令を宣言する .. 136
  - 数式番号に節番号を付ける II ⇒ パッケージ [amsmath] によるもの 137
  - 単一段落数式 I の数式番号 ⇒ \eqno .. 135
  - 単一段落数式 III の数式番号 135
- 数式番号の左寄せ出力 ⇒ leqno (文書クラスオプション) 4
- 数式文字7種 ⇒
  - \mathbf ⇒ **012abcABC** 77
  - \mathcal ⇒ $\mathcal{ABCXYZ}$ 77
  - \mathit ⇒ *012abcABC* 77
  - \mathnorma ⇒ 012*abcABC* 77
  - \mathrm ⇒ 012abcABC 77
  - \mathsf ⇒ 012abcABC 77
  - \mathtt ⇒ 012abcABC 77
- 数式を囲むボックス ⇒ \boxed $\sqrt{5}$ [amsmath] 190
- 数式をボールド体に ⇒ \pmb ($\int, \sum, \sqrt{2}$ など : poor man bold 体) 130
- 単一段落数式 (1行の数式) 127
- 単一段落数式 I ⇒ $$〜$$ によるもの 128
- 単一段落数式 II ⇒ \[〜\] あるいは \displaymath 環境によるもの 128
- 単一段落数式 III ⇒ equation 環境によるもの 128
- 段落数式 ⇒ 段落を取って書く数式 127
- 長い段落数式 ⇒ 前行の行末より左側から始まる段落数式 140
- 文中数式 ⇒ 文の流れの中で書く数式 ($〜$) 127
- 別行段落数式 (複数行の数式 (標準)) .. 127, 128
- 別行段落数式 (複数行の数式 (パッケージ)) ⇒
  - align 環境 ⇒ 別行段落数式 (自動数式番号あり) [amsmath] 131
  - align* 環境 ⇒ 別行段落数式 (自動数式番号なし) [amsmath] 131
  - alignat 環境 ⇒ 別行段落数式 (自動数式番号あり) [amsmath] 132
  - aliign* 環境 ⇒ 別行段落数式 (自動数式番号なし) [amsmath] 132
  - flalign 環境 ⇒ 別行段落数式 (自動数式番号あり) [amsmath] 133
  - flalign* 環境 ⇒ 別行段落数式 (自動数式番号なし) [amsmath] 133
  - gather 環境 ⇒ 別行段落数式 (自動数式番号あり) [amsmath] 131
  - gather* 環境 ⇒ 別行段落数式 (自動数式番号なし) [amsmath] 131
  - multiline 環境 ⇒ 別行段落数式 (自動数式番号あり) [amsmath] 133
  - multiline* 環境 ⇒ 別行段落数式 (自動数式番号なし) [amsmath] 133
  - split 環境 ⇒ 別行段落数式 [amsmath] . 134

- 短い段落数式 ⇒ 前行の行末より右側から
  始まる段落数式 140
数式モード ⇒ 数式を書くモード 72, 73
図環境と表環境 (figure 環境, table 環境) ⇒
- 1 つの図表領域に複数個の図表を入れる
  (minipage 環境と tanular 環境を併用)
  260
- 2 段組における図表領域の確保 263
- 図の見出しの定義 ⇒ \figurename 259
- 図の見出し番号 260
- 図表環境の問題点 263
- 図表の出力位置 265
- 図表の出力位置のパラメータ ⇒
  ○ t ⇒ ページ頭 258
  ○ h ⇒ その場所 258
  ○ b ⇒ ページ末 258
  ○ p ⇒ 最終ページ 258
- 図表標題の入力 ⇒ \caption 258
- 図表ページ 263
- 図表領域の確保 257
- 図表領域のスタイルパラメータ 264
- テキスト部分 263
- 表の見出しの定義 ⇒ \tablename 259
- 表の見出し番号 260
- 本文ページ 263
図形 (picture 環境) ⇒
- 円 ⇒ \circle 250
- 円弧 ⇒ \arc 252
- 同じ図形要素を並べる ⇒
  ○ ⇒ \multiput 254, 255
  ○ ⇒ \multiputlist 254
- 参照点の加法 ⇒ \put 命令の入れ子 248
- 四分円 ⇒ \oval 252
- 図形環境 ⇒ picture 環境 246
- 図形原点の移動 247
- 図形の縮小・拡大 246
- 図形の線の太さ ⇒
  ○ \allinethickness 255
  ○ \Thicklines 255
- 図形の保存と呼出し ⇒
  ○ \newsavebox 256
  ○ \sbox 256
- 図形範囲の原点 ⇒ \begin{picture}(x,y)
  における (x,y) 245, 246, 247
- 図形描画の概略 245
- 図形要素 245
- 図形要素の参照点 ⇒ \put(x,y) 命令におけ
  る (x,y) 246, 247, 248
- 単位長 ⇒ \unitlength 245, 246
- 直線 ⇒ \line 246, 248
- データを読み込み二次元グラフを描く
  (\putfile) epic 155
- 塗りつぶしの円 ⇒ \circle* 250
- ベクトル ⇒ \vector (picture 環境) 249
スタイルファイル ⇒ 「~.sty」(コラム W) 95
図の見出しの定義 ⇒ \figurename 259
図の見出し番号 260
スペース ⇒
- 改行不可スペース ⇒ ~ 179
- 四分空き ⇒ 「かな・漢字」と「英文字・数字」
  の間のスペース (「コラム V」も見よ) . 179
- 垂直方向のスペース ⇒
  ○ 指定した幅のスペースを空ける ⇒
    \vspace, \vspace* 176
  ○ 垂直方向の標準的なスペース ⇒
    \smallskip, \medskip, \bigskip 176
  ○ ページ末までスペースを空ける ⇒
    \vfill 177
- 水平方向のスペース ⇒
  ○ 行末までスペースを空ける ⇒
    \hfill 174
  ○ 指定した幅のスペースを空ける ⇒
    \hspace, \hspace* 174
  ○ 水平方向の標準的なスペース ⇒
    \quad, \qquad 174
  ○ 微小なスペース ⇒
    \,(文・数), \:(数), \;(数), \!(数) ... 175
- 単語間スペース ⇒ \␣ 178
- 文間スペース ⇒ \@ 178
スペース補正 (上下・左右) ⇒ \rule 命令による 202
スモールキャップ体 (ABCABC) ⇒
- 宣言型 ⇒ \scshape 80
- 命令型 ⇒ \textsc 80
図目次の出力 ⇒ \listoffigures 46, 51
スラント体 (02abAB) ⇒
- 宣言型 ⇒ \slshape 80
- 命令型 ⇒ \textsl 80
スロッピー行末揃え ⇒ \sloppy (\fussy も見よ) 185

せ

節 ⇒
- 小小節の出力 ⇒ \subsubsection
  53
- 小節の出力 ⇒ \subsection 53
- 節の標題形式の変更 ⇒ \startsection 58
- 節の出力 ⇒ \section 53

そ

相互参照 ⇒
- enumerate 環境による箇条書の相互参照 .. 280
- 外部文書からの相互参照 282
- 脚注番号の相互参照 280

索 引

- 参照ラベル 278
- 参照ラベルの定義 ⇒ \label (\ref も見よ) 278
- 自動数式番号の相互参照 278
- 図表番号の相互参照 279
- 相互参照ラベルの呼出し ⇒ \ref
  (\label も見よ) 278
- 相互参照のコンパイル 278
- 定理番号の相互参照 280
- 部・章・節・段落の番号の相互参照 279
- ページ番号の相互参照 ⇒ \pageref 280
- ページ番号の相互参照 281

添字 ⇒
- 上付き添字 ⇒ ^ (x^2) 146
- 下付き添字 ⇒ _ (x_2) 146

た

タイトル関連命令 ⇒
- \and ⇒ 複数の著者名の間に置く 62
- \author ⇒ 著者名 62
- \date ⇒ 出版年月日 62
- \makeindex ⇒ タイトルの出力命令 62
- \maketitle ⇒ タイトルの出力 62
- \thanks ⇒ 謝辞や注 62
- \title ⇒ タイトル 62
- \today ⇒ 出版年月日 62

タイプライタ体 (02abAB) ⇒
- 宣言型 ⇒ \ttfamily 80
- 命令型 ⇒ \texttt 80

楕円 ⇒ \ellipse, \ellipse* 251
高さ指定のミニページ 204
多重積分記号 [amsmath] ⇒
- \idotsint ⇒ ∫···∫ 110
- \iiiint ⇒ ∫∫∫∫ 110
- \iiint ⇒ ∫∫∫ 110
- \iint ⇒ ∫∫ 110

多重添字 ⇒
- ⇒ $\lim_{\substack{i=0\\j=0,1}}$ [amsmath] .. 113
- ⇒ $\sum_{\substack{i=0\\j=0,1}}$ [amsmath] .. 110

多段組 ⇒ multicols 環境 [muticol] 12

ダッシュ ⇒
- - ⇒ - (単語間の区切り (文)) 116
- -- ⇒ – (数字の範囲 (文)) 116
- --- ⇒ — (文の区切り (文)) 116

縦書きの文書クラス ⇒ tarticle, tbook,
  treport 3
単位長 ⇒ \unitlength 245, 246
単一引用符 ⇒ ' ~ ' 68
単一段落数式 (1 行の数式) ⇒
- 単一段落数式 I ⇒ $$~$$ によるもの 128
- 単一段落数式 I の数式番号 ⇒ \eqno 135

- 単一段落数式 II ⇒ \[~\] あるいは,
  \displaymath 環境によるもの 128
- 単一段落数式 III ⇒ equation 環境による
  もの 128
- 単一段落数式 III の数式番号 135

段組 ⇒
- 1 段組 ⇒
  - \onecolumn (文書クラスオプション) 4
  - 1 段組から 2 段組 ⇒ \twocolumn 10
  - 1 段組のページレイアウト 7, 8
- 2 段組 ⇒
  - \twocolumn (文書クラスオプション) 4
  - 2 段組から 1 段組 ⇒ \onecolumn 10
  - 2 段組において一部両段ぶち抜きにする . 11
  - 2 段組のページレイアウト 7, 9
- 多段組 ⇒ multicols 環境 [muticol] 12

単語間スペース ⇒ \␣ 178
単独記号 ⇒ =, +, ? など (文・数) 94
単独命令 ⇒ &, \alpha などそれ自体で 1 つの命令
  となるもの 23

段落引用文 ⇒
- ⇒ quotation 環境 67
- ⇒ quote 環境 67

段落数式 ⇒ 段落を取って書く数式 127
段落の出力 ⇒ \subparagraph 53
段落モード ⇒ 文書を書くモード (改行可) ... 72
段落モードのボックス ⇒ \parbox ... 192, 193

ち

直線 ⇒ \line (picture 環境) 246, 248
直立体 (02abAB) ⇒
- 宣言型 ⇒ \upshape 80
- 命令型 ⇒ \textup 80

て

ディスプレイスタイル ⇒ \displaystyle
  (「D-スタイル」と略称) 129
定理 ⇒
- 注付きの定理環境 ⇒ Theorem 1 (Alice) 169
- 定理環境のカウンタ 169
- 定理環境の定義 ⇒ \newtheorem 167
- 定理番号 168
- 定理番号の一元化 168
- 定理ラベル 167

手紙 ⇒
- \address ⇒ 受取人の住所 70
- \cc ⇒ 同じ手紙の受取人 70
- \closing ⇒ 手紙を終えるときの決まり文句
  (Sincerely yours,) 70
- \encl ⇒ 同封資料のリスト 70
- letter ⇒ 文書クラス 2
- letter 環境 ⇒ 手紙を書く環境 70

- \makelabels ⇒ 受取人の住所・氏名のラベル
  を出力 70
- \opening ⇒ 受取人の敬称・氏名 70
- \pc ⇒ 追伸 70
- \signature ⇒ 発送人の署名 70
- \today ⇒ 発送日 70

テキストスタイル ⇒ \textstyle
  (「T–スタイル」と略称) 129

と

同一ページ化 ⇒ \samepage 184
特殊記号 ⇒
- 特殊記号 I (文) ⇒ œ, å, ł, Å, Ł, ø など ... 96
- 特殊記号 II (文) ⇒ ®, ™, LaTeX 2ε など ... 96
- 特殊記号 III (数) ⇒ ℵ, ∂, ℑ, ʊ など
  [latexsym] [amssymb] 96
- 特殊記号 IV (数) ⇒ ʊ, ⊴, ⋈, ▫ など
  [latexsym] [amsfonts] [amssymb] 97
- 特殊記号 V (数) ⇒ ℏ, ◊, Ⓢ, ∠ など [amssymb]
  97
- 特殊記号 VI (数・文)) ⇒ ©, §, ¶, £ など . 97

ドット ⇒
- 長く伸びるドット ⇒ \dotfill (文・数) ... 116
- ドット I ⇒
  ○ \cdot ⇒ · (数) 115
  ○ \cdots ⇒ ⋯ (数) 115
  ○ \ddots ⇒ ⋱ (数) 115
  ○ \ldots ⇒ … (文・数) 115
  ○ \vdots ⇒ ⋮ (数) 115
- ドット II [amsmath] ⇒
  ○ \dotsb ⇒ $A + B + \cdots$
    (二項/関係演算子用のドット (数)) ... 115
  ○ \dotsc ⇒ $A, B, \ldots$
    (カンマ付きドット (数)) 115
  ○ \dotsi ⇒ $\int\int\cdots$
    (積分用のドット (数)) 115
  ○ \dotsm ⇒ $ABC\cdots$
    (積を表すドット (数)) 115

な

長い段落数式 ⇒ 前行の行末より左側から始まる
  段落数式 140
長さの基本的な単位 ⇒
- bp (1bp ≈ 1/72inch) 170
- cc (1cc ≈ 12dd) 170
- cm (1cm ≈ 10mm) 170
- dd (1dd point ≈ 1238/1157pt) 170
- em (ローマン体の文字 M の幅) 170
- ex (ローマン体の文字 x の高さ) 170
- in (1in ≈ 25.4mm) 170
- mm (millimeter) 170
- mu (1mu=1/18em (数式モード用の単位)) 170
- pc (1pc ≈ 4.21mm) 170
- pt (1pt ≈ 0.35mm) 170
- sp (1sp ≈ 1/65536pt) 170
- zh (全角文字の高さ) 170
- zw (全角文字の幅) 170

中寄せ ⇒
- 1行のテキスト ⇒ \centerline 206
- 複数行のテキスト ⇒ center 環境 206

に

二元連立方程式 ⇒ \LEQ [筆マ] 313
二項演算子記号 I ⇒ ±, ×, ∩, ⊓ など 99
二項演算子記号 II ⇒ ∔, ⊚, 田 など [amssymb] . 100
二項係数 ⇒
- \choose ⇒ $\binom{a}{b}$ 147
- \binom ⇒ $\binom{a}{b}$ [amsmath] 147
- \dbinom : $\binom{a}{b}$ (D–スタイル) [amsmath] .. 147
- \tbinom : $\binom{a}{b}$ (T–スタイル) [amsmath] .. 147

二重アクセント ⇒ $\bar{\vec{X}}, \vec{\vec{X}}, \acute{\acute{X}}, \grave{\grave{X}}$ など 118
二重引用符 ⇒ '' ~ '' 68
二重枠のボックス ⇒ \doublebox [aaa]
  [fancybox] 197

2 段組 ⇒
- 2 段組から 1 段組 ⇒ \onecolumn 10
- 2 段組における一部両段ぶち抜きの出力例 .. 11
- 2 段組のページレイアウト 7, 9

ぬ

塗りつぶしの円 ⇒ \circle* 250

の

ノーマルフォント体 (02abAB) ⇒
- 宣言型 ⇒ \normalfont 80
- 命令型 ⇒ \textnormal 80

は

バー ⇒ 長く伸びるバー (\hrulefill (文・数)) . 116
場合分け ⇒
- array 環境によるもの 166
- cases 環境によるもの [amsmath] 166
配色モデル ⇒
- cmyk 配色モデル 305
- hsb 配色モデル 304
- hsb 配色モデル 305
- rgb 配色モデル 305
ハイフネーション ⇒ \hyphenation 186
破線 ⇒ \dottedline, \dashline [epic] ... 157
破線枠のボックス ⇒ \dashbox [aaa] 190
パッケージ ⇒
- その機能 ⇒ 応用ソフト 32
- パッケージ使用における 1 つの問題点 ... 33

索引

- パッケージの管理 32
- パッケージの登録 ⇒ \usepackage で登録 .. 32

幅の広い ⇒
- チルド ⇒ \widetilde : $\widetilde{aaa}$ (数) 119
- ハット ⇒ \widehat : $\widehat{aaa}$ (数) 119

ハンギングインデント ⇒ 複数行の行頭字下げ
\hangafter, \hangindent 208

ひ

引数 ⇒
- 動く引数 ⇒ 目次や索引など他の場所に出力される引数 24
- オプション引数 ⇒ [ ] (省略できる) 24
- 引数項目 ⇒
  ○ オプション引数項目 24
  ○ 必須引数項目 24
- 必須引数 ⇒ { } (省略できない) 24

左 (偶数) ページ 14

左寄せ ⇒
- 1 行のテキスト ⇒ \leftline 206
- 複数行のテキスト ⇒ flushleft 環境 206

必須引数項目 24
必須引数 ⇒ { } (省略できない) 24
1 つ以上の空行 ⇒ 段落改行 180

表 ⇒
- アレイ表 ⇒
  ○ 基本型 (数) 211, 212
  ○ 行間隔を広げる ⇒ \arraystretch 214
  ○ 行間隔を広げる ⇒ \rule 214
  ○ 罫線を太くする ⇒ \arrayrulewidth .. 213
  ○ 縦罫線 ⇒ | 212
  ○ 縦罫線の二重化 ⇒ || 213
  ○ 縦要素の併合 ⇒ \multirow (multirow) . 216
  ○ 注書きを付ける ⇒ \multicolumn 217
  ○ 同一列に共通の命令を作用させる 219
  ○ 同一列を文書モードにする 220
  ○ 表中の小数点を揃える (dcolumn) 224
  ○ 表を区切り記号で囲む ⇒
    \left, \right 223
  ○ 表を区切り記号で囲む ⇒ (dearray) ... 223
  ○ 要素の中にサブ表を書く ⇒
    \multicolumn 218
  ○ 要素を段落モードにする ⇒
    minipage 環境, \parbox 220
  ○ 要素を段落モードにする ⇒
    p{ }, m{ }, b{ } 221
  ○ 要素を文書モードにする ⇒
    >{$}~<{$} (array) 220
  ○ 横罫線 ⇒ \hline 212
  ○ 横罫線の二重化 ⇒ \hline\hline 213
  ○ 横罫線を部分的に引く ⇒ \cline 215
  ○ 横要素の併合 ⇒ \multicolumn 215
  ○ 列間のスペース調整 ⇒ \hspace 217
  ○ 列の上方向にスペースを空ける ⇒
    \extrarowheight 215
- タビング表 ⇒
  ○ 入れ子 ⇒ \pushtabs, poptabs 232
  ○ 基本型 (文) 211
  ○ 行頭の字下げ ⇒ \+ 230
  ○ 行頭の字下げの解除 ⇒ \- 230
  ○ 行頭の字下げの一時的解除 ⇒ \< 231
  ○ タビング表の基本型 (文) 229
  ○ 中間行での列数の変更 230
  ○ 要素の中でのアクセント記号 ⇒
    \a=, \a', \a` → ¯, ´, ` 232
  ○ 要素の文字列の左・中・右寄せ 230
  ○ 要素の文字列を左要素へ移動 ⇒ \' 231
  ○ 要素の文字列を右マージンまで移動 ⇒ \`
    231
  ○ 列幅の指定 229
- タブロー表 ⇒
  ○ アレイ表との類似点 226
  ○ 基本型 (文) 211, 226
  ○ 表全体の幅を指定 227
  ○ 要素の前後にスペースを入れる ⇒
    \tabcolsep 226

標準設定値 ⇒
- 1 段組におけるページレイアウトのパラメータ ⇒ (コラム K) 85
- 改行幅 ⇒ (コラム N) 41
- 字下げ幅 ⇒ (コラム M) 18
- 図表領域の配置パラメータ ⇒ (コラム O) .. 228
- 2 段組におけるページレイアウトのパラメータ ⇒ (コラム L) 60

標題 ⇒「見出し」の定義との違いに注意 ii
表の見出しの定義 ⇒ \tablename 259
表の見出し番号 260
表目次の出力 ⇒ \listoftables 46, 51

ふ

部 ⇒
- 部の出力 ⇒ \part 53
- 部の標題形式の変更 II ⇒ \startsection .. 60
- 部の見出しの定義 ⇒ \partname 57

ファイル名の付け方と管理 284
ファジー行末揃え ⇒ \fussy (\sloppy も見よ) . 185
フォント ⇒
- 特殊フォントの例 ⇒
  ○ cmdunh10 ⇒ 012abcXYZ 93
  ○ cmfib8 ⇒ 012abcXYZ 93
  ○ cmvtt10 ⇒ 012abcXYZ 93
  ○ wncyb10 ⇒ 012абцШЫЗ 93
  ○ wncyi10 ⇒ 012абцШЫЗ 93
  ○ wncyr10 ⇒ 012абцШЫЗ 93

○ wncysc10 ⇒ 012АБЦШЫЗ 93
○ wncyss10 ⇒ 012абцшыз 93
○ cminch ⇒ **1** 93
● フォントの登録 ⇒ \newfont 92
● フォントの文字コード 91
部・章・節などの深さ ⇒
　　　secnumdepth(1,2,3,4,) 54
部・章・節などのレベル ⇒ −1,0,1,2,4,5,6 53
縁付き行列 ⇒ \bordermatrix $\begin{pmatrix} a & b & c \\ d & e & f \\ g & h & i \end{pmatrix}$. 150
縁付きベクトル ⇒ $(0,\cdots,0,a,0,\cdots,0)$ 151
フッタ ⇒
● その機能 ⇒ ページ番号を出力 6, 8, 13
● フッタの設計 ⇒ \lfoot, \cfoot, \rfoot
　　[fancyheadings] 16
プライム記号 ⇒ \prime (f') 119
ブラックボード体 ⇒ $\mathbb{ABCDE}$ (数) [amsfonts] 76
プリアンブル ⇒
● プリアンブルとは ⇒ 事前に約束事を宣言する
　　領域 2, 5
● プリアンブルのファイル化 ⇒ 煩雑になり過ぎ
　　たプリアンブルの記述を簡単にする方法 .. 5
プレビュー ⇒ コンパイルで出力文に変換された
　　ものをディスプレイに出力する 1
付録 ⇒
● 付録の作成 ⇒ \appendix 56
● 付録の番号 56
● 付録目次の出力 ⇒ \tableofcontents 46
プロポーショナルスペーシング ⇒ 「*differ*」
　　(数学イタリック体では「*differ*」) 79
分割ファイル ⇒
● 分割ファイルとは ⇒ 文章全体を章や節ごと
　　に分けた作った文書ファイル 20
● 分割ファイルの入れ子 20
● 分割ファイルの効果的なコンパイル ⇒
　　\include,\includeonly 20
文間スペース ⇒ \@ 178
文書環境 ⇒ document 環境ともいう (文書を作成
　　する領域) 2
文書クラス ⇒
● その種類 ⇒
　　○ letter ⇒ 手紙 2
　　○ report ⇒ 報告書 2
　　○ book ⇒ 本 2
　　○ article ⇒ 論文 2

● 欧文の文書クラス ⇒ article, book, report,
　　letter 3
● 縦書きの文書クラス ⇒ tarticle, tbook,
　　treport 3
● 和文の文書クラス ⇒ jarticle, jbook,
　　jreport 3
文書クラスオプション ⇒ pt, leqno, fleqn,
　　twoside, openbib など 2, 3
文章全体の左右の字下げ ⇒
● ⇒ \LRinden [筆マ] 208
● ⇒ indentation 環境 [indent] 209
文書ファイル ⇒
● 文書ファイルとは ⇒ 「~.TEX」なるファイル
　　(本文を書くファイル. 本書では英大文字
　　のタイプライタ体とする) 1
● 文書ファイルの基本構造 ⇒ 「文書クラス指定
　　領域」+「プリアンブル」+「文書環境」.. 2
● 文書ファイルの分割と結合 ⇒
　　\input, \include, \includeonly 19
文書モード ⇒ 「段落モード」+「左右モード」... 72
分数 ⇒
● 1/2 ⇒ 1/2 (文中での分数) 142
● \cfrac ⇒ $a + \cfrac{b}{c + \cfrac{d}{e}}$ (連分数) [amsmath] ... 144
● \dfrac ⇒ $\dfrac{a}{b}$ (D−スタイルの分数) [amsmath]
　　.. 143
● frac ⇒ $\frac{a}{b}$ 142
● \tfrac ⇒ $\tfrac{a}{b}$ (T−スタイルの分数) [amsmath]
　　.. 143
文中引用文 ⇒ '引用文' 68
文中改行 ⇒ \\, * 181
文中数式 ⇒ 文の流れの中に書くの数式 ($~$) . 127

へ

平方根 ⇒
● \leftroot ⇒ $\sqrt[\leftroot{2}n]{x}$ (べきの左右移動) [amsmath]
　　145
● \sqrt ⇒ $\sqrt[3]{x}$ 145
● \uproot ⇒ $\sqrt[\uproot{2}n]{x}$ (べきの上下移動) [amsmath] 145
ページ ⇒
● 奇数 (右) ページ 14
● 偶数 (左) ページ 14
● 同一ページ化 ⇒ \samepage 184
● 左 (偶数) ページ 14
● ページ形式の一時的変更 ⇒ \thispagestyle 13
● ページ形式の種類 ⇒
　　○ empty ⇒ ヘッダ・フッタの設計には何も
　　　　出力されない 13
　　○ headings ⇒ ヘッダにページ番号, 章・節
　　　　などの番号と標題が出力 13
　　○ myheadings ⇒ ヘッダに自分好みの情報
　　　　が出力できる 13

索　引

- ○ plain ⇒ フッタにページ番号のみ出力 .. 13
- ● ページ形式の宣言 ⇒ \pagestyle 13
- ● ページの上基準線 ⇒ ページの基準点より右方向に伸びる線 6, 8
- ● ページの基準点 ⇒ 用紙の左上端点より下と右へそれぞれ1インチ移動した点 6, 8
- ● ページの構成 ⇒ 「ヘッダ」+「本文」+「フッタ」+「欄外脚注」 6
- ● ページの高さを揃えない ⇒ \raggedbottom 184
- ● ページの高さを揃える ⇒ \flushbottom ... 184
- ● ページの高さを増やす ⇒ \enlargethispage 184
- ● ページの左基準線 ⇒ ページの基準点より下方向に伸びる線 6, 8
- ● ページのレイアウトパラメータ ⇒ \headsep, \textwidth \columnsep など 6
- ● ページ番号の種類の変更 ⇒ \pagenumbering 18
- ● ページ番号用のカウンタ種 ⇒
  - ○ Alph ⇒ A, B, C, など 18
  - ○ alph ⇒ a, b, c, など 18
  - ○ arabic ⇒ 1, 2, 3, など 18
  - ○ roman ⇒ i, ii, iii, など 18
  - ○ Roman ⇒ I, II, III, など 18
- ● 右 (奇数) ページ 14

ベクトル ⇒ \vector (picture 環境) 249
別行段落数式 (複数行の数式 (標準)) ⇒
- ● \eqnarray 環境 (自動数式番号あり) 128
- ● \eqnarray*環境 (自動数式番号なし) 128

別行段落数式 (複数行の数式 (パッケージ)) ⇒
- ● align 環境 ⇒ 別行段落数式 (自動数式番号あり) [amsmath] 131
- ● align*環境 ⇒ 別行段落数式 (自動数式番号なし) [amsmath] 131
- ● alignat 環境 ⇒ 別行段落数式 (自動数式番号あり) [amsmath] 132
- ● aliign*環境 ⇒ 別行段落数式 (自動数式番号なし) [amsmath] 132
- ● flalign 環境 ⇒ 別行段落数式 (自動数式番号あり) [amsmath] 133
- ● flalign*環境 ⇒ 別行段落数式 (自動数式番号なし) [amsmath] 133
- ● gather 環境 ⇒ 別行段落数式 (自動数式番号あり) [amsmath] 131
- ● gather*環境 ⇒ 別行段落数式 (自動数式番号なし) [amsmath] 131
- ● multiline 環境 ⇒ 別行段落数式 (自動数式番号あり) [amsmath] 133
- ● multiline*環境 ⇒ 別行段落数式 (自動数式番号なし) [amsmath] 133
- ● split 環境 ⇒ 別行段落数式 [amsmath] 134

ヘッダ ⇒
- ● その機能 ⇒ ページ番号・章・節などを出力 6, 8, 13
- ● ヘッダの設計 ⇒ \lhead, \chead, \rhead [fancyheadings] 16

ヘブライ文字 ⇒ $F, \varkappa, \beth, \gimel, \daleth$ (数) [amssymb] 76

ほ

報告書 ⇒ report, jreport (文書クラス) 2
ボールド体 (**02abAB**) ⇒
- ● 宣言型 ⇒ \bfseries 80
- ● 命令型 ⇒ \textbf 80

ボールド体の数式文字 ⇒ $\mathbf{1 2\alpha\beta AB 2aBa\mathfrak{A}}$ (数) 77
ボックス ⇒
- ● 改行可のボックス ⇒ \shortstack (左右モード) 72, 162, 193
- ● 影付きボックス ⇒ \shadowbox [aaa] [fancybox] 197
- ● 黒ボックス ⇒ ■ ▌ ■ ＿ | (\rule : 「罫線ボックス」ともいう) 201
- ● 四分円ボックス ⇒
  - ○ \ovalbox ⇒ [aaa] [fancybox] 197
  - ○ \Ovalbox ⇒ [aaa] [fancybox] 197
- ● 上下するボックス ⇒ \raisebox 193
- ● 数式を囲むボックス ⇒ \boxed $\sqrt{5}$ [amsmath] 190
- ● 段落モードのボックス ⇒ \parbox 192, 193
- ● 二重枠のボックス ⇒ \doublebox [aaa] [fancybox] 197
- ● 破線枠のボックス ⇒ \dashbox [aaa] ... 190
- ● ボックスのモード ⇒ 左右モード 187
- ● ボックスの入れ子 199
- ● ボックスの保存と呼出し ⇒
  - ○ \newsavebox ⇒ ボックスの保存所の定義 199
  - ○ \savebox ⇒ 横幅を指定したボックスの保存 199
  - ○ \sbox ⇒ ボックスの保存 199
  - ○ \usebox ⇒ ボックスの呼出し 199
- ● ボックスの線の太さ ⇒
  - ○ \fboxrule ⇒ ボックス枠の線の太さの指定 [aaa] 191
  - ○ \linethickness ⇒ ボックス枠の線の太さを指定 191
  - ○ \thicklines ⇒ 太い線のボックス枠 [aaa] 191
  - ○ \thinlines ⇒ 細い線のボックス枠 [aaa] 191
- ● メモ用ボックス ⇒ \foldbox 198
- ● 枠付きボックス ⇒
  - ○ \fbox ⇒ 枠付きボックス [aaa] 187

- ○ \frame ⇒ 内部テキストにへばり付く
    ボックス aaa 190
- ○ \framebox ⇒ 横幅を指定した
    ボックス aaa 187
- ○ \framebox ⇒ 横幅と縦幅を指定した
    ボックス aaa 188
- ● 枠なしボックス ⇒ \mbox, \makebox
    (\fbox, \framebox は枠付き) 192

本 ⇒ book, jbook (文書クラス) 2
本文目次の出力 ⇒ \tableofcontents 46

ま

マクロ命令 ⇒
- ● 既存環境命令の再定義 ⇒
    \renewenvironment 30
- ● 既存命令の再定義 ⇒ \renewcommand 28
- ● 新環境命令の定義 ⇒ \newenvironment 29
- ● 新命令の定義 ⇒
    - ○ \def 28
    - ○ \newcommand I 26
    - ○ \newcommand II 27
- ● マクロ命令とは ⇒ いくつかの単独命令, 環境命令, および文章の組合せとして作られている命令 23, 26
- ● マクロ命令内のグルーピング 30
- ● マクロ命令内のスペース ⇒ \xspace 31
- ● マクロ命令の威力と落とし穴 31

マニュアル執筆の要諦 ⇒
- ● 索引の完備 ⇒ (コラム Q) 45
- ● 参照機能の充実 ⇒ (コラム R) 287
- ● 適切な入・出力例 ⇒ (コラム P) 107
- ● 明示的な短い説明文 ⇒ (コラム T) 302
- ● ユーザの目線で ⇒ (コラム S) 311

み

見えない記号 ⇒ \left., \right. 107
右 (奇数) ページ 14
右寄せ ⇒
- ● 1 行のテキスト ⇒ \rightline 206
- ● 複数行のテキスト ⇒ flushright 環境 206

短い段落数式 ⇒ 前行の行末より右側から始まる
    段落数式 140
見出し (Chapter, Index など. 「標題」との違いに注意 [→p.ii]) ⇒
- ● アブストラクトの見出しの定義 ⇒
    \abstractname 65
- ● 索引の見出しの定義 ⇒ \indexname 293
- ● 参考文献の見出しの定義 (本・報告書) ⇒
    \bibname 267
- ● 参考文献の見出しの定義 (論文) ⇒ \refname
    267
- ● 章の見出しの定義 ⇒
    - ○ \partname 57
    - ○ \postpartname (後) 58
    - ○ \prepartname (前) 58
- ● 図の見出しの定義 ⇒ \figurename 259
- ● 図目次の見出しの定義 ⇒ \listfigurename 51
- ● 表の見出しの定義 ⇒ \tablename 259
- ● 表目次の見出しの定義 ⇒ \listtablename . 51
- ● 部の見出しの定義 ⇒
    - ○ \partname 57
    - ○ \postpartname (後) 58
    - ○ \prepartname (前) 58
- ● 付録目次の見出しの定義 ⇒ \appendixname . 51
- ● 本文目次の見出しの定義 ⇒ \contentsname . 51
- ● 見出しの番号 ⇒ 「Chapter I」における「I」のような番号 ii
- ● 見出しの変更 ⇒ (コラム U) 88

ミディアム体 (02abAB) ⇒
- ● 宣言型 ⇒ \mdseries 80
- ● 命令型 ⇒ \textmd 80

ミニページ ⇒
- ● 高さ指定のミニページ 204
- ● ミニページ環境 (minipage 環境) 203
- ● ミニページの基本型 203
- ● 枠付きミニページ ⇒ boxedminipage 環境 . 205

明朝体 (桜さくら) ⇒
- ● 宣言型 ⇒ \mcfamily 80
- ● 命令型 ⇒ \textmc 80

め

命令 ⇒
- ● 環境命令 ⇒ \begin{ } で始まり \end{ } で終わる命令 (array 環境, minipage 環境など)
    23
- ● 単独命令 ⇒ &, \alpha などそれ自体で 1つの命令となるもの 23
- ● マクロ命令 ⇒ いくつかの単独命令, 環境命令および文章の組合せとして作られている命令 23

命令の一部としての記号 ⇒ #, $, %, & など 94
メモ用ボックス ⇒ \foldbox 198

も

モード ⇒
- ● 左右モード ⇒ 改行不可で, 左から右へ何処までも延びていくモード 72
- ● 左右モード ⇒ 改行不可で, 左から右へ何処までも延びていくモード 72
- ● 数式モード ⇒ 数式を書くモード 72, 73
- ● 段落モード ⇒ 文書を書くモード (改行可) ... 72
- ● 文書モード ⇒ 「段落モード」+「左右モード」 72
- ● モードの入れ子 73

目次 ⇒

索 引

- 図目次の出力 ⇒ \listoffigures 46, 51
- 表目次の出力 ⇒ \listoftables 46, 51
- 付録目次の出力 ⇒ \tableofcontents .. 46, 50
- 本文目次の出力 ⇒ \tableofcontents 46
- 目次にテキストを挿入 ⇒
  - \addcontentsline 48
  - \addtocontents 49
- 目次の項目間の改行幅 ⇒ \baselineskip .. 47
- 目次の内容変更 49
- 目次の 2 段組 ⇒ \twocolumn 47
- 目次の標題の変更 48
- 目次の深さ ⇒ tocdepth 47
- 目次の見出しの定義 ⇒
  - 本文目次 ⇒ \contentsname 51
  - 付録目次 ⇒ \appendixname 51
  - 図目次 ⇒ \listfigurename 51
  - 表目次 ⇒ \listtablename 51
- 目次の文字サイズ ⇒ \footnotesize,
    \small など 47
- 目次のリーダ (...) を消す ⇒ \@dotsep ... 46

文字・記号のサイズ(数) ⇒
- \scriptscriptstyle ⇒ $\sqrt{2\pi\sigma}$ 85
- \scriptstyle ⇒ $\sqrt{2\pi\sigma}$ 85

文字・記号のサイズ(文・数) ⇒
- \footnotesize ⇒ a花$\sqrt{2}$ 83
- \Huge ⇒ a花$\sqrt{2}$ 83
- \huge ⇒ a花$\sqrt{2}$ 83
- \LARGE ⇒ a花$\sqrt{2}$ 83
- \Large ⇒ a花$\sqrt{2}$ 83
- \large ⇒ a花$\sqrt{2}$ 83
- \normalsize ⇒ a花$\sqrt{2}$ 83
- \scriptsize ⇒ a花$\sqrt{2}$ 83
- \small ⇒ a花$\sqrt{2}$ 83
- \tiny ⇒ a花$\sqrt{2}$ 83

文字サイズ ⇒ 10pt, 11pt, 12pt (文書クラスオプション) 4

文字の縮小・拡大 graphics ⇒
- ⇒ \resizebox(記号) 86
- ⇒ \scalebox(記号) 86

文字の反転 ⇒ \scalebox(記号) graphics 87

や

矢印 ⇒
- 任意の長さの矢印 ⇒ $A \xrightarrow[aaa]{bb} B$ amsmath . 103
- 矢印記号 I ⇒ ←, ⇒, ⇔, ↪, ↩, ↗ など 102
- 矢印記号 II ⇒ --→, ↻, ↰, ↱ など
    amssymb 102
- 矢印付きオーバーライン ⇒
  - 左向き ⇒ $\overleftarrow{aaaaaa}$ (数) 121

- 右向き ⇒ $\overrightarrow{aaaaaa}$ (数) 121

ゆ

ユニット ⇒ カウンタが定義されているもの 34

よ

用紙サイズ ⇒ a4paper, a5paper, a4paper,
    b5paper, (文書クラスオプション) 4
抑制度付き非改行 ⇒ \nolinebreak 182
抑制度付き非改ページ ⇒ \nopagebreak 184
四隅置き命令 ⇒ $\sideset(\sum_{a\ c}^{b\ d})$ amsmath .. 125

ら

欄外脚注 ⇒
- 出力位置の左右変更 ⇒ \reversemarginpar
    301
- 出力位置の左右変更の解除 ⇒
    \normalmarginpar 301
- 欄外脚注とは ⇒ ページの左右の余白に書く
    脚注 (\marginpar) 8
- 欄外脚注の出力命令 ⇒ \marginpar 301
- 欄外脚注の問題点 302
- ページのレイアウトパラメータ ⇒
  - \marginparpush ⇒ 上下に相続く 2 つの
      欄外脚注間のスペース 301
  - \marginparsep ⇒ 本文と欄外脚注の間の
      スペース 301
  - \marginparwidth ⇒ 欄外脚注の幅 301
- 欄外脚注のレイアウトパラメータ ⇒
  - \marginparpush ⇒ 上下に相続く 2 つの
      欄外脚注間のスペース 6
  - \marginparsep ⇒ 本文と欄外脚注の間の
      スペース 6
  - \marginparwidth ⇒ 欄外脚注の幅 6
- 欄外脚注の出力命令 ⇒ \marginpar 13

り

リガチャ ⇒ 合字「ff, fi, fl, ffl, ffi」(通常は「ff, fi,
    fl, ffl, ffi」) 79
両段ぶち抜き ⇒ \twocolumn[ ] 10
両面印刷 ⇒ twoside (文書クラスオプション) . 4, 14

る

ルビ ⇒
- 上置きルビ ⇒ \Rubyt(組上) 筆マ 126
- 下置きルビ ⇒ \Rubyb(組上) 筆マ 126

れ

連分数 ⇒ $\cfrac(a + \cfrac{b}{c + \cfrac{d}{e}})$ amsmath 144

ろ

ローマン体 (02abAB) ⇒
- 宣言型 ⇒ \rmfamily 80
- 命令型 ⇒ \textrm 80

論文 ⇒ article, jarticle (文書クラス) 2

わ

脇付きアクセント ⇒ $AAA\frown$, $AAA\tilde{\ }$ (数) 119
脇付き添字 ⇒ \nolimits (Sum 型記号と併用) . 109
枠付きボックス ⇒
- \fbox ⇒ 枠付きボックス aaa 187
- \frame ⇒ 内部テキストにへばり付く
  ボックス aaa 190
- \framebox ⇒
  - ⇒ 横幅と縦幅を指定したボックス
    aaa 188
  - ⇒ 横幅を指定したボックス
    aaa 187

枠付きミニページ ⇒ boxedminipage 環境 205
枠なしボックス ⇒ \mbox, \makebox
  (\fbox, \framebox も見よ) 192
和文の文書クラス ⇒ jarticle, jbook,
  jreport 3

■ その他

$\mathcal{AMS}$-LaTeX ⇒ アメリカ数学会用 LaTeX ... 12, 261
Archives ⇒ 原義は「公文書保管所」．関連する情報
  が包括的に集められている所をいう．
  (コラム A) 113
@表現 ⇒ @{ } など 23
BibTeX ⇒ 参考文献リスト作成のソフト
  (欧文の文書クラス) 267, 277
CTAN ⇒ Comprehensive TeX Archive Network
  (コラム A) 113
D–スタイル (\displaystyle) 129
fragile な命令 ⇒ 不安定で壊れやすい命令 (直前に
  \protect 命令を置くこと) 24
jBibTeX ⇒ 参考文献リスト作成のソフト
  (和文の文書クラス) 267, 277
jTeX ⇒ 日本語 TeX (NTT 版) 261
Knuth ⇒ TeX の創作者 ii
Lamport ⇒ LaTeX の創作者 ii
LaTeX ⇒ Lamport 創作 (1980 年代初頭) 261
LaTeX 2_ε への移行に伴う変更点 22
LaTeX 3 プロジェクト ⇒ F. Mittelbach,
  C. Rowley, R. Schöpf の 3 氏が推進中 261
Lim 型記号 ⇒ $\overline{\lim}$, $\underline{\lim}$ など 111
Log 型記号 ⇒ log, sin, cos, lim, max など 111
mod 関数 ⇒
  \bmod ⇒ mod a 114
  \mod ⇒ mod a 114
  \pmod ⇒ (mod a) 114
  \pod ⇒ (a) amsmath 114
NFSS2 ⇒ New Font Selection Scheme version 2
  (書体選定方式) 24, 80
pLaTeX 2_ε ⇒ 日本語 pLaTeX 2_ε (アスキー版) ... 261
pTeX ⇒ 日本語 TeX (アスキー版) 261
p 表現 ⇒ p{ } など 23
形式 ⇒ \section, \circle* など 23
Sum 型記号 ⇒ $\sum$, $\int$, $\prod$, $\bigcap$, $\otimes$ など (「可変サイ
  ズの記号」．「大型演算子」ともいう) .. 108
Sum 型記号の縮小拡大 ⇒ $\sum, \sum, \sum, \sum$ など 110
TeX ⇒ Knuth の創作 (1977 年) 261
TeX に関する情報の所在 113
T–スタイル (\textstyle) 129

著者略歴

生田　誠三
(いくた　せいぞう)

1941年　北海道に生まれる
1972年　慶應義塾大学大学院工学研究科
　　　　管理工学専攻博士課程修了
　　　　前筑波大学社会工学系助教授
　　　　工学博士
専　攻　生産管理，オペレーションズリサーチ

LaTeX2ε 文典　　　　　　　　定価はカバーに表示

2000年 6月25日　初版第 1 刷
2012年 12月20日　　　第 9 刷

著　者　生　田　誠　三
発行者　朝　倉　邦　造
発行所　株式会社　朝　倉　書　店
　　　　東京都新宿区新小川町6-29
　　　　郵便番号　162-8707
　　　　電　話　03(3260)0141
　　　　FAX　03(3260)0180
　　　　http://www.asakura.co.jp

〈検印省略〉

ⓒ 2000 〈無断複写・転載を禁ず〉　　　　平河工業社・渡辺製本
ISBN 978-4-254-12140-7　C 3041　　　　　Printed in Japan

JCOPY　〈(社)出版者著作権管理機構 委託出版物〉

本書の無断複写は著作権法上での例外を除き禁じられています．複写される場合は，そのつど事前に，(社) 出版者著作権管理機構（電話 03-3513-6969, FAX 03-3513-6979, e-mail: info@jcopy.or.jp）の許諾を得てください．

前筑波大 生田誠三著
LaTeX 2ε 入門
12157-5 C3041　　B5判 148頁 本体3300円

LaTeX2εを習得したいがマニュアルをみると混乱するという人のための「これが本当の入門書」。大好評の「LaTeX2ε文典」とも対応し、必要にして最小不可欠の知識を具体的演習形式で伝授。悩んだときも充実した索引で解消[多色刷]

九工大 栗山次郎編著
理科系の日本語表現技法
10160-7 C3040　　A5判 184頁 本体2600円

"理系学生の実状と関心に沿った"コンパクトで実用的な案内書。〔内容〕コミュニケーションと表現／ピタゴラスの定理の表現史／コンポジション／実験報告書／レポートのデザイン・添削／口頭発表／インターネットの活用

M.F.モリアティ著　前自治医大 長野 敬訳
「考える」科学文章の書き方
10172-0 C3040　　A5判 224頁 本体3600円

「書く」ことは「考える」ことだ。学生レポートからヒポクラテスまで様々な例文を駆使し、素材を作品に仕上げていく方法をコーチ。〔内容〕科学を考える・書く／読者と目的／抄録／見出し／論文／図表／展望／定義／文脈としての分類／比較／他

高橋麻奈著
入門テクニカルライティング
10195-9 C3040　　A5判 176頁 本体2600円

「理科系」の文章はどう書けばいいのか？ベストセラー・ライターがそのテクニックをやさしく伝授〔内容〕テクニカルライティングに挑戦／「モノ」を解説する／文章を構成する／自分の技術をまとめる／読者の技術を意識する／イラスト／推敲／他

核融合科学研 廣岡慶彦著
理科系のための 入門英語論文ライティング
10196-6 C3040　　A5判 128頁 本体2500円

英文法の基礎に立ち返り、「英語嫌いな」学生・研究者が専門誌の投稿論文を執筆するまでになるよう手引き。〔内容〕テクニカルレポートの種類・目的・構成／ライティングの基礎的修辞法／英語ジャーナル投稿論文の書き方／重要表現のまとめ

岡山大 河本 修著
論文要旨にみる 英語科学論文の基本表現
10208-6 C3040　　A5判 192頁 本体3400円

論文要旨の基礎的な構文を表現カテゴリーの形で示し、その組合せおよび名詞の入れ替えで構築できるよう纏めた書〔内容〕論文題名の表現／導入部の表現／結果の表現／考察の表現／国際会議の予稿で使われる表現／英語科学論文に必要な英文法

早大 桜井邦朋著
アカデミック・ライティング
―日本文・英文による論文をいかに書くか―
10213-0 C3040　　B5判 144頁 本体2800円

半世紀余りにわたる研究生活の中で，英語文および日本語文で夥しい数の論文・著書を著してきた著者が，自らの経験に基づいて学びとった理系作文の基本技術を，これから研究生活に入り，研究論文等を作る，次代を担う若い人へ伝えるもの。

岡山大 河本 修著
技術者のための 特許英語の基本表現
10248-2 C3040　　A5判 232頁 本体3600円

英文特許の明細書の構成すなわち記述の筋道と文章の特有の表現を知ってもらい，特許公報を読むときに役立ててもらうことを目標とした書。例文を多用し，主語・目的語・述語動詞を明示し，名詞を変えるだけで読者の望む文章が作成可能。

核融合科学研 廣岡慶彦著
理科系のための 入門英語プレゼンテーション
[CD付改訂版]
10250-5 C3040　　A5判 136頁 本体2600円

著者の体験に基づく豊富な実例を用いてプレゼン英語を初歩から解説する入門編。ネイティブスピーカー音読のCDを付してパワーアップ。〔内容〕予備知識／準備と実践／質疑応答／国際会議出席に関連した英語／付録（予備練習／重要表現他）

タイケン学園 柴岡信一郎・城西短大 渋井二三男著
プレゼンテーション概論
―実践と活用のために―
10257-4 C3040　　A5判 164頁 本体2700円

プレゼンテーションの基礎をやさしく解説した教科書。分かりやすい伝え方・見せ方，PowerPointを利用したスライドの作り方など，実践的な内容を重視した構成。大学初年度向。〔内容〕プレゼンテーションの基礎理論／スライドの作り方／他

広大 坂和正敏・名市大 坂和秀晃・南山大 Marc Bremer著
自然・社会科学者のための 英文Eメールの書き方
10258-1 C3040　　A5判 200頁 本体2800円

海外の科学者・研究者との交流を深めるため，礼儀正しく，簡潔かつ正確で読みやすく，短時間で用件を伝える能力を養うためのEメールの実例集である〔内容〕一般文例と表現／依頼と通知／訪問と受け入れ／海外留学／国際会議／学術論文／他

岡山大 塚本真也・高橋志織著
学生のための プレゼン上達の方法
―トレーニングとビジュアル化―
10261-1 C3040　　A5判 164頁 本体2300円

プレゼンテーションを効果的に行うためのポイント・練習法をたくさんの写真や具体例を用いてわかりやすく解説。〔内容〕話すスピード／アイコンタクト／ジェスチャー／原稿作成／ツール／ビジュアル化・デザインなど

上記価格（税別）は2012年11月現在